인명진,
시간의
기억

일러두기

• 외국의 인명과 지명 등은 원칙적으로 국립국어원의 외래어 표기법에 따랐으나,
  발음체계나 한자음으로 표기할 때 의미가 더 명확해지는 경우, 그에 따라 표기했다.
• 전집이나 단행본, 정기간행물은 『 』, 논문이나 단편소설은 「 」, 영화와 방송은 〈 〉로 표기했다.

인명진,
시간의
기억

미시사적 한국 현대사 연구

임종권 지음

인문서원

들어가는 글

"어쩌면 노동자들의 공동체적 이상은 환상에 불과했을 것이고, 또 봉기를 위한 그들의 모의도 무모했을 것이다. 그러나 그들은 급격한 사회 혼란을 겪고 살아왔으나 우리는 그렇지 않다. 그들의 열망은 그들 자신의 경험으로 볼 때 정당한 것이었다."[1]

미국 역사가 크리스토퍼 브라우닝(Christopher R. Browning)은 "역사란 설명(explanation)이 아니라 이해(understanding)"라고 말한다.[2] 역사 연구는 현재를 있게 한 과거를 '알기 위한 것'이라기보다 '이해해야 하는 것'이기 때문이다. 영국 역사가 카(E. H. Karr)가 "역사는 과거와 현재의 대화"라고 강조한 것 역시 여기에 해당한다.[3] 역사가가 과거의 역사적 사건과

---

1 Edward Palmer Thompson, *The Making of the English Working Class*(New York: Pantheon Book, 1963), p. 13.

2 Christopher R. Browning, *Ordinary Men: Reserve Police Battalion 101 and the Final Solution in Poland*(New York: Haper Perennial, 1998), p. xx.

3 E. H. 카, 황문수 옮김, 『역사란 무엇인가』, 범우사, 1981, p. 17.

대화를 통해 이해하게 되면 그 사실(史實)들은 올바른 역사적 가치를 부여받는다.

그러나 역사가는 자신이 속한 시대의 흐름에 속박당하기 쉽다. 예컨대 한국 현대사에서 우리 역사가들은 반공주의 시대에는 반공사상에 매몰되고, 친일청산 흐름 속에서는 친일 프레임에 빠진 경우가 많았다. 따라서 역사가가 자기 시대의 눈으로만 연구 대상을 살핀다든가 현재의 문제점에 비춰 과거나 인물을 평가한다면 역사적 의미는 사라지고 단지 설명만 남는다. 그렇기 때문에 역사가 자신이 그려내려 하는 목적에 맞춰 한쪽 것들만 나열하는 것을 경계해야 한다. 허버트 버터필드(Herbert Butterfield)가 지적했듯이 한쪽 눈으로 현재를 바라보면서 과거를 연구하는 것은 역사의 모든 죄와 궤변의 근원이 된다.[4] 따라서 편파적이고 이해가 없는 설명식(說明式) 역사 서술은 사람들에게 왜곡된 판단을 하게 한다.

특히 인물에 관한 연구는 설명보다 이해가 절대적이다. 그는 왜 그렇게 판단했는가, 그리고 왜 그렇게 행동할 수밖에 없었는가? 역사가는 이 질문의 전제하에서 인물을 탐구해야 올바르게 평가할 수 있다. 프랑스 아날학파 역사가 마르크 블로크(Marc Bloch)가 "과거에 대한 이해가 우리로 하여금 역사를 연구하도록 이끈다"라고 말한 바와 같이 역사 연구는 과거를 설명하기 위해서가 아니라 이해하기 위한 학문이다.

설명 방식의 인물 연구는 범죄자도 영웅으로 만들거나 진짜 애국자를 매국노로 전락시키기도 한다. 역사적 사건은 개인의 의식적 행동이 아니라 무의식적 의지를 이끄는 외부의 힘에 따라 결정된다.[5] 결국, 역사

---

4 Herbert Butterfield, *The Whig Interpretation of History*(New York: W)W. Norton & Company, 1965), pp. 31~32.

속의 한 인물 또는 집단의 행위에 관한 연구의 목적은 오늘날 역사 연구 방식에서 한 단어로 줄여 말하면 '이해(understanding)'라고 할 수 있다.

우리가 알고 있는 많은 역사적 사실은 당시 시대적 상황을 이해할 때 그 의미가 달라지는 경우가 흔하다. 하물며 과거 한 인물의 인생 여정은 말할 나위가 없다. 인물 연구에서 개인의 사적 생활이나 활동에 초점을 맞추면 자칫 연구자의 개인 감정이나 주관적인 사상에 얽매여 오류를 낳기 쉽다. 그래서 실증주의 사학은 역사가의 개인적인 생각이나 주관이 철저하게 배제된 객관성을 가장 중시한다. 그러므로 역사가의 역할은 개인적인 생각에서 벗어나 객관적이고 보편적으로 사실(fact)에 기초하여 평가하는 것이다.[6] 이렇게 역사가가 실증적인 과학적 방법론에 따라 탐구해야, 연구 대상 인물의 행적이 어떤 역사적 의미를 지닌 것인지 판별할 수 있다.

역사가는 가장 먼저 연구 대상 인물에 관한 자료가 확실하게 실증적인 것인지 검증하고 비평해서 그 신빙성을 입증해야 하며, 확인된 사실(事實)만의 집성(集成)으로 서술해야 한다. 즉 역사가의 인식과 객관적인 실재가 일치한다는 확증에 근거한 평가만이 진정한 역사적 가치를 갖게 된다. 추정이나 추측 또 개인적인 경험에 의존한 역사적 의미 부여는 추

---

5 Herbert Spencer, *The Study of Sociology*, Kindle Edition (Amazon Digital Sevices LLC. 2015), chpter 2 참조.

6 실증주의의 창시자인 독일 역사가 레오폴드 폰 랑케(Leopold von Ranke)는 역사를 헤겔(Georg Wilhelm Friedrich Hegel)의 형이상학적인 역사철학이나 오귀스트 콩트(Auguste Comte)의 자연 과학적인 결정론으로 판단하는 것을 거부하고 역사의 객관성을 강조했다. 이러한 그의 역사 연구는 근대 역사학의 기초가 되었다. Georg G. Iggers, *Historiography in the Twentieth Century: From Scientific Objectivity to the Postmodern Challenge* (Middletown: Wesleyan University Press, 2005), p. 25.

리소설에 가깝다. 그리하여 역사가는 실제로 일어났던 행위가 연구 대상 인물의 의도를 반영하고 있는지를 이해하고 이를 바탕으로 일관된 이야기를 구성해나가야 올바른 평가가 이뤄진다. 이어서 역사가는 일차원적이고 통시적인 시간관을 전제로 나중에 일어난 사건과 이전에 발생한 사건 사이의 인과관계를 끌어낸다. 이처럼 세 가지, 즉 실재성, 의도성, 시간적 계기성은 근대 과학적 역사학의 창시자인 독일 역사가 레오폴드 폰 랑케(Leopold von Ranke) 이후 오늘날까지 역사 서술의 기본이 되어왔다. 또 인물 연구에서는 이러한 과학적이고 실증적인 기본 서술 방식 외에 개인이 속한 사회적 조건, 말하자면 한 개인이 살았던 당시의 역사적 상황에 대한 설명이 요구된다.[7]

이 저서는 기본적으로 이 원칙을 충실히 따랐다. 일제강점기 근대 역사학을 수용한 한국 역사 연구는 사료 등 기록물에 의존하다 보니 대개 사건의 해석보다 설명에 중점을 둔 경우가 많다. 그 결과 우리는 한 인물의 행위만을 살피며 그 동기나 원인에 대한 이해 없이 단지 '그렇다'라는 확신에 익숙해져 있다. 이러한 교조적인 역사 평가로 서술된 오늘 우리 역사에 관한 이해는 종종 정치적 혹은 이념적 논쟁에 휘말려 서로 다른 해석과 편견에 사로잡히곤 한다.

역사의 주체는 지배층이 아니라 그 시대에 살았던 사람들이며, 과거 이들의 삶과 생각이 오늘의 역사를 만들어왔다. 그러므로 현대 역사학은 역사적 사건보다 그 시대 사람의 생각과 생활방식, 삶의 가치, 전통과 관습 등 이 모든 총체적인 사람들의 삶을 연구의 중심으로 삼아야 한다

---

7 *Congress of the Arts and Science: Universal Exposition, St. Louis, 1904,* ed. by Howard J. Rogers(Boston: Conell University Library, 2009).

는 점을 강조한다. 따라서 인물 연구나 전기(傳記)나 혹은 한 개인에 관한 평전(評傳)은 이 인물이 속한 복합적인 시대상을 반영해야 그 시대상을 이해할 수 있는 역사적 가치를 지니게 되는 것이다.

인물에 관한 평전 서술은 역사가의 주관적인 판단이 가장 많이 개입되는 분야로, 이야기체의 픽션(fiction)으로 전개되기 쉽고 과장된 내용도 많다. 특히 과거 군사독재정권에서 종종 정치적 목적으로 세종대왕이나 이순신 장군 같은 역사적 인물을 민족의 영웅 혹은 성군으로 미화하여 이용했던 사례에서 보듯이, 역사가가 인물을 연구할 때 가장 고심해야 하는 부분은 역사 서술이 보편적이고 일반적인 선입견을 깨뜨리는 작업이라는 사실을 유념하여 이념이나 정치적 관점, 혹은 개인의 편견에 사로잡히지 않도록 해야 한다.[8] 원래 인물 연구는 역사가에게 큰 부담 거리이다. 왜냐면, 좋은 평가는 문제가 되지 않으나 비판은 엄청난 공격을 감수해야 하기 때문이다. 그래서 역사가 신복룡은『해방정국의 풍경: 인물로 돌아보는 대한민국 현대사』에서 인물 연구에 관한 어려움을 이렇게 말한다.

"역사 연구가 어려운 것은 때로는 검투사 같은 용기가 필요하기도 하나 특히 인물사나 전기학(傳記學) 연구는 더욱 어렵다. 한국의 인물사 연구에는 세 가지 암초가 있는데 첫째는 문중 사학이고, 둘째는 지방색이고, 셋째는 종교적 배타성이다. 문중의 문제는 목숨을 걸고 나온다. 그 가운데에서도 인물사를 쓰는 사람들이 연구 대상자의 후손들로부터 당하는 사자명예

---

8 정치적 목적의 역사적 인물의 미화 작업은 박정희 군사독재정권에서 자주 이뤄졌다. 전재호,「민족주의와 역사의 이용: 박정희 체제의 전통문화정책」,『사회과학연구』, 제7집, 1998, pp. 83~106.

훼손죄(형법 308조) 피소는 참으로 무섭다."[9]

이 위험을 무릅쓰고 역사가가 인물 연구에 용기를 내야 할 이유는 인간이 곧 역사의 주체이기 때문이다. 과거 한 시대를 이끌어간 인물을 정확하게 이해할 때에야 비로소 우리는 그 시대상을 올바르게 파악할 수 있다.

필자는 현대사를 서술하면서 해방 이후 오늘날까지 시대적 상황을 이끌어간 인물, 인명진을 탐색했다. 그는 정치 활동을 했으나 그렇다고 엄밀한 의미에서 정치인이라고 할 수도 없고, 그렇다고 크게 성공한 기업인이거나 뛰어난 학자도 아닌, 그저 평범한 사람에 불과하다. 인명진처럼 한 인물이 정치, 경제, 사회, 종교 등 여러 분야와 관련되어 있기란 참으로 어렵다. 이러한 인명진의 인생 여정은 개인의 차원에 머물지 않고 해방 이후 오늘날까지 한국 현대사의 흐름을 보여주고 있다.

그러므로 일반적인 전기나 평전과 달리 역사 학술서로 서술한 인명진의 인물 탐구는 그의 일대기가 곧 현대사를 이해하는 데 아주 중요한 역사성(historicity)을 지니고 있다. 보통 기존 소설식 서술방식의 인물 평전들은 지나치게 개인의 사적(私的) 영역에 초점을 두고 있어서 그 내용이 과장된 경우가 많아 역사적 가치와 신뢰성을 얻지 못하고 있다. 그러나 이 저서는 오로지 역사적 가치를 지닌 사실(fact)과 학술 연구의 결과에 바탕을 두고 단순히 인명진이란 개인의 삶을 기술한 전기에서 벗어나 인물로 본 한국 현대사로까지 확대하여 서술되었다.

---

9 신복룡, 「이념과 사실 사이, 못다 한 이야기」, 『주간조선』, 제2374호, 2015년 9월 11일 자. (http://weekly.chosun.com)

인명진이 평생 겪고 생각한 많은 이야기는 이 시대의 사람들이 기억하고 교훈을 얻어야 할 역사이며 시대정신이다. 필자는 그의 80년간 삶을 추적하면서 우리 현대사의 새로운 여러 단면을 발견했는데, 그것은 해방 이후 이승만이나 박정희 등 정치인의 지도력만으로 오늘의 대한민국이 존재한 것이 아니라는 사실이다. 이들 정치인은 시장경제와 자유민주주의를 바탕으로 한 자본주의적 대한민국 체제 다지기에 이바지했을지라도 우리에게 가장 중요한 국가의 정체성과 민주주의 가치의 확립에서는 오히려 큰 장애였다. 그렇지만 인명진의 인생 이야기는 진짜 한국 현대사의 주인공이 누구인지를 사실적으로 보여주고 있다.

지난 70~80년대 반공주의 독재정치와 강압적인 경제개발 시대, 거칠고 잔인하며 혹독한 사회의 그늘에서 살았던, 소위 '여공'이라 불린 연약한 여성 노동자들의 이야기는 대중소설이나 상업 영화의 단골 메뉴였다. 이들은 당시 사회에서 가장 낮은 저소득층 노동자들로, 아무도 관심을 두지 않았던 소외계층이었다. 그렇지만 이 어린 여성 노동자들이 군사독재정권을 무너뜨리고 민주화와 경제 부흥을 이룬 실질적인 주역이었다는 것은 현대사의 역설적인 드라마이다. 이들 '여공'과 함께하면서 그 누구도 시도하지 못한 오늘 민주화 시대의 역사를 만들었던 인물이 바로 인명진이었다.

우리는 종종 소설처럼 잘 짜인 역사의 유행에 빠져 과거의 사실을 제대로 보지 못한다. 이런 저서들은 누군가 어떤 목적성에 의하여 미화하고 우상화한 인물을 중심으로 과거 사건들을 서술하기 때문이다. 왜곡된 개인 또는 인물에 관한 서술과 평가는 자칫 전체적인 시대의 흐름이나 사회구조를 이해하는 데 큰 혼란을 야기한다. 종종 정치가들이나 이념에 치우친 지식인들은 이런 잘못된 역사 이해를 이용하여 국민의 올바른 가치판단을 흐리게 한다.

그래서 현대의 역사 연구는 개인사(個人史) 연구의 경우, 그 시대의 전체적인 구조 속에서 이뤄져야 한다는 점을 중시하고 있다. 이러한 연구 방법론은 이른바 '미시사(microhistory)', 즉 '작은 역사 이야기'이다. 이 방법론적인 '미시사'의 목적은 전체적인 시대적 상황을 이해하기 위한 것이며, 그 시대의 역사에서 주변에 속한 개인의 삶을 추적하고 발굴해 서술하는 일이다.[10] '미시사'가 다루는 개인의 역사는 한 인간의 사고와 행위의 범위를 결정해주는 사회구조가 현실적인 힘을 발휘함으로써 초래된 '권력의 문제'에 직결된다. 마르크 블로크가 개인의 역사에 대해 "시간 속의 인간에 관한 학문"이라고 정의했듯이 역사가는 특정한 한 개인의 삶의 의미 체계와 그에게 힘을 미쳤던 권력 구조적인 틀이 어떻게 상호작용을 했는가를 밝혀내야 한다. 이는 그 시대의 권력 구조가 정치, 경제, 사회, 문화 등 전반적인 시대상을 지배하는 역사의 중추(中樞)이기 때문이다.

이에 따라 포스트모더니즘(postmodernism) 역사가 미셸 푸코(Michel Foucault)가 『광기의 역사(Histoire de la folie à l'âge classique)』에서 시도했던 바처럼 현대 역사학은 한 개인의 삶의 역사를 그 시대 전체사(total history)로 확대한다. 따라서 역사가는 작은 것, 한 개인, 그리고 일상적인 현상에서 그 시대의 본질적인 구조나 시대상을 찾아내어 서술하는 것을 연구의 목적으로 삼고 있다. 이에 따라 오늘 우리 현대사에서도 해방과 분단, 그리고 6·25전쟁, 그리고 군사독재정권과 민주화를 거치면서 형성

---

10 현대 역사학에서 이러한 미시사 방법론이 적용된 대표적인 연구로는 Emmanuel LeRoy Ladurie, *Montaillou, village occitan de 1294 à 1324*(Paris: Folio, 1982) 그리고 Carlo Ginzburg, *The Cheese and the Worms: The Cosmos of a Sixteenth-Century Miller*(Baltimore: Johns Hopkins University Press, 2013) 등이 있다.

된 시대적 상황뿐 아니라 반공주의 및 친일청산의 반일주의에 기초한 권력 구조를 살피면서 한국 현대의 '전체사'를 추구해야 한다는 요구를 받고 있다.[11] 그러므로 혼란이 점철된 시대에 태어나 오늘날까지 살아온 인명진이라는 지극히 평범한 개인의 삶은 개인사에 국한된 역사가 아니라 오늘날을 살아가고 있는 모든 한국 국민에게 적용될 수 있는 한국 현대의 '전체사'인 셈이다. 물론 개인사는 곧 '자신의 역사'이며 한 사람의 전체적인 삶의 여정이지만, 이 역사 여정은 자신의 고백을 통해 그 시대를 어떻게 이해하고 그 의미를 파악했는가를 그 시대를 살지 않았던 우리에게 생생하게 보여준다.

과거의 역사 기록은 대개 권력 구조 속에서 지배층 인물 중심의 시각으로 서술되어왔다. 이렇듯 피지배층 민중은 줄곧 역사에서 배제되어왔기 때문에 우리 기억에는 지배층이 역사의 주인공으로 깊이 각인되어 있다.[12] 그래서 오늘날 한국인들은 자신의 조상 신분을 이 양반이란 지배계급의 카테고리에 포함하여 역사의 주체로 인식하려 한다. 그 결과 우리 역사관은 피지배층 민중을 배제한 채 지배층 쪽으로 편향되어 있

---

11 단순히 어떤 역사적 사실을 드러내고 이에 대한 역사가의 평가에 의존해왔던 기존 역사학은 미시사, 신문화사, 일상사, 혹은 심성사 등 새로 등장한 현대 역사학으로 인해 점차 퇴보하고 있다. Georg G. Iggers, *Historiography in the Twentieth Century: From Scientific Objectivity to the Postmodern Challenge*(Middletown: Wesleyan University Press, 2005), pp. 1~19.

12 과거를 입증해주는 사료는 왜곡되기 마련이다. 역사가가 과거의 사료 조각들을 퍼즐처럼 맞춰서 과거를 재구성하는 것은 실증할 수 없다. 그러므로 역사는 설명이 아니라 이해라는 오늘날 역사 연구는 '과거로서 역사(the history as past)'에서 '역사로서 과거(the past fron history)'로 '인식론적 전환(epistemological turn)'이 이뤄져왔다. Alun Munslow, *The Routledge Companion to Historical Studies*(New York: Routledge, 2005), pp. 2~4.

다. 이런 기존의 역사 서술에서 탈피하여 역사에서 줄곧 도외시된 피지배층 민중들의 역사를 복원해야 오늘 우리 사회의 사실적인 모습을 알수가 있고, 더 나아가 미래를 향한 우리 역사를 새롭게 확립할 수 있다. 이를 위해 필자가 선택한 역사 서술 관점이 바로 '아래로부터의 역사(history from below)'이다.[13]

'아래로부터의 역사'를 추구한 역사가들은 지배층이 아니라 민중의 역사에 집중했다. 제2차 세계대전 이후인 1950년대 중반부터 노동운동이 성장하면서 마르크스주의자와 사회주의자들은 '민중사', 즉 '아래로부터의 역사'에 관심을 두었다. 노동계급 역사 연구에 치중하던 이들은 연구방법론과 서술의 기술적 문제에 직면하자 민중을 위한 역사의 전환을 모색하고 구술사, 미시사, 문화사, 문화인류학, 신문화사, 일상사, 심성사 등 다양한 방법론을 이용하기에 이르렀다. 이는 기득권자인 지배층의 관점에서 벗어나 피지배층 민중의 시각을 통해 진정한 역사의 의미를 새롭게 찾아보기 위함이다. 말하자면 '아래로부터의 역사'는 지배층의 지배를 받고 살아간 민중들의 역사를 재구성하는 작업이다. 현대 역사학에서 '아래로부터의 역사'에 새로운 방법론을 제공한 클리퍼드 기어츠(Clifford Geertz)는 문화 해석을 통해 하층민들의 사회적 표현 형태를 서술함으로써 당대 사람들의 역사적 경험과 생각이 문화로 표현되었음을 논증했다.[14] 또 '미시사'는 사회 전반적인 구조나 정권 교체, 전쟁, 폭동 그리고 거대한 사회 변화를 연구하고 기록하는 방식에서 탈피해 민

---

13 '아래로부터의 역사'의 의미는 Frederik Krantz, *History from below: Studies in the Popular Protest and popular Ideology*(Oxford: Blasckwell Publishers, 1988), pp. 13~28을 볼 것.

14 Clifford Geertz, *The Interpretation of Cultures*(New York: Basic Book, 2017), p. 9.

중들의 일상적이고 소소한 이야기를 중심으로 역사를 서술하여 지배층에 의해 가려진 당시 하층민들의 삶의 자취를 추적하고 발굴해냈다.

마르크스 사상이 대두하고 근대 민주화 시대를 맞아 민중이 주인이 된 오늘날 역사의 주체는 바로 시민(市民)이다. 여기서 시민은 신분이 아니라 국가의 구성체인 국민, 즉 자본가와 노동자이다. 그러므로 '미시사'는 사회구조 속에 인간을 가둬두고 연구하는 역사가 아니라 인간을 구조에서 해방함으로써 과거 속의 인간을 연구하는 역사학이다.[15] 이러한 '미시사'의 서술은 주목받지 못한 평범한 사람들의 삶을 발굴해 그들의 삶에 관한 이야기를 찾아 그 시대상을 추적한다. 거대한 사회구조의 틀에서 벗어나 '시간 속의 인간에 관한 학문'을 추구한 '미시사'는 의미가 없는 역사적 사건에서 의미를 찾는다.[16] 역사의 망각 속에 묻혀 있던 민중의 이야기가 우리에게 어떤 의미인가에 관한 이해는 곧 오늘 우리 시대의 진정한 역사적 가치가 무엇인가를 알려준다.

그렇다면 왜 인명진인가. 그는 영등포산업선교회에서 우리 사회의 가장 밑바닥 계층인 공장 노동자들과 자신의 인생 여정을 함께한 인물이다. 특히 이들 여성 노동자들은 학업도 중단한 어린 청소년 시기에 가난한 가정을 돕기 위하여 공장에 취업한 소위 '여공'들이었다. 이들은 작업환경이 매우 열악한 공장에서 휴일도 없이 하루 10시간의 고된 노동과 온갖 부당한 대우를 받으며 살면서 우리 경제발전에 큰 기여를 했던 계층이다. 그러면서 이들 어린 소녀들은 독재와 착취 노동에 맞서 인간

---

15 이에 관하여 다음을 보라. Marc Bloch, *Apologie pour l'histoire ou métier d'historien* (Paris: Dunod, 2020).

16 대표적인 것이 Carlo Ginzberg, *The Cheese and the Worms: The Cosmos of a Sixteen-Century Miller*(Baltimore: The Johns Hopkins University Press, 2013).

답게 살고자 온갖 폭력적인 탄압에도 굴하지 않고 굳세게 싸웠다. 기득권을 누리던 당대의 지식인이나 사회 지도층들이 그들에게 아무런 관심을 주지 않았던 냉혹한 그 시대, 인명진은 한국 최초 노동계급 운동의 주인공인 이 어린 '여공'들과 더불어 고난의 삶을 살아간 우리 현대사의 가장 상징적인 인물 중 하나이다. 그는 이 어린 소녀 '여공'들이 일으킨 민주화 혁명의 불길 한가운데에 있었다. 이런 점에서 인명진의 인생 여정은 이른바 '아래로부터의 역사' 그 자체이다.

또 오늘날 노동자의 권익이 보장되고 사회적 약자가 보호받는 정의롭고 평등한 세상이 실현된 것도 바로 이들 어린 소녀 노동자 '여공'들과 인명진의 피나는 투쟁의 결과였다. 이렇게 인명진은 우리 사회의 최하층 계급의 민중과 모든 고난을 함께 나누면서 어용노조를 개혁하여 노동자를 위한 민주노조운동을 이끌었다. 특히 인명진은 한국 역사상 최초로 의식화 교육을 통해 이들 '여공'들에게 노동자 계급을 자각하게 해줌으로써 노동자 스스로 노동운동을 전개하도록 하여 오늘의 민주노조를 발전시켰다.

여기에 그치지 않고 인명진은 박정희 군사독재정권의 붕괴 이후 문민정부 시대가 열리자 국가 개혁에 참여하여 국가 행정체제를 과감하게 고쳐 민주정치의 기초를 닦는 데 많은 공헌을 했다. 특히 한국 현대 정치사에서 '촛불혁명'이라는 획기적인 사건으로 진보와 보수의 균형이 붕괴되어 한국 정치의 위기에 직면했을 때, 인명진은 누구도 나서지 않으려 한 보수 정당의 개혁을 단행하여 이를 간신히 회생시켰다. 이로써 그는 한국 정치가 위기를 극복하고 민주적인 정권 교체와 선진정치를 확립하는 데 희생적으로 헌신하면서 모든 사람의 허물을 홀로 졌던 예수 그리스도처럼 사랑의 정신을 실천했다. 그런데도 그 어떤 공도 내세우지 않고 노동운동가로서, 그리고 인간 개혁 운동의 선구자로서 평범한 목회자의 삶을 살아갔다. 인명진은 사회개혁을 위한 시민운동을 비롯해 환경운동에 참여하고, 무엇보다 투철한 기독교 신앙관에 기반을 둔 예수를 닮은 '인간'을 양성하여 정의로운 사회를 건설하는 데 일생을 바쳤다. 이처럼 인명진은 한국 현대사의 중심 인물이었다.

　　역사는 교훈적인 과거 이야기에 머물지 않고 미래지향적으로 창조해나가는 것이다. 그러므로 인명진 탐구를 통한 한국 현대사는 인명진이란 한 인물의 '개인사'가 아니라 오늘 우리가 살아가고 있는 현재의 역사적 의미를 보여줄 뿐 아니라 미래 역사를 향한 지침이 될 것이다.

2025년 2월, 필자 임종권

차례

제1장

두려움과 공포의 그늘에서 태어나다

해방정국

인명진은 1945년 6월 1일 충남 당진군 석문면 삼화리에서 증조부로부터 이어온 독실한 기독교인이며 부농 집안 출신인 부친 인치희 장로와 어머니 홍경희 권사의 6남매 중 장남으로 태어났다.

  "저는 부유한 대농 집안에서 태어났는데 증조할머니 때부터 예수를 믿기 시작하여 대대로 우리 집안 모든 사람이 기독교인이어서 목사, 장로, 권사가 된 분들이 수두룩하지요. 그러니까 저는 보수적인 기독교 신앙의 뿌리를 갖춘 집안에서 태어났기 때문에 신학교에 들어간 것도 맏아들은 하나님께 바쳐야 한다고 한 집안의 신앙적인 신조 때문이었어요."[1]

인명진은 목사라는 성직자로서의 삶이 이렇게 운명적으로 주어졌다고 여겨왔다. 이러한 운명론적인 자각은 그의 목회 활동에서 여실히 드러난다. 예컨대 그가 목회를 시작할 때 한국의 기독교는 최고의 성장을 누리고 있었다. 교회를 개척만 하면 금세 교인들로 가득 찼다. 교회가 부흥하면 목사는 경제적인 풍요뿐만 아니라 사회적인 지위도 높아져 많은 사람에게 존경을 받았다. 오죽하면 1970년대 중반 이후 목사가 당시 결혼 상대 선호도에서 1위를 차지했을까. 그런 기회를 외면하고 그가 소위 '빨갱이'라는 편견 속에서 가난과 핍박을 겪으며 노동자의 인권을 위

---

1 「인명진 구술녹취 전문」, 제1차(2011. 1. 6.), 김명배 엮음, 『영등포산업선교회 자료집(Ⅷ)-인명진 목사 개인 자료』, 영등포산업선교회·숭실대학교 문화선교위원회, 2020, p. 291.

해, 그리고 군사독재정권에 맞서 민주화운동에 헌신한 것은 자신이 하나 님에게 바쳐진 사람이라는 생각 때문이었다. 그가 태어나고 두 달 후 8월 15일 일본이 마침내 태평양전쟁에서 패배해 미국에게 항복함으로써 36년간의 긴 일제 식민통치가 끝나고 조국이 해방되었다.

"이 강토는 태극기의 물결이었다. 온 산하는 감격의 눈물바다였다. 집집마다 골목마다 행길마다 남녀노소 가릴 것 없이 덩실덩실 춤추며 뒹굴었다."[2]

한반도 밖에서 피의 전쟁이 폭풍처럼 세상을 휩쓸고 지나간 다음에 찾아온 해방이었다. 혼란스럽고 긴 어둠의 터널을 마침내 빠져나온 조선 사람들이 한목소리로 외친 환희와 감격의 만세 소리가 태극기 물결을 타고 한반도를 뒤덮었다. 그러나 이 기쁨의 이면(裏面)에서는 이전에 겪어보지 못한 공포와 어둠이 한반도로 몰려오고 있었다. 모두가 막연한 공포감과 무기력한 자기분열에 빠진 가운데 잡다한 소문이 나돌았다. 그 소문이 더 공포감을 조성했다. 조선의 해방정국은 누구에게는 공포이고 누구에게는 희망이었으며, 그리고 누구에게는 막연한 두려움이 앞섰던 시간이었다. 조선이 망할 때처럼 해방 세상이 누구에 의해 어떤 방식으로 결정될 것인지, 그 두려움에 대한 답은 아무도 몰랐다. 행여 다시 과거의 신분제 세상으로 돌아갈 것인가. 아니면 누구나 인간으로 대접을 받고 살 수 있는 평등한 세상이 건설될 것인가. 이렇게 각자가 느낀 막연한 두려움 속에서 갖가지 소문으로 인해 해방 직후의 나날은 그늘이 점점 짙게 드리워갔다.

---

2 김병걸, 『실패한 인생 실패한 문학: 김병걸 자서전』, 창작과비평사, 1994, p. 97.

그것은 끝내 해방의 두려움이 불러온 동족상잔의 비극과 남북 분단, 그리고 친일, 반공, 독재, 착취로 이어진 어두운 한반도의 현대사였다. 이제 조선 사람들은 자주독립이냐 아니면 신탁통치라는 이름으로 다시 외국의 통치를 받아야 하느냐 하는 갈림길에 서게 되었다. 그리고 다시 조선은 공산주의와 자본주의란 이념의 선택을 놓고 또 다른 분열과 갈등을 겪어야 할 운명에 놓였다. 이것이 해방 직후의 현실이었다. 해방을 맞은 조선에는 안개에 가려진 미래만 있을 뿐, 어떤 조선이 수립될 것이며 또 그 조선에 어떤 국민이 살 것인지, 국가와 국민에 대한 새로운 미래상은 아직 제시되지 않았다. 조선이 망하고 36년 동안 일제 식민통치를 받았던 한반도 주민들은 한 번도 새로운 정치체제, 즉 공화정을 경험해보지 못했다. 이들이 경험한 체제는 양반과 상민, 그리고 노비와 천민으로 서열화된 반상제(班常制)라는 신분제와, 이어진 일제의 식민통치가 전부였다. 그러니 조선인들이 왕조 외에 민주주의라는 공화제의 새로운 근대 정치체제에 대해서 알 턱이 있었겠는가. 일제강점기에 일부 지식인이 수용한 민주주의를 바탕으로 한 공화정은 사회주의, 공산주의 그리고 자본주의였다. 대부분 일반 민중들은 한 번도 경험해보지 못한 이러한 근대 정치체제를 알 리가 없었다. 양반 출신 독립운동가 지식인들이 꿈꿔온 미래 조선의 정치체제는 단순히 공화정이라는 근대국가 이념의 틀 속에서 계획되었을 뿐이다. 근대 정치체제에 무지했던 한반도의 민중들이 해방되면서 가장 두려워했던 점은 바로 과거 신분제 체제로 회귀하지 않을까 하는 것이었다. 노비제는 1894년의 개혁으로 폐지되었으나 그 후로도 여전히 양반과 상민, 천민으로 서열화된 사회적 전통이 사라지지 않고 있었다.[3] 이러한 사회적 분위기와 민중들의 정서 속에서 해방된 한반도의 새로운 미래상은 민중이 주인으로서 계획해나간 것이 아니라 독립운동가와 지식인들의 각자 다른 이념과 사상에 따라 진행되고 있었다.[4] 이것이 한반도의 갈등과 분열의 원인으로 작용했다. 한반도의 민중들이 정치체제에 대하여 경험한 것은 이처럼 조선의 봉건적 신분제와 일제 식민통치의 관료제가 전부였다. 말하자면 조선의 식민통치는 의회도 없이 임명된 관리들이 한반도를 통치한 중앙집권적인 관료적 행정체제였다.[5] 이런 관료적 식민통치체제는 1945년 해방 시기까지 변하지 않고 유지되어 조선인들은 정치 경험과 능력을 쌓을 수 있는 일

3 갑오개혁은 조선이 자발적으로 단행한 것이 아니라 일본의 강요로 이루어진 개혁으로 조선 사회에 큰 변화를 가져왔다. 사회적으로 큰 변화는 인신매매와 노비 제도를 폐지하고 천민 계급인 공대, 백정, 역정 등을 모두 천민 신분에서 벗어나게 한 신분제 개혁이었다. 이로써 양반과 평민의 구분도 공식적으로 없어졌고 과거제도 폐지하여 누구나 능력에 맞는 일을 할 수 있도록 법으로 정했다. 이기백, 『한국사 신론』, 일조각, 1999, p. 315.

4 해방 이후 1948년 한반도의 정치체제는 일제 식민통치에서 얻은 정치적 경험과 여러 정치 세력의 관계로부터 많은 영향을 받은 결과이다. 일제 식민지배하에서 조선 사회에는 성격이 판이한 두 개의 역동적 대중 정치 운동의 맹아적 흐름이 형성되었는데 그 하나는 일제의 식민지배에 매우 저항적인 흐름이었으며, 다른 하나는 역으로 일제 식민지배에 적극적으로 밀착해 들어감으로써 자신의 이익을 확장해나가는 흐름이었다. 그 같은 이중적 역동성의 구조는 해방 후에도 투영되어 거대한 대중적 정치 경쟁의 공간을 만들어냈고, 1948년 체제의 특징을 강력하게 규정하였다. 해방 공간의 정치는 본질에서 식민지배하에 형성된 역동적 저항의 전통과 역동적 순응의 전통 사이의 전면적 대결로 특징지어졌으며, 1948년 체제는 이런 투쟁을 통한 배제와 타협의 산물이었다. 고원, 「역동적 저항-역동적 순응, 이중성의 정치: 48년 체제의 역사적 기원과 전개」, 『한국정치연구』, 제20집, 제3호, 서울대학교 사회과학연구원, 2011, pp. 29~53.

5 일본군 외에 식민통치 시기 마지막 10년 동안 약 24만 6,000명의 일본 공무원과 전문가들이 2,100만 명의 조선인을 통치했다. 1937년에 전체 인구가 1,700만 명이었던 베트남의 경우 프랑스가 2,920명의 행정 요원과 1만 1,000명의 정규군으로 통치했고, 영국이 대부분의 식민지에서 인구 비례를 따져볼 때 훨씬 적은 수의 행정력과 군사력으로 통치한 것과 비교하면 대단히 큰 규모였다. 브루스 커밍스 (Bruce Cumings) 지음, 김동노 외 옮김, 『브루스 커밍스의 한국현대사』, 창작과비평사, 2001, p. 218.

체의 기회를 얻지 못했다. 최초의 근대적인 주권재민의 민주주의적 공화정 정치체제는 3·1운동 이후 상해임시정부가 수립되면서 채택되었다. 1919년 4월 수립된 상해임시정부는 왕의 주권을 부인하고 국민주권 국가의 수립을 선포하였다. 그리고 상해임시정부가 채택한 헌법은 권력 분립과 시민권 사상을 규정함으로써 조선왕조 체제가 제도적으로 종식되었음을 밝혔다.[6] 그러나 일제 식민통치 체제에서 조선인들의 저항과 순응이라는 상반된 두 개의 정치적 성향은 해방 공간에서 나타난 치열한 갈등과 대립 및 분열의 씨앗이 되었다.[7] 한쪽은 좌익, 한쪽은 우익 정치세력으로 갈라져 서로 주도권을 차지하기 위해 첨예한 정치적 투쟁을 벌였다. 이런 정세 속에서 일본군의 무장해제를 위해 남한에는 미군이, 북한에는 소련군이 진주하여 북한에는 소련군정, 남한에는 미군정이 시작됐다.

  이런 가운데 소련이 점령한 북한은 미군이 통치한 남한보다 먼저 신인간(新人間)이라는 새로운 조선인의 모습을 제시하였고, 이것은 오랫동안 북한 정부의 과업이 되었다. 부정적인 인물이 아니라 긍정적인 인물이 바로 신인간이었다. 신인간은 새 시대를 창조하려는 열망에 가득 찬 유용한 인간인 반면, 늙은 인간은 무용한 인간이었다. 낡은 시대를 무너뜨리고 새 시대를 건설하는 것이 프롤레타리아의 목적이므로 유용한 인간과 무용한 인간은 극단적으로 대립적 관계를 갖게 되었다.[8] 이렇게 북

---

6 박명림, 「한국의 초기 헌정체제와 민주주의」, 『한국정치학회보』, 제37집, 제1호, 한국정치학회, 2003, p. 116.

7 고원, 앞의 글, p. 39. 해방 후 한국의 사회 상황은 하지 장군의 국무부 정치 고문인 메럴 베닝호프(Merrwl Benninghoff)가 워싱턴에 보낸 보고서에 나와 있듯이 "불꽃만 튀어도 폭발할 화약통"과 같은 것이었다. 김택권 지음, 『미국 비밀문서로 읽는 한국 현대사 1945~1950』, 맥스미디어, 2021, pp. 131~135.

8 혁명을 주제로 삼은 이 인간론은 식민지 시대 프롤레타리아 문학을 거쳐 북한 문

한은 낡고 늙은 인간을 새로운 인간으로 개조하는 것을 새 시대를 여는 조건으로 삼으며 인간중심주의를 내세웠다.

반면 남한에서는 공산주의자와 민족주의자의 대립이 점점 첨예화되어 가는 가운데 송진우 등의 한국민주당, 안재홍 등의 국민당, 여운형 등의 조선인민당, 박헌영 등의 조선공산당을 위시한 50여 개 정당이 난립한 복잡한 정세 속에 사회적으로 극도의 혼란과 갈등이 빚어지고 있었다.[9] 여기에 경제적으로 일본에 종속되어왔던 까닭에 해방과 더불어 경제적 타격을 피할 수 없었다. 또 중국과 일본 등에서 귀국한 인구가 200만 명이 넘어서 실업자가 넘쳐나 그야말로 남한 사회는 가난과 사회적 혼란

학의 전제가 되었다. 북한 문학에서 긍정 인물은 다가올 미래를 선취한 신인간이어야 했고 긍정적 단초를 가진 인물이 신인간으로 성장하는 과정을 그리는 일이 북한 문학의 중요한 의무였다. 신형기, 「신인간-해방 직후 북한 문학이 그려낸 동원의 형상」, 박지향·김철·김일영·이영훈 엮음, 『해방 전후사의 재인식 1』, 책세상, 2006, pp. 699~700. 예컨대 미국은 영국으로부터 독립한 후 유럽 국가들과 확연히 다른 민주주의 국가를 만들었고 이와 함께 미국 건국의 아버지 벤저민 프랭클린(Benjamin Franklin)은 새로운 미국인으로 '완벽한 인간'이라는 새로운 모습을 제시했다. 이 새로운 미국인 상을 세운 것은 유럽인을 향한 것이었다. 그가 유럽인에게 보여준 미국인의 모습은 그들과 비교할 수 없이 우월한 것이었다. 최정운, 『한국인의 발견: 한국 현대사를 움직인 힘의 정체를 찾아서』, 미지북스, 2016, pp. 46~47.

9 북한에서도 여러 좌파 정치세력들이 서로 해방정국의 주도권을 잡기 위해 격렬한 경쟁을 하고 있었다. 예컨대 해방 직후 북한 지역에는 항일 빨치산파, 소련파, 연안파, 국내 공산주의 세력, 국내 민족주의 세력 등 다양한 세력이 경쟁하고 있었다. 공산주의 계열 가운데 한국 공산주의 운동의 역사적 맥락에서 정통성을 가진 쪽은 국내 공산주의 세력과 연안파였다. 이들 두 세력에는 1925년부터 1928년까지 조선공산당 창건 또는 재건 운동에 참여했던 인물들이 참여하고 있었다. 항일 빨치산파와 소련파는 한국 공산주의 운동과는 관련이 없는 신진 세력이었다. 해방 직후 세력 간 경쟁과 갈등은 주로 항일 빨치산파와 국내파 사이에서 발생했다. 이들 두 세력 간의 경쟁은 권력투쟁의 성격을 지니고 있었으며, 이는 이념과 국가 발전 전략에 있어서 분명한 차이에서 오는 것이었다. 북한을 사회주의국가로 건설한다는 데 있어서 같은 이념적 방향성을 가지고 있었지만, 그 구체적인 내용은 매우 달랐다. 국내파는 주로 항일 빨치산파와의 대립 관계 속에서 자신의 이념과 전략을 보다 분

이 뒤섞인 절망적인 상황이 전개되고 있었다.[10] 윤세중은 해방의 그날을 이렇게 묘사한다.

"외치는 순간 그의 얼굴은 괴롬과 울음의 상징이었다. 무서운 괴로움에서 무서운 슬픔에서 탈출을, 해방을 부르짖는 비상한 외침이었다. 그는 확실히 해방의 기쁨을 믿지 않은 것 같았다."[11]

이렇게 갑작스러운 해방은 조선 사회를 더욱 혼미하게 만들었다. 해방의 기쁨도 잠시, 며칠이 지나자 약탈과 파괴가 잇달았다. 눈에 보이는 것들을 모두 부수고, 특히 일제 관리들이 물러난 공공건물의 재물들을 약탈하는 일들이 빈번하게 일어났다. 일본인 거주지는 말할 것도 없이 약탈의 대상이 되었다. 공권력이 사라졌으니 서울의 거리는 그야말로 무법천지가 되어버린 것이다. 해방 직후 강도나 절도, 살인 등의 죄목으로 갇힌 죄수의 수는 해방 직전과 비교하면 두 배가량 늘었다.[12] 이런 범죄의 증가는 일제 패망으로 사회 기강이 해이해진 까닭이 아니라, 해방

명하게 드러냈는데, 자본가와 민족주의적 지주도 제외하고 순수 노동자·농민 중심으로 국가를 건설해야 한다는 인민전선론, 직업동맹(노동조합)은 철저하게 노동자들의 이익을 대변하는 조직으로 남아야 한다는 직업동맹독립론 등은 항일 빨치산파의 주장과는 판이한 것이었다. 항일 빨치산파는 노동자뿐만 아니라 민족자본가와 지주들도 국가 건설에 참여시켜야 한다는 통일전선론, 직업동맹도 당의 지도를 받아야 한다는 당지도론을 내세웠다. 이에 대해서는 안문석, 「해방 직후 북한 국내 공산세력의 국가건설전략: 오기섭의 '인민전선'을 중심으로」, 『통일정책연구』, 제22권, 2호, 통일정책연구회, 2013, pp. 105~135를 볼 것.

10 이기백, 앞의 책, pp. 394~395.

11 윤세중, 「십오일 후」, 『예술운동』 창간호, 1945년 12월, pp. 84~85.

12 『동아일보』, 1946년 2월 7일 자.

에 의한 자유와 방종이 뒤섞인 결과였다. 도적질을 해도 잡아갈 경찰이 없고 약탈을 목격해도 이를 신고할 곳이 없었다. 이러한 해방 공간의 상황은 다음과 같이 묘사되었다.

"세태는 날로 혼란해지고, 사람과 사람의 관계는 악마적인 상태가 되어갔다. 각종 권력의 중심부와 주변에 기생하는 자들은 일본인이 남기고 간 나라의 부를 서로 찢어 나누어 먹고 있었고, 헐벗고 굶주린 조무래기들은 서로 속이고 뺏는 것으로 그날그날의 생존을 이어갔다. 날로 증가하는 이북으로부터의 월남민들이 모두 좁은 남대문 시장을 끼고 그 같은 결사적인 강육약식의 생존경쟁을 벌이고 있었으니 가장 교활하고 가장 파렴치한 자만이 정글의 법칙대로 적자생존의 명예를 누릴 수 있었다."[13]

그렇지만 해방 혼란기에 친일인사들의 행각은 파렴치했다. 이들은 모두 서울을 도피처로 삼아 몰려들었다. 이들은 남한에 자신들을 보호해줄 미군이 있다는 것을 알았다. 이런 혼란의 상황은 "홉스적 자연 상태(Hobbesian state of nature)가 일제 식민통치기를 가로질러 돌아온 것 같았다"라고 표현되고 있다.[14] 해방의 날이 오자 조선인 지도층은 과거 조선시대 사대부 양반들이 당파를 이루어 권력투쟁을 벌이듯 기다렸다는 듯이 저마다 당파를 이루고 수많은 정당을 만들기 시작했다.[15] 이런 정치

---

13 리영희, 『역정: 나의 청년시대(리영희 저작집 6)』, 한길사, 2006, pp. 122~123에서 인용.

14 최정운, 앞의 책, p. 52. 즉 홉스는 자연 상태에서 인간은 "만인의 만인에 대한 투쟁(Bellum omnium contra omnes, Hobbes, 1651)"만이 존재할 뿐이라고 말한다.

15 이러한 현상에 대해 미군정은 한국인들의 정치 지향적 성향을 지적한 것에서 알

분열증은 자연 상태에 놓인 해방 공간에서 각기 자신들을 보호하기 위해 나타난 현상이었다. 아니, 그보다 그 본질은 조선이 다시 살아난 것이라고 할 수 있다. 신분이 자본과 항일투쟁으로 바뀐 것이며, 이의 주체는 친일로 축적한 자본가와 모든 것을 바쳐 독립운동을 한 민족지도자들이었다. 이렇게 민족주의자와 공산주의자들이 서로 대립하는 중에 미국과 소련이 한반도에 진입한 것이다.

소련은 북한에 민정부(民政府)를 설치하고 미군은 남한에 군정청(軍政廳)을 설치해 각각 북한과 남한에서 치안과 행정 등의 실질적인 통치행위를 단행했다. 미군정은 최고사령관 맥아더의 포고문 1, 2호와 그 후 일련의 군정 법령을 통해 '주한미군사령부는 1. 통치권의 담당자로서 남한 내의 유일한 정부이다. 2. 미 본국 정부의 한 대리자로서 군사 점령자의 권한을 행사한다. 3. 남한의 사실상 정부로서 자치정부의 일반 기능을 담당한다. 4. 귀속재산의 소유자로서, 관리자로서, 장차 한국 정부의 피신탁자로서 활동한다' 등의 내용을 반포했다.[16] 이는 독자적인 군사 활동으로 해방을 쟁취하지 못한 조선은 해방자의 결정에 따라야 한다는 의미였다.[17] 이후 남한 정치체제는 전적으로 미국에 의해서 결정되었다. 북한도 소련의 결정으로 공산주의 체제로 결정되고 말았다. 이 결과 남한은 자주권을 획득하지 못하고 점령군 미군의 신식민지로 전락한 것이나 마찬가지였다. 이는 미군정이 임시정부나 그 어떤 정치세력도 인정하

수 있다. 강준만, 『한국 현대사 산책, 1940년대 편: 8·15해방에서 6·25 전야까지』, 제1권, 인물과사상사, 2006, pp. 94~95.

16 Ernst Fraenkel, *Structure of United States of Army Military Goverment*(22, May, 1984), pp. 9~10.

17 신복룡, 『한국분단사연구』, 한울아카데미, 2001, p. 147.

지 않은 것에서 드러나고 있다. 한편 북한에서는 소련의 지원을 받은 김일성이 북조선임시인민위원회를 조직하여 국내 공산주의 정파들을 모두 숙청하고 북한의 단일 공산주의 정치체제를 다져가기 시작했다.[18]

남한의 미군정은 좌익 세력이 결성한 인민공화국 정권 조직과 임시정부 등을 주권 행사 기관으로 인정하지 않았다. 미군정은 한반도에 반공의 보루를 구축하는 것 외에 관심이 없었으며 이를 위해 남한 정치세력의 갈등과 형성에 깊이 개입했다.[19] 이에 따라 미군정은 자국에 이익이될 정치세력으로 친일청산에 소극적인 이승만과 결탁한 한국민주당을 선택하였다. 해방 공간에서 각 정치세력은 오직 자기 세력의 정치 노선만 고집하면서 통일 의지를 보여주지 못했다. 이들은 각자 정권을 잡기위한 분열과 대립을 이어감으로써 엉뚱하게 미군정과 친일 세력의 결탁을 초래하고 만 것이다.[20] 결과적으로 미군정은 일제 식민통치를 대신하였고 식민통치 기구를 그대로 유지해 친일관료집단을 대거 영입했다. 그리고 미군정은 법령조차 식민통치 법령을 그대로 시행함으로써 일제 강점기와 다를 바 없게 되었다.[21] 더욱이 1945년 12월 모스크바3상회의

---

18 국내 공산 세력이 스스로 정치 노선을 펼치지 못하고 김일성 세력에 의해 붕괴한 원인은 무엇보다 하나의 그룹으로 통일되지 못하고 분열된 데 있었다. 오기섭을 중심으로 활동했으나 결속력이 약했던 이들 공산 세력은 김일성의 소련과의 협력과 그의 권력 강화에 대해 분개했으나, 국내외 정세를 정확히 파악하면서 반대 세력과 대항하기 위한 면밀한 전략은 마련하지 못했다. 안문석, 앞의 글, p. 130. 북한 국내 공산 세력의 김일성 세력과의 경쟁에서의 패배 원인에 대해서는 서대숙 저, 현대사연구회 역, 『한국공산주의 운동사 연구』, 이론과실천, 1985, pp. 292~298 참조.

19 안진, 『미군정기 억압기구 연구』, 새길, 1996, p. 61.

20 이헌환, 「미군정기 식민잔재 청산 법제 연구」, 『법사학연구』, 제30호, 한국법사학회, 2004, p. 54.

21 미군정은 행정기구와 경찰 조직, 국방경비대 사법체제를 개편하였으나 식민통치 기구를 중앙집권화로 강화하였고 관료도 친일 식민관료들과 한민당계 극우 세력

에서 미국, 영국, 소련의 외상들이 한국 문제 해결 방안으로 미국, 영국, 중국, 소련 등 4개국이 한반도를 5년간 신탁통치하기로 가결하자, 이에 대한 찬반을 두고 한반도에서는 격렬한 갈등과 대립이 벌어졌다. 한반도의 분단을 고착시킨 요인으로 작용한 신탁통치 문제를 두고 우파와 좌파 정치세력은 각기 다른 찬반운동을 전개했다.

먼저 반탁을 주장한 임시정부(임정) 세력은 한국에 대한 국제공관론이 민족자결주의에 어긋나며, 오랜 역사를 지닌 한국은 식민지 시기에도 끊임없이 항일운동을 해왔기 때문에 자유독립국가를 건설할 충분한 능력이 있다는 반대 논리를 폈다. 이런 논리를 갖고 임정은 주요 외교 대상국이었던 미국과 중국에게 한국의 즉시 독립을 지지할 것을 요청하기도 했다.[22] 이승만은 귀국 성명에서 이념 차이를 넘어 좌우합작을 호소한 후 1945년 10월 23일 서울 조선호텔에서 각 정당 대표 200여 명이 참석한 가운데 자주독립을 촉구하기 위한 '독립촉성중앙협의회'를 결성했다. 이념을 뛰어넘는 대동단결을 호소한 독립촉성중앙협의회는 신탁통치 반대를 주도하면서 우익 세력을 결집해나갔으며 이승만은 이 단체를 발판으로 삼아 국내 정치 활동을 전개해나갔다.[23] 그리고독립촉성중앙협의회는 11월 2일 발표한 결의문을 통해 "미소에 의한 남북 분할 점

으로 충원해 미군정의 지시에 따라 정렴 정책을 수행하게 했다. 태평양 미 육군사령부 포고 제1호 제2조. 또 미군정은 민사법 분야나 명시적으로 폐지한 법령 외에는 조선 형사령에 의한 일제 의용 형사법을 그대로 유지하였다. 미군정기 법령에 대해서는 김영수, 『한국 헌법사』, 학문사, 2000, pp. 38~395를 보라.

22 그러나 반탁운동은 국제정치적으로는 소련과 협상을 통한 한국 문제의 해결이라는 미국의 의지를 약화시키는 결과를 가져왔다. 한진욱, 「해방 직후 임정 세력의 반탁운동에 관한 고찰」, 『사회연구』, 제6권, 제1호, 한국사회조사연구소, 2005, p. 63.

23 최영희, 『격동의 해방 3년』, 한림대학교 아시아문화연구소, 1996, p. 71.

령의 중대 과오는 우리가 자초한 바가 아니요, 우리에게 강요된 바이며, 조선 신탁통치 제안은 새로운 중대 과오가 될 것이다"라고 신탁통치 반대를 표명했다.[24] 임정의 김구도 이에 호응함으로써 반탁운동은 우파 세력이 총결집하게 한 원동력이 되었다.[25]

　찬탁을 주장한 좌익 계열은 1945년 12월 30일 별도로 반파쇼공동투쟁위원회를 조직하여 12월 31일에 신탁통치 철폐 요구 성명을 발표했다. 이어서 조선인민공화국(인공) 대표는 임정 대표와 만난 자리에서 조선 민족 통일을 위하여 인공과 임정을 모두 해체하고 통일위원회를 설치할 것을 제안하였다. 이러한 인공 측의 제안에 대해 김구가 임정을 확대 강화하여 통일 정권을 수립하자고 제안한 양측의 통일 공작이 무위로 돌아감으로써 마침내 1월 6일 인공과 임정 간의 회합이 결렬되어 통일을 위한 노력은 실패하고 말았다. 좌익 정치세력은 임정 세력이 강렬하게 대중들의 반탁 정서를 자극함으로써 반탁운동의 주도권을 잡아가자 이러한 임정 세력을 비판하고 견제했다. 그러면서 좌익 정치세력은 반탁에 관한 분명한 태도를 보이지 않은 채 민족통일전선의 결성이라는 입장만 반복했다. 이 상황 속에서 좌익 정치세력은 1946년 1월 2일 조선인민공화국 중앙인민위원회가 미·영·중·소 4개국에 3상회의 결정을 지지하는 전문을 보내고, 이에 조선공산당도 1월 3일 지지 노선을 밝히자 종전의 애매했던 태도를 버리고 3상회의 결정 지지 노선을 밝히게 되었다. 남한의 좌익 정치세력은 조선의 즉각적인 독립을 원하지만, 신탁통치가 독립을 위한 최선의 방책이므로 이를 지지한다는 입장이었다.

24　최영희, 앞의 책, pp. 80~81.
25　최영희, 앞의 책, p. 134.

그리고 다음과 같이 신탁통치에 대해 결론을 지었다.

"우리는 모든 정세를 판단할 수 있는 역량을 모아 이상과 같은 규정과 자기비판을 세우고 이번 모스크바 회담의 진보적 역할과 현 단계에서의 그 필연성, 정당성을 인정하는 동시에 우리 임무를 다음과 같이 규정한다. 신탁통치를 규정하여 문제를 해소하고 완전 독립을 하루라도 속히 달성하는 유일 최선의 방도는, 무모한 반탁운동이나 연합국 배척, 독선, 전제, 테러, 폭행이 아니다. 그것은 국제 정세의 몽매에서 기인하는 민족 자멸책이다. 우리는 도리어 모스크바 회담의 결정을 전적으로 지지하여 공동위원회 및 기타제 기관에 호의적으로 협력하고, 임시적 민주주의 정부 수립에 적극적으로 참여하는 것이야말로 독립을 촉진하는 유일 최선의 방법이라고 본다. 이러한 견지에서 중앙인민위원회는 친일파 민족반역자를 파시스트에 대한 무자비한 투쟁을 더욱 강렬하게 전개하는 동시에 정보 부족으로 인하여 지난날에 범한 오류, 반신탁의 태도를 솔직히 극복하고서 신탁반대위원회를 해산하고 세계 민주주의의 원칙과 합치되는 강력한 민족 전선에 총역량을 집중하는 한편, 모스크바 회담 결정에 의한 모든 국제적 활동에 적극적으로 참여할 것을 천하에 명시한다."[26]

그리고 좌익 정치세력은 대중들의 반탁 정서를 의식하여 찬탁이라는 표현을 삼가는 대신, 3상회의 결정 지지라는 표현을 사용했다. 1946년 1월 13일 좌우합작을 시도하기 위한 5당 회담이 열렸으나 결국 결렬되고 말

---

26 모스크바3상회의 결정에 대한 인공 중앙인민위원회의 결정서(1945. 1. 4.). 출처: 국사편찬위원회 한국사 데이터베이스.

았다.[27] 조선공산당을 비롯한 좌익 정치세력이 찬탁으로 급선회하면서 좌우합작은 결렬위기를 맞이한 것이다. 이들 좌우 정파는 신탁통치를 각자 유리한 쪽으로 해석해 찬성과 반대운동을 펼쳐 나갔다. 신탁통치 논쟁 이전에는 남한의 정치 구도가 민족 대 반민족의 구도로 갈등이 빚어졌으나 반탁 여론이 반소·반공 여론으로 변질되면서 사회적으로 좌우 분열이 더욱 격화된 결과가 초래되었다.[28] 이런 식으로 공포와 두려움에 휩싸인 해방정국이 끝나고 보니, 한반도는 남북으로 갈라진 두 개의 국가로 독립해 미국, 소련, 중국 등 주변 강대국들의 주도권 쟁탈전의 대상이 되어버렸다. 이것이 곧 해방정국의 한반도가 직면한 현실이었다.[29] 김구, 김규식 등 민족지도자들이 남북협상을 통해 단일 정부를

27 조선건국준비위원회(건준)는 진정으로 좌우합작을 추구하는 조직이 아니라 외양만 민족통일전선기구의 성격을 띠었을 뿐 우익과 중도파를 좌익의 뜻대로 조종하기 위한 조직이었다. 이에 따라 우익은 건준에 불참했고, 건준에 참여했던 중도파도 2주 만에 탈퇴했다. 결국, 1946년부터 전개된 건준의 좌우합작의 목적은 신탁통치에 반대하는 이승만과 김구를 남한 정계에서 축출하고 미국의 군정과 신탁통치 계획에 협조할 새로운 세력을 형성하기 위한 것으로 미국이 주선하고 배후 조종하여 등장하게 된 것으로 밝혀졌다. 좌우합작 운동을 추진한 미군정의 실무요원은 레오나드 버치(Leonard Bertch) 중위이며 미군정은 버치 중위를 통해 좌우합작 운동에 나설 사람들의 회합을 주선했고, 좌우합작위원회에 많은 자금을 지원했을 뿐 아니라 미군정 사령관 하지는 좌우합작을 전폭적으로 지지하는 성명을 발표하기도 했다. U. S. Department of State, *Foreign Relations of the United States(FRUS) 1946*, Vol. VIII(Washington: U. S. Government Printing Office, 1971), pp. 645~646, 698~699. 특히 건준의 구성 및 성격에 관한 자세한 내용은 양동안, 「「건준」과 「인공」의 결성 및 해체과정에 관한 연구」, 『한국의 정치와 경제』, 제3집, 한국정신문화연구원, 1993, pp. 283~296 참조.
28 임정의 반탁운동의 시작은 강대국에 의한 한국의 공동관리를 반대하는 강력한 민족주의적 저항이었다. 김정인, 「대한민국 임시정부의 환국과 정치세력의 대응」, 『대한민국 임시정부 수립 80주년 기념논문집』, 국가보훈처, 1999, p. 162.
29 해방정국이란 1945년 제2차 세계대전에서 일본의 패망으로 한국이 해방되고

수립하고자 노력했으나 실패로 돌아가자, 결국 미소 냉전체제에서 한반도의 주도권을 놓고 벌어진 좌우 정치세력 사이의 대립이 한층 격렬해짐에 따라 남북은 각기 이념에 의거한 체제를 선택하여 단독정부 수립이 추진되기 시작했다.[30] 1946년 8월 미군정청 여론국이 실시한 여론조사에서 '어떤 사상에 찬성하는가'라는 설문에 응답자의 14%가 자본주의, 70%가 사회주의, 7%가 공산주의, 8%가 모른다를 선택했다. 이 여론조사 결과에 따르면 해방 공간의 한국 사회는 사회주의 지향적인 좌파 이념이 압도적으로 우세했기 때문에 미국과 소련이 개입하지 않고 우리 스스로 독립 정부를 구성할 경우, 한반도 전체의 사회주의화가 진행되었을 가능성이 매우 컸을 것이다.[31] 그러나 이와 달리 1946년 미군정의

1948년 대한민국과 북한이 분리 독립국으로 등장한 해방-분단-독립-6·25전쟁까지 한반도의 정치 정세가 유동적이었던 시기를 지칭한다. 미국과 함께 현실적으로 한국 문제 처리에 관건을 쥐고 있는 국가는 소련이었다. 미국은 한반도에 대한 소련의 이해는 '중요한' 수준을 넘어 '절대적(vital)'인 것으로 평가했다. 소련은 일본과의 중립 조약으로 종전 직전까지 대 일본전에 참여하지 않았기 때문에 미국이 한국 문제를 논의하는 당사자는 아니었다. 그런데 소련의 대 일본전 참전 직후 예상외로 일찍 종전을 맞게 됨에 따라 얄타에서 루즈벨트와 스탈린 간의 구두양해가 한국 문제에 대한 연합국들이 합의한 가장 최근 행동지침서로 등장하며 소련은 한국 문제의 당사자로 한반도에 진주하게 되었다. 구대열, 「해방정국 열강들의 한반도 정책」, 『현대사 광장』, 제4호, 대한민국 역사박물관, 2014, pp. 16~17.

30 남북한의 단독정부 수립과 분단 상황에 직면한 좌우 정치세력들은 민족 내부의 동력에 의존하는 자주적인 방식, 무력이 아니라 협상에 의한 평화적 방식으로 통일정부 수립에 최선을 다했다. 즉 해방 후 통일 민족국가 건설을 제일의 과제로 생각했던 민족주의 독립운동 세력이 공산 독재나 독점자본주의를 모두 거부하는 중도적 입장에서 국제적인 냉전 질서에 저항하여 평화적 방식으로 자신들이 할 수 있는 것이 남북협상 운동이며 이후 그들의 노력은 5·30선거를 통해 정당한 평가를 받았다. 안철현, 「통합정부 수립 운동으로서의 1940년대 말 남북협상 평가」, 『사회과학연구』, 제31권, 제4호, 경성대학교 사회과학연구소, 2015, pp. 451~474.

31 강정구, 『분단과 전쟁의 한국 현대사』, 역사비평사, 1996, pp. 193~199. 이에 대해 정영훈은 "미군정의 설문에서 사회주의는 소련공산당이 말하는 사회주의가 아

여론조사에 관한 다른 연구에 의하면 오히려 남한인들의 정치 성향은 70%가량이 우익 인사 혹은 우익 정당을 지지했고, 절대다수가 신탁통치를 반대했으며, 정부 형태로는 대의민주주의와 삼권분립을 지지했다는 것이다. 특히 이 연구에 따르면 미소공동위원회에서 이승만과 김구를 제외하려는 소련의 태도에 대해 강력하게 반대한 것으로 보아 해방 직후 한국인의 정치 지향은 우익, 즉 서구민주주의라고 말할 수 있으나, 같은 여론조사에 나타난 남한인들의 경제 성향은 극단적인 공산주의도 극단적인 자본주의도 다 같이 배격하고 있었다.

따라서 남한인들은 분명하게 북한식의 토지개혁을 지지하지 않았으며 일본 기업에 대해서는 국유화에 찬성하고 있었으나, 일본의 토지에 대해서는 국유화와 사유화가 비슷하고, 남한 대지주들의 토지에 대해서는 유상매매에 대한 지지가 많았는데, 이것은 경제 정책에 있어서 온건한 유럽식 사회주의를 지향한다고 볼 수 있다는 것이다.[32] 이처럼 해방 정국에서 북한에서는 확고하게 공산주의 체제로 나아가고 있었으나 남

니라 공산주의에 반대하는 페이비언 사회주의나 사회민주주의를 의미하는 것"이라며 "당시 정치지형에서는 좌익이 아닌 중도파의 이데올로기였고 이러한 오류들을 바로잡아 미군정의 여론조사 결과를 해석하면, '당시 한국인들의 압도적 다수는 사회민주주의를 지지하면서 자본주의와 공산주의 중에서는 자본주의를 보다 선호하는 경향이었다'가 될 것"이라고 주장한다. 따라서 정영훈은 "해방 후 처음부터 외세간섭이 일절 없이 한반도의 운명을 한국인의 자주적 결정에 맡겼더라면, 한반도 전체에서 북한에서 전개된 바와 같은 일이 전개되지는 않았을 것이고, 오히려 오스트리아처럼 사회주의 지지 세력과 자본주의 지지 세력이 연합하여 공산주의 지지 세력을 제압했을 가능성이 크다"라고 주장하며 강정구의 한반도 사회주의화의 주장에 대해 비판한다. 정영훈, 「한반도 분단의 민족 내적 원인」, 『정신문화연구』, 제21권, 제2호, 한국학중앙연구원, 1998, pp 153~154.

32 박명수, 「1946년 미군정의 여론조사에 나타난 한국인의 사회인식」, 『한국정치외교사논총』 제40집, 제1호, 한국정치외교사학회, 2018, pp. 41~80.

한에서는 여전히 국가의 정체성을 두고 혼란이 거듭되고 있었다. 미군정이 시행한 여론조사에서 나타난 이 상반된 결과는 아직 남한의 민중들은 국가 정체성에 대하여 무지한 상태에 있었음을 보여준다. 또 다른 한편으로 남한의 민중들은 좌익 정치세력과 우익 정치세력의 격렬한 권력투쟁에 의한 정치 선전에 휘말려 있었음을 보여준다.

분단과 갈등─민족 시련의 시작

이렇게 혼란스러운 해방정국에서 인민공화국을 수립하여 남한 내 공산주의 좌익 세력의 결집으로 힘을 키워나간 좌파 중심인물인 여운형과 박헌영은 모스크바3상회의의 신탁통치안을 적극 지지한다는 찬탁운동을 벌이면서 좌우합작에 의한 남북 통일정부 수립을 위하여 이승만에게 동참을 강요했다. 그러나 이승만은 이들 좌파 세력을 적대하면서 반탁을 주장하고 남한만의 단독선거를 통한 단독정부 수립을 추진했다. 그리하여 이승만은 좌우합작을 반대하며 미국으로부터 단선에 의한 남한 단독정부 수립안을 승인받았다. 왜냐하면 이승만은 중국이 국공합작으로 결국 공산화되었듯이 좌우합작을 하게 되면 한반도 역시 공산국가가될 것이라고 염려했기 때문이다.[33] 이렇게 이승만은 남북 단독정부 수립안을 관철함으로써 1948년 대한민국 정부를 수립한 다음, 유엔총회로부터 남한 정부를 승인받기 위한 외교적 노력에 집중했다. 그리하여 마침내 대한민국이 한반도에서의 유일 합법 정통 정부로 유엔의 승인을 받았다.

그러나 한반도의 분단과 동족상잔의 원인이 된 남북 각자의 단독정부 수립은 우리 역사에서 가장 큰 불행의 씨앗이 되었다. 이승만이 1946년 6월 3일 전북 정읍 발언을 통해 남한 단독정부론을 제기했을 당시의 남한

---

[33] 중국의 경우 국공합작(國共合作)으로 대일항전을 전개했으나 해방 후 마오쩌둥의 중공군은 장제스의 국민당 정부를 내몰고 중국을 적화통일하고 말았다. 김을한, 『인생 잡기(김을한 회고록)』, 일조각, 1956, p. 136. 따라서 이승만은 "좌우합작은 민족의 자살을 의미하는 것"이라면서 좌우 연립정부의 수립을 적극적으로 반대하고, 우선 남한만이라도 독립정부를 수립할 것이라고 선언했다. 김을한, 앞의 책, p. 136.

과 북한의 정세는 실로 복잡했다. 북한은 이미 1945년 10월 28일 '북조선 5도 행정국'을 발족시킨 데 이어 1946년 2월 8일에는 '북조선 임시인민위원회'로 재발족하여 사실상 정부를 출범시켰다. 또 이 기관의 주도하에 1946년 3월부터 '무상 몰수, 무상 분배'의 원칙을 세우고 지주들의 토지를 몰수하여 이를 농민들에게 분배한 토지개혁이 단행되었다.[34]

해방 후 남한의 미군정은 조선총독부와 동양척식주식회사, 그리고 일본이 소유한 귀속재산을 접수, 관리하기 위해 1946년 2월 신한공사를 설립한 후 소작료가 총수확물의 3분의 1을 초과하지 못하게 규제하고 지주가 일방적으로 소작계약을 해제하지 못하게 하는 등 소유권을 중시한 자본주의적인 정책을 시행했다. 1948년 8월 15일 남한에서 대한민국이 수립되자 이승만 정권은 '농공균형입국'을 목표로 5개년 경제 회복 계획을 수립하여 자급자족적인 경제 기반을 세우기 위해 공업화를 추진했다. 그러나 이승만 정권은 미국식 자본주의와 민주주의를 맹목적으로 신봉한 나머지, 남한의 경제 정책도 미국의 경제체제를 답습하려 했으나 당시 남한의 여러 상황으로 인해 성공하지 못했다.[35]

---

34 북조선 임시인민위원회의 설립 목적은 북한에서 신속하게 사회주의를 실천한 다음, 그렇게 변화된 북한을 기지로 삼아 남한까지 사회주의 체제를 확대하는 것이었다. 북조선 임시인민위원회를 설치한 목적이 그러했기 때문에 임시인민위는 설립되자마자 북한을 '민주화'(즉 사회주의화)하기 위한 '민주개혁'에 착수했다. 임시인민위가 3월 하순 발표한 민주개혁의 종합계획인 '20개 조 정강'은 북한 사회주의화의 기초를 마련하기 위한 정치·경제·사회·문화 등 모든 분야의 중요 변혁조치들을 포함하고 있었다. 그중 가장 중요한 것은 토지개혁, 반동분자와 반민주주의자 제거, 학생과 성인을 상대로 한 사회주의 사상 주입교육 등이었고, 그중에서도 핵심적인 사업은 토지개혁이었다. 정영훈, 앞의 글, pp. 164~170.

35 김점숙, 「대한민국 정부 수립 초기, 경제부흥계획의 성격」, 『사학연구』, 제73호, 한국사학회, 2004, pp. 167~205.

남한의 토지개혁은 이승만 정부가 수립된 후 1949년 6월 21일 '농지개혁법'이 제정되면서 본격적으로 단행되었다. 해방 후 격심한 이념 갈등과 대립을 겪은 남한의 상황에서 자유주의는 체제의 위협이 될 수 있었다. 따라서 애덤 스미스적 자유방임주의는 당시 한국 현실에 적합하지 않아 농지개혁을 하지 않으면 농민이 공산당을 전폭 지지하는 것을 막을 길이 없다는 판단하에 토지개혁이 단행된 것이다.[36] 남한에서의 토지개혁은 북한과 달리 '유상매수, 유상분배'의 원칙에 의하여 소유 상한을 한 가구당 3정보로 하고 그 이상의 토지는 국가가 지가증권을 발급하여 매수했다. 그리고 소작농에게는 농지를 배분하는 대신 수확량의 30%를 5년 동안 현물로 상환하게 하고 토지상환증서를 발급했다. 이로써 지주제가 붕괴하게 되자 대부분 농민은 토지를 소유할 수 있게 되었다. 이에 대하여 인명진은 이렇게 회고했다.

"저희 집안은 만석꾼 대농이었어요. 그런데 농지개혁으로 지가증권을 받았는데 제가 기억하기론 그것을 수레로 실어 왔어요. 근데 같은 동네 농부가 도박으로 빚을 져서 분배받은 땅을 판다고 해서 저의 할아버지가 그것을 정부로부터 받은 지가증권을 모두 주고 샀는데 겨우 6마지기에 불과했어요. 그 땅을 어린 제가 물려받아 지금까지 소유하고 있는데 만석꾼 부농이 농지개혁 때문에 소농으로 전락한 셈이지요."[37]

---

36 유진오, 『헌법 기초 회고록』, 일조각, 1980. p. 29. 이승만 정권 초기에는 경제 정책의 목표가 균등경제였으나 6·25전쟁 이후 1954년부터 경제성장으로 경제 정책의 목표가 전환되어 시장경제로 나아갔다. 이를 실현하기 위한 수단으로 자유주의가 채택되었다. 채오병, 「이승만 정권의 사회정책, 1948-1958: 헌법제정과 개정을 중심으로」, 『사회이론』, 제46호, 한국사회이론학회, 2014, pp. 417~500.

37 농지개혁은 지주계급의 몰락을 초래할 정도로 지주에게 엄청난 피해를 주었을 뿐

이렇듯 농지개혁으로 인하여 인명진의 집안은 가장 피해를 많이 입은 몰락 지주로 전락하고 말았다. 이때부터 인명진의 삶은 사실상 궁핍한 상황에 처하게 된 것이다. 그가 후일 가난한 사람에게 깊은 연민을 갖게 된 것도 자신의 빈곤한 생활에서 비롯된 것이다. 아마도 이 시기 농지개혁은 부농들은 몰락하게 되고 소작농들은 대대로 가져보지 못한 자신만의 농토를 소유하게 됨으로써 남한의 민중들이 비로소 민주주의적인 자본주의 체제에 큰 호응을 보이는 계기가 되었다. 한편 원래 미·소가 합의한 한반도 정부 수립 방식은 모스크바3상회의 결정에 의한 임시정부 수립 계획이었다. 두 나라는 한국 임시정부 수립을 위하여 1946부터 1947년까지 2차에 걸쳐 미소공동위원회를 개최하고 여러 조건을 논의하였지만, 미국의 유엔 이관과 소련의 미·소 양군 동시 철수 주장으로 해결점을 찾지 못하는 등 각자 유리한 세력 구도를 놓고 이견이 거듭한 가운데 결국 어떤 합의도 만들어내지 못했다. 이리하여 한반도 문제는 1947년 11월 유엔으로 넘어가 이듬해 2월 유엔 소총회가 인구 비례에 의한 남북선거 실시를 결정함으로써 남북분단은 점차 현실로 나타나기 시작했다. 1948년 2월 26일 유엔 소총회가 남한에서의 선거와 남북

아니라 지주 토지자본의 산업자본화에도 성공하지 못했다. 박명호, 「한국 농지개혁의 파급효과: 농민 생활을 중심으로」, 『비교경제연구』, 한국비교경제학회, 제22권 2호, 2015, pp. 2~36. 한편 지가증권의 가격은 6·25전쟁을 겪으면서 급격하게 하락하여 휴지화되고 말았다. 김성호, 『농촌사회의 변동과 농지 제도의 연구』, 한국농촌경제연구원, 1992, p. 7. 농지개혁으로 인한 지주계급의 몰락과 귀재불하(歸財拂下)를 통한 신흥 부르주아지의 대두, 그리고 일부 지가증권을 활용하여 새롭게 산업자본가로 변신한 경우 등 해방 이후 한국 사회의 지배세력에 대대적으로 구조 개편이 일어났다. 그러나 인플레로 인하여 지가증권은 휴지화하여 지주들의 몰락을 초래했다. 정미애, 「해방 이후 농지개혁이 지주계급의 변화에 미친 영향에 대한 연구」, 이화여자대학교 석사학위 논문, 1991.

분단 정부 창설을 재가한 결의안을 채택하자 소련은 이 선거를 막고 아울러 북한에 공산주의 정부를 수립하기로 결정했다. 이에 따라 소련과 북한 공산주의 세력은 그해 4월 남북의 다양한 정치세력들이 참가한 '남북 제 정당 사회단체 연석회의'를 개최하여 정치적 정당성을 확보하면서 막후에서는 북한 정부 수립을 위한 절차를 진행하였다. 마침내 1948년 5월 10일 남한에서 단독선거가 치러지자 북한 역시 정부 수립 명분을 획득하게 되었다.[38] 이처럼 남북 좌우 정치세력은 각기 주도권을 쟁취하기 위하여 상호 협력을 통해 통일 정부를 세우기보다 경쟁과 분열, 갈등과 대립으로 일관했다.

그리하여 북한은 공산주의 체제인 조선민주주의인민공화국 정부를, 남한은 자본주의적 자유민주주의 체제인 대한민국 정부를 각기 수립함으로써 한반도는 두 개의 국가로 분단되고 말았다.[39] 사실 한반도의 분

---

38 기광서, 「북한 정부 수립 문제와 최고인민회의 선거」, 『평화연구』, 2017년 가을호, pp. 5~42.

39 그레고리 헨더슨(Gregory Henderson)은 분단국가(divided nation)와 분립국가 (partitioned country)를 각기 다른 범주로 구분하여 설명한다. 그에 따르면 분단국가들은 뚜렷한 인종적 동질성, 공통된 역사적 전통, 성공적인 정치적 통일의 경험을 공유하고 있음에도 불구하고 전쟁 이후 한반도처럼 강대국들에 의하여 인위적으로 두 개의 정치 단위로 분리된 국가들이다. 분립국가들은 같은 정치 단위에서 거주하고 있던 집단들 사이에서 인종적 언어적 종교적 갈등으로 인하여 야기된 내부적 원인에 의하여 형성된 분단국들로서 이는 대체적으로 식민주의 제국의 붕괴와 연관된다. Henderson, Gregory, Richard N. Lebow and John G. Stoessinger, *Divided Nations in a Divided World*(New York: David Mckay Company, Inc., 1974), p. 434. 오늘날 남북분단은 냉전체제가 해체되던 1991년 남과 북이 동시에 유엔 가입을 하면서 남북기본합의서를 통해 '나라와 나라 사이의 관계가 아닌 통일을 지향하는 과정에서 잠정적으로 형성되는 특수관계'라고 규정하였다. 대외적으로는 두 개의 국가이지만 한반도 안에서는 하나의 국가를 지향한 특수관계의 상호 모순되는 분단체제를 공식화한 것이다. 백낙청은 "현재 한반도의 분단체제가 남북의 대립뿐 아니라 일정한 상호의존까지 뒤섞여 있

단은 이미 일제강점기의 항일투쟁과 독립운동 과정에서 예견되었다. 말하자면 남북분단을 고착시킨 6·25전쟁은 1910년부터 1945년까지 일제강점기의 특징이었던 계급 간의 분열과 항일투쟁의 분열에서 비롯된, 한민족 사이에 벌어진 내전이었다.[40] 1919년 3·1운동 직후, 대한 러시아 지역의 한인(韓人) 독립운동가 중심의 국민의회, 민족주의자 중심의 상해임시정부, 그리고 한성정부 등 각지에서 임시정부가 수립되었다. 그러자 같은 해 9월 11일 한성정부의 법통을 계승한다는 원칙에서 대한국민의회, 상해임시정부, 한성정부 등 7개 국내외 임시정부들이 중국 상해에서 개헌 형식으로 상해임시정부로 통합하여 대한민국 임시정부로 개편되었다. 1917년 러시아에서 볼셰비키 혁명이 일어난 이후, 1918년 5월 하바롭스크에서 이동휘를 중심으로 한인사회당이 조직되었다. 그리고 1920년 1월 22일 이르쿠츠크에서 당시 러시아 볼셰비키당의 한인지부인 '이르쿠츠크 공산당 고려부'가 김철훈을 중심으로 조직되었다.

그러자 대한국민의회는 소비에트 혁명 세력을 지지하며 공산주의 노선을 선언하고 1921년 대부분의 간부가 이르쿠츠크파 고려공산당에 가입하게 되었다. 한편 1919년 상해에서 임시정부가 수립되자 이동휘는 이에 참여하여 초대 국무총리에 취임하고 레닌 정권의 힘을 빌려 독립을 달성하려는 방안으로서 1920년 봄 상해에서 한인사회당 간부들을

고 게다가 외국의 작용까지 지속해서 개입하고 있다"라고 설명하면서 한반도 분단체제의 특성을 지적하고 있다. 말하자면 한반도의 분단 상황이 분단체제로 고착되어 남북주민의 일상생활에 뿌리를 내렸다는 것이다. 백낙청, 『흔들리는 분단체제』, 창작과비평사, 1998, p. 18.

40 브루스 커밍스 지음, 조행복 옮김, 『브루스 커밍스의 한국전쟁-전쟁의 기억과 분단의 미래』, 현실문학, 2017, p. 10. 원제는 Bruce Cumings, *The korean War: a History*(New York: Modern Library, 2010).

중심으로 공산주의자 그룹을 결성했다. 그러다가 이들은 러시아 레닌 볼셰비키 정부로부터 지원받은 자금을 독립운동이 아니라 계급투쟁을 위한 공산주의 운동에 사용하기로 하고 공산주의 그룹을 고려공산당으로 개칭했는데, 이것이 바로 상해파 고려공산당으로 불렸다. 상해파 고려공산당과 이르쿠츠크파 고려공산당은 서로 정통성을 주장하면서 레닌 집단에 경쟁적으로 접근하려는 투쟁 관계에 돌입했다. 상해파는 중국 및 일본 공산주의자들과의 제휴, 국내 공작, 민족 무장단 지원 등을 통하여 세력을 확대해간 반면, 이르쿠츠크파는 상해지부 설치, 상해 고려공청 조직, 러시아 안의 한인 군사조직 장악 및 러시아 내 한인 볼셰비키 공산주의 운동 등을 통해 세력을 확장해나가면서, 러시아 안의 한인 군사조직을 둘러싸고 코민테른으로부터 정통성을 인정받기 위해 상해파와 이르쿠츠크파는 경쟁적으로 쟁탈전을 벌였다.

이 두 세력이 이런 식으로 경쟁하던 가운데 1921년 6월 28일 수라셉흐카에서 상해파의 지원을 받고 있던 사할린 의용대가 무장해제를 거부하며 러시아 적군에 가담한 이르쿠츠크파에 대항했다. 그러자 이르쿠츠크파가 러시아 적군 제2군단 제29연대의 지원을 받아 같은 항일투쟁 독립운동군인 상해파를 포위 공격함으로써 상해파의 대부분이 죽거나 행방불명된 소위 '자유시 참변'이라는 대참사가 발생했다.[41] 이 사건으로

---

41 자유시는 현재 러시아 아무르주 내 스보보드니시이다. 1921년 6월 28일 러시아 붉은 군대가 대한독립군단의 소수파인 공산주의자와 함께 대한독립군단을 공격했다. 만주와 연해주 등지에 분산되었던 조선의 독립군들이 모두 모여서 3,500명의 대규모 부대를 이루고 있었는데, 대부분이 러시아 적군(赤軍)에 의해 사살, 부상을 당하거나 수용소로 끌려갔으며 탈출한 사람은 극히 드물었고, 연해주 지방의 조선독립군 세력은 모두 와해되고 말았다. 자유시 참변은 '아무르 사건', '흑하사변', '흑룡주 사건', '자유시 사건' 등의 여러 이름으로 불린다. 자유시 참변을 상해파와 이르쿠츠크파의 대립과 경쟁의 구도 안에서 파악한 연구는 신재홍, 「자유

대한독립군단은 와해되고 말았다. 홍범도는 자유시 참변 이후 러시아 적
군에 편입했으나 당시 이범석, 김홍일 등 일부 독립군은 러시아 우수리
강을 넘어 이만으로 가지 않고 만주에 남아 있었으며 김좌진도 이만까
지 갔다가 만주로 돌아왔기에 병력을 보존할 수 있었다.[42] 이렇게 상해
파 고려공산당과 이르쿠츠크파 고려공산당은 서로 심한 대립과 반목을
거듭한 결과 1922년 12월 코민테른에 의해 강제로 해체되고 말았다. 이
르쿠츠크파와 상해파는 모두 조선 독립과 동시에 사회주의국가 건설을
목표로 삼았으나 상해파는 이르쿠츠크파와 달리 최고강령과 최저강령
을 구분하여 먼저 사회주의혁명을 완수한 다음, 민족해방혁명을 수행하
면 프롤레타리아트 독재가 이뤄질 것이라고 여겼다. 결국, 상해파와 이
르쿠츠크파 사이의 갈등과 대립은 혁명의 방법 차이가 그 원인이었다.[43]

시 참변에 대하여」, 『백산학보』, 제14권, 백산학회, 1973; 서대숙 지음, 현대사연구
회 옮김, 『한국공산주의 운동사 연구』, 화다, 1985; 스칼라피노·이정식, 『한국 공
산주의 운동사 - 식민지 시대 편』, 돌베개, 1986; 김준엽·김창순, 『한국 공산주의
운동사 1』, 청계연구소, 1986 등을 참조하라.

42　이르쿠츠크파와 슈미야츠키가 자신들의 정당성을 국제공산당에게 알리기 위해
모스크바로 파견한 허재욱과 이병채는 「보고서」를 통해 "자유시에서 한국 군대를
포위·공격하여 1,800여 명 중 총살 및 익사, 그리고 행방불명자 400여 명, 자유시
에 피랍된 자 561명, 이르쿠츠크에 투옥된 자 70여 명이 거의 모두 장교"라며 구
체적인 피해 숫자를 명시하였다. 「한국의병대 허재욱과 이병채가 코민테른 집행
위원회에 보내는 보고서(1921. 10. 25.)」, 엄순천 옮김, 『러시아문서 번역집 XX,
러시아 국립 군 문서보관소(РГВА)』, 선인, 2015, pp. 104~105.

43　임경석은 상해파와 이르쿠츠크파 간의 정치이념의 차이점을 바탕으로 상해임시
정부와 대한국민의회, 상해파 공산당과 이르쿠츠크파 공산당의 군권 투쟁으로 파
악했다. 임경석, 『한국 사회주의의 기원』, 역사비평사, 2003, pp. 420~424. 또 『독
립신문』도 자유시 참변이 이르쿠츠크파 고려공산당과 대한국민의회의 군권 쟁탈
야심이 원인이었음을 지적하고 있다. 逸署, 「鐵兒君의게 與하노라」, 『독립신문』,
1922년 11월 8일 자. 따라서 지금까지 자유시 참변에 관한 연구는 상해파와 이르
쿠츠크파의 군통수권 대립과 그에 따른 결과라고 보는 시각이 일반화되었다. 그러

이 참사 사건을 두고 상해파와 이르쿠츠크가 각기 국제공산당(코민테른) 집행위원회와 러시아 공산당 중앙위원회에 자신들이 피해자임을 강조하며 참사 책임을 서로 전가하자 국제공산당 집행위원회는 검사위원회에 이 사건을 조사하게 했다. 그러자 검사위원회는 1921년 11월 15일 5개항의 「제3 국제공산당 검사위원회 결정서」를 작성하여 양파가 한국 혁명의 대표 자격이 없다고 지적하고 상해파와 이르쿠츠크파의 완전한 연합을 요구하며 자유시 참변의 원인이 상해파와 이르쿠츠크파 모두의 책임이라고 결론지었다.[44]

자유시 참변에 대한 진상과 책임규명에 관한 논쟁 속에서 가해자로 지목된 사람들에 대한 테러와 암살 시도가 연이어 발생하였다. 이처럼 자유시 참변으로 인한 독립운동가들 사이의 첨예한 반목과 대립이 계속 이어졌다. 결국, 두 공산주의 파벌의 대립으로 인해 발생한 자유시 참변 이후 이르쿠츠크파는 러시아 적군에 편입되었고 상해파는 와해됨으로써 한인의 독자적인 항일무장투쟁은 해방에 이르기까지 사실상 유명무실해지고 말았다.[45] 특히 독립군은 식량과 탄약은 물론 현지의 어떤 도움도 받을 수 없었다. 시베리아의 추위 속에서 겨우 700명을 제외하고 1,500여 명이 여름옷으로 추위를 견뎌야 했다.[46] 자유시 참변은 러시아

나 1922년 자유시 참변 1주년을 계기로 피해자와 가해자들은 자유시 참변의 원인과 책임을 둘러싸고 치열한 논쟁을 주고받았으나 현재까지 그 진상과 책임규명에 대한 논쟁에 대하여 구체적으로 연구된 바가 없다. 주미희, 「자유시 참변 1주년 논쟁에 관한 고찰」, 『역사연구』, 제43호, 역사학연구소, 2022, pp. 204~205.

44 임경석, 『한국 사회주의의 기원』, 역사비평사, 2003, p. 448.

45 주미희, 앞의 글, p. 230. 1922년 12월 코민테른은 상해파와 이르쿠츠크파 양측의 대표로 구성된 꼬르뷰로(고려공산당 총국)를 조직하고 코민테른 집행위 동방부 산하에서 관할하게 하였다. 주미희, 앞의 글, p. 233.

46 「조선 유격운동에 관한 보고서(Доклад о корейском партизанском д

적군과 이에 동조한 독립운동가들이 합세하여 벌인 엄연한 학살범죄이다. 결국, 조선독립군들은 러시아에서는 '반혁명분자', 중국에서는 '일본 스파이'란 오명을 쓰고 쫓겨나 이르쿠츠크에서 굶주리며 해진 옷을 입고 간신히 목숨을 부지해갔다.[47] 이처럼 항일투쟁을 위하여 소비에트 러시아의 지원을 받고자 했던 상해파와 러시아 공산주의에 속하여 그 일원이 되려 했던 러시아화된 한인들의 이르쿠츠크파는 서로 주도권을 잡기 위하여 적대와 갈등을 빚고 있었다. 이에 따라 1930년대부터 1940년대 한인들의 항일무장투쟁은 중국 측 무장투쟁 세력과 연대하거나 중국공산당에 개별적으로 참가하게 되었다. 그나마 이 항일투쟁도 만주의 한인 사회나 중국의 항일의용군 세력이 대규모 병력을 유지할 만한 여건을 갖추지 못해 정규전보다는 소규모 부대로 각지를 이동하며 적을 타격하는 유격전 방식으로 이뤄졌다. 이 가운데 중국공산당에 가입하여 투쟁하던 일부 한인 무장단체들은 1940년대 연해주로 피신하여 해방 후 소련의 지원을 받아 북한으로 진주한 뒤 북한 정권의 핵심부를 이루었다.[48]

한편 상해임시정부는 이동휘가 창당한 한인사회당 등 공산주의자 독립운동 정파와 연합하여 활동했다. 그러나 이들 공산주의자는 러시아

вижении)」, 러시아 국립사회정치문서보관소, 문서군 17, 시리즈 84, 박스 370, p. 23.

47 「김동한과 김아파나시가 자유시사변에 관해 트로츠키에게 보낸 서신(1921. 10. 28.)」, 엄순천 옮김, 『근대 한러 관계연구: 러시아문서 번역집 XX』, 러시아 국립군문서보관소(РГВА), pp. 106~115.

48 1930년대부터 1940년대 항일무장투쟁의 성격에 대해서는 박민영, 「독립군과 한국광복군의 항일무장투쟁」, 『동양학』, 제47호, 단국대학교 동양학연구원, 2010, pp. 233~258.

의 레닌 볼셰비키 정부로부터 항일투쟁과 공산주의 운동자금으로 지원받은 첫 번째 자금 60만 루블을 좌파 혁명가들끼리 나눠 가졌다. 또 한인사회당이 1919년 4월 25일 국제공산당(코민테른)에 가입하고 선전비로 400만 루블을 받아와 이르쿠츠크에 머무는 동안, 볼셰비키당 이르쿠츠크 지부인 '이르쿠츠크 공산당' 내의 한인들이 조직한 '전러한인공산당'이 자신들이 유일한 시베리아 한인들의 정통적인 당이라고 주장하며 이 자금을 탈취했다. 이 자금 탈취 사건은 사회주의 운동 세력 내의 이르쿠츠크파와 상해파의 내부 노선 투쟁을 불러왔다. 이어서 이동휘는 이듬해인 1920년 1월 하순, 자신의 측근 한형권을 모스크바에 보내 레닌의 볼셰비키 정부로부터 금화 200만 루블을 다시 지원받았다. 이중 60만 루블을 우선 받아 20만 루블은 모스크바에 맡기고 10월에 40만 루블만 상해로 가져가던 도중에 이를 임시정부에 보내지 않고 한인사회당 운동자금으로 사용하고 말았다. 이 자금 문제로 인하여 상해임시정부와 한인사회당 사이에도 심각한 갈등이 빚어지고 말았다.

결론적으로 말하면, 레닌 볼셰비키 정부가 세 차례로 나눠서 전달한 200만 루블의 자금은 한인사회당과 고려공산당 등 한·중·일 좌파 혁명가들의 독립운동과 사회주의혁명 사업비로 활용되었는데, 그 자금이 김구 등 상해임시정부의 우파에게 전달되지 않자 이것이 좌우파의 갈등을 야기하여 갈라서게 만들었다. 이를 문제 삼아 김구는 공산주의자 이동휘, 여운형, 안병찬 등을 임시정부에서 축출하고, 이동휘의 직계 부하이자 레닌에게서 받은 200만 루블의 운송 책임을 맡은 한형권과 김립의 사살령을 내렸다. 결국 김립은 상하이에서 김구가 보낸 오면직과 노종균에게 암살당하고 말았다. 김구가 철저한 반공주의자가 된 것은 독립운동 과정에서 공산주의자들과 갈등을 빚은 데서 비롯된 것이다.[49] 이렇게 만주와 중국 그리고 연해주 등 러시아에서 항일투쟁을 벌이며 독립운동을 전개해나가는 동안 일제 치하의 국내 인사들은 어떻게 독립운동을 했을까.

먼저 해외에서의 외교 혹은 항일무장투쟁과 달리 국내에서의 독립운동은 경제적, 사회적 투쟁으로 전개되었다. 그리하여 민족 실력을 양성하기 위한 교육 운동과 경제 자립 운동이 추진되었으며 신간회가 조직되어 민족운동을 전개하기도 했다. 즉 3·1운동 이후 최남선, 김성수, 이광수, 윤치호 등 국내 민족지도자들은 조선 독립을 위하여 일제와 타협하면서 실력을 양성하자는 민족 실력양성론과 일제와 타협을 거부하면서 적극적인 항일운동을 전개하는 두 그룹으로 나뉘었다. 실력양성론자들은 민족개조론과 자치론을 내세우며 우리 민족의 나쁜 민족성을 개조하여 민족 산업을 키우고 근대 서구적인 시민으로 양성할 것을 역설

---

49 대한민국 임시정부는 1919~1920년의 초기를 제외하고는 전체적으로 우파적 민족운동가들이 주도하였다. 임시정부의 독립운동 노선, 특히 그 외교 활동은 친유럽, 친미적이었다. 이에 더하여 러시아 지역은 임시정부에 대해 가장 비판적이며 대립적이었던 독립운동 세력들의 주 활동무대였다. 그리하여 다른 지역에 비해 러시아 지역은 임시정부와 관련이 가장 적은 지역이었다. 임시정부 초기에 소련 레닌 정부나 코민테른(Comintern, 제3인터내셔널, 국제공산당)은 한인사회당과 고려공산당을 통하여 임시정부를 통한 친소비에트적, 볼셰비키 노선에 입각한 한국 혁명을 도모하기도 하였다. 1922년 초 모스크바 한국 혁명 세력을 대표하는 한인사회당 한형권, 신한청년당 여운형, 안창호계 안공근 등 이 세 개의 그룹이 레닌 볼셰비키 정부와 코민테른을 상대로 경쟁적인 외교활동을 전개하였는데 대표로 파견된 이 세 명의 각기 다른 상해임시정부에 대한 평가가 레닌 볼셰비키 정부와 코민테른 책임자들이 상해임시정부에 대한 편파적, 비판적인 인식을 가지게 했다. 그리하여 1924년 이후 레닌 볼셰비키 정부는 상해임시정부에 대해 기대와 관심을 버리고 1945년 제2차 세계대전이 종결될 때까지 호의적인 태도를 보이지 않았다. 이런 평가에 근거한 레닌 볼셰비키 정권의 태도는 상해임시정부나 한국 독립운동에 큰 도움이 되지 못하였다. 반병률, 「러시아(소련)의 대한민국 임시정부 인식」, 『역사문화연구』, 제35호, 한국외국어대학교(글로벌 캠퍼스) 역사문화연구소, 2010, pp. 489~524.

하고, 나아가 지방행정에 적극적으로 참여할 것을 주장했다. 이광수는 1922년 「민족개조론」을 발표하여 우리 민족성의 결점은 허위·비(非)사회성·이기심·나태·무신(無信)이라고 지적하고, 무실역행(務實力行)으로 산업 발전과 교육 진흥에 힘써야 한다며 민족개량주의를 주장하였다.[50] 특히 이광수는 1924년 「민족적 경륜」이라는 글을 통해 '자치론'을 주장하고 나섰다. 또 최남선은 1928년 발표한 「역사를 통하여 본 조선인」이라는 글에서 사대주의·타율성·조직력 부족·형식병·낙천성 등 우리 국민의 단점을 설명하며 우리 스스로가 불구미성자(不具未成者)임을 자각해야 한다고 역설했다.[51]

이들 실력양성론자들은 구체적인 실력 양성의 방법으로써 국민계몽과 문맹 퇴치 운동, 그리고 인재 양성을 위한 대학 설립과 민족자본 확립

---

50 우리 민족주의 역사에는 민중적·사회주의적 민족주의, 문화적 민족주의, 자본주의적 민족주의, 윤리적·종교적 민족주의가 있다. 호주의 역사학자 케네스 웰스는 망명을 선택하지 않고 국내에서 살았다면 어차피 식민구조 통치 아래서 삶을 꾸려야 했던 이들을 타협, 비타협 등식으로 매도하지 말고 식민경제구조 아래라 할지라도 조선 사람들이 민족 경제를 일으키려 한 힘겨운 노력을 인정해야 한다고 강조한다. 특히 국내에서 살았다면 누구도 식민 세력의 정치, 경제, 문화 구조에 참여하지 않을 수 없다고 전제하고, 그 아래에서 나름대로 나라와 민족을 위해 제한되나마 노력한 것은 당연히 민족주의 운동으로 평가해야 한다고 말한다. 실력양성론을 자기개조 민족주의(Self Reconstruction Nationalism), 윤리적 민족주의(Ethical Nationalism)라고 일컬은 웰스는 윤리적·경제적 자기개조 민족주의자들이 자본주의적 사회를 꿈꾸며 노동자가 주인인 사회주의사회를 건설하는 것이 아니란 이유로 이들을 비난하지 말아야 한다고 강조한다. Kenneth M. Wells, *New God, New Nation–Protestant and Self Reconstruction Nationalism in Korea, 1896–1937*(Honolulu: University of Hawaii Press, 1990), pp. 167~169.

51 박정신은 민족의 실력을 양성하여 독립을 준비하자는 실력양성론자들의 주장을 일제 식민통치에 유화적인 식민 세력으로 매도하는 것은 독선적인 역사 인식을 조장하는 것이라고 비판한다. 박정신, 「실력양성론–이념적 학대를 넘어서」, 『한국사 시민강좌』, 제25집, 일조각, 1999, pp. 41~66.

을 위한 물산장려운동 등을 추진했다. 이에 따라 1903년 3월 30일 한규설, 이상재 등 91명은 1923년 '민립대학 설립 기성회'를 조직하고, 대학 설립을 위한 모금 운동에 나섰다. 그러나 이 운동은 일제의 방해와 모금액 부족 등으로 인해 실패하고 말았다. 이를 대신하여 일제는 1924년 관립대학인 경성제국대학(京城帝國大學)을 설립해 한국인의 고등교육열을 무마하였다. 물산장려운동은 민족의 산업을 발전시키고 민족자본을 육성함으로써 경제적 자립을 꾀하려는 것이었다. 자급자족, 국산품 애용, 소비 절약 등을 내세웠던 물산장려운동은 자작회, 물산장려회, 토산애용부인회 등의 단체들이 앞장서서 이끌었으며, 전국적인 규모의 경제적 민족운동으로 발전하였다.[52]

민족의 실력 양성으로 독립을 쟁취하고자 한 운동은 한반도에서뿐 아니라 만주로 이주한 우리 동포에게까지 퍼져나갔다. 1910년의 만주는 만주라는 명칭보다 서간도, 북간도 등으로 불렸다. 한국 근대문학에서 만주가 처음 본격적으로 작품화된 것은 1910년 만주로의 집단 이주를 소설화한 작품 「소금강」이었다. 빙허자(憑虛子)란 이름으로 『대한민보』에 1910년 1월 5일부터 3월 6일까지 연재된 신소설 「소금강(小金剛)」은 의병 활동을 소재로 삼고 있는 특이한 작품이다. 「소금강」에서 조선인들은 간도 조선인 사회의 재건을 통해 실력을 양성하여 국토를 회수한다

---

52 도진순은 편협한 이념적 울타리를 넘어서 민족개량주의(실력양성론)에 대하여 북한 학계의 민족개량주의에 대한 사회주의적 역사 인식의 '일면적 이해'를 비판하면서 민족적이어야만 민족자본이 되는 것이 아니듯이 민족주의와 민족개량주의의 바탕에 있는 공통성과 유사성까지 부정해버리는 것은 잘못이라고 비판한다. 따라서 도진순은 물산장려운동 같은 부르주아들의 산업 진흥 운동을 비민족자본이나 일본 제국주의에 부응하는 운동으로 매도하는 것은 옳지 않다고 강조한다. 도진순, 「북한 학계의 민족 부르주아지와 민족개량주의 논쟁」, 『역사비평』, 제2호, 역사비평사, 1989년 가을호, pp. 125~155.

는 취지로 서간도로의 집단 이주를 감행한다. 여기에는 기본적으로 본래 우리 민족이 지배했던 고토의식(古土意識)이 깔려 있으며 만주의 조선 땅에서 조선인의 자치를 이룩하고자 한 열망이 담겨 있었다. 이와 같은 실력양성론은 경제 자립을 기초로 한 농업자치구를 이룩함으로써 독립운동의 근거지로 삼고자 했던 도산 안창호의 이상촌 사상을 그대로 수용한 것이다.[53]

말하자면 조선의 자력만으로는 독립할 수 없다고 판단한 손병희, 박영효, 윤치호, 홍명희, 송진우 등 당시 지식인들은 조선 독립의 단계로 자치론을 주장하며 적자생존의 세상에서 우리 민족이 왜 약자가 되어 식민화가 되었는지 그 근본 문제를 따진 것이었다.[54] 궁극적으로 이들 실력양성론자들이나 자치론자들은 식민화된 근본 원인에 대하여 우리 민족이 봉건적인 유교적 관습에 젖어 근대화하지 못해 약소국으로 전락

---

53 천춘화,「한국 근대소설에 나타난 만주 공간 연구」, 서울대학교 인문대학 국문학과 박사학위 논문, 2014.

54 1926년 최린과 천도교 신파로 대변되는 자치운동 세력의 활동이 신간회 결성의 직접적 계기가 되었다. 천도교 신파의 최린과『동아일보』의 김성수, 송진우 등은 1925년 조선의 독립이 불가능하다고 판단하고 자치운동으로 방향을 전환하려는 계획을 세워 1926년부터 자치운동단체 조직에 착수했다. 그러나 자치론에 관하여 국내 연구는 대체로 친일을 합리화하려는 정치적 활동이라고 비판한다. 이에 대해 박찬승,「일제하의 자치운동과 그 성격」,『역사와 현실』, 제2권, 한국역사연구회, 1989, pp. 169~219; 이태훈,「일제하 친일 정치 운동 연구: 자치·참정권 청원 운동을 중심으로」, 연세대학교 대학원 사학과 박사학위 논문, 2010. 일제에 대한 전 민족적 항쟁인 3·1운동 때와 같이 식민지배체제의 안정이 위협을 받을 때면 식민학자, 민본주의를 비롯한 자유주의 학자와 언론인, 일부 자유주의 정치가, 조선총독부 내 하에누키 토착 관료 등을 중심으로 조선에서 자치제를 시행해야 한다는 주장이 계속 제기되었다. 신주백,「일제의 새로운 식민지 지배 방식과 재조 일본인 및 '자치'세력의 대응(1919~22)」,『역사와 현실』, 제39권, 한국역사연구회, 2001, pp. 35~68.

했기 때문이라고 진단한 것이다.[55] 이러한 실력양성론자들의 독립을 위한 인식은 독립협회운동 등으로 대중화되어갔다.

이렇듯 실력양성론자들은 세계사적 냉혹한 현실을 직시하고 민족의 미래를 위한 장기적인 계획을 세워 이를 널리 알리기 위한 대중 계몽운동을 전개했다. 그렇지만 이들에게 주어진 평가는 독립을 위한 항일투쟁을 벌이지 않고 일제에 순종했다는 이유로 친일파로서 단죄받았다. 말하자면 실력양성론자들의 주장은 제국주의에 순응하는 논리이고, 우리 민족을 야만족으로 비하해 열등감과 패배주의를 갖게 한 '반민족적' 주장이라는 것이다.[56] 실력양성론자들에 대한 비판을 보자.

"민족개량주의자(실력양성론)들은 식민통치에는 유화적이면서, 모든 잘못이 민족 자체에 있다고 하여 화살을 민족으로 돌리고, 제국주의 타도, 사회개혁, 토지개혁 대신 민족(성)을 개량 또는 개조할 것을 주장하였다. 그들은 제국주의의 힘의 논리에 순응하였고, 제국주의자들의 침략 논리를 그대로 자기 것으로 하여 자기 민족을 비하, 야만시하고 민족으로 하여금 패배

---

55 「조선 물산장려회 설립 취지서」, 고당 기념사업회, 『고당 조만식 회상록』, 조광출판사, 1995, pp. 439~442.

56 실력양성론자들에 대하여 무저항 항일투쟁, 민족자본 보호 혹은 육성, 그리고 시민 민족주의 운동으로 긍정적인 평가도 있다. 이에 대해 조기준, 「조선 물산장려운동의 전개 과정과 그 역사적 성격」, 『역사학보』, 제41집, 역사학회, 1969, pp. 84~118를 보라. 그러나 대개는 비판적이다. 예컨대 실력양성론자들의 '개화'는 서양 문명화하자는 것이며, 그래서 이들의 '근대화'는 서양화이고 자본주의적 사회 건설을 목표로 삼았다는 것이다. 이러한 논리는 서양화한 일본 제국주의와 이념적 친화성을 가지고 있어 논리 자체에 이미 타협적 요소를 잉태하고 있고, 실력양성을 통한 이들의 독립준비론은 '독립불능론'을 전제하고 있다는 것이다. 서중석, 『한국 근현대의 민족문제연구』, 지식산업사, 1989, pp. 80~81, 220~221.

주의와 열등감에 빠지게 하여 식민통치에 순응하도록 하였다. 그들은 반민족적 주장을 민족을 위한 고언으로 표현하였고, 자신들의 활동을 애국으로 주장하였다."[57]

특히 '민족개량주의'를 주장한 이광수 등 실력양성론자들은 예속자본가와 친일 지식인 세력이라며 젊은이들을 일제의 총알받이로 내몰아 대동아공영권과 내선일체 등을 책동하고, 해방 후에는 미군정과 결탁하여 민족 세력을 파괴한 친일 세력이라고 비난받았다.[58] 실력양성론자들에 대한 비판의 주된 논점은 항일투쟁 세력의 주체인 민중 중심의 논리적 성격을 지니지 않았고, 독립을 쟁취하기 위해서는 먼저 민중해방운동을 전개해야 하는데 오히려 지배층이나 자본가 중심의 논리를 전개했기 때문에 민족 민주 세력의 성장을 위해서 반드시 극복되어야 할 대상이라는 것이다. 이런 비판은 전적으로 사회주의 이념에 바탕을 둔 계급주의적 '친일론'의 시각이다. 따라서 이에 대해 박정신은 이념에 따라 이분법적으로 역사를 평가하는 것은 온당치 않다고 다음과 같이 주장한다.

"강력한 힘을 지닌 일제의 식민사슬을 끊어버리고자 하는 우리 민족의 주장과 운동이 한 이념, 한 방식으로만 나타나기를 기대하는 것은 후세 역사가들의 욕심이 아닌가? 다른 생각과 환경에 따라 다른 이념과 방식이 있

---

57 서중석, 앞의 책, pp. 221~223.
58 안태정, 「1920년대 일제의 지배 논리와 이광수의 민족개량주의 논리」, 『사총』, 제35집, 고려대학교 사학회, 1989, pp. 75~76. 실력양성론자의 민족개량주의는 제국주의 논리를 인정하는 것이며 일제 식민통치를 받아들이는 친일 세력의 논리라고 비판받고 있다. 김도형, 「일제 침략기 반민족 지배 집단의 형성과 민족개량주의」, 『역사비평』, 통권 제8호, 역사비평사, 1989년 가을호, pp. 32~52.

을 수 있다는 더 폭넓은 역사 인식은 '반제민족해방'과 이념적으로, 수단에 있어서 다르다고 하여 '반민족적'인 것으로 간주하고 '공상'으로 치부하는 것이 대승적인 역사 인식일 수 있는가? 실력양성론에 입각한 독립준비론을 식민 세력에 '유화적'인 것으로 간단히 매도할 수 있는가? 우리는 이러한 단선적인 생각은 독선적 역사 인식을 낳게 된다고 우려한다."[59]

또 박찬승은 우리의 민족주의를 부르주아 민족주의와 민중적 민족주의로 나누고, 앞의 흐름은 후에 좌, 우파로 나누어지며 뒤의 흐름은 진보적 민족주의와 사회주의로 나누어지는 것으로 설명하면서 실력양성론을 부르주아 우파의 주장이라고 말한다.[60] 일제강점기에 독립을 위한 각자의 이념과 투쟁방식이 존재한다. 이 점이 해방정국의 혼란과 갈등 혹은 대립을 일으킨 원인이지만, 각기 다른 이념적 시각으로 '친일' 혹은 '빨갱이'로 비난한 것은 올바른 역사 인식이 아니다. 일제강점기 상해임시정부의 김구와 이승만을 중심으로 한 우파 민족주의 독립운동가, 그리고 이동휘 등 연해주와 만주 중심의 항일무장투쟁을 벌인 공산주의 독립운동가, 또 국내에서 이광수, 최남선, 김성수 등 독립을 위한 자치론과 실력양성론을 펼친 국내 지도자 등으로 나뉘어 각자 자기들의 신념과 방식에 따라 조국 독립을 꾀하였다. 그러나 이 모든 독립운동이 실패함으로써 이들이 조국 해방에 끼친 공헌은 미국, 소련 등 연합국들로부터 인정받지 못했다.

---

59 박정신, 앞의 글, pp. 57~58.
60 박찬승, 「국내 민족주의 좌우파 운동」, 한국사편집위원회 편, 『한국사 15: 민족해방운동의 전개 1』, 한길사, 1994, pp. 117~155.

해방정국에서 이들 항일 독립운동가들은 각기 남한과 북한에서 미국과 소련 등의 지원을 받아 서로 권력투쟁을 벌이며 공산주의자들은 북한에서, 그리고 우파 민족주의자들과 국내 지식인들은 남한에서 자신들의 이념에 따른 정부를 수립했다. 이 과정에서 북한 주민들과 남한 주민들은 이들 좌우 정파의 서로 적대적인 독자 노선의 정부 수립에 그대로 따를 수밖에 없었다. 이러한 좌파 독립운동가와 우파 독립운동가 사이의 대립과 갈등은 해방정국에서 그대로 재현되어 제주4·3사건, 여순사건을 비롯하여 6·25전쟁 등 온갖 동족상잔의 원인이 되었다.[61] 이는 남북 분단을 야기하고 남한에서 보수우파 정권이 반공주의 정책에 집착한 이유가 되었다.

　남북 분단은 한민족의 비극을 알리는 원인인 동시에 역사의 불행이었다. 이렇게 해방정국에서 조선의 독립을 위해 한편은 항일투쟁을 벌이고, 다른 한편은 강대국을 대상으로 한 외교 운동을 벌이는 동안, 또 한편에서는 일본으로부터 자치권을 획득하여 점진적인 독립을 도모하는 등 모든 독립운동가는 이념에 따라 혹은 권력 독점을 위해 각기 다른 독립국가의 길로 나아갔다. 한반도의 분단은 한반도에서 한국인에 의해 구성된 두 개의 주권적 정치 권력체가 등장하여 남북으로 분할 지배하는 것을 말한다. 남북 분단에 대하여 강만길은 제2차 세계대전 이후 승전국인 미국과 소련이 남북을 나누어 점령하고 공산주의 체제인 소련과 자본주의 체제인 미국 중심의 동서 냉전체제가 그 원인이라고 보는 주장은 타율적

61　남북 분단과 6·25전쟁은 조선 시대의 신분제에 의한 지배층과 피지배층 사이 원한과 증오심, 그리고 독립운동과 항일투쟁 과정에서 첨예하게 분열과 갈등을 빚어 왔던 민족지도자들의 권력 경쟁에 의한 비극이다. 브루스 커밍스 지음, 조행복 옮김, 앞의 책, p. 10.

이고 비주체적인 역사 인식에서 비롯된 것이라고 비판하고 있다.[62] 말하자면 남북 분단의 원인이 민족 내부 문제에서 비롯됐다는 것이다.[63]

일제강점기 항일투쟁과 독립운동 과정에서 이념 대립이 격화되어 독립운동가 사이의 대립 현상이 심했다. 민족지도자들이며 새로운 독립국가 정부를 구성한 정치 세력인 이들 독립운동가의 이러한 이념적 대립과 갈등이 해방 후에까지 이어졌다. 또 좌우합작의 실패, 반탁 세력의 투쟁으로 인한 미소공동위원회의 결렬 속에서 독립운동을 해왔던 정치세력 지도자들이 미국과 소련 등 강대국의 분할점령에 편승하여 분단국가가 초래되더라도 자기들이 정권을 쟁취할 목적으로 내적 분열을 획책했다. 이들의 권력욕에 휩쓸린 민중의 판단력 결여가 결국 사회 혼란을 불러일으켰고, 이러한 파벌주의적 정치문화로 인하여 정치세력 지도자들은 국제 정세에 합리적이고 현실적으로 대처하지 못했을 뿐 아니라, 이에 더하여 여전히 조선 시대 양반과 상민, 노비, 천민 등 신분제 의식에 따른 계급 갈등의 감정이 남아 있었다. 게다가 해방 후에도 여전히 유교적이고 사대주의적인 의존성이 강하여 대부분의 민중은 공화국의 민주주의 정치체제에 대한 인식이 현저하게 부족했다. 특히 조선의 해방은 상해임시정부 혹은 만주 지역에서의 항일무장투쟁 등 우리의 노력이 아니라 일본과의 전쟁에서 미국 등 연합국들의 승리로 말미암아 얻어진 결과였다. 이 때문에 승전국인 미국과 소련이 각각 남한과 북한에 점령군 자격으로 진출하여 한반도 통치의 주도권을 행사함으로써 우리가 자

---

62 강만길, 『한국민족운동사론』, 한길사, 1985, p. 87.
63 정영훈, 앞의 글, p. 132. 브루스 커밍스 역시 6·25전쟁을 각기 남북한 정권에 의한
    내전으로 분석하고 있다. 브루스 커밍스 지음, 조행복 옮김, 앞의 책, pp. 107~110.

주적으로 한반도 정세를 이끌지 못했던 탓에 정치적, 사회적 혼란이 발생하게 되었다. 결국 이런 요인들이 남북 분단의 결정적인 원인으로 작용하게 된 것이다.[64]

　결과적으로 보면 남한이나 북한 주민들은 독립운동 과정부터 시작된 좌우 독립운동가들의 권력투쟁에 휘말려 분단의 희생양이 된 셈이다. 물론 우리 민족의 갈등과 대립에 조선 시대 신분제에 의한 원한과 증오심도 작용했다. 이에 따라 해방과 남북 분단에서 파생한 '친일', '빨갱이' 등 정치적이고 이념적인 담론들과 근대화, 독립, 해방, 민주, 통일, 노동, 여성, 환경 등 문제들을 해결하려는 수많은 이론이 쏟아져 나왔으나 이런 담론들은 조금도 해결되지 못한 채 여전히 제자리에 머물며 21세기

---

64 강만길, 앞의 책, pp. 87~88; 윤진헌, 『한반도분단사의 재조명』, 문우사, 1993, pp. 238~249. 특히 이러한 남북 분단의 원인과 6·25전쟁 등에 대해서 조선 시대 신분제와 독립운동가의 이념적 대립, 그리고 해방 후 정치 지도자들의 권력욕을 그 원인으로 지적한 연구서는 임종권, 『역사의 변명: 망각과 기억, 아래로부터 역사』, 인문서원, 2022를 보라. 이처럼 한반도의 분단 원인에 대하여 민족 내부의 요인이 한반도 분단의 원인이라고 주장하는 내인론(內因論) 외에 국제적 요인이 분단의 원인이라고 주장하는 설인 외인론(外因論)과 내인과 외인이 복합 작용하여 분단이 초래됐다고 주장하는 복합론(複合論)이 있다. 이 가운데 외인론과 복합론은 미국과 소련의 정책 혹은 조치가 공동으로 작용하여 결정적으로 한반도 분단을 초래한 요인으로 분석하며 미국과 소련의 공동 책임론을 제기하고 있다. 이들 분단의 요인에 관한 주장에 대해서는 양동안, 「한반도 분단의 정확한 원인 규명」, 『정신문화연구』, 제30권, 제4호, 한국학중앙연구원, 2007, pp. 139~175. 이와 달리 정영훈은 남북 분단의 원인에 대한 분석에서 "사실상 미국은 한반도 정책에서 남북 분단을 꾀하지 않았다"라며 "38선 봉쇄 → 북한 지역에서의 이질적 통치 → 북조선 임시인민위원회의 수립 → 북한 지역의 사회주의 지향 개혁으로 이어지는 소련의 조치가 한반도 분단의 정확한 원인이었다고 판정할 수 있다"라고 강조하고 "1948년 8월 남한에서 대한민국이 건국되고, 9월 북한에서 조선민주주의인민공화국이 건국된 것은 한반도 분단이 제도적으로 완결된 것을 의미할 뿐 아니라 북한의 '민주개혁' 이후 한반도와 관련하여 전개되었던 모든 정치적 사건들은 한반도 분단의 제도적 완결에 이르는 기제였다"라고 주장한다. 정영훈, 앞의 글, p. 171.

의 오늘날까지 우리 사회의 분열을 조장해오고 있다. 친일파는 민족주의 우파뿐 아니라 공산주의 좌파 독립운동가들에게서도 나왔다.[65] 그러므로 그 시대를 살아간 우리 민족 모두가 이에 완전히 자유로울 수가 없을 것이다. 박정신은 다음과 같이 말한다.

"한 세기 전 우리 민족의 역사마당에서 이야기되었던 근대적 민주국가 건설은 '도덕적·윤리적 하부구조'의 구축에서 이룩된다는 지극히 당연한 실력양성론적 주장을 이 세기말에 다시 우리의 담론으로 논의한다는 것은

---

65 일제의 중국 침략을 봉건적 중국을 근대화시킨다고 호도한 총독부의 시각을 일제 식민지 조선에 그대로 옮기고 친일 언론과 문필 활동으로 내선일체를 주장하며 친일활동가로서 활약한 조선의 대표적인 프롤레타리아 문학가 백철을 통해 사회주의자들의 전향에 관한 논리를 살펴보면, 전향이란 자신의 사상을 포기하고 기존 주류 체제로의 귀의를 의미한다. 그러나 그들의 전향은 변절이나 굴복이라기보다는 타협의 산물로 이루어졌다고 할 수 있다. 군국주의가 다시 복귀한 1937년 고노에를 중심으로 거국일치내각이 결성되는 과정에서 이루어졌다. 이 과정에서 일본의 사회주의자들은 나름의 자기합리화 논리를 편다. 원래 정통 마르크시즘은 민족주의(nationalism)가 아니라 국제주의(internationalism)를 주창하였다. 일제의 신체제주의자들은 국제적 사회주의를 국가적 사회주의로 변형시키고 이는 다시 전체주의인 신체제(국가적 전체주의)로 변절시켰다. 그러나 조선인들은 민족주의를 외치는 순간 사회주의보다 더 강력한 폭압을 받을 수밖에 없었기 때문에 이러한 절차를 따를 수 없었다. 그래서 일본이 국제적 사회주의─국가적 사회주의─신체제(국가적 전체주의)로 변화되어간 것과 달리 조선인은 이 사이에 내선일체라는 정화 장치를 거쳐야만 했다. 그래서 국제적 사회주의─내선일체─국가적 사회주의─신체제(국가적 전체주의)로 변절할 수밖에 없었다. 이 가운데 백철은 두 번의 변절을 했다고 비판받는다. 그러나 사회주의를 버리고 또 친일하였다면 두 번의 변절이라고 할 수 있으나 당시의 친일이란 신체제 논리의 또 다른 이름이었다. 그래서 사회주의와 전체주의는 상당히 유사한 이데올로기이기 때문에 두 번의 변절로 보기 어렵다. 이런 주장에 대해 석진,「일제 말 친일문학의 논리 연구: 최재서·이광수·백철·서인식을 중심으로」, 홍익대학교 대학원, 국어국문학과 석사학위 논문, 2004. 일본강점기 사회주의운동에 참여한 인물 가운데 친일파로 변절한 인물들에 대해서는 강만길·성대경 편, 『한국사회주의운동 인명사전』, 창작과비평사, 2014를 보라.

무엇을 이야기하고 있는가? 국제 경쟁에서 생존할 수 있는 '적자'가 되기 위해서는 우리의 경제구조를 조정해야 하고, 그러기 위해서는 기존의 편협한 생각을 떨쳐버리고 보편적 가치 위에 우리의 생각과 생활을 잇는, 다시 말해서 치열한 경쟁 시대에 '우리'(특수)를 위해 보편적 가치 위에 도덕적·윤리적 하부구조를 구축하는 문제가 이 세기를 마감하면서 다시 우리 민족의 화두가 되어야 하는 까닭은 무엇인가? 또다시 보편을 이야기하고, 보편적 가치 위에서 우리를 성찰하려는 지적 노력을 우리를 비하시키고 열등감을 갖게 하는 패배주의라고 매도하고 학대할 것인가?"[66]

미군정은 미국식 자본주의적 자유민주주의라는 정치체제가 남한에 뿌리내리게 된 계기였다. 북한에서는 중국과 소련의 공산주의와 결탁하여 항일무장투쟁을 벌인 공산주의 독립운동가들이 조국 프롤레타리아의 해방을 위한 공산주의 체제를 수립했고, 남한에서는 김구와 이승만 등 상해임시정부의 독립운동가와 국내 실력양성론자 등 남한의 지배 세력들이 미국식 자유민주주의 체제를 수립하여 각자 자신들의 지배권을 확고하게 다져갔다.

하지만 당시 남한 사회는 자본주의적 자유민주주의 정치체제를 위한 여러 조건을 갖추고 있지 못했다.[67] 더욱이 이승만 대통령은 철저한 반공주의자였기에 남한에서는 좌우 세력들이 극도의 대립과 갈등을 빚게 되었다.[68] 말하자면 이승만 정권은 미국식 자본주의적 자유민주주의 체

---

66 박정신, 앞의 글, pp. 64~65에서 인용.

67 이정복, 『한국 정치의 분석과 이해』, 서울대학교출판부, 2006, p. 55.

68 유영익이 분석하길, 이승만은 청년 시절부터 꾸준히 러시아에 대한 경계의식과 반감을 품고 있었으며 이 맥락에서 해방 후에 투철한 반공주의를 내세웠다는 것

제였으나 실질적으로는 반공주의를 앞세운 제왕적 독재체제였다.[69] 그의 반공주의적 자유민주주의 체제는 1950~1953년의 한국전쟁을 거쳐 1960~1970년대 박정희 군사독재정권에서 고착되었다. 이어서 한반도에 뿌리를 내린 이 체제는 조선 시대의 봉건적인 유교 전통에 입각한 위계적이고 중앙집권적 체제였으며, 여기에 일제강점기의 관료체계가 덧붙여졌다. 따라서 남한의 정치체제가 미국식 자본주의적 자유민주주의 성격을 띠었을지라도 여전히 조선 시대의 유교적 전통과 일제 식민통치의 관료 정치적 유산이 그대로 남아 우리 사회를 지배하고 있었다.

이다. 유영익, 『이승만의 삶과 꿈: 대통령이 되기까지』, 중앙일보사, 1996, p. 221. 1959년 반공주의자 이승만을 면담한 한 미국의 철학자가 이승만이 사고의 동맥경화증에 걸려 석화되었다고 표현하였듯이 이승만의 반공 이념은 점차 현실에서 멀어지면서 결국은 돌처럼 굳어져버렸다. 홍용표, 「현실주의 시각에서 본 이승만의 반공 노선」, 『세계정치』, 8권, 서울대학교 국제문제연구소, 2007, pp. 51~80.

69 Samuel. E. Finer, *Comparative Government*(New York: Basic Books Inc Finer, 1970), pp. 441~461.

친일청산과 반공주의

1948년 간신히 남한에 단독정부를 수립한 이승만 정권은 친일청산 문제의 해결이라는 큰 과제를 떠안게 되었다. 친일청산을 두고 이승만 대통령은 국가 분열과 갈등을 염려하여 이 문제를 원만하게 해결하려고 했다. 그는 무엇보다 해방 후 일본 관리들이 모두 본국으로 철수하여 발생한 국내 치안과 행정의 공백을 메꾸기 위해 경찰, 공무원, 법관 등 일제강점기의 한국인 관리들을 대거 정부 수립에 영입하는 것이 시급하다고 여겼다. 그리하여 1948년 9월 3일 이승만 대통령은 「친일파 처단에 대하여」란 담화를 통해 "지금 국회의 친일파 처리 문제로 많은 사람이 선동되고 있는데 이런 문제로 민심을 이산시킬 때가 아니다. 이렇게 하는 것으로는 문제 처리가 안 되고 나라에 손해가 될 뿐이다"라고 역설했다. 또 반민족행위처벌법이 통과되고 난 이틀 뒤인 1948년 9월 24일, 「반민족 행위자 처단에 대하여」라는 제목의 담화에서 이승만 대통령은 "법 운용은 보복보다 개과천선이 중요하다"라고 강조한다. 그는 독립운동가 출신으로서 왜 친일청산에 이처럼 미온적이었을까?

친일청산에 관한 이승만의 이러한 태도는 프랑스의 독일 나치 부역자 청산 과정에서 그 답을 찾아볼 수 있다. 1949년 당시 여권 정당 '인민공화운동'의 당수인 비도(Georges Bidault)는 『로브(L'Aube)』에 게재한 「잊을 수 있는 모든 것을 잊자」란 제목의 논설을 통해 "징벌의 시기가 완료되었고 이제 잊을 수 있는 모든 것을 잊을 때가 왔으므로 살인하지도 말고, 밀고하지도 말고, 추격하지도 말고, (…) 정치적 열정이나 집단적 충동을 따르거나 (…) 악의 없이 규율을 따랐던 이 모든 무명인사를 이제 국

민에 재통합하자"라고 주장했다.[70] 1949년 5월 29일 대통령 뱅상 오리올
(Vincent Auriol)은 반역자, 밀고자, 고문자 등은 제외하고 모든 독일 나치
협력자들에 대한 특사권을 행사하겠다고 발표했는데, 이는 사면이라기
보다는 관용의 조치였다. 이 조치에 대한 여론조사에서 찬성이 60%, 반
대가 23%로 국민 다수가 독일 나치 협력자에게 관용을 베풀 것을 주장
한 것이다.[71]

이러한 프랑스 국민의 여론의 밑바탕에는 '관용 없는 정의란 없다'라
는 관용의 정신, 즉 톨레랑스(tolerance) 사상이 있었다.[72] 이리하여 대독 협
력자에 대한 첫 사면법은 1947년 8월 16일 법, 이어서 1947년 8월 28일
법이 발표되었고, 이어서 1949년 2월 9일 법, 그리고 1951년 1월 5일 제
1차 사면법, 1953년 8월 6일 제2차 사면법이 제정되어 살인, 고문, 밀고,
간첩행위 등을 저지른 자와 대독 협력 수뇌부에 해당하는 자들은 제외
하고 유죄판결을 받은 4만 9,829명 모두 사면되었다.[73] 대독 협력자들에

---

[70] *L'Aube*, 1949년 3월 5~6일 자.

[71] Jean Paul Cointet, *Expier Vichy*(Paris: Perrin, 2008), p. 441. 이 같은 여론조사의 결
과에 대해서는 여론조사 통계국에서 발행한 『프랑스 여론조사(*Sondages de l'opinion
publique française)*』, 1949년 6~7월호; *Le Figaro*, 1949년 6월 21일 자 참조.

[72] *Journal officiel de la République française, L'Assemblée nationale, Débats
parlementaires*, p. 7, 102.

[73] 전국적으로 약 35만 명의 대독 협력 혐의자들에 대하여 재판소의 서류 검토를 통
해 이들 가운데 12만여 명이 재판을 받았다. 비시 정부의 총리, 장·차관, 식민지 총
독 등 최고급 요인들에 대한 재판은 최고재판소가 맡았고, 이들을 제외한 대독 협
력자들에 대한 처벌은 부역자 재판소와 공민재판소가 맡았다. 이 가운데 사면된
자들은 대독 협력으로 공민재판부에서 국민부적격죄로 유죄판결을 받은 자들이
다. 1951년 1월 31일 파리 재판소를 끝으로 모든 부역자 재판소가 문을 닫았다.
대독 협력자들에 대한 사면에 대하여서는 이용우, 『미완의 프랑스 과거사: 독일 강
점기 프랑스의 협력과 레지스탕스』, 푸른역사, 2015, 제3장을 볼 것.

대한 처벌을 두고 오랫동안 논쟁을 한 결과 프랑스는 국민의 화합과 통합을 위하여 정의와 관용을 선택한 것이다. 이에 대하여 사면 법안의 입법사유서 내용을 보자.

"정의는 엄격함 없이도, 관용 없이도 이루어지지 않는다. 때가 왔으므로 관용이 엄격함을 완화해야 한다. 관용은 엄격함의 부정이 아니라 보완이다."[74]

프랑스는 전쟁에서 패하여 독일 나치의 점령지가 된 시기에 자의적이든 혹은 강압에 의한 것이든 독일 나치 협력자들에 대한 처벌에 있어 정의를 위한 관용을 선택했다. 프랑스 국민은 처벌이 곧 '복수'이고, 이는 또 다른 복수를 낳아 국민 사이에 끝없는 증오와 갈등이 일어날 것이며, 이런 분열과 대립은 결과적으로 국가를 해롭게 하므로 무엇보다 국민화합과 통합이 더 중요하다고 판단했기 때문이다. 더욱이 1969년 마르셀 오퓔스(Marcel Ophüls)의 다큐멘터리 〈슬픔과 연민(Le chagrin et la pitié)〉은 독일 나치 치하의 협력자가 소수에 국한되지 않았다는 사실을 밝혀냈을 뿐 아니라 사람들 사이에 존재하는 갈등과 증오를 사실적으로 보여주었다.[75] 이 다큐멘터리는 독일 나치에 저항했던 레지스탕스만을 영웅시했던 시각에서 벗어나 과거를 다시 한번 진지하게 성찰해볼 기회를 제공

---

74 이용우, 앞의 책, p. 89에서 인용.
75 영화의 주요 내용은 제2차 세계대전 당시 나치 독일군 점령기에 활동한 프랑스 레지스탕스의 모습을 그린 것이다. 이 다큐멘터리에서 오퓔스 감독은 클레르몽 페랑 마을에서 일어난 사건에 초점을 맞추어 실존 인물들과 인터뷰를 하면서, 사람들이 당시 상황에 대하여 무엇인가 숨기려고 하고 질문을 회피하려고 애쓰는 모습들을 적나라하게 보여주었다.

했다. 이렇게 해서 프랑스의 '되돌아보기', 즉 과거사를 다시 살펴보자는 흐름 속에서 독일 나치 점령기에 많은 프랑스 국민이 나치 협력에 자유롭지 않았다는 사실이 드러났다.

독일 나치에 무장투쟁을 벌였던 레지스탕스에 가담한 사람들은 소수이며 이들에 관한 이야기가 사실과 다르게 지나치게 과장되었다고 하는 이 다큐멘터리의 폭로가 프랑스 국민에게 받아들여진 것이다.[76] 특히 독일 나치 협력자들은 압력에 의해 협력할 수밖에 없었던 것이 아니라 협력이 더 이득이 된다는 생각에 자발적으로 나선 것이라며 프랑스 국민 누구도 나치의 협력 행위에 대하여 결코 결백할 수 없다는 사실이 제기되었다.[77] 당시 프랑스 국민은 독일 나치 치하에서 저항보다 생존에 더 급급했다는 것이다. 예컨대 1942년 34만 5,000명의 노동자들이 나치 정권에 고용되어 독일 군수 사업에 일조했다. 이런 근거에 따라 생계를 위해 자발적으로 협력한 자들에게까지 숙청의 처벌을 한 것은 지나친 것이라고 지적받았다.[78] 대개 식민국가에서의 저항과 협력 문제는 간단하게 이분법으로 구분되지 않는다.[79] 따라서 우리의 경우 친일파를 규정할 때 겉으로 드러난 행위만을 가지고 결정하기보다 그 동기나 내면적인

---

76 Alan Morris, *Collaboration and Resistance Reviewed: Writers and 'la Mode rétro' in Post-Gaullist France*(New York: Berg, 1992), pp. 54~55.

77 이런 주장의 대표적인 연구서는 Robert Paxton, *Vichy France: old Guard and New Order, 1940-1944*(New York: Columbia University Press, 2001)이다.

78 Werner Rings, *Life with the Enemy: Life with the Enemy: Collaboration and Resistance in Hitler's Europe, 1939-1945*(London: Weidenfeld and Nicolson, 1982), p. 79.

79 이 점에 대해서는 박지향, 「협력자들: 나치점령기 유럽과 일제 치하의 조선」, 『서양사론』, 제103호, 한국서양사학회, 2009, pp. 349~361을 보라.

사정 혹은 시대적 상황을 고려하여 규정해야 한다.[80] 그러므로 일제강점기에 독립운동가나 항일무장투쟁가들을 영웅시한 우리의 역사 연구는 다시 '되돌아보기'를 해야 하지 않을까.

그렇다면 우리나라 경우 친일청산 문제는 어떻게 해결되었을까. 해방 직후 친일파 청산의 요구가 높아졌으나 미군정은 '현상유지 정책'에 따라 일본의 식민통치기에 공무원으로서 행정 경험과 고등교육을 받았던 한국인들을 치안과 행정에 활용하는 정책을 폈다. 이러한 미군정의 현상 유지 정책 덕분에 친일파 청산은 미온적이었다. 그러다가 1948년 5월 10일 총선거를 거쳐 제헌국회가 구성되자 1948년 8월 5일 제헌국회 제40차 본회의에서 김웅진 의원이 제출한 반민족행위처벌법을 기초할 특별위원회 설치 긴급 동의안이 가결되었고, 이후 국회에서 심도 있는 논의가 이루어진 끝에 9월 7일 마침내 '반민법'이 제정됨으로써 가까스로 조직된 국회 직속의 반민족행위특별조사위원회는 친일 반민족 행위자의 조사와 체포에 나섰다.[81] 이에 따라 반민특위는 친일 경찰이자 독립운동가에 대한 고문으로 악명 높던 노덕술, 화신백화점 사장 박흥식, 일본의 밀정 출신이자 『대동신문』 사장인 이종형, 이광수, 최린, 최남선, 김연수

---

80 친일파 규정에 관한 이러한 문제점을 제기한 것은 박지향, 앞의 글, pp. 362~372를 참조.

81 국회를 통과한 전문 3장 32조의 「반민족행위처벌법」(이하 반민법)의 주요 내용은 다음과 같다.
1. 한일병합에 적극적으로 협력한 자, 한국의 주권을 침해하는 조약 또는 문서에 조인했거나 모의한 자는 사형 또는 무기징역에 처하고 그 재산의 일부 또는 전부를 몰수한다. 2. 일본 정부로부터 작위를 받거나 일본 제국의회 의원이 되었던 자, 독립운동가나 그 가족을 살상 박해한 자는 무기 또는 5년 이상의 징역에 처하고 그 재산의 일부 또는 전부를 몰수한다. 3. 반민족 행위자를 12개 유형으로 나누어 각각에 해당하는 자는 10년 이하 징역에 처하거나 15년 이하 공민권을 정지하고 그 재산의 일부 또는 전부를 몰수한다. 4. 일본 통치하에서 일정 직위 이상의 관공

등 친일 혐의가 있는 주요 인사들을 잇달아 체포하였다. 그러나 1949년 5월 하순, 정부는 외국군 철수와 남북협상을 주장하던 이문원, 최태규, 이구수 등 3명을 남조선노동당 프락치라며 국가보안법 위반 혐의로 전격 구속하였다.

6월에는 다시 국회부의장 김약수, 특별검찰부 차장 노일환, 서용길 등 13명의 국회의원이 남로당 프락치 혐의로 구속되어 재판을 받았다. 이로 인하여 친일파 청산 작업에 가장 적극적으로 나섰던 소장파 의원들이 큰 타격을 입었다. 그리고 이 사건은 친일파 청산 문제에 대한 친일 세력들의 반민특위를 향한 이념 공세의 빌미를 제공했다. 그리하여 마침내 1949년 6월 2일 친일 세력들과 결탁한 군중들이 국회 앞에서 반민 특위 비방과 함께 체포된 반민족 행위자들의 석방을 요구하며 다음 날 반민특위 사무실을 습격하는 사건이 발생했다. 이 사건의 주동자가 시경 사찰과장 최운하라는 사실이 밝혀져 반민특위에 의해 구속되자, 이에 반발한 경찰들은 1949년 6월 6일 새벽에 무장한 채 반민특위 본부를 습격하여 특위 요원 35명을 총으로 위협해 강제로 끌고 갔다. 사건 직후 이승만 대통령은 경찰의 반민특위 습격은 자신의 지시에 의한 것이라고 밝혔다. 그러나 국회 프락치 사건을 겪으면서 약해진 국회는 반민특위가 구속한 최운하, 조응선 등 친일파와 경찰에 연행된 반민특위의 특경

리 또는 헌병, 헌병보, 고등경찰직에 있던 자는 대한민국의 공무원이 될 수 없다. 5. 반민족 행위를 예비 조사하기 위해 국회의원 10명으로 특별조사위원회를 설치하며, 특별조사위원회는 서울시와 각 도에 조사부, 군에 조사지부를 설치할 수 있다. 6. 반민족 행위자를 처벌하기 위해 대법원에 특별재판부를 설치하며, 특별재판부의 재판관은 국회의원 중에서 5명, 고등법원 이상의 법관 또는 변호사 중에서 6명, 일반 사회 인사 중 5명으로 한다. 7. 특별재판부에 국회에서 선출한 특별 검찰부를 병치한다. 8. 반민법에 의한 재판은 단심제로 한다.

대원들을 서로 교환 석방하는 것으로 타협함으로써 이 사건을 마무리하고 말았다.

이어서 1949년 6월 26일 친일청산의 정신적 지주 역할을 한 김구가 자신이 이끌던 한국독립당 당원인 안두희에게 암살당했다. 국회 프락치 사건, 경찰의 반민특위 습격 사건 등 연이은 사건으로 말미암아 친일파 청산은 점차 흐지부지되고 말았다. 그렇다면 이승만 대통령은 친일파 청산에 대하여 미온적이었을까? 그의 발언처럼 국민 대통합을 위한 것이었을까?

대개 이 문제에 대하여 해방정국에서 공산주의 정치세력의 영향력으로 한반도가 공산주의화 될 것으로 우려한 미군정이 친일 관료들을 대거 등용한 이유를 들며, 이는 자본주의국가인 미국의 국익에 배치되면서 빚어진 필연적인 현상이었고, 여기에 반공주의자 이승만의 친미 정책을 통한 장기집권 욕망도 한몫했다는 것이 일반적인 설명이다.[82] 그러나 해방 이후 미군정과 마찬가지로 새로 수립된 대한민국의 이승만 정권은 치안과 행정의 공백을 해결하기 위하여 기존의 일제강점기 경찰이나 행정 및 법조 관료들의 협조가 절실했다. 이리하여 이승만 대통령은 일제강점기 근대교육으로 양성된 경찰, 군대, 학계, 예술계, 과학계, 기술계 등 전 분야에 걸친 인재들을 등용하여 근대국가 체제의 완성을 도모했다. 이것이 신생국가의 당시 현실적인 상황에서 부득이 친일청산을 미흡하게 처리할 수밖에 없었던 이유이다. 어쨌든 이들 일제강점기 근대교육을 받았던 자들이 대한민국의 발전에 많은 공헌을 한 것은 부정

---

82 김영택, 「친일 세력 미청산의 배경과 원인」, 『한국학 논총』, 제31권, 국민대학교 한국학연구소, 2009, pp. 481~539.

할 수 없는 사실이다.

해방된 조국에서 일제강점기에 조선인의 실력을 양성하여 독립을 도모하자는 최남선, 이광수, 김성수 등 국내 실력양성론자와 일제에 협조하여 자치권을 획득함으로써 점진적인 독립을 이루자고 한 자치론자들은 모두 친일파로 규정되었다. 해방정국의 주요 정치세력은 일제강점기 자치론을 주장했던 김성수, 송진우 등 우익 자유주의 보수 세력(친일 세력), 여운형 중심의 사회주의 민족주의 세력, 박헌영 중심의 공산주의 세력, 그리고 상해임시정부의 민족주의 세력 등으로 구성되었다. 이들 정치세력은 서로 견제하며 각기 정권의 주도권을 차지하기 위해 격렬한 투쟁을 벌였다.[83] 이 과정에서 지금 우리가 당면하고 있는 친일, 친북 좌파, 극우 보수 등 대립 구조의 정치적 이념 프레임이 탄생한 것이다.

반공주의는 이승만만의 이념이 아니다. 독립운동 시기 김구 역시 상해파와 이르쿠츠크파 등 고려공산당 계열의 항일무장투쟁가들과 갈등을 빚으면서 철저한 반공주의자가 되었다. 그리하여 김구는 1945년 월남 청년과 학생들을 중심으로 조직된 '백의사'라는 극우 반공 테러공작단을 지휘하며 공산주의 계열 항일무장투쟁가들을 암살하기도 할 정도로 반공의 선두 주자였다.[84] 1942년 8월 '백의사'를 결성한 염동진은 중국의

---

83 장명학, 「해방정국과 민주 공화주의 분열: 좌우 이념 대립과 민족통일론을 중심으로」, 『동양정치사상사』,제8권, 제1호, 한국동양정치사상사학회, 2009, pp. 239~300.

84 2001년 정병준이 미국 국립문서기록관리청(NARA)에서 안두희가 미군 방첩대(CIC)의 요원이자 극우 테러단체 백의사의 단원이었다는 문서를 발굴함으로써 백범 암살과 관련된 새로운 연구 상황이 전개되기 시작했다. 이 문서의 발굴로 김구 암살과 관련해 지금까지 전혀 거론되지 않았던 배경 정보와 새로운 문제 제기가 가능해졌다. 특히 백의사 사령 염동진(일명 염응택)의 정체 및 김구와의 관계, 백의사의 암살 관련 여부, 김구의 쿠데타 가능성 유무 등에 대한 새로운 문제 제

국민당 특무기관이자 장제스 휘하의 반공 결사단체인 남의사(藍衣社) 공작원 출신으로 임정의 예하 조직으로 활동하고 있었다. 그 뒤 1943년 염동진은 평양에서 대동단이란 항일 비밀결사를 조직하여 활동했다. 그리고 그는 1945년 해방 전후 평안남도 지역의 대표적인 공산주의자이며 독립운동가인 현준혁의 암살 사건 이후 소련의 감시를 피해 월남하여 서울 종로구 낙원동에서 다시 백의사를 조직하였다. 백의사라는 이름은 중국의 남의사와 백의민족을 본뜬 것으로 초창기에 극우파 김구, 신익희로 이어지는 임정계 지휘계통의 명령을 받아 행동했으며 북한에 사람을 보내 대북 타격작전을 수행하기도 했다.[85] 안두희는 김구의 암살 동기에 대하여 "김구의 노선이 대한민국을 뒤집어엎으려는 공산당의 노선과 완전히 일치한 점을 확인했기 때문"이라고 밝혔다.[86] 김구는 극우

기가 이루어졌다. 정병준, 「안두희는 미군방첩대 요원이자 백의사 자살특공대원」, 『민족21』, 2001년 10월호, pp. 92~99. 이후 정병준은 백의사와 염동진과 김구의 관계, 암살과 반공·반북 운동의 상관관계, 암살의 정치적 배경, 안두희의 경력 및 활동 등에 대해 새로운 해석을 내놓았다. 정병준, 「백범 김구 암살 배경과 백의사」, 『한국사연구』, 제128집, 한국사연구회, 2005, p. 128.

85 도진순, 『한국민족주의와 남북관계: 이승만·김구 시대의 정치사』, 서울대학교출판부, 1997, pp. 76~80. 1945년 12월 30일 송진우가 김구와 신익희의 지시를 받은 백의사 공작원 한현우 등에게 암살당한 것을 시작으로 김규식, 안재홍, 장택상, 박헌영, 김원봉 등은 수시로 테러의 표적이 되었다. 특히 백의사가 북한 평양에서 열린 삼일절 행사장에 보낸 3명의 청년이 행사장에 폭탄을 던져 사상자가 발생했고, 또 이들은 북한의 주요 인사 최용건과 김책, 강양욱 등의 집에도 폭탄을 던져 강양욱의 아들과 딸이 사망했다. 또 1946년 3월 1일 북조선 임시인민위원회는 평양역 앞에서 3·1운동 27주년 기념식을 개최하자 백의사 청년단원들은 김일성에게 폭탄을 던졌으나 김일성은 무사했고 집회의 경비원인 소련군 부대장 노비첸코 소위가 중상을 입었다. 강준만, 『한국 현대사 산책: 1940년대 편』, 제1권, 인물과사상사, 2006, p. 230; 박명림, 『한국전쟁의 발발과 기원 II: 기원과 원인』, 나남, 1996, pp. 157~158.

86 『경향신문』, 1949년 7월 21일 자.

파로서 철저하게 공산주의자들을 증오했으나, 안두희가 밝힌 바와 같이 남한만의 단독정부 수립을 반대하며 남한의 5·10 단독선거를 저지하고 통일 민주국가 수립 대책 논의를 위해 북한 공산주의자 김일성과의 남북협상에 참석한 것이 반공 테러조직 백의사 단원인 안두희에게 암살당한 이유이기도 했다. 미국 뉴욕주 제1군사령부 정보참모부 운영과장 조지 E. 실리(George E. Cilley) 소령이 1949년 6월 29일에 작성한 보고서 「김구-암살 관련 배경 정보」에 따르면 안두희는 우익 테러조직인 백의사의 자살특공대 단원이며 김구와 백의사 사령 염동진이 군부 내 반이승만파와 손잡고 군사 쿠데타를 일으키려 한 혐의가 있다는 것이다.[87] 이 문서를 분석한 결과, 안두희가 미군 방첩대 정보원이었고 동시에 백의사 자살특공대의 대원이었다는 점이 확인되었다.[88] 이처럼 일제강점기부터 독립운동가들은 좌우의 이념적인 갈등과 대립을 이어오며 해방정국과 남북분단 그리고 6·25전쟁을 거쳐 실력양성론자와 자치론자들에 대한 친일 프레임, 이승만, 박정희 군사독재정권의 반공주의로부터 생겨난 친북 좌파, 소위 '빨갱이' 프레임이 지속적인 민족 분열의 정치적, 이념적 갈등구조로 고착되고 말았다. 인명진은 이러한 민족의 격동기 속에서 태어나 유년기를 보냈다.

대립과 갈등으로 점철된 당시 시대적 상황이 인명진에게 운명처럼 주어진 셈이다. 이렇게 북한의 공산주의 체제와 함께 남한의 자본주의 체

---

87 Record Group 319, Entry 85A, Army Intelligence Document File, 194445(ID File) no. 573339, "KimKoo : Background Information Concerning Assassination"(1949. 7. 1)

88 정병준, 「공작원 안두희와 그의 시대」, 『역사비평』, 통권 제69호, 역사비평사, 2004년 겨울호, pp. 142~171.

제, 그리고 군사독재 체제는 그가 그리스도의 십자가처럼 평생 짊어지고 걸어가야 할 고난의 터전이 되고 말았다. 대부분 그랬듯이 조선의 기독교인들은 미군이 남한에 진주하여 통치한 것에 대하여 매우 우호적이었다. 당시 모든 기독교인이 조국이 기독교 정신에 의하여 누구나 평등하고 자유롭게 살 수 있는 민주주의국가로 새로 거듭나길 염원했던 것처럼 인명진도 이런 분위기 속에서 어린 시절을 보냈다. 그가 태어나고 자란 조국의 불안과 공포가 뒤덮인 암울한 시대 상황은 마치 예수 그리스도에게 주어진 십자가의 운명처럼 자신의 인생 여정의 배경이 된 듯하다.

그러나 성인이 된 인명진은 신앙에 따라 고난받는 낮은 사람들을 구원하기 위해 무거운 짐을 지고 가야 할 자신의 운명을 아직 알지 못했다. 인명진은 교회 장로였던 부친과 어머니의 지극한 신앙의 보살핌으로 유년 시절을 보냈지만, 혼란의 해방정국에 이어 6·25전쟁의 불안감과 공포가 막연하게 자신을 뒤덮고 있다는 것을 마음속으로 느꼈을 것이다. 인명진이 태어나고 자란 충남 당진도 서로 죽고 죽이는 반복된 갈등을 피하지 못했다. 불안과 공포의 날들이었던 해방정국에 인명진은 아직 젖먹이 어린 나이였지만, 동족상잔의 비극인 6·25전쟁기에는 적어도 당시에 벌어진 공포와 광기 어린 살육전의 참상을 지켜보았다. 아무리 어린애일지라도 참혹한 광경과 공포가 섞인 불안한 분위기는 충분히 감지할 수 있고, 또 이런 느낌과 기억은 오래가기 마련이다.

북한 인민군이 인명진의 고향인 당진 지역에 들어온 것은 그가 다섯 살이던 1950년 7월 5일경이었다. 주민들의 증언에 따르면 인민군이 우강면 공포리와 송악면 한진나루 쪽에서 당진읍으로 들어오자 많은 주민이 피란길에 나섰다. 가장 먼저 자행된 학살은 '국민보도연맹'에 대한 학살이었다.[89] 이 단체는 여순사건 이후 1949년 4월 좌익 전향자들을 교화시킨다는 명목으로 북한 정권과 공산주의 타도를 구호로 내걸고 조직된 반공단체였다. 정부는 좌익 전력이 있는 자들을 강제로 이 단체에 가입시켰으며 할당된 인원을 채우기 위해 무상으로 "쌀 준다" 혹은 "비료 준다"라고 속여 좌익 전력이 없던 사람들까지 가입시켰다. 그 수는 전국적으로 약 30만 명에 이르렀다. 당진 지역에서는 상당수의 주민들이 어쩔 수 없이 가담한 경우가 많았다. 이 비극적인 사건에 대해 김남주는 다음과 같이 규정한다.

"보도연맹은 대한민국 수립을 주도한 우익 세력이 남한 분립국가, 즉 소아주의 국가에 반대하는 사람들을 전향하게 하는 홀로 주체적 통합의 기제였다. 전쟁의 발발과 함께 보도연맹은 소아주의 국가 반대세력을 학살하는 극단적인 홀로 주체적 기제로 작동했다. 전향에서 학살로, 즉 홀로 주체적 통합에서 홀로 주체적 분리로의 전환은 신속하게 이뤄졌다. 보도연맹을 통한 전향 작업과 이후 연맹원들의 집단 학살은 '누가 우리인지'보다 '우리가

---

89 김남주는 보도연맹원 학살 사건에 대하여 "'아(我)와 비아(非我)의 주도권 투쟁'이란 정치적 개념에 근거하여 남한의 국가 건설 과정에서 전개된 '우리 형성의 주도권 투쟁'으로 규정한다." 김남주, 「우리는 누구인가? 우리 형성의 헤게모니 투쟁으로서 국민보도연맹사건」, 『한국정치학회보』, 제57집, 제1호, 한국정치학회, 2023, pp. 85~118. 국민보도연맹원 학살로 인해 가족을 잃은 유족들은 희생자들에게 덧붙여진 '빨갱이'라는 사회적 낙인으로 인해 고통을 받았다. 진실화해위원회 설치는 국민보도연맹원 학살 사건의 전모를 밝히고 희생자 유족들의 사회적 고통을 파악할 수 있는 전환점이 되었다. 한마디로 그들은 '빨갱이'가 아니라 정치적 의도에 의해 학살된 민간인 희생자였다. 보도연맹 학살은 자유민주주의를 기반으로 수립된 남한 정부가 공산주의 체제의 북한과의 대립 관계에서 자유민주주의를 수호하기 위해 좌익 세력을 척결해야 한다는 정치적 의도에서 비롯된 사건이다. 백윤철, 「보도연맹사건에 관한 연구」, 『세계헌법연구』, 제15권, 제2호, 세계헌법학회 한국학회, 2009, pp. 329~350.

누구인지'를 둘러싼 헤게모니 투쟁이었다."[90]

이리하여 6·25전쟁이 발발하자 이들에 대한 경찰의 학살이 전국적으로 자행되었다 그 희생자 수가 10만에서 15만 명으로 추산되고 있으며 당진 지역에서는 7월 10일에서 12일에 주요 인물 20여 명이 한진 앞바다에서 경찰에 의해 학살당했다.

6·25전쟁 기간에 충남 당진군에서 집단 학살이 발생한 곳은 당진읍을 비롯하여 인명진이 태어난 석문면과 합덕읍, 신평면 등 총 4곳이다. 당진읍에서는 1950년 8월 초순과 1950년 9월 27~28일에 읍내리 공동묘지와 시곡리 야산에서 학살이 발생했고, 석문면에서는 1950년 9월 28일 통정리 노학산에서 집단 학살이 자행되었다. 그리고 합덕읍에서는 1950년 9월 중순쯤 성동리 성동산 성동 절터와 구양교에서, 신평면에서도 1950년 9월 중순쯤 거산리 야산에서 각각 집단 학살이 이뤄졌다. 이때는 북한 인민군이 철수하면서 당진 지역의 관공서, 경찰, 소방대, 국민회, 청년단, 이장, 반장 등 세 차례에 걸쳐 약 200~300명의 주로 부유한 우익인사가 학살당했다. 그리고 다시 10월 2~3일경 경찰과 우익인사들이 당진군에 진입한 후 치안대를 중심으로 북한 인민군에게 부역한 자들을 대상으로 보복살인이 발생했다. 이처럼 북한 인민군이 지배하면 좌익인사들이, 국군이 지배하면 우익인사들이 서로 번갈아가며 피의 보복전을 벌인 것이다. 이런 보복학살로 인하여 같은 지역에서 조상 대대로 서로 우애를 나누며 사이좋게 지냈던 주민들 사이에 지울 수 없는 원한과

---

90 김남주, 앞의 글, p. 85에서 인용.

91 좌우익의 갈등은 많은 주민을 죽음으로 내몰았으며 주민들 간에 회복할 수 없는

증오심이 뿌리 깊이 남게 되었다.[91] 특히 이러한 집단 학살이 북한 인민 군이 아니라 주민들 사이에 이념 혹은 개인적인 원한 감정으로 이뤄졌 다는 점에서 희생자 가족들의 상처가 쉽게 사그라지지 않고 지금까지 계속되고 있다.[92] 그러나 부농이었던 인명진의 집안은 좌익 사람들에 의

감정의 골을 만들었다. 오랜 시간이 지났지만, 현재에도 피해 주민들 사이에 원 한과 증오의 감정이 남아 있다. 이에 대한 자세한 자료는 한국중앙연구원이 전국 230개 시·군·구 지역의 다양한 향토문화 자료를 수집·연구·분석하여 체계적으 로 집대성하고 이를 디지털화하여 인터넷, 모바일 등으로 제공해주는 지역 백과사 전 『향토문화전자대전』에 실려 있다. 김남석, 「충청남도 당진 지역에 일어난 6·25 전쟁 상황」, 한국중앙연구원, 『한국향토문화전자대전』.

92 진실·화해를 위한 과거사정리위원회가 2008년 7월 7일 조사 발표한 자료에 따르 면 당진 지역 학살 희생 사건은 인민군이 당진을 점령했던 1950년 7월에서 9월경 공무원, 전·현직 군·경과 대한청년단원 등 우익인사들이 당진 지역 정치보위부원 과 지방 좌익에 의해 희생된 것으로 나타났다. 당진군에서 발생한 희생 사건은 그 들의 경제적 지위 및 우익활동 경력 등으로 인해 희생되었으며 희생자는 모두 남 자였고, 나이는 20~50대였다. 구체적으로 20대가 7명, 30대가 10명, 40대가 7명, 50대가 1명이었다. 이들은 주로 농업에 종사하고 있었는데, 석문면 거주자 중에는 바다와 인접한 곳에서 어업에 종사하기도 했다. 그 외에 면서기가 2명, 전직 군인 이 1명, 전·현직 경찰이 2명이었고, 향토청년방위대원과 소방대원, 면장과 이장, 대한청년단원 등이며, 진실규명 대상자 총 25명 중 9명이 면장이나 이장을 역임 했으며, 15명은 대한청년단원으로 활동했다. 그리고 진실규명 대상자들은 마을에 서 경제적으로 부유한 편에 속하는 지역 유지급 인사로 그들의 경제적 지위, 우익 활동 경력 등으로 인해 희생되었다. 당진읍 읍내리 공동묘지 사건, 당진읍 시곡리 야산 사건, 석문면 통정리 노학산 사건, 합덕읍 장기영, 이은명 사건, 신평면 유문 준 사건 등은 자택에 찾아온 지방 좌익에 의해 당진 내무서 혹은 각 읍, 면의 분주소 로 연행됐는데, 이로 미루어 보아 지방 좌익이 희생자들을 자택에서부터 감금 장소 까지 연행하거나 가해를 가하는 역할을 담당한 것으로 보인다. 희생 사건에는 정치 보위부원의 참여도 발견되는데, 이는 1950년 9월 27일 저녁부터 9월 28일 새벽까 지 발생한 당진읍 읍내리 공동묘지 사건을 통해 확인되었다. 공동묘지 사건의 희 생자들은 모두 총살되었다. 당시 총기 지급이 제한적이었던 지방 좌익과 달리 정 치보위부원은 총을 휴대했으며, 희생 장소에 미리 늘어서 있던 사람들의 복장에서 도 정치보위부원이 공동묘지 희생 사건에 참여한 것으로 전해지고 있다. 『당진신 문』, 2020년 6월 21일 자, 27일 자.

해서 아무런 피해를 겪지 않았다. 집안 대대로 가난한 마을 사람들과 소작인들에게 덕을 많이 베풀었기 때문이었다. 독실한 보수 기독교였던 인명진의 집안은 이웃 사랑을 실천해온 덕분에 가난한 사람들에게 복수의 대상이 아니라 감사와 존경의 대상이었다. 이념이라기보다 그간에 쌓인 증오심에 불타 서로 죽이고 죽이던 동족상잔의 상황 속에서도 조상들의 은덕으로 인명진의 가족은 아무런 해를 입지 않았다. 당시 마을 근처에서 좌익과 우익 사람들에 의한 집단 학살을 목격한 어린 인명진은 평생 그 처참한 광경과 비탄에 찬 희생자 가족들의 울음소리를 잊지 못했다고 회상한다.

이 비극적인 기억은 단지 학살의 공포와 처참한 비극의 상황에 대한 것만이 아니라 서로 용서하고 사랑할 줄 모르는 인간의 복수심에 대한 회의이기도 했다. 어린 인명진의 가슴에 깊은 상처를 남긴 이 비극은 후일 인명진이 억눌린 채 살아가야 했던 가난하고 낮은 자들을 위하여 헌신하게 된 계기가 되었다. 이처럼 이 시대, 가난과 반목, 증오와 갈등, 대립과 살육이 범람하던 인간성 상실의 분위기가 인명진을 키워준 환경이었다.

전쟁의 폐허—가난과 민중 의식

인명진의 유년 시절은 모두가 생존을 위하여 처절한 삶을 살았던 가난한 시대였다. 사람들은 냉혹했고 자신의 안위와 이익을 위한 이기심이 팽배했던 사회였다. 그러나 인명진의 어린 시절 이야기는 차가운 현실 속에서도 따뜻한 심정을 그대로 보여준다.

> "제가 겨우 아홉 살 때였을 거예요. 귀가 시리도록 추운 겨울이었어요. 한 번은 고모댁에 심부름 갔는데 집에 올 때 고모께서 약간의 차비를 손에 쥐여주었어요. 집에 가던 길에 생선을 참 좋아하신 저의 할아버지가 생각나서 차비로 받은 돈으로 시장에 들러 고등어 한 마리를 사 들고 추위에 떨며 걸어서 갔지요. 할아버지가 어린 손자의 그 마음이 기특하셨는지 절 많이 아껴줬어요."

빛바랜 기억이지만 인명진은 이 일을 두고두고 가슴에 담아 타인을 먼저 생각하고 배려하는 이웃 사랑의 마음을 키워갔다. 인명진이 청소년기였던 1961년은 이승만 자유당 정권의 종말을 가져온 4·19혁명이 끝나고 박정희 육군 소장과 김종필 등 정군파 장교 중심으로 군사 쿠데타가 일어나 군사독재정권이 시작될 때였다. 이때 충청도 명문 대전고등학교에 입학한 인명진은 자신의 미래를 목회자로 정하게 한 함석헌 선생을 만나 무교회주의에 심취했다. 이때 인명진은 예수의 진정한 사상이 낮은 자, 즉 가난한 민중을 위한 구원이라는 것을 깨닫고 "진정한 기독교인이라면, 민중을 위하여 예수와 같이 고난의 십자가를 지고 가야 한다"라고 생각했다. 그는 이 선택에 대하여 이렇게 회상한다.

"저희 증조할머니는 매일 나를 붙잡고 기도를 참 많이 했어요. 우리 증조
할머니의 기도 능력이 없었으면 지난날 험난한 목회 생활을 하지 못했을 거
예요. 그때 증조할머니의 기도는 제가 하나님의 큰 일꾼이 되게 해달라는
것이었지요. 어떻게 보면 증조할머니의 기도에 힘입어 결국 나는 목사가 되
어야겠다고 생각한 셈이지요. 고등학교에 들어가자 목사님들과 가깝게 지
내게 되면서 이런저런 문제점을 보고 크게 실망했어요. 가난한 자들을 외면
한 교회와 호의호식하는 목사를 보고 한국 기독교가 뭔가 잘못된 길로 가고
있구나 하는 생각이 들더군요. 이렇게 회의에 빠져 있던 고교생 사춘기 때
함석헌 선생을 만나 무교회주의에 빠지게 되었습니다."[93]

무교회주의 사상을 주창한 함석헌은 일본 신학자 우치무라 간조(內村
鑑三)의 영향을 깊이 받은 조선 유학생 6명이 창간한 『성서 조선』에 1927
년 7월 1일부터 단편적인 글들을 발표하면서 조선 기독교에 관하여 날
카롭게 비판했다. 그는 "예수 그리스도의 구주성(救主性)이 현실적이고
일시적인 구주가 아니라 영원한 영적 구주"라고 강조했다. 그에 따르면
진정한 예수, 참된 구세주에 대한 신앙이나 헌신은 어떤 형태의 형식주
의가 필요하지 않다며 다음과 같이 제도적 교회의 무용론을 주장했다.

"그리스도는 이미 광야의 유혹에서 모든 정치적 무력적 세속적 혁명운동

---

93 「인명진 구술녹취 전문」, 제1차(2011. 1. 6.), 김명배 엮음, 앞의 책(Ⅷ), pp. 297~
293.

82 •

의 유혹을 이기고 났다. 그리하여 종내 십자가에서까지 이기었다. 그에 의하여 비로소 인류 위에 새로운 참 구원의 길이 열리었다. 매우 좁은 험한 길이다. 거기를 통하는 자는 절망적으로까지 되지 않으면 아니 된다. 그렇게까지 강하기를 요구한다. 과연 우리는 약할 때에 가장 강함을 안다. 기독교의 기를 세워 만인을 모으려 하는 것은 그리스도의 본의에 합한 것일까? 그리스도는 교회당의 문을 넓히는 것을 보고 칭찬할까? 음악 연주를 하여서 전도를 하는 것을 과연 영리한 일이라고 할까? 재단법인을 조직하여 기초를 든든케 하려 노력함을 상 줄까? 연합회를 조직하고 영육(靈肉) 병진(並進)하는 교화운동을 일으키려 함을 아름답게 볼까? 도대체, 우리가 손목을 이끌어 교회당에 자리를 채우려 함을 허락할까?"[94]

예컨대 그의 무교회주의 사상은 다음과 같이 설명할 수 있다. 첫째, 교회 절대필요론자와 교회 무용론자는 다 같이 한 성경과 한 역사에 자기네의 논리를 발견할 수 있다. 둘째, 무교회주의는 이론적 주장이 아니라 역사적 주장이다. 셋째, 교회 안에 있는 인간주의, 이것이 교회주의이다. 넷째, 그리스도만으로 서는 것이 참이며 복잡한 조직이 필요치 않고 조직은 인간주의의 표현이다. 다섯째, 천국에는 계단을 짚고 올라가는 것도 아니요, 단체로 할인해야 들어가는 것도 아니다. 그리스도라는 유일한 안내자의 말을 듣고 단걸음에 도약하여 들어가는 것이다. 쉬운 계단이 있는 것같이 단체로 가면 값싼 것처럼 말하는 것은 성전을 변하여 상점을 만드는 교권자의 일이다. 여섯째, 교회주의는 개인주의다. 일곱째, 기독교는 개성을 몰각하는 것이 아니라 도리어 그 가치를 절대적인 것

---

94 함석헌, 「참 구세주」, 『성서 조선』, 제23호, 1930년.

으로 높이는 일이다. 교회는 개성 위에 군림할 것이 아니요, 개성 안에 있을 것이요, 개성을 통해서 있을 것이다. 여덟째, 무교회주의는 교회를 부인하는 것이 아니라 교회주의를 배척한다. 거룩한 교회를 부인하는 것이 아니요, 그 지상의 투영까지도 부인하는 것이 아니다. 오늘날 교회 안에 들어 있는 교회주의를 미워한다. 교회는 그리스도의 사랑에 의하여 발생할 것이요, 만들 것이 아니다. 그런데 오늘날 교회를 만들자는 주의가 들어 있는 고로 그것을 미워한다. 그리고 교회주의를 미워함으로 말미암아 자기 자신을 부정한다. 우리는 우리 자신 안에 교회주의에 고정하려는 선천적 경향을 보이기 때문이다. 무교회주의는 인간 부정주의다. 무교회주의는 부정주의다. 언제든지 부정이자는 주의다. 무교회주의 신앙은 영원한 체계를 이루지 말라는 것이다.[95]

우치무라 간조의 무교회주의 사상의 영향을 받은 함석헌 선생은 좀 더 명료하게 "같은 진리가 기독교에서는 기독교식으로 나타났을 뿐이다"라고 강조했다.[96] 특히 함석헌 선생은 성직자들을 민중을 착취하는 불로 계급이며 성자들의 이름을 팔아먹으면서 민중을 기만하고 속이는

---

95 함석헌, 「무교회」, 『성서 조선』, 제86호, 제87호, 1936년 3월, 4월.

96 한국 무교회주의를 대표하는 김교신과 함석헌의 정신과 사상적 토대는 우치무라 간조(內村鑑三)의 십자가 중심의 무교회주의 신앙이었다. 그의 사상은 양명학과의 사상적 유사성을 지니고 있으며, 특히 만인구원론의 견해를 보인다. 이들의 세계구원, 만인구원적 신앙은 양명학의 '친민(親民)', '만가성인(滿街聖人)', '천지만물일체(天地萬物一體)'의 사상과 유사하다. 한국 사회와 기독교가 개인 구원 차원과 교파적 이기주의와 물질 중심의 현세주의에 치우친 모습을 보여주고 있는 가운데 우치무라 간조와 함석헌이 지녔던 양명학적, 무교회주의적 정신은 한국 교회는 물론 사회에 많은 영향을 미쳤다. 김정곤, 「무교회주의 신앙과 구원관 – 우치무라 간조와 양명학의 관련성을 중심으로」, 『일본문화연구』, 제54호, 동아시아 일본학회, 2015, pp. 45~66.

철저히 배타적인 계급으로 규정한다. 즉 성직자는 민중 착취의 수단으로 천국과 지옥이 있다고 강조하며 권능이나 기적이란 없고 오직 있다면 물질적 형성, 식물의 배아와 결실 현상이 기적일 뿐이라고 주장한다. 이러한 함석헌 선생의 기독교에 대한 비판은 마르크스주의와 유사하다. 예컨대 함석헌 선생의 씨알은 곧 마르크스주의의 프롤레타리아 민중 개념이다.[97] 함석헌 선생은 씨알을 "민중, 평민, 천민, 머슴, 종, 억눌린 자들이 곧 역사의 주체임을 알고 그 자람과 활동을 방해하는 모든 악과 싸우는 것을 제 사명으로 아는 자"라고 정의한다.[98] 다시 말해 함석헌 선생은 씨알을 민중과 동의어로 사용하며 '하나님의 씨알' 혹은 '역사의 씨알'처럼 이를 역사적인 차원에서 접근하고 있다.[99] 함석헌 선생은 다음과 같이 '씨알'의 의미를 설명한다.

---

[97] 함석헌은 당시 기독교계에 큰 파장을 불러일으켰던 「한국기독교는 무엇을 하고 있는가」를 비롯하여 약 45편에 이르는 방대한 글을 발표하고 혁명의 궁극적인 방향을 모색하거나 혁명의 실질적인 주체를 탐색하며 민중을 '씨알'이라는 개념으로 호명하면서 이들을 혁명의 주체로 자리매김하려는 시도를 보여준다. 김수영과 함석헌의 영향 관계를 실증적으로 고찰한 논의로는 최호영, 「김수영과 함석헌(1) – 함석헌의 씨알 사상과 김수영의 혁명론」, 『현대문학의 연구』, 제75호, 한국문학연구학회, 2021, pp. 363~405.

[98] 함석헌의 민중 사상은 기독교 민중론, 민중평화론과 민중주권론(반국가주의 사상)으로 분석된다. 함석헌의 민중 사상은 1930년대 주로 기독교 고난 사상의 영향 속에서 형성되었으며, 이 기독교 민중론은 그 후 함석헌 민중 사상의 기본 뼈대가 되었다. 1940년대 이후 함석헌의 민중 사상은 동서양 종교를 포괄하는 종교적 보편주의 사상에 근거한 민중의 종교적 영성을 강조하는 특성을 띠면서 민중의 역사주체론과 사회적 실천론으로 나타난다. 특히 함석헌의 민중 사상은 안병무, 서남동, 김용복 등 1세대 민중신학자들의 민중 사상에 깊은 영향을 끼쳤다. 정지석, 「함석헌의 민중 사상과 민중 신학」, 『신학 사상』, 제134호, 한신대학교 신학사상연구소, 2006, pp. 101~134.

[99] 함석헌, 「윤형중 신부에게는 할 말이 없다」, 『사상계』, 제47호, 사상계사, 1957, pp. 282.

"이 나라의 민중아, 너는 씨알이지.

여물어 떨어져 땅에 들어가 썩는 씨알이지.

모든 뿌리, 모든 줄기, 모든 가지, 모든 잎,

모든 꽃이 네게서 나갔건만 하나도 너를 받드는 놈은 없지

모든 꽃, 모든 잎, 모든 가지, 모든 줄기, 모든 뿌리가 너 하나를 위해

있건만, 너 될 대로 되는 날 곧 떨어져 땅속으로 들어가 숨지,

너는 참 섧구나.

하지만 너는 씨알이다.

너는 앞선 영원한 총계산이요,

뒤에 올 영원한 맨 꼭지다.

설음은 네 허리를 묶는 띠요,

네 머리에 쓰이는 관이다.

너는 작지만 씨알이다."[100]

이처럼 함석헌 선생의 무교회주의 사상은 신자들이 그들의 착취계급
인 성직자들에게서 벗어나야 하는, 그리고 그들의 본질이 그래서 주체

---

100 함석헌, 「씨알의 설움」, 『사상계』, 제77호, 사상계사, 1959년, 12월호. 함석헌은
씨알 사상을 바탕으로 민중 개개인이 지닌 잠재적인 역량을 긍정하며 역사적인
주체로서 인식했다. 이러한 그의 민중 개념은 시인 김수영에게도 나타난다. 함석
헌의 영향을 받은 시인 김수영은 당면한 현실을 실질적으로 변화시킬 주체로서
자아를 발견하고 동시대 민중들이 고난 속에서 역사를 움직여가는 주체로 거듭나
고 있는 것을 목도하였다. 이 둘의 글에서 민중은 생명 본연의 능동성을 발휘하는
풀의 형상으로 나타나 있다. 이처럼 이들의 민중론은 1960년대 한국의 담론장에
서 특별한 위상을 가지고 있다. 최호영, 「김수영과 함석헌(2) – 함석헌의 씨알의 사
상과 김수영의 민중론」, 『탈경계 인문학』, 제15권, 제1호, 이화여자대학교 이화 인
문과학원, 2022, pp. 107~239.

로서의 인격체인 '씨알'로서만 존재해야 하는 무종교적·비종교적 사상이었다.[101] 당시 한국 교회에서는 무교회주의가 정통 기독교 사상에서 벗어난 이단으로 비난받고 있었으나, 무교회주의는 기존 교회에 대한 반발이 아니라 성서의 권위를 존중한 복음주의이다. 즉 교회가 아닌 성서가 기독교 신앙의 본질이기 때문에 우치무라 간조는 "성서만이 기독교의 유일한 신앙의 근거"라고 강조했다.[102] 민중신학자 서남동 교수는 함석헌의 씨알 개념에 대하여 이렇게 피력한다.

"안병무 선생은 존재론적, 우주론적 차원에서 보면 '씨알'이고, 역사적이고 사회적인 차원에서 보면 '민중'이라고 구별했는데, 이것은 잘된 구별이라고 생각됩니다. 그 한마디로서 할 말을 다 한 셈이지요. 이것은 '씨알'의 양면을 지적한 것인데, 그것은 씨알에 대한 비평이면서 동시에 적극적인 평가도 됩니다. '민중'을 말하는 사람은 함 선생의 '씨알'을 늘 마음에 두어야 할 것입니다. 인간의 존재론적 측면을 외면한다든지 인간의 사회적·역사적 측면을 망각해서도 안 되기 때문입니다."[103]

그리하여 인명진은 일반 대학 진학을 포기하고 1965년 서남동, 안병

---

101 함석헌이 1960~1970년대에 애용한 씨알 개념은 개신교를 중심으로 여러 종교적 사유를 연결했다. 고병철, 「함석헌의 민족 주체(씨알) 개념과 종교적 기획, 1960년~1970년의 민족 담론을 중심으로」, 『한국학』, 제37권, 제1호, 한국학중앙연구원, 2014, pp. 347~374.

102 이에 대해서는 다음을 참조하라. 우치무라 간조, 안진희 옮김, 『일일일생(一日一生)』 홍성사, 2021; 양현혜 지음, 『우치무라 간조, 신 뒤에 숨지 않은 기독교인』, 이화여자대학교출판문화원, 2017; 미우라 히로시 지음, 오수미 옮김, 『우치무라 간조의 삶과 사상』, 예영커뮤니케이션, 2000.

103 서남동, 『민중신학의 탐구』, 한길사, 1983, p. 182.

무, 김정준, 문익환, 주재용 등이 속한 '민중신학'의 본거지였던 한국신학대학으로 진학을 결정했다. 인명진은 문동환 교수의 자아 확립 강의에 큰 감명을 받고 나서 기독교 교육을 통해 교회와 사회에 이바지하겠다는 포부를 품게 되었다.

1960년대 박정희 정권하에 근대화·산업화가 전개되면서 한국 개신교에 있어 전통적 신앙관을 강조한 보수 교단들은 개인 구원을 강조하며 교회 성장 중심의 선교 전략을 통한 교세 확장에 주력한 반면, 진보 교단들은 진보적 개신교 지식인들의 신학적 뒷받침 아래 교회의 사회적 역할을 재해석함으로써 개인보다 사회 구원, 교회 성장보다 교회 연합과 일치를 추구해나갔다. 이에 따라 진보 교회는 세속 사회를 적극적인 선교의 대상으로 삼고 현실적인 교회의 사회의식, 사회적 책임론을 내세우며 1960년대 후반 이후 에큐메니컬 사회참여운동을 전개해나갔다. 이 가운데 1960년대 소수의 기독교 지식인들은 신학적·정치적으로 한국 교회가 진보성을 확립해가는 데 주도적 역할을 하며 1970년대 유신체제 아래에서 한국 교회의 민주화운동과 인권운동을 이끌어나갔다.[104]

한국 교회의 이러한 흐름과 교회의 사회 및 정치 참여 문제는 1960년대 '세계기독교교회협의회(WCC)'의 주요 신학적 흐름에 큰 영향을 받

---

104 고지수, 「1960년대 개신교 지식인의 '세속화' 수용과 교회의 사회화 문제」, 『인문과학』, 제72집, 성균관대학교 인문학연구원, 2019, pp. 241~278. 한국 개신교가 해방 후 현실과 정치적 문제에 처음 참여하기 시작한 것은 1965년 한일협정 비준 반대 운동에 초교파적으로 참여하면서부터이다. 이때 개신교 진보 지식인 그룹인 한국기독교장로회 교단 소속 김재준 목사, 박형규 목사, 홍동근 목사, 지명관 목사 등이 주도하여 작성한 「한일협정 비준 반대 성명서」를 발표했다. 이 사건을 계기로 교회의 사회 및 정치 참여 문제에 관한 찬반 논쟁이 야기되어 사회 참여를 택한 소수의 진보 진영과 비정치적 복음주의 교회로 분화되었다. 이에 대해선 고지수, 『김재준과 개신교 민주화운동의 기원』, 선인, 2016, 제4장을 보라.

은 결과였다. 예컨대 1960년대 전반에 걸쳐 세계기독교교회협의회 계열의 선교 신학은 개인 구원과 사회 구원을 분리하지 않고 기독교인의 사회적 책임과 참여를 강조했다. 이로써 기독교 토착화, 상황윤리, 세속신학, 정치신학, 혁명의 신학 등이 1960년대 이후 세계 교회 에큐메니컬 선교 신학의 흐름이 되었다.[105] 그러나 이렇게 자유주의 신학 노선을 걷는 세계기독교교회협의회의 가입 여부를 두고 한국 장로교회의 분열이 발생하고 말았다.[106] 1960년대 세계기독교교회협의회의 현실 참여 문제와 토착화는 주로 '세계학생기독교운동'과 연계된 국내 '에큐메니컬 학생기독운동(KSCM)' 그리고 1960년대 중반에 이르러 한국 교회 지식인들, 특히 한국 교회의 대표적 지식인 그룹인 '한국기독자교수협의회'의 학술활동을 통해 한국 교회에 널리 퍼져나갔다.[107] 한국기독자교수협의회는 교회의 사회참여를 주창한 진보적 기독교 지식인의 집합체였다. 이 그룹

---

105 강인철, 「종교계의 민주화운동」, 『한국민주화운동사 2』, 돌베개, 2009, p. 402. 1961년 뉴델리에서 개최된 제3차 WCC 총회가 제기한 '급속하게 전개된 기술·사회적 혁명과 기독교의 책임에 대해서는 세계기독교연합회 편, 강문규 역, 『기독자의 사회 참여 ─ 사회적 급변지역에 대한 기독교 대책』, 대한 YMCA 연맹 출판부, 1960, pp. 1~9를 보라.

106 이 단체에 가입한 장로교회는 지금의 대한예수교장로회(통합)이며 이에 반대한 장로교회는 대한예수교장로회(합동) 교단이다.

107 강문규, 『나의 에큐메니컬 운동 반세기 그 미완의 여정』, 대한기독교서회, 2010, pp. 132~145. 당시 교회의 사회참여로 신학적 기반을 확산해나간 기독교 지식인들은 전경연(보스턴대, 한신대 교수), 이계준(감신대·미 보스턴대대학원, 연세대 교수), 박형규(도쿄 신학대·미 유니온 신학교), 문익환(도쿄 신학대·프린스턴신학교), 서남동(도시샤대·캐나다 토론토 임마누엘신학교, 연세대 신학과 교수), 현영학(유니온 신학교, 이화여대 교수), 지명관(서울대 종교학과), 손명걸, 정하은, 강원용(유니온 신학교), 고범서(서울사대, 숭실대 교수), 유동식, 허혁(감신대·독일뮌스터대, 이화여대 교수), 이장식(한신대·캐나다 퀸즈대 신학대학·미 유니온 신학교, 한신대 교수), 주재용(한신대 교수), 박종화(한신대 교수) 등이 꼽힌다.

에 속한 기독교 지식인들은 1960년대 중반 이후 경제개발과 근대화 이행 등 사회 현안에 대한 기독교인의 책임과 역할을 강조했다.[108]

이처럼 인명진이 젊은 청년기를 보냈던 1960년대 한국 교회의 신학적 흐름은 현실과 복음이라는 두 선교적 명제로 인해 논란과 분열이 연기처럼 피어오르고 있던 격동의 시기였다. 어릴 때부터 보수적인 기독교 신앙 속에서 자란 인명진은 시골에서 벗어나 대도시 대전에서 고교 시절을 보내며 처음 접한 새로운 기독교 흐름에 큰 충격을 받고 자신의 신앙을 깊이 고민하게 되었다. 그리고 인명진은 진정한 기독교의 본질이 무엇인지, 그리고 어떻게 신앙생활을 하는 것이 예수의 가르침에 부합하는 것인지에 대한 신앙적 방황 속에 빠지게 되었다. 이 신앙의 문제에 대해서 인명진이 찾은 해답은 '민중'이었다. 함석헌 선생의 '씨알 사상'에서 큰 영향을 받고 우리 역사의 주체가 곧 민중이고 민중을 구원하기 위한 복음 전파와 헌신이 진정한 예수 그리스도의 가르침이며 이것이 기독교 신앙의 본질이라는 믿음에 이르렀다. 이것이 인명진이 집안의 보수적인 신앙 분위기와 다름에도 진보적 기독교 지식인의 근거지인 한국신학대학에 입학한 결정적인 계기가 되었다.

인명진의 인생 전환점의 또 다른 배경은 당시 우리나라의 사회 및 정치적 상황이었다. 1960년 5월에 시행하기로 예정된 정·부통령 선거가 3월 15일로 앞당겨졌다. 그러나 민주당 대통령 후보였던 조병옥 박사가 미국에 체류 중이던 2월 15일 월터리드 육군병원에서 사망하고 말았다. 부통령 후보는 이승만 대통령이 지명한 자유당 후보 이기붕과 민주

---

108 고지수, 「1960년대 한국기독자교수협의회의 조직과 특징」, 『사림』, 제63집, 수선사학회, 2018, pp. 220~240.

당 후보 장면이었다. 장면 후보가 우세한 지지를 받자 정부는 야당의 유세 장소를 봉쇄하는 등 이승만 정권의 반대자들을 향한 테러가 밤낮으로 곳곳에서 발생했다. 민주사회당 전진한, 김달호 정·부통령 후보는 서류 미비란 명목으로 후보 등록이 거부되었고, '반독재민주연맹' 장택상, 박기출 후보의 서류는 영등포구청 앞에서 괴한들이 강탈해가는 사건이 일어나기도 했다. 한편 대구에서는 일요일에 민주당 유세장에 학생들이 나가지 못하도록 등교 조치가 내려지자 분노한 경북고교생들이 학교를 뛰쳐나와 시내에서 반정부 시위를 벌였다. 이를 계기로 학생 데모는 전국 각지로 확산되었다. 이승만 정권의 온갖 불법 행위에도 불구하고 1960년 3월 15일 정·부통령 선거가 치러졌다. 소위 3·15 부정선거로 알려진 이 선거로 인해 그날 밤 마산에서 폭동이 발생했고, 이로 인한 반정부 데모는 전국으로 번졌다. 위기에 처한 정부는 4월 5일 부정선거를 규탄하는 학생들의 시위를 강경 진압하는 것으로 대처했다. 당시 상황을 합동통신사 기자였던 리영희 씨는 이렇게 회고했다.

"마침내 서울에서 분노의 화산이 터졌다. 4월 18일 오후, 4·19 서전인 고려대학생의 봉기이다. (…) 교복 차림에 책가방을 들기도 하고 안 들기도 한 학생들이 스크럼을 짜고 몇 가지 구호를 외치며 질서정연하게 을지로 2가 쪽으로 행진을 계속했다. (…) 을지로 로터리, 네거리에는 화신, 을지로, 남대문 쪽으로 오가던 전차들이 줄을 지어 정차했다. 전차에 탔던 승객들이 뛰어내려 삽시간에 고려대학생들의 데모 대열은 그 속에 파묻혀버렸다. 그형태로 군중은 을지로로 움직여갔다. (…) 데모 대열이 청계천 4가 천일백화점 앞에 이르렀을 때 반공청년단과 조직 깡패 수백 명이 일시에 쇠파이프와 곤봉을 휘두르며 뛰어들어 고대 학생 수십 명이 길바닥에 쓰러지고 그

일대가 피바다로 화했다는 소름끼치는 뉴스들이 쏟아져 나왔다. (…) 자유당 정권은 그 폭력통치의 앞잡이로 그해 초 결성한 반공청년단 산하에 전국의 조직폭력단을 흡수하여 반대 세력과 개인에 대한 테러를 자행하고 있었던 것이다."[109]

　사망자 186명, 부상자 6,026명의 인명 피해를 낳은 4·19혁명의 물결로 인하여 이승만 대통령이 하야하고 자유당 정권이 무너짐으로써 야당인 민주당이 권력을 장악했다. 이제 국민은 민주화의 희망에 부풀었으나 정국은 여전히 혼란에 빠져 있었다. 민주당 정권은 내부 분열로 진통을 겪고 있어서 국내 정치를 소홀히 하고 있었고 국민은 조급한 개혁을 요구하며 밤낮으로 시위를 벌였다. 정치와 경제 개혁을 기대했던 국민은 점차 민주당 정권에 대한 배신감을 느끼기 시작했다. 정국은 반공과 용공주의자들의 대립으로 갈등과 적대가 심화되면서 사회의 불안은 더욱 가중되어갔다. 계속된 정국의 불안 속에서 마침내 박정희 육군 소장이 군사 쿠데타를 일으켜 정권을 장악, 이전보다 더 혹독한 군사독재정부를 수립해나갔다.
　4·19혁명의 열기에 힘입어 국민이 갈망해온 민주주의와 '잘살기의 희망'은 결국 박정희의 5·16 군사 쿠데타로 좌절되고 말았다. 국민 앞에 등장한 검은 선글라스를 쓴 5·16쿠데타의 주인공 박정희의 모습은 국민에게 기대와 환호 그리고 공포를 동시에 선사했다. 오랜 세월 타자의 억압 속에서 살아온 국민은 권력을 쥔 자가 양반이건, 일본인이건, 미국인이건 심지어 매국노나 도둑놈이라도 상관하지 않고 잘살게 해줄 사람

109　리영희, 앞의 책, pp. 364~366.

이면 환호의 대상이었다. 검은 선글라스를 낀 박정희는 반란군의 수괴 같았지만, 한편으로 강한 힘을 지닌 지배자의 모습으로 보였다. 국민 대다수는 박정희 군사정권에 수동적으로 순종하며 그를 멋진 국가 미래의 표상으로 여겼다.[110] 1961년 쿠데타 직후인 5월 18일 장면 국무총리는 "사퇴 수습에 있어서 유혈을 방지하고 반공 태세를 강화하여 국제적 지지를 확보하는 방향으로 나아가기를 희망한다"며 내각 총사퇴를 발표하고 정권을 군사혁명위원회에 이양했다. 그러자 박정희 군사정권은 5월 19일 군사혁명위원회를 국가재건최고회의로 명칭을 바꾸고, 다음 날인 20일 군인으로 구성된 혁명내각 구성을 마친 후 다음과 같이 혁명 공약을 발표했다.

첫째, 반공 체제 강화, 둘째, 유엔 헌장과 국제협약의 준수, 셋째, 부패 일소, 넷째, 계획성 있는 경제발전으로 국민 생활 향상, 다섯째, 공산주의와 대결하여 국토 통일의 성취 등 총 5개 항이다. 이렇게 함으로써 박정희 군사정권은 경제발전과 반공주의 체제를 강화해갔다. 당시 군사정권에 대해서 국민들은 우호적으로 받아들였다. 당시 언론들은 새로 등장한 박정희 군사정권 수립에 대하여 국민 민생 문제 해결과 동시에 사회 안정의 회복을 위하여 불가결한 것이었다고 평가하기도 했다.[111] 이러한 국민의 반응은 장면 정권이 경제적 혹은 정치적인 면에서 무능하다고 판단되었기 때문이었다. 말하자면 장면 정권을 빈곤하고 우유부단하며 부패했다고 여긴 국민 대다수가 군사 쿠데타에 환영의 뜻을 보인 것이다. 이후 군사정권과 대결 관계였던 진보적 지식인 그룹의 대변지

---

110 최정운, 앞의 책, pp. 261~262.
111 『경향신문』, 1961년 5월 17일 자 「사설」.

『사상계』는 1961년 6월호 권두언에서 다음과 같이 군사 쿠데타의 당위성을 표명했다.

"4·19혁명이 입헌정치와 자유를 쟁취하기 위한 민주주의 혁명이었다면 5·16혁명은 부패와 무능과 무질서와 공산주의의 책동을 타파하고 국가의 진로를 바로잡으려는 민족주의적 군사혁명이다. 따라서 5·16혁명은 우리가 육성하고 개화시켜야 할 민주주의의 이념에 비추어볼 때는 불행한 일이요, 안타까운 일이 아닐 수 없으나, 위급한 민족적 현실에서 볼 때는 불가피한 일이다."[112]

이 글을 쓴 장준하는 박정희 군사정권에서 유신체제를 반대하며 민주화운동을 주도한 인물이었다. 그런 그가 군사 쿠데타를 지지한 것은 장면 정권에서 국내 정치적 사회적 상황이 혼란과 부패로 만연했다는 사실을 보여준 단적인 사례이다. 이러한 흐름 속에서 기독교계에서도 박정희의 쿠데타를 지지하고 나섰다. '한국기독교교회협의회'는 군사 쿠데타를 지지하였으며 대한예수교장로회(통합) 교단지『기독공보』는 "자유를 희생하더라도 방종한 무리가 숙정되는 것을 보고 싶다"라거나 "권위 있는 정부 밑에 있게 되어 행복하다"라고 박정희 군사정권을 추켜세우기도 했다.[113] 이처럼 국민이 군사 쿠데타를 지지하고 수용한 것은 단순히 당시 상황이 매우 좋지 않은 탓도 있었지만, 군사 쿠데타가 4·19혁명의 연장선이 되기를 기대했기 때문이었다. 당시 지식인들은 박정희

---

112 장준하, 「5·16혁명과 민족의 진로」, 『사상계』, 제95호, 사상계사, 1961년 6월호.
113 『기독공보』, 1961년 5월 29일 자.

군사 쿠데타에 대해 처음에는 민주 정부가 군대의 총칼에 무너졌구나 하고 한탄했으나 이내 새로 들어선 군사정권에게서 희망적인 모습을 보기도 했다. 군사독재정권 시대 민주화운동가 리영희 씨는 5·16 군사 쿠데타를 보고 이렇게 술회했다.

"군사정권이 민주당 정부가 법 절차 때문에 질질 끌던 3·15부정선거와 4·19의 자유당 정권 책임자들을 모조리 구속하고 부정축재자 29명을 체포하는 행동을 보면서 반신반의하는 데까지 후퇴했다. 이승만 정권을 떠받치고 있던 조직 깡패 두목들 200명을 줄줄이 올가미에 묶어 '나는 깡패입니다'라고 쓴 가슴 패를 달게 하여 종로 거리를 행진시켰을 때, 서울시민은 환호성을 올렸다. 나는 군인들이 하는 그 방법에는 동의할 수 없었지만, 한국 정치의 추악한 요소가 세척되는 것은 찬성했다. (…) 이승만 정권하에서 가장 푸대접받아온 농민에 대해서 고리채 정리 정책이 발표되었을 때에는, 그 재원이 어디 있는가에 대한 걱정보다 그 같은 발상을 했다는 점에서 공감을 했다."[114]

그러나 박정희 군사정권은 이러한 국민의 기대에서 벗어나 민주주의를 탄압하는 독재의 방향으로 나아갔다. 박정희 군사정권의 공약에서 알 수 있듯이 쿠데타의 정당성으로 내세운 반공은 이후 민주화 탄압과 유신 독재정권 유지의 근간으로 변질되고 말았다.[115] 예컨대 1948년 이

---

114 리영희, 앞의 책, pp. 419~420.
115 남북한의 분단은 과거의 베트남, 독일, 예멘 등의 분단과 마찬가지로 지구적 냉전의 결과지만, 한반도의 경우 6·25전쟁 이후 1953년부터 휴전 상태에 돌입하였기 때문에 여전히 남북 군사적 적대 상황이 일상화되고 제도화된 상태이다. 그러므로

후 북한과 적대 관계에 놓이게 된 분단국가 한국은 다음과 같은 상황에 놓여 있었다.

"한국은 기본적으로 병영국가(garrisonstate), 안보 국가(National Security State), 반공 국가(Anticommunist state)의 성격을 지니고 있었는데, 한국은 60년대 이후의 동아시아나 한국을 모델로 하여 설정된 개념인 발전 국가 (developmental state)의 양상을 지니기 이전에 이미 안보 국가였으며 발전 국가는 곧 안보 국가의 동원과 통제의 방식으로 작동하였다. 그리하여 북한과의 전쟁 수행, 안보를 위한 동원과 통제는 경제성장을 위한 동원과 동시에 진행되었는데, 노조 활동, 노동쟁의에 대한 억압과 폭력 행사에서 가장 전형적으로 드러났다."[116]

국가폭력은 정치적 목적이든 혹은 개혁을 목표로 한 것이든 당사자뿐 아니라 가족과 이웃, 더 나아가 사회 전체를 복종시키려는 목표를 지향한다.[117] 혼돈의 해방정국 속에서 북한에는 소련군이, 남한에는 미군이

이에 따른 계엄이 전쟁 상태의 국가가 국민을 통제하는 법적인 장치이며, 국가보안법과 사회안전법, 경찰의 사법적 기능 강화, 사회의 병영화, 갈등의 폭력적 진압은 적과의 일상적 대치 상태에 있는 국가가 국민을 통제하는 방법이자 장치다. 김동춘, 「분단이 낳은 한국의 국가폭력 – 일상화된 내전과 냉전, 식민주의 지속으로서 분단의 폭력성」, 『한반도 비평화구조와 분단: 이론과 실제』, 서울대학교 통일평화연구원, 2012년 5월 17일, p. 77.

116 김동춘, 앞의 글, p. 78.

117 국가폭력에 대한 정의는 다음과 같다. "직접적 폭력은 물리적 폭력, 즉 학살, 고문, 린치나 구타, 강제수용소나 감옥 유폐, 거주 이전 제한, 사법절차를 거친 사형, 극히 비인간적인 상황으로 몰아넣어 병이나 다른 요인으로 죽게 만드는 일 등이 포함된다. 구조적 문화적 폭력은 일상적인 감시와 사찰, 연좌제 등을 통한 공식적 사회적 배제와 차별, 블랙리스트 작성 등으로 인한 취업 기회 제한, 각종 낙인 찍기

진주하면서 각기 공산주의와 자본주의 체제를 구축해갔으며, 한반도는 같은 민족끼리의 대립과 갈등의 구조가 형성되어가고 있었다. 그러므로 박정희 군사정권이 반공 정책을 우선시한 것은 분단으로 남북이 군사적 적대 관계에 처한 이유 외에 동서 냉전 체제의 산물이기도 했다.[118] 이러한 국제 질서로 인해 박정희 군사정권의 반공 정책 강화는 공산주의 세력이 남한으로 확장되는 것을 막아야 한다는 미국의 전략 및 안보정책의 일환이기도 했다. 이와 더불어 자본주의적 자유민주주의 체제인 남한 정부가 수립된 이후 산업 발전은 반공 정책과 아울러 활발하게 추진되어갔다. 예컨대 경제 분야에서 재벌이 형성되는 새로운 변화가 일어났다. 한국전쟁은 한반도 전체를 혹독하게 파괴하여 생산력을 마비시켰다. 여기 전쟁 비용과 막대한 유엔군 대여금의 원화 지출은 인플레이션

등이 있다. 이러한 폭력이 국가의 정책, 국가기관의 동원, 제도와 법, 이데올로기에 의해 저질러질 때 국가폭력이라 말할 수 있으며 또 자신에게 가한 폭력, 즉 자해나 자살도 사실상 국가폭력의 범주에 포함할 수 있다. 군대 내에서의 구타 등으로 인한 사망은 물론 물리적 폭력에 속하지만, 군대의 가혹한 명령체계, 조직문화, 가혹 행위, 집단 따돌리기 등으로 인해 자살을 택하는 경우도 국가폭력의 범주에 포함된다. 국가가 멀쩡한 사람을 빨갱이로 만들어, 이들이 아무런 직업을 얻을 수도 없어서 경제적 빈궁과 소외로 고통받게 만들고, 결국 자살로 몰아간다면 그것도 폭력이라고 말할 수 있다." 김동춘, 앞의 글, p. 78에서 인용.

[118] 냉전 체제란 전쟁을 내장하고 있는 질서이다. 전쟁을 내장한다는 의미는 언제든지 전쟁 수행이 가능하며 전쟁에 승리하기 위하여 끊임없이 군비를 확장하고 군사기술을 발전시키는 상황이다. 필요에 따라서는 냉전 체제는 국지전을 통해 힘을 과시하고 전쟁의 실감을 통해 전쟁을 억제하는 준전시 상황을 의미한다. 이기호, 「냉전체제, 분단체제, 전후체제의 복합성과 '한반도 문제'에 대한 재성찰: 2015년 한반도를 둘러싼 기억과 담론의 경쟁」, 『민주사회와 정책연구』, 제29호, 한신대학교 민주사회 정책연구원, 2015, p. 245. 따라서 냉전 국가란 '냉전에서의 생존 또는 승리를 위해 동원 가능한 모든 수단을 동원하여 내부 질서를 통제와 억제로 조율하는 국가'를 의미한다. 남기정, 「동아시아 냉전체제 하 냉전 국가의 탄생과 변형: 휴전체제의 함의」, 『세계정치』, 제26집, 2호, 세계정치학회, 2005, p. 54.

을 초래했고 그 결과 물가는 반년마다 두 배로 상승했다.

이러한 경제 상황은 서민들에게 큰 고통을 안겨주었다. 이와 달리 기업인들은 정부에 의존하여 특별융자, 특혜환율에 의한 미화불하(美貨佛下), 특혜배급 등을 받아 막대한 이익을 얻었다. 또 외국 원조에 의한 외국자본 도입도 정부의 특혜 조치로 처리되었다. 이렇게 외국 원조는 서민들의 생활에 도움을 주기보다 소수의 특정 기업체에만 유리하게 작용했다. 특히 이들 소수 기업체가 은행귀속주(銀行歸屬株)를 불하받아 금융기관을 차지함으로써 신흥 재벌이 생겨나기 시작했고, 이들 재벌기업이 정부와 결탁하여 한국 경제를 장악하기에 이르렀다. 그 결과 한국 사회는 균형 있게 발전하기보다 빈부격차가 심한 불안한 상태로 나아갔다.[119]

제2차 세계대전이 끝나고 해방군으로 한반도에 진입한 미국과 소련이 강력한 군사, 외교적 영향력을 행사하면서 한반도는 미·소가 벌인 냉전의 현장이 되었으며 1950년 한국전쟁으로 대립 체제가 굳어졌다. 그러나 1987년 소련의 개혁 개방정책을 기점으로 냉전 체제 붕괴와 민족자결권에 따라 동유럽이 스스로 자유시장 체제를 도입한 데 이어 베를린 장벽이 무너짐으로써 독일이 통일을 이루는 등 탈냉전 시대가 도래하였다. 이러한 변화는 이데올로기에 따른 냉전 체제만이 한반도 분단의 원인일 수 없다는 점을 보여준다.[120] 반공과 경제발전이라는 두 개의 정치적 목표로 군사독재를 강화해간 박정희 군사정권은 특정 기업에 특

---

119 1962년 종업원 200명 이상의 방적, 제분, 제당, 타이어·튜브, 고무신 등 기업들이 총출하액에서 차지한 비중은 거의 절대적으로 많았다. 이기백, 앞의 책, pp. 403~405.

120 김용해, 「한반도의 분단체제와 그 극복」, 『사회와 철학』, 제23집, 한국사회와 철학연구회, 2012, p. 68.

혜를 주어 재벌기업으로 육성해 경제발전을 추진하면서 정치적으로는 반공 정책을 통해 반북 및 반정부 세력을 간첩 사건 등으로 조작하여 탄압하기도 했다.[121] 박정희 군사정권은 이들 반정부 세력이 전향하고 정권에 순종하도록 잔인한 폭력을 가했고, 사상범 수감 감옥은 이러한 무자비한 폭력의 공간이었다. 여기에서 기관원들은 장기간 징역형을 선고받고 복역하고 있을지라도 매일 구타와 고문으로 괴롭혔으며 심지어 옷을 모두 벗겨놓고 몽둥이로 패거나, 대꼬챙이로 손가락 끝을 쑤시는 것도 모자라 창문을 열어두고 팬티만 입힌 채 꿇어 앉혀놓고 야만적인 '동태 고문'을 하기도 했다.[122] 유신체제 당시 박정희 군사독재정권은 자신에게 반기를 든 지식인이나 노동자, 학생은 물론이고, 심지어 성직자들에게도 예외 없이 고문을 자행했다. 인명진 역시 반체제 인사로 낙인찍혀 중앙정보부 밀실에서 혹독한 고문을 당했다. 인명진은 "고문자의 발걸음 소리가 다가올수록 공포감이 증폭하여 불안에 떨면서 오직 주님에게 기도하며 고문자들의 죄 용서를 빌었다"라고 당시의 두려움을 회상

---

121 한국 군사독재정권에서 반체제 활동가들에 대한 테러, 고문, 실종 사망 사건은 주로 북한을 지지, 동조한 사실이 있거나 남한 자체를 비판하거나 부정하는 사람들이 그 표적이 된다. 이에 대한 사례로는 60년대 이후 각종 간첩 사건, 남조선 해방전략당 사건, 독일 동베를린 사건, 그리고 70년대 인혁당 사건, 70년대 이후 납북어부 간첩 사건, 이 밖에 조작된 간첩 사건 등이 꼽힌다. 이들 '이적행위자'들은 대체로 단순 반정부인사, 통일운동 인사, 일제강점기나 해방 후 과거 민족주의 사회주의 계열 활동 경력이 있던 사람, 유럽에 유학하거나 활동하던 사람들이 주요 대상이며 이들은 정치적 의도에 의해서 간첩으로 만들어진 경우가 대부분이다. 김동춘, 앞의 글, pp. 83~84. 특히 1970년대부터 1980년대 간첩 사건은 총 966건에 달한다. 이 가운데 재일동포 관련 간첩 사건은 319건이며 1980년대에 발생한 사건은 285건이다. 국방부 과거사진상규명위원회, 『재일동포 및 일본 관련 간첩 조작 의혹사건 조사보고서』, 2007.

122 김진환, 「빨치산 또 하나의 전쟁」, 한국구술사학회, 『구술사로 읽는 한국전쟁』, 휴머니스트, 2011, p. 161.

했다. 이처럼 1960~1970년대 박정희 군사독재 체제에서는 반공 정책에 기반을 둔 국가폭력이 만연했고, 이념 갈등이 남한 사회를 휩쓸고 있었다. 유년기를 벗어나 막 청소년기에 접어든 인명진이 만난 '예수 그리스도'와 신앙의 본질을 '민중'에서 찾아야 했던 당시의 '시대적 현실'은 이처럼 적대적인 상황이었다. 인명진이 가시밭길의 목회에서 직면한 것은 이렇게 잔인한 공포의 시대상이 반영된 것이었다.

제2장

기독교 신앙으로 본 세상

가난한 예수를 만나다

인명진은 대전고등학교를 졸업하고 1965년 한국신학대학교(현 한신대학교)에 입학했다. 보수적인 신앙의 젖을 먹고 자란 그가 진보적인 신학의 요람인 한국신학대에 입학한 것은 인생 최대의 전환점이었다. 고교 시절, 기존 교회에 실망과 회의를 느끼고 함석헌 선생의 '씨알'의 정신에 끌렸던 인명진은 복 주고 아픈 곳을 치료해주는 등 기적을 행하는 예수가 아니라 가난하고 소외된 낮은 자들과 함께했던 갈릴리의 예수를 찾아나선 것이다. 당시 한국신학대의 신학적 노선이나 신학자들의 가르침은 인명진에게 자기의 뜻을 충족시켜줄 배움의 터전으로 보였다. 특히 인명진은 문동환 목사의 자아확립이란 주제의 기독교 교육 강의에 심취한 나머지 기독교 교육으로 세상을 바꿔야 한다고 생각했다. 당시 한국신학대에는 진보적인 기독교 석학들이 모여 있었다. 인명진은 이렇게 회상한다.

"내가 한신대에 다녔을 때 최고의 석학들이 다 모여 있었어요. 김재준을 비롯하여 구약으로 김정준, 문익환, 김철현, 기독교 윤리의 정하은, 기독교 교육의 문동환, 교회사 이장식, 주재용, 조직신학 안병무, 서남동 등 한국에서 최고의 석학들이 다 모여 있었어요. 바로 이분들에게 사상과 신학적인 영향을 많이 받았지요."[1]

오죽하면 인명진은 한국신학대 출신과 결혼하고 자식들까지도 이 신

---

1 「인명진 구술녹취 전문」, 제1차(2011. 1. 6.), 김명배 엮음, 앞의 책(Ⅷ), p. 293.

학대에 입학시키겠다고 결심할 정도로, 이 신학대에서 받은 기독교 사상적 영향은 그에게 절대적인 신념이 되었다. 심지어 인명진은 "한국신학대를 다니지 않으면 신학이나 역사의식을 배울 수 없다"라고 단언할 만큼 진보적 신학을 철저한 신앙의 기초로 삼았다. 당시 인명진을 가르친 한신대의 신학자들은 1960년부터 1980년대까지 한국 지식인 운동을 주도해나간 핵심인물들이었다.[2]

　1960년대, 인명진은 한국신학대에서 최고 수준의 진보적인 신학과 교회의 본질에 대해 배우며 학창 시절을 보냈다. 그 시절, 그는 앞으로 자신이 걸어가야 할 목회의 방향을 설정하기 시작했다. 한국신학대는 한국 교회에서 가장 진보적인 교단인 한국기독교장로회의 목회자 양성 신학교이다. 이 신학대의 설립자인 신학자 김재준 목사는 개인 구원과 더불어 사회 구원을 주장한 전인적 구원관을 가진 신학자였으며 1960~1980년대 군사정권의 독재로 인한 억압과 암울한 현실 속에서 기독교의 사회참여를 주장한 복음적 사회참여 신학자였다. 한편으로 한국 신학계에서 김재준 목사는 자유주의 신학자로 규정되고 있으나, 사실상 그의 신학은 신정통주의 신학에 가깝다.

　김재준은 전통적 교리에 얽매려는 정통신학에 혐오증을 느꼈으나 성경의 본질에서 벗어나지 않았다. 그는 한국신학대의 전신인 조선신학교

2　전통적 신앙관을 강조한 보수 교단들은 산업화·도시화에 따른 성장 위주의 선교 전략을 추구하며 교세 확장에 주력했으나 소수의 개신교 지식인 집단과 진보 교단은 성장과 내세 지향적 보수성에서 탈피하여 도시화와 산업사회에 기독교적 '세속' 의미를 재해석함으로써 인간 삶의 전 영역을 일치·통합의 관점에서 이해하고 교회의 적극적인 사회참여를 주창했다. 이 점에 대해서는 다음을 보라. 고지수, 『김재준과 개신교 민주화운동의 기원』, 선인, 2016; 고지수, 「1960년대 한국기독자교수협의회의 조직과 활동」, 『사림』, 제63호, 수선사학회, 2018. pp. 217~253.

개교에서도 칼빈의 정신을 계승한다고 밝혔으며 항상 개혁신앙의 전통 속에 서려고 하였다. 그가 바르트(Karl Barth)나 브룬너(Emil Brunner)의 사상을 신봉한 것도 이들이 개혁 전통 속에 있기 때문이었다.[3] 바르트에 의하면 국가 속에서 일어나는 혁명은 하나님 나라와 아무런 관계가 없다.

---

3 바르트는 1938년 「칭의와 법(Rechtfer-tigung und Recht)」과 1946년 「그리스도인 공동체와 시민공동체(Christenge-meinde und Bürgergemeinde)」를 저술하면서 교회와 국가에 대한 신학적 체계를 수립했다. 자유주의 신학에 반기를 들고 '하나님이 하나님 되게 하라'라고 주장했던 칼 바르트는 자유주의자들에게 정통주의자라고 공격을 받았으며 정통주의자들에게는 신정통주의자라고 비난을 받아오고 있다. 그러나 그의 신학은 지금 가장 광범위하게 영향을 미치는 신학이 되었다. 김재진, 『칼 바르트 신학 해부』, 한들, 1998 참조. 한편 브룬너가 주장하는 사회민주주의 공동체는 형제 사랑에 근거한 기독교적인 사회민주주의와 연결되어 있다. 기독교 신앙에 기초한 브룬너의 사회민주주의는 교회 공동체와 세상 공동체를 연결하는 매개체가 된다는 점에서 공동체 모델을 새롭게 제시한다. 특히 그의 공동체는 마르크스 사상의 실패와 자본주의에 의한 부작용 현상에 대한 대안으로 제시되고 있다는 점이 중요하다. 즉 브룬너의 사회민주주의 공동체는 세계 만민이 그리스도의 사랑 안에서 형제애를 나누는 공동체를 의미한다. 그러므로 진정한 사회민주주의 공동체는 그리스도의 희생적인 사랑에 연결되어야만 한다. 브룬너가 형제 사랑으로서 제시한 사회민주주의가 성공하기 위해서는 하나님의 영에 의하여 변화된 그리스도인들의 역할이 매우 중요하다. 이것은 그리스도의 형제애로 충만한 그리스도인들의 출현을 요구하고 있다. 브룬너의 하나님에 대한 신앙은 형제 사랑으로서 공동체 속에 나타나며, 나아가 세계 만민이 하나 되는 열망을 내포하고 있다. 형제를 존중하고 사랑하는 정신은 오직 하나님의 영에 인간이 복종할 때에 가능하다. 브룬너는 하나님에 대한 신앙과 형제 사랑과 사회민주주의를 밀접한 관계 속에서 파악하기 때문에 사회민주주의의 전제가 되는 것으로, 진정한 기독교 신앙으로 거듭난 개인의 중요성을 강조한다. 브룬너는 이렇게 거듭난 개인들의 형제 사랑을 통하여 진정한 공동체인 사회민주주의 공동체를 도출하고 있다. 김막미, 「에밀 브룬너의 형제 개념에 근거한 사회민주주의」, 『한국개혁신학』, 제32권, 한국개혁신학회, 2011, pp. 332~359. 한편 김영한은 "김재준 목사는 자유주의 신학자가 아니라 신정통주의자"라며 "그는 회심이 분명한 자로서 그리스도의 대속에 대한 믿음이 있었고, 자신이 구도자에서 전도자가 되었다는 것을 고백했다"라고 평가한다. 이어 김영한은 "칼빈과 바르트의 전통을 계승하고자 하였던 김재준은 성경에 대한 목적 영감설을 믿었고 신학의 자유에 대한 열정을 가졌으며 교권주의에 대한 지성적 양심을 보여준 학자였다"라며, 따라서 "김재준 목사는 기독교의 사회적 책임과 공헌을 위하여

기존 국가의 질서나 이를 개혁하기 위한 혁명은 아무런 차이가 없다. 기존 국가 질서가 악이라면 그것을 개혁하기 위한 혁명 역시 악이다. 그것은 새로운 악이 과거의 악을 축출한 것에 불과하다.[4] 말하자면 국가는 악이고 하나님의 심판의 기구일 뿐이다. 하나님 나라에 상응하는 국가는 이성이나 자연법이 지배하는 국가가 아닌 그리스도의 복음이 지배하는 국가여야 한다는 것이다.[5] 따라서 인명진은 한국신학대에서 학창 시절을 보내며 단지 구원을 강조한 정통 복음주의와 거리가 먼 사회참여만을 주장한 자유주의 신학에 머물지 않았다.

그러나 젊은 인명진이 살아가던 시대의 현실은 그렇지 않았다. 적자생존이 지배하는 무자비한 세상은 가난한 자들이 살아가기에는 얼마나 참혹한 곳인가. 교회는 누구를 위해 존재하는 곳인가? 누가 교회의 주인

헌신한 학자로서, 그의 신학은 사회참여적 복음주의라고 특징지을 수 있을 뿐 아니라 정통 복음주의로도 평가할 수 있다"라고 말한다. 김영한, 「장공 김재준 신학의 특징: 복음적 사회참여의 신학」, 『한국개혁신학』, 제38권, 한국개혁신학회, 2013, pp. 8~50. 특히 김재준의 신학은 복음적 성격이 분명할 뿐 아니라 확실한 성경의 역사적 과학적 도덕적 오류는 인정했으나 그리스도의 근거에서 성경의 영감과 절대 권위를 부인하지 않았다. 박봉랑, 『신학의 해방』, 대한기독교출판사, 1994, p. 94. 한편 김재준 목사는 "성경의 문자적 무오설(축자영감설)을 부정하고, 성경은 오류가 있다고 주장했다"라고 하여 1953년 대한예수교장로회 교단에서 목사직이 파면된 이후 그는 자신의 신학 노선을 따르는 자들과 함께 진보적인 교단인 한국기독교장로회를 창설했다. 그의 제자들이 바로 민중신학자로 알려진 서남동, 안병무, 문익환 등이다. 한편 그의 신학과 반대 노선을 견지한 보수 정통신학자 박형룡은 성경 무오, 완전 축자 영감, 유기적 영감의 성경관을 신봉했다. 이 두 신학자의 비교 연구는 홍철, 「성경관의 비교 연구: 박형룡과 김재준을 중심으로」, 『조직신학연구』, 제27권, 한국복음주의조직신학회, 2017, pp. 226~254를 참조.

4 K. Barth, *Der Römerbrief, Unveräderter Nachdruck der z.Auflage von 1922*(Müchen: Kaiser Verlag, 1933), pp. 462~468.

5 김명용, 「칼 바르트의 신학에 있어서의 교회와 국가」, 『장신논단』, 제35집, 장로회 신학대학교 기독교사상과문화연구원, 2009, p. 104.

인가? 예수는 대체 누구인가? 라는 근본적인 신앙적 고뇌는 대학 시절 그의 화두였다. 이 문제를 해결해야 후일 목사로서 해야 할 일을 찾을 수 있을 것으로 생각했다. 한국신학대에서는 신학만 배웠을 뿐 목회를 어떻게 해야 할지는 배우지 못했다. 그래서 선택한 곳이 보수적인 신학교인 대한예수교장로회신학대학원이었다. 한국신학대를 졸업하고 1969년 목회자 양성 과정인 장로회신학대학교 신학대학원에 입학한 인명진은 여기서 '인간'을 배웠다. 한국신학대는 학문적으로 높은 수준이었던 반면, 인간을 배울 수가 없었다는 것이다. 인명진에 따르면 신학적인 학문으로 볼 때 그 당시 장신대 신학대학원의 신학은 성경학교 수준에 머물고 있었지만, 교수들이 인간적으로, 목회자로서 아주 훌륭한 성품과 인격을 갖춘 분들이었다는 것이다. 그의 말에 따르면 그는 "한신대에서는 학문을 배웠고 장신대 신학대학원에서는 사람을 배웠다."[6]

왜 그는 신학대학에서 하나님을 배우기보다 사람을 배우는 것을 더 중요하게 생각했을까. 예수 그리스도가 인간으로 이 세상에 왔기 때문일까? 아니면 예수 그리스도가 궁극적으로 구원하고자 한 존재가 인간이기 때문일까? 초기 복음서 저자들이 예수 그리스도의 입으로 말하게 한 유일한 호칭은 '사람의 아들'이었다. 예수 그리스도는 하나님에게서 온 천상의 존재와 결합했으며, 자신을 그 존재에 비유했고, 마침내 그 존재와 동일시하는 데까지 나아갔다.[7] 예수 그리스도만 안다고 해서 신앙

---

6 「인명진 구술녹취 전문」, 제1차(2011. 1. 6.), 김명배 엮음, 앞의 책(Ⅷ), p. 284.

7 다니엘 마르그라, 「나자렛 예수: 유대인 예언자인가, 하나님의 아들인가」, 알랭 코르뱅 외 지음, 주명철 옮김, 『역사 속의 기독교』, 길, 2008, p. 24. 원제는 Sous la direction de Alain Corbin, *Histoire du christianisme: Pour mieux comprendre notre temps*(Paris: Seuil, 2007).

이 완성되는 것이 아니다. 인간을 알아야 왜 예수 그리스도가 인간으로 이 땅에 내려와 구원하려 했는가를 알 수 있고, 그래야 신앙의 본질과 교회의 역할을 이해할 수 있다. 이것이 인명진의 신앙체계였다. 그는 이 점에 대해 이렇게 고백한다.

"하나님이 사람이 됐다. 하늘 보좌를 버리고 사람이 됐다. 이게 얼마나 우리에게 큰 은혜인가. 얼마나 대단한 사건인가."[8]

이로 인해 인명진은 보수신학을 비판하기보다 오히려 더 많이 배우려고 노력했다. 그는 장신대 신학대학원 재학 시 많은 영향을 받은 신학자인 한철하 교수에게서 교리사를 배우면서 보수신학에 대해 보다 깊은 이해를 하게 되었다. 그는 장신대 신학대학원의 입학 동기이자 청계천 판자촌에서 활빈교회를 세우고 빈민 목회를 했던 『새벽을 깨우리라』의 저자 김진홍 목사와 깊은 친분을 맺었다. 그리고 인명진은 존 브라운 (John P. Brown) 호주 교회 목사에게서 구약신학을 배웠는데 이 계기로 구약, 즉 모세오경을 깊이 공부했고,[9] 게르하르트 폰 라트(Gerhard von Rad)에 대해서 많은 공부를 했다.[10] 그리고 곽선희 목사의 로마서 강해 강의

---

8 「인명진 구술녹취 전문」, 제1차(2011. 1. 6.), 김명배 엮음, 앞의 책(Ⅷ), p. 309.

9 장로회 신학대학원에서 예언서를 가르친 호주 선교사 존 브라운 목사는 1960~1972년 마산과 서울에서 사역했으며 1969년부터 장로회 신학대학원에서 전임교수로 재직했다. 그는 호주로 돌아가서 호주 장로교회 에큐메니컬 선교회 국제관계부의 총무로 일했으며 호주 연합교회(Uniting Church Australia)의 초기부터 1992년까지 선교부 총무직을 맡아 영등포산업선교회 재정을 지원해주었다. 정병준, 「인명진의 정치참여와 신학」, 김명배 책임 편집, 『삼우 인명진을 논하다: 인명진 희수 기념논문집』, 북코리아, 2021, pp. 16~18. 존 브라운 목사에 관해서는 양명득 편, 『호주 선교사 존 브라운―변조은』, 한국장로교출판사, 2013을 보라.

는 인명진이 신약에 대한 새로운 이해를 얻는 데 적지 않은 영향을 주었다. 그는 목회 현장에서 바로 한신대에서 익힌 진보신학과 장신대 신학대학원에서 배운 보수신학을 모두 적용함으로써 한쪽 경향에 치우치지 않고 균형 있는 목회를 할 수 있었다. 그래서 그의 신학은 매우 폭이 넓다는 평가를 받았다.[11] 진보적 신학으로부터 하나님의 정의 구현을 위한 민중신학을 배우고, 보수적 신학으로부터 참된 인간의 존재가치와 하나님의 사랑에 관해 배운 인명진의 실천적 목회 여정은 이렇게 시작되었다.

1960년 4·19혁명기 한국 교회는 이승만 정권과 밀접한 유착 관계를 맺고 많은 특혜를 누림으로써 사회로부터 비판의 대상이 되었다. 그 결과, 교회의 과거 청산과 사회적 책임을 요구하는 교회 개혁이 제기되었다. 이들은 주로 교회의 사회적 책임을 강조하는 세계 교회 에큐메니컬 선교 신학을 수용한 초교파 개신교 신학자, 목사, 지식인들이었다. 결국,

---

10 폰 라트는 독일의 유명한 구약학자로서 그의 대표작 『구약성서 신학(*Theologie des Alten Testaments*) 1, 2』는 구약학의 필독서이다. 폰 라트는 소위 "역사적 신앙고백"(신 26:5b-9; 6:20-24; 수 24:2b-13)이 오경의 형성 과정에서 절대적인 학문적 권위를 인정받고 있었고 이 '역사적 신앙고백' 안에 창조나 시내산 사건이 언급되어 있지 않으며 주로 포로기 이후의 본문들에서 발견된다고 가정하여 창조교리는 구속사에 부가된 신앙적인 진술이라고 주장한다. 특히 폰 라트는 신학의 과제를 구약 신앙 전체의 문맥에서 창조교리의 신학적 역할을 연구하는 것으로 규정하여 창조교리가 야훼 신앙과 결코 관련성도 없고 독립적인 교리의 위상도 차지하지 못하였으며 언제나 구원론과 연결되어 있을 뿐 아니라 실제로 구원론에 종속되어 있다고 주장했다. Gerhard von Rad "Das theologische problem des alttestamentlichen Schöfungsglaubens," *Werden and Wesen des Alten Testaments* (BZAW 66, Berlin:1936), pp. 138~147.

11 인명진의 신학 사상은 개혁주의 신학을 소유했지만 동시에 시대적 상황을 반영하는 민중신학의 실천적 참여적 진보신학을 목회 여정에서 보여주고 있다. 이러한 그의 목회 여정에서 나타난 신학 사상은 김명배 책임 편집, 『삼우 인명진을 논하다: 인명진 희수 기념논문집』을 보라.

한국 기독교 지식인은 소수의 사회참여 그룹과 다수의 비정치적 복음주의 진영으로 분화되고 말았다.[12] 한국 교회의 이 분열 현상은 오늘날까지 고착되어 '빨갱이' 혹은 '친일파'라는 정치적 이념에 휩쓸려 정치와 사회참여에서 각기 대립적인 관계를 유지해오고 있다.[13] 이 극단의 신앙 노선에서 인명진은 항상 정치적인 이념에 휩쓸리지 않고 자신의 모든 행동과 사고에 대해 성경에 그 바탕을 두었다. 이 점 때문에 인명진은 항상 보수 진영에서는 좌파로, 진보 진영에서는 보수로 분류되곤 했다.[14]

12 고지수, 「4·19 이후 한국 교회 갱신문제와 '참여'이해 – 장공 김재준의 정교분리 이해를 중심으로」, 『사림』, 제57호, 수선사학회, p. 295, 301, 304와 다음을 보라. 강인철, 「해방 이후 4·19까지의 한국 교회와 과거 청산문제 – 의제 설정을 위한 시론」, 『한국기독교와 역사』, 제24권, 한국기독교역사연구소, 2006, pp. 67~102; 고지수, 『김재준과 개신교 민주화 운동의 기원』, 선인, 2016.

13 예컨대 2016년 이후 보수교회는 이른바 '태극기 부대'의 핵심 세력으로서 극우 현상을 보이고 있다. 보수교회 교인들은 1990년대에 사회참여 노선으로 선회했고, 2000년대 초부터 정치적 행동주의로 나아갔다. 이 과정에서 미국 그리스도교 우파와의 밀도 높은 상호작용이 진행되어왔다. 이를 통해 보수교회는 극우 정치 혹은 혐오 정치로 기울고 있다. 강인철, 「한국개신교와 보수적 시민운동: 개신교 우파의 극우·혐오 정치를 중심으로」, 『인문학 연구』, 제33권, 인천대학교 인문학 연구소, 2020, pp. 3~30.

14 정병준, 「인명진의 정치참여와 신학」, 김명배 책임 편집, 앞의 책, pp. 43~47.

박정희 군사독재정권 ─ 자본주의 구축

"1960~1970년대의 근대화는 한반도에 살았던 사람들이 이전까지 단 한
번도 경험하지 못한 사회변화와 속도전을 겪게 했다. 그 강력한 변화와 속
력 앞에서 카를 마르크스가 말한 것처럼 모두 낡은 공기처럼 흩어지고 녹아
났다. 많은 한국인이 그때에서야 처음 국가와 재벌의 위력을 제대로 실감하
고, 처음 공장에서 일하고 도시에서 살며, 자본주의자가 돼갔다."[15]

1961년 군사 쿠데타를 일으켜 정권을 장악한 박정희 군사정권 시대
한국은 마치 군국주의 국가 같았다. 남녀 고등학생들과 대학생은 소위
'교련'이라 하여 남학생은 군사교육을, 여학생은 간호교육을 받았다.[16]
또 군 복무 전역자들은 다시 예비군으로 편성돼 분기별로 소집 및 군사
훈련을, 그리고 일반인들은 민방위훈련을 받았다. 마치 당장 내일이라
도 전쟁이 일어날 듯이 전 국민이 군사가 되어 전쟁놀이에 열중했다. 그
리고 때때로 북한의 무장공비가 출몰해 양민학살을 자행하는 등 정국의
분위기는 늘 반공과 전쟁 발발의 긴장 속에 젖어 있었다.[17] 이에 따라 박

---

15 권보드래·김성환·김원·천정환·황병주 지음, 『1970, 박정희 모더니즘: 유신에서
  선데이서울까지』, 천년의상상, 2015, p. 16에서 인용.
16 고등학생과 대학생의 교련 교육 시행일은 1969년 1월 9일이며, 여학생은 1971년
  부터이다. 학생들에게 군사교육을 받게 한 동기는 1968년 북한 특수부대원 31명
  이 청와대를 습격하려다 1명을 제외하고 전원 사살된 '김신조 사건'의 발생이다.
  대학생의 교련은 1989년에 폐지되었고 고등학생 교련은 1996년에 군사훈련 부
  문이 없어졌고 2003년 초·중등 교육법 시행령 개정으로 선택과목이 되면서 유명
  무실해졌다.
17 1960년대 북한의 군사모험주의는 무력통일의 기회를 잡으려는 전략의 일환이며

정희 군사정권은 적극적으로 반공 정책을 강화하여 전 국민을 감시하고 체제 비판을 엄격히 단속하기 시작했다. 박정희 군사정권은 이전 정권의 반공 정책을 형식적이라고 비판하며 간첩침략론과 반공통일론에 기초하여 더 강력한 반공 정책을 추진해나가기 시작했다. 강화된 반공 정책은 군사 쿠데타를 정당화하고 군사정권에 대한 국민의 반발을 잠재우려 한 정치적 방편이었다.[18]

　박정희 군사정권이 들어서면서 반공주의 정책에 의하여 국민의 자유는 혹독한 탄압을 받기 시작했다. 모든 통치는 반공이라는 이념 아래 수행되었으며 여기에 그 누구도 반대하거나 비판할 수 없었다. 박정희 군사정권이 들어서면서 한국은 새로운 자본주의 체제의 민주주의 공화국으로서 정체성을 확립하기 시작했다. 조선의 멸망과 일제강점기, 해방 정국의 정치적 혼란과 6·25전쟁, 4·19혁명을 거쳐오는 동안 한반도 민중들은 처음으로 주권자가 왕과 지배층 사대부 양반이 아니라 자신들이

1968년 1·21 청와대 습격과 미국 푸에블로호 나포 사건, 울진·삼척 무장공비침투 사건 등이 대표적이다. 1968년 중반 들어 이러한 북한의 군사모험주의 전략은 크게 수정되어 이 전략을 담당했던 군부 강경파가 축출되었다. 이로 인하여 강경파 군부의 자율성을 제한할 수 있는 기구인 정치위원제가 채택되었으며 이 기구의 도입으로 북한군의 군사 유일체는 약화, 김정일 후계 구도에 유리하게 작용했다. 고명균, 「1960년대 후반 북한의 군사모험주의와 당·군 관계변화」, 『현대북한연구』, 제28권, 제3호, 북한대학원대학교 심연북한연구소, 2015, pp. 7~58.

18　박정희는 민주주의를 언급한 적이 별로 없었으며 성장 과정에서 민주주의를 배울 기회도 없었다. 그는 군정기 상황을 비상사태로 규정하였으며 탈민주주의를 정당화하며 한국에 맞는 민주주의를 강변하였는데 그것은 곧 민주주의에 대한 일정한 제어, 곧 쿠데타 등과 같은 방식의 불가피성을 강조하는 논리로 나타났다. 국민에 의한 민주주의의 진작보다 탁월한 지도자에 의한 사회 발전을 꿈꾸었으며 그의 반공주의 전략은 정권 안정의 틀 안에서 작동했다. 김지형, 「5·16 군정기 박정희 통치이념의 논거-반공주의와 민주주의를 중심으로」, 『동아시아문화연구』, 제53호, 한양대학교 동아시아문화연구소, 2013, pp. 219~246.

라는 주권재민의 사상을 이해하게 되었다. 이에 따라 민주주의 공화정 정치체제라는 한국의 국가 정체성은 이승만 정권에 이어 박정희 군사정권의 경제개발 정책에 의해서 서서히 구축되어갔다. 그러나 이 국가 정체성은 외형적인 것이지 실질적으로는 과거 조선 시대 유교의 충효 사상과 신분 질서 관념이 그대로 남아 국가권력자에 대한 순종과 복종의 집단 심성은 사라지지 않았다. 이러한 순종과 복종의 집단 심성은 경제개발로 미국식 자본주의사회로 발전해감에 따라, 박정희 유신정권의 붕괴 이후 점진적으로 권력에서 부(富)로 옮겨갔다. 이와 더불어 강력한 반공주의 국가라는 정치 사회적 이데올로기의 기능도 약해져갔다. 그렇다면 오늘날까지 한국 사회를 지배해온 반공주의와 자본주의는 어떻게 수용되고 발전해왔을까.

해방 이후 이승만 정권은 북한이라는 이질적이고 적대적인 공산주의 체제와 대립적인 관계 속에서 새로 수립된 대한민국을 다지기에 여념이 없었다. 그 긴 세월 이웃으로 친척으로 민족애를 다지며 살아온 한민족이 해방되자 새로운 국가 건설을 두고 좌우 이념에 휩쓸려 한쪽은 친일파로, 다른 한쪽은 빨갱이로 적대하며 두 개의 국가와 국민으로 분열되고 말았다. 남한에서 벌어졌던 이념 전쟁인 4·3사건이나 여순사건 등 몇 차례 동족 간 살육전을 치른 이후, 남한 국민은 서로 믿지 못하고 언제든지 이웃이 적으로 변할지 모른다는 불안감에 시달리고 있었다. 이승만 정권은 남한에서의 갈등과 분열을 종식하기 위해 타협이 없는 반공주의 정책을 강화해나갔다. 반공주의가 강화될수록 남한 사회는 더욱 적대적인 긴장감이 고조되어갔다. 한반도에서 언제든지 전쟁이 일어날 것이라는 공포심이 감돌고 있던 가운데 드디어 6·25전쟁이 터지고 만 것이다.

이런 점에서 보면 1948년 건국한 대한민국은 정상적인 국가로 보기 어려웠다. 그럼에도 이승만 정권은 과감하게 농지개혁을 단행했는데 이는 남한에서 좌익의 요구에 부응한 정책을 통해 혼란을 미리 방지하려는 조치였다. 왜냐하면 앞에서 설명한 바와 같이 북한의 북조선임시인민위원회가 무상 몰수, 무상 분배 원칙에 의한 토지개혁을 실행하자, 미군정도 토지개혁 정책을 서둘러 1946년 2월 21일 미군정 법령 제52호로 신한공사를 설립하고 일제의 동양척식주식회사 소유의 모든 재산을 인수하여 소작료를 3·1제로 정했다. 이어 1947년 12월 농지개혁법안이 남조선과도입법의원에 상정되었으나, 우익 측 의원들의 출석 거부로 심의되지 못하자 미군정은 전면적 농지개혁을 단독정부 수립 이후로 미루고 일본인 소유지만의 매각에 착수했다.[19] 이 귀속재산의 매각은 신흥 자본가계급 형성에 직접적 계기가 되었다. 예를 들면 해방 이전 1944년에 100만 원 이상 기업체 611개 가운데 조선인 소유 기업은 26개에 지나지 않았던 것이 1950년대 귀속기업체를 기반으로 한 기업이 종업원 300명 이상의 대기업 89개 중 40개사에 이를 만큼 크게 발전했다.[20] 다음으로 농지개혁은 일제강점기 지주제의 해체와 지주자본의 산업자본으로의 전환을 통

---

19 미군정은 1948년 3월 신한공사를 해체하고 중앙토지행정처를 설치하여 소작지 또는 소유지가 2정보 이하인 자로 매각 토지의 소작인에게 우선권을 주고 그 외 농민, 농업노동자, 해외에서 온 귀국 농민, 북한에서 이주한 사람에게 매각했다. 농지의 대가는 당해 토지의 주생산물 연간 생산량의 3배로 하고 지불은 20%씩 15년간 연부로 현물로 내며 분배된 농지의 매매, 임대차, 저당권 설정은 일정 기간 금지하는 조건으로 매각했다. 이같이 미군정이 실시한 일본인 소유의 농지 분배, 즉 귀속농지의 분배와 귀속재산의 관리 및 매각 그리고 물자원조는 한국 자본주의의 형성을 특수형으로 만드는 데 결정적인 역할을 했다. 이종훈, 「한국자본주의 형성의 특수성」, 김병태 외, 『한국 경제의 전개 과정』, 돌베개, 1981, p. 127.

20 이는 한국 독점자본의 물질적 기반이 되었다. 정윤형, 「경제성장과 독점자본」, 김병태 외, 앞의 책, p. 137. 이에 대하여 다음을 참조할 것. 공제욱, 『1950년대 한국의 자본가 연구』, 백산서당, 1993.

해 신흥 자본가층을 형성하게 했고, 전시 재정 안정 및 전시 식량 확보를 위하여 임시토지수득세와 분배농지의 지가 상환 부담 등을 가중함으로써 농촌 부문의 과잉 노동력, 즉 이후 산업화를 위한 잠재적 산업예비군을 창출하였다. 결과적으로 농지개혁은 자본주의화의 장애물이었던 전통적 지주계급의 소멸과 자본가와 노동력의 형성 계기를 마련한 것이다.

특히 미국은 해방 이후부터 1961년까지 한국에 연평균 2.5억~3억 달러에 이르는 군사원조와 31.4억 달러의 경제원조를 제공했다. 이 원조는 면방직, 제당, 제분 업계의 자본에 큰 혜택을 주었다. 재정투융자 재원에 의한 은행대출 등 사적 자본 형성의 주요 기반이 된 계기들은 1950년대의 높은 인플레이션과 낮은 환율, 그리고 저금리 정책과 맞물려 매우 유리하게 작동했다. 보통 체제 변동기의 제도 변화는 이해관계자들의 이해득실 구조를 변화시키기 때문에 이득과 손실을 보는 자들의 저항을 일으키기 마련이다.[21] 그러나 해방 이후 1950년대 한국 사회에서 이렇게 급격한 변화가 일어났음에도 불구하고 이에 대한 큰 저항이 적었던 것은 전통적 지배계급인 지주계급의 소멸과 이승만 정권의 강력한 반공주의의 결과이다.

1894년 갑오개혁으로 신분제가 폐지되었음에도 6·25전쟁이 일어나기 전까지는 여전히 신분제적 차별의식이 남아 있었다. 일제강점기에도 양반계급은 지주계급으로서 기득권을 누려왔으나 피지배층인 상민이나 노비와 천민 출신들은 소작농이나 날품팔이 노동자로서 그 사회의 밑바닥 계급을 형성하고 있었다. 일제 식민통치는 모든 계층에게 동등

---

21 농지개혁, 귀속재산 실시, 미국 원조 및 재정금융 정책 등의 요인들은 이후 한국 사회경제체제의 구조가 형성되는 역사적 원형(prototype)으로 기능하게 된다. 이종훈, 「한국자본주의 형성의 특수성」, 김병태 외, 앞의 책, p. 127.

한 교육과 출세의 기회를 주었지만, 부유층이 아닌 하층 서민계급은 이러한 기회를 얻기가 쉽지 않았다. 이는 해방 이후 하층민들이 왜 공산주의 좌파 정치세력을 지지했는지 그 근본적인 이유를 말해준다. 그러나 6·25전쟁은 신분제적 차별의식과 같은 전근대적인 풍조를 모두 파괴해 버렸다. 이 전쟁의 유산은 첫째, 이승만 정권의 독재화, 둘째, 반공주의 이데올로기의 공고화와 중도파 정치세력의 몰락, 셋째, 미국 의존도 심화와 가치관의 급격한 변화 및 도시화, 그리고 군사력 강화로 인한 군부세력의 비대화 등이다.[22] 전쟁이 끝나자 부자와 가난한 자, 배운 자나 못

---

22 Chae-Jin Lee, "The Effect of the War on South Korea" ed., by Chae-Jin Lee, *The Korea War: 40-year Perspectives*(Claremont, California: The Keck Center for International and Strategic Studies, 1991), pp. 117~118. 6·25전쟁 기간 중 북한에서 남한으로 월남해온 피란민은 60만 명이며 이들 북한 주민 동포들이 남한의 각 지역과 사회 각 분야에 퍼져 국민의 반공의식을 강화했다. 국방군사연구소, 『한국 전쟁 피해 통계집』, 1996, p. 83. 이들은 6·25전쟁 전에 월남해온 이북 출신 국민과 합세하여 공산 통치의 비인간성을 남한 사회에 널리 전파하는 '반공의 전도사' 역할을 했다. 전쟁 발발 당시 한국군 규모는 9만 5,000명이었으나 전쟁 종료 직전에는 52만 5,000명으로 증가했다. 또 중도파 정치세력은 대부분이 광복 공간에서 대한민국의 건국에 반대했다. 그들의 다수는 대한민국의 건국을 저지하고 북한의 '조선민주주의인민공화국'의 성립을 지원하는 남북협상에 참여했으며, 대한민국 건국을 위한 5·10선거에 불참했다. 6·25전쟁 기간 중 북한군 점령 통치 지역에서 점령 통치에 협조한 부역자 총수가 55만 명에 달했는데 이중 상당수는 중도파 성향의 사람들이었다. 중도파 진영 정치인의 대부분은 6·25전쟁 발발 4주 전에 실시된 제2대 국회의원 선거에 참여하여, 상당수가 국회에 진출했다. 소규모 정당 소속이나 무소속으로 입후보하여 당선된 중간파 정치인은 40명 내외였다. 이들은 조소앙, 안재홍, 원세훈, 윤기섭, 박건웅 등을 중심으로 연대를 형성하고 있었다. 6·25전쟁이 발발한 후 북한군이 서울에 접근해오자 대부분 국회의원은 서둘러 서울을 탈출했는데, 중간파에 속한 국회의원은 대부분 서울을 탈출하지 않았다. 서울을 탈출하지 않은 중간파 의원 및 여타 중간파 정치인들은 서울을 점령한 북한군에 소환당하거나 붙들려갔다. 이로써 중간파는 정치 엘리트 차원에서는 인적 자원이 고갈되었고, 대중적 차원에서는 전쟁 기간 중의 중간파 정치인들의 행동 때문에 지지 기반을 확보할 수 없게 되었다. 전쟁 직전에는 반공 보수세력이 지지 기반을 확보하지 못했다. 1948년 5월 10일 총선에서 무소속이 전체 의석

배운 자의 차이가 사라지고 오직 전쟁으로 인한 폐허 속에서 각자 생존을 위한 처절한 경쟁에 몰두해야만 했다.[23] 전쟁 기간 중 남한 측의 인명 피해는 군인 616,702명, 경찰 19,034명, 민간인 990,968명, 총 1,626,704명에 달했다. 북한 측의 인명 피해는 300만 명에 이르고 이는 북한 인구 1천만 명을 고려하면 무려 30%에 이를 정도로 남한보다 훨씬 많았다. 민간인 사망자들은 대개 적개심과 복수, 분노, 분풀이, 흥분, 광란, 의심, 오인, 착각, 두려움 등 전쟁에서 발생하는 각종 심리적인 요인에 의한 양측의 학살 행위로 발생했다.[24] 이 비극적인 동족상잔은 한반도의 사회를 완전히 바꾸었을 뿐 아니라 남한이나 북한 주민 모두에게 씻을 수 없는 상처와 원한을 남겼다. 이제 남북 주민은 한민족으로서 함께할 민족애

의 42.5%를, 그리고 1950년 5월 30일 선거에서는 60%를 차지했다. 이는 아직 이 승만 보수세력이 국민의 지지 기반을 확고하게 다지지 못했음을 의미한다. 길승흠, 『한국선거론』, 다산출판사, 1987, p. 29. 한편 전쟁 이후 한국의 대미 의존도 심화는 자연히 한국의 국내 정치에 대한 미국의 영향력 행사를 수반했다. 이로써 미국은 한국의 정치가 안정적으로 자유민주주의로 정착할 수 있도록 지원함으로써 한국 정부가 미국에 대한 정책 및 동북아 정책에 순응하도록 영향력을 행사했다. 또 전쟁은 의리·명분·예의를 중시하던 전통적인 가치관을 버리고, 생존에 필요한 실용성과 물질을 중시하는 풍조를 조성했다. 이처럼 전쟁은 남한의 현대화에 장애가 되는 모든 요소를 파괴하여 자본주의적 민주주의 사회 그리고 산업화를 위한 근대화에 큰 영향을 미쳤다. 양동안, 「6·25전쟁이 한국 정치와 사회에 미친 영향」, 『월간조선』, 2016년 6월호.

23 한국은행에서 발행한 1955년도 『경제연감』에 의하면 피해액은 총 4,123억 환으로 이 액수는 당시 국민총생산액의 거의 2배에 해당한다. 그리고 이재민은 200만 명, 기아 상태의 수는 전체 인구의 20~25%에 달했다. 북한의 물적 피해는 1954년도 북한 당국의 공식 발표에 따르면 4,200억 원이며 이 액수는 전쟁 전 1949년도 국민총생산액의 6배에 이른다. 전쟁에 의한 인적 물적 피해는 북한이 남한보다 훨씬 컸다. 정토웅, 「한국전쟁의 영향: 한국의 정치·군사·경제적 측면」, 『군사지』, 제40호, 국방부 군사편찬연구소, 2000, p. 214.

24 남한의 민간인 사망은 383,000명으로 이 가운데 학살을 당한 자는 129,000명으로 추산되며 이 학살자 전체 중 69,000명이 전남 주민들이었다. 정토웅, 앞의 글, pp. 212~213.

조차 서로 의심하게 되었다. 이렇게 하여 남한 사회는 지금까지 겪어보지 못한 극도의 갈등과 적대 감정이 사회 전체를 지배했다. 6·25전쟁이 우리 한민족에게 남긴 깊은 상처는 이렇다.

"남북 간의 전쟁은 한국인들을 악귀로 만들고 본능적 사악함을 끌어내 동원하였다. 거의 모든 한국인이 피해자 또는 가해자가 되었다. 그들의 상당수는 살해당했고 상당수는 살인자가 되었다. 이런 차원에서 한국전쟁은 내전이었고 한국인들의 인류과 양심은 부정되었다. (…) 한반도에 사는 모든 주민, 특히 농민들을 계급투쟁의 전사로 만들어 모든 벌판과 골짜기와 마을에서 싸우게 하였다. 한국전쟁은 여러 차원에 걸쳐서 입체적으로 벌어진, 여러 모습을 한 거대한 살육의 카니발이었다. 한국인에게 한국전쟁은 첨단 무기들의 폭력과 충돌, 군인들의 전투와 그에 따른 민간인들의 피해뿐 아니라 마을 사람들 간의 인민재판, 잔악한 린치, 학살 등 여러 층위에서 온갖 종류의 악몽을 심어놓았다."[25]

그렇다면 민족의 비극인 6·25전쟁의 원인은 무엇일까. 해방 후 내부적으로는 통일국가 수립에 대한 국민의 열망과 이념보다 민족의 감정이 매우 높았다. 따라서 6·25전쟁의 원인을 냉전의 시각으로 설명하기보다 한민족의 민족주의에 기초한 통일국가 건설의 열망으로 보아야 한다는 설명이 더 설득력이 있다.[26] 그렇다 해도 이 전쟁에 대하여 우리가 갖는 의문은 '도대체 무슨 이유로 누가 이 전쟁을 일으켰나?'이다. 이 대답

---

25 최정운, 앞의 책, p. 89에서 인용.

26 이러한 시각에 대해서는 김동춘, 『전쟁과 사회: 우리에게 한국전쟁은 무엇이었나?』, 돌베개, 2000을 보라.

은 "원수를 찾기 위함이었다. 복수를 위해 희생양을 찾는 일이었다." 그래서 "이승만 정권의 반공, 반일은 한국인들이 전쟁을 통해 쌓은 각별한 원한과 증오의 표현이었을 뿐이다. 그리고 그 원한과 적대감은 이후의 역사에도 큰 흔적을 남겼다."[27] 바로 이 원한과 적대의 표상이 '빨갱이'와 '친일파'이다.[28] 전쟁으로 모두가 가난해지고, 가족들이 흩어지고, 또 모든 전통적인 사회윤리가 사라져 사회질서가 흔들렸다. 죽음의 주체

---

27 최정운, 앞의 책, p. 95.

28 빨갱이란 단어의 어원은 일제강점기 항일무장유격대를 지칭한 '파르티잔(빨치산)'에서 유래되어 유격대원을 뜻하는 '파르티잔(partisan)'과 공산주의를 뜻하는 '빨강'이 결합한 용어이다. 즉 파르티잔의 러시아 발음이 우리말로 빠르지잔 → 빨치잔 → 빨치산으로 변형되다 빨강이란 말과 결합해 생겨났다고 할 수 있다.〔출처: 제주의 소리(http://www.jejusori.net)〕 따라서 김득중은 "빨갱이란 단지 공산주의 이념의 소지자를 지칭하는 낱말이 아니었다. 빨갱이란 용어는 도덕적으로 파탄 난 비인간적 존재, 짐승만도 못한 존재, 국민과 민족을 배신한 존재를 천하게 지칭하는 용어가 되었다. 그렇기 때문에 공산주의자는 어떤 비난을 받더라도 감수해야만 하는 존재, 누구라도 죽일 수 있는 존재, 죽음을 당하지만 항변하지 못하는 존재가 되었다"라고 정의한다. 김득중, 『'빨갱이'의 탄생 – 여순사건과 반공 국가의 형성』, 선인, 2009를 참조. 이에 대해 윤충로는 "여순사건에 나타난 잔혹한 국가폭력, 빨갱이 만들기와 국가 건설, 국민 형성 과정이 단선적인 인과관계로 연결되는 듯한 인상이 강하다"며 "하나의 구조로서 반공 국가 체제의 형성은 역사 구조적인 원인, 세계사적 질서와 국제적 역학관계, 역사적 특수성과 결합한 근대국가 일반의 사회적 통제 침투력의 확장, 다양한 정치체제 사이의 갈등, 여러 사건의 중첩이 지닌 효과 등 보다 다층적인 측면을 반영한다고 볼 수 있다"라고 지적한다. 이어 그는 "이승만의 반공 국가 체제는 층위를 달리하는 여러 요인과 다양한 사건들의 접합 그리고 그것이 지닌 상승효과 속에서 형성되었다는 점을 주목할 필요가 있다"라고 강조하고 "사건사에 대한 세세한 설명이나 사건과 그 후의 결과를 면밀하게 추적하려는 저자의 집착이 상호 연관되면서도 독자적인 측면에서 작동했던 이승만 반공 체제의 특성에 관하여 보다 풍부한 설명을 가로막는 것이 아닌가 한다"며 "국가폭력과 폭력의 제도화는 반공 체제 구축, 반공 국민 만들기를 위한 필요조건일 수 있지만, 충분조건이 될 수 없다"라고 주장한다. 윤충로, 「반공 국가 그 잔혹한 탄생, 『'빨갱이'의 탄생 – 여순사건과 반공 국가의 형성』, 김득중, 선인, 2009」, 『역사비평』, 통권 제89호, 역사비평사, 2009, pp. 365~373.

와 객체가 한국인의 자화상이 되었다.[29] 6·25전쟁은 한국인에게 왜 어떻게 그런 일이 벌어졌는지도 모른 채 서로 이웃끼리 죽이고 죽임을 당해야 했던 혼란 상태였다. 정용학의 「요한 시집」은 우리 근대현대사의 비극적인 운명을 다루고 있다. 주인공 동호는 거제도 포로수용소에서 친구 누혜를 만난다. 여기에서 살아남고자 한 자들 사이에 벌어진 잔인한 살육전 속에서 인민의 영웅이었던 누혜는 이 싸움에 가담하지 않았음에도 결국 끌려가 가혹한 폭행을 당하자 철조망 기둥에 목을 매고 자살하고 만다. 누혜를 죽인 것은 이데올로기가 아니라 우리 민족의 잔인한 복수심과 원한 감정 등이었다. 이처럼 정용학은 전쟁 이후 남한을 죽음과 증오심, 적대감 등이 난무한 대립 구조적 사회로 묘사하고 있다.[30] 손창섭의 소설 「잉여인간」에서 채익준이 보여준 분노는 특정한 대상이 아니라 모든 한국인을 향한 적대 감정이었고 모조리 한 사람도 남김없이 잔인한 폭력으로 없애버려야 한다는 극단의 원한에 찬 분노였다.[31] 동족상잔의 전쟁으로 인한 가장 비극적인 상처는 진정한 한국인으로 살아가고

---

29 전후 한국인의 실상을 잘 보여주는 대표적인 작품인 손창섭의 소설은 전쟁이 끝난 1950년대 죽음으로 끌려가면서 다른 사람들도 함께 죽음으로 끌고 가려고 애를 쓰는, 즉 나만 죽을 수 없어 모두 죽자는 물귀신들이 지배한 인간성 상실의 시대를 여실히 보여주고 있다. 또 정용학은 인간이 자신의 의지가 아니라 시대적 상황이 자신의 삶을 이끌어가는 현실을 보여준다. 철저하게 '나'는 무용지물이고 그 시대상에 구속되어 있는 인간상을 보여주고 있다. 김영화, 「1950년대 후반기 문학」, 『제주대학교논문집』, 제34집, 인문사회과학 편, 제주대학교, 1992, pp. 25~27.

30 문홍술, 「양식 파괴의 소설사적 의의: 정용학론」, 『관악어문연구』, 제19집, 서울대학교 국어국문학과, 1994, pp. 57~74.

31 이 소설은 채익준의 시선으로 부패한 사회의 타락상을 세세하게 고발하고 있다. 그가 유해물질을 넣어 외국제 고급 약으로 탈바꿈시킨 제약 회사에 대해 분노를 폭발시키는 장면, 이전 노동판에서 일할 때도 사무실에서 인부들의 임금을 속이는 줄을 알게 되자 주먹다짐을 벌이고 그만두었다는 사실, 외국 선교사를 상대하는

자 한 모든 한국인에게 조상 대대로 살아온 진정한 조국으로서 공산주의 체제 북한, 아니면 자본주의 체제의 반공주의가 지배한 남한을 선택할 수 없게 되었다는 점이다. 최인훈의 소설 「광장」은 바로 이러한 한국인의 자화상을 보여주고 있다.

"그의 샤스 앞자락은 온통 피투성이였기 때문에 거리를 걸어갈 수가 없었던 것이다. 그런 몰골을 한 채로 돌아가라고 그를 내보낸 형사의 처사에서 명준은 얻어맞았을 때보다도 더욱 싸늘한 분노를 느꼈다. 한 사람 시민의 앞자락에 핏물을 들인 채 경찰서 문을 나서는 걸 그들은 꺼려 하지 않는다는 증거였다. 그 모습대로 거리를 걸어가서 온 천하가 다 봐도 조금도 괜찮다는 소리나 마찬가지였다. 그는 몸을 떨었다. 빨갱이 새끼 한 마리쯤 귀신도 모르게 해치울 수 있어, 어둠에서 어둠으로 거적에 말린 채 파묻혀가는 자기 시체의 환상이 보이는 듯했다."[32]

주인공 이명준은 북한에 고위층 아버지가 계신다는 이유로 남한에서

양심적 상점이 없다는 것, 장사를 양심이나 신용이 아니라 철두철미하게 자신이 벌어들일 이득의 양만을 고려한 계산속으로 여기는 세태 등에 대한 언급 등이 이에 해당한다. 서은혜, 「손창섭의 소설과 니체적 사유의 관련성」, 『현대소설연구』, 제74호, 한국현대소설학회, 2019, pp. 310~311. 이를테면 채익준은 "소매치기나 날치기에서부터 간상 모리배도 총살, 협잡 사기꾼도 총살, 뇌물을 먹고 부정을 묵인해주는 관리도 총살, 밀수범도 총살, 군용 물자를 훔쳐 내다 팔아먹은 자도 총살, 국고금을 횡령해먹은 공무원도 총살, 아무튼 이런 식으로 부정 불법을 자각하면서도 사리사욕에 눈이 멀어서 국가 사회에 해독을 끼치는 행위를 자행하는 대부분 형사범은 모조리 총살해버려야 한다"고 주장한다. 손창섭, 「잉여인간」, 『손창섭 단편전집 2』, 가람기획, 2005, p. 113.

32 최인훈, 「광장」, 『새벽』, 새벽사, 1960년 11월호, p. 261.

끊임없이 감시를 당하며 고초를 겪다가 견디지 못해 북한으로 간다. 그
곳에서 아버지를 만나 북한을 희망의 조국으로 삼으려 했으나 그곳 또
한 '잿빛 공화국'이었다.

"「동무는 오해하고 있는 듯해. 공화국을 동무가 도맡아 보살펴야 한다는
그런 생각. 그건 잘못입니다. 동무는 맡은 바 자리에서 당이 요구하는 과업
을 치르면 그만입니다. 영웅주의적인 감정을 당은 요구치 않습니다. 강철과
같이 철저한 실천가가 필요한 겁니다.」 자본주의사회의 저 방대한 산업 질
서 속에서 나날이 사람스러운 탄력을 마모(磨耗)해가는 인간들과 똑같은 사
람이 되라는 소리였다. 여기도 기를 꽂을 공지(空地)는 없었다. 위대한 것들
은 깡그리 〈일찍이〉 말해진 후였다. 감격할 필요는 없다는 거다. 정확히 동
작만 하라는 것이었다. 왜 이렇게 됐을까. 북조선에는 혁명이 없었던 탓일
것 같았다. 인민 정권은 인민의 망치와 낫이 피로 물들여지며 세워진 것이
아니었다."[33]

"여태껏 나는 아무것도 믿지 못했어. 남조선에서 그랬구, 북조선에 가
서도 마찬가지였어"라고 말하며 좌절감에 빠진 이명준은 6·25전쟁이
터지자 인민군으로 참전하여 포로로 잡힌다. 전쟁이 끝나고 남북 간에
전쟁 포로를 교환할 때 그는 북한도 남한도 선택하지 않고 제3국으로
가던 중 스스로 바다에 뛰어내려 죽음을 맞는다. 절망의 조국에서 자신
이 설 자리를 찾을 희망이 없다고 생각한 주인공 이명준의 이야기는 해
방 이후 한국인들이 바라오던 진정한 조국의 모습이 세워지지 않았다는

---

33 최인훈, 앞의 글, p. 283.

것을 나타낸다. 남한은 반공주의 정책으로 '빨갱이'를 척결하는 데 힘을 쏟고 북한은 인민의 나라라고 하지만 진정한 인민의 혁명이 없는 나라였다. 이런 조국의 모습이 대립적 관계 속에서 고착되어 평행선을 이루며 갈 줄은, 그때는 아무도 몰랐다. 민족국가로서 조국은 이렇게 미약했다. 더욱이 한국 사회에서 친일 우파와 종북 좌파는 우리 편과 적, 민족과 반민족, 심지어 선과 악을 구분하는 기준이 되었다. 그래서 이승만 정권이 들어선 이후 박정희, 전두환으로 이어지는 군사독재정권에서 좌파를 지칭한 '빨갱이'로 낙인찍힌 자에게 가하는 그 어떤 국가폭력도 공적인 성격을 띠었다. 이를 이용하여 정당성이 약한 군사독재정권은 권위적인 통치체제를 유지해나갔다. 그리하여 '빨갱이'와 '친일파'라는 두 적대적인 담론을 통해, 해방 이후 남한에서는 국민 안에 내부의 적으로서 다른 국민이 존재한다고 인식되며 끊임없이 정치적, 사회적 분열과 갈등을 일으켰다.[34]

6·25전쟁의 동족상잔은 한국인에게 씻을 수 없는 상처와 원한을 남겼을 뿐 아니라 남북분단을 고착화하고 군비 증강의 경쟁을 벌이며 적대관계를 형성했지만, 결과적으로 보면 이 비극은 근대국가로서 대한민국

---

34 해방 직후 남한에서 적산의 처리를 둘러싸고 부당한 이익과 부를 취한 모리배들이 제2의 친일파로 불렸다. 친일파는 현재에도 남한의 사회 경제적 지배계급으로서 그 세대적 재생산에 성공한 집단으로 간주된다. 다른 한편, 정치적 과정으로 친일청산의 실패와 근대화의 진전은 친일을 특정한 행위만이 아니라 근대성 추구와 관련된 사고, 심리와 규범, 태도 등 의식 전반 속에서 위치 짓는 논의를 가능하게 하였다. 대중적 민족주의에 내재된 평등주의적 지향은 여전히 불의한 행위로 얻은 부를 세습한 집단으로서의 친일파나, 도덕적 옳고 그름의 판단을 수반할 수밖에 없는 명백한 배신자로서의 친일파에 관심이 가 있으나, 지식인들에 의해 수행된 친일 담론은 후자에 기울어져 있었다. 이혜령, 「빨치산과 친일파 – 어떤 역사 형상의 종언과 미래에 대하여」, 『대동문화연구』, 제100집, 성균관대학교 대동문화연구원, 2017, pp. 445~475.

의 발전에 커다란 영향을 미쳤다. 6·25전쟁은 해방 이후 남한에서 활동하던 공산주의 저항 세력을 제거하는 계기가 되었다. 그 결과 남한은 대내적 안정성을 확립하여 자유민주주의적 근대국가로서 본격적인 발전을 할 수 있는 토대를 마련하게 되었다. 특히 군사력의 대규모 증강과 함께 이승만 대통령의 외교로 체결된 한미동맹은 한국 안보의 가장 든든한 기초가 되었다. 더욱이 근대국가의 요건으로서의 군사력은 6·25전쟁 직전 채 10만 명이 되지 않았으나 전쟁이 끝난 후 55만 명으로 증강되었고, 한미 합의에 따라서 20개 사단 65만 5천 명으로 증원을 보장받게 되었다.[35]

이렇게 전쟁이 끝난 후 한국은 안보를 가장 중요한 정책으로 삼아 군사력을 크게 증강함으로써 국내 정체성에서 군부의 영향력을 키우는 결과를 낳았다.[36] 특히 6·25전쟁은 해방 이후 여전히 모호한 국가 정체성을 완전하게 확립시켜주었다. 3·1운동 이후 근대적 의미의 민족주의 흐름에 따라 근대국가의 기반이 되는 국민적 정체성이 형성되기 시작했다. 그러나 이 근대국가 국민의 정체성은 일제에 대항하기 위한 임시방편에 불과했다. 그러다가 1948년 대한민국 건국 이후에도 한국인의 정체성은 여전히 전근대적인 조선인으로서의 성격이 강했다.[37]

이렇게 모호한 정체성은 6·25전쟁을 계기로 완전히 사라져 이후 남한 사람들은 '대한민국 국민'이라는 확고한 근대국가의 국민 정체성을 형성하게 되었다. 1948년 대한민국의 제헌헌법은 완전한 시장경제 체제

---

35 온창일, 「6·25전쟁과 한국군의 팽창」, 유영익·이채진 편, 『한국과 6·25전쟁』, 연세대학교출판부, 2002, p. 82.

36 김학준, 『한국전쟁: 원인, 과정, 휴전, 영향』(제4수정증보판), 박영사, 2010, p. 403.

37 김일영, 『건국과 부국』, 생각의나무, 2004, pp. 170~171.

에 머물지 않고 유럽식의 사회주의 체제를 혼합했다.[38] 이런 관계로 이승만 정권은 대한민국을 건설하고 자유민주주의 정체성을 확립하려 했으나 이 이념이 대한민국의 지배적인 정치이념으로서 확고하게 뿌리를 내리지 못했다. 그러나 6·25전쟁이 끝난 이후 대한민국은 이념적이고 정치적인 변화 그리고 자유주의와 경제발전 정책의 필요성에 의하여 1954년 개헌의 경제조항 개정에 따라 균등경제로부터 시장경제로 전환하게 되었다. 곧 자유주의와 발전주의의 결합이다. 따라서 1954년의 균등경제로부터 시장경제로의 일대 전환을 이룬 개헌은 의회 내 좌파와 이범석이 창단한 조선민족청년당 소위 족청 계열의 몰락, 국가사회주의적 헌법의 개정에 대한 미국의 암묵적 압력, 족청계를 견제한 이승만 세력의 결집, 그리고 자유주의적 발전주의 담론의 부상이 복합적으로 작용한 결과였다.[39]

---

38 대한민국 헌법을 초안한 유진오는 자유주의 체제의 수용에 대해 "국내적으로도 사상적, 정치적, 경제적, 사회적 여러 난제에 부딪혀 있는 현시점에서 유지하기 어려운 일"이라고 주장했다. 즉 해방 후 격심한 이념 갈등과 분단을 겪은 남한의 상황에서 자유주의는 체제의 위협을 불러올 수도 있을 것이라는 정서가 당시 정치계에 널리 퍼져 있었다. 유진오, 『헌법 기초 회고록』, 일조각, 1980, p. 42. 이러한 유진오의 시각은 그의 용어 사용과 그가 중요하게 참조한 독일 바이마르 헌법을 생각할 때 사회민주주의에 가까웠던 것으로 보인다. 따라서 채오병은 "정부 수립 직후 자유주의가 전 세계적 차원에서 주도권의 지위를 잃은 상태에 대안적 사회질서를 모색한 다양한 정치세력들은 사회주의, 사회민주주의, 국가사회주의 혹은 민족사회주의의 이름으로 국가의 경제에 대한 직접 개입을 통한 균등경제의 실현이라는 사회정책 지향을 제헌헌법에 담았으며 여기에는 서구 복지국가 등장 시 발견된 '사회적인 것'의 논리도 깔려 있었다"라고 설명한다. 채오병, 「이승만 정권의 사회정책, 1948~1958: 헌법제정과 개정을 중심으로」, 『사회이론』, 제46호, 한국사회이론학회, 2014, p. 431, 442.

39 그러나 1954년 11월 자유당 의원들이 발의한 개헌안의 이유서는 2월의 그것과 대동소이했으나, 경제체제의 중점을 국유국영의 원칙으로부터 사유사영의 원칙으로 옮김으로써 생산력의 고도 증강과 국가 경제의 비약적 발전을 도모하려 한

남북분단과 전쟁을 겪으면서 남한의 산업시설이 대부분 파괴되어 이승만 정권 시기 남한은 낮은 산업화 수준과 경제발전의 기반조차 미흡한 상태에 놓여 있었다. 공업 부분에서 방적·염색가공 70%, 화학 공업 70%, 농기구 공업 40%, 고무 공업 10% 등이 전쟁으로 모두 파괴되어 이승만 정권에게는 산업시설의 복구가 가장 시급한 과제였다.[40] 따라서 독자적으로 경제 자립을 할 수 없었던 한국 경제는 미국 등 선진국의 원조에 의존할 수밖에 없었다.[41] 특히 이 시기는 생산 활동과 경쟁적 자본 축적보다, 외국의 원조를 통해 얻은 부를 지배 계층에 유리하게 분배하는 '제로섬' 형태의 부 축적 방식이 지배적이었다.[42] 따라서 6·25전쟁 이후 남한의 경제는 과도하게 소비재에 의존하는 불균형 구조를 이루고 있었다. 1953년 소비재 비중 74.4%는 1961년에 77.3%로 증가한 데 반해 생산재의 비중은 같은 기간 18.3%에서 19.3%로 겨우 1% 증가했다. 전쟁이 끝났음에도 남한의 산업은 여전히 소비재에 의존한 불균형 생산구조에서 벗어나지 못했기 때문에 산업 원자재의 대외의존도가 높아질 수밖

다는 내용을 명시했다. 여기에서 확인되는 점은 균등경제로부터 경제성장으로 경제 정책의 목표가 전환되었고, 이를 실현하기 위한 수단으로 자유주의가 채택되었다는 점이다. 채오병, 앞의 글, p. 439.

40 김일곤, 『한국 경제개발론』, 예문관, 1976, p. 116.

41 1945년부터 1959년까지 해외에서 받은 원조는 27억 달러에 달했고 1961년까지 미국의 원조는 32억 달러로 한국 재정의 39.2%를 차지했다. 한국전쟁 이후 1950년대 후반 미국의 경제원조는 매년 평균 국민총생산의 10%를 차지했다. 이 당시 미국 원조액은 우리나라 총투자액의 70%에 이른다. 정시구, 「박정희 새마을운동전 1960년대 경제개발에 관한 연구」, 『한국 지방자치 연구』, 제16집, 제3호, 대한지방자치학회, 2014, pp. 71~94.

42 서재진, 『한국의 자본과 계급』, 나남, 1991, p. 7. 이 시기 한국의 경제 상황에 대해서는 윤상우, 『동아시아 발전의 사회학』, 나남, 2005를 보라.

에 없었다.[43] 또 대기업과 중소기업 간의 극단적인 양극화 현상을 초래
하여 1950년대 사적 자본 형성의 제도 변화는 소비재 편향적 경제구조
외에 독점자본의 출현을 낳았다.[44] 그런데도 이승만 정부는 경제발전 정
책을 제대로 수립하지 못하고 있었다.[45] 즉 이승만 정권의 경제발전 정책
은 부강한 나라가 되기 위한 실용적 전제 조건에 그쳤을 뿐, 그 자체가 국
가의 지상 목표가 아니었다. 말하자면 이승만 정권은 국가 경제발전에서
선진국, 후진국 등의 개념보다 문명과 야만이라는 정신적 이분법적인 틀
속에서 국가 정체성을 규정하려는 경향이 뚜렷했던 것이다.[46] 이 시점에
서 한국의 자본주의적 자유민주주의 발전이 어떻게 확립되어갔는지를
보다 구체적으로 살펴보면 다음과 같다.

6·25전쟁 이후 이승만 정권 아래에서 연평균 경제성장률은 4.9%에

---

43 이는 1950년대 원시적 자본 축적기에 형성된 주요 사적 자본이 '생산적'이지 못
   했다는 것을 의미한다. 이덕재, 「박정희 정부의 경제정책: 양날의 칼의 정치경제
   학」, 『역사와 현실』, 제74집, 한국역사연구회, 2009, p. 85.

44 주요 업종의 대기업 비중에 대해서는 정윤형, 「경제성장과 독점자본」, 김병태 외,
   앞의 책, p. 144.

45 이승만 정권의 경제 정책은 발전을 도모하지 않고 채권 위주 혹은 강압적 형태의
   지배 방식에 의존했다는 점에서 '약탈 국가(predatory state)'의 특징을 갖고 있었
   다고 지적받고 있다. 조희연, 「정치사회적 담론의 구조 변화와 민주주의의 동학 –
   한국 현대사 속에서의 지배담론과 저항담론의 상호작용을 중심으로」, 조희연 편,
   『한국의 정치사회적 지배담론과 민주주의 동학: 한국민주주의와 사회운동의 동학
   (3)』, 함께읽는책, 2003, pp. 33~120.

46 이승만 정부 시기 서구 문명은 물질문명에 국한돼 그 권위가 그다지 크지 않은 것
   으로 나타났다. 서구의 물질문명의 한계를 인식하는 가운데 예의 도덕을 지키는
   한국처럼 전통과 문화가 우수한 나라는 자부심을 잃지 않았다. 문명 담론에서 서
   구는 문명국, 즉 물질적 가치를 중심으로 한 문명국이었지만, 한국도 정신적 가치
   를 중시하는 문명국으로 규정됐다. 김종태, 「이승만 정부 시기 문명 담론과 선진국
   담론에 나타난 국가 정체성과 서구관-대통령 연설문과 조선일보 중심으로」, 『한
   국사회학』, 제46집, 제2호, 한국사회학회, 2012, pp 150~175.

머물렀고 1957년부터 미국 원조가 급속하게 줄어들어 불황기에 접어들자 경제개혁의 요구가 높았다. 4·19혁명이 일어나기 직전 한국 사회에는 아직 회복되지 못한 가난과 전쟁의 상처로 인한 좌절과 분노가 가득차 있었다. 그 분노의 폭발이 언젠가 반드시 일어날 것이라는 위험한 사회 분위기가 팽배했다. 이런 사회 분위기에 의한 혼란이 가중되던 중에 그동안 쌓인 분노를 참지 못한 국민이 일으킨 4·19혁명으로 결국 이승만 정권은 종말을 맞게 되었다. 4·19혁명은 먼저 고등학생들이 나서자 시민들이 이에 참여하여 폭력 시위를 벌이고 나중에 대학생들이 가담했다. 이로써 이승만 정권이 붕괴된 후 들어선 제2공화국 민주당 장면 정권은 이승만 반공주의 독재정권으로 훼손된 민주주의의 회복을 과제로 삼았으나 경제 회복 등 다양한 국민의 요구와 무질서에 적절하게 대처하지 못함으로써 신·구파 양파의 내부 갈등만 초래하고 말았다.

여기에 사회대중당, 한국사회당, 사회혁신당 등 새로운 정당이 출현하여 보수 세력과 갈등을 빚자 사회의 혼란과 갈등은 더욱 고조되었다. 그러나 이러한 사회적 요구를 무시하고 제2공화국은 오직 내각책임제 민주주의에만 몰두했다. 4·19 이후 여러 분야에서 가난과 경제문제의 해결을 요구한 민중들의 시위가 계속 일어났다. 제2공화국은 경제문제 해결을 국민에게 약속했으나 자기들끼리 정치적 다툼에만 몰두할 뿐 민생에 전혀 관심을 두지 않았다. 사실상 4·19혁명은 한국 사회의 변화를 일으키기엔 무력하고 허약했다. 마침내 이 학생혁명을 무가치하게 만든 것은 바로 제2공화국 정치인들이었다. 이처럼 제2공화국 민주당 장면 정권의 무능함은 결국 1961년 박정희의 군사 쿠데타를 불러일으키고 말았다. 이승만은 전쟁을 거치면서 문민통제를 유지하고 군을 장악하는 데 성공했으나 제2공화국 장면 정부는 군부에 대한 계속된 정책의 실패

로 인하여 쿠데타의 빌미를 제공하고 만 것이다.[47]

　당시는 전쟁으로 파괴된 경제적 삶의 터전을 다시 복구하려는 국민의 열망이 매우 높았던 때였다. 4·19혁명과 5·16 군사 쿠데타는 이러한 국민의 자유와 경제발전의 요구에 의한 결과이며 이 혼란의 기회를 이용하여 등장한 박정희 군사정권은 강력한 군대의 힘으로 정권을 장악하게 되었다.[48] 박정희의 쿠데타가 발생한 1961년은 6·25전쟁이 끝난 지 10년도 지나지 않았고, 4·19혁명에 의해 이승만 정권이 무너짐으로써 사회 전체가 매우 혼란스러운 시기였다. 이러한 사회적 분위기 속에서 쿠데타의 정당성을 확보하기 위해 박정희 군사정권은 국민의 요구에 부응하여 한반도의 대변혁을 일으킬 근대화를 위한 경제개발 정책을 추진하기 시작했다.[49] 그러나 박정희 군사정권은 민주주의 체제 발전보다 오히려

47　장면은 4·19 직후 실시한 선거에서 당시 60만 명이던 군의 규모를 10만으로 감축하겠다고 발표하여 군의 불만을 일으켰다. 김영명, 『고쳐쓴 한국 현대 정치사』, 을유문화사, 1999, p.15.

48　이에 관하여 다음을 참조할 것. 권보드래·천정환, 『1960년을 묻다: 박정희 시대의 문화정치와 지성』, 천년의상상, 2012. 특히 박정희 5·16 쿠데타는 이승만 정권 당시 국군 창군에 참여한 자들이 전쟁을 거치면서 고속 승진함으로써 군대의 요직을 모두 차지하고 있어 뒤늦게 군대에 들어간 자들은 선배들 때문에 승진의 길이 막히자 이에 대한 불만으로 야기되었다는 것이다. Chae-Jin Lee, 앞의 글, pp. 120~121. 5·16 군사 쿠데타를 주도한 인물들은 만주군 출신이며 국방경비사관학교 2기 출신 박정희를 비롯하여 육사 5기 출신 김재춘, 박치옥, 8기 출신 김종필, 석정선, 그리고 군 정보관계자, 김계원 정보참모부장, 이후락 정보국 차장, 장도형 육군본부 정보국장, 한신 첩보부대장 등이며 이외에 미국 군사 유학 출신인 미국 참모대학 정내혁, 미국 포병학교 이낙선 등 엘리트 군인들도 쿠데타에 참여했다. 박정희, 윤태일, 송찬호, 김동화, 채명신 등 혁명5인위원회와 군사혁명위원회를 구성하여 정권을 장악했다. 노영기, 「5·16 쿠데타 주체 세력 분석」, 『역사비평』, 통권 57호, 역사비평사, 2001년 겨울호, pp. 167~172.

49　김윤태, 「발전국가의 기원과 성장: 이승만과 박정희 체제에 관한 역사 사회학적 연구」, 『사회와 역사』, 제56집, 한국사회사학회, 1999, pp. 145~171.

후퇴의 길을 선택했다. 정권 태생이 국민의 지지와 선거 승리의 결과가 아니라 군대의 무력을 통한 것이었기 때문에 강력한 독재정치를 펼쳐야 했다.

따라서 박정희 군사정권은 획일적인 정치체제를 추구한 나머지 무조건 충성과 집단주의적인 군사 가치관을 강조하며 민주주의적인 가치관을 억제했다. 박정희 군사정권은 또 안보를 내세우며 모든 국민의 요구를 군사적 이해에 종속시켜 권위주의적이고 순응주의적인 사고를 주입했다. 특히 군대를 정권 반대의 압력단체로 활용하여 군부에 정치 개입의 여지를 부여하기도 했다.[50] 그러나 박정희 군사정권의 경제정책은 대한민국의 정체성이 본격적인 시장경제 위주의 자본주의적 체제로 확립하여 나아가게 된 첫발이 되었다.[51] 그렇다면 박정희 군사정권은 이승만 정권의 이러한 경제 여건 속에서 어떻게 경제정책을 수립해나갔는가. 1957년 이후 미국 등의 외국 원조가 급격하게 줄어들자 한국 경제는 새롭게 장기 경제개발의 필요성이 제기되었다. 박정희 군사 쿠데타 직후 당시 한국의 경제 상황은 실업자 증가, 저소득, 원조물자에 의존한 도매 및 소매업의 발전, 지나친 소비 풍조로 인한 서비스업의 활기, 소득불균 등 이외에도 외래 소비성 사치품 선호 풍조가 만연하는 등 그야말로 최악의 상태에 있었다.[52]

경제개발이 필요했던 박정희 군사정권은 대외 개방화 전략의 이점을

---

50 Chae-Jin Lee, 앞의 글, pp. 122~123.

51 김종태, 「박정희 정부 시기 선진국 담론의 부상과 발전주의적 국가 정체성의 형성」, 『한국사회학』, 제47권, 제1호, 한국사회학회, 2013, pp. 71~106.

52 국가재건최고회의 종합경제재건기획위원회, 『종합경제재건계획(안) 해설(自檀紀4295年 至檀紀4299年)』, 1961, p. 3.

적극적으로 활용하고자 협소한 국내시장, 미약한 자본축적, 낙후된 기술적 제약 조건을 수출 지향적 공업화 전략을 통해 제조업 주도의 산업구조 재편을 추진해나갔다. 특히 박정희 군사정권은 안정적 집권을 위해 경제문제 해결이 가장 중요하다는 것을 인지하고 있었다. 경제성장의 조건으로서의 수요 증대와 장기적 생산 공급 능력, 그리고 농촌의 잠재적인 실업자 고용 충족에는 투자 증가가 필수적이었다. 그러기 위해서 박정희 군사정권은 당시 현저히 저조한 투자율을 높이려면 시장의 형성과 투자의 재원 조달 방법을 마련해야 했다. 그것이 바로 외자도입과 수출이었다. 그렇지만 이렇게 시작된 박정희 군사정권 초기 제1차 경제개발5개년계획의 성과는 6·25전쟁 이후와 별다른 차이가 없었다.[53] 1960년대는 6·25전쟁 직후이며 자원이 빈곤한 관계로 경제개발을 위한 기초적인 산업이 빈약했기 때문에 박정희 군사정권은 경제개발을 위해 외자도입과 수출 정책에 중점을 두고 경제개발의 기틀을 다져야 했다. 그 밑거름이 된 새마을운동 구상은 농촌사회를 크게 개혁시켰는데, 이는 어느 정도 정치적·행정적·경제적 요건이 갖추어졌기 때문에 가능했

---

53 1955년부터 1965년 동안 제조업 부문 GDP와 생산지수의 증가 추이를 살펴보면 1955년부터 1960년까지는 13.6%, 1961년부터 1965년까지는 12.3%로, 1950년대의 경제성장률이 1960년대 전반기와 거의 같은 수준이었다. 김두얼, 「한국의 산업화와 근대 경제성장의 기원, 1953~1965 – 전통설과 새로운 해석」, 『경제발전연구』, 제22권, 제4호, 한국경제발전학회, 2016, p. 41. 이 시기의 한국 경제 현황에 대해서는 다음을 참고하라. 이완범, 『박정희와 한강의 기적: 1차 5개년계획과 무역입국』, 선인, 2006; 공제욱, 조석곤 공편, 『1950~1960년대 한국형 발전모델의 원형과 그 변용 과정: 내부동원형 성장모델의 후퇴와 외부의존형 성장모델의 형성』, 한울아카데미, 2005; 박기주·이상철·김성남·박이택·배석만·정진성·김세중, 『한국 중화학공업화와 사회의 변화』, 대한민국 역사박물관, 2014; 김정렴, 『최빈국에서 선진국 문턱까지: 한국 경제정책 30년사』, 랜덤하우스코리아, 2006; 박태균, 『원형과 변용: 한국 경제개발계획의 기원』, 서울대학교출판부, 2007.

다.[54] 새마을운동은 농업경제 중심의 한국 사회를 시장경제 중심으로 크게 변화시켰을 뿐 아니라 박정희 군사정권이 추진하고자 한 경제개발의 시발점이며 성공의 원인이었다.

1970년대 새마을운동 성공의 계기로 정부는 초가집 등 여전히 구시대적 촌락 형태에서 벗어나지 못한 농촌의 생활구조를 근대화하는 작업에 착수했다. 그래서 정부는 전국 마을마다 시멘트를 지원하여 마을 진입로 및 마을 안길 확장, 농로 개설, 소교량 가설 등 전반적인 농촌 환경 개선 사업을 진행하였고, 이런 새마을사업을 통해 마을 주민들의 자조 정신과 협동심을 키워나갔다. 또 주민의 자조 정신 고양을 위한 투자 재원 조달 전략을 통해 정부는 주민들에게 적극적으로 새마을사업 참여를 독려했다. 새마을운동의 성공 요인으로 의식 개혁을 빼놓을 수 없다. 새마을운동에 정부가 지원한 규모는 그리 크지 않았으나 이 운동이 상당한 성과를 올렸던 것은 잘살아보겠다는 국민의 의지와 전통적인 봉건적 가치관에서 벗어난 근대적인 사고가 크게 작용했기 때문이다. 새마을운동은 농민들에게 합리적인 생활방식을 주입함으로써 자본주의적 삶의 방식을 크게 바꿔놓았다. 새마을운동은 국민 화합의 공감대를 형성하여 국민의 자발적 참여로 민주적 자율 역량을 배양하게 했으며, 농민들에게 가난을 이기고 잘살 수 있다는 자신감과 긍정적이고 합리적인 사고 방식을 갖게 해주었다.[55]

---

54 정시구, 「박정희 대통령의 1960년대 경제개발에 대한 연구」, 『한국지방 자치연구』, 제16집, 제3호, 대한지방자치학회, 2014, pp. 71~94.

55 정부(최고지도자와 담당 공무원)와 새마을 지도자의 리더십 그리고 주민 참여와 협동 등 이 세 가지가 새마을운동 성공에 가장 중요한 요인으로 꼽히고 있다. 임한성, 임재강, 「새마을운동의 성공 요인에 관한 사례연구」, 『지방정부연구』, 제17권, 제3호, 한국지방정부학회, 2013, pp. 153~176.

이렇게 농촌 사회가 급격하게 변하자 시골 청년들은 일자리를 찾아 급격한 산업화와 동시에 도시화가 진행된 도시와 서울로 몰려들었다. 이들 젊은 청년들은 서울 변두리에 형성된 수많은 빈민촌 쪽방에 기거하며 영등포와 구로에 세워진 공장의 노동자로 취업했다.[56] 그러나 이들 젊은이는 저임금과 장시간의 노동에 시달리면서 제대로 인간다운 대접을 받지 못한 채 착취와 인권유린에 무방비 상태로 살아야 했다. 1960년 한국인 개인소득은 연 93달러로 알려졌지만, 실질소득은 80달러에 불

---

[56] '경제성장 제일주의' 이데올로기는 도농 격차·빈부 격차를 심화시켰으며 이에 따라 농촌을 벗어나 도시로 이주한 농민들은 대부분 도시 빈민으로 전락했다. 1960~1965년에는 전국의 953,000명의 이동인구 중 70.3%인 670,000명이 서울로 이주했다. 1960년대 이후에는 서울의 성장이 한국 도시화 과정을 거의 지배해왔다고 할 수 있다. 이 기간에는 서울 한 지역이 전국 인구 증가의 대부분을 흡수했다. 막대한 인구이동은 물론 한국의 인구구조를 변화시켰으며 이는 지역 발전 불균형을 초래했다. 서울에 유입된 인구는 특히 전라도, 경기도 및 충청도에서의 전입이 높았다. 서울 유입 인구의 61.2%가 제조업 공장이 집중되어 있었던 영등포를 1차 정착지로 선택하였다. 대규모의 이농으로 인해 1967년부터 농촌인구가 줄어들기 시작하자 농촌의 노동력 부족이 발생했는데 이는 사회적 문제로 부상했다. 따라서 농촌의 소작제 부활, 부녀 역할의 확대, 농촌 거주자 통혼권의 확대 등 경제 및 사회적인 변화가 발생했다. 도시로 나간 이농민 대부분이 숙련 노동을 담당할 능력을 갖추지 못하고 있었다. 이에 남성들은 날품팔이 노동자나 '지게꾼', 여성들은 가정부·시내버스 안내양·접객업소 같은 서비스업 등 불안정한 직업에 종사할 수밖에 없었다. 이들은 낮은 수입으로 자신의 생활조차 유지하기가 어려웠으며 도시의 최하층민으로 전락하였다. 특히 이농 여성들은 전통적인 사회에서 벗어나 가정 또는 사회를 위한 희생물로서 국가의 보호를 받지 못했다. 대규모의 농촌인구가 단시간에 도시로 유입되었지만, 도시 건설 상황은 이농민을 수용할 만한 조건을 갖추고 있지 못했다. 1966년 현재 서울시 전체 3,800,000명의 인구 가운데 3분의 1은 판잣집을 비롯한 무허가 건물에서 모여 살고 있었다. 판잣집은 주로 서울 주변의 산기슭, 강가, 국공유지를 점유하고 있었으며, 수재, 화재 등의 위험에 노출되어 있었다. 판자촌은 지리적으로 도시에 속하였지만, 그 주민들은 다른 주거지 주민들과 구분된 이질적인 존재로서 차별받았으며, 한국 산업화 시기의 '상징물'이었다. 왕건핑,『1960년대 한국사회의 이농 현상과 도시 빈민 연구』, 건국대학교 박사학위 논문, 2016.

과해 최빈국에 속했다. 이 시기 한국의 주요 산업은 일제강점기부터 이어온 면방직 산업밖에 없었다.[57] 이를 바탕으로 경제발전 계획을 세운 박정희 군사정권은 제2차 세계대전 이후 신흥 독립국들이 채택한 수입 대체형 폐쇄경제와 달리 외자도입과 수출 정책에 주력하여 경제개발의 기틀을 마련해나갔다.[58] 이에 따라 제2차 경제개발5개년계획이 시작된 1967년부터는 기존 농업에 의존한 경제가 공업화로 이행하면서 일자리를 찾아 서울로 유입된 많은 농촌인구가 영등포 혹은 구로 지역의 공장지대 주변과 변두리에 모여들어 주거환경이 열악한 소위 '달동네'라고 불린 빈민촌을 이루고 살았다.[59] 박정희 군사정권의 경제발전 계획이 저임

---

57 해방 후 남한의 주요 산업은 면방직이었다. 전체 공업 종사자 가운데 섬유산업 종사자가 29.7%로 가장 많았다. 이 가운데 여성 종사자가 차지하는 비율이 72.8%로 매우 높았다. 면방직공업에서 전체 남성 재적인원의 67~68%, 여성 재적인원의 95~97%는 실제 작업 현장에서 생산을 담당한 직공이었다. 한국전쟁 이후 대규모 면방직공장에서 근무한 전체 남성 노동자 가운에 62.3%가 30대이며 이들 대부분 학력이 초등학교 졸업자였고, 66%가 10~19년 경력자였다. 일제강점기 경성방직은 해방 이후 귀속 면방직공장에 기술인력을 공급함으로써 기술 공백을 해결하여 생산을 지속할 수 있었다. 한국전쟁으로 파괴된 면방직공업은 경성방직 기술인력에 의해서 재건됨으로써 1960년대 면방직공업의 수출산업화에 결정적인 기반이 되어 한국 경제성장의 밑거름이 되었다. 서문석, 「1950년대 대규모 면방직공장의 기술인력 연구」, 『경영사연구』, 제56권, 한국경영사학회, 2010, pp. 385~407.

58 정시구, 앞의 글, pp. 71~94. 특히 해방 이후 한국근대화와 경제발전에 대한 일제시대 경제발전론적인 시각은 안병직, 「한국 근현대사 연구의 새로운 페러다임 – 경제사를 중심으로」, 『창작과 비평』, 제98호, 창작과비평사, 1997년 겨울호, pp. 39~58을 볼 것.

59 서울 인구는 1963년 300만 명, 5년 만인 1968년 400만 명, 1970년에는 500만 명을 넘어섰다. 1969년 한 해 동안 서울에 일자리를 찾아 전입한 인구수가 308,310명이었으며 이로써 서울시 전체 인구가 4,810,000명을 돌파했다. 이는 전국에서 여섯 번째로 큰 도시인 대구시 인구가 한꺼번에 서울로 옮겨온 것과 같은 규모의 인구이동이며 그중 43.3%인 172,600명이 가족과 함께 모두 서울로 옮겨왔다. 『조선일보』, 1969년 10월 3일 자.

금과 저가 농산물을 근간으로 삼아 수출 주도형으로 시행될 수밖에 없었던 것은 국제적인 수준에서 한국의 경쟁력은 값싼 저임금밖에 없었기 때문이었다. 이로 인해 박정희 군사정권의 노동운동 탄압은 필수적인 상황이었기에 노동자들은 기업주에게 불이익을 당해도 호소할 곳이 없었다.

박정희 군사정권은 권력을 정당화하기 위해 새마을사업과 수출 위주의 공업화 등으로 경제개발에 집중하며 권력의 중앙집중화를 추진했다. 이 과정에서 정부는 기업을 육성하기 위해 당연히 기업주들에게 많은 혜택을 부여하면서 동시에 노동조합의 어용화를 비롯해 저임금, 장시간 노동 등 노동자들의 노동권을 제약했다.[60] 또 박정희 군사정권은 권력에 누구도 도전하지 못하도록 정치·사회단체 해산 및 등록제 실시로 사회질서를 전체주의적으로 몰아갔다. 특히 박정희 군사정권은 고도성장을 목표로 경제개발 계획에 필요한 외화 획득을 위해 일본과의 국교 정상화와 대규모 베트남 파병을 감행했다. 이와 더불어 박정희는 경제개발을 이유로 들어 사회정의적 가치와 배치되는 여러 조치를 시행해갔다. 그러나 박정희 군사독재정권의 경제개발 성취가 커질수록 국민의 저항은 더욱 강화되었다. 사회정의에 대한 국민의 요구는 민주화의 힘이 증대되어가면서 더욱 커졌다. 역설적으로 박정희 군사정권 체제는 경제발전과 더불어 점점 더 강화된 노동자, 농민 등 산업의 역군들과 지식인들의 저항에 부딪혀야 했다. 1970년에 165건에 불과했던 노동쟁의는 1971년에는 1,656건으로 증가했다.[61] 노동자들의 저항이 점점 높아가면

---

60 예컨대 삼성그룹 이병철 등 부정축재자 13인이 1961년 6월 30일 구속 해제와 동시에 공업화에 앞장서겠다는 결의와 함께 1961년 8월 16일 한국경제인연합회를 창립하자 부정 축재자로 구속된 대기업 총수들은 구속되자마자 바로 석방되었다.

61 이 시기에 노사분규의 대부분이 임금 관계였다. 이는 외채 증가와 신규 차관 도입의

서 마침내 중화학공업화 과정에서 희생되었던 여성 노동자들, 특히 불과 200명 남짓한 YH무역의 여성 노동자들의 농성이 정치, 사회적 연쇄 반응을 일으키자 마침내 정권의 붕괴로 이어지고 말았을 정도로 취약한 정권이었다.[62]

부진으로 인한 국제 수지의 악화가 기업의 재무구조를 악화시켜 일부 차관기업들은 이른바 '부실기업'으로 전락한 데다가 박정희 군사독재정권의 노동정책이 노동생산성과 노사협조만을 강조한 까닭에 기업들이 임금을 소홀히 여기게 한 사회적 분위기를 조성했기 때문이다. 1960년대 말에서 1970년대 초반에 행해진 수차례에 걸친 환율 인상은 원리금 상환 부담을 가중하면서 대규모 기업 부도와 부실기업이 속출하도록 했다. 부실기업 문제가 심각한 사회문제로 번지자 정부는 1969년부터 청와대에 외자관리비서실을 신설하였고, 1971년 차관도입 기업 146개 중 26개 업체를 정리하였다. IMF 외환위기 당시의 상황이 그랬듯이 이 시기의 축적위기는 박정희 군사독재정권에게 비상한 조치를 필요하게끔 하였다. 이덕재, 「박정희 정부의 경제정책: 양날의 칼의 정치경제학」, 『역사와 현실』, 제74권, 한국역사연구회, 2009, pp. 92~93. 그리고 이덕재, 「외환위기 전후 축적구조의 성격 변화에 관한 연구」, 고려대학교 경제학 박사학위 논문, 2004를 참조. 그러나 노사분규는 1972년 346건, 1973년 367건, 1974년 666건으로 큰 폭의 변화는 없었다. 한국기독교교회협의회·한국교회산업선교25주년기념대회자료편찬위원회 편, 『1970년대 노동현장과 증언』, 풀빛, 1984, pp. 123~124.

62 1979년 이 사건이 중화학공업화에 의한 축적 에너지가 사실상 소진되었던 시기와 일치하는 것은 우연이 아니었다. 최장집, 『민주화 이후의 민주주의』, 후마니타스, 2005, p. 113.

인명진, 사회 계급의식을 느끼다

박정희 군사정권이 야심차게 추진한 경제개발은 우리나라 사회에 획기적인 변화를 예고했던 반면, 이에 대한 비판도 제기되었다. 즉 박정희 군사정권이 추진하고 있는 산업화에 대하여 기독교 지식인들은 과거 조선 시대부터 이어온 농업 중심 사회의 핵심인 마을 공동체가 붕괴될 것이며 도시화로 인한 빈곤, 주거, 범죄 등 각종 사회문제가 발생할 것으로 우려했다. 사회 발전과 달리 경제발전은 자본이 주인인 사회 건설을 의미한다. 말하자면 자본주의 체제는 인간이 아닌 물질이 지배하게 될 사회를 말한다. 따라서 기독교 지식인들은 박정희 군사정권의 경제개발로 인하여 도래할 사회 변화에 대처할 것을 호소했다. 기독교 신학자 현영학 교수는 박정희 군사정권의 경제개발5개년계획에 대하여 「경제개발과 그리스도인의 참여」라는 글을 통해 다음과 같이 강조했다.

> "공업화 과정에 많은 노동자가 발생할 것이며 자본가와 이해가 대립하는 여러 가지의 사회문제가 발생할 것이 예상된다. 특히 후진국 경제발전에서 일반적으로 야기되는 경제발전의 자본 형성 문제와 사회보장 문제가 양립하기 어려운데 이런 문제에 대하여 기독교인은 깊은 관심을 가지고 올바른 해결을 위해 가능한 노력을 다해야 한다. 기독교 사랑의 계명을 오늘과 같은 한국의 현실 속에서는 사회정의를 구현하는 일을 통해서 실천해야 한다."[63]

---

63 현영학, 「경제개발과 그리스도인의 참여」, 『기독교 사상』, 통권 제58호, 10월호, 기독교서회, 1962년 10월호, p. 52.

산업화와 도시화로 인한 새로운 사회, 즉 자본주의사회는 노동자와 자본가라는 두 계급을 형성했다. 여기에서 '가진 자'와 '가난한 자'의 인간의 경계가 세워지고 차별과 억압, 그리고 착취의 구조가 생겨났다. 이러한 대립적인 사회계층과 사회구조가 바로 박정희 군사정권의 경제개발에서 탄생하게 된 것이다. 그렇다면 누가 복음의 대상인가. 인명진은 이렇게 말한다.

"우리가 왜 예수를 믿느냐. 구원받기 위해서 예수를 믿는다는 거 아닙니까? 근데 내가 성경을 읽어보니까 예수님께서 어떤 사람이 구원을 받는지를 얘길 하셨어요. 예수님이 말씀하신 것처럼 가난한 이웃을 내 몸처럼 사랑하는 것과 구원이 직접적인 관계가 있다는 것이지요."[64]

인명진은 일찍부터 우리 사회의 근본적인 모순을 깨달았다. 그가 바라본 우리 사회의 불의는 가난한 사람들, 즉 민중을 돌보지 않는 것이었다. 그는 예수를 믿는다는 것, 즉 기독교 신앙은 바로 이들 가난한 민중을 돌보는 것으로부터 시작해야 한다고 생각했다. 그래서 그는 자신의 신앙을 "진보가 아니라 성서적인 근본주의자"라며 "성경 글자 하나도 틀리지 않다고 믿고 있다"라고 말한다. 그는 이처럼 가난한 민중들에게 다가가서 이들을 위한 희생적인 삶을 살아야 구원을 받는다고 철저하게 믿었다. 가난한 민중을 위한 그의 신학적인 여정은 청소년기부터 시작된다.

고등학교 시절에 함석헌 선생을 만난 그는 '씨알(민중)'의 개념을 알게 되었고 한국신학대에 입학하여 민중신학자들을 만나 '진짜 예수'가 누

---

64 CBS 인명진 목사 영상 인터뷰, 김명배 엮음, 앞의 책(Ⅷ), pp. 417~418.

군지를 알았다. 대표적인 민중신학자 서남동 교수는 명확하게 "예수는 자신을 가난한 자, 눌린 자, 멸시받는 자, 병든 자와 동일화했다"라고 강조했다.[65] 그리하여 민중신학에서 하나님은 가난한 자, 눌린 자를 해방하시는 분이며 부자가 그 부로부터, 권력자가 그 권력으로부터 해방된다는 것은 사회적, 정치적 혁명을 의미한다. 이처럼 인명진은 한신대에서 민중신학자들에게 부자나 권력자가 아니라 가난하고 억눌리고 병든 자들이 곧 예수라는 것을 배웠다. 예수는 이들을 구원하기 위해 나그네로, 가난한 사람으로 이 땅에 내려와 만인들에게 '민중의 소리'를 외치며 억압자의 이데올로기로부터 민중의 종교, 해방의 복음으로 복귀해야 한다고 가르쳤다는 것이다. 이와 달리 보수적인 신앙은 물질주의에 젖어 부자들과 권력자들의 구원을 위한 교회였다. 이런 자본주의적 신앙은 위선이며 거짓 해방이며 부와 권력의 교묘한 연장술에 불과하다.[66] 결국, 민중신학의 기독교 지식인들은 씨알과 민중, 이 둘은 하나의 개념으로서 민중의 소리 혹은 씨알의 소리를 대변하는 예언자적 교회, 이것을 한국 교회의 당위성으로 규정했다. 장기표의 장편 시 「민중의 소리」는 이렇게 시작한다.

"우리 호소 들어보소. 배고파 못 살겠어. 언제까지 참으면서 위정자 믿으라나 저소득에 시달린 몸 물가고에 압사하고."[67]

---

65 서남동, 앞의 책, pp. 12~13.

66 서남동, 앞의 책, p. 13, 19.

67 이 시는 장기표가 1970년대 초 민중이 겪고 있던 아픔과 한과 분노, 그리고 이를 극복하기 위하여 국민 각계의 투쟁을 호소하기 위해 쓴 글이다. 장기표, 「민중의 소리를 짓다」, 민청학련운동계승사업회 엮음, 『1974년 4월(실록 민청학련 4)』, 학민사, 2005, p. 116에서 인용.

4·19혁명 이후 한국 교회의 진보적 목회자들과 기독교 지식인들이 박
정희 군사정권의 비판 세력으로 등장하기 시작한 것은 한일국교 정상화
비준 반대운동에서부터였다.[68] 1965년 8월 11일 한일기본조약이 국회
특위에서 심야에 여당인 공화당의 날치기로 통과되자 이를 계기로 한
국 교회의 진보적 지식인과 목회자들은 정치의식에 눈을 뜨면서 민주
주의 사회에 대한 갈망과 군사정권에 대한 비판적 태도를 보이게 되었
다.[69] 이후 한국 교회의 진보적 지식인과 목회자들의 정치 참여 의식이
높아짐에 따라 교회의 정치 참여 논의가 본격적으로 다뤄졌다. 예컨대
1966년 1월 기독교연합회와 동남아기독교협의회(EACC)가 공동으로 주
최한 '한국기독교지도자협의회'의 기독교 공동체와 정치 사회의 관계
에 관한 토론에서 교회가 공교회의 이름으로 정치에 참여할 수 있지만,
기독교인의 개인적 정치 참여는 시민의 자격일지라도 이는 기독교인으

---

68 한일회담에 대한 한국 교회의 첫 번째 반대운동은 1964년 2월 12일 '한국기독학
생회(KSCM)'가 발표한 '일본 기독자에게 보내는 공개장'이다. 이 비판을 시작으
로 그해 3월 6일 진보적 기독교 인사들은 야당과 각계 인사 200여 명과 함께 '대일
굴욕외교반대 범국민투쟁위원회'에 참여했고, 4월 17일에는 '한국기독교연합회'
가 「한일 국교 정상화에 대한 우리의 견해」라는 성명을 발표했다. 이렇게 전국 교
회로 퍼져나간 한국 교회의 한일회담 반대운동은 다음 해인 1965년 6월 22일 조
인을 앞둔 시기에 영락교회에서 개최된 연합기도회를 통해 더욱 고조되어갔다. 이
에 그치지 않고 한국 교회는 금식기도회를 통해 반대성명을 발표하며 탄원서를
정부 당국에 보내기도 했다. 『크리스챤신문』, 1965년 7월 9일 자. 한일회담 반대
운동에는 한국 교회의 진보와 보수가 따로 없이 모두 한마음이었다. 한국 교회 보
수 교단인 대한예수교장로회(합동)의 승동교회와 평안교회 등이 한일회담 반대
운동에 참여한 것이 그 예이다. 『기독신문』, 1965년 7월 19일 자.

69 1967년 6월 8일에 실시된 국회의원 선거와 대통령 연임 선거에서 벌어진 부정
선거에 대하여 한국 교회는 반대운동을 벌이며 박정희 군사정권의 반대 세력으
로 자리를 잡아나갔다. 서광선, 「한국기독교 정치사(Ⅴ): 유신 시대의 교회 민주운
동」, 『신학과 교회』, 제5호, 혜임신학연구소, 2016, p. 248.

로서 신앙적 표현, 신앙적 행동으로 보아야 한다는 것으로 의견을 모았다.[70] 이처럼 한국 교회의 정치 참여는 진보적 기독교 지식인들의 '하나님의 정의 실현'이라는 기독교적 신앙의 특징을 띠었다.[71] 이렇게 진보적 한국 교회와 지식인들 사이에 교회의 정치 및 사회 참여 담론이 전개되고 있는 가운데 1967년 6월 8일에 실시된 제7대 국회의원 선거에서 역사상 유례없는 부정 타락 선거가 발생했다.

> "그리스도인의 비판적 정치 참여의 문제가 신학계와 에큐메니컬(교회 일치) 운동체에 회자되면서 1967년 총선과 대선에 대하여 한국 교회는 '한국 민주주의의 성장과 기독자 현존'이라는 주제를 걸고 전국 중요 도시에서 강연회를 열었다. 이 강연의 캠페인은 공명선거 운동으로써, 민주시민의 정치 참여는 헌법에 명시된 주권재민의 정신을 발휘하는 것이며 이는 선거를 통하여 정권을 심판 혹은 지지하는 민의의 표시라는 것을 강조하였고, 민주시민으로서의 기독교 신앙의 행동이며 실천이라고 주장하였다. 기독교 민주시민이 정신을 차리고 거침없이 밀어붙이는 박정희 군사독재정권의 독주를 평화적으로 보편선거를 통해서 저지하자는 것이었다."[72]

이 부정선거에 반발하여 학생들은 다시 격렬한 총선 무효 데모에 돌입하였다. 이런 분위기 속에서 전국적으로 시위가 전개되고 있는 가운

---

70 김용복, 「해방 후 교회와 국가」, 한국기독교사회문제연구원 편, 『국가권력과 기독교』, 민중사, 1982, pp. 214~215.

71 한국 종교의 정치적 참여에 대해서는 이진구, 「역대 대통령선거와 종교문제」, 『기독교 사상』, 통권 제758호, 기독교서회, 2022년 2월호 참조.

72 서광선, 앞의 글, p. 249에서 인용.

데 김재준 목사는 "정권이 누구에게 넘어가든지 그것 자체에 대하여는 담담하다. 그러나 불의가 있을 때 어느 편, 누구의 소행이든 간에 우리는 이를 묵과하지 못한다. 그것은 이 땅에 의를 세우는 것이 우리 신앙의 본질에 속하는 일이다"라고 주장한 글을 『사상계』1967년 7월호에 발표함으로써 하나님의 정의에 어긋난 불의에 대해서 교회와 기독교인에게 적극적인 투쟁의식을 고무시켰다.[73]

이에 자극을 받아 한국 교회에 사회 및 정치 참여 문제가 대두하면서 진보적 기독교 지식인들은 적극적으로 정치와 사회 참여에 뛰어들었다. 이런 한국 교회의 분위기 속에서 인명진의 첫 번째 사회 및 정치 참여는 바로 박정희 군사정권의 3선 개헌 반대운동이었다. 그는 장신대 신학대학원에 입학했던 1969년 동료들과 함께 삭발하고 3선 개헌 반대시위에 나섰다. 그리고 교단도 이에 동참하도록 독려하기 위해 총회 사무실을 찾아가 교단 소속 목사들에게 3선 개헌 반대에 서명할 것을 요구하고 나섰다. 박정희 군사정권의 3선 개헌은 민주주의 체제를 부정하는 것이었다. 정의에 어긋나는 권력자들의 행위는 인명진에게 도저히 용납할 수 없는 범죄였다. 그는 이때부터 한국신학대에서 문동환 목사, 서남동 목사 등 당대 최고의 진보적인 기독교 지식인들에게 배운 하나님의 정의를 실현하고자 하는 신앙적 신념을 충실하게 실천하기 시작한 것이다. 박정희 군사정권은 자신의 권력을 연장하기 위해 국민의 뜻을 무시하고 모든 불법적인 수단을 동원하여 민주주의를 파괴하는 행위를 강행했다. 이후 그가 민주화운동에 가담하고 정치 참여에 적극적인 행보를 보인 것은 민주주의가 확립되어야 정의로운 사회가 구현될 수 있다고 믿었기

---

73 김용복, 앞의 글, p. 217.

때문이다. 1969년 박정희 군사정권은 두 차례 대통령을 연임하고 법에 따라 다시 대통령에 출마할 수 없게 되자 법률을 개정하여 3선까지 연임할 수 있도록 개헌을 선포했다. 또 이 개헌안을 통해 대통령의 탄핵소추 요건을 강화하여 절대적인 권력을 유지하려고 했다.

박정희 군사정권은 이를 위해 야당 의원을 회유하고 친정부 50여 개 사회단체를 동원하여 개헌 지지성명을 발표하게 함으로써 국민 다수가 개헌안을 지지하는 것처럼 여론을 조성했다. 그러자 윤보선, 함석헌, 김재준, 이병린, 장준하 등 진보적 개신교 지식인들과 김대중, 김영삼 등 야당 대표들은 이를 저지하기 위해 '3선 개헌 반대 범국민투쟁위원회'를 조직하여 본격적으로 3선 개헌 반대투쟁에 나섰다. 그러나 한국 교회는 하나가 되지 못했다. 똑같은 야훼 하나님과 예수 그리스도를 섬겼으나 믿음의 방식이 달랐다. 보수교회는 개인 구원이 완성되어야 사회 구원이 이뤄진다고 생각했고, 진보교회는 사회 구원이 이뤄져야 개인 구원이 성취된다고 여겼다. 그래서 보수교회는 정치 혹은 사회 참여보다 기복적이고 신비적인 신앙 차원에 매달렸다. 반면, 진보교회는 정치의 민주화와 사회정의를 실현하는 데 더 적극적이었다. 인명진은 진보교회의 신앙 노선을 따르면서도 보수교회가 지향하는 순수한 복음을 수용하고 있었다.

결국, 3선 개헌을 두고 한국 교회는 진보와 보수로 분열 상태에 빠졌다. 한경직 목사, 박형룡 목사, 조용기 목사, 김장환 목사, 김윤찬 목사 등 242명 보수교회 인사들은 '대한기독교연합회'를 조직하여 1969년 9월 6일 '3선 개헌 지지와 양심적인 자유 선언을 위한 기독교 성직자 일'이란 제목의 성명을 발표하고 "강력한 영도력을 지닌 지도체제를 바란다"라고 강조하며 박정희 군사정권을 적극 지지하고 나섰다. 그리고 '대한

반공연맹', '대한재향군인회', '경제인연합회', '대한상공회의소', '한국예
술문화단체총연합회', '제헌 국회의원 일동', '4월혁명동지회' 등 50여 사
회단체도 개헌 지지성명을 발표했다. 이렇게 보수계 교회가 친정부의
태도를 보이자 진보계인 '한국기독교연합회' 대표회장 이해영 목사는
1969년 9월 8일 3선 개헌안 반대성명을 발표했다. 이 성명은 "오늘의 정
치 상황은 결코 신앙과 무관할 수 없다"라고 강조하고 "3선 개헌안으로
인해 야기된 국민의 분열이 국력을 약화할 우려가 있다"면서 "집권을 담
당한 지도자들이 양식 있는 판단을 가져주길 바라며 그리스도인은 어떤
난국 속에서도 흔들리지 않는 신앙으로 자유, 정의, 평화의 실현을 위해
헌신할 것을 다짐한다"라고 밝혔다.[74]

한편 정치계 야권도 '3선 개헌 반대 범국민투쟁위원회'를 조직하여 적
극적으로 3선 개헌 반대운동을 펼쳐나갔다. 이 조직의 중심 인물들인 장
준하, 윤길중, 이철승, 송원영 등 문화, 사회, 정치 지도자들은 김재준 목
사를 위원장으로 추대했다. 정치적 야망도 없고 사회적 영향력도 없는
교회 목사가 위원장으로 추대받은 것은, 바로 정의를 파괴하려는 불의
에 대한 김재준 목사의 저항정신 때문이었다.[75] 이처럼 3선 개헌 찬반을
두고 한국 교회의 진보·보수 지도자들이 분열됨으로써 기독교계 내부
에서는 정치와 사회문제에 관하여 서로 비판적인 태도를 보이게 되었
다.[76] 김재준 목사를 위시한 진보적 기독교 지도자들과 목회자들이 박정

74 『동아일보』, 1969년 9월 8일 자.

75 장공 김재준 목사 기념사업회 편, 『장공 김재준의 삶과 신학』, 한신대학교 출판부,
   2014, p. 135.

76 이상규, 「해방 후 한국교회의 민주화운동과 통일 운동」, 『한국기독교와 역사』, 제4
   호, 한국기독교역사연구소, 1995, p. 81.

희 군사정권에 대한 반대운동에 앞장서자 9월 4일 김윤찬, 박형룡, 조용기, 김준곤, 김장환 목사 등 242명의 보수적 기독교 목회자들은 "개헌 문제와 양심 자유 선언"을 발표하고 "정교분리 원칙"의 위반이라고 비판하고 나섰다. 이들 보수교회 목회자들은 "3선 개헌 반대운동이 가열되고 있는 와중에 그리스도의 이름으로 개헌 반대를 강요한다면 우리들의 복음은 격하된다"라고 지적하며 "한국 교회는 매일 대통령과 영도자를 위하여 기도하여야 한다"고 주장하고 나섰다. 심지어 이들 보수교회 목회자들은 한 걸음 더 나아가 "우리 기독교인은 개헌 문제에 대한 박정희 대통령의 용단을 환영한다"라는 내용의 성명을 발표하였다.[77] 그러나 김재준 목사는 보수교회 목회자들의 비난에 굴하지 않고 '하나님의 정의 실현'을 위한 발걸음을 멈추지 않았다. 즉 김재준 목사는 "이것이 곧 예수의 길이고 십자가의 길이다. 예수님이 세상에 온 것도 정의를 위해 싸우기 위해서"라고 강조했다.[78]

마침내 3선 개헌은 찬반이 격렬한 가운데 1969년 10월 17일에 실시한 국민투표에서 투표율 77.1% 중 65.1%의 찬성표로 통과되어 박정희 군사정권의 장기 집권의 길이 열리게 되었다. 그리고 이어서 1971년 4월 27일에 실시한 대통령 선거에서 김대중은 43.6%의 지지율을 얻었으나 박정희가 51.2%의 지지율을 얻어 대통령에 당선됨으로써, 1972년 다시 유신체제를 구축하여 독재 장기 집권을 할 수 있게 되었다. 1971년 대선은 1967년 대선과 비교하면 박정희 대통령의 지지 하락이 충격적인 수준이었다. 더욱이 1971년 5월 25일에 치러진 총선에서 박정희의 민주

---

77 김용복, 앞의 글, p. 219.
78 장공 김재준 목사 기념사업회 편, 앞의 책, p. 137.

공화당은 113석, 김대중의 신민당은 89석을 얻음으로써 야당 의석은 개헌 저지에 필요한 69석보다 20석이나 더 많았다. 4년 전 총선에서 집권 민주공화당이 50.6%를 득표하여 의석수의 절반을 넘긴 것과 비교하면 1971년 선거는 박정희 군사정권의 심각한 패배였다. 여기에 급속한 산업화와 함께 빠르게 성장한 노동운동은 1970년 전태일의 분신과 김진수 사망 사건으로 더욱 고조되었다.[79] 이에 위기를 느낀 박정희 군사정권은 1971년 10월의 위수령, 같은 해 12월 국가비상사태 선포에 이어 국가안보를 위한 특별조치법안, 군사기밀보호법, 군사장비보호법, 징병법 개정안 등 각종 비상권 발동 관련 법안을 통과시켰다. 그리고 1972년 경제 안정과 성장에 관한 대통령의 긴급명령 비상긴급조치권에 의한 8·3 사채 동결조치에 이어 1972년 10월 계엄령하의 '유신헌법'에 의한 준전시 체제와 같은 비상조치들이 연달아 발표됐다.

  박정희 군사정권은 정치적 이데올로기로 삼았던 반공을 활용해 위기를 극복하고자 국가안보 문제를 부각하는 데 집중한 것이다. 당시 1968년의 1·21사태, 푸에블로호 피랍 사건(1월), 향토예비군 창설(4월), 울진 삼척 지역 북한 무장게릴라 침투(11월), 1969년 닉슨의 괌 독트린(7월), 1971년 3월의 주한미군 1개 사단 철수, 1972년 7·4남북공동선언 결렬 등 당시 상황들은 박정희 군사정권이 반공을 기반으로 한 안보 문제를 정치적 위기의 돌파구로 활용하게 해주었다. 박정희 군사정권이 정치적 위기를 극복하기 위하여 국가안보를 앞세워 선포한 일련의 긴급 법률로 민주 인사들을 탄압하며 장기 집권으로 나아가자 한국 교회는 진

---

79 1970년에 165건에 불과했던 노동쟁의는 1971년에는 1,656건으로 10배 증가하여 지난 10년간 최고 수준을 보였다. 이에 대해서는 한국기독교교회협의회·한국교회산업선교25주년기념대회자료편찬위원회 편, 앞의 책을 볼 것.

보와 보수가 분명하게 갈라져 소위 '친북 세력' 혹은 '친일파' 등 정치적 용어를 사용하며 상대를 더욱 적대하기 시작했다. 진보적인 교회와 기독교 지식인들은 노동자들의 인권과 민주화운동을 전개하면서 이를 저해하는 박정희 군사정권과 반공 이념으로 무장된 보수적인 교회 및 사회 세력의 논리가 '안보'라는 점을 깨닫게 되었다. 박정희 군사정권은 북한으로부터의 국가안보 논리를 앞세워 진보적인 교회와 기독교 지식인들을 공격했다. 박정희 군사정권과 보수 세력의 국가안보 논리가 남북 분단을 전제로 한 것이라는 점을 인식한 진보적 교회와 기독교 지식인들은 독일처럼 분단의 벽을 허물어야 인권과 민주화가 성취될 수 있다는 근본적인 이해를 갖게 되었다. 이것이 바로 통일운동이다. 마침내 1980년대에 들어서서 인권·민주화운동과 별개가 아니라 통합된 관계라는 인식 아래 전개된 진보적 한국 교회와 기독교 지식인들의 통일운동은 1960~1970년대 기독교 운동의 축적된 경험에서 얻은 결실이었다. 이 과정에서 진보적 교회와 지식인들 그리고 북한을 적으로 여긴 보수적 교회와 지식인 및 반공으로 무장한 박정희 군사정권과 보수적 경제 및 사회 세력들은 서로 극단적인 대립 관계를 이뤄가게 되었다. 그렇다면 왜 같은 예수 그리스도를 신앙으로 삼고 있는 한국 교회와 지식인들은 진보와 보수로 갈라져 서로 적대 관계를 형성하였을까.

한국 교회가 친정부, 보수적 성향을 띠게 된 것은 해방 이후이다. 미국과 태평양 전쟁에서 일본이 패망하자 일본군 무장해제를 위하여 북한은 소련군, 남한에는 미군이 각각 주둔했다. 이때 남한에 진주한 미군은 일제 총독부 통치의 공백으로 치안과 행정이 마비되는 것을 막기 위해 한국인으로 이 공백을 메꾸려고 했다. 당시 여운형은 조선총독부 측과 접촉하여 정치범 석방, 식량 확보, 조선인의 주체적인 치안 등을 약속

받은 뒤 행정권 일부를 이양받는 데 성공했다. 그러나 미군정으로서는 좌익 계열인 여운형의 건국준비위원회에 비판적인 입장을 견지했다. 이 같이 좌익과 우익으로 나뉜 혼란한 정치 상황 속에서 미군정은 이런 문제를 해결하고자 했으나, 당시 한반도에 대한 지식을 갖춘 자국 인물이 절대적으로 부족하여 선교사 혹은 그 자제들을 점령 정치의 주요한 협조자로 기용할 수밖에 없었다. 이 가운데 미군정 사령관 하지 중장의 정치 고문 역할을 했던 조지 윌리엄스(George Zur Williams, 禹光復) 소령은 선교사인 부친 프랭크 윌리엄스(Frank E. C. Williams)와 함께 공주 등 한국에서 15년 동안 살았던 덕에 한국어에 유창하고 한국 실정을 잘 알고 있었다. 이로 인해 그는 1945년 9월부터 3개월 동안 한국에 머물면서 주로 선교사 인맥을 통해 미군정에 협조할 관리를 선발하게 되었다. 그에 의해 불과 두 달 만에 중앙과 지방에서 한국인 관리 7만 5,000명이 뽑혔는데 주로 기독교인, 미션스쿨, 미국 유학생 출신들이었다. 이 때문에 미군정이 '연희(연세대)전문정부'라고 불리기도 했다.[80] 따라서 한국 기독교인들에게 8·15해방은 일제 식민지로부터의 민족 해방임과 동시에 교회

---

80 미군정기 한국 정치세력에 큰 역할을 했던 대표적인 인물은 선교사 2세인 조지 윌리엄스(George Zur Williams)와 클라렌스 웜스(Clarence N. Weems Jr., 魏大賢)이다. 조지 윌리엄스는 미군정의 관료 구성과 이승만 귀국에 큰 영향력을 끼쳤다. 특히 그는 자신의 부친 프랭크 윌리엄스(Frank E. C. Williams)가 충남 공주에 설립하고 초대 교장을 역임했던 기독교계 영명학교 출신을 미군정에 적극적으로 기용했다. 그리고 그는 영명학교 출신 조병옥을 경무부장으로 삼았고, 이 학교 교사였던 이묘묵을 하지의 고문으로 추천하는 등 하지 중장의 통역으로 엄청난 권력을 지니게 되었다. 더욱이 그는 서북 지역 홍사단 계열 인사들을 대거 미군정에 영입시켰고 이들이 미군정 내의 다수를 차지하여 관료 세력을 형성하였다. 이와 달리 클라렌스 웜스는 해방 이전 광복군을 훈련한 경험이 있어서 상해임정과 깊은 관계를 맺고 있었고 미국에 돌아가서도 한반도에 관한 깊은 연구를 하여 이에 대해 깊은 지식을 지니고 있었기 때문에 좌우익의 갈등을 그리 심각하게 생각하

의 해방, 즉 신앙의 자유를 얻은 날이었다. 해방으로 한국 교회의 시급한 과제는 일제의 신사참배로 인해 감옥에 갇힌 기독교인들의 석방과 교회 재건이었다. 이를 위해 한국 교회는 북한에서는 소련군정과, 남한에서는 미군정과 각각 협력적인 관계를 맺고자 했다. 그러나 북한 지역에서 공산주의 국가 소련군에게 기독교는 배척 대상이었던 반면, 남한에서는 기독교에 우호적인 미군정과 정치적인 협력 관계를 맺을 수 있었다.[81] 바로 이점이 이후 남과 북의 한국 기독교 지도자들이 좌우 이데올로기 문제와 세속 정치에 깊이 관여하게 된 계기가 됐다. 이리하여 해방후 1945년 9월 18일 북한에서 신의주 제1교회 윤하영 목사와 신의주 제2교회 한경직 목사가 주도한 한국 최초 기독교 정당인 '기독교사회민주당'이 출현하였다. 이 정당은 기독교 국가인 미국을 모델로 하여 "우리 나라를 민주적이고 기독교적인 터 위에 세워야 한다"고 주장했다.

그러나 1945년 11월 16일 기독교사회민주당 용암포 지구당 결단식에서 발생한 폭력 사건, 그리고 11월 18일에 발생한 '신의주학생사건' 등으로 인하여 공산주의와 기독교 사이가 갈등과 적대적인 관계로 변하자 1945년 12월 13일 북한 교회는 소련 공산군과 북한 공산주의에 조직적으로 대응하기로 하고 '이북5도연합노회'라는 정치조직을 결성하게

지 않았다. 그는 김규식을 기독교 민주주의자로 여겼고 여운형이나 좌익 인사들에 대해서도 호의적으로 평가했다. September 28, 1945, "Korea and the Provision Government", 『OSS 재미 한인 자료』, 국가보훈처, 2001, p. 278. 이에 대해서는 김동선, 「미군정기 미국 선교사 2세와 한국 정치세력의 형성−윌리엄스와 윔스를 중심으로」, 『한국민족운동사연구』, 제91호, 한국민족운동사학회, 2017, pp. 203~244. 그리고 정병준, 『1945년 해방 직후사』, 돌베개, 2023을 보라.

[81] 이에 대해서는 허병섭 저, 『해방 이후 한국 교회의 재형성: 1945~1960』, 서울신학대학교 현대기독교역사연구소, 현대기독교총서 제4권, 서울신학대학교출판부, 2009, pp. 110~160을 참조.

되었다. 이때부터 북한 기독교 지도자들은 공산주의자들의 탄압을 피해 자유를 찾아 대규모로 남하하기 시작했다. 이와 달리 남한 지역의 교회 지도자들은 남한을 기독교 국가로 건설하기 위해 친기독교적인 미군정과 정치적으로 밀접한 협력 관계를 강화해나갔다. 이 과정에서 일제강점기에 친일했던 교계 지도자들은 물론이고 많은 목회자가 미군정기부터 이승만 정권 시기에 정계로 진출하게 되었다. 또 당시 정치 지도자들인 김구, 김규식, 여운형, 이승만 등이 모두 기독교인이란 점이 남한 기독교 지도자들의 정치 참여를 부추겼고, 더 나아가 그 지도자들의 정치적 성향에 따라 기독교인들 역시 우파, 좌파, 중도파 등으로 나뉘게 되었다.

반소·반공 투쟁을 전개할 수밖에 없었던 남한 교회는 신탁통치 반대 투쟁, 1946년 3·1절 기념행사의 교회 독자 실시, 인민위원 주일 선거 반대 등 무력적인 투쟁을 전개했다. 이 무력투쟁의 지도자 중 주요 인물이 김병조 목사, 한경직 목사, 황은균 목사였다. 이들은 모두 북한에서 소련과 공산주의자들의 탄압을 피해 월남한 목회자들로, 이들의 '반공 반소 무력투쟁론'이 남한 기독교에 그대로 이식되어 기독교 청년들이 주도하는 반공 투쟁의 '신앙적 토대'가 되었다. 특히 이 가운데 장로교인 김병조 목사는 3·1운동 33인 민족 대표 중 한 사람이었으며 상해임시정부의 상임이사를 역임했던 인물이었다. 그는 소련군과 북한 당국의 위협에도 월남하지 않고 북한 교회를 수호하며 소련 열차 폭파, 소련군 장교 및 고위 인사 암살 시도 등 무력투쟁을 주도하기도 했다. 반소 반공 무력투쟁의 총책임자였던 그의 무력투쟁론에 크게 영향을 받은 사람이 바로 한경직 목사와 황은균 목사였다. 한경직 목사는 남한에서 기독교적 국가 재건과 반공 투쟁의 신앙적 이념을 제시한 한국 교회 지도자였다. 그는 설교를 통해 반공사상을 전파했으며, 황은균 목사는 '이북여성동지회', '고려청년구락부', '대동강동지회' 등을 창설하여 기독교 반공 무장 투쟁을 주도해갔다.[82] 결국 '반공'은 한국 교회의 생존을 위한 상징적 표상이자 신앙이 되고 말았다. 더 나아가 해방정국에서 미군정과 독실한 감리교인 이승만 대통령과 밀접한 관계를 유지하며 많은 특혜를 받았던 한국 교회는 6·25전쟁 이후 수많은 전쟁 고아를 비롯하여 빈민층을 구제하기 위한 구호품 혹은 보육원(고아원) 설립 등을 지원하기 위한 해외 물자와 재정 지원 등 사회복지사업 거의 전체를 독점하면서 교세를 확장했다.[83] 전쟁이 끝난 한국 사회는 고아, 과부, 빈곤, 질병, 주거, 피란민 등 수많은 사회적 문제가 발생하여 외국의 도움을 받지 않고 이 문제를 해결할 능력이 없었다. 1952년 전쟁으로 인한 피난민이 2,618,000명,

---

82 한경직 목사는 1947년 '기독교와 공산주의'와 '건국과 기독교' 등 두 편의 설교를 소책자로도 제작하여 반공사상을 널리 전파했다. 이 책자들은 그의 기독교적 건국 이념과 반공 이념을 잘 보여주고 있는데 그 내용은 김병조 목사의 핵심 사상과 일치한다. 월남한 후 황은균 목사에게 '38선'은 무력으로라도 무너뜨려야 할 선(線)이었다. 그는 세계 역사 속 일어난 혁명의 실례를 들며 무저항주의 노선을 비판하고 심지어 예수 그리스도의 말씀을 인용하여 자신의 무력투쟁론을 옹호하였다. 결국, 해방/분단과 함께 한국 기독교는 '교회 재건'과 '국가 재건'이라는 두 과제를 두고 교회 재건이라는 본질적인 과제를 간과하며 부차적인 과제인 국가 재건에 치중함으로써 극단적으로 이데올로기화 되어갔다. 이 이데올로기화는 한국 교회가 '반공'을 매개로 하여 북한에 대한 절대 공존 거부, 남한 정부에 대한 무조건적 포용성, 그리고 미국에 대한 절대 의존성을 갖게 하였다. 정성한, 「미군정, 이승만 정부하에서 형성된 한국 기독교의 정체성」, 『기독교 사상』, 통권 제680호, 기독교 서회, 2015년 8월호, pp. 16~27.

83 우리나라에서는 식민지, 해방, 전쟁 등으로 인한 빈곤, 고아, 질병 등의 문제가 발생하자 기독교 선교단체가 주류를 이룬 외국 원조단체의 개입으로 사회복지가 전개되었다. 이러한 사회복지사업은 1970년대 경제적 부흥 이후에도 계속되어 민간이 복지의 주도적인 역할을 해왔다. 최원규, 『외국 민간 원조단체의 활동과 한국 사회사업 발전에 미친 영향』, 서울대학교 박사학위 논문, 1996. 그러나 가톨릭에서는 사회복지 활동에 필요한 인적 및 물적인 기본 구조를 갖추고 있었으나, 복지 활동의 전문성 및 체계성이 미흡했다. 김인숙, 최해경, 이선우, 『한국 가톨릭 사

집을 잃은 이재민이 3,420,000명, 생계가 어려운 빈민이 4,368,000명 등 총 10,460,000명에 달하였다. 당시 남한 전체 인구가 21,000,000명으로 이 가운데 절반이 구호 대상자였다.[84] 6·25전쟁 기간 외국의 원조는 국가, 유엔, 종교단체 등의 민간 차원에서 다방면으로 이뤄졌다. 특히 민간단체의 대부분을 차지한 기독교회의 원조는 주로 한국 교회에 집중되었다. 이 가운데 가톨릭 구제위원회와 미국기독교교회협의회 소속 기독교세계봉사회가 가장 많은 구호 활동을 펼쳤다. 기독교세계봉사회는 미국교회협에 속한 여러 교단의 구호 활동을 대신하였으며 부모를 잃은 어린이들을 돌보는 보육원, 아동 후원 사업, 미망인 보호시설, 피난민촌 지

회복지의 실태와 전망』, 주교회의 사회복지위원회 전국연수회 자료집, 1997. 특히 개신교의 경우 한국 교회의 사회 구호 사업은 19세기 말 선교 활동 초기부터 축적된 경험을 토대로 진행되어오면서 한국 사회복지의 발전에 큰 기여를 해왔다. 예컨대 19세기 말부터 미국 감리교회 선교사들이 의료 사업, 맹아교육 사업, 공중보건위생 사업, 유아복지 사업 등 사회복지 선교 사업을 전개하여 한국인의 건강 및 위생상태와 질병 대응방법을 개선함으로써 유아사망률이 크게 낮아졌다. 또 선교사들은 의사, 간호원, 보육교사 등 전문 인력을 양성하여 한국전쟁기뿐 아니라 이후 한국 사회에 지속적인 사회복지사업의 토대를 마련했다. 한국전쟁기에 외국 구호단체들이 구호 활동을 벌이는 가운데, 감리교는 미국감리교 해외구제위원회 (The Methodist Committee for Overseas Relief, 이하 MCOR)의 후원과 교인들의 참여로 적극적인 구호 활동을 펼쳤다. 1960년대 MCOR의 구제 기금이 감소하자 한국 교인들은 '아동양호위원회'를 조직하여 한국인들의 후원으로 자구책을 마련했다. 전쟁이 끝나자 감리교회의 구호 활동은 재건 사업으로 전환되었으며 각종 사회복지시설은 '사람을 살리는 기관', '사람을 만드는 기관'으로 운영되었다. 선교 초기부터 한국전쟁 후까지 이어진 감리교회의 사회복지사업은 한국 교회의 양적 성장에도 이바지했다. 황미숙, 「한국전쟁과 구호 활동: 감리교의 구호 활동을 중심으로」, 『한국 기독교 문화연구』, 제11집, 숭실대학교 한국기독교문화연구원, 2019, pp. 31~63. 장로교의 사회 구조 사업에 대해서는 박창빈, 「한국 교회의 사회봉사: 장로교(예장 통합)를 중심으로」, 이삼열 편, 『사회봉사의 신학과 실천』, 한울, 1992, pp. 263~276을 참조.

84 국회도서관 입법조사국, 「국제연합한국통일부흥위원단 보고서, 1951, 1952, 1953」, 『입법참고자료』, 제34호, 1965, p. 223.

원뿐 아니라 결핵 퇴치, 상이용사 재활, 양로원, 탁아소 지원 사업 등에 역점을 두었다. 미국 기독교회 봉사단체가 이처럼 한국에서 구호 활동을 활발하게 펼친 목적은 바로 기독교 사랑의 정신을 알리고 복음을 전파하기 위해서였다. 엄청난 구호품과 구제 활동은 한국 교회의 성장에 큰 도움을 주었고 한국인에게 미국을 구원 국가로 각인시켜줌으로써 많은 한국인과 한국 교회에 숭미사상을 심어주었다.[85] 이렇게 형성된 한국 보수교회의 친미사상은 지금까지 한국 보수정당과 보수 계층으로 이어져왔고 6·25전쟁을 거쳐 남북 분단체제가 굳어지자 더욱 강화되었다. 이후 1980년대에 들어서 박정희와 전두환 등 군사독재정권에 대한 반감과 민주화운동으로 비롯된 반미의식은 한국 사회에 강력한 파문을 일으켰다.[86] 이에 대하여 한국 역사의 특징을 연구해온 그레고리 헨더슨은 이렇게 진단한다.

"내우외환을 맞아 나타난 정치적 응집력의 결여는 한국 역사의 오랜 기간에 걸쳐 전염병처럼 반복되었다. 이것은 종종 근대화에 대한 한국인의 의지를 좌절시키곤 했다. 외국 세력이 한국을 임의적으로 남과 북으로 갈라놓

---

85 6·25전쟁 중에 내한한 외원단체들은 한국 교회와 밀접한 관련을 맺어온 미국 교회에 속한 단체가 가장 많았다. 교파는 장로교, 침례교, 나사렛교회, 메노나이트, 퀘이커, 동양선교회, 감리교, 안식교, 유니테리언 교회, 루터교, 천주교 등 다양했다. 한국에 구호품을 가장 많이 전달하고 구호 활동을 가장 활발히 전개한 기독교 외원단체는 미국 가톨릭교회가 운영하는 가톨릭 구제위원회와 미국기독교교회협의회에 속한 기독교세계봉사회였다. 김흥수, 「한국전쟁 시기 기독교 외원단체의 구호 활동」, 『한국기독교와 역사』, 제23호, 한국기독교역사학회, 2005, pp. 97~124.

86 신조영, 「미국학과 친미·반미 이분법」, 『미국사 연구』, 제23집, 한국 미국사학회, 2006, pp. 191~212.

은 것을 빼고 거의 완전할 정도로 한국 사회의 객관적인 분열의 원인은 찾
을 수 없다."[87]

87 그레고리 헨더슨 지음, 박행웅·이종삼 옮김, 『소용돌이의 한국정치』, 한울, 2000, pp. 43~44에서 인용.

분열의 유전학

그렇다면 한국 사회의 분열 이데올로기 현상은 근본적으로 어디에서 발전해왔는가. 이 점에 대해 다음의 글은 주목할 만하다.

"한국 역사의 거시적 패턴을 관찰하면 독특한 특징이 나타나는데 바로 분열이며, 주희 사상의 해석을 놓고 송시열과 윤휴의 논쟁은 사대부 양반 계급의 서로 죽고 죽이는 가혹한 권력 쟁취의 대리전으로 귀결되었고, 신라 정통과 고구려 정통, 그리고 소중화주의와 단군의 민족주의에 의한 역사 서술 등 학문적 논쟁이 아닌 정치적 투쟁이 곧 한국 사회의 분열의 근본이 되었다"[88]

역사적으로 한국 사회는 조선 시대에 접어들면서 유교에 의한 사회 신분제가 확립되어 양반과 상민, 노비, 천민 등 철저한 사회 위계질서가 유지되어왔다. 이 사회질서는 조선이 망함으로써 종식되었다. 그러나 500년이 넘도록 사회에 깊이 뿌리내린 탓에 1894년 갑오개혁으로 신분제가 폐지되었음에도 일제강점기부터 해방 이후까지 출신 신분의 차별의식은 존속했다. 그 결과 독립운동가들 사이에서도 신분으로 인한 차별로 사회주의와 자유민주주의, 그리고 소중화주의 사상으로 분열되어 서로 융합하지 못하고 심한 주도권 경쟁을 벌였다. 자유민주주의 사

---

88 이현휘, 「미국으로 가는 길을 열다: 친미와 반미 논쟁의 철학적 해제」, 『미국사 연구』, 제25집, 한국미국사학회, 2007, pp. 1~30에서 인용.

상과 공산주의 혹은 사회주의 사상 체제의 민주주의 국가 건설은 전근대적인 신분제 왕권 사회가 붕괴한 후 독립운동가들이 실현하고자 한 이상적인 시민국가의 체제였다.[89]

그러므로 이러한 사상에 근거하여 독립운동가 혹은 항일투쟁가 사이에 해방 후 근대국가 건설 방향을 두고 분열과 갈등을 빚고 있었으나, 이와 달리 여전히 중국 성리학에 집착한 소중화주의를 성취하려는 항일투쟁의 노선이 큰 세력을 이루고 있어서 실질적인 독립운동의 노선은 세 갈래로 나뉘어 있었다. 임진왜란과 병자호란을 겪으면서 국가 존립의 위기를 경험한 사림파, 훈구파 등 성리학자인 사대부 양반 지배층은 조선이 소위 명나라의 문화, 도덕을 계승하는 소중화(小中華)라는 중국 종속적 사고를 확립해나갔다. 19세기 후반 유럽 열강의 서세동점의 물결이 중국과 조선으로 밀려들어왔을 때 이항로, 유인석 등과 같은 조선의 지배층 성리학자들은 중화질서를 지키기 위해 유럽과 서구화된 일본을 배척했는데 이를 위정척사(衛正斥邪)라고 한다.

이들이 유럽 제국주의 침략과 근대성으로부터 지키고자 했던 것은 국가와 백성이 아니라 중국 중심의 자연질서와 천하질서였다. 특히 중화론자 유인석은 '존주론(尊周論)'의 신봉자로서 중화사상을 '중화의 보존'에서 '중화의 부흥'으로 전환하여 "서양은 금수이고, 오랑캐였던 일본은 서양보다 더 강한 금수로 변하게 되었으나 청은 기존의 중화질서를 타파하려 하지 않았으므로 일본보다 덜 악한 나라"라고 주장했다. 이처럼 근본적으로 유인석은 존주론을 기반으로 중화권에 속해 있는 청과

---

89 임종권, 「일제강점기 민족운동과 새로운 국가건설론-김승학의 '배달족 이상 국가 건설방략'을 중심으로」, 『숭실사학』, 제42집, 숭실사학회, 2019, pp. 187~213.

일본을 이적(夷狄) 혹은 금수로 보았다. 1876년 강화도조약 체결 후 그는 조선에 대한 외세의 침입을 '소중화', 나아가 '중화'에 대한 위협으로 받아들였다. 그리고 1894년 갑오개혁에서 일본의 조선 침략 정책을 파악한 유인석은 1912년 중화민국이 공화정 체제로 나아가자, 조선 자체적 힘으로는 일본을 대적하기 힘들다는 것을 의식하여 중국을 종주국으로 하는 소위 '동양삼국연대론'을 주창했다. 그의 항일투쟁의 목적은 모화(慕華)사상에서 비롯된 것이지 소중화를 통해 조선을 구하고자 한 것이 아니었다. 이러한 소중화 의식에 사로잡힌 유인석은 근대 민족주의와 본질적인 면에서 다르며 그가 가장 우선하여 수호하고자 한 것은 민족국가가 아니라 중화질서인 대일통(大一統)이었다.[90] 유인석은 이항로의 문하생으로서 위정척사와 존화양이의 가르침을 가슴에 새기고 이에 평생 충실하였다. 그의 이러한 중화주의 사상은 다음의 말에서 확인된다. "중국은 우리 모두의 공통된 조상이며 하늘과 땅의 중심이다. 만약 중국이 무너지면 세계는 무질서에 빠지고 하늘과 땅은 붕괴할 것이다. 그러므로 만약 중국이 자신의 중요성을 유지하고 돌보아 우리 모두의 조상이자 중심으로서의 지위를 잃지 않는다면, 일가친척들과 공통된 한 몸을 구성하는 부분들이 어찌 이를 존중하고 보호하지 않을 수 있겠는가?"[91]

조선 말 위정척사파들은 근본적으로 서양 문명을 야만으로 치부하여

---

90 유인석의 『우주문답(宇宙問答)』에 나타난 핵심 사상은 '중화사상'과 '대일통 사상'이며 이 두 사상을 축으로 20세기 중화와 이적, 유학과 서학 등 문명 충돌에 관한 이야기를 담고 있다. 조희영, 「유인석의 『우주문답(宇宙問答)』에 내재된 역학 이론 – 원회 운세론과 「낙서」 이론을 중심으로」, 『동방학지』, 제194호, 연세대학교 국학연구소, 2021, pp. 181~208.

91 윤민우, 「중국은 이미 한국에서 전쟁을 시작했다」, 『월간조선』, 2023년 3월호에서 인용. 대표적인 소중화주의 독립운동가 유인석은 화서학파의 학통을 이은 유학자

철저히 배격하며, 개화파의 개념을 결사적으로 반대했다. 그들이 구상하는 이상적 중화질서에 의한 도덕주의적 문명국가는 서양의 근대 국민국가의 개념과 전혀 달랐다. 최익현과 유인석 등 위정척사파들은 외세에 의해 옛날 중국에서 행해졌던 유교적 이상사회의 중화질서가 붕괴하였으며, 이 이상사회를 이 땅에 다시 구축함으로써 서양과 일제에 맞설 수 있다고 생각하였다.[92] 이렇듯 조선 시대로부터 지속해온 분열과 갈등 현상은 조선이 망한 후 독립투쟁가들 사이에서도 횡행하였다. 이는 해방정국에서 다시 이념의 옷을 입고 등장했다.[93] 따라서 해방이 되자 친일을 민족 반역으로 인식한 이념적 전환이 바로 사대적인 중화사상에서 비롯된 셈이다. 왜냐하면 의병 혹은 항일투쟁의 지도자들 대부분이 유교를 신봉하며 중화주의 세계관에 젖어 있던 지배층 사대부 양반 출신이었기 때문이다. 이런 점에서 보면 이들 항일투쟁 독립운동 지도자들은 이적 혹은 금수보다 못한 국가인 일본이 중화질서를 다시 부흥해야 할 조선을 망하게 하고 강제 식민화한 것을 용납할 수 없는 인류 역사의

로서, 자신의 학문 활동에서 보여준 위정척사, 존화양이의 사상을 의병 활동을 통해 몸소 실천하였다. 그는 만주와 연해주에서 항일투쟁을 벌이며 자신의 사상을 집약하여 존화양이론에 입각한 중국 중심의 '동양평화론'을 주장하는 『우주문답』을 저술하기도 하였다.

92 최익현과 유인석은 서양과 일본의 침략을 중화에 대한 이적의 도전, 왕도에 대한 패도의 도전, 정학에 대한 이단의 도전으로 인식하였다. 그리고 개화는 야만이며, 중화가 문명이라는 정의하에 유교적 도덕 국가를 건설하여야 한다고 주장한다. 그러나 그들의 도덕주의적 실천 방안은 제국주의의 야만적 폭력성에 대한 통찰, 학문과 사상의 일치 등 긍정적 측면에도 불구하고 현실성의 결여와 새로운 세계에 대한 구상의 결여 때문에 정치적, 사상적 한계를 갖고 있었다. 장현근, 「중화질서 재구축과 문명국가 건설-최익현·유인석의 위정척사사상」, 『정치사상 연구』, 제9집, 한국정치사상학회, 2003, pp. 33~58.

93 이 점에 대해서는 임종권, 『역사의 변명 - 망각과 기억: 아래로부터 역사』, 인문서원, 2022를 보라.

반역 행위로 규정할 수밖에 없었을 것이다. 일본이 미국에 의해 패망하고 조선이 해방되자 조선 지배층 출신 지도자들은 이 끈질긴 사대주의적인 중화질서의 모화사상을 바탕으로 '친일'이란 적대적인 정치적 이념을 고수해오고 있다. 이것이 우리 사회의 적대적인 갈등과 분열을 재생산해오면서 민족의 통합과 화합을 저해하고 있는 셈이다. 우리는 종종 친일청산에 관하여 프랑스의 독일 나치 부역자 청산의 사례를 들고 있으나 이 점은 잘못 이해한 부분이 많다.

예컨대 독일 나치 협력자 청산에 대한 논쟁에서 1944년 10월 14일 프랑스 임시정부 수반 드골은 대국민 라디오 연설을 통해 "국가가 심판하고 있고 앞으로도 심판할 한 줌의 불쌍한 자들과 비열한 자들을 제외하면, 우리 가운데 압도적 다수가 선의의 프랑스인"이라고 맞섰다.[94] 이와 달리 사르트르는 "협력자의 수가 전체 인구의 2%에 달할 것이며 협력은 자살이나 범죄와 마찬가지로 통상적인 현상이며 협력자는 자기의 일에 충실했으며 어쩌면 애국자일 수도 있었다"라고 주장했다.[95] 심지어 독일 나치에 항전한 레지스탕스 지도자인 앙리 프르네(Henri Frenay)는 1940년 「민족해방운동선언문」을 통해 독일 나치 위성국가인 비시

94　Charles de Gaulle, *Discours et message*, tome I: Pendant la Guerre(juin 1940~juin 1946)(Paris: Plon, 1970), p. 455.

95　장 폴 사르트르는 "독일 나치 협력자들은 기존 사회에 통합되지 못하고 동화되지 못한 개인들이며 큰 정당에서 쫓겨난 주변적 인사들, 자신의 출신 계급인 부르주아를 혐오하나 그렇다고 프롤레타리아트에 합류할 용기가 없던 지식인들, 언론, 예술, 교육 분야의 낙오자들이 바로 독일 나치 협력자 부류였다"라며 "평화 시대였다면 무시해도 좋을 사회적 낙오자들이 독일 나치 강점기에 매우 중요한 존재로 떠오르게 된 것이고 따라서 독일 나치 협력자는 자신이 아무런 역할도 할 수 없던 이 사회를 증오하고 자신을 증오했으며 이는 결국 인간에 대한 증오가 되었다"라고 말했다. Jean-Paul Sartre, *Situation*, Ⅲ(Paris: Gallimard, 2003), pp. 35~39.

(Vichy)정부 수반이며 독일 나치 협력자였던 필리프 페탱(Henri Philippe Benoni Omer Joseph Pétain)에 대하여 "페탱 원수를 신임하는 프랑스 인민은 여러 해 만에 처음으로 다시 희망을 품기 시작했다"라면서 "높은 권위와 비할 바 없는 위엄과 신망으로 우리를 지원할 수 있도록 페탱 원수님, 만수무강하소서"라고 칭송하기도 했다.[96] 프랑스 역사가는 독일 나치에 협조자이며 위성국가 수반인 페탱 원수가 프랑스를 독일 나치에 협력하게 한 것이 곧 프랑스 국가의 이익을 위한 것이라고 재평가함으로써 모든 갈등의 요소를 잠재운 것이다. 이처럼 프랑스는 제2차 세계대전이 종식된 후 독일 나치 부역자 처벌이 국가의 내적 갈등을 되풀이한다고 여기고 좌파가 앞서서 관용을 외치며 나치 부역자들에 대한 대대적인 사면을 단행했다. 이후 프랑스에서 '관용 없는 정의란 없다'라며 과거사 청산 문제를 더 이상 논쟁과 갈등의 대상이 아닌 더 굳건한 국민통합의 계기로 만들었다. 예컨대 독일 나치 협력자들을 사면하는 데 있어서 좌파 정당인 사회당과 공산당의 찬성으로 1952년 10월 28일 사면법 제1조에 다음과 같은 문구를 넣었다.

"프랑스 공화국은 국경 안팎에서 전투를 통해 국민을 구한 레지스탕스에게 경의를 표한다. 프랑스 공화국이 오늘 관용이 베풀어지길 원하는 것은 레지스탕스 정신에 충실해서이다. 사면은 복권도, 복수도 아니며, 재판하고

---

96 Henri Frenay, "La Libération", Daniel Cordier, Jean Moulin, *L'inconnu du panthéon*, tom Ⅲ, De Gaulle, capitale de la résistance, novembre 1940-décembre 1941 (Paris: Jean-Claude Lattès, 1994), pp. 1, 286~289. 이 점에 대해서 다음을 볼 것. 이용우, 「프랑스 초기 레지스탕스의 비시-페탱 인식(1940~1942)」, 『프랑스사 연구』, 제 25호, 한국프랑스사연구회, 2011, pp. 149~175.

처벌한다는 무거운 과업을 국민의 이름으로 수행한 사람들을 비판하는 것도 더더욱 아니다."[97]

이와 달리 한국 기독교의 개신교 혹은 가톨릭 성직자들은 그리스도 사랑의 정신에 의하여 국민 대통합을 위한 용서와 화해를 주장하기는커녕, 반공주의 보수 우파와 반일주의 진보 좌파의 두 진영으로 분열하여 민족 갈등의 중심을 차지하고 있다. 물론 이런 현상은 기독교뿐 아니라 한국 최대 종교인 불교계도 마찬가지였다.

박정희 군사정권의 3선 개헌을 두고 한국 교회의 진보와 보수 지도자들의 분열은 노골적으로 표면화되었다. 해방 이후 발생한 극심한 대립과 갈등, 그리고 동족상잔으로 야기된 복수심을 잊고 서로 용서와 화해로 민족통합을 외친 기독교 인사들과 교회는 소수에 불과했다. 절대다수의 보수적 기독교 인사와 교회는 마치 한풀이하듯이 '빨갱이' 소탕에 몰두했던 박정희 군사정권의 반공주의 이념에 동조하면서 물질적이고 기복적인 신앙을 내세워 교회 성장을 이뤄갔다.[98] 특히 1960년대 중반

---

97 *Le Canard enchaîné,* 18 octobre 1944, p. 1.

98 특히 일부 보수 세력은 세상 권세에의 복종, 민족 복음화와 심령 구원을 앞세워 기독교 내의 민주화운동에 날을 세우고, 국가조찬기도회 등을 통해 독재자의 앞길을 하나님의 이름으로 축복하며 불의한 권력과의 유착을 강화해나갔다. 군사정권의 개발독재와 짝을 이루며 교회 내부에 침투한 물신 숭배적 성장지상주의 또한 한국 교회가 청산해야 할 과거의 하나였다. 유신체제하의 한국 교회는 일련의 대형 전도 집회를 성황리에 이끌며 비약적인 고도 경제성장만큼이나 급속한 교세의 성장을 이룩하였다. 그러나 교회의 급속한 성장과 대형화는 정치 권력뿐만 아니라 재계와의 유착을 가져와 사회적 약자와의 거리를 더욱 멀게 했고, 청교도적인 신앙의 순수성을 크게 훼손시켰다. 군사정권기 한국 교회는 교회 성장과 사회 참여 양면에서 그 외연을 넓히는 데 적지 않은 성과를 거두었다. 그러나 중심을 놓친 외연의 확장은 정체성의 위기와 연결되었고, 그것은 변화하는 시대의 길목에서 깊은 자기성

은 한국 개신교가 신학적 지향에서 소수의 진보 그룹과 다수의 보수주의 진영으로 분화되는 시기이다. 1960년대 근대화·산업화가 전개되면서 한국 교회의 전통 교단들은 도시화 및 산업화에 따른 성장 위주의 선교 전략을 제시하여 교세 확장을 위해 정교 유착의 형태를 보였다. 반면에 소수의 진보적 기독교 지식인들과 교단은 내세 지향적 보수성에서 탈피하여 도시화 및 산업화에 따른 현대 사회를 '기독교적 세속'의 의미로 재해석함으로써 인간 삶의 전 영역을 현실적인 사회 구원의 관점에서 이해하기 시작했다. 이는 성스러운 예수 그리스도가 인성과 신성을 동시에 지녀 '거룩'과 '세속'의 일치됨을 의미하며, 그 결과 세속 사회는 영혼 구원과 분리되지 않고 하나로 통합되었다.

이 같은 신학적 토대에서 민중신학자들이 교회의 사회의식과 사회적 책임을 강조함에 따라 1960년대 후반 이후 한국 교회의 에큐메니컬 사회 참여 운동이 본격적으로 전개되기 시작했다.[99] 그 배경에는 당연히 박정희 군사정권의 경제개발 정책으로 발생한 각종 사회적 문제들이 있었다. 박정희 군사정권에서도 한국 경제 상황은 심각하게 빈약했다. 정부로부터 온갖 혜택과 특혜를 부여받은 재벌 기업주들은 권력과 결탁하여 저임금의 노동착취를 통해 부를 쌓아갔다. 그 결과로 나타난 것이 실업자 증가였다. 소득이 시장구매력을 형성하지 못할 만큼 매우 낮았고, 미국 등 해외 원조물자로 인한 도매 및 소매업이 발전함에 따라 유행한

찰을 통한 새로운 정체성의 확립이라는 과제를 이후 한국 교회에 던져주었다. 장규식, 「군사정권기 한국 교회와 국가권력: 정교 유착과 과거사 청산 의제를 중심으로」, 『한국기독교와 역사』, 제24호, 한국기독교역사학회, 2006, pp. 103~129.

[99] 고지수, 「1960년대 개신교 지식인의 '세속화' 수용과 교회의 사회화 문제」, 『인문과학』, 제72권, 인문학연구원, 2019, pp. 241~278.

사치 생활 관련 서비스업의 성장으로 제3차 산업의 불균형적 발전을 초래했다. 또 제3차 산업의 교역조건이 유리하게 변화하자 소득불균등은 점차 심해져 그나마도 부족한 구매력이 외래 소비성 사치품으로 확산해나가는 망국적 현상이 일어났다.[100] 그리하여 박정희 군사정권은 처음 경제개발 계획을 세울 때 대외개방화 전략의 이점을 적극적으로 활용하게 되었다. 즉 협소한 국내시장, 미약한 자본축적, 낙후된 기술적 제약조건을 극복하기 위해서 수출 지향적 공업화 전략으로 제조업 주도의 산업구조 재편을 이루고자 했다.[101]

박정희 군사정권은 경제 발전이 자신의 든든한 정치적 지지 기반이라고 판단한 것이다. 따라서 그는 "자립경제의 기반 없이는 형식상의 민주주의가 혼란과 파멸의 길만을 약속한다"라고 주장했다. 이는 경제적 기반을 정치적 민주주의의 토대로 본 것이었다. 일종의 유물론적 인식이라고 정의할 수 있다.[102] 가장 큰 문제는 농촌의 실업자 문제를 해결하는 것이었다. 그러기 위해서는 투자 확대가 필수적인데 당시 한국 경제 상황으로는 겨우 10%에 불과했다. 문제의 해결 방법은 외자도입과 수출뿐이었다. 이렇게 시작된 제1차 경제개발로 성공적인 수출 성과를 거두고, 이어서 1963년 말 국가 부도 직전의 외환 위기를 경험하면서 박정희 군사정권은 1964년부터 수출 위주 정책을 강화하게 되었다.[103]

---

100 국가재건최고회의 종합경제재건기획위원회, 「1961 종합경제재건계획(안) 해설(自 檀紀 4295年 至 檀紀 4299年)」, p. 3.

101 이덕재, 「박정희 정부의 경제정책: 양날의 칼의 정치경제학」, 『역사의 현실』, 제74호, 한국역사연구회, 2009, pp. 87~88.

102 이완범, 「제1차 경제개발 5개년계획의 입안과 미국의 역할, 1960~1965」, 한국정신문화연구원, 『1960년대의 정치사회변동』, 백산서당, 1999, p. 62.

103 이완범, 앞의 글, pp. 124~125쪽.

박정희 군사정권이 추진한 수출 위주의 경제개발 정책은 큰 성과를 거두었다. 예컨대 제1차 경제개발 계획 기간에 연평균 경제성장률은 8.5%를 달성했고 투자율은 1962년 12.4%에서 1966년에는 18.2%로 증가했다. 또 같은 기간 동안 저축률은 0.8%에서 무려 10.5%로 증가하였으며 수출 역시 54.8백만 달러에서 253.7백만 달러로 무려 4.6배 이상의 성장률을 거두었다. 이러한 성과는 2차 경제개발5개년계획 기간에도 멈추지 않았다. 해당 기간에 연평균 경제성장률이 9.7%에 이르렀고 이어 1971년의 투자율은 무려 28.1%, 그리고 수출액은 11억 달러를 초과 달성했다.[104] 이 과정에서 각 기업은 공장 설립에 필요한 외자 도입에 경쟁적으로 나섰는데 이 가운데 수출 관련 기업들이 차관 도입의 대부분을 차지했다. 그러나 기업들의 경쟁적인 외자 도입은 오히려 금융비용 부담률을 상승시킴으로써 자기자본비율을 떨어뜨렸고, 여기에 수차례의 환율 인상으로 원리금상환부담금이 가중되면서 대규모 기업 부도를 야기하여 부실기업이 속출하게 되었다.[105]

---

[104] 이덕재, 앞의 글, pp. 90~91.

[105] 예컨대 1966년 1,600만 달러에 불과했던 차관 원리금 상환액은 1970년에는 2억 6,000만 달러에 이르러 대수출액 원리금 상환액 비율이 같은 기간 6.2%에서 31.4%로 급상승했다. 앤 오스본 크루거 지음, 전영학 옮김, 『무역·외원과 경제개발』, 한국개발연구원, 1980, p. 161. 원제는 Anne O. Krueger, *The Developmental Role of Foreign Sector and Aid*(Cambridge: Council on East Asian Studies at Harvard University, 1979). 부실기업 문제가 심각한 사회문제로 떠오르자 정부는 1969년부터 청와대에 외자관리비서실을 신설하여 1971년 차관 도입 기업 146개 중 26개 업체를 정리하였다. 한편 부실기업 정리에 대해서는 이덕재, 「2004 외환위기 전후 축적구조의 성격 변화에 관한 연구」, 고려대학교 경제학 박사학위 논문 참조.

경제개발의 그늘

박정희 군사정권은 경제개발이라면 수단과 방법을 가리지 않았다. 그 사례는 우리나라와 아무런 관련도 없는 월남전 파병이다. 박정희 군사정권은 미국으로부터 안보와 경제 혹은 외교적 지원을 받기 위해 미국의 요청대로 1964년부터 1973년 미군이 완전히 철수할 때까지 월남전에 약 30만 명에 달하는 군대를 파병했다. 월남전 파병으로 현대 같은 대기업들이 큰돈을 벌었으며 미국과 거액의 차관 협상을 추진할 수 있었다. 월남전 파병은 한국뿐 아니라 일본의 경제를 되살리는 데도 크게 기여했다. 박정희 군사정권은 1968년 2월 1일 경부고속도로 건설 사업에 착수하여 1970년 7월 7일 서울~부산 직통 4차선 왕복 428km의 고속도로를 2년 5개월 만에 완공하고 동시에 새마을운동을 전개하여 농촌 경제 살리기에 정성을 쏟았다. 1960년대 후반 한국 경제는 수출주도형 공업화 정책과 베트남 파병 특수, 그리고 1970년대 중동 진출 등으로 크게 도약하게 되었다.[106] 베트남에 대한 수출, 한국군에 대한 군납, 그리고 무역 외 수입으로 용역 및 건설 군납, 군인과 기술자 송금, 특별보상지원, 보험금 등 베트남 특수로 한국이 벌어들인 총액수는 1965년부터 1972년까지 10억 2,200만 달러로 추정되고 있다.[107]

---

[106] 한국 경제가 도약에 성공한 시점은 정부의 수출주도형 경제정책이 채택되었던 1965년부터이다. 경제사학자 앵거스 매디슨(Angus Maddison)에 의하면 1960~1964년까지의 실질 GDP 성장률은 5.6%이고 1965년 이후 베트남 파병 기간의 평균 실질 GDP 성장률은 10.0%였다. 조재호, 「베트남 파병과 한국 경제 성장」, 『사회과학연구』, 제50집, 제1호, 한국사회과학연구회, 2011, p. 134.

[107] 朴根好, "韓国の経済発展とベトナム戦争"(東京: 御茶の水書房, 1993), p. 19.

외국 자본 도입액은 1965년 약 1억 8,000만 달러에서 1972년에는 8억 2,000만 달러 등 이 자금의 총액이 약 40억 달러에 달했다. 이어서 미국이 지원한 공공차관 및 상업차관의 총액은 11억 6,000만 달러로 차관 총액의 42%를 차지하였다. 특히 1965년도 공공차관 도입 실적은 570만 달러로 그중 미국으로부터 받은 차관의 규모는 230만 달러였으나 1966년에는 7,280만 달러로 늘어났고, 그 가운데 미국으로부터 받은 공공차관은 5,340만 달러에 이르렀다. 이렇게 미국으로부터 받은 공공차관의 규모는 1년 사이에 무려 20배 이상 증가한 것이다.[108] 특히 박정희 군사정권은 1960년대 자본재 수입 의존적 경공업 중심의 공업화가 한계에 이르자 수입 자본재의 수입대체, 즉 중화학공업화의 필요성을 절감하고 1960년대 후반부터 중화학공업화를 시도하기 시작했다. 이러한 경제정책의 변화의 배경에는 박정희 군사정권이 위기를 느낄 만한 당면한 정치적 과제의 해결이 절실한 상황이 있었다.[109] 1969년의 3선 개헌에 대한 민주화의 저항 증가와 함께 경제 위기에 직면한 박정희 군사정권은 1971년 4월 27일 대통령 선거에서 43.6%의 지지율을 얻었던 김대중과 비교하여 박정희는 51.2%에 그쳐 그 차이가 크지 않았다. 이어진 1971년 5월 25일 총선에서 여당인 민주공화당은 113석을 얻었으나 야당인

국방부 자료에 의하면 국군 장병이 해외 근무 수당으로 벌어들인 수입은 총 2억 3,500만 달러였다. 이 중 82.8%에 달하는 1억 9,500만 달러가 국내로 송금되었다. 조재호, 앞의 글, p. 138.

108 조재호, 앞의 글, p. 140.

109 실제 박정희 군사독재정권은 1967년부터 시작된 제2차 경제개발5개년계획에서 '자립적인 공업 발전의 기틀을 확립'한다는 목표로 1967년, 기계공업 및 조선공업진흥법, 1969년 철강공업육성법, 석유화학공업육성법, 전자공업진흥법 등 각종 공업육성법을 제정하였다. 이 법들이 1970년대의 중화학공업화의 주력 산업들과 관련되어 있다.

김대중의 신민당이 89석을 얻어 개헌 저지에 필요한 의석수를 얻었다. 여기에 민주화 시민 세력의 저항도 격렬해져갔다. 급속한 산업화에 따른 노동자 시장의 성장과 더불어 1970년 전태일의 분신 사건으로 자극을 받아 활성화된 노동쟁의는 더욱 강렬해져갔다.[110]

남북이 대립 관계를 유지하고 있던 상황에서 1968년의 1·21사태, 푸에블로호 피랍사건, 향토예비군 창설, 울진 삼척 지역 북한 무장게릴라 침투, 1969년 닉슨의 괌 독트린, 1971년 3월의 주한미군 1개 사단 철수, 1972년의 '7·4남북공동선언' 결렬 등 국가안보 체제의 위협 요소들은 박정희 군사정권의 든든한 기반이었다. 그리하여 박정희 군사정권은 안정적인 정권 유지를 위하여 장기 집권을 꾀하고 1971년 10월에 위수령, 12월에 국가비상사태 선포, 그리고 국가안보를 위한 특별조치법안, 군사기밀보호법, 군사장비보호법, 징병법 개정안, 각종 비상권 발동 관련 법안 등을 통과시킨 데 이어 1972년 대통령의 비상긴급조치권(경제의 안정과 성장에 관한 긴급명령)에 의한 8·3 사채 동결 조치를 취하는 등 1972년 10월 계엄령하의 '유신헌법'에 의한 준전시 체제와 같은 비상조치들이 연달아 단행되었다. 이러한 조치들은 박정희 군사정권이 얼마나 큰 위기를 느끼고 있었는지를 보여주는 사례이다. 이에 따라 중화학공업화의 방향이 국가안보 논리에서 경제발전 논리로 변경되고 말았다.[111] 그리하여 박정희 군사정권은 이러한 비상조치 발표에 이어 1973년 1월의 중화

---

110 이에 대해 한국기독교교회협의회·한국교회산업선교25주년기념대회자료편찬위원회 편, 앞의 책,제2부 「충격으로 시작된 70년대의 노동운동 1970~1972」 편을 보라.

111 김용환, 『임자, 자네가 사령관 아닌가: 김용환 회고록』, 매일경제신문사, 2002, pp. 110~112.

학공업화 선언과 함께 경제개발 정책의 전면적 개편을 시행했다. 말하자면 박정희 군사정권은 유신체제에 따른 국민의 정치적 저항을 방지하기 위해 중화학공업화 정책 방향을 경제 발전의 목적으로 새롭게 설정한 것이다.[112] 이 정책에 의하여 박정희 군사정권은 1980년까지 수출을 100억 달러, 1인당 GNP 1,000달러 달성을 목표로 설정하고 이를 위한 방안으로 중화학공업화를 선언했다.[113]

중화학공업화 정책으로 인하여 한국 경제는 1970년대 중후반부터 괄목할 만한 성장률을 달성해갔다. 1975년에 경제성장률이 6.1%이었으나 1976년에서 1978년 3년 동안 각각 1.9%, 10.1%, 9.4%로 평균 10% 안팎의 큰 성장세를 기록했다. 또 7.7%에 머물렀던 1975년 총고정자본형성 증가율은 같은 기간 동안 각각 21.0%, 28.7%, 34.4%로 급격하게 성장했다. 그러나 이런 성장 속에서 임금 상승으로 인하여 급격한 이윤 하락이 나타나기 시작했다.[114] 그 결과 1979년 자본형성 증가율과 경제성장률도 각각 9.7%와 6.4%로 크게 하락하였고 또 인플레이션 상승이 겹쳐 경제성장 둔화는 더욱 심해졌다. 경제적 위기는 정치적 위기로 이

---

112 박정희 군사독재정권이 추진한 중화학공업화는 경제개발 정책의 합리적인 판단보다 안보와 권력의 정당성 확보가 동기가 되어 정치적 결단으로 추진된 것이라고 비판을 받는다. 이병천, 「1998 발전국가 자본주의와 발전 딜레마」, 이병천·김균 편, 『위기, 그리고 대전환』, 당대, 1998, p. 56.

113 박병윤, 「중화학공업의 내막」, 『신동아』, 제189호, 동아일보사, 1980년 5월호, p. 195.

114 1971~1975년에 0.5%였던 실질임금 상승률은 1976년부터 빠르게 증가하여 1975~1980년 기간 동안 빠른 노동생산성과 요소비용 효과에도 불구하고 평균 20.2% 상승한 생산임금으로 인해 이윤분배율 하락이 평균 12.4%에 달했다. 장하원, 「한국산업정책의 진화과정과 이윤율 추세(1963~1990)」, 조원희 편집, 『한국경제의 위기와 개혁과제』, 풀빛, 1997, pp. 238~239.

어져 1978년 12월의 국회의원 선거에서 여당 민주공화당은 1.1% 표차로 야당 신민당보다 겨우 7석을 더 얻는 데 그쳤다. 결국, 1978년 박정희 군사정권은 중화학공업 정책 위주의 고도성장 정책을 변경하여 경제 안정 정책으로 나아갔다.

더욱이 박정희 군사정권의 중화학공업이 주로 조립 가공적 부문에 비중을 많이 둔 탓에 핵심 자본재에 대한 수입의존도가 크게 상승함으로써 국민경제 자립도는 오히려 낮아졌다. 더욱이 중화학공업의 자본축적이 좋아질수록 수입의존도가 높아져 경상수지 적자가 크게 악화하여갔다. 궁극적으로 1970년대 중후반부터 본격적으로 추진된 박정희 군사정권의 중화학공업화 정책은 1970년대 이후 한국의 자본축적 방식이 수출에 대한 의존도를 높임으로써 사회경제적 체제를 내부가 아니라 외부 의존적인 구조로 만들고 말았다.[115] 박정희 군사정권은 경제 발전과 안보를 내세우며 '사회정의'를 표방했으나 경제 발전이 되면 될수록 사회정의는 이와 거리가 더 멀어져갔다. 그 이유는 경제 발전을 이유로 중앙집권적인 독재 권력을 더 강화해나갔기 때문이다. 동시에 노동조합 억제로 인한 노동자 권리 박탈과 정권에 반대하는 정치 사회단체 해

---

115 중화학공업화는 1960년대처럼 정책금융의 동원과 배분이 결정적인 역할을 했다. 즉 1974년부터 1979년까지 총 1조 5,652억 원이 조성된 국민투자기금 중 1조 4,385억 원이 대출되었는데 이 중 61%에 해당하는 8,782억 원이 중화학공업 부문에 지원되었다. 산업은행의 경우 같은 기간 총대출액 1조 2,521억 원 중 87.9%가 중화학공업 부문에 지원되었는데 1978년의 경우 국민투자기금, 산업은행 자금, 산업합리화 자금 등 정책자금 중 중화학공업 배분은 제조업 전체의 92.8%에 이를 정도였다. 여기에 각종 조세 지원이 추가되어 중화학공업 부문의 사적 자본에 대한 국내시장 경쟁 배제 및 독과점적 지위 부여, 그리고 중화학공업 독과점 품목의 수입 자유화 대상 제외와 같은 비상한 경쟁 제한 정책이 함께 추진되었다. 이덕재, 앞의 글, p. 97.

산 및 등록제 실행 등을 통해 한국 사회는 전체주의화가 되어갔다. 이에 따라 노동운동과 민주화운동의 강도가 점점 높아지기 시작했다. 경제가 발전할수록 빈부 격차는 더욱 커졌다. 물론 박정희 군사정권이 강력하게 추진한 중화학공업화는 한국 대기업에 성장의 기회를 부여했으나 이는 곧 한국 경제의 불균형을 초래하여 지나치게 대기업에 편중된 자본주의 체제가 구축되고 말았다. 말하자면 대기업이 국가권력에 큰 영향력을 행사할 수 있을 만큼 자본의 힘으로 국내 경제를 지배하게 된 것이다. 이 새로운 신흥 세력의 힘은 '재벌체제'로 고착되면서 민주적 사회질서 수립에 작지 않은 장애물로 작용했다. 말하자면 박정희 군사정권의 '사회정의 구현'은 경제 발전의 성취가 높아질수록 더 멀어져갔고, 이에 유신과 중화학공업화가 정점이 이르렀을 때 그의 독재 권력은 비극적 죽음으로 종말을 맞게 되었다.[116]

---

116 이덕재, 앞의 글, pp. 104~107.

노동자들의 세계에서 살다

1960년대부터 박정희 군사정권이 추진해온 경제개발5개년계획으로 한국 사회는 급격하게 변화되어갔다. 일자리를 찾아 농촌에서 도시로 이동하여 인구의 도시 집중화가 이뤄짐에 따라 도시 교회도 교인 수가 증가하여 대형 교회들이 속속 생겨나기 시작했다.[117] 1960년에는 도시인구 비율이 28%이고 농촌인구 비율이 72%로 농촌인구가 압도적으로 많았으나 1980년에 이르면 농촌인구 비율은 42.7%인 데 반해 도시인구 비

---

117 대표적인 교회가 영락교회와 여의도순복음교회이다. 개신교회는 해방 이후 한국 전쟁을 전후로 초강경 반공주의 체제의 성립과 궤를 같이하며 체제의 자양분 역할을 했고, 또 최대 수혜자였다. 반공주의 정치의 수혜자는 영락교회이다. 특히 비기독교 국가에서 최초로 도입된 사례인 군종제도는 그 특혜의 진수를 보여준다. 이 제도는 압도적으로 개신교회를 위한 것이었고, 그 결과 개신교는 엘리트 군인과 사병 모두에서 최대 신자를 보유한 종파가 되었다. 박정희 군사정권의 경제개발 수혜자는 여의도순복음교회이다. 즉 1960년대 국가가 주도한 개발 정책에 따라 도시로 대량 유입된 이농민을 주요 선교 대상으로 한 목회 모델의 성공 사례로 꼽힌다. 김진호, 「개발시대 고통 흡수해 대형교회를 세우다: 1960년대 '월남형 교회'에서 1870~1980대 이농민의 아픔을 자양분으로 성장한 '선발대형교회'까지」, 『한겨레 21』, 2020년 5월 2일 자. 한편 한국 교회의 일반적인 성장 배경은 경제개발과 도시화이다. 1960년대부터 추진된 경제개발이 전통적 가치의 붕괴, 농촌에서 도시로의 인구 이동과 그에 따른 생활양식의 변화, 이것이 고향을 떠나 도시에서 불안정한 생활을 영위하고 있는 소위 '뿌린 뽑힌 자(Uprooting)'들의 사회심리적 불안감을 야기함에 따라 교회가 이들에게 새로운 가치체계와 안정을 위한 연계망 역할을 해줌으로써 도시인으로서 정체성을 확립하고 도시 생활에 뿌리를 내릴 수 있도록 해주었기 때문이다. 해방 후 1950년에는 기독교인 수가 500,198명이었으나 1960년에는 623,072명으로 증가했다. 이원규, 『종교사회학의 이해』, 사회비평사, 1997, p. 565. 그리고 1971년에 이르면 무려 3,217,996명으로 증가했으며[문화공보부, 『종교법인단체일람표』(1971)], 1977년에는 5,001,491명[문화공보부, 『종교법인 및 단체현황』(1977)], 1980년에는 7,180,627명으로 대폭 증가했다[문화공보부, 『종교단체 현황』(1980)].

율은 57.3%로 역전되었다.[118] 공업화에 따른 도시화현상으로 청년 노동
인구의 도시 이동이 가속화되어 농촌인구는 점점 노령화되어갔다.[119] 경
제개발이 한창 진행되던 1970년대부터 생겨난 더 큰 문제는 서울 인구
가 급속하게 팽창하면서 그 거대한 도시를 감싸게 된 빈민촌이었다. 당
시 도시 빈민 지역에서 선교훈련을 하고 있었던, 인명진과 장신대 신대
원 동창인 김진홍 목사는 자신의 자서전적 수기인『새벽을 깨우리로다』
에서 빈민촌을 이렇게 묘사하고 있다.

　"서울시에는 185,000동의 무허가 판잣집이 있었다. 판잣집 1동에 세
　들어 살고 있는 세대의 평균이 2.2세대였으므로 서울 시내에서 전체 판
　자촌의 인구는 무려 407,000세대였다. 세대당 평균 식구를 5명으로 잡아
　2,000,000을 넘는 인구가 판자촌에 살고 있었다. 서울시의 변두리를 그린
　벨트가 싸고 있듯이 서울시 중심가인 청계천에서부터 중량천을 거쳐 변두
　리에까지 판자촌 벨트가 형성되어 있었다. 서울시 인구 6,000,000명의 3분
　의 1이 판자촌에 거주하고 있는 것이었다."[120]

　박정희 군사정권이 농촌 사회 발전을 위하여 강력히 추진했던 새마을

118　도시와 농촌인구 비율은 계속 변화하여 1990년대 이르면 도시인구가 전체 인
　　구의 78.5%를 차지하게 된다. 1960년대부터 1990년대까지 인구변동에 대해서
　　는 김태헌, 「농촌인구 특성과 그 변화, 1960~1995: 인구구성 및 인구이동」, 『한
　　국인구학』, 제19권, 제2호, 한국인구학회, 1996, pp. 77~105. 특히 1960년대에
　　서 1990년까지 농촌과 도시인구 분포는 경제기획원, 「인구 및 주택 센서스 보고」,
　　1970, 1975, 1980, 1985, 1990을 참조.

119　김남일·최순, 「인구이동과 지역 단위별 농촌인구분포의 변화」, 『한국인구학』, 제
　　21권, 제1호, 한국인구학회, 1998, pp. 42~79.

120　김진홍, 『새벽을 깨우리로다』, 홍성사, 1982, p. 71.

운동에도 불구하고 농촌의 피폐화 현상은 막지 못했다. 결국, 수출 위주의 경제 발전 정책에 의한 도시화현상은 도시 빈민 문제뿐 아니라 저임금 노동자에 대한 노동착취와 빈곤 문제도 낳았다. 거기에다가 기업주들의 갑질이 횡행하고 여공들에 대한 성추행이나 폭행이 일상화될 정도로 약자의 피해가 심각했다. 그래도 이들은 내일의 희망을 품고 고향을 떠나 무작정 서울로 올라와 공장 주변의 쪽방에 거주하며 장시간 노동에 시달렸다. 당시 이들 노동자의 애환을 소설로 그린 신경숙의 『외딴방』에 이러한 현실이 잘 그려져 있다.

전북 정읍 출생인 주인공은 1978년 외사촌 언니와 같이 고향을 떠나 서울로 올라와 취업을 위해 직업훈련원을 다니다 동남전자에서 노동자 생활을 하게 되었다. 낮에는 공장에서 일하고 밤에는 서울 영등포여상 산업체 특별학교에 다니던 주인공은 오빠와 함께 구로구 가리봉동 '외딴방'에 기거하며 구로공단에 있는 전기회사에 다녔다. 주인공은 당시 구로공단에서 일하던 농촌 출신 여공들이 겪었던 고달픈 일상을 살았다. 여러 애환 속에서 장시간 고된 노동에 시달리면서 가난과 고독과 절망과 싸우며 살았던 것이다. 당시 여공들은 점심 식사비와 교통비를 제외하고 하루 일당이 500~600원이며 월 평균 임금은 19,400원에 불과했다.[121] 주인공은 이렇게 회상한다.

"그땐 어째서 그토록 가난했는지. 어떻게 그렇게나 돈이 없었는지. …나

---

121 신경숙, 『외딴방』, 제1권, 문학동네, 1995, p. 76~77. 『외딴방』은 신경숙의 기존의 작품들과 소재 면에서 전혀 다른 노동 소설의 면모를 지니고 있다. 백낙청은 『외딴방』을 『삼대』, 『임꺽정』, 『객지』, 『난장이가 쏘아올린 작은 공』의 계보를 잇는 우리 문학사의 소중한 성취라고 평가한다. 백낙청, 「『외딴방』이 묻는 것과 이룬 것」, 『창작과 비평』, 제93호, 창작과비평사, 1996년 가을호.

도 안 믿어져."[122]

믿어지지 않은 건 가난의 원인인 저임금이었다. 저임금뿐 아니라 열악한 작업환경과 감독자의 비열한 인권유린, 노조에 대한 회사와 정부의 탄압 등 이 소설에는 1970년대 한국 노동현장의 실태가 고스란히 담겨 있다. 이 소설의 희재 언니는 자신이 그 골목이고 전신주이며 구토물이자 여관이었다. 그녀는 공장 굴뚝이며 어두운 시장이며 재봉틀이었고 서른일곱 개의 외딴방이 그녀의 생의 장소였다.[123] 이 시대 가난한 자들 모두에게는 세상에서 동떨어진, 가난과 고독과 학대와 착취로 가득한 외딴방이 처절한 삶의 공간이었다.[124] 이렇게 열악한 환경에서 장시간 노동을 해야 했던 이 청년들은 소위 '공순이', '공돌이'로 불리며 사회 밑바닥 계급을 형성하고 있었다.[125] 서울 영등포구 문래동에 있던 방림방적에서 일하는 익명의 여성 노동자가 쓴 「여공과 여대생」이란 제목의 글은 여성 노동자들에 대한 사회적 비하와 편견에 대해 이렇게 말하고 있다.

"여공이라 하면 주야를 가리지 않고 기계 앞에 서서 기계처럼 일하고 때

---

122 신경숙, 앞의 책, 제2권, p. 135.

123 신경숙, 앞의 책, 제2권, p. 156.

124 이 작품은 70년대 농촌 여성들의 도시에 대한 동경, 공장에 대한 적응, 교육의 욕구, 주거와 식생활 등 다양한 소재들이 담긴 사료가치가 높은 자서전격 소설이다. 김원, 『여공 1970-그녀들의 反역사』, 이매진, 2006, p. 124.

125 여공이란 용어는 일본어 죠코우(女工)의 번역어로서, 이 용어가 사회적으로 사용되기 시작한 것은 1960년대 이후 국가 혹은 고용주에게서였다. 여공이란 용어는 공원, 근로자, 노동자 등 여러 개념과 중첩되어 사용되었으나 산업화 시기에 집중적으로 사용되었다. 김원, 앞의 책, p. 85.

로는 졸리운 눈을 비벼가며, 졸음을 참아가며 밤새워 밤일하고 감시하는 자들의 눈초리에 많은 어려움을 겪어가며 일하는 여자 노동자를 말합니다. 저는 영등포에서 일하고 있는 노동자의 한 사람입니다. 남들이 흔히 얘기하길 '공순이'라고 하지요. 그러나 여대생이라면 어떻게 생각하십니까?"[126]

당시 방림방적의 6,000여 명 노동자 중 80%가 여성 노동자였다. 그러나 이 회사의 근로조건은 취약하기 이를 데 없었다. 이 회사의 노동자는 저임금에 하루 평균 2시간의 무임노동을 강요받았으며 여성 노동자들에게 잦은 폭행이 발생하기도 했다. 이뿐 아니라 작업량이 너무 과중해서 밥 먹을 시간이나 화장실 갈 시간도 허용되지 않았을 정도였다. 이렇게 노동자들은 착취를 당하면서도 저항할 힘이 없었다.[127] 박정희 군사정권의 경제개발 시대인 1970년대의 화두는 성장이었다. 그 성장의 그늘에는 '식모'와 '공순이'로 대변되는 여성 노동자들이 고된 노동에 시달리며 가난하게 살고 있었다. 식모나 버스 차장 같은 직업을 전전하다 숨이 턱턱 막히는 다락방이나 닭장을 닮은 공장에서 약을 먹어가며 힘겨운 노동에 시달리던 농촌 출신의 하층 여성들, 곧 우리의 누이이자 어머니인 이 여성들의 삶은 이 시대의 자화상이며 그 자체가 한국 현대사의 축소판이었다.[128]

사회의 가장 약자들인 이들 '공순이'와 '공돌이'는 인간 대접도 못 받

---

126 김명배 엮음, 『영등포산업선교회 자료집(Ⅶ) – 기타 통계 및 신문잡지 기사 자료』, 영등포산업선교회·숭실대 문화선교연구소, 2020, p. 154.

127 인명진, 『성문밖 사람들 이야기: 1970년대 영등포산업선교회 역사를 중심으로』, 대한기독교서회, 2013, pp. 89~90.

128 이에 대하여 김원, 앞의 책을 보라.

고 쉴 틈도 없이 기계처럼 일하며 살았다. 예컨대 서울 영등포구 양평동에 있는 대한모방 노동자들은 토요일 저녁 6시부터 일요일 정오까지 혹은 일요일 정오부터 월요일 새벽 6시까지 매일 18시간 동안 일했다. 휴식 시간은 고작 식사 시간 30분이 전부였다.[129] 특히 기독교인이었던 이 공장 사주는 노동자들 개개인의 종교와 상관없이 강제로 월 1회 특별예배에 참석하도록 했으며 회사 기숙사에 거주하는 400여 명의 여성 노동자들은 목요일에는 일을 마치고 각자 종교와 무관하게 의무적으로 예배에 참석해야 했다. 이를 거부한 여성 노동자들은 외출 금지, 화장실 청소, 풀 뽑기 등의 처벌을 받았다.[130] 그러자 마침내 1973년 초 노동자들은 탄원서를 작성하여 근로조건의 부당함을 호소하며 이를 개선해줄 것을 사측에 요구했으나 경영진은 이를 제대로 들어주지 않았다. 이 탄원서는 주로 기숙사에 지내던 노동자들이 주도한 것이어서 이를 계기로 기숙사 사감은 이들을 더욱 억압했다. 이에 분노한 노동자들이 기숙사 사감의 교체를 요구하며 시위를 벌이자 회사 측은 이를 주도한 노동자를 감시하기 시작했다. 마침내 주동자로 지목된 노동자들은 회사 규정을 어겼다는 명목으로 해고되고 말았다.[131] 대한모방에서 발생한 이 사건은 1973년 4월 인명진이 신학대학원을 졸업한 후 첫 근무지인 영등포산업선교회에서 실무를 맡고 있을 때 일어난 일이었다. 영등포산업선교회는 해고된 노동자들과 복직 투쟁을 벌여 그해 7월 26일 노동자 측과 회사

---

129 인명진, 앞의 책(성문밖~), p. 77.

130 인명진, 앞의 책(성문밖~), pp. 77~78.

131 이 사건은 1973년 4월 11일 자 임경자의 「강제 예배도 예배입니까?」 호소문, 그리고 대한모방 노동자들의 진정서는 한국기독교교회협의회·한국교회산업선교 25주년기념대회자료편찬위원회 편, 앞의 책, p. 375를 볼 것.

측은 정부의 중재로 화해하고 부당 해고자의 복직이 이뤄졌다. 이 노동운동은 이후 영등포산업선교회가 기독교인 기업주들과 갈등과 반목을 겪게 하는 결정적 원인이 되었다.[132] 노동자 권익 보호에 앞장선 영등포산업선교회를 향한 적개심은 기업주와 저임금 정책을 고수한 정부, 심지어 한국 교회, 특히 보수계 교회에까지 확산되었다. 1972년 7월 7일에 서울시 동작구 신대방동 소재 원풍모방에 입사한 여성 노동자 양승화는 이렇게 회고한다.

"처음 입사할 때 하루 12시간씩 일했거든요. 근로조건이 좋았던 건 아니에요. 그리고 다른 회사보다 임금이 30%가 적었어요. 그러니까 원풍모방에 있는 사람들이 거기서 기술을 배우고 임금이 더 높은 대한모방이나 이런 데로 이직을 많이 할 정도로 굉장히 근로조건이 나빴어요. 제가 입사할 때는 일요일도 18시간씩 일을 했어요. 일당이 140원이었는데 한 달 월급이 한 4,700원. 일요일은 쉬는 날이 없었어요. 다 잔업을 하거나 특근을 하거나 했었죠. 그런데 9월 3일에 노동조합 준비하는 분들이 잔업을 다 거부하니까 회사에서 밥도 안 주는 거예요."[133]

당시 노동자들은 가혹한 노동착취를 당했을 뿐 아니라 회사의 횡포가 만연했으나 정부 당국은 이 모든 사회문제를 오로지 경제 발전이란 구호 아래 묵인하고 있었다. 이렇게 사회문제가 발생하였을지라도 수출의

---

132 영등포산업선교회의 의식화 교육을 통한 노동운동의 사례는 인명진, 앞의 책(성문밖~), pp. 84~118을 보라.

133 김대현 편저, 『전태일 정신의 확장과 연대 – 2022 전태일 노동 구술기록 4』, 전태일재단, 2022. p. 75.

비약적인 성과를 거두게 되어 국민은 비로소 본격적인 한국 근대화의 결과를 맛보게 되었다.[134] 따지고 보면 한국 민중들은 수백 년 동안 가난하고 억눌린 채 살아왔다. 먹고살 만한 재산을 가진 자는 극소수였다. 민중들은 아무리 노력을 해도 신분과 배우지 못한 문맹과 저학력의 장벽에 부딪혀 잘산다는 게 너무 힘들었다.

그러나 이제 이 모든 장벽은 사라지고 자기 노력에 따라 잘살 수 있는 길이 열렸다는 희망의 발견, 이것이 1960년대 박정희 군사정권이 추진한 경제개발 시대의 한국 사회의 정서였다. 말하자면 한국인은 처음으로 농촌 경제에서 벗어나 근대화와 산업화로 인하여 도시에서 살면서 자본주의의 맛을 알게 된 것이다. 민중들도 박정희 군사정권의 경제개발이 곧 자신에게도 이득이 된다는 굳은 믿음 속에서 미래의 희망을 품었다. 자본주의적 경제 질서 속에서 재산은 인간다운 삶의 조건이었다. 한국 민중들은 오랫동안 가난과 저학력으로 자신의 삶을 개선할 기회를 거의 얻지 못했다. 특히 조선 시대부터 이어져온 사회계급적 신분의식으로 인해 국가와 사회의 주체가 되지 못했던 민중들은 경제 발전이 자신들에게 유일한 희망의 기회가 될 것으로 여겼다. 대통령인 박정희는 이전의 양반 명문가 지배층 출신이었던 이승만과 윤보선 대통령과 달리 피지배층 출신으로서 성공한 이미지를 경제 발전 정책을 통해 민중들에게 보여주었다.

즉 소외되고 억울하게 권리를 박탈당한 채 살아야 했던 하층민들에게 박정희 대통령의 성공 신화는 자신들의 원한을 풀어주는 정치 유형으로

---

134 한국정신문화연구원 편, 『1960년대의 정치사회변동』, 한국현대사의 재인식 10, 백산서당, 1999, p. 16.

보였다. 박정희 대통령은 이에 부합하여 민중들에게 국가 근대화의 기수라는 의미를 부여했다. 대통령으로서 박정희의 이미지는 빈농이나 하층민 등 민중들에게 탈정치적인 동질감과 유대감을 준 최초 국가권력자로 인식되었다. 예컨대 새마을운동은 농촌 사회에 강하게 존속되어온 신분제 갈등을 해소하여 가난한 농민들에게 경제적 상승 이전에 지금까지 경험하지 못한 존재감의 가치를 느끼게 해준 사회적 혁명과 같았다.[135] 신분제 사회였던 조선 시대와 일제강점기를 거쳐 해방 후 남북 분단과 좌우익 대결, 그리고 6·25전쟁을 겪으면서 가난과 갈등 속에 살아왔던 민중들은 박정희 군사정권의 경제개발 정책으로 새로운 희망을 보게 되었다. 1967년에 발표한 박태순의 단편소설 「서울의 방」은 다음과 같이 당시 도시 젊은이들이 미래에 대해 품고 있던 꿈을 보여주고 있다.

"새 방은 따뜻했다. (…) 책상을 아랫목에 놓고 그 위에다가 지온이의 사진을 걸었다. 지온이의 맑은 미소는 이 새로운 보금자리를 진심으로 기뻐하는 듯하였다. (…) 그러다 보니 하숙 생활에 대해서 가벼운 염증 같은 것이 일기도 하였다. 과연 언제쯤이나 내 집, 내 방을 가져볼 수 있을는지?"

오늘날과 마찬가지로 내 집, 내 방을 갖고 싶다는 이 말은 이 당시 젊은이들의 일상적인 희망 사항이었다. 이런 소박한 희망이 언제 있었느냐는 듯이 1960년대를 지나면서 이 땅의 민중들은 이렇게 잘살아보겠

---

135 박정희는 지배자와 피지배자가 동질적이라는 근대정치의 특징을 보여주었다. 농민들은 책임 있는 시민 그리고 국민으로 불렸고 노동자들은 산업의 역군으로서 국가의 주인공으로 등장한 것이다. 황병주, 「박정희 시대의 국가와 민중」, 『당대 비평』 제12호, 삼인, 2000년 가을호, pp. 46~68.

다는 꿈을 품고 살았다.[136] 그러나 사회 현실은 그렇지 않았다. 자본주의 사회는 냉혹하며 잔인했다. 농촌에서의 삶은 뼈를 깎는 노동에도 불구하고 굶주림이 끊이지 않는 것이었다. 젊은 청년들은 이 지긋지긋한 삶에서 해방되고자, 노력하면 잘살 수 있다는 '희망'을 품은 채 고향을 등지고 도시로 향했다. 이제 이들은 고향을 상실해 뿌리가 없는 도시의 최하층을 구성하게 되었다. 김진홍 목사는 당시 서울을 이렇게 계층적으로 구분했다.

"서울시는 하나의 시가 아니고 세 개의 시가 모여서 이루어졌지요. 첫째는 높은 사람들과 재벌들 그리고 외국 사람들이 사는 서울특별시, 글자 그대로 특별한 사람들이 사는 서울특별시이지. 둘째는 교수, 선생, 공무원, 장사꾼 등이 살고 있는 서울 보통시이지. 보통 사람들이 보통으로 살고 있는 곳이야. 셋째는 우리가 살고 있는 판자촌인데, 여긴 서울 하등시요. 서울시는 서울특별시, 서울 보통시, 서울 하등시 이렇게 셋으로 나누어져 있는 거요."[137]

이렇게 서울이란 대도시는 계층화되어 있어서 마치 조선 시대 신분제 사회처럼 재산과 사회적 지위에 따라 지역적으로 구분되었을 뿐 아니라 사회적 대우에서도 차별이 심했다. 박정희 군사정권은 경제개발을 하면서 국민에게 노력하면 잘살 수 있다는 희망을 주었지만, 현실은 그 반대였다. 1973년에 발표된 사회소설 조선작의 『영자의 전성시대』는 도시화와 경제개발에 미쳐 있던 이 시기, 미래의 희망을 안고 서울로 올라

---

136 최정운, 앞의 책, pp. 304~306.
137 김진홍, 앞의 책, p. 110.

왔던 농촌의 젊은 청년들의 비정하게 좌절된 삶을 보여준다.[138] 이 소설
은 1970년대 천박한 자본주의사회의 폭력성에 의해 희생당한 농촌 출
신 젊은 남녀의 비참한 삶을 고발한다. 여자 주인공 영자는 식모에서 버
스 안내원으로, 그리고 마침내 창녀로 전락하여 불에 타 죽는 인물이다.
남자 주인공 '나'는 재단사가 꿈이었던 청년이다. 서울로 올라와 철공소
용접공으로 일하다 월남전에 파병되었다가 돌아왔으나 나이가 많고 모
은 돈도 없어 목욕탕 때밀이로 생계를 이어간다. 그는 우연히 철공소 용
접공 시절 주인집 식모였던 영자를 만나게 된다. 영자는 식모 생활을 하
다가 시내버스 차장을 하다가 교통사고로 한쪽 팔을 잃게 된다. 생계가
막연한 영자는 결국 창녀로 전락하고 만다. 그런 영자를 만난 남자 주인
공 '나'는 그녀의 아픔을 나누며 함께 지내게 된다.

　영자는 몸을 팔아 모은 돈을 주인집 여자에게 맡겼는데 마침 정부에
서 사창굴을 철거하는 바람에 창녀 영자와 주인은 쫓기는 신세가 된다.
그러자 영자는 남자 주인공 '나'와 방을 마련해 살고자 맡긴 돈을 받으

---

138 이 작품에서 작가는 풍자와 아이러니를 통해 1970년대의 국가권력의 허위성과
국가권력 및 가부장제의 폭력성을 비판하고 있다. 또 작가는 하층민이 사용하는
비속어를 사용하여 산업화와 가부장제에게 밀려난 하층민의 삶을 생생하게 그려
내고 있다. 이 소설의 주인공 '나'와 '영자'는 베트남 파병군인에서 때밀이, 식모
에서 성매매가 직업인 창녀라는 하층 육체노동자이다. 이들의 육체노동은 경제개
발 이데올로기에 이용되었지만 보호받지 못한 채 국가폭력의 희생양이 된다. '나'
의 베트남 참전 경험은 한쪽 팔을 잃은 영자의 상황에 겹쳐지고, 둘은 서로를 위로
하며 정서적 유대관계를 맺게 된다. '나'가 영자에게 만들어주는 의수(義手)는 '영
자의 전성시대'를 만들어주면서 국가폭력을 은폐하는 것으로도 보인다. 그렇지만
영자의 외팔뚝은 감추려 해도 감추어지지 않는 것이었다. 이들의 희망은 '불도저
작전'과 영자의 사망으로 완성될 수 없게 되었으나, 불에 탄 외팔뚝의 시체가 된
영자의 모습은 현실의 비참함과 폭력적 현실을 여실하게 보여준다. 정하늬, 「'감
춤과 드러냄', 소외된 청년들의 '전성(戰聲)시대'-조선작의『영자의 전성시대』를
중심으로」,『춘원연구학보』, 제18호, 춘원연구학회, 2020, pp. 103~139.

러 주인을 찾아갔다가 화재로 죽고 만다. 화재는 주인이 돈을 주지 않으려 하자 영자가 불을 질러 일어났다는 것이다. 돈을 벌어 잘살아보겠다는 영자의 꿈은 끝내 이뤄지지 못하고 기대했던 영자의 전성시대는 오지 않았다. 영자가 가진 꿈은 그 시대 그것을 이루고자 고향을 떠나 서울로 왔던 젊은 청년들의 희망을 의미했다. 그러나 젊은 청년들의 그런 소망은 끝내 이뤄지지 않았다.

앞서 설명한 대한모방 여공들이 당한 부당한 대우에서 알 수 있듯이 박정희 군사정권의 경제개발은, 특히 사회적 약자인 여성 노동자들에게 가해진 국가와 사회 폭력을 동반하고 있었다. 그래서 학자들이 "1970년대를 통틀어 가장 상징적이고 가장 중요한 벗은 몸이라면 응당 동일방직 여성 노동자들의 몸을 꼽아야 할 터이다"라고 지적한 바와 같이[139] 1970년대 작은 골방 같은 노동현장에서 각혈하며 하루하루의 삶을 꾸려갔던 농촌 출신 여성 노동자들의 삶과 투쟁은 그야말로 경제개발의 어두운 그림자이자 근대화의 암울한 역사였다. 이처럼 박정희 군사정권의 경제개발은 최약자인 여성에게 가혹한 폭력을 가했다.

이렇게 많은 사회문제를 일으킨 박정희 군사정권의 경제개발과 도시화는 한국 교회의 급속한 성장에 큰 영향을 미쳤다. 1960년 623,000명, 전체 인구의 2.5%에 불과하던 개신교 인구는 1970년 인구의 10%가 넘는 3,192,600명으로 급증했다. 1970년대 10년 동안, 개신교 신자 수는 인구의 14.3%에 달하는 5,337,000명에 이르렀다.[140] 이렇게 급변한 한국 사회에서 사실상 박정희 군사정권의 경제개발로 인하여 발생한 여러 사

---

139 권보드래·천정환·황병주·김원·김성환, 앞의 책, p. 298.
140 서광선, 앞의 글, pp. 258~259.

회문제는 오히려 한국 교회의 부흥을 일으켰다. 박정희 군사정권이 3선 개헌 이후 점점 장기 집권화의 길로 접어들기 시작하면서 독재정치가 강화되기 시작하고, 또 대기업과 재벌 위주의 경제개발 정책 추진에 따른 노동자의 저임금 정책과 인권유린, 그리고 국민의 자유 억압은 진보적인 한국 교회와 기독교 지식인들의 큰 저항을 불러왔다.[141] 장신대 신대원에 재학 중이던 젊은 청년 인명진도 이 대열에 합류하여 본격적인 십자가의 길을 걷기 시작했다.

---

141 자원이 없는 나라에서 수출 위주의 산업구조는 어쩔 수 없는 선택이다. 박정희 군사정권은 산업현장의 노동력 착취를 정당화하면서 노동자들의 인권은 물론, 산업현장의 민주적 의사결정 요구를 억압해갔다. 정권과 일정한 거리를 유지하면서 자기를 상대화시켜갔던 기독교계가 자신의 시대적 사명을 인권과 민주주의의 발전으로 삼자 박정희 군사정권과 기독교계의 대결은 불가피하게 되었다. 이만열, 「한국기독교와 민족운동」, 기독교학문연구회 특집 논문, 『기독 지성, 한국 사회를 말한다: 한국 근현대 사회와 교회의 역할』, 기독학술교육동역회, 2007, p. 24. 이러한 박정희 군사정권이 추진했던 경제개발 정책에서 발생한 노동자 전태일, 김진수, YH 사건 등 1870년대 일련의 노동자 사건은 기독교 지식인들에 의한 '민중신학'의 본격적인 태동의 계기가 되었다. 이와 관련하여 서남동, 앞의 책; 서광선 엮음, 『한의 이야기』, 보리출판사, 1987을 볼 것.

제3장

인간 예수를 만나다

기독교 휴머니즘 — 십자가의 길

인명진이 세속 정치와 사회에 관심을 가졌던 근본 이유는 한국신학대 시절 진보적인 민중신학자들의 영향을 받은 탓도 컸지만, 무엇보다 그가 '사람'을 먼저 생각했기 때문이다. 예수 그리스도가 안식일에 병자를 고치는 모습을 본 바리새인들이 왜 율법을 어기고 거룩한 안식일을 지키지 않느냐고 비난하자 예수 그리스도는 "안식일도 사람을 위한 것"이라고 일갈했다. 그 역시 율법보다 사람을 더 귀하게 여긴 것이다. 이것이 바로 기독교 신앙이었다.

인명진 역시 이 세상에서 그 무엇보다 귀한 존재가 바로 사람이라는 사실을 마음속 깊이 새기고 있었다. 휴머니즘의 기독교는 바로 종교개혁의 핵심이 아니던가?[1] 예수 그리스도의 궁극적인 인간 구원은 인간성

---

1 휴머니즘은 인간의 본질 안에 내재하여 있는 인간다움을 추구할 뿐만 아니라, 인간의 존엄성을 인정하고 그것을 충분히 발휘하고자 한 사상이다. 르네상스 이래 종교개혁과 함께 등장한 기독교 인문주의(Christian humanism)는 보편적 인간 존엄성을 중시한 인본주의의 원리로서 예수 그리스도의 주요한 가르침이다. 역사적으로 기독교 인본주의 사상은 하나님이 인간을 구속하기 위해 예수의 인격으로 인간이 되셨다는 기독교 교리이며 예수 그리스도의 삶을 실천하기 위한 공동체 교회가 참여해야 하는 필수적인 실천 사항이다. 이는 15세기 후반에 기독교 인본주의로 발전하여 인간성, 보편적 이성, 자유, 인격, 인권, 인간 해방과 진보 등과 같은 개념들이 발견되었다. Jens Zimmerman. "Introduction," in Jens Zimmermann, ed. *Re-Envisioning Christian Humanism*(Oxford: Oxford University Press, 2017), p. 5. 인간의 본질은 근본적으로 진리에 귀속된다. 기독교적 휴머니즘은 이러한 진리의 법칙에 속한다. 예컨대 요한복음 8장 32절, "진리가 너희를 자유케 하리라"이다. 기독교 인본주의는 기독교 신앙과 인간성을 동시에 구현하고자 하는, 즉 생활 속에서 인간의 존엄성을 추구하고자 한다. 따라서 신학은 모두 인간주의적 관점을 수용하고 있으며 신학자들은 근본적으로 누구나 인간주의자(인본주의자)들이다. 김경한, 「'기독교 휴머니즘'의 역사적 의미」, 『밀턴연구』, 제13집, 1호, 한국밀턴학회, 2003, p. 4.

회복이다. 그러므로 복음 전파 혹은 그리스도 사역은 오로지 구원받아 천국에 이르게 하는 것이 아니라, 이 땅에서 인간다움을 회복하고 사람답게 살아갈 수 있도록 희망의 길로 안내하는 것이었다. 궁극적으로 말하자면, 기독교는 인간 존엄성의 가치를 수호하고 이를 더 발전시켜 확대함으로써 이 세상이 그리스도의 구원에 이르게 하여야 할 시대적 사명을 지니고 있다.[2] 이에 따라 신학자들은 기독론을 통해 예수 그리스도의 삶과 죽음 그리고 부활에 관하여 하나님의 '인간 사랑'에 초점을 맞춰왔다.[3]

이처럼 젊은 청년 인명진의 정치와 사회참여는 개인의 권력욕이 아니라, 사람을 위한 정의로운 정치가 바로 예수 그리스도의 가르침이라는 믿음에서 출발한 신앙적 행위였다. 따라서 인간성 회복과 인간 존엄에 대한 헌신, 그리고 인간적인 윤리에 입각한 자아 완성과 정의는 적어도 기독교적 원리의 체계 안에서 존재한다. 성육신의 관점에서 기독교 인간의 존엄성과 세속적인 인간의 가치는 분리될 수 없으므로 예수 그리스도의 말씀이 육신이 되어 우리에게 거하시는 것이다.[4] 젊은 청년 인명진은 젊은 청년 예수 그리스도를 닮고 싶었던 것일까? 이 일에 대해 그는 이렇게 회고한다.

---

2 R. William Franklin and Joseph M. Shaw, *The Case for Christian Humanism* (Grand Rapids, Mich.: W. B. Eerdmans, 1991), p. 9. 기독교 인본주의는 기독론의 중심으로 삼는다. 예수 그리스도의 구원 사역에 관한 활동의 연구에 초점을 둔 기독론은 기독교 인본주의의 중요성을 더욱 강조하고 있다. Don S. Browing, *Reviving Christian Humanism: the New Conversation on Spirituality, Theology, and Psychology* (Minneapolis: FortressPr, 2010), p. 206.

3 R. William Franklin and Joseph M. S, 앞의 책, p. 206.

4 김은혜, 「기독교 인간주의에 대한 성찰: 새로운 문화 현상에 대한 신학적 응답」, 『선교와 신학』, 제33집, 장로회신학대학교 세계선교위원회, 2014, p. 232.

"박정희 군사정권이 3선 독재를 한다는 게 옳은 일입니까? 이걸 신앙의 양심으로 인정할 수 있습니까? 예수님이 왜 서른세 살에 죽었는지 알겠더라고요"[5]

이런 인명진의 저항정신은 젊은 신앙인의 패기였다. 실천적인 신앙의 패기는 그에게 불의를 향한 더욱 강한 저항의식을 키워줬다. 이 점이 사회문제, 역사 문제, 특히 가난한 자들을 위한 노동문제에 대해서 구체적으로 그에게 십자가를 지고 가야 할 방향을 설정해준 것이다. 특히 인명진으로 하여금 노동문제에 가장 큰 관심을 두게 한 것은 두 사건, 즉 장신대 신대원 2학년이던 1970년의 전태일 사건과 3학년 때인 1971년에 발생한 김진수 사건이었다. 이 사건들은 그가 전적으로 노동운동에 뛰어들게 한 요인이었다. 당시 그는 아현동에 살고 있었는데 신학교가 있는 광나루로 버스를 타고 가는 중 신문을 통해 전태일 사건을 알게 되었다. 인명진은 부자는 아니지만 비교적 경제적 여유가 있는 집안에서 자랐기 때문에 가난이 뭔지 모르고 살아왔다. 노동자라는 사회계층이 존재하는 것조차 몰랐다. 기껏해야 시골에서 남의 집 머슴살이하는 사람 외에 생계를 위해 그렇게 노동에 시달리며 사는 사람을 본 적이 없었다. 다른 부자에 비해 자기 집안도 그리 풍족한 편이 아니었기에 인명진도 궁핍함의 고통을 겪어봤을지라도 그렇게 처참하지는 않았던 탓에 전태일 사건에서 알게 된 노동자의 비참한 생활상을 보고 엄청난 충격을 받았다. 그는 생애 처음 자본주의사회의 가장 밑바닥을 목격한 것이다. 그는 세상이 다 그렇게 순탄하게 자기 노력과 능력에 따라 잘살아가는 것

5 「인명진 구술녹취 전문」, 제1차(2011. 1. 6.), 김명배 엮음, 앞의 책, p. 307.

으로 알고 있었다. 그런 인명진이 전태일 죽음을 통해서 바로 이들의 비참한 삶의 모습을 사실적으로 아주 생생하게 알게 된 것이다.

인명진이 장신대 신대원 2학년이던 1970년 11월 13일 서울 평화시장 노동자 전태일은 근로기준법 준수를 요구하며 분신자살했다. 너무나도 혹독한 노동에 시달리면서도 가난에 짓눌려 살아가다 견디지 못해 자살을 선택할 수밖에 없었던 전태일, 그가 창동감리교회 교인이었음에도 불구하고 스스로 목숨을 끊었다는 이유로 장례식도 해주지 않았던 당시 교회의 비정함, 그리고 노동자들의 처참한 노동현장의 실상을 목격한 인명진은 비정한 현실에 절망했다. 오죽 고생했으면 분신자살을 했을까? 도대체 가난한 노동자들이 일하는 평화시장이 어떤 곳이길래 죽음을 마다하지 않을 만큼 힘들었는가? 그 이유를 알아보기 위해 인명진은 직접 그곳으로 찾아갔다. 당시 전태일이 일하던 평화시장의 노동현장을 둘러본 인명진은 자신의 심정을 이렇게 기억했다.

"기가 막히잖아요. 좁고 어두운 다락방에서 일하는 것도 그렇고, 인간 시장이라는 것도 있고, 세상에 이런 곳도 있구나."[6]

노동현장에 뛰어들어 노동자들을 위해 투쟁해야겠다는 그의 신념은 이렇게 다져지기 시작했다. 전태일 사건은 박정희 군사정권이 추진한 경제개발의 차갑고 어두운 그늘진 장소였다. 그 과정에서 정치 권력은 기업주와 재벌과 유착하여 노동착취를 당연하게 여긴 매우 비정한 노동 풍토를 조성했다. 그보다 자본주의사회의 폐단이 물질을 인간보다 더

---

6 「인명진 구술녹취 전문」, 제1차(2011. 1. 6.), 김명배 엮음, 앞의 책, p. 302.

중시하는 사회 풍조를 만든 것이었다. 한국 노동운동사의 출발점이 된 전태일의 분신은 노동문제에 냉소와 무관심으로 일관하며 심지어 '빨갱이' 혹은 북한 간첩으로 매도했던 당시의 시대 상황 속에서 노동자들의 생존권과 인권을 사회 전면에 부각시켰다. 1965년부터 서울 평화시장에서 시다, 재단사 등으로 일하면서, 여성 노동자들의 열악한 노동조건과 인권침해를 경험한 전태일은 근로기준법을 알게 되자 사상적으로 커다란 변화를 겪었다. 노동자는 기계가 아니며 인간으로서 누려야 할 권리가 있다는 것을 자각한 것이다.

1969년 전태일은 처음에 평화시장 재단사 모임인 '바보회'를 조직하여 열악한 노동조건과 근로기준법 위반 내용을 담은 진정서를 당국에 보내 노동자의 권리를 획득하고자 했으나 당시 정부는 노동착취를 경제발전의 밑거름으로 여긴 탓에 이들 노동자의 진정서나 호소문은 무용지물이었다. 잠시 건축노동자로 일하다가 1970년 9월 평화시장으로 돌아온 그는 '삼동친목회'를 조직하여 정부 당국에 평화시장의 노동조건 개선을 요구하였으나, 역시 아무런 효과가 없었다. 그래서 그가 필연적으로 선택한 방식이 적극적 투쟁이며 그 대상에 기업주는 물론 노동 당국까지 포함하였다. 결국, 그가 참담한 노동 현실에 저항하기 위해 최후의 수단으로 선택한 것이 분신자살이었다.[7] 전태일 분신 사건은 박정희 군사정권 퇴진에 주력했던 학생운동의 투쟁 방향이 노동자의 근로조건 개선 운동으로 전환되게 하는 계기가 되었다. 학생운동 지도자들은 역사 변혁의 주체로서의 노동자와 민중을 인식하고 1971년 후반기부터 노동

---

7 전태일의 분신은 정부의 산업화 과정에서 희생당하던 노동자의 삶이 사회문제로 크게 부각한 계기가 되었고, 이후 한국 노동운동과 민주화운동, 학생운동에 큰 영향을 주었다. 김금수·박현채 외, 『한국 노동운동론 1』, 미래사, 1985 참조.

운동과 연대하여 투쟁하기 시작했다.[8]

1974년 전국민주청년학생총연합회(민청련) 사건 이후 학생운동 출신자들은 노동운동에 참여하기 위해 위장 취업하여 현장에 들어가 노동자들의 고통에 동참하거나 야학 활동을 하면서 노동문제에 접근했다.[9] '민청학련 사건' 당시 기독교인들의 대량 검거 사태가 기독교 민주화운동을 더욱 촉발하게 하는 계기가 되었다. 즉 '민청학련 사건'이 상당수 기독교 민주화운동가들을 구속하였지만, 역설적으로 운동 구성원 확대와 조직화의 계기로 작용한 것이다. 앞서 1973년 4월에 발생한 '남산 부활절 예배 사건'은 최초의 유신 반대운동으로 평가받고 있다. 특히 진보적 한국 교회가 도시산업선교론과 민중론을 주장하며 민중 문제의 정치화를 시도하는 등 민중을 위한 사회운동을 강조하고 나서자 이에 따라 대두된 산업선교론이 1980년대 한국 교회의 노동자와 빈민층을 위한 선교 정책의 기틀이 되었다.[10]

1970년대 노동자와 빈민을 위한 선교 사업 단체는 인명진이 실무자로 일한 영등포산업선교회 외에도 박형규, 권호경, 김동완 목사 등이 이

---

8 학생운동에서 나타나기 시작한 민청학련의 「민중 민족 민주 선언」과 「민중의 소리」 등의 문건에서 민중 개념을 강조하고 있는데 이 이념은 1974년 민청학련의 성장주의 개발독재에 저항하기 위한 운동 이념으로 표현되었으며 이 삼민 이념은 1971년 9월의 전국학생연맹의 주장이나 선언문에 등장한다. 서중석, 「1960년 이후 학생운동의 특징과 역사적 공과」, 『역사비평』, 통권 제4호, 역사비평사, 1997년 겨울호.

9 전태일 분신 사건은 1970년대 학생운동사의 하나의 분수령이 되었다. 이후 1970년대 후반에 들어서면서부터 학생운동은 민주노조들의 근로조건 개선 및 생존권 투쟁에 직접, 간접으로 연대하여 투쟁하였다. 임송자, 「전태일 분신과 1970년대 노동·학생운동」, 『한국민족운동사연구』, 제65호, 한국민족운동사학회, 2010, pp. 319~360.

10 문유경, 「1970년대 기독교 민주화운동 - 발생 배경과 특성을 중심으로」, 연세대학교 석사학위 논문, 1984.

끌던 연세대 도시문제연구소 산하에 있는 도시선교위원회가 있었다. 이 도시선교위원회는 미국 연합장로교회 조지 토드(George Todd) 목사의 지원으로 설립된 단체로, 선발된 훈련생들이 도시문제에 참여하여 변혁을 이루기 위한 주민 조직의 행동훈련 프로그램(Action Training Program)을 시행하고 있었다.[11] 당시 도시 빈민 지역조직 선구자인 사울 알린스키(Saul D. Alinsky)에게 훈련을 받은 허버트 화이트 목사(Herbert White)가 한국에 내한하여 지역조직가 훈련(Community Organizer Training)을 담당하고 있었다.[12] 이 훈련은 주민 조직에 관한 강의뿐 아니라 훈련생이 직접 판자촌에 들어가 생활하면서 주민들과 자연스럽게 접촉하여 그 지역의 문제점을 파악하는 방식이었다. 허버트 화이트 목사는 연세대학교 도시문제연구소를 기반으로 수도권선교협의회에 가담해서 서울 청계천의 빈민촌을 중심으로 조직가들을 훈련하기 시작했다. 허버트 화이트 목사는 미국 뉴욕주 로체스타에서 코닥(Kodak)을 상대로 한 주민 조직을 성공시킨 조직가로서 1971년 박형규 목사가 위원장으로 있는 수도권선교협의회

---

11 연세대학교 도시문제연구소는 1968년에 설립된 행정학 관련 최초의 대학연구소이다. 급격한 산업화, 도시화가 진행되었던 시대에 소외되고 고통받는 도시 빈민들의 열악한 삶의 질을 향상하기 위한 활동과 연구를 주된 목적으로 삼고 종교계와 협력하여 탄생하였으며, 설립 초기에 도시 빈민들을 위한 도시문제연구소의 활동은 한국 도시 빈민 운동과 공동체 운동의 효시가 되었다. 특히 도시문제연구소는 산하 선교위원회가 수행한 도시 조직가를 교육하고 훈련하는 행동훈련 프로그램(Action Training Program)을 통해 훈련생들은 배출했다. 유병옥, 「행정학 분야 대학연구소의 역할과 기여: 연세대학교 도시문제연구소(1968~2011)의 사례」, 『현대사회와 행정』, 제25집, 한국행정관리학회, 2015, pp. 57~82.

12 사울 알린스키의 조직 이론과 훈련을 받은 인물은 권호경, 조순형, 조지송 목사 등이다. 1968년 허버트 화이트 목사가 조직한 50인 위원회에서 시작된 월요모임은 박정희 군사독재정권의 인권 탄압이 더욱 심해지자 매주 월요일마다 개신교 목사와 가톨릭 선교사 집에서 미국, 호주, 캐나다, 독일인 등 8~10명 정도가 참여한 모임으로서 한국 인권 상황을 해외에 알리며 한국의 민주화에 기여했다.

에서 2년간 조직 훈련을 하여 모두 15명을 배출했다. 이에 따라 도시선교위원회는 빈민을 대상으로 한 지역조직(Community Organization)에만 중점을 두었을 뿐 산업선교(Industrial Mission)에는 전혀 관심을 두지 않았다.[13]

따라서 도시선교위원회는 주로 한국기독교장로회 교단 소속 목회자들을 중심으로 서울 청계천이나 성남시 빈민촌에서 빈민 선교에 중점을 두고 지역조직 운동을 했으나 대한예수교장로회(통합)와 기독교대한감리회 교단은 영등포나 구로 등 주로 공장 지역에서 산업선교에 몰두했다. 도시선교위원회는 주로 해외 기독교단체로부터 재정 지원을 받아 활동했기 때문에 이 지원이 끊기면 더는 활동할 수 없는 한계를 지니고 있었다. 그러나 영등포산업선교회는 국내 교단에 속해 있어서 이런 어려움 없이 노동자를 대상으로 산업선교를 지속할 수 있었다.[14]

1957년부터 시작된 한국 산업선교는 세계에서 유일하고 독특한 특징을 지니고 있다. 예컨대 영등포산업선교회는 산업선교에만 치중했을 뿐

---

13 기독교교회협의회 도시농어촌선교위원회의 선교 방향은 1. 한국 교회가 민중 교회가 되기 위한 운동이어야 한다. 2. 노동자, 농민, 도시 빈민 등 민중 스스로가 선교의 주인이 되게 하는 운동이어야 한다. 3. 분단된 조국의 자주, 민주, 통일을 위한 운동이어야 한다 등이며, 이에 따른 주요 사업은 기독 노동자 대중조직의 강화, 기독농민운동과 농촌교회의 대중적 토대의 강화, 그리고 빈민 지역 교회와 빈민 지역 운동의 기초를 다져나가는 것이다. 민주화운동기념사업회 사료관 오픈 아카이브, 「1983년 1월 28일, 한국교회협의회, 제5회 도시농어촌선교분과위원회 회의자료」.

14 한국 교회의 보수적 전통과 각 교단의 특성을 중심으로 도시산업선교 조직이 발전해왔다. 즉 도시산업선교는 교단의 행정 조직([총회 노회(연회) 지방회]) 속에서 그 교단의 행정 단위 조직을 중심으로 공식 조직을 갖추고 있었다. 기독교대한감리회, 한국기독교장로회, 대한예수교장로회(통합) 등 각 교단 소속 산업선교회와 세계교회협의회, 아시아교회협의회 등과 한국 도시산업선교에 대해서는 조승혁, 「산업선교의 조직 현황 및 특성」, 『기독교 사상』, 제23권, 대한기독교서회, 1979년 11월호, pp. 79~91을 보라.

한 번도 도시농촌선교(Urban Rural Mission) 활동을 해본 적이 없었다. 도시농촌선교(URM)의 기본적인 이념은 행동 지향적이다. 도시농촌선교 실무자들은 사회 변혁을 위한 민중 조직과 민중 생활의 향상을 위하여 민중을 조직화하고 이를 위하여 정치 의식화와 직접 참여를 유도했다.[15] 영등포산업선교회는 이 같은 이념적인 도시 선교를 하지 않았기 때문에 영등포도시산업선교회라기보다 그냥 영등포산업선교회로 부르는 것이 옳다는 것이다. 그리하여 인명진이 이끌었던 영등포산업선교회는 도시선교위원회와 달리 빈민이 대상이 아니라 노동조합과 노동자 권리 쟁취 등 노동문제에 초점을 두고 있었다. 그래서 영등포산업선교회는 지역조직 활동을 하지 않았고 소그룹 활동을 통한 노동자 의식화 교육에 중점을 두었다. 이같이 박정희 군사정권의 산업화 정책으로 인한 노동자, 농민 등 사회적 소외계층의 등장이 바로 한국 교회의 노동 및 민주화운동의 사회적 배경이었다.[16]

---

15 이상윤, 「아시아 도시농촌선교의 새로운 이해」, 『기독교 사상』, 제39권, 대한기독교서회, 1995년 10월호, pp. 264~274.

16 기독교 사회참여운동에 관한 연구는 크게 진척되지 못하여 연구 성과가 상당히 부진하며 이에 관한 연구도 주로 민족주의나 민족의식에 국한되어 있다. 1980년대에 이르러 기독교 사회참여운동에 관한 연구가 활기를 띠기 시작했는데, 신학대학의 석사학위 논문, 기독교 운동 당사자들의 글 등 학술 가치가 떨어지는 것들이 대부분을 차지한다. 그러나 기독교 사회참여운동은 군사독재정권의 종식과 민주화운동의 주도적 역할을 했다. 따라서 기독교 사회참여운동 연구는 통일 및 노동운동을 비롯하여 민주화운동을 총체적으로 이해하는 데 중요하다. 조배원, 「기독교 사회참여운동 연구의 현황과 과제」, 이광일 책임연구, 장병익·최선화 공동연구, 『한국기독교 사회참여운동 관련 문헌 해제: 연구총서 최종 보고서』, 민주화운동기념사업회 한국민주주의연구소, 2003, p. 1. 한국 교회의 민주화운동에 관해서는 김진배, 『1970년대 민주화운동: 기독교 인권운동을 중심으로』, I·II·III, 한국기독교교회협의회 인권위원회, 1987; 문장식, 『한국 민주화와 인권운동: 염광회를 중심해서』, 쿰란출판사, 2001; 한국기독학생총연맹 50주년 기념사업회, 『한국기독

경제개발 아래 노동계에서 벌어지고 있던 비참하고 충격적인 노동자들의 생활 모습을 목격한 인명진은 지금까지 알아온 자신의 세계관에 큰 변화를 일으켰다. 더욱이 그가 한국 교회에 대하여 크게 상심했던 일은 신실한 감리교인이었던 전태일의 죽음을 두고 교회가 무관심의 태도를 보인 점이었다. 인명진은 이렇게 회고한다.

"전태일이 자살했다고 교회에서 장례식을 안 해주는 거예요. 그의 어머니 형제자매 모두 독실한 기독교 신앙을 지닌 분들인데도 교회에서 장례식을 거부한 겁니다. 나는 생전에 가난하게 사는 사람을 처음 봤어요. 아니 세상에 저렇게 가난한 사람들도 있는가라고 큰 충격을 받았어요. 그래서 전태일 사건이 내가 노동운동에 뛰어든 결정적인 계기가 되었지요."[17]

가난한 자들에 대한 교회의 무관심에 상처를 받고, 노동자의 비참한 삶과 가혹한 노동착취, 그리고 사회적 차별과 노동자 탄압에 앞장선 국가폭력이 난무한 현실을 알게 된 인명진은 다짐했다. 그 다짐은 인간을

학생회총연맹 50년사』, 다락원, 1998; 김병서, 「한국 사회의 민주화와 기독교」, 이삼열·이원규·김병서·노치준·손덕수, 『한국 사회 발전과 기독교의 역할』, 한울, 2000; 조승혁, 「민주화와 한국 교회의 역할」, 한국기독교산업개발원, 『한국 사회 발전과 민주화운동』, 정암문화사, 1986; 강인철, 「한국 개신교 교회의 정치 사회적 성격에 관한 연구: 1945~1960」, 서울대학교 박사학위 논문, 1994; 빈민 노동운동에 관해서는 조승혁, 『도시산업선교의 인식』, 민중사, 1981; 이원규, 「도시산업사회와 교회」, 『한국 교회와 사회』, 나단출판사, 1989; 정명기, 「도시 빈민선교의 이해」, 『한국 역사 속의 기독교』, 한국기독교교회협의회, 1985; 그리고 최근 연구논문은 김명배 책임 편집, 『삼우 인명진을 논하다: 인명진 희수 기념논문집』, 북코리아, 2021과 특히 김명배 엮음, 『영등포산업선교회 자료집(I~Ⅷ)-인명진 목사 개인 자료』, 영등포산업선교회·숭실대학교 문화선교연구소, 2020을 볼 것.
17 「CBS 인명진 영상 인터뷰」, 김명배 엮음, 앞의 책(Ⅷ), pp. 415~416.

마치 가축이나 기계처럼 여기던 인간 경시 풍조가 만연한 노동현장을 반드시 인간 중심의 현장으로 바꾸어야 한다는 것이었다. 하나님은 인간을 그토록 사랑하여 독생자 예수 그리스도를 이 땅에 인간의 모습으로 내려보내 온갖 핍박과 모욕을 겪게 한 후 모든 인간의 죄를 대속하도록 십자가에 매달아 못 박히게 했던 것인데, 그 인간이 저렇게 학대를 받고 살게 하는 것이 옳은 일인가? 이것이 인명진의 머릿속에 가득 찬 영혼의 울림이었다.

인명진은 해방되던 해에 태어나 어린 시절부터 이 땅에서 벌어진 온갖 악행을 지켜보며 성장했다. 독실한 보수적 기독교 집안에서 일찍부터 예수 그리스도의 '이웃 사랑'을 신앙의 근본으로 삼고 살아온 인명진은 악이 세상을 지배하는 것에 분노하고 절망했다. 교회와 기독교인은 있으나 사랑은 없고 오로지 증오와 살인과 복수, 가난과 죽음으로 가득 찬 현실은 인명진의 신앙에 큰 변화를 안겨주었다. 그는 진정한 기독교인이라면 예수처럼 악과 비참한 고통과 싸워야 한다고 생각했다. 그는 예배 시간에 종종 "오른쪽 뺨을 때리거든 왼쪽 뺨을 내주라"는 성경 구절에 대하여 "내가 나중에 예수님에게 가게 되면 어떻게 인간으로서 내 오른쪽 뺨을 때린 사람에게 대들지는 못할망정 왼쪽 뺨까지 내주겠는가, 이게 가당한 일입니까? 라고 물어봐야겠습니다"라는 식으로 목사로서 말하기 어려운 성경 구절을 비판하기도 했다. 이런 그의 설교는 그가 얼마나 악을 향한 투쟁심이 강한지를 보여주는 사례이다. 이처럼 그는 성경도 인간의 관점에서 이해하고 해석했다.

"진짜 최고의 영성은 예수님을 만나는 것입니다. 예수님 자신이 '배고픈 사람이 바로 나다'라고 말씀하셨습니다. 가난한 사람이 곧 예수님이니 가난한 사람을 섬기는 것이 예수님을 만나는 것이므로 이것이 최고 영성입니다."[18]

그래서 자신도 예수 그리스도를 만나려면 가난한 사람들에게 가야겠다고 다짐했다. 십자가를 지고 고난을 받을지라도 세상의 악과 싸워 선이 지배하는 세상, 약자가 강자에게 억눌리지 않고 행복하게 살 수 있는 세상, 그래서 사랑이 넘치는 세계, 이것이 예수 그리스도가 이 땅에 내려온 목적이고, 이것이 곧 천국이라고 그는 마음속에 새기고 새겼다. 더욱이 이렇게 예수를 믿는다는 것이 곧 예수를 따라서 사는 것이라는 확고한 신앙관을 가진 인명진은 성경이 그 지침이고 예수는 모델이었다. 이것이 바로 그가 신앙 원칙에 따라가는 삶, 노동운동, 민주화운동, 인권운동에 나선 동기였다.[19]

인명진의 인생 전환점이었던 전태일 사건은 박정희 군사정권의 경제개발 정책에서 가장 암울한 상징적 사건이었다. 전태일 사건에 이어 1971년 3월 18일에 발생한 김진수 사건을 목도한 인명진은 마침내 자신의 소신대로 학생 신분으로서 최초로 기독 학생 중심의 노동운동을 이끌어가기 시작했다. 김진수는 1968년 19세에 한영섬유에 입사했다. 1970년 조합원으로 가입하자마자 회사 측이 노조 파괴를 목적으로 폐업한다는 말을 듣고 사퇴했다가 다시 입사하였다. 노조원에 대한 회사의 감시와 억압이 심해지자 가까운 동료들이 김진수에게 회사를 그만두고 같이 떠나자고 했으나 그는 해고된 조합 간부들이 안쓰러워 회사를 그만둘 수 없었다. 재입사한 후 김진수는 해고된 노조 간부들의 제의로

---

18 인명진, 『인명진의 성경 이야기-구약 편』, 갈릴리교회, 2023, p. 223.

19 최상도, 「인명진의 노동운동과 신학」, 김명배 책임 편집, 앞의 책, p. 118.

조합을 탈퇴한 동료 노동자들에게 모종의 활동을 펼치던 중 1971년 3월 18일 스물네 살 나이에 회사가 고용한 조폭에게 드라이버로 머리가 찔려 5월 16일 사망하고 말았다. 그의 죽음은 노조들 사이의 갈등에서 빚어진 사건이라며 회사 측은 아무런 보상도 해주지 않았다. 이에 따라 심지어 30일 동안 장례도 치르지 못하게 되자 김진수의 모친이 광화문에서 "우리 아들 장례를 치러주십시오"라는 피켓을 들고 시위를 하기도 했다.

이 장면을 본 인명진은 장례집행위원장을 맡아서 기독 청년 및 학생들과 함께 회사와 투쟁을 벌인 끝에 위자료와 병원비를 보상받아 가까스로 김진수의 장례식을 치를 수 있었다. 이 사건에서 인명진이 크게 분노한 것은 회사 사주가 안수집사라는 점 때문이었다. 김진수 사건 투쟁을 계기로 기독 학생운동은 역사적인 전환점을 맞게 되었는데 신앙 중심에서 노동자 문제와 사회 참여로 나아가게 된 것이다.[20] 이때 인명진과 함께 투쟁했던 최영희, 이미경, 서경석, 장하진, 차옥순 등은 후일 정계에서 활동하기도 했다. 김진수 사건은 노동조합에 대해 사용자들이 얼마나 적대적으로 대응했는지를 적나라하게 보여주었다. 그뿐만 아니라 노조 상급 단체인 한국노총과 섬유노조가 이 사건을 은폐하려고 하자, 한국노총과 한국 교회는 그동안의 협력 관계를 벗어나 대립 갈등 관계로 변하기 시작하였다. 이렇게 '민중신학'의 확산과 더불어 진보적 교회와 기독교 지식인들이 착취와 억압을 당하고 있던 민중에게로 눈을 돌리고, 인권유린과 군사정권에 반대하며 치열한 민주화운동을 전개하기 시작한 것은 1970년대 유신정권기에 들어서면서부터이다. 박정희 군사정권에 의하여 권위적인 유신체제가 자리 잡으면서 진보적 기독교

---

20 「인명진 구술녹취 전문」, 제1차(2011. 1. 6.), 김명배 엮음, 앞의 책, pp. 303~305.

지식인들 사이에는 민주주의에 대한 열망이 커지기 시작하였다. 이때에 이르러 한국 교회의 진보적 지식인들과 목회자들이 본격적으로 독재정권 타도와 민주화, 노동, 인권운동을 전개해나갔다.[21] 노동문제가 사회정치의 구조적 문제에서 비롯된 것으로 이해했던 인명진은 박정희 독재정치로 인하여 경제적 차별, 노동자 착취 그리고 노동운동 억압이라는 사회구조가 형성되었다고 진단했다. 진보적 기독교 지식인들은 경제성장 위주의 개발이 초래한 사회적 문제와 유신체제라는 박정희 군사독재 정치체제를 비판하며 정치 권력의 정당성을 모색하는 일련의 글들을 『기독교 사상』에 발표하기 시작했다.

이들 진보적 기독교 지식인들은 충효 사상을 바탕으로 통치자의 절대권력을 정당화하는 유교적 정치철학과는 달리 '국가는 인간을 향한 하나님의 계획이 반영되는 통로'로 인식하고 국가권력이 하나님의 뜻을 거스를 때는 불의한 권력이라고 비판했다.

따라서 이들 기독교 지식인은 기독교인이 신앙에 어긋난 불의한 권력과 적극적으로 투쟁해야 한다는 주장을 폈다. 또 이들은 이러한 상황 속에서 발생한 서로 다른 이해관계와 갈등을 해소하고 화해자 역할의 책임이 기독교인에게 주어져 있다고 강조하며 자신들을 '중간집단'으로 자리매김하려는 시도를 보였다.[22] 한편 이들은 정책 결정 과정의 참여

---

21 이와 관련한 진보적 기독교 지식인들과 목회자들의 유신체제 반대운동은 1973년 4월 22일의 남산 부활절 예배 사건을 필두로 개헌 청원운동, 1976년 민청학련 사건, 오글 선교사의 추방, 3·1민주구국선언, 1977년 도시산업선교 활동 및 기독자 교수 해직 사건 등의 사례를 들 수 있다. 이만열, 「5·17 김대중 내란음모사건의 진실과 그 역사적 의의」, 『한국근현대사연구』, 제14호, 한국근현대사학회, 2000. pp. 131~153.

22 예컨대 강원용 목사의 경우에는 경제적 합리성에만 근거하여 세워진 정치체제

를 위한 필수조건으로 중앙집권화한 정치 권력의 분립을 강조하고, 각기 정책이나 이념이 다른 정치집단의 존재를 인정하는 것이 민주주의의 중요한 전제가 된다고 주장하였다. 결과적으로 이들은 자본주의 체제를 '복지국가'로 개혁하기를 원하였고, 자유민주주의를 지속해서 추구했

는 인간 가치를 무시하고 있다고 보고, 개인의 자유가 중요하다는 사실을 강조하였다. 이러한 입장은 자본주의 내에서 가능한 개개인의 경제적 이득을 인정한 것으로, 자본주의 체제를 유지하자는 전제 위에 그 억압성을 해체하는 데에 목표를 둔 것이었다. 이는 1970년대 초부터 진보적 '지도자'들 사이에 콘하우저(W. A. Kornhauser)의 대중사회 개념이 영향을 미쳤기 때문인데, 콘하우저는 "엘리트들이 비엘리트들의 영향을 쉽게 받으며 비엘리트들도 엘리트들의 동원에 쉽게 말려들 수 있는 사회체제"에서는 대중이 파괴적인 동원에 쉽게 착취당하게 된다고 보았다. 따라서 그는 중간적 존재들이 바람직한 정치 참여의 방향을 제시하여 대중을 정치적으로 무장시키고 정책 결정에도 영향을 끼쳐야 한다는 것이다. 이러한 입장을 받아들여 진보적 기독교 지식인들은 노동운동 등에 일종의 '중간자'로 개입하여 들어가게 되었다. 1970년대 한국 사회 연구에서 대중 및 대중사회론은 '국민', '시민', '민중' 등의 명칭과 더불어 대중들의 사회인식과 정체성의 상상에 큰 영향을 미친 담론이었다. 특히 1971년 2월, 7월에 한완상과 노재봉이 벌인 대중사회 논쟁은 당시 사회학자들의 사회인식과 주체 인식을 보여줬을 뿐 아니라, 대중사회 담론을 대중적으로 확산시킨 계기가 되었다. 이 논쟁은 리즈먼, 콘하우저, 갈브레이드 등 1950년대 미국의 사회심리학의 영향을 받아 형성된 대중사회론을 지적 원천으로 삼고 있다. 이에 따라 고도로 경제가 발달하고 합리적으로 조직된 풍요로운 사회에서, 현대인은 오히려 이와 반대로 도덕적 가치를 상실하고 군중 속의 고독과 소외에 이르는 여러 부작용을 겪을 수밖에 없다는 대중사회의 이미지가 유포되었다. 이는 한국이 가야 할 사회적 모델로 상상한 아메리카니즘의 발로지만 이농과 도시화현상이 극에 달한 시기에 도시인들이 소외와 도덕적 혼란으로 겪던 내면적 고통에 위로가 되었다. 이처럼 대중사회론은 1970년대 내내 민족주의적 민중 담론과 평행선을 달리는 반대급부로 기능하면서, 대중사회의 대중과 완전히 다른 차원에서 민족문화, 전통문화를 즐기는 민주주의적 민중이 발견되게 하는 데 크게 이바지했다. 송은영, 「1960~1970년대 한국 대중사회 논쟁의 전개 과정과 특성-1971년 대중사회 논쟁을 중심으로」, 『사이間SAI』, 제14호, 국제한국문학문화학회, 2013, pp. 149~177. 양극화 상황은 대중사회에게 다른 형태의 사회로부터 구별 짓게 한다. 따라서 대중사회는 전체주의 사회, 혹은 다원적인 민주 및 공동사회라는 특성을 보인다. 콘하우저에 따르면 대중사회의 엘리트적 비판은 19세기 유럽의 혁명적 변화에 대한 반발의 배경으로 대두한 것으로서

다. 3선 개헌에 이어 박정희 군사정권이 장기집권을 위한 정치적 행보의 첫 신호탄을 쏘아올린 것이 바로 '유신'이다.[23] 인명진이 신학대학원을 졸업하던 1972년 10월 유신이 선포된 후 극단적인 인권 탄압과 반민주적인 행태가 자행되고 있었다. 서슬 퍼런 유신정권 아래서 누구도 인권과 민주화를 거론하지 못하던 때, 진보적 교회와 기독교 지식인들이 이를 비판하며 저항하고 나선 것이다. 박정희 군사정권은 1972년 10월 17일 비상계엄을 선포하고 10월 26일 헌법개정안을 발표한 다음 11월 21일 국민투표를 시행, 압도적으로 통과되었다. 그리고 12월 15일 대통령 선출 기구인 통일주체국민회의 대의원 선거, 23일 통일주체국민회의 대의원을 소집하여 요식적인 절차를 거쳐 제8대 대통령으로 당선되었다. 박정희는 12월 27일 입법, 행정, 사법 등 3권을 대통령에게 종속시킨 유신헌법을 발효했다. 그러자 1974년 한국기독교교회협의회는 인권위원회를 출범하고 진보적 교회와 지식인들이 반유신, 반정부, 반독재 투쟁 등을 전개하자 박정희 군사정권의 영구적인 권력 유지를 위한 유신헌법을 반대하는 대학생들의 시위와 지식인들의 반대운동이 더욱 거세졌다.

이에 따라 박정희 독재정권은 새로 출범한 유신체제에 대한 반대를 원천적으로 저지하기 위해 1974년 1월 8일 긴급조치 제1호와 제2호를

대중 참여와 출연에 대항하여 엘리트적 가치를 지적으로 방어한다. 이와 달리 대중사회에 대한 민주주의적 비판은 20세기 독일과 러시아의 전체주의 등장에 반발하여 지배와 권력의 경향이 강한 엘리트 등장에 대항하여 민주주의 가치를 지적으로 방어한다. 대중사회와 민주주의에 기초한 대중사회 이론은 William Alan Kornhauser, *The Politics of Mass Society*(New York: The Free press, 1959)를 보라.

23 '유신'은 혁명이 아닌 자체의 발전적이고 과감한 개혁을 말하는 것이다. 그래서 동아시아 근현대사에서 유신이라는 용어는 일반적으로 '위로부터 개혁'을 뜻하는 말로 쓰인다. 박정희 군사정권이 단행한 '10월 유신'은 일본의 근대화를 이룬 메이지 유신(明治維新)에서 따온 것이다.

연달아 발표했다. 제1호는 유신헌법에 대한 반대나 비방, 헌법 개폐 주장·발의·제안·청원을 금지하고 유언비어 유포를 금지하는 것이 주요 내용이며, 제2호는 긴급조치 위반자 심판을 위한 비상군법회의의 설치가 주요 골자였다. 이 조치는 박정희 대통령의 자의적 판단과 필요에 따라 발효되며 사법적 심사의 대상도 아니고 대통령의 허가 없이 해제될 수도 없는 초헌법적인 법이었다.[24] 유신체제에 대한 저항은 산업선교회를 중심으로 결집하여 대학생과 기독교 지식인들 사이로 퍼져나갔다. 그러나 이들의 투쟁은 자유민주주의가 아니라 대중의 광범위한 정치 참여와 복지국가를 지향한 사회민주주의 체제를 목표로 하고 있다.[25] 이와 달리 박정희 정권의 유신체제에 대하여 보수적 기독교 인사들은 반유신운동은 정교분리 원칙을 위반하는 행위라고 비판하고 나섬으로써 기독교계의 분열과 갈등이 고조되기 시작했다.

---

24 손승호, 『유신체제와 한국기독교 인권운동』, 한국기독교역사연구소, 2017, pp. 63~69.

25 이에 대해서는 이영숙, 「한국 진보적 개신교 지도자들의 사회변동 추진에 대한 연구－1957~1984년을 중심으로」, 『기독교 사상』, 제35권, 제4호, 기독교서회, 1991년 3월호, 제35권 제5호, 1991년 4월호, 제35권 제6호, 1991년 5월호를 보라.

예수는 노동자이다

한국 교회가 진보와 보수 진영으로 갈라져 갈등을 빚고 있을 때, 목사 안수를 받은 인명진이 호주 선교사 존 브라운(John Brown) 목사의 권유를 받아 일하게 된 곳이 바로 대한예수교장로회(통합) 교단 소속 영등포산업선교회였다. 인명진은 이 기관의 선교보고에서 "예수는 바로 노동자라고 생각했다. 영등포산업선교회는 예수 그리스도의 고난을 노동자들의 고난 가운데서 찾았으며 산업선교의 활동은 노동자들의 고난에 대한 근본적인 해결책을 제공할 수 있도록 그리스도의 몸 된 교회의 역할에 강조점을 두었다"라고 밝혔다.[26] 이처럼 그는 영등포산업선교회의 기본 운영 방침을 노동자 고난의 참여에 두었다. 아울러 인명진이 박정희 군사정권의 반유신 투쟁의 선봉에 나선 것도 정치적 목적이나 혹은 진보적 사회사상과 이념에 사로잡혀서가 아니라 순전히 인간애적 신앙에 따른 것이었다.

신학대학원 3학년이었던 1971년은 인명진이 졸업 후 진로를 고민할 때였다. 군목으로 병역을 마치려면 신학대학원을 졸업하고 목사 안수를 받아야 했다. 진로를 고민하던 중에 인명진은 주일학교 교재를 집필하기도 하고 주일학교 강습회에서 꽤 인기를 얻어 기독교 교육 분야로 나아갈 것을 생각하기도 했다. 그러나 불의를 보면 참지 못하는 인명진의 기질을 잘 알고 있었던 장신대 교수 존 브라운 목사는 인명진이 일반 교회의 시무를 견디지 못할 것 같아 보였는지 유학이나 산업선교를 권유

---

26 인명진, 앞의 책(성문밖~), p. 73.

하기도 했다.[27] 이미 신학대학원 시절 인명진은 교단 목회자들에게 노동자 인권과 독재정권의 투사로 인식되어서 일반 교회의 목회에 적합하지 않았다. 그가 신학대학원 재학 중에 동숭교회에서 교육 전도사로 일할 때 이순경 담임목사가 저녁 예배 설교를 시켰다. 그러자 인명진을 두고 교회 장로들이 그의 지지자와 반대자로 갈라졌다. 반대파들은 당회 때마다 이순경 담임목사에게 인명진이 설교를 하지 못하게 하라고 요청하는 등 말이 많았다. 그러나 인명진이 설교할 때는 지지파든 반대파든 교인들이 많이 모여들었다. 인명진의 절대적인 지지자였던 이순경 목사는 이런 모습을 보고 "인명진은 일반 교회에서 절대 못 견뎌낸다"고 판단했다. 이순경 목사는 자신과 가까운 친구인 임택진 목사와 의논하고 나서 인명진에게 신학교를 졸업하고 목사 안수를 받은 후 교회 개척을 권유하기도 했다. 신학대학원 1학년 때 3선 개헌 반대운동으로 학교와 교회에서 시끄러웠고, 2학년 때는 전태일 사건 때문에 시끄러웠으며, 3학년 때는 김진수 사건으로 시끄러웠고, 또 이종성 박사 학장 취임을 반대하며 동맹휴교를 주동하는 등 인명진은 이미 신학대에서나 교회에서 목사들에게 반갑지 않은 '말썽꾸러기 투쟁가'로 낙인찍혀 있었다.[28] 이 모든 이력이 인명진이 노동자 세계에 가서 예수 그리스도를 만나도록 이끌었다.

1972년 인명진은 신학대학원을 졸업하자마자 곧바로 서울시 중랑구 면목동에 소재한 '무궁화 비누공장'에 취업하여 그곳에서 9개월 동안 일하며 노동 경험을 쌓았다. 그리고 그는 다시 면목동에 있는 '독립

---

27 「CBS 인명진 영상 인터뷰」, 김명배 엮음, 앞의 책(VIII), pp. 416~417.
28 「인명진 구술녹취 전문」, 제1차(2011. 1. 6.), 김명배 엮음, 앞의 책(VIII), pp. 306~307.

문 메리야스' 공장의 염색부에서 3개월간 노동자로 일하고 있었는데, 그 해 10월 공장 일을 마치고 작업복을 입은 채 대한예수교장로회(통합) 총회 충남노회에서 목사 안수를 받았다. 그는 공장에서 노동자로 생활하며 성경을 다시 보았다. 그는 노동자 입장에서 성경을 다시 읽으며 이전에 깨닫지 못한 새로운 예수 그리스도의 가르침을 얻게 되었다. 즉 그는 성경에서 하늘 보좌를 버리고 인간으로 내려오신 예수 그리스도, 인간을 구원하기 위해 이 땅에 오신 예수 그리스도, 당시 권력자들에게 온갖 핍박을 받으신 예수 그리스도를 만났고, 이처럼 복음을 전하는 사역이란 호화로운 교회에서 안락하게 지내는 것이 아니라 바로 노동자의 삶을 함께하는 것임을 깨달은 것이다.[29] 그의 복음 선교관은 다른 목회자와 달랐다. 그는 노동자들의 삶은 무엇인가, 이들의 아픔이란 게 무엇인가, 이들의 가슴에 가득 찬 설움이란 무엇인가, 왜 노동자들이 가난하게 살 수밖에 없는가 하는 질문들에 대하여 끊임없이 생각했다. 노동자들은 느낌으로 적과 동지를 구분할 줄 안다는 사실을 인지한 인명진은 산업선교를 하려면 가장 먼저 노동자들에게 자신들의 편이라는 신뢰를 주어야 한다고 판단했다.

말하자면, 선교는 노동자들의 삶과 같이하는 것이기 때문에 가장 먼저 이들에게 신뢰를 받아야 하며, 그리고 나서 선교를 해야 한다는 것이 그의 선교론이었다. 그래서 그는 처음 보는 사람들에게 단 한 번도 "예수 믿으라"라고 권유한 적이 없었다.[30] 노동선교를 하려면 노동현장에서 노동을 경험해야 한다는 것이 그의 지론이었다. 그러나 목회자로 돌아와

---

29 「인명진 구술녹취 전문」, 제1차(2011. 1. 6.), 김명배 엮음, 앞의 책, pp. 309~310.
30 「인명진 구술녹취 전문」, 제1차(2011. 1. 6.), 김명배 엮음, 앞의 책, p. 310.

서 목회하다 보면 노동자의 정서를 잊게 된다. 그래서 인명진은 5년 정도 다시 노동자의 삶을 경험해야 한다는 판단하에 1975년 청주에 내려가서 한동안 정진동 목사, 서울 금천구 구청장과 노무현 정부 때 시민사회수석을 지낸 차성수와 함께 넝마주이 생활을 하기도 했다. 그러다 그는 1973년 4월부터 바로 노동자의 피난처라 할 영등포산업선교회에서 사역하기 시작했다. 이 당시 영등포산업선교회는 1968년 이후 독일 프리드리히 에버트 재단(Friedrich-Ebert-Stiftung)의 도움으로 노동조합 지도자 교육을 하고 있었다.[31] 영등포산업선교회는 이 재단의 지원으로 노동조합운동 지도자 육성을 위한 프로그램을 시행하고 있었는데, 특히 방직공장 노동자들을 훈련하는 데 주력했다.[32] 그 결과 서울과 경인 지역에 100여 개의 노조가 조직되었으며 조합원은 약 4만 명에 이르렀다.[33] 인명진은 영등포산업선교회 실무자로 부임하여 같은 교단 소속 조지송 목사와 감리교단 소속 김경락 목사와 함께 일했다. 1964년 대한예수교장

---

31 프리드리히 에버트 재단은 독일의 정치 재단이자 비영리 공익단체로 사회민주주의의 이상과 가치 실현 사업을 하고 있다.

32 이 교육 프로그램의 내용은 '기독교 윤리학과 노동운동', '미국에서의 노동운동', '노동조합의 철학과 이데올로기', '노동법에 대한 해석', '노동쟁의에 대한 해석', '근로기준법에 대한 설명', '노동조합에 대한 이론', '노동조합과 민주주의', '노동자와 자본가 사이에 벌어지고 있는 문제들과 기독교윤리', '단체협약에 대한 방식', '사례연구' 등 주로 노동운동의 이론과 조직화의 전략으로 구성되었다. 김경락, 「영등포감리교산업선교회」, 『노동자와 더불어』, 대한예수교장로회 도시산업선교위원회, 1978, p. 129.

33 민주화운동기념사업회 사료관 오픈아카이브. 영등포산업선교회는 1968년부터 1972년 6월까지 평신도훈련 선교 교육을 하여 노동자를 대상으로 노동조합, 근로자기준법, 협동조합, 건강과 윤리를 가르쳤다. 특히 이 교육은 한국노총의 협력으로 노조 간부와 노조 지도자에게 집중되었으며 3년 동안 총 1만 2,000명의 지도자가 훈련을 받았다. 정병준, 『총회 도시산업선교 50주년 기념도서』, 대한예수교장로회 총회 국내선교부, 2007, pp. 46~47.

로회(통합) 최초의 산업전도 목사가 되어 영등포에 부임한 조지송은 기독교인 기업주가 있는 공장에 가서 예배와 전도를 하고, 기독교인 노동자들을 모아 평신도 교육을 하는 전형적인 공장목회로 산업전도를 시작하였다. 그러나 그는 곧 영등포 내 700여 공장 중 3~4곳을 제외하고는 반응도 없을 뿐 아니라 오히려 반기독교적인 모략에 부딪혔다. 이후 산업선교의 전개 방향은 점차 목회 중심에서 노동자 중심으로 변화하기 시작하였다. 이때 영등포산업선교회는 교파와 종교를 초월해서 천주교도 산업선교에 합류해야 한다는 에큐메니컬 운동을 추진했으나 교파의 폐쇄성을 극복하지 못해 실패하고 말았다. 그러다가 조지송 목사가 영등포산업선교회 업무를 맡고 있었던 1973년에 인명진이 실무자로 오게 되면서 산업선교의 방향이 크게 변하기 시작했다. 오랫동안 부패한 노동조합이 소위 어용으로 변질되고 한국노총의 협조가 한계에 이르자, 인명진은 기존 산업선교의 방식을 전면 수정한 것이다. 그리고 인명진이 영등포산업선교회에서 본격적으로 노동운동에 참여하면서 이끌었던 노동자들의 투쟁 목표는 근로조건의 향상과 산업사회 구조의 변화였다. 이 결과들은 다른 여러 공장의 노동자들에게 확산되어 산업계 전반에 큰 영향을 미쳤다.

가장 획기적인 인명진의 노동자 투쟁 전략은 이전에 실행된 바 없던 일반 노동자 중심의 소그룹 활동을 통한 의식화 교육이었다. 인명진이 실무자로 일했던 1973년부터 1980년까지 이 기간에 영등포산업선교회의 활동이 가장 투쟁적이었는데 이러한 영등포산업선교회의 산업선교 변화는 노동자의 권리를 위한 노동법 지식이 각기 이해관계에 따라 좌우되기 쉬워 실질적으로 노동운동에서 크게 작용하지 못했기 때문이다. 그래서 인명진은 노동자를 위한 산업선교의 가장 중요한 핵심이 노동자

의식이라는 사실을 깨달았다. 이 세상에서 가장 중요한 존재가 사람이고 사람이 세상을 이끌어간다. 인명진의 신앙에는 하나님과 인간의 관계, 즉 하나님이 가장 사랑하는 존재가 인간이고, 인간은 생각할 줄 안다는 것이 중요했다. 그래서 인명진은 자신과 세상의 이치를 알아야 자기를 지킬 수 있고 세상을 변화시킬 수 있다고 믿었다. 함석헌 선생과 민중신학을 수립한 진보적 기독교 지식인들의 민중 개념에 비추어보면 바로이들 민중이 세상의 주인이 아닌가.

인명진은 노동자들에게 이 세상의 주인이 자본가, 기업가, 권력자가 아니라 바로 자신들이라는 점을 일깨워줬을 때 착취와 억압이 없는 정의로운 세상이 도래한다고 믿었다. 그래서 인명진은 노동문제를 해결하려면 바로 노동자의 삶을 이해하는 것이 가장 중요하다고 여겼다. 노동자들은 그들만의 문화가 있다. 이들은 이 노동자 문화 속에서 생각하고 행동하며 세상을 바라본다. 예컨대 영국 역사가 에드워드 톰슨(Edward Palmer Thompson)은 마르크스주의 역사가들이 노동계급 의식의 형성 조건을 산업공장 체제의 산물로 인식한 것에 반발하고 노동자 문화의 담론을 제시했다. 계급의식은 마르크스 역사가들이 주장한 생산관계와 자본주의사회의 구조가 아니라며 그는 '아래로부터의 역사'의 방향을 제시한다. 즉 노동자의 계급의식은 원초적이고 도덕적인 신념, 가치체계, 전통, 관념 등 자신들의 생활 문화 속에서 불안하고 힘든 과정을 겪으며 의식적으로 자신들의 집단적인 정체성을 형성해간다고 본 것이다.[34] 이러한 톰슨의 노동계급론에 영향을 받아 노동사가들은 노동자들

---

34 에드워드 톰슨 지음, 나종일 외 옮김, 『영국 노동계급의 형성』, 상권, 창비, 2000, p. 7. 원본은 E. P. Thompson, *The Making of the English Working Class*(London: Vitor Gollancz, 1963).

제3장 • 인간 예수를 만나다 • 209

의 삶 자체뿐 아니라 그 근간을 이루는 사회문화적 조건을 밝히는 데 집중했다.

따라서 인명진의 산업선교의 중점인 교육훈련 프로그램은 노동자의 삶 속에서 형성된 감정이나 가치체계를 기반으로 한 노동자 문화의 변화에 초점을 두었다.[35] 영등포산업선교회는 정기적으로 여성 노동자들을 대상으로 뜨개질, 요리, 장난감 만들기, 조화 만들기 등 취미 활동을 기초로 하여 의식화 교육을 했다. 그 결과 소그룹의 수는 80~100개에 달했으며 1974년 인명진 목사가 부임한 후 20개 회사와 연관되어 있었다. 이 소그룹 활동을 통해 인명진은 정치, 경제, 사회적 문제나 가정 문제, 개인 문제 외에도 임금, 해고, 노동조합, 강제 잔업, 퇴직수당, 산업재해, 휴일 등 노동자들의 삶의 문제까지 다양한 교육의 프로그램을 실행했다.[36] 경제개발이라는 미명하에 인간이 단지 기계로 취급받았던 사회구조 속에서 노동자들은 인간의 존엄과 권리를 지닌 존재임을 자각하고 이를 회복하고자 현실과 싸워야 했다. 이를 위해서 가장 중요한 것이 바로 노동법과 근로기준법이었다. 그리하여 인명진은 산업선교 전략을 '복음화'에서 '인간화'로 전환함으로써 노동문제를 단지 사회, 경제적 문제 혹은 교회 선교 과제로 보지 않고 노동자들의 처지에서 그들의 요

---

35 이러한 소그룹 활동을 통한 노동자 의식화 교육과 훈련의 사례는 다음과 같다. 종교, 사회, 노동, 교양, 가정, 취미, 건강, 친교, 음악, 노동자 의식 계발, 노동법, 경제, 사회, 정치 등 152가지에 이른다. 이 소그룹 활동은 1973년 1,648회였던 것이 1979년 5,200여 회로 증가했고, 여기에 참여한 노동자 수는 1973년 11,536명, 1977년 22,564명, 1979년 62,400명으로 급격하게 증가했다. 영등포산업선교회 40년사 기획위원회, 『영등포산업선교회 40년사』, 대한예수장로회 영등포산업선교회, 1998, pp. 135~137.

36 인명진, 앞의 책(성문밖~), p. 60.

구에 부응하는 운동 전략을 만들어냈다.[37] 이에 따라 인명진은 산업계와 노동자들의 문제를 선교의 대상으로 삼아 빈민 조직 운동을 펼친 도시선교회와 달리 한국의 현실에 맞게 노동자 소그룹 활동과 의식화 교육을 이용한 노동운동에 치중하기 시작했다.[38] 이제 영등포산업선교회나 가톨릭 노동청년회 등 기독교 단체들은 기존의 전도 방식에서 벗어나 의식화 소그룹 활동을 통해 노동자들에게 계급의식과 노동에 관한 법을 가르쳐 나갔다. 이때 여성 노동자들이 주요 역할을 담당하면서 노동운동이 반독재민주화운동과 결합해가기 시작했다.[39] 이러한 소그룹 활동을 통한 의식화 교육의 결과로 어용노조에 대항해 지도자 중심이 아니라 노조원이 자발적이고 민주적으로 운영하는 민주노동조합 투쟁이 이루어졌다. 인명진 주도의 소그룹 활동을 통한 대표적인 민주노동조합 투쟁은 1976년 남영나일론 투쟁, 1977년 방림방적 체불임금 요구 투쟁, 1979년 해태제

---

37 한국기독교교회협의회, 「가난한 이들을 위한 복음」, 『도시농어촌선교위원회(URM) 25주년 보고서』, 1984, p. 64. 이에 따라서 대한예수교장로회(통합) 총회는 '산업전도회'에서 '산업선교회'로 명칭을 바꿨다.

38 인명진, 앞의 책(성문밖~), pp. 52~53. 1968년 방콕에서 열린 아시아기독교협의회에서 사회 구원을 강조한 선교 방침이 제시된 것을 계기로 적극적인 노동자 선교운동이 전개되었다. 이후 영등포 도시산업선교회는 '전도'라는 용어 대신 '선교'라는 용어를 사용하며 독재정권과 맞서 노동자들과 노동운동을 전개했다. 이에 대해서는 장석만, 「한국 개신교의 또 다른 모색-기독교 조선 복음교회와 도시산업선교회」, 『역사비평』, 통권 제70호, 역사비평사, 2005년 봄호, pp. 103~122.

39 손승호, 「인명진 목사의 인권운동」, 김명배 책임 편집, 앞의 책, pp. 62~71. 노동현장에서 여성이 생산의 수단이자 권력의 통제 대상이 되었다고 하는, 1970년대 여공들의 정체성을 통한 여성 담론은 여성을 국가와 민족의 발전에 공헌한 대상으로 변형했으며 그로 인해 국가와 사회에 동원된 여공들은 남성의 보조적인 노동력으로만 미화되었다고 지적한다. 김원, 「여공의 정체성과 욕망: 1970년대 '여공 담론'의 비판적 연구」, 『사회과학연구』, 제12집, 서강대 사회과학연구소, 2004, p. 61.

과 8시간 노동 투쟁 등이다.[40] 이 당시 기업들은 노동자들의 권익을 침해하는 사례가 다반사였다. 강제노동, 장시간 근무는 기본이고 심지어 폭행, 임금과 퇴직금 체납, 부당해고, 비인격적인 언행, 중간 간부들의 횡포가 성행했다. 1972년 노동부의 조사에 따르면 3,810개 회사 중 약 4%만 근로기준법을 준수했고 96%에 달하는 3,657개 회사가 평균 2.8개의 근로기준법을 어겼을 정도로 노동자들의 권익이 철저하게 배제되어 있었다.[41]

인명진이 영등포산업선교회 실무자로 일하면서 직접 개입한 이들 기업의 노동자 투쟁의 결과로 노동자들의 근로조건이 향상되었을 뿐 아니라 산업계의 구조가 변화되었다. 이렇게 노동자 투쟁에서 승리할 수 있었던 것은 인명진의 주도로 영등포산업선교회에서 펼쳤던 소그룹 활동을 통해 이루어진 노동자 의식화 교육 덕분이었다. 이 의식화 방식은 매우 독창적이어서 1970년대 한국의 정치, 사회, 노동계에 채택될 만한 가장 적절한 선교 전략이었다. 이러한 영등포산업교회의 소그룹 활동은 일반 지역교회로부터 지지를 받았고 교회에 대한 사회적 신뢰가 두터워져 한국 사회에 교회의 영향력과 도덕적 지도력이 크게 높아졌다.[42] 따

---

40 김재성, 「도시산업선교가 노동운동에 미친 영향」, 한신대학교 학술원 신학연구소 엮음, 『한국개신교가 한국 근현대의 사회문화적 변동에 끼친 영향 연구』, 한국신학연구소, 2005, p. 518.

41 『동아일보』, 1973년 10월 26일 자.

42 대한예수교장로회(통합) 총회 산업선교회 중앙위원회는 영등포산업선교회의 기여를 다음과 같이 평가했다. 1. 노동의 가치를 정립했다. 2. 산업사회의 평화를 일구었다. 3. 노동자들의 권리와 이익을 옹호했다. 4. 민중들을 의식화하고 자치적인 인권운동을 주도했다. 또 산업선교회가 교회의 선교 활동에 기여한 것에 대하여 다음과 같이 평가했다. 1. 선교의 영역을 넓혔다. 2. 선교의 내용을 정립했다. 3. 선교의 방식을 풍부하게 만들었다. 대한예수교장로회 총회 전도부 산업선교위원회 편, 『교회와 도시산업선교』, 대한예수교장로회 총회 교육부, 1981, pp. 266~281.

라서 인명진이 창안한 독창적인 노동쟁의의 특징과 본질, 투쟁 방식은 노동운동에 큰 의미를 지니게 되었다. 예컨대 한국 노동운동사에서 이례적인 특징을 보여준, 8시간 노동제를 위한 해태제과 노동자들의 투쟁은 한국 노동계의 구조적 변화에 큰 영향을 미쳤다. 방림방적의 노동쟁의 사례는 한국의 정치적 상황에서 지식인 중심의 민주화운동과 노동자 계급이 연결되는 계기가 되었다. 인명진은 노동자 투쟁을 단지 경제적인 면에서 그치지 않고 근본적인 변화를 위해 정치, 사회적인 문제로 확대해나갔다. 이런 점에서 인명진의 산업선교 활동은 노동자와 학생, 청년, 성직자, 지식인, 정치인들과 연결됨으로써 1970년대 이후 민주화운동, 학생운동, 사회운동에 활기를 불어넣었다.

제4장

이브들의 저항

인명진과 영등포산업선교회

1970년대 수출 위주의 산업화 정책에서 여성 노동자 중심의 섬유산업 등 경공업 분야가 남성 노동자 중심의 중화학 분야보다 월등히 많았으나, 노동조합은 주로 남성이 주도권을 갖고 있었다. 따라서 남성 노동자들은 여성 조합원들을 동료로 보지 않고 자신들보다 훨씬 낮은 위치로 치부하였다. 이런 풍조가 만연한 가운데 노동현장에서 남성 노동자들이 여성 노동자들에게 폭언과 폭력, 위협을 행사하는 경우가 잦았다.[1] 더욱이 노조의 남성 노동자들은 회사 측으로부터 회유를 당해 노조가 어용단체로 변질되는 경우도 많았다. 그럴수록 여성 노동자들은 노동현장에서 남성 노동자들로부터 더 강한 차별과 폭력을 당해야 했다. 여기에 기업으로부터 저임금과 장시간 노동을 강요받는 등 여성 노동자들은 이중의 고통을 감내하고 있었다. 이렇게 탄압과 착취를 당하던 여성 노동자들은 가만히 있지 않았다,

1970년대 중반 여성 노동자들은 영등포산업선교회에서 인명진이 새롭게 시도한 소그룹 활동을 통해 배운 노동법에 기반해 임금, 노동시간, 근로조건 등 자신들의 권리가 무엇인지 차츰 인식하기 시작했다. 또 이들은 소그룹 활동에서 배운 바대로 기업으로부터 자신들의 정당한 노동

---

[1] 유동우, 『어느 돌멩이의 외침』, 청년사, 1978, pp. 120~124. 이 책은 1977년 『월간대화』 1~3월호에 처음 연재되면서 출간된 수기로, 1973년 1월부터 1975년 4월까지 노동조합을 설립하여 이를 지켜내며 겪었던 일들을 중심으로 1970년대의 참혹한 노동현장과 열악한 현실을 고발하고 자신의 권리를 지키기 위해 투쟁하는 노동자들의 모습을 잘 보여주고 있다.

의 대가를 쟁취하기 위하여 민주적인 노동자 조직이 절대적으로 필요하다는 것도 깨달았다. 이렇게 노동권리에 눈을 뜬 여성 노동자들은 본격적으로 민주노동조합 설립에 나섰다. 이브의 저항이 시작된 것이다. 그러자 기존 어용노조와 대립하는 새로운 민주노동조합의 설립을 저지하기 위해 회사 측은 온갖 수단을 동원한 것도 모자라 집요하게 노동자들 사이의 분열을 책동했다. 이들 여성 노동자들은 민주노조 설립에 나섰다는 이유로 회사로부터 해고를 당하자 단식 농성을 통해 자신들의 억울함을 사회에 알리면서 회사 측의 부당노동행위 구제 신청과 같은 법적 소송을 하기도 했다. 그러나 이러한 여성 노동자들의 투쟁은 정부로부터 외면당하고 사회적으로도 큰 관심을 끌지 못했다.

가난으로 인해 초등학교를 마치고 나이까지 속여가며 화학회사에 입사했던 여성 노동자들은 대개 공장에서 자행된 비인간적인 행위를 겪어야 했다. 그러나 노동현장에서 부당한 처우를 받아도 이들 여성 노동자들은 어디에도 하소연할 곳이 없었다. 그래서 찾아가는 곳이 기독교 단체인 영등포산업선교회였다.[2] 그렇다면 왜 이 여성 노동자들은 기독교 단체를 찾아갔을까. 교회는 아무래도 여성들이 쉽게 접근할 수 있고 남녀 차별 없이 동등한 대우를 받을 수 있기 때문이었다. 특히 이들은 약자이기 때문에 자신들이 냉혹한 사회로부터 겪어야 했던 고충을 위로받고 희망을 얻을 수 있는 곳은 교회밖에 없다고 생각했다. 그래서 이들 여성 노동자들은 점차 자신들의 처지를 가장 잘 이해하고 도움을 줄 수 있는 영등포산업선교회를 찾아간 것이었다.[3] 박정희 군사정권의 유신체제는

---

2 한국기독교교회협의회·한국교회산업선교25주년기념대회자료편찬위원회 편, 앞의 책, p. 453.

3 구해근 지음, 신광영 옮김, 『한국 노동계급의 형성』, 창비, 2002, pp. 117~122.

노동자들에게 가혹했다. 정부의 반노동자 이데올로기 속에서 어용노동조합이 노동자들의 탄압에 앞장서자 노동자들은 다음과 같이 교회만이라도 자신들의 투쟁을 지지해주길 바라고 있었다.

"먼지 더미 속에서 귀가 먹을 정도로 시끄러운 기계음과 싸우며 하루하루 살아가는 수척한 얼굴의 노동자들, 우리는 눈과 귀를 먹게 하고 입을 닫게 하는 환경 속에서 억압을 받으며 일하고 있습니다. 기업주들의 목적은 오로지 돈입니다. 우리의 손에는 도저히 닿을 수 없는 돈을 더 갖기 위해 기업주들은 노동자들을 억압하고 탄압하고 짓밟습니다. 우리는 아무런 희망을 품지 못하고 낙담하여 어두운 일터로 떠밀려갑니다. 우리는 지쳤습니다. 우리는 우리가 당하고 있는 고통과 기업주의 수탈에 불평할 여력조차 없으며 솔직히 우리 자신이 처한 상황에 대해서 제대로 알지도 못합니다. 우리 사회 대부분의 사람도 노동자들이 당하는 고통에 대해서 당연하다고 생각하는 것 같습니다. 사실 우리는 관리자의 요구에 따르지 않았다는 이유로 모욕당하고 공격당하고 비난당합니다. 그리고 만일 우리가 문제를 일으키리라 판단하면 우리를 해고해버립니다. 그러나 우리는 보잘것없는 월급에 의존하는 우리의 늙으신 부모와 동생들을 생각하며 침묵할 수밖에 없습니다. 우리 노동자들은 바보로 태어난 것이 아니라 바보가 되도록 훈련을 받았습니다. (…) 일주일간 하루도 쉬지 않고 하루에 12시간씩 일하지만, 우리의 이야기에 아무도 관심을 갖지 않습니다. 우리는 산업선교회에서만 모일 수 있습니다. 우리 노동자들에게 산업선교회는 진정한 삶, 즉 진정한 그리스도인의 삶을 보여줬습니다. 산업선교회는 귀가 들리지 않고 말문이 막히고 눈이 먼 노동자들에게 능력 있는 눈과 귀를 더해 빛으로 인도해주며 노동자들이 그리스도의 진리를 선포하도록 우리와 함께합니다."[4]

이들 여성 노동자들은 영등포산업선교회에서 여러 문화 프로그램을 통해 동료 노동자들과 유대관계를 맺으며 여가활동을 보냈다. 인명진은 영등포산업선교회에서 노동자 권익을 보호하기 위해 이들 여성 노동자들에게 노조 설립의 절대적인 필요성을 인식시키고 노조 조직과 노동법에 관한 교육 프로그램을 운영하며 이들의 사회의식을 높이기 위한 다양한 문화 활동을 지원했다.

한국 산업선교의 역사를 대략 살펴보자. 1950년대 후반, 전쟁이 막 끝난 한국은 미국 등 외국의 원조를 받아 파괴된 국토를 다시 복구하는 일이 가장 시급했다. 이 과정에서 많은 피란민이 도시로 몰려오면서 도시의 급격한 팽창과 더불어 본격적인 산업화가 시작되었다. 이런 사회 변화에 맞춰 한국 교회는 생산직 노동자들에게 관심을 두게 되었다. 이에 따라 1957년 4월 12일 대한예수교장로회(통합) 총회 산업전도위원회가 설립되어 공식적인 산업선교가 출범했다. 교단의 경기노회는 영등포 지역에 산업선교회를 세우고 강경구 전도사를 실무자로 파송했다. 이후 영등포산업선교회는 한국 사회의 정치적, 사회적 정황에 맞춰 여러 차례 선교 전략을 수정해나갔다.[5] 그 과정을 살펴보면 제1단계(1958~1963년) 공장 목회를 통한 전도, 제2단계(1964~1967년) 평신도-노동자를 통한 전도, 제3단계(1968~1971년) 노동조합을 통한 선교, 제4단계(1972~1981년) 노동자들의 의식화를 통한 선교이다. 1964년 영등포 지역은 552개 사업체와 4만 501명에 달하는 공장노동자가 취업해 있던 수도권 최대의 경공업 단지였다. 당시 산업전도를 활발하게 했던 도림장

---

4 인명진, 앞의 책(성문밖~), pp. 71~72.

5 조지송, 「영등포산업선교회」, 『노동자와 더불어』, 대한예수교장로회 도시산업선교 위원회, 1978, p. 58.

로교회 산업전도회의 영등포 지역 실태조사 보고서에 따르면 전 근대적인 기업경영과 노동착취가 만연해 노동자들이 열악한 환경과 빈곤 속에서 살아가고 있었다.[6]

따라서 영등포산업선교회는 제1단계에서 산업선교 방안으로 노동자들의 영혼 구원에 치중하고 교회에서 사용되고 있는 예배 형식을 채택했다. 이는 산업사회의 특성에 맞게 수립한 선교 정책이 아니라 복음 전도의 대상을 모든 인간으로 설정하다 보니 노동자와 기업주, 관리자 등의 구분이 없었기 때문이었다.[7] 예컨대 사장 한 사람만 전도하면 그 공장의 노동자들도 저절로 교회에 나오게 된다는 생각에 노동자보다 기업주를 더 중시했다.[8] 기업주 입장에서는 노동자를 기독교인으로 만드는 일이 기업을 위해서도 좋고 기독교인 경영주로서 하나님께 충성하는 일이라고 여겨 산업전도를 적극적으로 환영했다.[9] 그러나 이런 방식의 예배를 통한 전도는 많은 문제를 낳았다. 먼저 예배에 대하여 산업선교회와 노동자의 견해가 달랐다. 노동자들은 기업주의 요청으로 예배를 드리는 것이 자신들을 기업주에게 복종케 하도록 교육하는 수단으로 받아들였다. 결국, 이러한 산업선교회의 복음 전도는 노동자들에게 반감을 샀다.[10] 그리

---

6 영등포산업선교회 40년사 기획위원회, 앞의 책, p. 58.

7 대한예수교장로회 총회 전도부 산업선교위원회 편, 앞의 책, p. 36.

8 조지송 목사도 영등포 지역에 부임한 후 처음에는 지역 상황을 파악하며 강경구 전도사를 도와 그때까지 해오던 전통적인 공장 목회를 그대로 답습했다. 초기 영등포 산업선교는 공장 전도로서 교회 활동을 그대로 공장에 옮겨놓은 형태였다. 서덕석, 『조지송 평전』, 서해문집, 2022, p. 59.

9 대한예수교장로회 총회 전도부 산업선교위원회 편, 앞의 책, p.60.

10 인명진, 「산업사회에서의 기독교 선교」, 『기독교 사상』, 제27권 제9호, 대한기독교서회, 1983, p. 33.

하여 제2단계에서 새로운 산업선교의 변화가 일어났다. 1964년 조지송 목사가 예장(통합) 경기노회에서 최초로 산업전도 목사로 안수를 받고 영등포산업선교회 실무자로 일하게 되었다.[11]

그는 노동자로서 공장에서 일한 경험을 비롯해 예장(통합) 총회 산업 전도위원회에서 정식 훈련을 받았던 최초의 산업선교 목사였다.[12] 그가 영등포산업선교회에 부임했을 때 영등포 지역은 552개 사업체와 4만 501명에 달하는 공장노동자가 일하는 수도권 최대의 경공업 단지였다. 이전 영등포 산업선교는 노동자들을 교회에 끌어들이기 위한 전도 활동 으로, 노동자 현실을 반영하는 내용은 거의 없었다. 조지송 목사 역시 영 등포산업선교회에 부임한 후 처음엔 노동자들의 상황을 파악하지 못하 고 이전 방식의 공장 목회를 그대로 답습했다. 그러다 기존 전도 목적의 산업선교가 오히려 많은 부작용을 낳는 것을 보게 되었다. 당시 전도 목 적의 산업선교에 대한 노동자들의 생각은 이렇게 표현되었다.

"목사님, 우리 공장 오지 마세요. 영등포에 목사님들 많은데 왜 오셔서 설교

---

11 남한에 온 피란민이며 친미 반공적인 신앙을 지닌 조지송은 산업전도를 하면서 산 업사회계의 가장 밑바닥에서 비인간적으로 저임금과 장시간 노동에 시달리는 노 동자의 현실을 발견하고, 그 상황을 해결하기 위한 선교 정책을 다음과 같이 네 단 계로 발전시켰다. 첫째, 회사 사주와 협력하는 노동자 전도, 둘째, 훈련받은 평신도 를 통한 공장 전도, 셋째, 노동조합을 통한 노동자 선교, 넷째, 소그룹 안에서 여성 노동자의 의식화와 주체성 회복을 통해 산업 현실을 개혁하는 산업선교 등이다. 이처럼 조지송은 노동자 기독론과 노동조합 교회론을 발전시켰다. 정병준, 「한국 도시산업선교회의 선구자 조지송 목사의 활동과 사상」, 『한국교회사학지』, 제61 권, 한국교회사학회, 2022, pp. 205~239.

12 덴마크 농촌 계몽운동가였던 그룬트비 목사처럼 농촌을 부흥시킬 농촌 목회를 희 망하고 있었던 조지송 목사는 농업까지 기계화되고 산업화될 것이라는 헨리 존스 목사의 강연을 듣고 산업전도 연구원 훈련에 자원했다. 서덕석, 앞의 책, p. 50.

해주시고 욕을 먹어요? 찬송을 떠나가게 불러대지만 그게 진짜인 줄 아시나요? 다들 예배 안 보면 쫓겨날 판이라 억지로 앉아서 목사님 욕만 해댑니다."[13]

따라서 영등포산업선교회는 노동자들을 위한 새로운 선교 프로그램과 방법을 모색하게 되었다. 그리하여 조지송 목사는 전도를 위한 공장예배보다 직접 노동자들을 만나 대화를 나누는 데 주력했다. 말하자면 전도보다 노동자를 이해하기 위한 친교를 다져나간 것이다. 노동자들과 대화를 나눠야 그들의 처지를 이해할 수 있다고 인식한 조지송 목사는 노동자 선교를 위해 어떻게 해야 할 것인가를 깊이 생각하게 되었다. 노동문제에 대해 전혀 아는 것이 없었던 그는 산업전도가 뭔지 정리해서 알리는 것이 중요하다고 생각하고 노동관, 근로기준법 해설, 노동과 휴식, 청지기 정신, 기독교 경제윤리 등을 알기 쉽게 설명하는 「산업전도지」를 제작하여 노동자들에게 배포했다. 그러던 중 조지송 목사는 연세대학교 신학대학 유동식 교수의 평신도 신학을 배우고 평신도도 목회자와 동등하게 사도의 역할을 할 수 있다는 사실을 알게 되었다. 그는 평신도 노동자들이 스스로 산업전도 활동을 하게 해줘야 산업선교가 성공할 수 있다고 생각했다.[14]

그리하여 그는 1964년 6월 12일 영등포산업선교회 산하 기독인 노동

---

13 서덕석, 앞의 책, p. 61에서 인용.

14 평신도 운동과 에큐메니칼 운동의 세계적 지도자인 헨드릭 크래머(Hendrik Kraemer)는 평신도 운동은 성서에 근거한 교회의 본질에 속하는 문제이며, 본질적인 그리스도인의 생활운동이라고 주장한다. 이에 대해서는 헨드릭 크래머 지음, 유동식 옮김, 『평신도 신학: 평신도 신학의 신학적 기초』, 대한기독교서회, 1963을 보라. 특히 평신도 교회에 대해서는 유동식·김문환·민영진·민경식·이정구 등, 『새로운 교회의 모델을 찾아서: 신반포교회 평신도 아카데미』, 동연, 2012를 보라.

자 모임인 신봉회를 해체하고 14개 공장 대표 16명으로 구성된 '영등포지구 평신도 산업전도연합회'로 재편하여 공장별 조직사업을 시작했다.[15] 영등포산업선교회는 예배와 성경 공부를 중심으로 한 산업선교 방식에서 벗어나 교육과 훈련을 통해 평신도들이 스스로 조직하고 모여 예배를 드리고 친교와 교육을 진행하게 했다. 노동자의 주체성에 중점을 둔이 교육 프로그램은 1970년대 영등포산업선교회가 인명진의 주도로 소그룹 활동을 전개할 수 있게 하는 첫 단계 기초가 되었다. 제1회 평신도 산업전도 교육과정은 처음엔 청지기관, 경제학, 노동조합론 정도였으나, 이후 산업사회와 경제윤리, 노동운동, 과학과 인간 등 사회과학과 인문학으로 확장되었고, 이어서 외국의 산업전도와 노사관계론, 노동운동사, 근로기준법 등 전문적으로 노동문제를 다루기에 이르렀다.[16] 영등포산업선교회는 이 교육 프로그램을 수년에 걸쳐 시행함으로써 노동자들을 훈련하여 이들에게 일터에서 복음을 전파하게 했다. 그러나 초창기에는 이 방식이 성공한 것 같았으나, 이 역시 많은 문제에 직면하게 되었다.

첫째가 긴 노동시간, 저임금, 산업재해 등 노동현장에서 노동자들이 겪는 현실적인 문제였다. 노동자들은 강연보다 산업재해 보상이나 연장근무, 체불, 휴가, 해고, 직장 폭력 등 자신들이 당면한 노동문제에 더 많

---

15 1964년 한 해 동안 영등포 지구 평신도 산업전도연합회를 창립했거나 모임을 시작한 사업체는 한영방직, 조선피혁, 대동모방, 동아염직, 미풍, 판본방적, 대한모직, 한국모방, 동아미싱 등 34곳에 달했다. 다음 해 1965년에는 공장별 산업인 집회에 모인 인원이 21회에 걸쳐 1만 명이 넘었다. 서덕석, 앞의 책, p. 69.

16 신학대학 교수, 선교사, 일반대학 교수, 노동문제 전문가 등을 통해 매우 수준 높은 교육이 시행되었다. 이 교육과정을 거친 평신도 산업전도연합회 회원 수는 연인원 300여 명이었다. 김용복·유승희, 「영등포산업선교회 초기 역사」, 『조지송 목사 구술자료 제1권』, 2011.

은 관심을 두고 있었다. 따라서 이 교육 프로그램은 노동자들에게 실질적인 문제를 해결하는 데는 큰 도움이 되지 못했다.[17] 이로 인해 영등포산업선교회는 교육 내용을 실질적인 노동자의 삶과 직결된 노동문제, 사회문제, 경제문제로 바꾸어나가지 않을 수 없었다. 이후 이 교육은 신앙적 내용을 줄이고 대부분 노동과 산업계 문제에 집중하여 노동조합 활동 훈련에 중점을 두게 되었다. 이것이 제3단계의 노동조합을 통한 선교 전략이었다.

조지송 목사는 평신도 산업전도연합회 교육수료자 300명 중 노동조합 간부이거나 조합원 10여 명을 따로 모아 소위 '체인(chain)'이란 모임을 만들었다. 그래서 이들을 대상으로 노동법, 노동교섭법, 노사관계법, 생산과 임금, 노동운동사 등 6개월 코스의 노동문제에 관한 전문적인 강의를 시작했다.[18] 이에 따라 영등포산업선교회는 실무자에 의한 노동 관련 교육 프로그램과 노동조합 지부장 대화 모임을 자주 가졌다. 그러자 한국노총이 노동조합 간부 교육을 영등포산업선교회에 위탁했고, 이로써 주 1회씩 6개월 동안 교육을 하게 되었다. 마침내 영등포산업선교회는 노동조합 혹은 노동자 조직이 산업계에서 노동자 권리를 쟁취하기 위한 가장 실질적인 방식이라고 판단했다. 더 나아가 영등포산업선교회는 기업주와 노동자가 평등에 기초하여 인간의 존엄성을 성취하는 것이 기독교 복음을 실천하는 것이라고 믿었다.

말하자면 영등포산업선교회는 '하나님의 선교'의 신학을 토대로 노동

---

17 서덕석, 앞의 책, pp. 77~79.

18 김명배 엮음, 『영등포산업선교회 자료집(1)-연도별(1964-80) 사업계획 및 결과 보고서』, 영등포산업선교회·숭실대학교 문화선교연구소, 2020, pp. 66~127.

자와 자본가가 같이 상생할 수 있는 공정하고 평화로운 산업사회를 건설하는 것을 선교적 과제로 인식한 것이다. 따라서 영등포산업선교회는 노동자들이 스스로 단결하고 자신들의 인권과 권리를 지킬 수 있는 유일한 조직인 노동조합을 적극적으로 지원해야 한다는 결론에 이르렀다.[19] 영등포산업선교회가 노동조합 지도자 양성에 큰 노력을 기울였던 것은 지금까지 여러 차례 시행해온 산업전도의 실패 경험에서 얻은 결론에 따른 것이었다. 이에 따라 영등포산업선교회는 프리드리히 에베르트 재단과 대한노동조합연맹의 협력으로 노동운동 지도자 육성을 위한 교육훈련 프로그램을 실행해나갔다.[20] 특히 이 교육훈련 프로그램은 방직공장 노동자들에게 집중하여 서울 경인 지역에 수백 개의 노동조합이 조직되었으며 조합원이 약 4만 명에 이르렀다.[21] 이러한 노동조합의 활성화를 위하여 인명진은 소그룹 활동을 활용했는데 그 목표는 자주 노조를 이끌어갈 민주노조 지도자 양성이었다.

그러나 무엇보다 인명진이 가장 중요하게 여긴 것은 자주적이고 민주적인 노동조합을 조직하고 이를 이끌어갈 수 있는 기본적인 토대로서의 노동자 의식의 함양이었다. 그래서 인명진은 소그룹 활동만이 이에 가장 효과적이고 적합한 노동교육 프로그램이라고 여기고 이에 집중했다.

---

19 대한예수교장로회 총회 전도부 산업선교위원회 편, 앞의 책, p. 111.

20 약 1,200명의 조직가가 이 교육 프로그램으로 훈련을 받았으며 3년 동안 21회 진행되었다. 이 교육 프로그램은 노동운동의 이론과 현실, 조직화의 기술과 전략 등으로 다음과 같이 짜였다. 1. 기독 윤리학과 노동운동, 2. 미국에서의 노동운동, 3. 노동조합의 철학과 이데올로기, 4. 노동법에 대한 해석, 5. 노동쟁의에 대한 해석, 6. 근로기준법에 대한 설명, 7. 노동조합에 대한 이론, 8. 노동조합과 민주주의, 9. 노동자와 자본가 사이에서 벌어지고 있는 문제들과 기독교 윤리, 10. 단체협약에 대한 방식, 11. 사례연구 등이다. 인명진, 앞의 책(성문밖~), p. 50.

21 대한예수교장로회 총회 전도부 산업선교위원회 편, 앞의 책, p. 111.

이렇게 인명진이 주도한 소그룹 활동에서 교육을 받은 여성 노동자들은 진정한 노동자들을 위한 노조로 개혁하고자 동료들과 함께 어용노조를 정상화하려고 했다. 그러나 오히려 회사 측으로부터 온갖 박해를 받다가 해고를 당하기도 하는 등 많은 고초를 겪어야 했다.[22] 더욱이 이들 여성 노동자들은 자주적이고 민주적인 노조를 만들어 잘못된 노동현장의 현실을 타개하기 위해 몸부림치며 투쟁했으나 기존 어용노조원의 비열한 행동, 그리고 노동자를 위해 일해야 할 노동 관계부처 관리들의 무관심, 상급노조의 부패상으로 인해 좌절을 겪어야 했다. 이것은 박정희 군사정권이 마구잡이식 경제개발 과정에서 저임금 노동을 독려하면서 법에 규정된 노동자들의 합법적인 권리를 얼마나 심각하게 탄압했는지를 보여주는 실례이다.[23]

법에 무지했던 여성 노동자들이 드디어 자신들의 인권과 법적 지위와

---

22 공장에서 자행된 여성 노동자들에 대한 비인간적인 행위를 고발한 대표적인 수기는 송효순, 『서울로 가는 길』, 형성사, 1982를 보라. 여공 송효순의 『서울로 가는 길』이란 수기는 숭고한 희생양이라는 여성 노동자의 전형적 위치를 나타낸다. 여성 노동자들의 수기는 1960~1970년대 한국의 산업화 시기에 공장에서 일했던 여성 노동자들의 노동현장에 대한 기억이다. 이 수기들은 지배 세력이 구성해온 역사 속에서 은폐되고 망각되어온 다양한 타자의 이야기를 소환하고 있다. 즉 이들의 기억은 한국 전통적인 가부장제 이데올로기에 의한 여성 노동자의 형상을 거부하며 여공들의 노동은 오로지 가족의 생계를 보조하기 위한 일시적인 수단으로 그려지지 않는다. 이들 수기는 '공순이'로 치부되던 당시 여성 노동자의 정체성에 대한 사회적인 풍조를 강하게 비판한다. 이다온, 「1980년대 여공 수기에 나타난 '대항기억'의 의미-석정남과 장남수의 장편 수기를 중심으로」, 『춘원연구학보』, 제19호, 춘원연구학회, 2020, pp. 207~242.

23 1982년에 출간된 여성 노동자들의 수기는 1970년대 산업화 시대에 성장우선주의라는 국가정책으로 인해 일방적으로 억압당했던 노동자들이 노동자로서 자신들의 권리에 눈뜨고 그것을 지키기 위해 분투한 사실들을 보여주고 있다는 점에서 발표 당시 사회에 큰 충격을 주었다. 김경수, 「1970년대 노동수기와 근로기준법」, 『우리말 글』, 제77집, 우리말글학회, 2018, pp. 215~244.

근로기준법을 알게 되고 노동자 계급의식을 조금씩 깨달아간 것은 영등포산업선교회에서 인명진이 이끄는 소그룹 활동에 참여한 결과였다. 동시에 이들 여성 노동자들은 노조를 설립하여 근로기준법이 준수되는 사회를 만들기 위한 힘겨운 투쟁을 전개해나가기 시작했다.[24] 이들이 노조를 설립하고자 할 때 회사 측은 이를 집요하게 방해했고, 심지어 회사에 포섭된 어용노조원과 변절자들은 치사한 행동으로 여성 노동자들에게 치욕감을 안겨주기도 했다. 이렇게 노동자들의 권익을 위한 노동운동에 대해서 정부와 기업주는 대화보다 외면과 탄압의 방식으로 일관했다. 특히 정부는 기업주들의 횡포를 적발하여 처벌함으로써 노동자의 권익을 보호해줘야 함에도 오히려 이를 묵과하거나 기업주들을 보호해주는 불법을 자행했다.[25]

예컨대 1971년 12월 27일 제정된 국가보위에 관한 특별조치법은 제9조 1항에서 "비상사태하에서의 근로자의 단체교섭권 또는 단체행동권의 행사는 미리 주무관청에 조정을 신청하여 그 조정 결정에 따라야 하며 이를 위반하면 7년 이하의 징역에 처한다"라고 규정함으로써 노동자는 기업주가 시키는 대로 일하고 임금을 주는 대로 받아야 하는 노동 노예화에 처하고 말았다. 게다가 박정희 군사정권은 국가보위법 9조와

---

24 김원은 1970년대 여성 노동자들의 수기에 대하여 산업화 시기 한국 기층 사회와 노동자의 세계관에 대한 많은 정보를 제공해주고 있고 노동자들이 정부, 고용주 그리고 노동자 사이에 처한 조건들을 보여준다면서 일종의 '집단전기'라고 평가한다. 김원, 앞의 책, pp. 112~130. 그리고 권경미는 '노동자들의 성장 서사' 혹은 '노동자 생활 글'로 평가한다. 권경미, 「노동운동 담론과 만들어진/상상된 노동자-1970년대 노동자 수기를 중심으로」, 『현대소설연구』, 제54호, 한국현대소설학회, 2012, p. 145.

25 당시 이러한 구조적인 노동자들의 탄압에 대해서는 정현백, 『노동운동과 노동자 문화』, 한길사, 1991을 보라.

1973년 노동조합법을 개정하여 노동자들의 단결권을 유명무실하게 만들었을 뿐 아니라 단체행동권을 전면적으로 제한하는 등 노동자 권익을 철저하게 억압했다. 또 국가보위법 9조는 노동자들이 쟁의행위에 돌입하기 전에 행정관청에 조정신청을 하도록 하고, 그 결정에 강제적으로 따르게 함으로써 단체행동권을 제한했다. 1973년에 개정된 노조법의 핵심은 '행정관청에 의한 쟁의 적법성 판정'이다. 즉 이 개정법은 쟁의의 적법 여부를 노동위원회가 정하는 구법과 달리 행정관청이 판정하도록 했다. 이렇게 쟁의의 결의가 조합원들의 자주적인 결정이 배제되고 외부의 심사 판정에 따라 결정되게 만드는 식의 폭력적이고 억압적인 노동정책이 펼쳐졌다.

당시 노동자들이 자신들의 권익을 획득한다는 것은 쉬운 일이 아니었다. 여성 노동자들은 배움이 짧다 보니 노동조합이나 단체교섭권 등 노동법에 무지할 수밖에 없었다. 여기에 노동탄압이 일상화된 기업 풍토 속에서 노동자들은 생계를 위하여 기업주에게 순종해야만 한다고 알고 있었다. 노동운동은 노동에 관한 구조적 문제를 노동자들이 주체적으로 직접 개선해나가는 활동이기 때문에 자기 정체성이 우선 확립되어야 한다. 그러기 위해서는 노동자 자신을 노동자로 규정해야 하지만 대부분의 노동자 수기를 보면 노동자들은 자신들을 노동자로 규정하고 있지 않다. 오히려 이들은 자신들을 노동자로 규범화하는 것에 저항하는 모습을 보이기까지 한다.[26] 이렇게 노동운동에 관하여 무지했던 여성 노동자들은 영등포산업선교회에서 인명진이 주도한 소그룹 활동에 참여하

---

26 박경미, 「1970년대 소설에 나타나는 하층계급 인물 연구 - 이문구, 조세희 황석영을 중심으로」, 이화여대 박사학위 논문, 2011, pp. 83~110. 특히 구해근은 『한국 노동계급의 형성』이란 저서에서 1970년대 한국 노동계급 의식과 문화 그리고

고서야 노동조합의 중요성을 알았다. 이들 여성 노동자들은 노동법에는 단결권, 단체교섭권, 단체행동권 등 노동3권이 있는데 유신헌법에 따라 노동 2권, 즉 단체교섭권과 단체행동권이 묶여 있어서 집단행동을 할 수 없다는 사실도 배웠다. 또 이들은 월차 생리휴가와 8시간 노동제에 대해서도 알게 되었다. 이러한 노동에 관한 인식 전환은 소그룹 활동에서 이뤄진 의식화 교육의 결과로, 여성 노동자 중심으로 인식된 계급 인식과 더불어 노조 의식화는 영등포산업선교회의 소그룹 활동을 통해 전체 노동계에 확산되기 시작했다.[27] 인명진은 노동계의 개혁을 위하여 노동자의 외형적인 조직보다 이들의 의식 변화가 더 중요하다고 생각했다. 계

노동운동에 관한 연구를 대개 여성 노동자들의 수기를 기반으로 하고 있다. 그러나 1970년대 여성 노동자들 노조운동의 원인이 여성 노동자들 사이의 결집된 계급연대라고 한 구해근의 주장은 이들 여성 노동자들이 나타내고자 한 각각 다른 계급의 경험과 의미의 분석을 등한시한 결과라고 비판받는다. Ruth Barraclough, "The labour and literature of Korean factory girls", A thesis submitted for the degree of Doctor of Philosophy of The Australian National University, 2003, p. 129.

27 구해근 지음, 신광영 옮김, 앞의 책, pp. 119. 19세기 프랑스 산업화 시기에 18세의 시골 청년이 파리에 올라와 사회주의자 등 급진파들의 연설이나 강연을 듣고 점차 사회적 불평등과 계급적 차별에 눈을 떠가며 노동운동에 앞장서게 되는 노동계급의 의식화 과정을 잘 보여준 소설이 귀스타브 플로베르의 『감정 교육』이다. 원제는 Gustave Flaubert, *L'Éducation sentimentale*(Paris: Le Livre de Poche, 1972). 첫 출판은 1869년이다. 최근에 발간된 국내 번역본은 귀스타브 플로베르 지음, 김윤진 옮김, 『감정 교육 1, 2』, 펭귄클래식코리아, 2010이 있다. 이 소설에서 주인공 프레데릭(Frederic)은 이렇게 말한다. "불씨가 부족해, 자네들은 일개 소부르주아에 불과하고 자네들 중에 가장 잘난 사람도 유식꾼에 불과해! 노동자들에 대해 말하자면 그들은 한탄할 수 있어. 자네들이 호적에 오른 그들 백만 명을 제외하고 그들에게 가장 저열한 아첨만 부여할 뿐이라면, 자네들은 그들을 위해 미사여구를 늘어놓는 것 외엔 아무것도 한 게 없지 않은가! 노동자의 운명은 주인 손에 달려 있어. 그리고 월급은 설사 정의 앞에서도 그의 주인에 비교해 열악해. 항의하지도 않았으니까. 결국, 내가 보기에 공화국은 노쇠했네. 누가 알겠나? 진보란 아마 귀족 정치나 한 사람의 독재자에 의해서만 실현될 수 있는 것일지도? 주도권은 항

급으로서 의식의 변화는 노동자의 존재가치를 인식하는 것이었다. 이 것은 인명진이 자신의 신앙적 신념으로 삼아온 예수 그리스도의 인간 성 회복과 기독교 신앙의 토대와 일치했다. 그리하여 인명진은 끊임없 이 사회적 약자인 노동자들에게 "너희들이 바로 인간 예수의 모습"이라 고 가르쳤다. 영등포산업선교회의 소그룹 활동은 바로 이 같은 인명진 의 신념과 소신의 결과에 충실히 따랐다. 인명진은 자신의 신앙관에 따 른 산업선교의 역할을 다음과 같이 고백한다.

"우리는 노동자들과 함께 노동자들 사이에서 살았습니다. 우리는 그들과 함께 외쳤고, 웃었고 분노했으며 우리가 가진 모든 힘을 동원해 그들이 깨 닫게 했습니다. 그것은 본회퍼가 일찍이 말했던 '함께하는 삶'이었습니다. 우리는 '민중을 위해' 그곳에 있었던 것이 아니라 '민중과 함께'했으며 그 들의 삶을 함께 나눴습니다. 노동자들은 우리와 함께 살면서 변하기 시작했 습니다. 인간은 하나님의 형상으로 창조되었다는 것을 노동자들이 인식하 게 되었고 그들의 권리를 주장하기 시작했습니다. 그들은 자신을 억압해오 던 구조적 악에 대항하여 용감하게 도전하기 시작했습니다."[28]

상 위에서 나와! 민중은 소수야. 사람들이 뭐라 주장하든."(『감정 교육』 3부) 이처 럼 파리로 상경한 젊은이들의 꿈은 1848년 2월 혁명으로 잠시나마 그들에게 새 로운 희망을 보여주는 듯했으나, 6월 민중들의 항거가 무참히 진압당하면서 모든 환상은 사라지게 되었다. 당시 이러한 환멸에 대한 시대적 상황에 대해서는 Paul Bénichou, *L'école du désenchantement, in Romantisme français*(Paris: Gallimard, 2004), coll. "Quarto", pp. 1477~1479를 보라. 특히 19세기 파리 노동자들의 계 급의식 형성에 관해서는 임종권, 「19세기 전반기 파리 노동자들의 생활상」, 『숭실 사학』, 제6권, 숭실사학회, 1990, pp. 71~116을 참조.

28 인명진, 「산업사회에서의 기독교 선교」, 『기독교 사상』, 제27권, 9호, 기독교서회, 1983, p. 25.

1970년대 공장노동자는 사회적 지위가 낮아 하층계급을 형성하고 있었다. 이들은 서울의 급격한 도시화와 산업화 속에서 소위 '달동네'라는 집단 거주지를 형성하고 살았다. 1960~1970년대 가난의 대명사였던 이 달동네 거주민 하층 노동자들의 비참한 생활 경험과 여기에서 비롯된 반사회적이고 집단적인 범죄와 폭력 행위에서 계급 간 증오심은 물론 계급투쟁의 원형이 발견된다.[29] 이러한 계급투쟁의 원형은 노동자들이 영등포산업선교회의 소그룹 활동을 통해 자신들의 정체성에 눈을 뜨면서 자신들의 권리를 빼앗고 억압해온 사회와 기업, 그리고 박정희 군사정권에 대항해 투쟁한 데서 비롯된 것이다.[30]

인명진이 영등포산업선교에서 소그룹 활동을 이용해 이끈 20여 개 노동쟁의 가운데 서울 영등포구 양평동에 있던 대한모방의 경우, 대표인 김정섭은 교회 장로임에도 노동자들에게 일요일마다 일을 시켰다. 또 그는 1972년 5월부터 일요일마다 노동자들에게 18시간(토 저녁 6시~일 낮 12시, 일 낮 12시~월 오전 6시)의 강제노동을 시켰을 뿐 아니라 매주 목요일 휴식시간에도 예배에 강제로 참석하게 했다. 1972년 초 대한모방

---

29 산업사회로부터 소외된 하층계급들이 품고 있던 부자들에 대한 적개심이 곧 계급의식에서 비롯된 계급투쟁이라고 진단한 루이 슈발리에의 단절론(Uprooting theory)에 관해서는 Louis Chevalier, *Classes laborieuses et classes dangereuses à Paris fendant la première moitié du XIXe siècle*(Paris: Plon, 1958), p. 432~433을 보라. 특히 이 이론에 의한 노동계급 의식과 투쟁에 관한 논문은 James M. Donovan, "The Uprooting Theory of Crime and the Corsicans of Marseille, 1825~1880", *French Historical Studies*, vol. 13, no. 4(Automn, 1984), pp. 500~528을 볼 것.

30 산업화 및 도시화가 진행되던 시대에 이러한 노동자들의 의식화 과정은 주로 여러 모임 활동에서 이뤄졌다. 예컨대 1847년 프랑스 노동자 요셉 브누아(Joseph Benoît)는 문학 서클 모임에서 의식화가 이뤄져가는 과정을 전해주었다. Charles de Rémusat, *Mémoires de ma vie*(Paris: Plon, 1958), vol. IV, pp. 156~166.

은 여성 노동자 한 명이 예배에 참석하지 않았다는 이유로 외출을 금지 당해 영등포산업선교회의 소그룹 회의에 참석하지 못하게 되었다. 이때 다른 소그룹 회원들이 근로기준법에 기숙사에 관한 규정이 있다는 사실을 알게 되었고, 근로기준법에 어긋난 기숙사 규정에 반대 행동을 취하기로 결정했다. 이뿐만 아니라 이들 소그룹 회원 여성 노동자들은 회사가 근로기준법에 따른 하루 8시간 노동조건을 지키지 않고 있다는 것도 알게 되었다. 이 소그룹 회원들은 새로운 모임을 만들기 위해 각자 흩어져서 별도의 소그룹들을 조직하여 동료 노동자들의 의식화 작업을 해나갔다. 그 결과 소그룹 수는 1972년 말 20개가 넘었으며 1973년 초반에 이르러 심도 있는 토론회를 가질 정도로 의식화되었다. 대한모방 소그룹 회원들은 즉시 해결해야 할 노동문제들을 결정했다. 그리하여 이들 소그룹 회원 여성 노동자들은 근무 처우 개선을 외치며 일요일의 18시간 중노동 금지, 주 1회 휴일 준수, 연장근무 자율성 보장, 점심시간 1시간 보장, 강제 예배 중지 등의 탄원서를 작성했다.[31] 그러나 이 탄원서를 받은 사장은 일요일 18시간 노동 건 외의 다른 요구사항은 들어주지 않았고, 오히려 기숙사 사감 김남영은 여성 노동자들을 더욱 억압했다. 회사 측의 조치에 분노한 여성 노동자들이 기숙사 사감의 교체를 요구하고 나서자 회사 측은 탄원서를 제출한 주도 인물을 감시하기 위한 조치를 취했다. 그러자 기숙사에 있던 400명의 노동자는 근무를 마친 후 기

---

31 한국기독교교회협의회·한국교회산업선교25주년기념대회자료편찬위원회 편, 앞의 책, p. 375. 인명진에 따르면 노동자들은 회사의 탄압과 감시로 인해 이 탄원서에 서명을 비밀리에 받기 시작했다. 첫날인 1973년 1월 29일 266명이 서명했고 그 수는 곧 400명으로 확대되었다. 이 탄원서에 서명한 노동자 대부분이 회사가 아니라 거의 기숙사에서 생활하고 있었다. 인명진, 앞의 책(성문밖~), p. 79.

숙사 안에서 두 차례 시위를 했다. 결국, 1973년 2월 13일 4명의 여성 노동자들이 회사 규정을 어겼다는 이유로 해고당하고 말았다. 여기에 머물지 않고 회사 측은 영등포산업선교회의 또 다른 소그룹 회원들을 억압하기 시작했고, 지방에 사는 노동자의 가족들을 위협하거나 돈을 줘 회유하면서 다른 노동자들이 영등포산업선교회에 연루되는 것을 강력하게 막았다. 회사 측의 이 같은 노동자 탄압에 대하여 영등포산업선교회는 해고된 4명의 여성 노동자들에 대한 복직 투쟁을 벌였다.

우선, 부당노동행위 구제신청서를 노동위원회에 제출했으나 기각당했고, 이어 대한모방을 근로기준법 위반으로 노동청에 고발했다. 동시에 이들은 고용주가 장로로 있던 동신교회에서 단식투쟁과 시위를 벌이기도 했다. 영등포산업선교회 소그룹 회원들의 투쟁이 활발해지자 대한모방의 다른 여성 노동자들은 '대한모방 부당해고근로자 복직추진위원회(위원장: 우영순)'를 조직하고 복직을 위한 서명운동을 벌이면서 5월 17일 결의문을 회사에 제출했다. 영등포산업선교회는 노동자 복직투쟁을 지지하는 결의문을 채택하고 기업주에게 해고자의 복직을 요구하며 해고된 노동자 4명의 생계를 위한 기금마련 운동을 벌이며 사회 저명인사들이 참여한 '대한모방 부당해고근로자 복직추진위원회(위원장: 이성의 목사)'를 조직했다. 회사 측은 이에 맞서 온갖 방법을 동원하여 노동자들이 복직투쟁에 참여하지 못하도록 방해했고, 영등포산업선교회에 대해 "노동자와 경영자 사이를 이간시키며 선량한 노동자를 선동하여 질서를 문란케 한 유신체제 반대 조직"이라며 "노동자들은 스스로 회사에서 영등포산업선교회 소그룹 회원들을 몰아낼 것"이라고 외쳤다. 또 회사 측은 5월 30일 영등포산업선교회를 규탄하기 위한 전체 종업원 단합대회를 열고 영등포산업선교회에 대해 "노사관계에 개입하면 전체 종업원을 동원하여 규탄대회를 열 것"이라고 결의문을 발표하기도 했으나, 노동자 측과 회사 측의 합의로 마무리되었다.[32]

이들 노동자의 행동을 예배 방해로 인식한 기존 교회는 영등포산업선교회와의 관계를 단절하는 결과를 낳기도 했다. 특히 기업주 장로들과 영등포산업선교회 사이에 갈등과 반목이 생기는 결정적 요인이 되었다. 그리하여 1980년대 초 이들 기업주 장로들을 중심으로 영등포산업선교회에 반대하는 조직적인 세력이 생겨났다.[33] 이 사건은 노동운동을 한국 교회의 관심사로 떠오르게 했으며 이후 여러 목회자가 노동운동과 관련하여 큰 고초를 겪게 되었다.[34] 그렇다 해도 대한모방 부당해고 노동자 복직투쟁은 영등포산업선교회가 도입한 소그룹 활동에 의한 의식화 교육으로 시작된 최초의 노동운동이었다. 그리고 대한모방의 5개월에 걸친 여성 노동자들의 투쟁은 일단 성공으로 끝을 맺게 되었고 처음으로 이 노동자 투쟁에 일반 교회 목회자들을 가담시키는 성과를 거두었다.[35]

---

32 이 투쟁의 결과 부당해고자 4명의 복직, 휴직 기간 평균 임금 지급, 전과 동일한 기숙사 거주, 부서 이동된 노동자의 원래 일터 복귀, 복귀한 노동자들은 한 달 후 자발적 퇴사 등 정부의 중재로 노동자 측과 회사 측이 합의했다. 인명진, 앞의 책(성문밖~), pp. 80~82.

33 대한모방 부당해고근로자 복직추진위원회 위원장이었던 안양제일교회 이성의 목사는 이 사건 이후 장로들과 대립하게 되어 교회를 사임하고 말았다.

34 영등포산업선교회 40년사 기획위원회, 앞의 책, pp. 154~160. 이 사건으로 2월 9일 집단행동을 주도한 4명의 노동자가 경찰서에 연행되었고 다음 날 10일 영등포산업선교회 실무자 조지송 목사와 김경락 목사가 경찰에 연행되었다가 다음 날 11일 석방되었다. 한국기독교교회협의회·한국교회산업선교25주년기념대회자료편찬위원회 편, 앞의 책, p. 268.

35 한국기독교교회협의회·한국교회산업선교25주년기념대회자료편찬위원회 편, 앞의 책, pp. 375~378.

1977년 방림방적의 노동자 약 6,000명 가운데 90%가 여성들이었다.[36] 이들 여성 노동자는 연 5~15일 외에 연차나 다른 휴가가 없었을 뿐 아니라 시간 외 저임금과 의무 노동, 그리고 여성 노동자 폭행이 잦았다. 쉬는 날 없이 장시간 노동을 하다 보면 여성 노동자들은 지친 몸으로 졸음을 견디지 못해 각성제인 타이밍을 복용하면서 노동해야 했다.[37] 처음엔 1알만 복용해도 졸음을 이겨낼 수 있었으나 3년쯤 지나면 2알로도 졸음을 견디기가 힘들었을 만큼 여성 노동자들은 힘겨운 노동에 시달렸다. 회사 측의 불법적인 인권침해에도 노조가 소극적인 태도를 보이자 영등포산업선교회 소그룹 회원들을 중심으로 한 250여 명의 여성 노동자들은 1977년 2월 노동청장과 사장 앞으로 정시 출퇴근, 월차 휴가, 생리휴가, 식사 제공, 욕설과 구타 금지 등 14개 항목의 진정서를 제출했다. 그러나 회사 측이 진정서를 제출한 노동자들을 탄압하자 이들은 영등포산업선교회에 도움을 요청했다. 그리하여 영등포산업선교회는 4월 중순 회사와 협의를 거쳐 법정 휴일과 정시 출근을 위해 종업원 1,000여 명을 추가 채용하는 것을 6월 1일부터 시행할 것과 영등포산업선교회 소그룹 회원들에 대한 탄압을 중지하겠다는 답변을 얻어냈으나, 여성 노동자들이 요구한 15억 7,500만 원의 잔업수당에 대한 언급은 없었다.

영등포산업선교회는 이 문제를 사회문제화하고 체불임금 문제 해결을 위한 서명본부를 설치하여 1만 명의 서명을 받기도 했다. 이어서 영등포산업선교회는 9월 12일 체불임금 문제에 관한 협의회를 개최했는

---

36 이 회사는 일본 판본방적의 취체역(取締役)이었던 재일교포 서갑호가 5·16 직후 권력층을 배경으로 한국에 진출한 회사로 국내 최대 염색가공업체이다.

37 한국기독교교회협의회·한국교회산업선교25주년기념대회자료편찬위원회 편, 앞의 책, pp. 552~553.

데 여기에 공덕귀 여사를 비롯하여 윤반웅 목사, 이우정 여사 등 기독교계, 정계, 학계 인사 57명이 참석하여 체불임금 지급을 촉구하는 성명을 발표했다. 이들의 투쟁이 사회, 정치 문제화 되어 방림방적 불매운동이 전개되자 정부, 노총, 회사 측 모두가 부담을 느낀 나머지, 결국 회사 측이 4억 5,000만 원을 지불하였는데, 그중 일부는 학교와 병원 설립에, 일부는 보너스 형태로 1인당 3~4만 원을 지급하는 것으로 결론을 지었다.[38] 영등포산업선교회의 인명진은 영등포에서 가장 큰 회사이자 가장 열악한 근로조건을 가진 방림방적을 지켜보며 소그룹을 조직하여 노동자 권리를 회복할 수 있도록 노력했다.

마침내 1975년 인명진은 방림방적 안에 소그룹을 조직하는 데 성공하여 그 숫자가 점점 늘어나 1년 만에 40~50개의 소그룹으로 확대되었다. 드디어 방림방적의 여성 노동자들이 회사의 노동문제에 눈을 뜨기 시작했고, 이들은 근로조건 개선을 위한 세부 투쟁 계획을 세웠다. 이처럼 방림방적 회사의 임금체불 사건은 영등포산업선교회의 인명진이 계획을 짜서 시작한 노동운동이었다. 그의 노력으로 짧은 시간 동안 많은 소그룹이 조직되었고 의식화된 이 소그룹 회원들이 노동운동을 주도하여 괄목할 만한 성과를 거두었다. 정시 출근과 정시 퇴근, 잔업수당을 위한 투쟁은 수원의 대한모방 등 다른 회사로 퍼져나갔다.

이 투쟁으로 정부의 노동행정정책이 개혁되기 시작했다. 방림방적 여성 노동자들의 투쟁은 노동운동에 큰 성과를 낳았는데, 노동문제를 정

---

38 영등포산업선교회 40년사 기획위원회, 앞의 책, pp. 163~169. 방림방적이 재일동포 기업이었기 때문에 영등포산업선교회는 일본의 기독교계 인사들에게 방림방적의 물건 불매운동에 대한 도움을 요청하여 일본 시민단체의 협력을 끌어냈다. 인명진, 앞의 책(성문밖~), p. 95.

치적, 사회적 문제로 부각해 획기적인 성과를 거두었을 뿐 아니라 노동운동에 모든 사회계급을 참여시키는 결과를 낳았다. 이에 앞서 1975년 이래 인명진이 추진한 소그룹 활동이 절정에 이르러 영등포산업선교회의 노동자 조직은 정부에 위협이 될 만큼 수적으로 크게 성장했다. 특히 방림방적 여성 노동자 투쟁을 통해 박정희 군사정권은 반정부인사들과 노동자 조직이 결합하면 위험한 도전이 될 수 있다는 것을 알게 되었다. 그리고 여기에 영등포산업선교회의 인명진이 중심 역할을 하고 있다고 판단한 박정희 군사정권은 이 연결고리를 차단하기 위해 1978년 5월 1일 영등포산업선교회의 중심인물인 인명진을 구속했다. 결국, 영등포산업선교회의 노동운동은 정부가 산업선교회를 본격적으로 탄압하는 계기를 불러오고 말았다.[39]

특히 정부가 빨갱이 단체인 영등포산업선교회의 지시에 따라 노조가 행동한다고 대대적으로 선전하자, 이에 편승하여 홍지영이란 작가가 『산업선교는 무엇을 노리나』라는 저서를 통해 영등포산업선교회를 일부 좌파 목사들이 주도하고 있으며, 산업선교회가 개입하면 회사는 곧 도산한다고 비난했다. 정부는 이 도서를 권장도서로 지정해 전국에 배포했다.[40]

---

39 예컨대 방림방적 노동운동으로 인한 영등포산업선교회에 대한 정부의 탄압으로 인명진이 구속되고 영등포산업선교회 직원인 호주 선교사 라벤더(Steven Lavender)가 1978년 추방되었다. 인명진, 앞의 책(성문밖~), p. 99.

40 이 도서는 1977년 금란출판사에서 출간되었으며 저자는 이 책에서 산업선교에 종사하는 종교인들을 용공으로 단정하지는 않았으나, 이 가운데 일부 종교인은 결과적으로 공산당이나 김일성에게 이로운 언동을 일삼는다고 지적하며 이를 경계해야 한다고 주장했다. 또 홍지영은 1978년 8월 『"산업선교" 왜 문제되는가?-한국 교계의 참된 이해를 위하여』, 그리고 1978년 3월 『이것이 산업선교다』라는 소책자를 연속 발간하여 산업선교를 왜곡 비난했다. 강준만, 『한국 현대사 산책: 평화시장에서 궁정동까지, 1970년대 편』, 제3권, 인물과사상사, 2002, p. 136.

이로써 영등포산업선교회는 마치 공산주의자들이 주도하여 한국 기업을 망하게 하려는 용공단체로 국민에게 인식되게 되었다. 특히 박정희 군사정권은 영등포산업선교회를 공산국가를 건설하려는 용공세력으로 규정하고 방송 및 언론 매체를 통해 "영등포산업선교회가 들어가면 회사는 도산한다"라는 식의 부정적인 이미지를 국민에게 확산시키기도 했다.[41] 영등포산업선교회에 대한 탄압에 앞장선 더 큰 단체는 보안사나 중앙정보부 혹은 안전기획부가 아니라 보수적인 한국 교회였다. 이들 한국 교회 보수 세력은 영등포산업선교회 활동을 막기 위해 정권과 '협력'하고 때로는 군사정권보다 더 적극적으로 나섰다. 박정희나 전두환 등 군사정권과 영등포산업선교회의 대립이 일반적이었지만, 실제 이 기독교 단체를 방해하고 압박한 주체는 군사정권과 한국 교회의 보수 세력이었다. 이 두 세력은 서로 협동하여 영등포산업선교회와 인명진 등 산업선교 실무자들을 모두 공산주의자와 '빨갱이'로 몰아붙이며 온갖 탄압을 가했다.[42] 또한 영등포산업선교회의 노동운동은 단기적으로는 회사 측으로부터 보상과 필요한 요구조건들을 얻어냈지만, 한국 교회의 보수 세력과 적대해 결국 산업선교회의 기반이 와해되는 역설을 낳게 되었다. 여기에 목회자로서의 산업선교 활동가와 노동자 간의 위치적 한계에 대한 인식이 뚜렷해지기도 했다.

1970년대에는 이러한 노동자 권리 탄압과 인권유린이 거의 모든 기업에서 광범위하게 자행되고 있었다. 특히 노동현장에서는 산업재해가 빈번했는데 1972년 전체 46,603명 가운데 심하게 다친 사람이 658명

---

41 장숙경, 『산업선교, 그리고 1970년대 노동운동』, 선인, 2013, p. 333.

42 장숙경, 앞의 책, 제5장을 볼 것.

이었고 1978년에 이르면 139,242명 가운데 1,397명으로 대폭 늘어났다.[43] 당시 노동자 세계가 이럴진대 노동자 권익을 대변할 한국노동조합총연맹은 노동자들의 처참한 현실을 외면한 채 조합원 숫자를 늘려 회비를 걷는 일에만 전념하며 노동자들에게 아무런 도움이 되지 못했다. 불행하게도 노동자 권익을 대변하고 이를 위해 기업주와 투쟁해야 할 노동조합이 오히려 회사 편에 서서 회사 이익을 위한 어용노조로 변질되어가기도 했다.[44] 즉 영등포산업선교회가 개입한 노동운동을 두고 어용노조는 "유사 종교단체의 사주, 관에 대한 보복행위를 자행하고자 계획된 선동이었다는 확증을 잡았다. 여러분에게 경고, 타의에 의한 행동에 대해서는 관대한 용서를 구해보려고 최선을 다해오고 있으나, 난동, 음모, 추호도 용납할 수 없다는 사실, 불순분자, 선동" 등 유신체제의 박정희 군사독재정권이 일상적으로 구사한 용어들을 조합원들에게 거침없이 사용했다. 이렇게 어용노동조합은 박정희 군사독재정권의 유신체제에 동화되어 반노동운동 기구로 전락하고 말았다.[45]

이에 따라 여성용 언더웨어, 스타킹을 생산하는 남영나일론의 경우 부패한 어용노조를 민주화하기 위한 투쟁을 벌이기도 했다.[46] 남영나일

---

43 한국기독교교회협의회 · 한국교회산업선교25주년기념대회자료편찬위원회 편, 앞의 책, p. 443.

44 한국노동조합연맹과 대부분 노조는 노동자 운동 세력이 되기보다 기업주 편에 서서 반노동운동의 세력으로 변질되어 노동운동의 걸림돌이 되었다. 한국기독교교회협의회 · 한국교회산업선교25주년기념대회자료편찬위원회 편, 앞의 책, pp. 446~451.

45 한국기독교교회협의회 · 한국교회산업선교25주년기념대회자료편찬위원회 편, 앞의 책, pp. 450~451.

46 영등포구 문래동에 있는 남영나일론은 비비안 브라자, 판도라 스타킹 등 여성용

론 노조는 조합원 편에 서서 근로조건의 개선을 위해 노력하지 않아 노동자들로부터 불신을 받고 있었다. 이에 영등포산업선교회 소그룹 활동 회원들은 어용노조 개혁을 위한 여러 방안을 모색하기 시작했다. 1970년대 초 영등포산업선교회는 신용협동조합 관계로 남영나일론 노동자들과 긴밀하게 접촉하고 있었다. 이 신용협동조합은 1974년 8월 11일 창립 5년 만에 조합원 750명이 참여해 자금이 1,800만 원에 이르렀다.[47] 이런 방식으로 영등포산업선교회는 여성 노동자들과 밀접한 관계를 맺어오고 있었다. 그러다가 1975년 초 남영나일론 여성 노동자들은 소그룹 활동을 통해 영등포산업선교회와 본격적인 관계를 맺었다. 이 회사의 여성 노동자들은 영등포 지역 다른 회사 노동자들과 달리 하루 8시간을 근무했으며 주휴나 휴식시간 등 노동조건이 근로기준법에 어긋나지 않았다. 그러나 이 회사의 문제는 노동자의 임금이 장시간 야간작업을 하는 다른 회사들보다 낮았다는 점이다.

성향이 대개 온화하고 섬세한 이들 남영나일론 여성 노동자들은 영등포산업선교회의 소그룹 활동 회원으로 가입하여 주로 교양과 취미 활동을 했다. 그러다가 점차 의식화되면서 이들 여성 노동자들의 관심이 노동조합에 집중되기 시작했다. 먼저 이들은 회사 주력 부서 제품부의 소속 소그룹 회원 수를 늘려갔고, 그 결과 1975년 말 제품부에 속한 약 300

속내의, 수영복 등을 생산한 회사이다. 천안 공장에 800명, 서울 공장에 1,200명 등 총 2,000명의 노동자를 고용하고 있던 회사로서 섬유노조 남영나일론 지부가 결성되어 있었다.

47 이날 영등포산업선교회는 신용조합 창립 5주년을 기념하여 일영유원지에서 조합원의 친목을 위한 하기 수련회를 개최했다. 김명배 엮음, 『영등포산업선교회 자료집(Ⅲ)-회의록 및 각종 행사와 모임 자료』, 영등포산업선교회·숭실대학교 문화선교위원회, 2020, p. 338.

명의 동료 노동자들이 소그룹 활동에 참여하게 되었다. 이렇게 소그룹 활동 회원을 확보해 1976년 4월에 열린 대의원 선거에서 소그룹 활동 회원 20명이 대의원으로 선출되었다. 대의원 총 40명 가운데 천안지부 공장노동자들이 20명이어서 이들의 지지가 없이는 소그룹 활동 회원들과 대의원들이 힘을 발휘할 수 없었다. 천안 공장의 대의원들은 어용노조 지부장의 강력한 영향력 아래 있었고 대의원 전원이 작업반장이었으며 노동운동에 문외한들이었다. 반면 영등포산업선교회의 소그룹 회원들은 노동운동에 상당한 지식을 갖추고 있었으나 지부장을 맡을 만한 인물이 없었다. 또 이들은 대의원에 처음 선출되어 노동운동을 지도한 경험도 없었다. 이리하여 이들은 여러 번의 토론 끝에 영등포산업선교회 소그룹 회원인 라주식을 지부장으로 선출하는 데 합의했다. 그러나 1976년 5월 15일 열린 대의원대회에서 당시 지부장 문창석은 자기가 재선될 가능성이 없어 보이자 무기정회를 선포하여 노조활동을 마비시켰다. 이에 따라 영등포산업선교회의 소그룹 회원 노동자들은 어용노조를 민주적인 노조로 개혁하기 위한 대의원대회 개최를 관철하고자 노란 리본을 달고 잔업을 거부하며 철야농성을 하는 등 한 달 넘게 투쟁했다. 하지만 노조의 개혁은 전혀 가능성이 없어 보였다. 이때 회사뿐 아니라 노동청, 경찰 당국, 심지어 섬유노조도 영등포산업선교회와 관계 있는 노조 지도부 선출을 방해하고 나섰다. 긴 투쟁 끝에 서울 부지부장, 부장 1명, 천안에 차장 2명, 회계감사 1명만 추천하고 나머지는 대의원이 요구한 사람으로 추천하겠다고 한 영등포산업선교회 소그룹 회원들과 지부장 문창석의 타협으로 7월 1일 대의원대회가 다시 열려 문창석이 재선되었다. 그러나 그는 태도를 바꿔 영등포산업선교회 소그룹 회원들과의 합의를 깨고 일방적으로 집행부를 구성하고 말았다.

이후 1976년 11월 15일 오후 5시경 회사 측은 정전으로 근무시간을 오후 2시부터 오후 10시까지로 변경한다고 공고했다. 그러자 영등포산업선교회 소그룹 활동 회원을 중심으로 한 여성 노동자들은 회사 측에 8시 30분부터 출근할 것을 주장하고 오전 8시부터 오후 5시까지의 시간을 근무로 인정해줄 것과 오후 5시 30분 이후부터 10시까지 시간은 잔업으로 처리해달라고 요구했다. 이 문제에 대하여 소그룹 활동 회원인 여성 노동자들과 합의를 이루지 못한 회사 측은 16일 8시 30분 노동자들이 출근하지 못하도록 회사 정문을 잠갔고, 출근하려는 여성 노동자들과 마찰이 빚어졌다. 이 과정에서 여성 노동자 14명이 회사 간부로부터 무차별 폭행을 당했다. 또 노조 지부장 문창석의 비행을 밝히고 노조 정상화를 위한 조합원들의 노력을 호소한 이순정을 회사 측은 어용노조 편을 들어 '회사에 손해를 끼쳤다'며 12월 3일 해고하고 말았다. 이에 분노한 영등포산업선교회 소그룹 회원 여성 노동자들은 노동조건 개선을 위한 투쟁을 벌여 1977년 임금인상 요구 파업으로 이어졌다. 이 파업으로 11명의 여성 노동자들이 경찰에 강압적으로 끌려가 구류처분을 받았다. 그러자 회사 측은 영등포산업선교회를 비방하며 근로조건 투쟁에 가담한 여성 노동자들에게 욕설과 협박을 가하기도 했다. 구류된 여성 노동자들은 인명진의 구명운동으로 풀려났지만, 회사 측은 이들의 취업을 거부하고 나섰다. 여성 노동자들은 이에 반발해 출근했는데, 남성 노동자들이 이들에게 온갖 욕설과 폭언을 퍼붓고 회사 밖으로 쫓아냈다. 한편 이들 여성 노동자들을 돕기 위해 모금운동을 벌이고 있던 영등포산업선교회에 남영나일론 남성 사원 30여 명이 난입하여 인명진의 멱살을 잡고 "죽이겠다"며 위협을 가한 것도 모자라 "남영나일론에서 손을 떼라", "몽둥이 찜질을 해야겠다", "김일성의 앞잡이"라고 외치며 갖은

행패를 부리기도 했다.[48] 이 사건은 인명진이 주도한 영등포산업선교회의 소그룹 활동에서 의식화 교육을 받고 각성한 노동자들이 어용노동조합 개혁을 시도했던 대표적 사례로 꼽힌다. 이들 남영나일론 여성 노동자들의 어용노동조합 개혁을 위한 투쟁은 마침내 한국모방, 대일화학, 롯데제과 등의 회사로 퍼져나갔다.

그다음으로 인명진이 주도했던 소그룹 활동을 통한 대표적인 노동운동 가운데 하나는, 한국 노동운동사에서 가장 획기적이고 기념비적인 업적으로 기록된, 하루 8시간 노동을 위한 해태제과의 노동자 투쟁이다. 서울 영등포구 양평동 5가 36번지에 소재한 해태제과는 100여 가지 종류의 과자를 생산하고 있던 국내 대형 제과회사로 2,500~3,000명의 노동자가 고용되어 있었으며, 그중 90%가 여성 노동자들이었다. 영등포산업선교회는 지리적으로 가까워서 이 회사와 오랫동안 접촉하고 있었다. 1960년대 말까지 영등포산업선교회 실무자들은 이 회사 공장에 초빙되어 교양강좌를 지도하기도 했다. 그러다가 1975년 이후 인명진이 새로운 의식화 중점의 소그룹 활동을 강화한 결과, 해태제과 안에 상당수의 소그룹들이 조직되어 있었다. 인명진은 영등포선교회와 해태제과가 가까운 관계를 유지한 탓에 그곳의 근로조건을 자세히 알고 있었다. 예컨대 아이스크림 부서의 노동자들은 동상에 걸리고, 비스킷을 만드는 부서는 기관지염 환자가 많았다. 이렇게 직업병에 시달리며 노동을 해도 이들 여성 노동자들은 각각 생산한 양에 비례해서 임금을 받는 근로계약서에 억지로 서명을 해야 했다. 그러나 인명진이 보기에 이 회사의

---

48 한국기독교교회협의회·한국교회산업선교25주년기념대회자료편찬위원회 편, 앞의 책, p. 536.

가장 심각한 문제는 노동시간이었다. 1976년 이 회사 여성 노동자들이 노동청에 제출한 탄원서를 보면 이들이 얼마나 가혹한 장시간 노동에 시달리고 있었는지 잘 드러난다.

"우리는 일주일에 하루 쉴 수 있다는 노동법상의 혜택을 못 받고 일을 하고 있습니다. 너무 힘들고 피곤해서 몸을 지탱할 수가 없습니다. 이렇게 혹사를 시키면서도 종종 '곱빼기' 노동을 시키고 있어 할 수 없이 18시간을 계속 일을 해야 하는 참기 어려운 정신적, 육체적 고통을 당하고 있습니다."[49]

해태제과 여성 노동자들은 주야교대로 12시간을 일해왔으며, 일요일에는 낮 12시에 들어가 밤을 새우고 그 이튿날 아침 7시에 퇴근했다. 그러니까 하루 19시간을 일한 셈이다.[50] 이 탄원서가 지적한 바와 같이 1970년대 대부분의 한국 노동자들은 장시간 노동을 묵묵히 인내해오고 있었던 반면, 해태제과 여성 노동자들은 용감하게 노조를 조직하고 8시

---

49 순점순, 『8시간 노동을 위하여』, 풀빛, 1984, pp. 20~21. 공장에서 이뤄진 노동착취는 1970년대 말부터 1980년대 중엽까지 출간된 여러 노동자의 일기 형태의 수기에 생생하게 묘사되어 있다. 이 수기들은 노동자 야학이나 영등포산업선교회의 소그룹 활동에서 쓰인 것이다. 노동수기란 노동현장에서 일하는 노동자들이 자신이 일하는 노동현장에서 겪었던 경험을 직접 쓴 글을 일컫는다. 1970년대 후반에 발표된 석정남의 『공장의 불빛』(1977), 유동우의 『어느 돌멩이의 외침』(1977년 1월~3월), 송효순의 『서울로 가는 길』(1982) 같은 것들이 대표적이다. 이 수기들은 근로기준법과 산업화를 위해 노동자의 권리를 보장한 노동법이 유예되었던 1970년대의 상황에서, 인권유린과 임금착취에 시달리던 노동자들이 산업선교회의 도움으로 노동법에 관해 알게 되고, 노동자의 권익을 회복하기 위해 자신들의 노동조합을 설립해나가는 일련의 과정을 사실적으로 그리고 있다. 김경수, 「1970년대 노동수기와 근로기준법」, 『우리말 글』, 제77집, 우리말글학회, 2018, pp. 215~244.

50 인명진, 앞의 책(성문밖~), p. 100.

간 노동을 위해 투쟁하여 한국 노동사의 한 전환점을 이루었다. 왜냐하면 당시 노동자들은 그동안 하루 10시간에서 12시간 노동을 정상적인 근무로 여기고 있었고 잔업수당을 받으면 하루 15시간에서 18시간 노동을 마다하지 않았기 때문이다.[51] 이런 노동 분위기 속에서 하루 8시간 근무제를 위한 투쟁을 벌인다는 것은 노동혁명에 가까웠다. 노동시간에 관한 노동자들의 이 같은 인식이 해태제과 8시간 근무제 투쟁으로 변화되기 시작한 것이다. 그리하여 1990년대 후반 대기업 산업체에서 일하는 노동자들은 하루 8시간 노동을 정상적이라 여기고 만족할 만한 수당을 받지 못하면 연장근무를 거부했다. 해태제과 여성 노동자들의 하루 8시간 근무제 투쟁은 이렇게 한국 노동운동사에 엄청난 변화를 일으켰다. 그렇다면 고용주에게 순종적이고 생계를 위해 억척스럽게 노동했던 연약한 해태제과의 여성 노동자들은 어떻게 노동 전사로 변했던 것일까.

해태제과 여성 노동자들의 의식 변화는 바로 영등포산업선교회의 인명진이 꾸준하게 실천해온 소그룹 활동을 통한 의식화 교육에 의한 것이었다. 당시 인명진은 장시간 노동에 시달리며 여러 직업병을 앓고 있던 해태제과의 여성 노동자들을 지켜보면서 크게 염려했다. 이 문제를 해결할 방법을 깊이 생각한 끝에 인명진은 이들 여성 노동자들의 8시간 근무제를 위한 운동을 전개해나가기로 마음먹었다. 8시간 근무제는 노동운동의 가장 근본적인 문제이며 노동운동의 발전을 나타내는 지표이

---

51 1978년 제조업 부문에서 평균 노동시간이 남성의 경우 53.2시간, 여성은 52.7시간이었으며 1980년대에 이르면 남성은 52.8시간, 여성은 53.5시간으로 여성이 남성보다 근무시간이 더 길었다. 1970년대 섬유, 피복, 음식 가공 등 노동집약적 부문에 종사하던 노동자들은 12시간 교대로 일했고 자주 초과노동을 해야 했다. 김형기, 『한국의 독점자본과 임노동: 예속독점 자본주의하 임노동의 이론과 현상분석』, 까치, 1988, p. 316.

기도 하다. 왜냐하면 노동절이 곧 8시간 노동이 확립된 것을 기념하기 위한 날이기 때문이다. 그러나 이 8시간 노동투쟁을 실행하려면 가장 먼저 문제가 되는 것이 노동자들의 의식이었다. 이들은 12시간 노동을 해서 받는 월급으로 근근이 생계를 이어가고 있었는데, 8시간으로 근무시간이 줄어들면 그만큼 급여가 줄어들어 생계에 타격을 받는다며 8시간 근무투쟁을 쉽게 수용하지 않았다.[52] 또 8시간 근무를 주장한 여성 노동자들은 12시간 근무를 고수하려는 남성 노동자들에게 이런저런 압력을 받기도 했다. 그리고 회사 측에서는 8시간 근무제를 실행하면 추가로 더 많은 노동자를 고용해야 했다. 이렇게 8시간 노동투쟁은 여러 여건상 쉬운 일이 아니었다. 그렇지만 인명진은 이런 문제를 안고서 8시간 근무제 도입 투쟁을 벌이기로 하고 해태제과를 이 투쟁의 대상으로 선택했다. 당시 해태제과 여성 노동자들이 영등포산업선교회 소그룹 활동 회원 중심으로 특근 거부 결의문을 배부하자 회사 측은 이들을 상대로 회유와 협박을 일삼았다.

당시 『인터내셔널 헤럴드 트리뷴(International Herald Tribune)』[53] 1976년 2월 13일 자 기사는 "지난 15년간 한국의 현저한 발전은 근로자에 대한

---

52 한국 제조업자들이 노동자들을 장시간 일하게 만든 주요 수단은 잔업수당이었다. 대개 8시간 정도인 정상 근무의 급여가 너무 낮아서 노동자들은 생계비를 더 벌기 위하여 잔업을 하지 않을 수 없었다. 1970년대와 1980년대 중반까지 제조업 육체 노동자들은 임금의 5분의 1 정도를 잔업수당으로 벌었다. 구해근 지음, 신광영 옮김, 앞의 책, p. 86.

53 세계 10대 신문 중 하나이며, 『뉴욕 헤럴드 트리뷴』의 사주(社主) 제임스 고든 베넷 2세가 1887년 파리에서 『파리 헤럴드』라는 이름으로 창간한 것이 그 모체이다. 미국의 정치·경제·주식 시황·스포츠를 중심으로 편집하여 유럽에 거주하는 미국 국적 이민자들과 사업가 및 유럽을 여행하는 미국인 관광객이 애독하였다. 베넷이 죽은 후, 소유주가 바뀌면서 본지도 합병되어 『헤럴드 트리뷴』으로, 다시 1967년에 『뉴욕 타임스』 파리판과 합병하여 현재의 제호가 되었다. [네이버 지식백과]

착취로 이루어진 것이다. 그러나 근로자의 생활수준, 근로조건은 개선되지 않았다"라며 해태제과의 여성 노동자들의 노동 실태를 자세히 보도하기도 했다.[54] 당시 해태제과에서 근무하던 여성 노동자 서정남의 호소문을 보자.

> "지난 2월까지도 주야교대로 12시간 일해왔으며 1년 열두 달 노는 날이라고는 거의 없이 죽을힘을 다해 일해왔는데도 6년 다닌 저의 기본임금은 19,000원이고 생리수당, 잔업수당, 곱빼기 수당과 이것저것 다 합해야 40,000원 정도 월급을 받았습니다."[55]

이처럼 특근 거부운동에 참여하는 여성 노동자들이 늘어나자 회사 측은 노사협의회를 열어 1976년 4월부터 30% 임금인상과 월 4회 주휴제 실시, 근로기준법에 따라 월차휴가 및 생리휴가 시행, 종래 1일 30분 휴식시간을 4시간마다 30분 휴식으로 변경하는 등 노사 간 작업조건을 합의했다. 이와 동시에 회사 측은 이번 특근 거부운동을 주동한 서정남을 동료와 말다툼을 벌였다는 이유로 사칙 위반이라며 해고했다. 그러자 해태제과 여성 노동자들과 영등포산업선교회는 다른 회사 노동자들과 연대하여 서정남의 복직 투쟁을 전개했다. 이들은 호소문을 작성하여 사회 전체에 배포함으로써 시민들의 협력을 요청했다. 그 결과 여러 조직과 기독교 여성단체에서 호응해왔다. 영등포산업선교회는 100여 개

---

54 한국기독교교회협의회·한국교회산업선교25주년기념대회자료편찬위원회 편, 앞의 책, p. 521.

55 「해태제과 해고노동자 서정남의 호소문」, 민주화운동기념사업회 사료관 오픈아카이브, 등록번호 00028854.

의 소그룹에서 한 명씩 선출하여 해태제과 사장의 집과 회사에 서정남의 복직을 요구하는 전화와 편지를 보내기도 했다.

각 소그룹은 서정남의 생계를 돕기 위한 모금활동을 벌여 생활비를 지원하는 등의 투쟁을 지속했고, 그 결과 회사는 사회 각계의 여론에 밀려 노동자들의 요구대로 서정남을 다시 복직시켰다. 한편 회사 측은 노사협의회에서 합의한 사항을 이행하지 않고 휴일 근무를 노동자들에게 다시 강요했다. 그러자 여성 노동자들은 영등포산업선교회와 협력하여 회사 측의 이러한 조치에 끝까지 거부 투쟁을 벌임으로써 마침내 회사 측을 굴복시켰다. 해태제과 여성 노동자들은 줄기차게 하루 8시간 근무를 요구했으나 여전히 회사 측은 이를 외면하고 있었다. 특히 한여름 12시간 철야 근무는 그야말로 여성 노동자들을 혹사하는 악조건 속의 노동이었다. 아이스크림부는 영하의 온도에서 일해야 했고, 캔디부는 150도의 뜨거운 사탕을 80도까지 손으로 식혀야 했다. 포장부는 12시간 내내 과자를 정량으로 담기 위해 저울질과 인두질을 하다 보면 팔이 제대로 올라가지 않았다. 힘이 없어 자칫 실수하면 온몸에 동상과 화상을 입기도 했다. 이들 여성 노동자들의 진정서는 이러한 노동현장이 얼마나 열악했는지를 보여준다.

"12시간 계속해서 과자를 싸고 나면 손가락에 피가 맺힙니다. 12시간 의자에 앉아 일을 하는 근로자는 거의 변비와 신경통으로 고생을 합니다. (…) 얼마 전에 손가락 2개를 잘리고 54,000원을 받은 친구를 보고 그저 함께 울었습니다."[56]

---

56 한국기독교교회협의회·한국교회산업선교25주년기념대회자료편찬위원회 편, 앞의 책, p. 523에서 인용.

1976년 마침내 해태제과 여성 노동자들의 투쟁이 성과를 거둠으로써 12시간 주·야간 맞교대 근무가 시행되고 근로기준법상 생리휴가, 월차휴가, 연차휴가 및 휴식시간 등이 지켜졌다. 그러다가 인명진이 1977년 방림방적 사건으로 구속되자 1979년에 이르러 노조 대의원 사이에 8시간 노동제 실시와 도급제 철폐 요구가 나오기 시작했다. 그리하여 이해 4월 영등포산업선교회는 해태제과 여성 노동자들을 위한 수련회에서 하루 8시간 노동문제를 공식적으로 제기하고 세부 계획을 짰다. 그러나 회사 측이 여전히 12시간 근무를 강요하자 비스킷부 에이즈는 8시간 근무 후 퇴근해버렸다. 그러자 회사 측은 남자 기사들과 노조 간부들을 동원하여 여성 노동자들에게 "8시간 일하고는 임금이 적어 살아갈 수 없다"라고 설득시키는 등 8시간 도급제 근로를 약속하고도 이를 어겼다. 당시 철야 근무나 휴일 노동 등 시간 외 노동을 통한 수입 증대가 일반화되어 있었기 때문에 여성 노동자들의 하루 8시간 근무제 주장은 남성 노동자들의 눈에는 거슬린 행동으로 보였다.[57] 당시 해태제과 여성 노동자들의 근무시간과 수입에 대해서 이 회사 여성 노동자 순점순은 이렇게 하소연한다.

"하루 기본급(시급)이 7~8년 된 사람이 640원인데, 5분 늦었다고 지각비라는 명목으로 500원을 다음 봉급(임금총액)에서 떼고 있습니다. 임금이 너무 적기 때문에 하루 8시간만 일을 해서는 먹고살 도리가 없습니다. 그래서 우리는 12시간은 꼭 일해야 하고 일당보다는 도급제로 일을 해서 기를 쓰

57 김준, 「1970년대 여성 노동자의 일상생활과 의식: 이른바 '모범근로자'를 중심으로」, 『역사연구』, 제10호, 역사학연구소, 2002, pp. 53~99.

고 생산을 올려 봉급을 많이 받으려고 애를 씁니다"[58]

 그렇지만 해태제과 여성 노동자들은 투쟁 준칙에 있어 수입보다 근로시간 준법을 더 중요하게 여기고 투쟁 목표로 삼았다. 회사 측의 철야 근무와 휴일 노동 강요 등의 행태가 마침내 소그룹 회원들을 중심으로 8월부터 다시 8시간 근무제를 주장하게 하는 이유가 되어 600~700여 명의 여성 노동자들이 잔업을 거부하고 8시간 근무제 준법투쟁에 나서게 되었다. 회사 측은 남성 노동자들을 동원하여 여성 노동자들의 투쟁을 저지하는 데 앞장세우고 폭언과 폭력을 자행하게 했다. 이들 남성 노동자들은 여성 노동자들에게 주먹질, 목 조르기, 팔 비틀기, 넘어뜨려 밟기, 둘러싸고 뺨 때리기, 머리채를 잡아 벽에 찧기, 기름 장갑으로 얼굴 문지르기, 몸 전체를 잡아 던지기 등 다양한 폭력을 행사했다. 그런데 이러한 폭력 행위보다 여성 노동자들을 더 고통스럽고 모멸감이 들게 했던 것은 남성 노동자들의 폭언이었다. 주로 성적인 욕설이었는데 동물에 빗대어 쏟아낸, 여성으로서 참기 어려운 모멸적인 언사들이었다.[59]

 8월 12일 비스킷부 에이즈 노동자들이 새벽 4시에 퇴근하려고 복도를 나서자 남자 기사들이 막아서서 "탄원서 서명한 년들 다 나와! 너희들이 믿던 인명진이 구치소 가고 없으니 다시 일해!"[60] "휴전선에 갖다 놓

---

58 순점순, 앞의 책, p. 22. 순점순의 실제 이름은 성명화이다.

59 해태제과 여성 노동자 장미화는 "태어나 처음 들어본 말들 때문에 미칠 것 같은 느낌이 들 정도로 너무너무 분하고 화가 났다"라고 실토했다. 김보현, 「해태제과 여성들의 '8시간 노동제' 실현: 삶을 노동으로 환원하는 체제에 저항하다」, 『기억과 전망』, 제45호, 민주화운동기념사업회, 2021년, p. 77.

60 인명진은 1979년 8월 8일에 발생한 YH사건으로 최순영을 비롯 노조 간부 3명과 배후 조종자로서 문동환, 서경석, 이문영, 고은 등과 함께 구속되었다. 당시 정부

으면 북으로 갈 년들"이라며 뺨을 때리는 등 신체에 폭력을 가하기도 했다.[61] 회사 측의 무자비한 폭력과 탄압에도 불구하고 해태제과 여성 노동자들은 8시간 노동 준법 투쟁을 멈추지 않고 호소문을 통해 노동자들의 인격을 짓밟는 해태제과 경영진의 만행을 고발했다. 또 이들 여성 노동자들은 대표를 뽑아 집권 여당 공화당과 야당 신민당에 보내 지원을 호소했으나 공화당 노사문제 담당관은 "근로기준법은 외국에서 들여온 것이어서 우리나라 현실과 맞지 않는다"라며 도움을 거절했다. 이에 한국교회사회선교협의회는 영등포산업선교회의 소그룹 회원들을 중심으로 여성 노동자들을 위한 기도회를 개최하고 8월 31일 성명서를 통해 불매운동 전개를 결의하는 한편, 해태제과노동자폭력사태대책협의회(회장: 지학순)를 구성해 사회문제화에 나섰다.

1979년 8월 8일 YH사건이 사회 및 정치 문제로 확대된 가운데 해태제과 여성 노동자들의 하루 8시간 근무 준법 투쟁이 계속되자 결국 전국화합노동조합은 9월 11일 식품업계 대표자들과 해태제과 대표의 불참 속에 중앙노사협의회를 열어 제과업계의 8시간 노동제를 연내에 실시한다는 데 노사가 합의했다고 발표했다. 드디어 해태제과 회사 측은 YH사건의 정치문제화와 중앙노사협의회 결의, 그리고 노동자들의 끈질긴 투쟁에 굴복하여 마지못해 하루 8시간 노동제를 수락했다. 해태제과의 하루 8시간 근무제 투쟁 과정에서 어용노조는 남성 노조원들로 하여금 이

는 이 사건에 대한 책임을 영등포산업선교회에 돌렸다. 정병준, 「인명진의 정치 운동 – 반독재 민주화 인권운동을 중심으로」, 영등포산업선교회, 『인명진을 말한다』, 동연, 2016, pp. 34~37.

61 한국기독교교회협의회·한국교회산업선교25주년기념대회자료편찬위원회 편, 앞의 책, p. 527.

투쟁에 앞장선 여성 노동자들에게 폭력을 행사하게 조장했을 뿐 아니라 투쟁에 참여한 여성 노동자들을 대신하여 부모에게 사직서를 쓰라고 강요했고 신문을 통해 영등포산업선교회 소그룹 회원들을 비난하기도 했다.[62] 해태제과 노동운동의 투쟁 주체는 모두 여성이었다. 반면 회사 측에 서서 이들을 탄압하고 폭력을 행사한 자들은 남성 노동자들이었다.

　이런 점에서 해태제과 여성 노동자들의 하루 8시간 근무제 투쟁은 한국 노동운동사의 가장 의미 있는 기념비적인 승리로 기록되었다. 특히 해태제과 여성 노동자들의 투쟁은 다른 식품회사들로 확대되어 4만 5,000명의 노동자가 8시간 노동제 도입을 통해 임금인상의 혜택을 누리게 되었다. 한국 노동운동사에서 가장 빛나는 이 투쟁은 영등포산업선교회 인명진이 해태제과 여성 노동자들의 마음속에 8시간 노동의 방향을 심어준 데 따른 결과였다. 1975년부터 6년에 걸친 해태제과 8시간 근무제 투쟁은 끝내 승리로 마무리되었다. 한국 노동운동사에서 가장 획기적인 이 투쟁은 인명진이 계획하고 수립한 소그룹 활동 의식화 교육의 대표적 결과물이었다.[63] 인명진은 1975년부터 해태제과 여성 노동자

---

62 『한국일보』, 1979년 8월 28일 자. 해태제과에 다니던 순점순의 수기를 보면 3분의 1이 남성 노동자와 관리자가 여성 노동자들에게 자행한 폭력과 욕설 내용으로 가득 차 있다.

63 "1979년 8월 1일 8시간 노동투쟁을 시작한 해태제과 여성들은 처음에는 비스킷부, 다음에는 캔디부와 캐러멜부, 뒤이어 껌부 여성들이 움직였다. 1975~1976년 노동시간 단축 싸움 때처럼 영등포산업선교회 소그룹 활동 회원들이 주도하고 일반 동료들이 참여하는 형태였다. 인원은 600~700명으로 추산됐다. 그들은 파업도 농성·시위도 계획하지 않았다. 엄밀히 말해 태업을 한 것도 아니었다. 그들은 국가 법률에 근거를 두고 강제노동을 거부했을 뿐이다. 하루에 8시간만 일하고 퇴근하기. 이것이 그들의 유일한 공동 방침이었다." 김보현, 앞의 글, p. 68. 이러한 해태제과의 하루 8시간 근무제 투쟁에 대해서는 순점순, 앞의 책에 자세히 기록되어 있다.

들의 하루 8시간 노동시간 투쟁을 지원하며 계속 소그룹 활동 회원을 확장해나가, 이들에게 '8시간 노동제'에 관한 관심을 유도하는 데 열정을 다했다.[64]

1979년 해태제과 노동자들이 18시간 곱빼기 노동 철폐 투쟁, 30분 휴식시간 추가, 도급제 폐지 투쟁을 거쳐 8시간 노동제 쟁취 투쟁의 승리는 당시 전 식품업계의 장시간 노동 관행을 고치게 했다. 더욱이 이 투쟁은 해태제과만이 아니라 노동계 전체와 정부의 노동정책에까지 영향을 미친 유일한 노동운동이었다. 또 전화하기, 편지 쓰기, 성명서, 기도회, 불매운동 등의 투쟁 방식과 투쟁 지원 방식이 개발되었으며, 혹독한 탄압에도 불구하고 조직의 안정성을 유지했고, 무엇보다 인명진의 의식화 프로그램의 실효성이 확인된 투쟁이었다. 그렇지만 그동안 노동운동 연구는 해태제과 여성들의 사례뿐만 아니라 노동시간 단축을 위한 투쟁에 대해서도 크게 주목하지 않았고, 보통 어용노조의 개혁을 위한 '민주노조운동'의 사례들에 관한 활동과 인물에 집중했다.

따라서 지금까지 한국 노동사 연구에서는 1970년대 해태제과 여성 노동자들이 이끈 노동시간 단축 투쟁의 세부 내용과 가치 및 의미 등을 규명하기보다 단지 제조업 생산현장의 가혹한 노동 실상을 보여주는 사례로서만 간헐적으로 언급됐을 뿐이다. 특히 노동운동 연구자들은 박정

---

64 영등포산업선교회 40년사 기획위원회, 앞의 책, pp. 169~177. 특히 이런 사실은 김보현의 논문 「해태제과 여성들의 '8시간 노동제' 실현: 삶을 노동으로 환원하는 체제에 저항하다」에서 투쟁에 참여한 면담자 중 하나인 이은성의 증언에서 잘 나타난다. 해태제과 여성 노동자로서 8시간 근무제 투쟁에 참여한 이은성은 1956년 출생자로서 전북 옥구군 출신이다. 그녀는 1974년부터 1980년까지 해태제과 비스킷부에서 근무했으며 이 면담은 2019년 8월 7일과 13일, 9월 4일 등 세 차례에 걸쳐 이뤄졌다.

희 군사정권 시기의 주요 '노동운동' 연구에서 앞에서 열거한 인명진이 이끌었던 여성 노동자들의 투쟁을 제외하고 대개 청계천 평화시장, 원풍모방, 동일방직, YH무역 등의 몇몇 노동조합운동만을 꼽았을 뿐이었다.[65] 박정희 군사정권 시기 노동운동사와 이를 다룬 연구의 특징 및 경향에 비추어볼 때 헌법상의 사회적 기본권처럼 근로기준법은 1987년 '노동자 대투쟁'의 정세가 형성되기까지 유명무실했다. 그리고 노동자 자신들이 시간을 둘러싼 싸움에 적극적이지 않았다. 노동운동의 초점은 임금 인상과 체불급여 해결, 노조 자율성 확보 등에 맞춰졌다. 반면에 인명진이 계획하고 주도한 해태제과 여성 노동자들의 8시간 노동 투쟁은 노동시간 단축을 단독 요구사항으로 제기했을 뿐만 아니라 그 성과를 동일 업종의 다른 기업들에까지 확산시킨 유일한 사례로 평가받고 있다.

해태제과 8시간 근무제 투쟁은 단순한 노조운동이 아니었다. 해태제과 여성 노동자들은 회사 측에 충실한 어용노조와 대립했고 그 투쟁은 장시간 노예 노동으로 인한 삶의 고통으로부터 해방되어 인간다운 삶을 살아야 한다는 인명진과 영등포산업선교회 소그룹 활동 회원들의 열망에서 비롯된 것이다. 인명진이 이들 여성 노동자들에게 소그룹 활동에서 의식화 교육을 할 때마다 강조한 것은 장시간 노동의 대가로 벌어들인 '돈'보다 '인간다운 삶'이었다.[66] 박정희 군사정권의 경제개발이란 자본주의사회적 흐름에서 한국 노동자 대다수가 빈곤 탈출을 위해 고용 유

---

65 1973년 대한모방, 1975년 평화시장과 YH무역, 1976년과 1978년 대일화학의 노동시간 단축 투쟁 사례들이 파악됐다. 영등포산업선교회 40년사 기획위원회, 앞의 책, pp. 154~160. 특히 이 점에 대해 다음을 참고할 것. 남화숙, 『배 만들기 나라 만들기』, 후마니타스, 2013.
66 「인명진 목사 구술녹취 전문」, 제1차(2011.1.6.), 김명배 엮음, 앞의 책(Ⅷ), p. 330.

지와 더 많은 임금을 받으려고 회사가 요구한 심야·철야·휴일 노동 외에도 도급제 운용을 당연한 것으로 인식하고 있었다.[67] 그러나 해태제과 8시간 노동 투쟁의 목표는 임금을 더 받기 위한 노동시간 연장보다 8시간 준법 노동이었다. 해태제과 여성 노동자들이 이렇게 투쟁 목표를 정한 것은 인명진의 의식화 교육을 통해 배운 '인간다움'에 의거하여 장시간 노동에 매달릴 수밖에 없었던 자신들의 지난 삶을 회의하고 반성하면서 내린 결단이었다. 특히 인명진은 이른바 '공순이'라는 명칭에서 드러나듯 여성 노동자를 비천한 존재로 인식하던 사회적 분위기에 맞서, 여성 노동자들에게 정직하고 근면하게 열심히 일하는 산업전사라는 자긍심을 심어주었다.[68]

"너희들 공장 다닌다는 걸 왜 부끄러워하느냐. 공장 다니면서 도둑질했냐? 나쁜 짓했냐? 너희들 월급 받을 때 만 원어치 일했는데 2만 원이나 주었네. 그런 생각이 들었냐? 아니, 2만 원어치 일했는데 만 원 받았네. 그럼, 만 원은 지금 다른 사람을 위해서 좋은 일 한 게 아니냐? 너희들이 만든 게 뭔데, 수출하는 거 아니냐? 너희들이 하는 일이 나라를 위해서 수출하는 거 아니냐? 나는 목사이긴 하지만 백 원짜리 하나 수출해본 적이 없다. 너희들은 우리나라의 산업전사다. 2만 원어치 일해주고 만 원밖에 안 받는 아주 착한 일을 하는 그런 사람들이다. 이런 좋은 일을 하는 사람들이 공순이인데 왜

67 김준, 앞의 글, pp. 169~174.
68 당시 공장에 다니는 여성 노동자들을 지칭한 '공순이'는 천박하고 하찮은 지위에 있는 사람을 뜻했다. 따라서 공순이라는 명칭은 신분 상승의 강한 열망을 품고 농촌을 떠나온 젊고 감수성이 풍부한 여성 노동자들을 괴롭혔다. 구해근 지음, 신광영 옮김, 앞의 책, p. 189.

부끄럽게 생각하냐?"[69]

인명진이 소그룹 활동을 통해 여성 노동자들의 '인간다운 삶'의 쟁취를 목표로 벌인 대표적인 노동 투쟁은 앞서 설명한 방림방적, 해태제과 외에도 롯데제과와 남영나일론, 대일화학 등의 투쟁이 있다. 이들 회사를 대상으로 한 노동 투쟁들은 인명진이 의도적으로 노동조건 개선을 목표로 설정하여 벌인 것이었다. 인명진은 이 투쟁에 대하여 이렇게 회고했다.

"우리나라 노동운동사에서 해태제과 8시간 근무제 투쟁은 엄청난 의미를 지니고 있습니다. 세계의 메이데이는 8시간 노동을 쟁취한 기념일이 아닙니까? 노동자들이 장시간 노동을 하면 신체도 망가지고 정신도 무너질 뿐 아니라 의식도 망가집니다. 인간답게 사는 것이 노동자의 가장 중요한 권리이기 때문에 임금이 아니라 노동시간이에요."[70]

어린 여성 노동자들의 '인간다운 삶'을 위한 인명진의 외로운 투쟁은 시간을 돈으로 여기는 자본주의 정신에 지배된 한국 노동자들에게 현실을 일깨우는 결과를 낳았다. 인명진이 하루 8시간 근무제 투쟁에서 부딪친 어려움 중 하나는 여성 노동자들은 이 투쟁에 찬성했으나, 수입이

---

69 「인명진 목사 구술녹취 전문」, 제1차(2011. 1. 6.), 김명배 엮음, 앞의 책(Ⅷ), pp. 320~321.

70 「인명진 목사 구술녹취 전문」, 제1차(2011. 1. 6.), 김명배 엮음, 앞의 책(Ⅷ), pp. 329~331.

줄어들어 생계가 어렵다는 이유로 남성 노동자들이 반대한 것이었다.[71] 영등포산업선교회 소그룹 활동의 여성 노동자 회원들이 1975년 9월 ~1976년 2월 중에 '의무적 일요일 노동' 및 '곱빼기 노동' 폐지 투쟁을 벌일 때, 일부 다른 여성 노동자들은 8시간 근무제에 반대하며 하루 8시간만 일해서는 먹고살 도리가 없으니 12시간을 일해야 하고 일당보다는 도급제로 일해서 기를 쓰고 생산량을 올려 봉급을 많이 받으려고 했다. 또 한편으로 8시간 투쟁이 승리하면서 휴식시간 연장이 함께 이루어지자 이들 여성 노동자들은 휴식시간이 늘어나는 만큼 도급제 참여 시간이 줄어들어 임금총액이 더 적어진다고 불평하기도 했다.[72] 이처럼 자본주의적 경제 논리 아래 노동을 '인간다운 삶'을 위한 것이 아니라 곧 '돈'이라고 여기고 여유로운 시간보다 노동시간을 더 중시하는 사회적 풍조가 만연했던 당시, 하루 8시간 근무제를 확립한다는 것은 엄청난 일이었다. 따라서 해태제과 여성 노동자들의 8시간 근무제 투쟁을 두고 "삶을 노동으로 환원하는 체제에 저항하다"라고 표현한 김보현은 다음과 같이 말한다.

"해태제과 여성들의 8시간 노동 투쟁은 인명진의 지도와 교육을 받았던 영등포산업선교회 회원들이 주도했다. 그리고 영등포산업선교회 회원들은 근로기준법의 신봉자들이었다. 그들의 노동시간 단축 운동이 삶의 절실

---

71 「인명진 목사 구술녹취 전문」, 제1차(2011. 1. 6.), 김명배 엮음, 앞의 책(Ⅷ), p. 330.
72 순점순, 앞의 책, p. 27. 원래 여성 노동자들의 요구는 '의무적 '일요일 노동' 및 '곱빼기 노동'의 폐지뿐이었는데 캔디부와 비스킷부의 서명 활동 중에 휴식시간 30분 연장이 추가됐다. 한국기독교교회협의회·한국교회산업선교25주년기념대회 자료편찬위원회 편, 앞의 책, pp. 521~522.

한 필요에서 출발했다면 그들의 '8시간 노동' 요구는 항상 근로기준법이란 실정법 안에서 정당성의 근거를 찾았다. 그런데 그들은 또 다른 실정법들, 즉 국가보위에 관한 특별조치법(법률 제2312호, 1971/12/27 제정)과 제4공화국 헌법(헌법 제8호, 1972/12/27 전부개정), 노동조합법(법률 제2706호, 1974/2/24 일부개정) 등이 자신들의 집단행동을 심각하게 제약하는 상황에서도 준법운동이란 원칙을 고수했고 그러한 법률적 환경을 계속 문제 삼지 않았다. 법을 지키라는 주장, 법을 지킨다는 다짐에는 그들의 핵심적 실천논리가 담겨 있었다. 박정희 정부 시기 노동운동의 성격에 관한 논의는 그 민주적 행위자들이 규범화한 '인간다운 삶'과 '노동자도 인간이다'라는 그들의 외침(휴머니즘)을 근로기준법의 한계 범위, 그리고 그들의 법률(국가) 관념과 연결할 때에 진전될 수 있을 것이다."[73]

영등포산업선교회의 인명진 등 실무자들은 사회적으로 소외된 하층민으로 취급받았던 해태제과 여성 노동자들에게 예수의 말씀처럼 '잃어버린 어린 양'으로 대해준 기독교인들로 깊이 기억되어 있었다. 한편 당시 대학생들의 야학 그룹이 노동자들의 또 다른 조력자였으나 야학과 연결된 여성 노동자들은 그리 많지 않았고, 8시간 노동 투쟁도 소득이 줄어든다는 이유로 이들 노동자에게 큰 관심을 끌지 못했다.[74]

치열한 투쟁 끝에 마침내 1980년 3월 2일부터 해태제과에서 기본 시간급 인상과 더불어 1일 3교대 8시간 노동제(1일 3교대)가 시행됐다. 이

---

73 김보현, 앞의 글, p.85에서 인용.

74 이들이 적극적으로 활동한 것은 영등포산업선교회 소그룹 활동 회원들과 함께 노조 민주화에 힘쓴 1983년 이후의 일이다. 구술자 김선희가 여기에 해당했다. 김보현, 앞의 글, p.71.

로써 해태제과의 여성 노동자들은 주말 휴식은 물론 자신들이 하고픈 취미나 중단한 공부도 할 수 있는 여유를 갖게 되었다. 이는 무엇보다도 노동보다 '인간다운 삶'이 더 중요하다는 인식과 노동자들을 위한 진정한 노동조합의 필요성을 노동자들에게 널리 확산시킴으로써 민주노조운동의 기초를 제공한 결과였다. 또 해태제과 여성 노동자들의 이러한 투쟁은 자본가와 노동자 그리고 여성과 남성 노동자의 대립 관계를 형성해 이후 노동운동의 새로운 지형을 만들어내기도 했다.[75] 그러나 해태제과 여성 노동자들의 8시간 근무제 투쟁을 이끌었던 인명진은 1979년 8월 9일 구속·기소되었고 국가로부터 외부 세력 침투 실태를 파악한다는 명목 아래 해태제과를 포함한 63개 기업이 면담 조사를 받았다.[76]

인명진은 노동자들의 '인간다운 삶'을 위한 의식이 당장의 노동조건 개선보다 더 중요하다고 여기고 먼저 소그룹 활동을 통한 조직의 확대와 강화에 주력했다. 더 나아가 인명진은 이들 회사 노동자들을 대상으로 의도적으로 의식화 교육을 하고 조직화하여 이들에게 자체적으로 노동문제를 해결하도록 하는 데 중점을 두었다. 이 가운데 해태제과, 방림방적, 대한모방의 노동문제 투쟁에서 성공했으나, 남영나일론과 롯데제

---

75 이 점에 대하여 김보현은 다음과 같이 말한다. "노동운동의 억압이 박정희 정부 시기 고속 경제성장의 한 조건이었음을 부인할 수 없는 것처럼 또한 남성 통치 및 여성 혐오가 그 조건이었다는 사실을 긍정하지 않을 수 없다. 선행 연구들이 노동문제, 노동운동과 남성 통치의 관계를 논할 때 노동시장 및 직무·직급의 분할과 노조 지도권의 독점 같은 성차별(sexism), 일상적 담론 및 폭력을 통한 공장 안팎의 여성 주체화(woman-subjectivation) 등 이른바 공적 영역의 문제들에 무게를 두었다면, 해태제과 여성들의 8시간 노동 투쟁은 노동문제, 노동운동의 연구에서도 그와 함께 가족을 비롯한 사적 영역의 행위자들이 실천한 남성성과 가부장제 규범, 여성 혐오 등에 주목해야 한다는 점을 말해준다." 김보현, 앞의 글, p. 87.

76 『경향신문』, 1979년 9월 14일 자.

과, 대일화학에서는 실패했다. 그렇지만 '인간다움'이라는 노동자 의식화 교육을 통한 해태제과 등 몇몇 노동운동의 성공 사례는 노동운동의 새로운 전환점을 만들어냈다. 이후 1980년대 노동운동은 이러한 노동자들의 의식 변화가 있었기 때문에 가능한 일이었다.

이 당시 노동자들의 의식화는 이념이 철저하게 배제된, 그야말로 이념적인 요소가 전혀 없었던 노동운동의 순수성을 유지했다. 그러나 인명진은 유감스럽게도 1980년대 이후 점차 노동운동이 이념화되어 과학적인 운동이 되었다며 운동의 순수성이 변질되었다고 지적한다.[77] 말하자면 이념에 치우친 오늘날의 한국 노동운동은 국민의 지지를 상실하여 이익집단으로 변질되었다는 것이다. 오직 노동자들의 '인간다운 삶'을 목적으로 한 노동운동에 헌신했던 인명진은 방림방적 체불임금 투쟁 때부터 회사와 정부로부터 여러 차례 회유를 당하기도 했다. 방림방적은 인명진에게 노동운동에서 손을 떼는 조건으로 2억 원을 제시했고, 정부로부터는 "종교 부지를 줄 테니 목회에만 전념하라"거나 "유학 자금을 줄 테니 외국에 가서 공부하라"는 등의 온갖 회유에 시달렸다. 하지만 그는 오히려 반대로 노동자들의 편에 서서 예수 그리스도처럼 고난의 길을 선택했다. 그의 노동운동은 이처럼 처음부터 기독교적 휴머니즘에서 벗어나지 않았다. 그의 노동운동은 단지 노동자들의 근로조건을 개선하고 여러 가지 노동문제를 해결해준 것만이 아니다. 그는 노동문제를 사회문제로 확대시켰고, 이를 또 인권문제와 연결하여 여러 사회 지도자들이 노동운동에 참여하게 만듦으로써 국민의 지지를 받았다. 이렇게 인명진이 주도한 노동운동은 경제개발이란 이름으로 자신의 절대권

---

77 「인명진 목사 구술녹취 전문」, 제1차(2011. 1. 6.), 김명배 엮음, 앞의 책(Ⅷ), p. 336.

력을 유지하기 위해 약자인 노동자들을 희생시키며 대기업주들의 배만 불려준 박정희 군사정권의 타도와도 연결되어 마침내 민주화운동의 토대가 되었다.[78]

78 구해근 지음, 신광영 옮김, 앞의 책, p. 288. 그러나 군사정권의 종말로 민주화운동과 노동운동을 묶어주었던 공동의 적을 상실하자 변화된 정치 환경에서 민주주의 운동은 노동문제로부터 눈을 돌려 좀 더 광범위한 사회문제인 분배, 환경, 성적 불평등, 소비, 시민적 도덕성 문제 등에 초점을 맞추기 시작했다. 구해근 지음, 신광영 옮김, 앞의 책, p. 302.

인명진의 소그룹 활동 특징

아직까지도 한국 현대사에 큰 업적을 남기고 노동운동의 대부로 불리는 인명진의 노동운동 성과는 세상에 잘 알려지지 않고 있다. 그 이유는 첫째, 인명진이 노동운동에 학생들의 참여를 금지했는데, 왜냐하면 학생운동은 이상적인 운동이고, 노동운동은 현실적인 운동이기 때문이었다.[79] 학생운동이 관여하면 노동운동이 과격해지고 비현실적이 될 수 있었다는 것이다. 둘째, 인명진은 비기독교인들이 노동운동에 들어오지 못하게 막았다. 그러나 경인 지역의 인천산업선교회는 개방적이어서 학생들을 적극적으로 노동운동에 참여시켰다. 예컨대 여러 학생이 동일방적에 위장 취업하여 인천산업선교회와 연계해 노동운동에 참여했고, 심지어 김근태나 최영희 등의 비기독교인이 인천산업선교회의 실무자가 되어 노동운동을 벌였다.[80] 인천산업선교회 실무자였던 대학생 출신 인

---

79 학생들은 1970년대부터 노동운동에 참여했으나 직접적인 개입은 그리 많지 않았다. 그러나 1980년대 전두환 군사정권의 혹독한 정치적 탄압으로 인하여 학생들은 노동운동을 민주화운동의 새로운 전략으로 인식하고 주요 정치적 전략을 위한 노동현장론을 채택하여 학생들이 공장노동자로 위장 취업을 함으로써 민주노조 투쟁을 벌였다. 구해근 지음, 신광영 옮김, 앞의 책, p.158.

80 이들 학생들은 소그룹 운동을 통해 노동자 계급의 의식을 높여 노동계급 투쟁 지도자를 양성하고 개별 기업 수준에서 기초작업을 닦아 대규모의 노동자들을 정치적으로 동원하고자 했다. 그리고 다른 한편으로 지역 노동운동은 산업 지역 단위에서 노동 대중의 폭발적인 에너지를 조직하는 일과 지역 수준에서 노동자 투쟁을 조정하여 지도할 수 있는 정치 조직을 발전시키는 데 노동운동의 중점을 두었다. 소그룹 운동 활동에 참여한 학생들은 공장에 들어가 노동자들을 의식화하고 노조 조직의 기초를 구축한 반면에, 지역 노동운동 활동에 참여한 학생들은 생산지 지역 수준에서 노동운동조직을 결성하고 정권에 공개적으로 도전하는 방식으로 정치투쟁을 도모했다. 구해근 지음, 신광영 옮김, 앞의 책, pp.162~163.

재근은 이렇게 회고하고 있다.

"제가 처음 조화순 목사를 만난 것은 대학 3학년 때였어요. 그때가 동일
방직 노조 활동이 한창일 때인데 인천산업선교회의 소그룹을 통해 교육이
이루어질 때지요."[81]

이와 달리 인명진이 학생과 비기독교인들의 참여 금지 원칙을 고수한
것은 산업선교는 기독교인들이 신앙으로 예수 그리스도의 고난에 참여
하여 활동하는 것이므로 기독교적 정체성이 가장 중요하다고 생각했기
때문이었다. 이런 이유로 인명진의 노동운동은 단지 신앙적인 차원으로
인식되어 잘 알려지지 않았을 뿐 아니라 노동운동사와 민주화운동의 역
사에서 제대로 평가받지 못했다.[82] 1970년대 인천산업선교회 실무자 최
영희가 2004년 3월 24일에 했던 증언에 따르면 "인명진은 지속적으로
노조사업에 깊숙이 개입하여 노조가 해산될 때까지 교회가 노조를 업고
다녔다"라는 것이다. 이 같은 이야기가 나돌 정도로 인명진은 노동자들
을 어린양처럼 돌봐야 할 사회적 약자로 여겼다.[83]

노동운동사에서 가장 대표적이고 상징적인 사건으로 알려진, 인천산
업선교회 조화순이 주도한 동일방직의 1970년대 민주노조운동은 신화
가 아니라 신화로 만들어졌다는 반론이 제기되고 있다. 김원은 나체 투
쟁, 똥물 사건, 명동성당 농성 등 동일방직의 민주노조 사수 투쟁은 높이

---

81 김원, 앞의 책, pp. 490~491에서 인용.

82 「인명진 목사 구술녹취 전문」, 제1차(2011. 1. 6.), 김명배 엮음, 앞의 책(Ⅷ), pp.
    330~331.

83 김원, 앞의 책, p. 495.

살 만하나 동일방직 노조에 대한 신화화는 민주노조 내부의 문제점을 은폐한 측면이 강하다며 다음과 같이 분석한다.

"1977년 4월 4일 이총각을 필두로 한 '민주파 노조' 집행부를 구성하게 되는데 이 과정에 대하여는 전형적인 민주 대 어용 구도로 서술되어왔다. 그러나 당시 상황은 나체시위, 조화순을 중심으로 한 인천산업선교회의 개입, 노조 어용화를 위한 회사 측의 행동, 한국노총의 노조 파괴 공작 등이 겹쳐져 있던 상태였으며 이 와중에 사퇴한 지부장 이영숙을 대신할 후임 지부장 선거에 회사 측의 대표로 문명순과 인천산업선교회 소모임의 지지를 받는 이총각이 각각 출마한다. 그러나 문명순이 왜 회사 측 편이 되었는지에 관하여 언급이 없다. 이총각과 문명순은 인천산업선교회의 조화순 목사의 지도로 소모임 활동을 한 지도자였다. 따라서 인천산업선교회 조화순 목사는 노조운영에 깊숙이 개입했을 것으로 보이며 인천산업선교회 집행부는 이 중 한 명을 선택해야 했고 그가 바로 이총각이었으며 그의 당선을 두고 민주노조의 성공이라고 해석됐다."[84]

김원의 주장에 따르면 이렇다. 동일방직의 여성 노동자들을 의식화한 장본인이 바로 인천산업선교회의 조화순 목사였다. 애초 문명순은 어용이 아닐 가능성이 크며 노조의 여성 집행부가 등장한 후 노조와 회사 측의 노골적인 충돌이 반복되었고, 그래서 비타협적 투쟁, 노동문제의 사회화라는 방향으로 이끌었을 가능성이 크다. 그러나 문명순 등 일부에서 비타협적 투쟁보다 회사 측과 협상을 강조하는 흐름이 생기자 이를

---

[84] 김원, 앞의 책, pp. 453~460.

인천산업선교회는 '어용'으로 단죄했을 가능성이 있다는 것이다.[85] 문명순은 동료들에게 개성과 자립성이 강하고 타인의 지시보다 자신의 경험을 토대로 행동하는 똑똑한 지도자로 기억되고 있다. 25년이 흐른 뒤 문명순의 동료 노동자 추송례는 인천산업선교회가 문명순을 어용으로 몰았다고 해석할 가능성을 다음과 같이 증언하고 있다.

"지부장 이영숙 언니가 당시 직포과 대의원으로 있던 문명순 언니를 소개시켜주었습니다. (…) 문명순 언니는 나중에 지부장 선거에 나가겠다고 하면서 저를 설득하려고 했습니다. 지금과 같은 투쟁 일변도가 아닌 다른 노동조합을 모색하고 싶다는 것이었지요. 이총각 언니하고 지부장을 놓고 붙게 된 것인데 산업선교에서 문명순 언니를 회사의 앞잡이, 배반자, 프락치로 몰아붙여버렸지요. 저는 처음에는 당연히 문 언니를 지지했는데 100% 어용이고 회사 측을 지지한다고 해서 언니가 궁지에 몰리게 되었습니다. 저마저도 나중에는 문 언니를 지지하지 않게 되었지요. 지금은 정말로 후회합니다. 문명순 언니는 절대 노동자를 배신할 그런 사람이 아니었습니다. 결국, 선거를 앞두고 어느 날 새벽에 출근하다가 교통사고로 세상을 떠나 더는 영욕의 회오리에 휩쓸리지 않게 되었지만 말입니다. 그때 노동조합 하면서 사실 이런 말 하기 어려운 구석도 있었습니다."[86]

이처럼 인천산업선교회가 문명순을 어용으로 몰았다는 추송례의 말

85 대부분 노동운동사에서 문명순은 민주노조의 적이며 어용으로 서술되고 있다. 김원, 앞의 책, pp. 460~462.
86 추송례 구술, 박승호 기록, 「새로운 삶이 거기 있었지요」, 『기억과 전망』, 제1호, 민주화운동기념사업회, 2002, pp. 116~117.

을 당시 인천산업선교회 실무자였고 동일방직 사건과 반도상사 노조의 결성 과정을 자세히 알고 있는 최영희도 간접적으로 확인해주고 있다. 최영희는 동일방직의 문명순과 인천산업선교회를 탈퇴한 반도상사 한순임처럼 어용화 몰이가 발생한 것은 1970년대 인천산업선교회의 경직된 운동 방식 때문이었으며 '동지 아니면 적'으로 선을 그은 것이 만들어낸 불행이라고 지적한다.[87] 특히 투쟁만이 능사가 아니라고 생각한 한순임은 노조 지부장으로 활동하던 중에 투쟁만을 요구한 인천산업선교회 실무자와 자주 갈등을 빚자 조화순이 자신을 내쳤다고 주장한다.[88]

인천산업선교회의 여성 목사 조화순은 연수 차원에서 1966년 동일방직 노동자로 반년 정도 일한 경험이 있어 일찍부터 이 공장 여성 노동자들과 인연이 깊었다. 따라서 인천산업선교회로서는 동일방직 노조를 지속해서 자신들의 영향권 아래 두어야 할 필요성이 있었으며 그 과정에서 조화순의 지도 스타일이 강하게 작용한 것이다.[89] 예컨대 동일방직

---

87 「최영희 2003년 3월 24일 인터뷰」, 김원, 앞의 책, pp. 463~464에서 인용.

88 한순임, 「새 생활을 누리면서」, 『현대사조』, 기독사조사, 1978년 5월호, pp. 32~38.

89 노동운동은 분석적이고 이론적인 면이 있어야 하는데 조화순은 열정과 감정에 치우쳐 속단할 때도 있었으며, 본능에 가까운 직관력으로 밀고 나가 이게 옳다고 생각되면 요지부동이었다고 한다. 아마도 이러한 점이 노조 활동의 자주성을 내세우며 의도적으로 인천산업선교회와 불필요한 관계를 맺으려 하지 않고 가능한 한 인천산업선교회의 영향력에서 벗어나려 애썼던 이총각을 비롯하여 민주노조가 자주적이길 원하는 노동자들과 갈등을 일으킨 요인이었던 것으로 보인다고 분석한다. 이총각은 독립적이고 자주성이 강해 조화순과 부딪치는 일이 많았다. 장숙경, 앞의 책, pp. 259~260, 각주 608, 609. 김원은 인천산업선교회가 문명순을 어용으로 몰다 보니 회사 측이 문명순을 이용했거나 산업선교회와 거리를 두고 한국노총 본부와 관계를 맺으면 '어용'으로 의심하는 관습적 실천이 존재했던 것이 아닌지 추측하고 있다. 따라서 그는 '민주 대 어용'이라는 문제 설정이 많은 균열과 모순으로 가득 차 있다고 지적한다. 김원, 앞의 책, p. 465.

노동자로서 인천산업선교회 소그룹 회원이었다가 어용노조 편에 섰던 박복례는 "인천산업선교회가 우리를 위해 권리의식에 눈을 뜨게 해준 상태까지는 좋았으나 우리의 조직력을 이리저리 끌고 다니면서 무모하고 불순한 사고방식을 주입해 노동자들을 현혹한다"라고 비난했다.[90]

　박복례의 이 말은 인천산업선교회가 노동자들에게 얼마나 많은 영향력을 행사했는지를 가늠하게 한다. 민주노조 투쟁을 이끌었던 많은 여성 노동자들은 해고를 당하기 일쑤였다. 노동자의 권리를 위하여 싸우는 것도 값진 일이지만 해고로 인하여 당장 생계에 어려움을 겪어야 했다. 그렇지만 조화순은 노동자들에게 "너희는 단순한 노동자가 아니다. 운동가다"라며 계속 투쟁할 것을 요구했다. 그래서 동일방직 민주노조 위원장 이총각은 "노동자들은 해고당해 먹고사는 것을 걱정해야 하지만 목사는 감옥에 간 것 때문에 영광의 별이 되고 목사직을 계속하지 않느냐?"라고 비난하기도 했다.[91] 즉 노동문제가 발생하면 산업선교회 실무자들은 물론 종교인, 지식인들이 몰려와 각자 자신들의 입장으로 노동운동을 이끌어간다는 것이었다. 노동자들이 투쟁을 벌이는 것은 자신들의 노동조건을 개선하려는 것인데, 이들은 노동자의 투쟁을 정치적 혹은 사회적으로 이용하려고 했다. 따라서 인천산업선교회 실무자들이 무조건 투쟁하라고 선동한 것은 노동자들을 피해자로 만드는 결과를 낳은 셈이다. 초기부터 산업선교 활동을 한 노동자 황영환은 "산업선교 목사들은 자신들의 사업을 한 것이지, 노동자들을 위한 일을 한 것이 아

90　동일방직복직투쟁위원회 엮음, 『동일방직 노동조합운동사』, 돌베개, 1985, pp. 95~97.

91　장숙경, 앞의 책, pp. 270~271.

니"라고 주장했다.[92]

이와 달리 인명진은 영등포산업선교회의 소그룹 회원들을 중심으로 의식화 교육을 시켜서 이들이 스스로 민주노조 투쟁을 벌이게 하였으나 절대로 자신과 영등포산업선교회의 영향 아래에 두려고 하지 않았다. 그는 항상 노동자들에게 정의가 승리한다는 확고한 믿음을 심어주었고, 노동자들은 이 말을 존중하며 따랐다. 인명진은 노동자 자신들이 영등포산업선교회 소그룹 활동에서 의식화 교육을 받은 대로 산업선교회나 특정 인사들에게 의존하지 말고 독립적으로 민주노조운동을 벌여나가도록 항상 독려했다. 1982년 12월 10일 영등포산업선교회에서 기숙하며 복직운동을 하던 원풍모방 해고노동자들에게 인명진이 영등포산업선교회를 떠나달라고 요구한 것도 이 같은 의도에서였다. 인명진이 이들 노조와 단절하기로 결정한 이유는 원풍모방 노조 지도자들이 영등포산업선교회가 자신들을 대신하여 싸워주길 바라고 있다고 생각했기 때문이었다. 인명진의 이러한 행동은 노동운동의 방식과 의존적인 노동자들의 자세를 바로잡아주기 위한 것이었다.

처음 노동문제 해결을 위해 영등포산업선교회 실무자들이 직접 개입한 이유는 노사분규가 발생했을 때 투쟁 경험이 없던 노동자들이 스스로 회사 측과 협상하거나 혹은 투쟁에서 실패한 경우가 많았기 때문이었다. 이 경우 어용노조가 회사 편을 들며 노동자들을 탄압해 자신들의 이권을 챙기는 경우가 흔했다. 그래서 인명진은 외부 세력과 연계하여 이들 노동자의 투쟁을 지원한 것이다. 하지만 이런 식으로 인명진이 노동자 투쟁을 돕다 보니 노동자들은 자신들의 역량 부족을 탓하며 자체적

---

92 「황영환 2007년 11월 15일 인터뷰」, 장숙경, 앞의 책, p. 273.

인 투쟁을 포기하고 영등포산업선교회와 인명진 등 실무자들에게 의존하는 경향이 강해져 자주적인 노동운동을 펼치지 못했다. 인명진은 소그룹 활동 회원들에게 의식화 교육을 통해 자체적으로 노동운동과 투쟁 방식을 가르친 것이다. 그리고 노동자 스스로 홀로 서서 노동문제를 해결해나갈 능력을 갖추게 하는 것이 인명진이 추구한 의식화 교육의 목표였다. 그러나 인명진은 노동자들에게 독립성만 강조하지는 않았다. 노동자들을 돌봐줘야 할 어린양으로 여긴 그는 자신이 노동자들의 고난을 가만히 지켜보지 못하고 노조운동에 깊숙이 개입해 노조가 해산될 때까지 직접 "노조를 업고 다녔다"라는 얘기가 나돌 정도로 지극히 노동자들을 돌봤다.[93] 이에 대해 인천산업선교회의 실무자 최영희는 이렇게 회고한다.

"인명진 목사와 내가 싸운 게 뭐였나 하면 목적지가 돌아갈 길 저 건너편에 있어서 그쪽으로 가야 하는데 아이들이 자꾸 넘어진다고. 그러면 그분은 둘러업고 가. 급하니까."[94]

이처럼 노동문제가 발생하면 인명진은 직접 뛰어들어 회사 측과 협상을 벌여 어린 여성 노동자들이 요구한 문제를 해결해주었다.[95] 반면 인

---

93 김원, 앞의 책, p. 495.

94 「최영희 성공회대 인터뷰, 2002」, 장숙경, 앞의 책, p. 252에서 인용.

95 여성 노동자들은 국가, 기업 그리고 한국노총으로부터 소외되었기 때문에 여성 노동자 문제를 해결하는 데 영등포산업선교회가 앞장설 수밖에 없었다. 신광영·김현희, 「여성과 노동운동: 70년대 여성 노동운동 중심으로」, 1996년 후기 사회학대회 발표 논문, 1996, p. 249. 영등포산업선교회의 노동문제 개입 사례는 영등포산업선교회 40년사 기획위원회, 앞의 책, pp. 117~119를 볼 것.

천산업선교회는 동일방직 민주노조 설립과 관련, 여성 사업장에서 잇따른 쟁의가 발생하자 이후부터 노동문제에 직접 개입하는 일이 많지 않았다. 더욱이 조화순이 인천산업선교회를 맡으면서 노동문제에 전면적인 개입은 더 어려워졌다.[96]

　인명진이 노동자들을 위해서 노사분규에 직접 뛰어들었던 것은 여성 노동자들이 나이도 어리고 학력도 낮아 자체적으로 노동운동 역량을 발휘하기 힘들었기 때문이었다. 그러나 원풍모방은 비교적 근무조건이나 임금도 좋고 교육 수준도 중고등 학력을 갖춘 데다 나이도 18~19세 정도로 다른 공장 여성 노동자들보다 많았다. 그래서 이들 여성 노동자들이 자체적으로 독립성을 갖고 노동운동을 하도록 압력을 가한 것이다. 이제 인명진이 생각할 때 원풍모방은 스스로 일어설 때가 되었다고 판단했다.[97] 또 인명진은 노동운동이 외부 단체나 인사들에 의존하면 지속할 수도 없고 전체 노동자들의 권익을 위한 것이라기보다 몇몇 노조 지도자들의 이익을 도모하게 될 가능성이 크다고 판단한 것이다. 원풍모방 노조 지도자들은 인명진의 이러한 생각을 이해하고 따랐다. 그만큼 원풍모방 민주노조 노동자들은 인명진에 대한 신뢰가 컸다. 결국, 원풍모방 노조는 1983년 10월 4일, 10년 동안 깊은 유대관계를 맺어온 영등포산업선교회와 조직적 동맹 관계를 청산하고 결별했다. 이 결별은 노동자들이 처음으로 외부의 의존성에서 벗어나 자기 주체성과 정체성을 가

---

96 인천산업선교회 실무자 최영희의 증언에 따르면 인천산업선교회는 앞장서서 노동문제를 제기하지도 않았는데, 이것은 당시 인천산업선교회를 지도했던 오글 목사의 철칙이었다고 한다. 김원, 앞의 책, p. 495.

97 권진관, 「1970년대 산업선교 지도자들의 입장과 활동의 특징들에 관한 연구」, 이종구 외, 『1960-70년대 노동자의 생활세계와 정체성』, 한울아카데미, 2005, pp. 206~207.

지고 자기들의 목소리를 내며 노동운동 전략을 짜고 투쟁하게 해주었다.

조화순은 노동자들의 끈질긴 투쟁을 자랑스럽게 여기며 이 점을 산업선교의 목적으로 삼았다. 그러나 인명진은 투쟁하다 보면 노동자들도 해고당하거나 아니면 구속되어 생계의 어려움을 겪어야 한다는 사실을 잘 알고 있었다. 그리하여 그는 노동자의 투쟁력보다 노동조건 개선이나 하루 8시간 근무제 등 중요한 노동자 권리의 쟁취에 더 중점을 두었다.[98] 말하자면 인명진은 노동자들이 스스로 노동의 숭고한 권리를 깨닫게 하여 자기 노동의 정당한 대가를 받기 위한 투쟁에 나서도록 했다. 그의 이 같은 노동운동의 방향은 1970년대 말부터 시작된 민주노조운동의 목표인 '인간다운 삶'을 위한 최저 노동조건에 대한 노동자들의 열망을 담은 것이었다.[99] 그런 까닭에 투쟁 중심으로 서술하고 평가해온 한국 노동운동사에서 노동운동에 이바지한 인명진의 공헌이 경시되는 측면이 있다.

지금까지 살펴본 바와 같이 인명진이 이끈 영등포산업선교회는 당시 그 누구도 생각하지도 못했던 소그룹 활동을 통하여 어린 여성 노동자들의 의식화 교육을 실시하면서 노동자 인권과 권리를 쟁취하기 위한 투쟁에 앞장서 왔다. 이 과정에서 인명진은 노동자의 저임금을 기반으로 한 박정희 군사정권의 수출 위주 경제정책이 낳은 불법 노동문제, 노동자 인권유린 등을 세상에 알림으로써 국민들에게 진정한 노동의 가치를 일깨워주었다. 또 그는 노사 간의 합의와 타협의 풍토를 조성하여 산업계의 평화를 일구었고 노동자들이 스스로 자치적인 노동운동을 주도해나가

98 장숙경, 앞의 책, pp. 279~282.

99 1970년대 말부터 시작된 민주노조운동은 '인간다운 삶'을 위한 최저 조건에 대한 노동자들의 열망을 표현한 것이다. 구해근 지음, 신광영 옮김, 앞의 책, p. 154.

도록 했다.[100] 이 가운데 인명진이 이끌었던 해태제과 하루 8시간 근무제 투쟁은 어용노조의 실상을 폭로한 계기가 되었으나, 전두환 군부의 등장 등 정치적 상황으로 인해 어용노조 개혁 투쟁은 지속되지 못했다. 그런 가운데에서도 인명진이 지핀 어용노조 개혁을 위한 민주노조운동의 흐름은 어린 여성 노동자들을 중심으로 서서히 타오르기 시작했다.

어용노조는 고용주에게 종속적이고 노동자들을 보호하지 못하는 단체였다. 그러므로 어용노조의 개혁은 곧 민주노조라는 노동자를 위한 새로운 유형의 노조 설립 운동이었다. 어용노조와 민주노조의 대립적 구조가 생겨난 것은 1972년 박정희 군사정권의 유신독재체제와 이에 동조한 한국노총이 국가의 하부조직으로 변질된 데 따른 결과였다.[101] 그러므로 한국 노동운동사에서 어용노조를 개혁하여 민주노조를 새로 만들기 위한 움직임은 항상 반정부운동이란 의미가 가미되어 있다. 그런 까닭에 민주노조 설립을 위한 어용노조 개혁과 유신체제 반대를 위한 민주화운동은 동시적이고 동질적인 의미를 지니게 되었다. 이 혁명적인 운동의 중심에 바로 영등포산업선교회의 인명진과 여성 노동자들이 있었다. 그리고 민주노조운동은 국가와 고용주 그리고 노조 파괴자로 대표되는 남성 노동자에 대한 저항을 의미했다. 즉 노동자와 자본가의 대립 그리고 여성 노동자와 남성 노동자의 대립이 중첩된 투쟁으로 특징지어진 것이다.[102] 남성 노동자들이 주도권을 잡고 여성 노동자들의 이익을 배제한 어용노조에 대해 개혁 운동이 일어난 기업은 주로 여성

---

100 대한예수교장로회 총회 산업선교위원회, 앞의 책, pp. 266~281.

101 최장집, 『한국 노동운동과 국가』, 열음사, 1988, p. 169.

102 투쟁 주체들은 노동일 8시간을 주장했을 뿐인데, 감독직 남성들과 노조 간부직 남성들, 기술직 동료 남성들, 취업중개자 남성들, 가족·친척 남성들이 함께 여성 노동

노동자들이 70% 이상을 차지한 곳들이었다.

대표적인 어용노조인 한국노총은 여성 노동자들이 노조의 주요 직위를 확보하지 못하도록 체계적으로 여성 노동자들을 배척하고 있었다. 회사 측의 주목을 받으며 사내에서 조직적 활동을 하는 걸 부담스러워하는 남성 근로자들과 달리, 여성 노동자들은 주로 종교 생활을 하며 취미나 사교 생활을 함께 나누는 영등포산업선교회 소그룹 활동 형태로 동료 노동자들을 조직화하고 이들을 의식화시키는 방향으로 나아갔다. 이런 방식으로 1977년에 이르러 반도상사, YH무역 등 전국에 걸쳐 11개 노조, 56개 분회에서 여성 노동자들이 지부장이나 분회장에 선출되어 노동운동을 이끌어가게 되었다.[103] 이 같은 여성 노동자들의 활발한 노동운동은 이들의 수기에 자세히 묘사되어 있다.[104] 이들 수기에는 노동자 해방이 메시아적 구원으로 성취되고 완성된다는 유토피아적 상태가 아니라, 소모임, 클럽 활동, 기도회와 수련회 등의 체험을 통해 여성 노동자들 스스로가 구체적으로 현실화할 수 있는 헤테로토피아를 이룩해가는 것이라는 믿음이 담겨 있다. 여성 노동자들 수기는 자신들이 추구한 유토피아의 실현을 좌절시키려 끊임없이 탄압해온 지배 권력과 자본의 힘에 맞서 노동자들의 해방과 사유의 지평을 열어가고자 하는 투쟁

자들의 투쟁 활동을 저지·굴복시키고자 했기 때문이다. 해태제과 여성들의 8시간 노동 투쟁은 고속성장기 한국의 경제 및 노동과 연결돼 있던 젠더 관계를 다시 한 번 숙고·성찰할 좋은 기회를 제공한다. 김보현, 앞의 글, pp. 60~61; 전순옥, 『끝나지 않은 시다의 노래』, 한겨레신문사, 2004, pp. 308~309.

103 김원, 앞의 책, p. 462.

104 이에 대하여 다음을 보라. 김경수, 「1970년대 노동수기와 근로기준법」, 『우리말글』, 제77집, 우리말글학회, 2018, pp. 215~244; 김문정, 「1970년대 한국 여성 노동자 수기와 그녀들의 '이름 찾기'」, 『한국학연구』, 제49집, 인하대학교 한국학연구소, 2018, pp. 309~334.

의 열망을 보여주고 있다.[105] 따라서 구해근은 1970년대 한국 노동운동 사에서 교회와 여성 노동자들이 '상호 협력자' 관계에 있었다고 진단한 다. 이 투쟁의 매개체가 바로 소그룹 활동이었다. 만약 영등포산업선교 회가 노동운동에 관여하지 않았다면 여성 노동자들의 노동운동은 활발 하게 전개되지 못했을 것이다.[106] 당시 영등포산업선교회의 소그룹 모임 활동 운영원칙을 보면 다음과 같다.[107]

"인원수: 5명 이상 10명 이내. 구성원: 반드시 같은 공장이어야 하고 같은 부서에서 일하는 사람이어야 한다. 남녀를 분리해 조직한다. 임원: 회장, 서 기(회계겸임) 각 1명. 모임 내용: 생활과 직접 관련된 문제를 광범위하게 취 급(예: 꽃꽂이, 요리, 예절, 노래, 가정, 결혼, 육아, 한문, 경제, 노동법, 정치, 종교). 회비: 각 조직에서 자율적으로 정하나 월 300~500원을 초과하지 않고 회 비 전액은 각 그룹이 독자적으로 정한다. 통합, 분리: 한 조직 회원 수가 10명 이상으로 증가하면 두 개로 분리, 5명 이하로 줄어들면 그룹을 해산하고 각 자 원하는 그룹에 편입. 가입, 탈퇴: 가입과 탈퇴는 자유지만 이직하거나 퇴 직하면 자동 탈퇴. 그룹 조직 수: 한 공장에서 조직 수는 제한하지 않는다. 다만 전체 그룹 수가 100~120개 정도로 조정. 그룹 모임: 매주 1회 정기 모

---

105 1970년대 여공 생활과 노조 활동을 증언하는 수기에서 산업선교와 목사 관련 언 급이 많았던 것은 이 때문이다. 여성 노동자들과 당대 산업선교에 관한 상세한 고 찰은 배하은, 「흔들리는 종교적·문학적 유토피아 – 1970~80년대 기독교 사회 운동의 맥락에서 살펴본 노동자 장편 수기 연구」, 『상허학보』, 제56권, 상허학회, 2019, pp. 401~443.

106 구해근 지음, 신광영 옮김, 앞의 책, p. 145.

107 홍현영, 「1970년대 개신교의 도시산업선교회 활동」, 한양대학교 사학과 석사학 위 논문, 2002, pp. 26~27.

임(1시간 30분~2시간)."

1977년 말에는 전국에 걸쳐 11개 노조, 56개 분회에서 여성이 지부장
이나 분회장으로 선출되는 등 노조에서 여성의 지위가 높아지기 시작
했다.[108] 노조의 이러한 변화는 인명진 방식의 영등포산업선교회 소그룹
활동이 낳은 결과였다.

　인명진의 소그룹 활동의 특징은 이념이 아니라 철저한 기독교 신앙
에 기초하고 있다는 점이었다. 그는 단순히 노동운동이 개인 혹은 노동
자 계급의 이익을 위한 투쟁이 아니라 인간을 위한 헌신으로 인식했다.
노동운동을 하면서 인명진은 노동자의 임금도 올려주고, 체불임금도 해
결해주고, 노동조건도 개선해주었으나 마지막에 깨달은 사실은 '사람
이 변하지 않으면 안 된다'는 것이었다. 그는 빵에 관한 관심은 가졌으나
사람에 관한 관심을 등한시하여 어떻게 사람을 변화시켜야 하느냐 하
는 것에 대해 충분히 마음을 기울이지 못한 점을 가장 후회했다. 그렇지
만 인명진은 소그룹 활동 회원들에게 서로 연대의식을 형성하여 노조를
결성하고 노동3권 등 노동자의 권리를 자각할 수 있도록 해주었고, 노동
교육을 강화하여 잔업수당, 무임금 노동에 대한 회사의 잔업 임금 지불
의무 등 노동3권뿐 아니라 노동자 권리투쟁을 비롯한 여러 종류의 노동
권리를 일깨워주었다.[109] 이외에 인명진은 소그룹 회원 노동자들에게 호

---

108 한국노총에 가입된 조합원은 49만 9,700여 명이고, 그중 여성이 12만 4,500여
　　명이었다. 김원, 앞의 책, p. 462.
109 노동3권의 보류는, 1971년 12월 27일 제정된 국가보위에 관한 특별조치법 9조
　　(단체교섭권 등의 규제)에 의해 "비상사태하에서 근로자의 단체교섭권 또는 단체
　　행동권의 행사는 미리 주무관청에 조정을 신청하여야 하며, 그 조정 결정에 따라
　　야 한다"고 규정된 법률로서 당시 민주화운동가들로부터 악법이라는 비난을 받았

소문 작성, 사회지도층과의 연대 방식, 여론화 방법, 집단행동 등을 동원하여 사회적, 정치적으로 회사를 압박함으로써 노동운동의 목적을 관철하는 방법도 가르쳤다.

원풍모방에는 이름이 알려진 소그룹이 72개나 되었다. 이처럼 여성 노동자들의 노동운동의 원동력은 영등포산업선교회의 소그룹 활동이었다. 이 소그룹의 의식화 교육은 남성 평신도 노조 간부 훈련과 전혀 달랐고 교육 방법과 목표도 큰 차이가 있었다. 인명진이 추진한 소그룹 활동은 여성 노동자들의 여건에 맞게 짜여 있었고 취미 활동부터 봉사, 의식화 교육, 노동조합 조직, 회의 진행방법 훈련 등 내용에 따라 적합한 강사를 초빙하여 다양한 교육을 제공했다.[110] 그의 소그룹 조직 방식은 다른 산업선교회와 달리 보통 7에서 10명 이내로 한 그룹을 묶는 것이었다. 인명진이 경험해본 가장 단단한 조직이나 조직 논리는 혈연 조직이고 그다음이 인적 조직이었다. 가장 효율적인 인적 조직의 숫자는 6에서 10명 이내이다. 이 숫자 이상으로 조직된 소그룹은 강력한 힘을 발휘하지 못한다. 그래서 인명진은 소수의 인원으로, 여러 공장에 다니는 노동자들을 한데 묶어 그룹을 조직하지 않고 같은 공장에 다니고 같은 부서에 속한 동료 노동자들로 소그룹을 조직했다. 그러면 소그룹 회원들은 회사에 대한 노동문제를 서로 공유하며 공동의 목표로 노동운동을 펼칠 수 있어서 결속력이 강하고, 이해관계가 같은 만큼 다른 의견으로 서로 다투거나 갈라지지 않는 장점이 있었다. 이와 달리 여러 공장의 노

다. 지학순, 「노동자의 인권을 보장하라」, 『대화』, 통권 제82호, 월간 대화사, 1977년 10월호, pp. 100~107.

110 이옥순, 「원풍모방과 산업선교」, 영등포산업선교회 40년사 기획위원회, 앞의 책, p. 479.

동자를 섞어서 대규모 소그룹 조직을 운영했던 가톨릭 노동청년회의 활동은 각각 회사의 사정이나 노동문제가 달라서 서로 의견 충돌이 잦고 투쟁 목표를 정하기도 어려워 조직의 힘을 제대로 발휘하지 못하곤 했다. 이처럼 인명진이 조직한 영등포산업선교회의 소그룹 조직은 가장 합리적이고 현실적인 노동운동의 조직체로서 이후 민주노조 조직의 기틀이 되었다.

노동자들의 의식이 바뀌지 않으면 누가 권리를 찾아주어도 오래가지 못한다는 경험을 토대로 인명진은 노동자 스스로 자기 권리를 찾을 수 있도록 하는 교육에 치중했다. 그래야 노동자들이 자기 권리를 계속해 찾아갈 수 있는 능력을 갖추게 된다는 것이다. 인명진이 이끈 소그룹 활동의 의식화 교육에서 가장 중요한 것은 여성 노동자들에게 노동자로서의 정체성을 일깨워주는 것이었다. 노동자들의 운명이 어떤 것이며 노동자의 삶이 개선되지 않으면 하층민으로 살아야 한다는 현실적인 문제를 깨닫게 해주는 데 6개월쯤 걸렸다. 의식화 교육에서 가장 중요한 핵심은 노동문제의 해결 방법으로서의 조직화였다. 여성 노동자들은 사회의 시선 때문에 '여공' 티를 내지 않으려고 화장을 한다든지 혹은 책을 끼고 다니는 식으로 나름대로 외모를 꾸몄는데, 이를 본 인명진은 단호하게 "너희들은 왜 공장 다니는 것을 부끄럽게 생각하느냐. 그럼 너희들이 어떻게 하면 무시 안 당하고 살 수 있겠느냐. 그게 바로 힘이다. 힘은 무엇이냐 하면 바로 조직이다. 힘을 가져야 너희들도 사람 대접을 받고 무시를 당하지 않는다. 공장에 돈 벌기 위해서가 아니라 소그룹을 조직하러 다녀야 한다"라고 가르쳐주곤 했다.

이렇게 해서 한 회사에 20~30개 소그룹이 조직되기도 했으나 대개는 100개에서 120개 또는 150개, 많을 때는 300개 정도로 늘어났다.[111] 회원들은 퇴근 후 모임 시간이나 토의 주제를 자체적으로 정하여 활동했다. 보통 이들은 새벽부터 늦은 저녁까지 계속 서로 얘기를 나누곤 했다. 보통 한 달에 1만 5,000여 명이 산업선교회에 모이다 보니 인명진은 휴일도 없이 설과 추석 같은 명절에도 이들과 대화를 나누느라 입이 아파 매일 파스를 붙여야 했다고 한다. 그만큼 인명진은 노동자 의식화 교육을 목표로, 소그룹 조직과 활동에 몸을 아끼지 않고 열성이었다. 영등포산업선교회가 판단한 산업계의 당면 과제는 기업의 공정한 이익분배, 산업계의 법질서 확립, 근로자들의 저임금 철폐, 노동조합운동의 정상화 등이었다. 이 문제의 해결 방안으로 영등포산업선교회는 노동자들의 의식 교육을 통한 강력한 노조운동을 설정하고, 인명진은 이 방법에 따라 소그룹 활동 교육 계획을 짰다. 여기에서 인명진은 부정과 타협하지 않고 동료 노동자들의 권익을 위하여 헌신적으로 투쟁을 이끌 수 있는 노조 지도자 양성 교육에 초점을 두었다. 이 방향에 따라 인명진이 교육과 훈련을 실행해나간 소그룹 활동은 인천산업선교회의 소그룹 활동과 큰 차이점을 지니고 있었다. 인명진의 소그룹 활동 교육 프로그램의 특징이 '생활 밀착형'이었다면, 인천산업선교회 조화순의 소그룹 프로그램은 '리더 중심형'이었다.

특히 인명진은 철저한 기독교적 신앙을 소그룹 활동의 기초로 삼고 '자본주의적 노동자의 이익 추구를 목적으로 하는 노동운동 지도자 양성'이 아니라 '인간 사랑'과 '헌신과 희생정신'을 강조했지만, 조화순은 계급과 이념에 기초하여 체계적으로 노동운동을 전개할 수 있는 조직과

---

111 「인명진 목사 구술녹취 전문」, 제1차(2011. 1. 6.), 김명배 엮음, 앞의 책(Ⅷ), pp. 322~327.

투쟁적인 활동 역량을 키우는 데 중점을 두었다. 그래서 인천산업선교회는 실무자들에게 사회과학적 방법론을 가르쳤으며 기독교인이 아니어도 실무자로 받아들였다. 산업선교회의 운영 방법도 영등포산업선교회는 실무자가 소그룹 활동에 직접 참여한 반면, 인천산업선교회는 실무자들이 각자 분야별로 영역에 따라 역할을 맡았다.[112] 영등포산업선교회의 소그룹 활동에서 인명진 등 실무자들은 여성 노동자들에게 처음부터 하나하나 세세하고 쉽게 자세히 가르쳐주고 노동자의 정체성을 자각하게 하면서, 그들과 같이 살며 웃고, 먹고, 화내는 온갖 희로애락을 함께했다. 그렇게 지내면서 인명진 등 영등포산업선교회 실무자들은 이들에게 무엇이 필요한지 꼼꼼하게 살펴 챙겨주기도 했다. 이런 영등포산업선교회 소그룹 활동의 특징은 인명진이 추구한 '신앙공동체' 정신에 기초한 것이었다. 그래서 실무자 전도사였던 명노선은 노동자들의 친구가 되어주겠다는 신앙심에 의하여 노동자와 함께 의식화 과정을 거친 후 소그룹 활동에 헌신적으로 봉사했다. 그녀는 고된 일임에도 불구하고 하루 18시간 동안 회관에 찾아온 300명의 노동자에게 쾌적한 환경을 제공해주고자 걸레로 마루를 닦고, 연탄불을 갈고, 여성 노동자들과 뜨개질이나 요리를 같이하는 등 온갖 궂은일도 마다하지 않았다.[113] 남영나일론 여성 노동자 박점순은 영등포산업선교회의 소그룹 활동 경험에 대해서 "회관의 그 작은 공간은 사람의 숨결이 살아 숨을 쉬고 있는 곳이었고 자유와 사랑이 있는 그런 아름다운 장소였다"라며 "처음엔 조심스러웠으나 곧 내 집처럼 거리낌 없이 드나들며 마음만 먹으면 무엇이

---

112 장숙경, 앞의 책, pp. 235~237.

113 「산업선교 40주년 역사와 증언: 명노선 인터뷰」, 영등포산업선교회 비디오 자료, 1998.

든 배울 수 있고 같이 나눌 수 있기에 서로 처지가 같아서 마음 편한 곳으로 기억하고 있다"라고 술회한다.[114]

이처럼 영등포산업선교회 소그룹 활동의 회원들은 실무자들이 형제처럼 친절하고 노동자 누구나 정성스런 섬김을 받으며 마치 영등포산업선교회를 자신의 집으로 여겼을 정도로 편안하게 지낼 수 있었다.[115] 또 가난에서 벗어나기 위해 서울로 올라와 영등포산업선교회와 더불어 노동운동에 참여한 70년대 대일화학 여성 노동자 송효순 역시 "소외되어 천대만 받던 우리 노동자들이 인간적으로 대우를 받을 수 있구나. 늦은 시간에 도착해도 우리를 위해 밥을 따로 차려놓고 기다리며 반갑게 맞아주면, 집 잃고 객지에서 부모 찾아 헤매다 엄마를 만난 듯 울음이 터져나오고, 회관에서 자는 날이면 실무자들이 우리를 위해 새벽밥을 지어주고, 여기가 바로 천국인 듯한 곳이었다"라고 기억한다.[116] 이처럼 노동자들을 예수처럼 섬겼던 영등포산업선교회 실무자들에게 인명진은 항상 이렇게 강조하곤 했다.

"노동자들을 서운하게 해서는 안 된다. 철저히 준비하고 철저히 섬겨야 한다. 그들이 어디서 그런 대우를 받을 수 있겠는가. 하늘이 무너져도 노동자들과의 약속을 철저하게 지켜야 한다."[117]

---

114 「산업선교 40주년 역사와 증언: 남영나일론 박점순 인터뷰」, 영등포산업선교회 비디오 자료, 1998.

115 「산업선교 40주년 역사와 증언: 콘트롤데이타 한명희 인터뷰」, 영등포산업선교회 비디오 자료, 1998.

116 송효순, 『서울로 가는 길』, 형성사, 1982, p. 166.

117 장숙경, 앞의 책, p. 238, 각주 565.

그가 후일 목회를 할 때 세운 교회의 목표도 '갈릴리 공동체'였던 것처럼 무슨 일을 하는 인명진은 '인간 사랑'과 예수 그리스도의 가르침에서 벗어나지 않았다. 특히 가난하고 소외된 자들을 위한 헌신은 그의 평생 목회의 목적이었으며, 바로 이들 약자가 곧 기독인이 섬겨야 할 '예수 그리스도'라고 교인들에게 가르쳤다. 영등포산업선교회의 '인간 사랑' 신앙은 바로 소그룹 활동의 핵심적인 정신이었으며 실무자라면 누구나 반드시 실천해야 할 의무였다. 이런 정신은 노동 투쟁에서 어김없이 발휘되었다. 이들 영등포산업선교회 소그룹 활동의 여성 노동자들은 노동운동이 자신들만의 권익이 아니라 '공동체 우리'인 모든 노동자 동료들을 위한 전투라고 여겼고, 이 유대감이 이들 여성 노동자들의 결속을 더 강하게 해준 요인으로 작용했다. 특히 영등포산업선교회 소그룹 활동 회원들은 처음엔 공장에 다닌다는 것을 부끄러워했지만 인명진이 가르쳐준 대로 자신들이 산업의 역군이며 우리 사회의 밑거름이라는 자부심을 품게 되었고 사회의 부조리한 체제를 바꿀 힘도 가지고 있다는 사실을 깨닫게 되었다.

여성 노동자들의 의식이 이렇게 크게 변화한 것은 인명진이 독창적으로 실행한 소그룹 활동의 결과였다. 그는 예전과 다르게 소그룹 활동을 단지 노동자들을 돕는다는 차원이 아니라 '깨우쳐준다'라는 보다 현실적이고 미래 지향적인 의식개혁운동으로 인식했다. 그럴수록 영등포산업선교회의 소그룹 활동 의식화 교육은 기업주와 유신독재정권에게 큰 위험으로 받아들여졌다. 특히 인명진에 대한 보수교회의 선입관은 교회를 파괴하려는 '빨갱이' 그 자체였다. 1974년 인명진이 구속, 수감되자 영등포산업선교회는 큰 타격을 받고 힘을 잃고 있었다. 예컨대 1975년 2월 15일 인명진이 출옥한 후 4월 28일 실무자 전도사로 부임한 명노선은 "마치 원수 마귀가 굶주린 사자처럼 우리를 삼키려 하였고 온갖 고난과 가시밭길을 걷고 있다"라며 "소그룹 활동의 모든 내용을 신변 보호를 위해 기록하지 못하고 머릿속에 담아두어야 했다"라고 회상할 정도로 당시 영등포산업선교회는 정부로부터 가혹한 탄압을 받고 있었다.[118] 오죽하면 1977년 영등포산업선교회 활동 보고서 첫머리에 "이 보고서를 타인에게 주지 마십시오"라고 적혀 있었을 정도로 당시 영등포산업선교회는 외부의 시선에 대하여 무척 곤혹스러워했다. 그렇지만 인명진은 자신과 영등포산업선교회와 소그룹 활동 회원들, 그리고 이들의 노동운동에 대한 유신독재체제의 감시와 탄압이 거세질수록 더 강하게 단결하여 모든 억압에 굴하지 말라고 강조했다.

인명진이 영등포산업선교회의 중점 사업으로 삼았던 소그룹 활동은 정부의 감시를 피해 여성 노동자들에게 의식화 교육을 하기에 가장 적합한 방법이었다. 이 시기 여성 노동자들의 소그룹 활동은 모든 공장에 퍼질 정도로 큰 인기가 있었다. 어린 나이에 고향을 떠나 공장에 취직한 여성 노동자들은 학력이 매우 낮았다. 그래서 인명진은 이들 각자의 취향과 수준에 맞는 교육 프로그램을 만들어 다양한 활동 프로그램에 참여시켰다. 물론 취미나 교양, 봉사 외에도 노동자로서의 계급 의식화 교육, 노동조합 조직과 회의 진행 방법의 훈련을 시행했고, 이에 대한 여성 노동자들의 만족도는 매우 높았다.[119] 인명진은 여성 노동자들이 그저 돈을 벌어 부모에게 생계비와 동생의 학비를 보태주는 것이 목적이

---

118 명노선, 「잊을 수 없는 산업선교회의 일들」, 영등포산업선교회 40년사 기획위원회, 앞의 책, pp. 465~469.

119 이옥순, 「원풍모방과 산업선교」, 영등포산업선교회 40년사 기획위원회, 앞의 책, p. 479.

아니라 '사회정의가 무엇인가', '노동자는 누구인가', '정의사회를 어떻게 건설해야 할 것인가'를 가르쳤다. 이렇게 인명진이 여성 노동자들에게 제공한 소그룹 활동 교육은 대학 교육 못지않았다. 그러나 인명진은 항상 이들 소그룹 활동 회원들에게 "너는 노동자다. 노동자는 어떻게 살고 있고 그 운명이 어떻게 될 것인지 아느냐? 이게 개선되지 않고 이대로 살면 너희들의 운명은 비참하게 된다"라며 "이것을 깨우쳐주는 데 6개월쯤 걸렸다"라고 말한다.[120]

그리고 그는 항상 공순이라는 자신의 신분을 부끄럽게 여기고 이를 숨기려 한 여성 노동자들에게 "대학생으로 착각하지 말고 노동자로서 자신의 정체성을 잃지 말라"고 강조했다. 이렇게 인명진은 노동자로서의 확고한 정체성을 인식하게 해줌으로써 자신들의 노동운동을 소홀히 하지 않도록 했다. 교육 수준이 낮은 여성 노동자들을 사회적 열등감에서 벗어나게 만드는 것은 그리 쉬운 일이 아니었다. 그래서 인명진은 새로운 가치관을 이들에게 가르쳐줄 필요성을 깨닫고, 그룹 모임에서 민주의식과 사회의식에 관한 토론을 통해 스스로 알아가도록 유도했다. 인명진은 이들에게 정의를 위해 투쟁할 용기를 길러주면서 다음과 같이 사회악에 대한 분노심을 갖도록 훈련시켰다.

"우리는 경제 발전 뒤에 가려져 있는 산업계의 부조리에 대해 심각한 우려를 갖고 있습니다. 지난 6월 4일 자 『경향신문』에 보도된 것을 보면 신씨라는 모 회사 사장님이 3억 5,000만 원짜리 호화주택과 18만 불(86,400,000

---

120 「인명진 목사 구술녹취 전문」, 제1차(2011. 1. 6.), 김명배 엮음, 앞의 책(Ⅷ), pp. 323~324.

원 상당)의 미국 돈에 관한 기사가 나와 있습니다. 사장님은 한 달 생활비로 100만 원 정도씩 썼다고 하며 300평 정원과 풀장까지 있다고 했습니다. 그런데 한편 그늘진 곳에 사는 근로자들의 생활은 어떠한가요. 뒤에 첨부한 근로자들의 소리를 꼭 읽어주십시오. 그리고 우리 교회가 국가와 교회의 장래를 위해 무엇을 해야 할 것인가에 대해 다시 한번 다짐해주시기 바랍니다. 활동 내용: 총 근로자. 모임 횟수: 192회. 총참가인 수: 1,836명. 특별 행사: 인간관계 훈련 11명(2일간), 근로자 대표연석회의(30명), 교양강좌(3회-100명)."[121]

그리고 영등포산업선교회는 노동자들의 의식 개발을 위한 훈련모임으로서 한 그룹의 회원은 7~8명 정도이고 스스로 문제를 해결하기 위해 노력했다(집회 수: 117회, 참가 인원: 1,075명)는 활동 보고서를 작성했다. 이 보고서에는 또 산업선교회 회원 대표자 모임으로 매월 1회씩 활동보고와 경향을 교환하며 때로는 강의를 듣고 친목도 한다는 소그룹 파이오니아 모임에 대해 적고 있다.[122] 특히 야학으로 한문 교육이 있었는데 이는 여성 노동자들이 정치, 경제, 사회, 문화 등 여러 분야별 현실을 알고 이에 대해 자기 생각을 말하며 토론회에 참가할 수 있도록 하기 위해서였다. 당시 신문은 한자를 많이 사용하였기 때문에 인명진은 새문안교회 대학생들에게 이들 여성 노동자가 신문을 읽을 수 있을 정도의 수준

121 「영등포산업선교 활동 보고서(1975년 6월 5일)」, 김명배 엮음, 『영등포산업선교회 자료집(1) - 연도별(1964-80) 사업계획 및 결과 보고서』, 영등포산업선교회·숭실대학교 문화선교연구소, 2020, p. 253
122 「영등포산업선교 활동 보고서(1975년 8월 6일)」, 김명배 엮음, 앞의 책(1), p. 255.

으로 한문을 가르치게 했다.[123] 소그룹 활동을 통해 여성 노동자들은 자신이 당면한 문제가 무엇인지 자각하는 단계를 넘어 이 문제를 해결하기 위해 목표를 정하고 행동할 수 있도록 철저한 교육을 받은 것이다. 남영나일론의 여성 노동자 박점순은 이렇게 회고한다.

"노동자들은 산업선교 실무자들과 조심스럽게 자신들이 처한 상황에서 문제의 원인과 해결 방안을 고민하고 예상되는 문제점, 그리고 그것들을 극복할 방법에 대해 토의했다. 그렇게 준비해서 때가 되었다고 판단되면, 그 회사에 속해 있는 전체 소그룹 회원들이 한데 모여 행동에 대한 최종 결정을 내렸다."[124]

인명진이 소그룹 활동이라는 방법으로 의식화 교육을 한 탓에 이제 여성 노동자들은 자신을 둘러싸고 있던 사회의 부조리와 모순을 발견하게 되었다. 인명진은 경험적으로 한 회사에 소그룹 활동 회원이 전체 노동자의 10분의 1 정도에 이르면 행동할 능력을 갖춘 것으로 보았다. 그리고 인명진은 행동에 옮길 때 지원해줄 회사의 소그룹 활동이 100개가 넘는지, 또 학생이나 교회 등 지원 세력이 충분하지를 살폈다. 만일 지원 세력이 충족되지 않으면 인명진은 무모하게 노동자들에게 투쟁을 권유하지 않았다.[125] 이처럼 인명진은 소그룹 활동 회원 여성 노동자들이 투쟁에 나설 때 피해를 보지 않도록 세심하게 배려했다. 그래서 이들 여성

123 「영등포산업선교 활동 보고서(1975년 7월 4일)」, 김명배 엮음, 앞의 책(I), p. 254.
124 장숙경, 앞의 책, p. 241에서 인용.
125 영등포산업선교회 40년사 기획위원회, 앞의 책, pp. 141~142.

노동자들은 인명진의 가르침에 충실히 따르며 그에게 절대적인 믿음을 보여줬다. 이렇게 인명진과 영등포산업선교회 소그룹 활동 회원들이 믿음과 신뢰를 바탕으로 결속하여 노동운동을 벌였기 때문에 이들 여성 노동자들은 어떤 고난을 겪어도 굴하지 않고 과감하게 투쟁에 앞장설 수 있었다. 남영나일론 박점순은 "박정희 유신독재정부 시절은 노동자들이 파업하면 바로 감옥으로 갈 때라 모두 무서워서 감히 노동문제에 뛰어들지 못했지만 우리는 감옥에 갈 각오하고 투쟁했어요"라고 말할 정도로 이들의 투쟁 정신은 어느 노동자들보다 강했다.[126]

영등포산업선교회 소그룹 활동 회원들이 투쟁에 나설 준비를 할 때 주로 대표적인 파이오니아 소그룹 활동 모임이 큰 역할을 했다. 이 모임은 매월 회원들이 모여 자신들이 직면한 여러 종류의 노동문제에 대하여 서로 토의하고 의논하며 어떻게 투쟁할 것인지 세밀하게 투쟁 방법까지 계획하곤 했다. 특히 각 회사의 소그룹 활동 회원 대표들은 매달 정기적인 모임을 갖고 자신들의 회사 문제뿐 아니라, 같은 처지에 놓인 다른 회사의 소그룹 활동 회원들의 문제에 대한 공동대응을 논의하기도 했다. 대표적인 사례가 원풍모방 여성 노동자들인데 이들은 인명진에게 의식화 교육을 받아 모범적인 민주노조를 운영하고 있었던 소그룹 활동 회원들이었다. 그러던 중 이들 원풍모방의 영등포산업선교회 소그룹 활동 회원들은 인명진이 세심하게 계획하고 준비하여 투쟁에 나섰던 해태제과의 하루 8시간 근무제 투쟁을 비롯하여 방림방적, 남영나일론, 롯데제과 등의 소속 소그룹 활동 회원들의 노동운동을 적극적

---

126 박점순, 「어제나 오늘이나」, 영등포산업선교회 40년사 기획위원회, 앞의 책, p. 475.

으로 도왔다.[127] 영등포산업선교회 소그룹 활동 회원들은 서로 정기적인 모임을 통해 주도면밀하게 노동운동을 계획하고 다른 회사의 동료 회원들의 투쟁까지 도와주면서 서로 결속하여 노동자 공동체 의식을 유감없이 발휘해나갔다. 이런 경우의 또 다른 사례로는 영등포산업선교회 소속 소그룹 회원들이 모두 참여한 방림방적 체불임금 받기 서명운동이 있다. 그 결과 윤보선 전 대통령과 함석헌, 공덕귀 여사를 비롯하여 성직자, 정치인, 민주인사 등 지식인 100여 명이 이들의 체불임금 문제가 해결되도록 돕기도 했다. 해태제과 여성 노동자 순점순은 이렇게 회상한다.

"8시간 노동제 운동은 임금이 적어질 것을 염려하는 남자 노동자들의 호응을 받지 못할 것이다. 따라서 회사는 이들을 내세워 폭력을 사용하며 반대할 것이다. (…) 부모님이나 소개자를 이용하여 우리를 탄압할 것이다."[128]

이러한 예측대로 투쟁 과정에서 어려움을 겪었지만, 해태제과 소그룹 활동 회원들은 이를 잘 극복하여 하루 8시간 근무제를 달성하게 되었다. 인명진은 소그룹 활동 모임을 활성화하여 여성 노동자들에게 교양뿐 아니라 여러 분야에 관한 지식을 습득하게 하고 토의와 회의 진행 방법을 가르쳐 스스로 판단하고 행동할 능력을 길러주었다. 인명진의 이런 의식화 교육 과정이 없었다면 여성 노동자들은 노동 노예의 굴레에서 벗어날 수도 없었을 뿐 아니라 인간으로서의 삶을 찾지도 못했을 것이다.

---

127 원풍모방 해고노동자 복직투쟁위원회 엮음, 『민주노조 10년: 원풍모방 노동조합 활동과 투쟁』, 풀빛, 1984를 참조.

128 순점순, 앞의 책, pp. 122~153.

영등포산업선교회의 인명진이 미리 계획하여 시작한 여러 회사 노동문제 해결을 위한 투쟁의 특징은 첫째, 사회 여론화, 둘째, 외국과 연대, 셋째, 대책위원 구성, 넷째, 민주화 세력과 연대, 다섯째, 다른 회사 노동자들과 연대 등이다.

이러한 인명진의 노동운동 전략은 지금까지 전개된 한국 노동운동에서 전례가 없었던 독창적인 것이었다. 그러나 인명진이 주도한 이런 방식의 노동운동은 박정희 유신독재정권에게는 큰 위협으로 다가왔다. 박정희 유신독재정권은 노동운동이 반정부 세력과 연대하여 걷잡을 수 없는 사태가 벌어질 것을 염려한 것이다. 이로 인해 영등포산업선교회와 인명진은 엄청난 탄압을 받아야 했다.[129] 1970년대 노동운동은 전적으로 인명진의 소그룹 활동을 통한 노동자들의 의식화 교육이 이룩한 성과였다. 소그룹 활동을 통해 의식화 교육을 받은 노동자들은 똑똑해지고 노동자로서의 자부심을 느끼게 되었으며, 노동의식이 높아져 노동운동을 이끌어나갔다. 오늘날 모든 노동운동은 바로 이 기초 위에 서 있다. 결국 사회적으로 가장 약자인 이들 여성 노동자들이 사회악을 향해 목소리를 높이고 저항하게 되는 단계에 이르기까지 인명진은 여러 차례 투옥되어 감옥 생활은 물론 고통스러운 고문까지 당해야 했다.

---

129 해태제과 8시간 노동 투쟁에서 영등포산업선교회 인명진이 행한 사장과 직접 면담, 사회단체 호소, 불매운동, 기도회 등이 마치 해태제과 노동자들의 투쟁이 아니라 영등포산업선교회의 투쟁으로 보였다고 지적한다. 장숙경, 앞의 책, p. 251.

제5장

잔인하고 비정한 공간

유신독재체제의 노동자 생활상

1970년대 노동현장은 노동자들을 탄압하는 악법이 지배했던 잔인하고 비정한 공간이었다. 이 시기 여성 노동자들이 주로 만든 경공업 제품이 전체 수출 가운데 47%를 차지했고, 수출을 위주로 한 종업원 1,000명 이상의 대규모 제조업에서 여성 노동자가 차지하는 비율은 1970년 61.8%, 1979년 56.9%에 달할 정도로 남성보다 여성 노동자들이 더 많았다.[1] 그렇지만 경제발전에 많은 공헌을 했던 여성 노동자들의 대우는 차별적이고 비인간적이었다. 특히 급여 면에서도 여성 노동자들은 남성 노동자 임금의 절반 정도만 받았으며 노동의 시간과 강도 면에서도 남성 못지않았다.[2] 말하자면 경제개발이란 명목으로 노동을 정부가 강제화하여 노동자의 권리를 규제하고 조정했다.[3] 이뿐 아니라 정부의 경제

---

1 이옥지·강인순, 『한국여성노동자 운동사』, 제1권, 한울아카데미, 2001, pp. 124~125.

2 이옥지·강인순, 앞의 책, 제1권, pp. 131~135.

3 박정희 군사독재정권의 노동집약적이고 수출 지향적인 중화학공업화 정책은 노동자의 권리를 억압하고 저임금을 전제로 할 수밖에 없었다. 이에 대한 노동자의 반발이 예상되었기 때문에 정부는 노동자들이 노동법을 이용하여 저항을 조직화하기 전에 선제 방어를 위하여 유신을 감행한 것이다. Im, Hyug Baeg, "The Rise of Bureaucratic Authoritarianism in South Korea", *World Politics*, vol. 39, No. 2(January, 1987), pp. 254~257. 이와 달리 임현백은 "중화학공업화로의 전환 그 자체가 분배구조를 악화시킬 것이고 그에 반발하는 기층 노동자와 민중의 저항을 분쇄하기 위해 유신체제를 수립했다고 보지 않는다"며 "중화학공업화는 유신을 유발한 원인이 아니라 유신체제의 경제적 결과"라고 주장한다. 즉 그에 따르면 박정희는 유신체제를 수립한 직후인 1973년 1월 12일에 중화학공업화 선언을 하고 1월 30일에는 1980년대 초까지 수출 100억 달러, 1인당 국민소득 1,000달러를 달성하겠다는 정권 차원의 목표를 설정하여 이를 중화학공업화를 통해 달성하겠다고 내외에 공포하였으며, 그 후 중화학공업화를 밀어붙이는 과정에서 경성 국가에 의한 경제 개입,

개발 논리는 모든 영역에서 적용되었다. 이를 위해 박정희 군사정권은 경제발전 정책을 강도 높게 조직화하여 저임금 체계와 장시간 노동을 강제하는 데 적극적으로 개입하는 등 노동윤리를 다시 만들어 노동현장을 통제해나갔다. 이에 따른 국가동원체제의 기본 틀인 공장 새마을운동은 조국 근대화와 경제적 목적을 달성하기 위해 노동자들을 동원하고 노동자계급의 탈정치화를 이루기 위한 정치적 도구로 이용되었다. 공장 새마을운동은 근면이라는 새로운 의식을 강조했는데, 이는 국가와 기업이 필요로 하는 노동의 습관을 의미했다. 따라서 정부는 노동자들을 수출의 주역으로 치켜세우면서 한편으로는 노동자들의 인내심을 담보로 한 경제성장 논리를 강화했다. 공장 새마을운동의 논리는 노동에만 국한되지 않고 노동이 끝난 이후 개인의 자유시간이나 휴가도 포함됐다. 발전과 성장에 필요한 근면과 자조, 그리고 협조 이외에 모든 조건은 철저하게 통제를 받거나 제거되었다. 말하자면 잠자는 시간 외에 일상생활 전체가 노동을 위한 시간으로 전환되어야 했다.[4] 그러므로 일하지 않고 놀

수출구조의 고도화와 국제 규모화, 재벌 중심의 산업구조, 방위산업의 병행 육성이라는, 소위 '박정희 모델'이라고 할 개발독재적 발전국가 경제모델이 형성되었다는 것이다. 따라서 중화학공업화는 1970년대 초반의 역사적 상황에서 박정희에게 주어진 객관적 조건이 아니라. 여러 대안 중의 하나였을 뿐이지만, 유신의 수립과 함께 박정희 정권의 중화학공업화는 유신체제의 경제적 성격을 특징지어주었던 박정희식 국가건설(nation building, state building)의 일부였던 셈이다. 임현백, 「유신의 역사적 기원: 박정희의 마키아벨리적인 시간(下)」, 『한국정치연구』, 제14집, 제1호, 한국정치학회, 2005, pp. 131~132.

4 김영선, 「발전국가 시기 작업장의 시간 정치: 노동시간 및 자유시간에 대한 분석」, 『여가연구』, 제8권, 여가문화학회, 2010, pp. 1~25. 이에 대해서는 다음을 참조하라. 최장집, 『한국의 노동운동과 국가』, 나남, 1997; 이병희, 「한국 제조 대기업에서 노동규율에 관한 연구」, 서울대학교 경제학 박사학위 논문, 1997; 송재복, 「한국 산업화 과정에서의 국가 역할에 관한 연구: 제3·4·5공화국의 비교분석」, 『한국행정학보』, 제23호, 한국행정학회, 1989, pp. 873~889.

며 사는 자는 사회에서 배척되어야 할 존재인 데다 교화 대상이었다. 인간의 자유와 존엄성과 자기 결정권이 경제개발과 성장이라는 정책하에 철저하게 무시된 것이다.[5] 국민 모두 국가 정책의 프로그램에 따라 노동하고 일상생활을 영위해가는 체제는 전체국가에서나 가능한 일이다. 박정희 군사정권 시대인 1970년대 대한민국은 경제개발 논리에 따르자면 사실상 민주공화국이라는 외피만 입은 전체주의국가였던 셈이다.[6]

박정희 군사정권 18년 동안 한국 경제는 많은 구조적·질적 변화를 겪었다. 예컨대 1961년 국민소득이 83불에서 1979년에 1,546불로 18배

---

5 1970년대 하층민 민중들의 이러한 삶을 르포 형식으로 잘 표현한 소설가 황석영의 작품은 다음과 같다. 「구로공단의 노동 실태」, 『월간중앙』, 1973년 12호; 「벽지의 하늘」, 『한국문학』, 제4호, 1974년 2월호; 「잃어버린 순이」, 『한국문학』, 제7호, 1974년 5월호; 「장돌림」, 『뿌리 깊은 나무』, 제6호, 1976년 8월호. 이 작품들은 이후에 황석영, 『객지에서 고향으로』, 형성사, 1985에 실렸다.

6 박정희 군사독재 유신체제하의 사회는 전체주의적 경향을 강하게 띠었는데, 전체주의의 모습, 전체주의 사회가 지향하는 이데올로기와 지배 논리는 분단 지향적 인간들의 일상 사고와 사상 체계를 결정짓는 중요한 요인이었다. 안승대, 「분단인의 이론적 정립에 관한 연구: 비판이론의 전체주의 이론의 적용을 통하여」, 『통일인문학』, 제88집, 한국통일인문학회, 2021, pp. 121~154. 말하자면 박정희 군사독재정권의 유신체제는 국민을 권력에 의해 조정되도록 '기계화'했다. 즉 유신체제는 민주주의를 전유한 전체주의이다. 이상록, 「'예외상태 상례화'로서의 유신헌법과 한국적 민주주의 담론」, 『역사문제연구』, 제35호, 역사문제연구소, 2016, pp. 511~555. 특히 김교식, 『다큐멘터리 박정희』, 1~3, 평민사, 1999; 김진명, 『무궁화 꽃이 피었습니다』, 해냄, 2003; 이인화, 『인간의 길』 1~2, 살림출판사, 1997; 정운현, 『실록 군인 박정희』, 개마고원, 2004; 조갑제, 『내 무덤에 침을 뱉어라』, 1~3, 조선일보사, 1998; 주치호, 『소설 박정희』, 1~2, 작은키나무, 2005; 최상천, 『알몸 박정희』, 사람나라, 2001 등 힘을 통한 국민 통제와 독재정치를 했던 박정희를 주인공으로 한 소설들은 비이성적인 전체주의 향수를 자극하고 있다. 박정희를 추억하는 이유는 전체주의 체제에서 느낄 수 있었던 '독특한' 안락함에 대한 향수 때문이다. 전체주의가 주는 안락함에 대한 향수는 강력한 가장 아래에서 그에게만 복종하면 되던, 타인의 판단에 자신의 삶을 의탁해도 좋았던 시절에 대해 그리움이다. 김한식, 「전체주의 경험과 박정희」, 『오늘의 문예비평』, 제57호, 세종출판사, 2005, pp. 35~51.

이상 증가했으며 수출은 1979년 150억 불을 기록하여 1961년에 비해 무려 300배 이상 급성장했다. 이와 더불어 박정희 군사정권은 1972년 유신체제 수립을 통해 독재통치를 더욱 강화해나가면서 국가 수출 주도의 경제개발에 치중했고, 국가의 노동통제 전략은 더욱 억제 방향으로 전환되었다. 즉 국가가 공식 노조를 조직하여 노동자들을 중앙집중적으로 통제하고 관리해나간 것이다.[7]

박정희 군사정권은 기존 노동조합을 해체하여 산별 체제로 재편함으로써 정치 활동과 복수노조를 금지했다. 이로써 노동운동이 침체하자 박정희 군사정권은 중앙정보부를 통해 노동조합의 재편작업에 착수했다. 우선 중앙정보부는 노조 재편의 임무를 담당할 핵심 세력으로 산별조합의 대표 9명을 지명하고, 이어서 한국노동단체 재건조직위원회를 구성하여 15개 산별노조의 조직책임자들을 임명한 다음 재건위 총회를 통해 '재건조직 기본방침'을 채택하여 산별노조의 재건작업을 지휘하였다. 그 결과, 11개의 산별노조가 재조직되어 이들 산별노조 대의원들이 창립대회를 개최함으로써 한국노총이 출범하게 되었다.[8]

---

7 정부의 통제는 노동으로 유인하기보다 통제에 기반을 두었다. 경제성장은 분배에서 결정되는 것이나 노동자들은 낮은 임금과 불평등한 수입으로 고통을 받았으며 노동과 관리의 관계가 원활하지 못했다. 이런 방식의 노동정책은 국가조합주의의의 형태이다. Shim-Han, Young-Hee, "Social Control and Industrialization in Korea: On the Corporatist Control of Labor", *Korean Social Science Journal*, Vol. 13, 1986-1987, pp. 95~123. 한편으로 박정희 군사독재정권은 "노동조합 결성을 최대한 저지하면서 단체교섭을 기업 단위로 분산시키는 '시장기제적 억압전략'을 구사했다"라고 비판을 받는다. 김준, 1993, 「아시아 권위주의 국가의 노동 정치와 노동 운동」, 서울대학교 박사학위 논문, 1993. 그리고 다음을 보라. 임혁백, 『시장·국가·민주주의 한국 민주화와 정치경제이론』, 나남, 1994.

8 한국노동조합총연맹, 『한국노동조합운동사』, 한국노동조합총연맹, 1979, p. 57. 11개 산별노조는 철도, 섬유, 광산, 외기, 체신, 운수, 해상, 금융, 전매, 화학, 금속 등이

그리고 박정희 군사정권은 노조를 정치적으로 이용한 자, 산업발전을 저해한 자, 노동 귀족 및 사이비 노동자, 용공운동 관여자, 병역 미필자 등은 노조 간부가 될 수 없도록 했으며 한국노총을 통해 중앙집권식 노동통제정책을 펼쳤다.[9] 여기에 박정희 군사정권은 중앙정보부와 보사부 등 국가기관을 동원해 한국노총 및 산하 산별노조의 간부들을 철저히 관리·감독했다. 특히 박정희 군사정권은 노동자들의 정치 활동을 금지함으로써 경제발전과 정권의 안정을 꾀했으며, 한국노총 지도부에게 조직 기득권을 보장해주는 대신 노조의 활동 범위를 조합주의 수준으로 제한했고, 노조 지도부에게 정부의 경제개발정책을 적극 지지하도록 어용 노동정책을 펼쳤다. 그렇지만 박정희 군사정권은 노조 지도부에게 노동자의 복지 혜택 결정권이나 분배권 등 어떠한 권한도 부여하지 않아 노조 지도부에 대한 단위노조 또는 조합원의 충성과 결속이 매우 약했다.[10] 그리고 1973년과 1974년 두 차례 개정된 '노동조합법'과 '노동쟁의조정법'은 노사협의회의 위상과 역할을 강화하여 노동조합의 기능을 약화시켰다. 한편, 개정 '노동쟁의조정법'은 노조의 쟁의 행위를 무력화하였다.[11] 정부의 이러한 노동정책에 힘입어 기업주들은 수단과 방법을

다. 한국노총 조직원 수는 1963년 224,420명에서 1971년 8월 말 493,711명으로 꾸준히 증가하고 있으나 미조직 분야는 74.8%나 되었다. 1971년 12월 말 국가보위법 선포로 인해 조직 증가는 저조한 실적을 보이다가 1974년 641,561명(전년 대비 증가율 20.8%), 1975년 712,001명(전년 대비 증가율 10.98%)으로 증가하고 1978년에는 1,016,733명으로 조직원 100만을 넘어섰다. 한국노동조합총연맹, 『사업보고』, 한국노동조합총연맹, 1979년, pp. 302~303.

9 한국노동조합총연맹, 앞의 책(한국노동조합운동사), p. 587.

10 송호근, 「박정희 정권의 국가와 노동」, 『사회와 역사』, 제58호, 한국사회사학회, 2000, pp. 199~234.

11 이러한 제도적 변경은 기존의 중앙집권적 '한국노총체제'를 분산화하여 노동자들

가리지 않고 신규 노조의 설립을 방해하고 기존 노조들을 어용화하여 종속시켰다.

이에 더하여 노동자들의 노조 결성 기미가 보이면 회사 측은 핵심 노동자들을 감시하고 일반 노동자의 외출·조퇴 등을 통제했다. 더 나아가 회사 측은 노조결성대회 자체를 저지하기 위해 수단과 방법을 가리지 않았으며, 노조가 결성되면 노조 간부들을 회유하거나 협박했고, 심지어 조합원의 부모나 가족들을 동원해 노동자의 노조 탈퇴를 강요하기도 했다. 만일 노조 파괴 공작이 실패할 경우 회사 측은 노동자들 사이의 분열과 갈등을 조장하여 어용노조원들이 노조 집행부를 장악하게 했다. 어용노조가 무력하면 회사 측은 남성 노동자들을 동원해 노조 활동을 폭력적으로 탄압했다. 이렇게 회사 측의 불법이 자행되어도 정부는 오히려 이를 묵인해주고 '용공' 혹은 '빨갱이' 등 반공주의 이념 조작을 통해 국가보안법을 적용, 노동자 조직을 위축시켰다. 이에 따라 박정희 군사정권은 노동자들의 노동운동이나 노조 결성을 지원해준 영등포산업선교회의 인명진 등 실무자들과 종교단체들을 국가 경제를 파괴하려는 공산주의 추종 세력으로 규정하고 탄압했다.

한편 박정희 군사정권이 전국적으로 농촌과 도시에서 벌인 새마을운동 가운데 '공장 새마을운동'은 노동자들에게 가장 억압적인 수단이었다. 원래 새마을운동은 농촌 지역을 대상으로 시작되었으나 1973년에 들어서면서 박정희 군사정권은 이 운동을 도시 지역까지 확대하여 1974년에는 노동자들을 대상으로 하는 공장 새마을운동이 전개되었

을 개별 시장 상황에 빠트리고 노조 활동을 무력화시키는 시장기제적 억압전략을 더욱 강화하려는 정책적 일환이었다. 임혁백, 앞의 책, p. 379.

다.[12] 공장 새마을운동의 기본 이념은 첫째, 주인의식 고취로 새로운 생산적 근로자 상을 창출해나가는 정신혁명, 둘째, 노사협조를 통한 공동운명체 의식 확립, 셋째, 한국적 기업 풍토 조성으로 경영합리화, 넷째, 경제부국을 향한 산업운동으로서의 행동철학으로 산업혁명 완수 등 혁신적인 노동의식 개혁이었다.[13] 이러한 새마을운동은 한국의 전통적 문화인 '가부장적 가족주의'를 생산현장에 접목하여 권위주의적 노사관계를 확립하는 결과를 낳았다. 이렇게 하여 새마을운동은 가장인 기업주를 중심으로 노동자를 가족 구성원으로 설정하여 노동자가 기업주에 저항하는 것을 부모에게 불효하는 행위로 인식시켰다.[14] 다른 한편, 박정희 군사정권은 한국노총 및 산별노조의 지도부를 이용해 민주노동운동이 설립되지 못하도록 탄압했다. 즉 박정희 군사정권은 한국노총 지도부를 매수하여 유신체제의 지지자로 만들고 민주노조운동의 저지를 위한 전

---

12 농촌 지역을 대상으로 한 새마을운동의 긍정적인 성과에 기초하여 사회 각 영역으로 새마을운동을 확산해나갔는데, 공장 및 광산 새마을운동, 학교 새마을운동, 직장단체 새마을운동, 서비스집단 새마을운동, 주거 지역 단위 새마을운동 등으로 구성되는 도시 새마을운동과 군대 새마을운동이 그 대표적인 예이다. 농촌 새마을운동과 도시 새마을운동, 그리고 공장 새마을운동 각각의 성격은 다음을 보라. 장상철, 「작업장통제전략으로서의 공장 새마을운동 성과와 한계」, 이종구 외, 『1960~70년대 노동자의 작업장 문화와 정체성』, 한울아카데미, 2006, pp. 173~197.

13 새마을중앙운동본부·공장새마을운동추진본부, 『공장 새마을운동 - 이론과 실제』, 공장새마을운동추진본부, 1983, pp. 28~29. 공장 새마을운동은 1977년 3월 도시 새마을운동으로부터 완전 분리하여 상공부에서 독자적으로 추진해나갔다. 새마을중앙운동본부·공장새마을운동추진본부, 앞의 책, p. 34.

14 초기 공장 새마을운동은 시범업체로 지정된 1,500개 공장만을 대상으로 추진되었으나, 1977년 이후에는 10인 이상 사업체 전체를 대상으로 확대되었다. 장상철, 앞의 글, p. 180. 나아가 1978년 이후에는 기업가 단체(상공회의소, 전국경제인연합회, 한국무역협회, 한국중소기업연합회)들이 공장 새마을운동에 참여하여 다양한 교육 및 캠페인을 통해 가부장적 노동윤리 및 노사협조주의를 작업현장에 주입하였다. 최장집, 앞의 책, 열음사, p.187.

위대로 활용한 것이다.[15]

한국노총과 17개 산별노조는 1971년 말의 국가비상사태 선언 및 국가보위법 선포를 시작으로 1972년의 10월 유신 이후 박정희 군사정권의 노동운동 탄압이 더 심해져감에도 노동자 이익을 대변하기보다 국가권력에 순응하여 유신정권이 표방한 노사협조주의를 수용하면서 사실상 노동운동을 포기하고 말았다.[16] 한국노총은 이러한 어용 행태로 인해 1974년 이후 노동자들을 지원하는 영등포산업선교회 등 기독교 산업선교단체들과의 갈등과 대립 관계를 피할 수 없었다.[17] 원래 1970년대 초반까지 영등포산업선교회는 한국노총과 협조체제가 유지되어 약간의 갈등을 겪었지만 큰 충돌은 없었다. 그러나 이 두 단체 간의 협력관계는 유신독재체제가 들어서고 박정희 군사정권의 노동정책에 따라 한국노총이 유신체제에 종속되어 어용화되자 무너지기 시작했다. 영등포산업선교회를 비롯한 교회 조직은 유신독재체제에 저항하면서 노동운동을 지원해나간 반면, 한국노총은 유신체제를 적극 지지하면서 정부의 요구대로 노사협조를 표방하며 조직을 유지해나갔다. 이 두 세력의 견해 차이에 의한 갈등과 대립이 표면화되자, 한국노총은 영등포산업선교회를

---

15 1972년 12월 27일 유신헌법이 공포되어 박정희 군사정권의 유신체제가 본격적으로 시작되자 한국노총은 10월 20일 「구국 통일을 위한 영단을 적극 지지한다」는 제목의 성명을 발표하였다. 『동아일보』, 1972년 10월 20일 자. 그리고 한국노총은 10월 26일 열린 전국대의원대회를 "박 대통령의 특별선언을 뒷받침하기 위한 대응태세를 갖추는 하나의 비상대회"로 규정하여 노동운동을 "국가이익의 우선이라는 기본 이념에서 전개할 것"이라고 밝혔다. 『매일경제』, 1972년 10월 26일 자.

16 한국기독교교회협의회·한국교회산업선교25주년기념대회자료편찬위원회 편, 앞의 책, pp. 233~245.

17 임송자, 「1970년대 도시산업선교회와 한국노총의 갈등·대립」, 『사림』, 제35호, 수선사학회, 2010, pp. 311~342.

향하여 전면적인 공격을 가하기 시작했고, 여기에 정부 당국의 탄압도 뒤를 이었다. 한국노총은 박정희 군사정권의 요구에 순종하여 노동운동의 자율성을 추구하는 민주노조를 노동계에 침투한 불순 세력으로 규정하고, 한국 사회에 뿌리 깊이 박혀 있는 반공주의를 이용해 민주노조의 설립을 방해하거나 이를 완전히 제거하고자 하였다. 이러한 상황은 유신독재체제 말기 1979년 YH사건으로 전면화되었다.[18] 물론 영등포산업선교회 등 교회 조직이 1970년대 민주노조운동에 큰 영향을 미친 것은 앞서 설명한 바와 같다.[19]

그러나 김진수 사건을 통해서 영등포산업선교회 실무자 인명진은 한국노총 상층부가 쉽게 회사 측에 회유당하여 어용단체로 변질되었고, 정부 입장을 지지하여 서로 협력관계를 유지할 수 없다는 것을 깨닫게 되었다. 당시 영등포산업선교회는 섬유노조나 한국노총과 밀접한 관계를 맺고 활동하고 있었기 때문에 한국노총의 변질에 크게 실망했다. 이 사건 이후 인명진은 한국노총의 상급노조와 함께 활동할 수 없다는 결론을 내리게 되었다.[20] 장숙경은 이 사건을 통해 비로소 영등포산업선교회가 노동문제를 단순히 노동자와 사용자만의 문제가 아닌 사회 전체의 문제로 인식하게 되었다고 말한다.[21] 마침내 한국노총 및 산별노조의 권

---

18 임송자, 앞의 글, p. 312.

19 이에 대하여 다음을 참조하라. 조승혁, 『도시산업선교의 인식』, 민중사, 1981; 홍현영, 「도시산업선교회와 1970년대 노동운동」, 민주화운동기념사업회, 『민주화운동 연구총서 역사 편 3 - 1970년대 민중운동 연구』, 도서출판 선인, 2005. 특히 전순옥은 민주노조에서 교회의 역할보다는 여성 노동자들의 활동을 강조하고 있다. 전순옥, 『끝나지 않은 시다의 노래』, 한겨레신문사, 2004.

20 인명진, 「70년대 영산 전략」, 영등포산업선교회 40년사 기획위원회, 앞의 책, p. 129.

21 장숙경, 「한국개신교의 산업선교와 정교 유착」, 성균관대학교 사학과 박사학위 논문, 2009, p. 96.

력과 자본에 대한 종속, 무기력한 태도에 대해 반감을 가게 된 노동자들은 이러한 어용노조에 대하여 저항하기 시작했고, 영등포산업선교회를 비롯한 교회 조직들과 인명진은 앞장서서 이런 노동자들의 활동을 지원해나갔다.[22] 1974년 영등포산업선교회와 극한 갈등을 빚고 있었던 한국노총은 행동대를 조직하여 영등포산업선교회 파괴 공작을 벌였다. 한국노총은 일부 불순분자들이 종교를 가장해 노동조합에 침투해서 분쟁을 일으키고 있다며 몇백만 조직의 힘과 행동대원을 동원하여 그들과 싸워야 한다고 역설했다.[23]

이런 가운데 유신헌법은 박정희 대통령을 입법·사법·행정부를 실질적으로 통제할 수 있는 '제왕적 대통령'으로 만들었다. 박정희 대통령은 국회해산권과 국회의원 3분의 1의 추천권을 행사함으로써 국회를 자신의 권력기관으로 전락시켰으며 판사임면권과 긴급조치권까지 부여받아 일인독재지배체제를 확립했다. 또 박정희 대통령은 안보와 경제성장 명목으로 국민의 정치적 자유와 시민권을 제한하여 국민기본권을 약화시켰다. 유신헌법으로 일인독재정권을 공고히 하는 것으로는 부족했는지 박정희 대통령은 자신의 권력과 통치를 떠받쳐줄 핵심기구로 중앙정보부, 기술관료, 군부를 전면에 내세워, 일사불란한 '국민총화체제'를 구

---

22 앞서 살펴본 바와 같이 영등포산업선교회는 인명진을 중심으로 원풍모방, 반도상사, 동일방직, 콘트롤데이타 등의 민주노조 결성이나 노조의 민주화운동을 적극적으로 지원하였고 해태제과, 방림방적 등에서의 8시간 노동제 쟁취와 체불임금 지불 요구 투쟁에서도 중요한 역할을 담당하였다. 이원보, 『한국노동운동사』, 지식마당, 2004, p. 411.

23 이태호, 『70년대 현장』, 한마당, 1982, p. 111. 한국노총의 조직행동대가 활약한 대표적 사례는 인분 투척 사건으로 알려진 동일방직 사건이다. 임송자, 앞의 글, pp. 312~322.

축해나갔다. 이렇게 유신체제로 일인독재정권을 확립한 박정희 군사정권은 노동억압전략을 재조정했는데, 예를 들면 1974년부터 '공장 새마을운동'을 도입하여 노동자들에게 가족주의적 인화단결에 기초한 공장 생활규범을 주입한 것과 긴급조치권의 발동을 통해 노동운동을 억압한 것 등이다.

그 결과, 노동자들은 장시간 노동과 생계비에도 못 미치는 저임금으로 힘들게 생활해야만 했다. 예컨대 1970년 평균 한 달 생계비가 29,005원이었으나 평균 임금은 12,432원, 1971년 평균 생계비가 38,900원, 평균 임금은 17,434원, 1972년 평균 생계비가 43,638원, 평균 임금 19,791원이었고, 1973년에는 평균 생계비가 51,790만 원이었으나 평균 임금은 23,267원으로 점차 생계비와 임금 사이의 격차가 커졌다. 1975년 평균 생계비 86,315원, 평균 임금 40,020원, 1976년 평균 생계비 122,658원, 평균 임금 53,326원, 1977년 평균 생계비 162,267원, 평균 임금 71,022원, 1978년 평균 생계비 210,992원, 평균 임금 95,157원을 거쳐 박정희 유신독재정권의 종말을 고한 1979년 평균 생계비는 277,942원이었으나 평균 임금은 122,268원으로 생계비의 절반에도 미치지 못했다.[24]

한국경제의 상황은 수출 공업화로 1961년 1인당 GNP가 87달러에 불과했던 것이 1979년 1,597달러로 크게 증가하여 절대빈곤에서 벗어났으나 소득 불균형은 오히려 더욱 커졌다.[25] 박정희 유신독재정권은 노동조직을 철저히 탄압함으로써 노사분규를 저지한 것이 아니라 오히려

---

24 김용철, 「박정희 정권의 노동통제전략: 형성과 진화」, 『한국경제지리학회지』, 제14권, 제2호, 한국경제지리학회, 2011, p. 205.

25 주학중, 「1982년 계층별 소득분배의 추계와 변동요인」, 『한국개발연구』, 제6권, 1호, 한국개발연구원, 1984, p. 173.

노동운동이 정치적 공간으로 진입할 수 있도록 명분을 주고 말았다. 노동운동을 정치권으로 연결한 최초의 단체가 바로 영등포산업선교회였고 그 중심에 인명진이 있었다. 그 첫 사례가 YH무역 여성 노동자들이 야당이었던 신민당 당사에서 농성을 하면서 노동문제가 본격적으로 정치화한 사건인데, 이를 정치적 문제로 확대한 인물이 바로 인명진이었다.[26] 영등포산업선교회는 1970년대에 들어서 산업계의 비민주성, 불균형적 소득배분, 저임금 및 노동자의 인권침해 등의 노동문제를 해결하기 위해 노동자 조직과 노동운동을 적극적으로 지도해왔다. 그 결과 교회와 노동자의 연합 세력이 형성되어 어용노조 개혁을 외치며 이른바 '민주노조운동'을 전개하게 되었다. 1970년대 중반 이후, 민주노조운동은 유신독재체제를 반대하는 재야 세력인 민주화운동 인사들과 정치연합을 형성하기 시작했다. 그러자 박정희 유신독재정권이 민감하게 반응하며 민주노조운동을 철저하게 억압했다.

이 문제를 해결하기 위해 1974년 3월, 여당인 민주공화당은 박정희 대통령이 주재한 정부와 여당 연석회의에서 영등포산업선교회와 노동문제 등에 관한 대처 방안을 논의하고 드디어 산업선교회를 이끌던 오글(Geogre E. Ogle) 목사를 강제 추방했다.[27] 이처럼 박정희 유신독재체제의 시절은 노동자들에게는 참으로 가혹한 시련의 시기였다. 그리고 유신독재체제는 경제개발과 안보를 명분으로 국민의 기본권을 탄압하고 빈부격차를 심화시켜 민중의 분노를 촉발시켰다.

---

26 정병준, 「인명진 정치 운동 – 반독재 민주화 인권운동을 중심으로」, 영등포산업선교회 60주년 기념도서, 앞의 책, 동연, 2016, p. 35.

27 『중앙일보』, 1974년 12월 14일 자.

가부장적 사회의 여성 노동자

1970년대 박정희 군사정권에서 국가의 통제를 받은 계층이 단지 노동자들만은 아니었다. 정부는 경제개발과 국가안보라는 명분으로 개인보다 국가와 민족을 더 중요하게 여기고 개인적인 삶보다 집단이나 공동체의 이익을 우선시했다. 또 나태와 퇴폐, 향락이 사회적으로 가장 혐오스러운 행위로 취급되어 누구나 근면하고 절제된 삶을 살아야만 했다. 당시 많은 연예인이 대마초를 피우면 강력한 처벌을 받거나 심지어 연예인 활동을 금지당하기도 했다. 이뿐만 아니라 대중가요 가사가 퇴폐적이라고 하여 금지곡으로 지정되기도 했다. 즉 박정희 군사정권의 문화정책의 특징은 엄숙주의, 금욕주의, 실용주의였다. 그리하여 정부는 퇴폐적, 향락적 문화에 지나치게 가혹한 처벌을 가해 이를 억제했다.

예컨대 60년대에는 유부녀의 댄스를 처벌하거나 국민재건단을 동원하여 부랑아, 폭력배들에게 강제노역을 시키는가 하면, 70년대에 이르러서는 청년들의 장발과 통기타를 단속하기도 했고, 대마초와 도박 단속, 야간 통행금지는 물론이고 일상적인 대중문화도 엄격하게 통제하고 처벌했다. 이에 그치지 않고 정부는 영화, 라디오, 텔레비전 드라마, 음반, 출판 등에 대해서도 정부 비판이나 반정부 사상에 대해 검열하고, 폭력, 선정, 낭비 조장 등 비도덕이고 비윤리적 내용을 철저하게 금지했다.[28] 즉

---

28 1960~1970년대 박정희 군사정권의 문화정책은 박제화된 관제문화와 탈정치화를 위한 퇴폐적인 상업적 대중문화가 확산한 시기이다. 정이담, 「문화 운동 시론」, 정이담 외, 『문화 운동론(공동체 4)』, 공동체, 1985, p. 19. 연예인 마약 복용 사건은 1975년 처음 불거졌다. 당시 '록의 대부'로 일컬어지던 가수 신중현을 비롯해 윤형주, 김세환, 이장희 등 이른바 1970년대 한국 포크록의 대표 주자들이 대마초

건전하고 진취적인 국민 총단합, 질서와 규율, 국가에 대한 애국심이 박정희 군사정권의 문화정책이 추구한 핵심 가치였다.[29] 자아 주체성을 상실한 국민은 국가와 지도자의 지시에 순응하고 복종했다. 정부는 남북분단과 적대를 전쟁의 위기감을 조성하는 소재 거리로 활용했고, 전쟁의 위기감을 만들어내 모든 사람에게 공격적 본능을 길러줌으로써 체제에 순응하고 복종하는 것을 넘어 반공 이념을 곧 자신의 신념으로 받아들이게 했다. 말하자면 생각과 판단이 마비된 국민의 기계화였다.[30]

박정희 군사정권의 지배 목표는 경제와 군사력에서 북한보다 우위를 차지하는 것이었기에 국력의 조직화와 노동 효율성의 극대화를 달성하기 위하여 '국민총화(國民總和)'의 기치 아래 국민이 능동적으로 자조(自助)하는 노동전사가 되어주길 요구했다. 즉 유신독재체제는 박정희 군사정권이 요구하면 언제든지 집단으로 움직여줄 수 있는 '국민의 기계화'를 추구한 것이었다.[31] 그러므로 도시 하층민의 민중 이미지는 일반인들에게 나태하고 게으르며 '병균'과 '기생충' 같은 존재로서 연민과

사건에 연루됐다. 이어 1976년 김세환, 김정호, 김도향 등이 대마초 흡연 혐의로 잇따라 입건됐다.

29 오명석, 「1960~1970년대의 문화정책과 민족문화 담론」, 『비교문화연구』, 제4호, 서울대학교 비교문화연구소, 1988, pp. 142~145.

30 안승대, 「분단인의 이론적 정립에 관한 연구: 비판이론의 전체주의 이론의 적용을 통하여」, 『통일인문학』, 제88집, 한국통일인문학회, 2021, pp. 121~154.

31 산업화로 대중의 소비 욕망과 문화적 욕구, 사회적 상승에 대한 열망이 증가하였으나 이는 '국민총화'의 기치에서 볼 때 사회로부터 추방되어야 할 '사치·퇴폐·향락·부패'에 불과했다. 그리하여 국민이라는 이름의 동질적 주체 구성에 대한 지배블록의 강박증은 70년대 지배체제의 억압·통제, 검열, 감시, 규율화를 더 엄격하게 해주는 밑바탕이 되었다. 이상록, 앞의 글, pp. 549~550. 18세기 갑자기 늘어난 인구 탓에 사회는 수익성을 높이기 위해 생산의 효율성을 극대화할 필요가 있었다. 당시 대규모 공장들은 최대 이익을 내기 위해 생산력에 집중했고, 이를 위해 신

혐오감의 대상이었다. 국가 경제의 성장과 발전, 사회질서의 안정을 방해하는 혐오스럽고 잠재적인 사회불안 요소로 인식된 도시 하층민은 사회로부터 분리·수용·교화되어야 했다. 도시 하층민 계층 노동자의 권리는 이러한 사회감정에 의하여 철저하게 통제되었다. 따라서 이 시기에 도시 하층민의 어두운 삶의 모습을 다룬 많은 소설이 등장하기 시작했다. 황석영의 『어둠의 자식들』을 비롯해 김홍신의 『인간시장』 등 일종의 르포 형식의 상업적 대중소설이 대표적이다. 두 작품 모두 소매치기, 인신매매, 사기 행각 등 불법과 범죄가 만연한 도시 뒷골목과 그곳에서 살아가는 하층민들의 삶을 다루고 있으며 『어둠의 자식들』과 『인간시장』, 『꼬방동네 사람들』 등의 소설들은 빈민촌과 창녀촌이라는 세계를 사실적으로 묘사하고 있어서 독자들에게 대리체험의 쾌락을 주었다는 평가를 받았다.[32] 이러한 위험한 계급인 도시 하층민과 달리 공장 노동자들

체를 통제하는 방법인 '규율'이 필요했다. 그렇게 규율은 서열 나누기, 시간표, 시험, 상벌제도 등과 같은 기술을 통해 개개인을 규범화시켰다. 규율 기술의 목적은 반항적인 신체를 복종하는 신체로, 비효율적 신체를 효율적 신체로 만들기 위해서이다. 이를 통해 개인의 신체는 권력에 순종적으로 복종하며 순응하게 된다. 푸코는 이러한 규율의 기술이 권력 지배의 일반적인 방식이 됐다고 말한다. 규율과 지도는 자신도 모르는 사이에 권력에 복종하도록 길들게 하며 저항을 불러일으키지 않도록 통제해나간다. 개인은 살아남기 위해 사회가 정한 학교 교육을 통하여 훈련을 받고 사회가 요구하는 규칙을 따르게 된다. 이처럼 규율과 감시, 억압과 통제에 의한 지배 방식에 관한 역사적 분석은 미셸 푸코 지음, 오생근 옮김, 『감시와 처벌: 감옥의 탄생』, 번역 개정판, 나남, 2016을 보라. 원본은 Michel Paul Foucault, *Surveiller et punir. Naissance de la prison*(Paris: Gallimard, 1975)를 보라.

32 1981년부터 『주간한국』에 「스물두 살의 자서전」이라는 제목으로 연재되다가 단행본으로 출간된 『인간시장』은 소재상의 유사성이나 대중적인 인기를 얻었다는 공통점으로 인해 종종 황석영의 『어둠의 자식들』과 나란히 놓이곤 했던 작품이다. 『어둠의 자식들』의 실제 주인공인 이동철이 이 소설로 대중적인 성공을 거두자 『꼬방동네 사람들』(현암사, 1981)을 펴냈다. 배하은, 「1980년대 문학의 수행성 연구—양식과 미학을 중심으로」, 서울대학교 문학 박사학위 논문, 2017, p. 72.

은 그래도 건전한 노동과 근면한 생활을 하는 모범적인 도시인이었다. 그렇지만 비정하고 냉혹한 노동 현실 속에서 여성 노동자들은 무엇이 인간답게 살아가는 것인가 하는 점을 고민하고 있었다.[33]

특히 산업의 실질적인 주역 역할을 하고 있음에도 불구하고 여성 노동자들은 가부장제 사회구조 속에서 남성 노동자들에 비교하여 임금뿐 아니라 여러 면에서 심한 차별을 받아야 했다.[34] 유교 사상의 영향으

---

33 동일방직 여성 노동자들은 '나체시위'를 하고, '똥물 세례' 등 정부와 기업 측의 온갖 탄압을 겪으면서도 진정한 노동자로서, 그리고 존엄한 인간으로서 스스로 인식해나간 과정을 보여주고 있다. 홍석률, 「동일방직 사건과 1970년대 여성 노동자, 그리고 지식」『역사비평』, 제112호, 역사비평사, 2015년 가을호, pp. 232~233. 특히 구해근은 이들 여성 노동자들의 노동운동이 곧 한국 노동자 계급의식 형성에 핵심적인 역할을 했다고 말한다. 이에 대해 구해근 지음, 신광영 옮김, 앞의 책을 볼 것. 이 책은 저자 구해근이 1960년대부터 1990년대까지 한국 노동자들이 삶의 조건을 향상하기 위해 투쟁하면서 계급 정체성을 형성해나간 과정에 관한 가장 탁월한 연구서로 꼽힌다. 이 저서의 이론적 틀은 영국 노동계급 형성을 분석한 것으로, 영국 노동사학자 E. P. 톰슨(E. P. Thomson)의 노동자 문화론적 이론에 의한 노동계급 개념을 따르고 있다. 저자는 이 책에서 한국 노동자들이 노동현장과 시민단체들과의 관계를 통해 비우호적인 문화적, 사회적, 정치적 환경을 극복해가면서 가부장적인 과거 문화의 재구성된 기억과 민중 문화가 노동자의 저항적인 정체성을 촉진하는 데 핵심적인 문화적 도구가 되었으며, 노동자에 대한 억압적인 국가의 정책이 오히려 노사 갈등을 정치화하고 노동 투쟁과 민주화운동의 관계를 더욱 밀접하게 했다고 분석했다. 또 그는 1970년대 여성 노동자들이 주도한 노동운동이 계급의식의 형성과 연대를 촉진하는 데 크게 이바지함으로써 이후 10년 동안 한국 노동자 계급의 형성이 급속하게 이뤄졌다고 말한다. 이에 대해 김준, 「한국 노동계급 형성사 연구의 새로운 좌표: 구해근 지음, 신광영 옮김, 『한국 노동계급의 형성』, 창작과비평사, 2002, Goo Hagen, *Korean Workers: the Culture and Politics of ClassFormation*(Ithaca, New York: Cornell university Press, 2001)」, 『경제와 사회』, 제56호, 비판사회학회, 2002년 겨울호, pp. 292~296을 참조.

34 이옥지, 앞의 책, 1권, pp. 131~135. 당시 인천도시산업선교회에서 일했던 조화순 목사도 여성이라서 그곳에서 일한 다른 남성 목사들보다 적은 임금을 받았을 정도로 노동현장에서의 남녀 차별은 일반적이었다. 한국여신학자협의회 여신학자 연구반 편, 『고난의 현장에서 사랑의 불꽃으로 – 조화순 목사의 삶과 신학』, 대한기독교서회, 1992, pp. 88~89.

로 남존여비 풍조가 강했던 우리 사회에서 여성은 열등한 존재였던 것이다. 그만큼 여성 노동자들은 중노동에 시달리면서도 온갖 차별과 멸시를 받았으며 사회적으로도 비천한 존재로 취급받았다. 그렇지만 여성 노동자들은 임금 대부분을 농촌에 계신 부모에게 보내 동생들의 학비와 집안 생활비로 보태며 실질적인 가장 노릇을 하고 있었다. 아들의 교육을 통해서 가족의 신분 상승을 꾀했던 가부장적 가정의 지배 속에서 딸의 존재는 늘 소외되어 있었다. 말하자면 가족의 생계가 어려워지면 대개 딸은 학교를 그만두게 하거나 아예 취학을 시키지 않고 공장이나 식모 등 노동시장에 내보내 돈을 벌어오게 했다. 이렇게 어린 여성들은 고향을 떠나 상경하여 공장에 취업했고, 공순이로서 하층계급으로 편입되었다.[35] 이 점이 여성 노동자들이 남성 노동자들보다 더 열심히 고된 노동을 마다하지 않았던 이유였다.[36] 이뿐 아니라, 노동현장에서 여성 노동자들은 남성 노동자들에게서 욕설과 폭행을 당하는 일이 다반사였다. 여성 조합원들에게 똥물을 붓고 문지르는 등 끔찍한 폭력 행동을 하며 민주노조 파괴에 앞장선 자들이 바로 동료 남성 조합원들이었다.[37] 상급노조는 같은 노동자로서 남성과 여성 그리고 노동자를 위한 노조가 아니라, 기업주를 위한 어용노조 역할을 했다. 이들 상급노조 남성 노조원들 같은 동료 남성 노동자들이 8시간 노동조건 개선 등 기본적인 형태의

---

35 장미경, 「근대화와 1960~70년대 여성 노동자」, 『경제와 사회』, 제61권, 한국산업사회학회, 2004, p. 110.

36 김원, 앞의 책, pp. 279~285.

37 국사편찬위원회, 『1970년대 해태제과 '8시간 노동' 실현의 기억들』, 구술사료선집, 제27집, 2020, p. 12. 1979년 해태제과 여성 노동자 35명이 낸 고소장에 실린 내용은 이 같은 남성 노동자들의 폭력 행위를 잘 보여주고 있다. 순점순, 앞의 책을 보라.

노동운동에 참여한 여성 노동자들에게 언어적·신체적 폭력들을 가한 사례는 모든 기업에서 벌어진 일반적인 현상이었다.[38]

중공업 대기업의 노동자들은 주로 남성들이었다. 이들 기업에서는 일제강점기부터 이어져온 군대식 노동 통제가 횡행했다. 경공업의 수출 지향적 가공산업 부문에서는 여성 노동자들이 최악의 노동조건과 사용자들은 물론 남성 중간 관리자들의 야만적인 인권유린 속에서 장시간 노동을 강요당하고 있었다. 이에 대한 불만 표시나 저항의 움직임을 보인 여성 노동자들은 회사 측과 권력기관으로부터 해고, 감시, 연행, 구속, 폭행 등 가차 없는 보복을 당하였다. 한국노총인 상급노조도 이에 합세하여 노동조합 활동을 방해하고 노동자들을 축출하였으며 심지어 감시 대상 명단을 작성하여 노동운동에 가담한 노동자들이 취업할 수 없게 함으로써 생계 위협을 가했다. 남성 노동자들은 여전히 가부장적 사고 속에 갇혀 있었다. 그들의 폭력 행위는 노동현장에서도 그런 식의 주인의식을 가진 탓이었을까? 아니면 스스로 자본과 권력에 순응하고 복종하는 데 길든 탓이었을까?[39]

---

38 유혜경, 「1970년대 박정희 정권시대의 노동운동-박정희 정권 몰락에 도화선, 동일방직·YH무역 노동자」, 『매일 노동뉴스』, 2023년 12월 29일 자[출처: 매일노동뉴스(http://www.labortoday.co.kr)]. 이 같은 남성 노동자들이 여성 행위자들에게 가한 공개적 폭력의 대가로 회사 측의 금품 제공이나 직위 공작론이 제기됐으나, 해당 남성들이 여성 노동자들에게 행한 언어폭력이나 비난의 논리 그리고 잔혹한 폭력 등을 미루어보면 회사 측의 매수설 외에 다른 요인을 생각해볼 필요도 있다. 왜냐하면 남성 지배, 혹은 우월감이나 특권이라는 기존 질서가 여성 노동자들에 의해 심각한 위협을 받고 있다는 위기감에서 비롯된 여성 혐오 행위로 파악할 수 있기 때문이다. 구해근 지음, 신광영 옮김, 앞의 책, pp. 197~198.

39 구해근은 "남성 노동자들이 여성 노동운동을 적대시한 것은 뿌리 깊은 성차별 이데올로기가 주된 원인"이라고 말한다. 구해근 지음, 신광영 옮김, 앞의 책, p. 132. 특히 남성 노동자들이 볼 때 여성 노동자들의 노조 활동은 자신들의 승진 기회를 가로

인명진이 주도한 하루 8시간 근무제 투쟁을 벌였던 해태제과의 여성 노동자 순점순은 400도가 넘는 인두를 들고 있으면서도 선풍기 바람 한 줄기 쐴 수 없는 곳, 12시간 동안 쉬지 않고 일하면서 때때로 주저앉아 울고 싶은 곳, 남성 기사들과 중간 관리자들의 폭언·폭력이 난무하는 현장이 그들에게 "지옥 같기만 했다"라고 말한다.[40]

"탈의실 입구에 지키고 서 있던 당시의 노동조합 부녀부장 홍영자가 다가오며 정명숙의 팔을 붙잡고 '너, 나 좀 보자'라고 하는 것이었다. 정명숙은 반사적으로 팔을 뿌리쳤는데 순간 어디서 나타났는지 정명숙의 외삼촌이 비호같이 달려와 정명숙을 개 패듯 두들겨 패는 것이었다. (…) 이러한 상황 속에서도 우리는 출근 시간을 생각지 않을 수가 없었다. 8시간을 주장하던 한 사람 한 사람이 모두 경각심을 가지고 있었기 때문에 조금의 약점도 회사에 보이고 싶지 않았고 또 보여서는 절대로 안 되었기 때문에 정명숙의 몸부림을 뒤로하고 우리는 터져 나오는 오열을 참으며 현장으로 들어갔다."[41]

여성 노동자들은 폭력의 위험 속에서 가장 밑바닥 계층으로 살면서 사회적으로도 천시를 받았다. 더욱이 1970년대 사회적 통념은 여성 노동자들을 성적으로 문란하고 정조관념도 없다는 등 사회 밑바닥 인생의 주인공으로 치부했다. 1970년대 대중문화의 특징은 여성 노동자들의 타락 과정을 사회적으로 남성들의 성적 욕망의 대상으로 다루고 있다는

채는 행위로 여겨졌고 여기에 여성 비하의 성차별 의식이 관련되어 여성에 대한 편견과 적대감이 작용했다. 동일방직복직투쟁위원회 엮음, 앞의 책, 1985, p. 45.

40 순점순, 앞의 책, p. 92.
41 순점순, 앞의 책, pp. 131~132.

점이다. 황석영의 르포 형식의 소설『어둠의 자식』이나 조선작의『영자의 전성시대』등은 여성 노동자들이 생계를 위하여 어쩔 수 없이 혹은 범죄자들에 의해 강제로 매춘녀나 술집 접대부로 전락하는 과정을 보여주고 있다. 또 이동철의『꼬방동네 사람들』에서도 돈을 벌기 위해 성매매에 나선 여성의 이야기가 나온다. 1970~1980년대 서울 청계천 주변의 창녀촌에 모여 사는 도시 하층민들의 이야기를 그린 이 소설 속 성희는 서울 변두리의 다방부터 시작해서 맥주 홀, 술집을 거쳐 관광기생이 되기에 이르자 이미 몸이 더럽혀졌다는 생각에 돈이나 벌어야겠다는 집념으로 성매매를 하게 된다.[42]

음지에서 살아가는 가장 밑바닥 계층인 매춘녀, 소위 '창녀'와 같은 여성 노동자들의 사회적 이미지를 만든 대중소설은 대중의 성적 욕망과 당시의 현실이 적당하게 결합하여 발전했다. 보편적인 성매매 여성인 '창녀'나 혹은 술집 접대부의 이미지는 대중들의 성적 욕망을 해소해주는 대리 만족의 대상이었다. 이들 매춘녀의 이야기는 자극적으로 묘사되어 독자들의 관음적 호기심을 충족시켜주었을 뿐 아니라, 박정희 군사정권이 의도한, 대중들의 탈정치화를 위한 도구로 이용되었다. 특히 박정희 군사정권은 정치적으로 여성 노동자들의 매춘 행위를 불법화하고 이를 통제함으로써 여성 노동운동에 대한 국가권력 개입의 수단으로 활용하기도 했다.[43] 역설적으로 1970년대 상품화된 하층 여성 노동자들의 육체는 소

---

42 침식 제공, 초보자 가능이라는 문구와 함께 성희의 눈길을 끈 것은 바로 수십만 원의 월수입을 보장한다는 것이었다. 이동철,『꼬방동네 사람들』, 현암사, 1981, pp. 168~169.

43 권경미는 1970년대 성매매 여성 노동자들이 대중소설의 대중성, 통속성과 결합하여 어떻게 '창녀'의 전형적인 모습을 획득했는지를 살폈다. 권경미,「하층계급 인물의 생성과 사회 구조망 – 조선작의『영자의 전성시대』를 중심으로」,『현대소설연

위 '기생관광'이라는 산업전사로서의 자격을 부여받고, 정부로부터 안보와 교양 교육을 통해 외국인들 대상으로 한 매춘 행위를 독려받기도 했다.[44]

한국에서 관광산업은 제3차 경제개발계획(1972~1976)에서 국가 기간 산업의 하나로 지정되었다. 경제발전과 반공정책을 통해 북한의 공산주의 체제와의 경쟁에서 우위를 찾음으로써 권력 유지를 도모했던 박정희 군사정권은 수출 외에 외화벌이 방안으로 섹스 관광산업을 장려했다. 즉 외국 관광객을 대상으로 한 섹스 산업의 종사자들은 유흥업소에서의 접대와 매춘이 곧 노동으로 인식되어 애국 노동자이자 산업 일꾼으로 칭송받았다.[45] 이로써 산업화와 경제개발의 흐름 속에서 한국 여성은 공순이

구』, 제49호, 한국현대소설학회, 2012, pp. 427~451.

44 등록증 발급에는 미모와 학력 등 신상 조사서 그리고 교육 과정 이수 및 절차 등의 기록이 포함되어 있었다. 관광호텔이나 요정, 식당의 접객 요원을 대상으로 한 교육은 1973년 개정된 관광사업진흥법에 명시되어 연 40시간 이상 교육이 의무화되었다. 박정미, 「발전과 섹스」, 『한국사회학』, 제48권, 1호, 한국사회학회, 2014, pp. 253~254. 1970년대 여성 노동자들에 대한 담론에서 지배적인 이미지는 식모, 사창가, 매매춘 등이었다. 이처럼 이 시기 대중들은 여성들을 비속화하는 동시에 낮에는 노동자이지만 밤에는 공장 주변 술집 접대부로 일하며 성매매를 통해 부족한 생계비를 충당하는 주변 계급으로 인식했다. 정부는 이러한 하층계급 여성 노동자들의 문란한 성생활에 대하여 교화와 계도를 강조했다. 남성들이나 고용주들은 여성 노동자들이 장시간 노동과 저임금 등으로 인해 쉽게 사창가의 유혹에 빠지게 되며 이는 무지에서 비롯된 것으로 이해하고 이러한 여성 노동자들을 대상으로 계도와 교육을 주장했다. 김원, 앞의 책, pp. 560~565. 한편 기생관광 실태에 대하여 출처 미상의 소책자, 『매춘 관광의 실태와 여론』에 따르면 관광협회 요정과에서 발행한 정식 접객원증을 가진 매춘 여성은 2,000명 정도였고 포주에게 포섭된 사창까지 합치면 전국적으로 약 20만 명으로 보고되고 있다. 특히 정부에서 허가한 관광 요정인 '기생 하우스'는 서울에만 30여 개로 알려졌다. 김원, 앞의 책, p. 593.

45 1970~80년대 절정을 맞았던 한국 섹스관광인 기생관광 산업의 주역을 담당했던 여성 노동자들은 당시 대중소설을 비롯한 다양한 텍스트를 통해 관광기생이라 불렸다. 이들 여성 노동자들은 타락한 애국자라는 모순적인 존재로 규정되었다. 즉 이들 관광기생은 군사정권의 정치 경제적 이해가 작동했던 한 사례라 할 수 있다. 관

와 매춘녀 등의 하층계급과 대학을 나와 교양을 갖춘 신여성의 상층계급으로 구별되었다.[46] 1970년대 대중들의 성적 욕망의 대상으로서 하층 여성들의 이미지를 살펴보자.

"1970년대 최인호의 최고 단편으로 꼽히는 「타인의 방」(1971), 「돌의 초상」(1978)에서 날카롭게 비판하듯, 이미 이 세상에서는 타인을 물건으로 취급하고 그저 자기 좋을 때엔 소유물인 양 어루만지다가 귀찮아지면 언제든 버리는 게 당연해졌다. 중매시장에서 배우자가 상품처럼 취급되는 것과 다를 바 없는 현상이다. 경아는 이런 세상에서 버림받은 존재이며, 작품의 화자(話者) 문오(영화에서 신성일이 연기했다) 역시 그런 남자 중 하나였다. 소녀처럼 순수한 경아에게 매력을 느껴 쉽게 동거했지만, 문오가 지친 것을 알아챈 경아는 스스로 떠난다. 몇 년 후 떠돌이 성매매 여성이 되어 형편없이 망가진 몸으로 만난 후에는, 경아가 예상했듯이 문오가 아침 일찍 먼저 떠난다. 마치 길에서 예쁜 돌멩이를 주워오듯 버림받은 노인을 불쌍하다는 생각에 쉽게 집에 들였지만, 결국 귀찮아지자 견디지 못하고 다시 길에 버리는 「돌의 초상」의 주인공과 다르지 않다. 대중예술에서 이런 인물은 대개

광기생은 박정희 군사독재정권에서 횡행했던 현대판 인신매매의 양상이며 이러한 관광기생에 관한 담론 구도는 '애국 노동자'와 '윤락여성'이란 이중적인 모순의 이미지를 지니고 있었다. 권창규, 「외화와 '윤락': 1970~80년대 관광기생을 둘러싼 모순적 담론」, 『현대문학의 연구』, 제65권, 한국문학연구학회, 2018, pp. 279~316.

46 김원, 앞의 책, p. 550. 당시 여성정책은 부녀정책이라고 불렸고 부녀(婦女)란 며느리나 아내, 딸을 가리키는 말로 가부장을 중심으로 한 결혼제도 안에서의 여성을 정의하는 말이었다. 여성정책 속에서 부녀는 '일반 여성'으로, 부녀가 아닌 여성은 '요보호여자'로 분류되었는데, 성매매 여성 이외에도 가출 여성, 부랑 여성, 나아가 편모 가장도 요보호여자들로 분류되었다. 이걸 보면 일반 여성이냐, 아니냐를 구분했던 기준은 '정상 가족'이라고 할 수 있다. 권창규, 앞의 글, p. 295.

(준)성매매 여성으로 설정되었다. 영화계에서는 아예 '호스티스 영화'라고 통칭할 정도로 1980년대 중반까지 이런 여성을 소재로 한 작품이 넘쳐났다. 이 중 적잖은 수의 작품이 그저 '벗는 영화'로서의 기능만 할 뿐이었지만, 아직 청년문화 분위기가 유지되던 1970년대의 것으로만 봐도 「영자의 전성시대」(김호선 감독·1975), 「삼포 가는 길」(이만희 감독·1975), 「왕십리」(임권택 감독·1978) 등 쟁쟁한 영화들이 모두 성매매 여성을 중요한 인물로 설정하고 있다. 이들 성매매 여성은, 혼처를 거래하는 타락한 결혼 시장에서 애초부터 배제된 약자들이며, 그런 점에서 순수함을 간직한 존재이다. 그런 순수함을 강조하기 위해, 이 시대 성매매 여성들은 소녀스러움을 간직한 인물로 형상화된다. 이들은 창녀이자 소녀이며, 타락한 세상 속에서 순수함을 간직한 구원의 여성, 성녀(聖女)이기도 하다."[47]

성매매나 접대부로서의 비참한 삶을 사는 여성 노동자들은 박정희 군사정권의 정치 경제적 정책이 낳은 인간 비극의 한 사례에 불과했다. 1970년대 호스티스를 소재로 한 대표적인 소설인 조선작의 『미스양의 모험』에서 사창가로 흘러든 주인공 양은자를 두고 작가가 촌평한 말처럼 산업화와 경제개발로 인해 표류하는 사회 쓰레기 같은 존재였다. 양은자는 고등학교 1학년을 중퇴하고 고향인 충남 논산에서 무작정 서울로 상경한 어린 소녀이다. 남성이나 여성 노동자들은 일반적으로 농촌의 빈곤한 생활에서 벗어나고자 취업할 곳이 많은 서울로 향했다.[48]

---

47 이영미, 「타락한 결혼 시장에서 배제된 약자⋯'창녀'는 '성녀'였다: 1970년대 영화 속 성매매 여성」, 『경향신문』, 2016년 7월 25일 자에서 인용.

48 1973년 무단 상경한 젊은 여성들의 수가 1,300여 명에 이르렀다. 『동아일보』, 1973년 6월 5일 자.

"은자는 자기가 알고 있는 지식을 모두 동원해서 이리댁을 설복했다. 지금 세상은 옛날과는 다르다. 이곳저곳에 공장들이 들어서고 회사가 수도 없이 늘어났다. 사람이 모자라서 야단이라더라. 조국 근대화가 뭔지 아느냐. 이런 것이 바로 근대화라는 것이다. (…) 서울에는 천지가 직업소개소더라. 하다못해 식모나 스웨터 공장의 공녀 자리를 알선해주는 곳에서부터, 관광안내원 경리사원 타이피스트 등으로 가르쳐서 취직시켜주는 학원에다가, 기술만 좋으면 외국에까지 취직을 시켜주는 것도 있다더라. 저만 똑똑히 굴면 취직은 물론이려니와 한밑천 잡을 수도 있는 세상이 되었다."[49]

미스양뿐 아니라 이 소설에 등장하는 숙희는 양말공장에 다니며 비어홀에 나가고 싶지만, 용모 때문에 업주로부터 거절당하고, 미스양의 고향 친구 경혜는 비어홀과 매매춘을 걸쳐 일본인 현지처가 된다. 명희는 식모살이를 하다가 영등포의 접대부가 되는 등 농촌 여성 대부분이 돈을 벌기 위해 상경하여 이곳저곳의 일자리를 거쳐 맨 마지막에는 몸을 파는 매춘녀로 전락하는 경우가 많았다. 이렇게 돈을 벌어 가난에서 벗어나고자 했던 많은 농촌 여성들은 자본주의의 냉혹한 현실 속에서 착취만 당하다 마지막에는 몸을 팔아야만 하는 사회 밑바닥까지 떨어진 셈이다. 이렇게 하여 여성 노동자 4명 가운데 1명이 섹스 산업에 종사할 정도로 여성 노동자들은 자본주의 산업화 사회에서 가장 소외된 하층계급을 형성했다.[50]

---

49 조선작, 『미스양의 모험(상)』, 예문관, 1975, p. 47.

50 1970년대와 1980년대 한국의 섹스 산업은 매우 번창했고 점차 세계화되어 러시아와 동남아시아 여성들이 댄서, 매춘, 호스티스 등 한국 섹스 산업에 종사했다. 엘렌 킴(Elaine Kim)은 「Men's Talk」라는 논문에서 여러 사회적 배경을 가진 한국 남

결국 이 시대, 고향을 등지고 서울로 올라온 여성이나 남성 노동자들이 돈을 벌기 위한 도구는 오직 '몸'밖에 없었다. 남성 노동자들은 중노동으로, 여성 노동자들은 몸을 팔아 번 돈으로 생계를 이어가며 자본주의에 속박당했다.[51] 1970년대 무작정 상경하여 일자리를 찾아다니는 여성들은 '잠재적 범죄자', '잠재적 매춘녀', '사회적 불안을 일으킬 수 있는 계급', 즉 근본이 없는 뿌리 뽑힌 '위험한 계급'으로 인식되었다. 프랑스 역사가 루이 슈발리에(Louis Chevalier)에 따르면 노동자의 계급의식과 투쟁은 사회주의 혹은 공산주의 이념에 의한 의식화의 결과가 아니라 도시화와 산업화 과정에서 고향을 떠나 아무런 연고도 없는 하층 노동자, 즉 '뿌리 뽑힌 자(uprooted)'들의 부자와 권력에 대한 적개심으로부터 나온다. 그러므로 1960년대부터 1970년대 한국의 계급의식과 투쟁은 고향을 등지고 돈을 벌기 위해 도시로 와서 가장 밑바닥 계층을 형성했던 어린 여성 노동자들의 삶 속에서 형성된 것이다.[52]

성들과의 인터뷰를 통해 한국에서 술 문화의 범람이 일본과 한국 군대 문화에 뿌리를 두고 있다며 한국 섹스 산업의 번영이 이러한 남성들의 술 문화에 기인한 것이라고 분석한다. Elaine Kim, "Men's Talk", in Kim, Elaine & Choi, Chungmoo. (eds.), *Dangerous Women: Gender and Korean Nationalism*(London: Routledge, 1998), pp. 67~117.

51 조선작의 『미스양의 모험』은 1970년대 서울 도시의 특성을 보여준 작품으로, 가출소녀 미스양의 시선을 통해 도시의 중심부터 주변까지 세밀하게 묘사하고 있다. 특히 이 소설은 자본과 권력을 대면한 한 여성의 변화 과정을 시대적 상황에 맞게 보여주고 있다. 오창은, 「1970년대 서울 공간 경험과 근대적 주체의 경험 – 조선작의 『미스양의 모험』을 중심으로」, 『어문논집』, 제53집, 2013, pp. 395~425.

52 이에 대해 James M. Donovan, "The Uprooting Theory of Crime and the Corsicans of Marseille, 1825-1880", *French Historical Studies*, Vol. 13. No. 4(Autumn, 1984), pp. 500~523을 보라. Uprooting Theory에 대해서는 Barrie M. Ratcliffe, "Classes laborieuses et classes dangereuses à Paris pendant la premiere moitié du XIXe

돈을 벌기 위해 무작정 고향을 떠나온 여성 노동자들은 홀로 자취 생활을 하며 의지할 곳이 없기 때문에 생활의 안정감이 없어 항상 범죄의 유혹에 빠지기 쉬웠다. 그러다 보니 무엇보다 이들의 가장 큰 고민거리 중 하나는 바로 이성문제였다. 특히 이들 여공은 나이가 아직 청소년기에 속했기 때문에 매일 반복되는 노동과 일상생활로 인하여 권태로움을 몹시 느끼고 있어서 남성들의 유혹에 쉽게 빠져들어 분별없이 퇴폐적인 생활을 하는 경우가 많았다.[53] 이러한 사례를 보면 자본주의적 사회의 관점에서 이들 여성 노동자는 '위험한 계급'으로 분류할 수 있을 것이다.[54] 그러나 이들 여공의 일상생활이 퇴폐적으로 여겨지고, 매춘 혹은 접대부 등 잠재적인 사회범죄의 요소로 치부되었을지라도, 이로 인해 이들 여성 노동자들이 느낀 사회적 분노나 적대심은 계급투쟁의 밑거름이 되었다.

---

siècle?: The Chevalier Thesis Reexamined", *French Historical Studies,* Vol. 17, No. 2(Autumn, 1991), pp. 542~574 참조.

53 조화순, 「인천도시산업선교회 산업선교 활동보고서」, 1967, p. 2~3. 민주화운동기념사업회 사료관 오픈아카이브.

54 예컨대 여성 노동자들은 노동현장에서뿐 아니라 사회적으로 모든 사람에게 매춘녀로 타락한다고 인식되었고 공순이는 예절이라는 사회 법도도 모른다는 편견에 사로잡혀 있었다. 카터 엑커트(Carter Eckert)는 이 점에 대해 조선 시대 혹은 20세기 초 지주계급의 사이에 제도화된 노예와 이들 여성 노동자들을 고용한 기업가인 한국 자본가들의 태도 간의 관계를 살펴야 한다고 주장한다. Carter Eckert, "The South Korea Bourgeoisie: A Class in Search of Hegemony", in Koo, Hagen. ed., *State and Society in Contemporary Korea*(Ithaca: Cornell University Press, 1993), pp. 113~115.

이브, 아담을 해방시키다

박정희 군사정권의 경제개발 시기에 첫 노동운동은 10대 소녀 여성 노동자들이 자유롭고 인간다운 삶을 위한 '노동조건 개선'을 요구하며 전개한 투쟁에서 시작되었다. 이들은 오직 그날그날 생계를 위하여 기업주에게 순종과 복종의 노동에 매달린 남성 노동자들에게 계급의식과 진정한 노동의 권리가 무엇인지를 깨닫게 해줌으로써 이들이 어린 소녀 여성 노동자들을 대신하여 노동 민주화 투사로 나서게 했다. 이러한 노동운동의 과정은 여성 노동자 중심의 경공업에서 남성 노동자 중심의 중공업으로 발전해가면서 이뤄졌다.

박정희 군사정권의 경제발전을 위한 억압적인 통치는 천박한 자본주의적 소비문화와 속물성 지배사회를 구축하여 가난의 정서와 감정을 더욱 확산시켜나갔다. 이 사회적 흐름 속에서 1970년대 가난한 노동자들과 하층민을 소재로 한 대중소설이나 영화는 노동자들과 하층민의 비참한 삶을 살피면서 불평등한 사회를 비판하고, 사회적 가난에 대한 감정을 바꿔야 한다는 노동자들의 사회투쟁에 기여했다. 이렇듯 1970년대 대중문화는 1960년대와 달리 사회적 불평등에 대한 하층민의 계급적인 감성을 담고 있었다. 가난으로 인한 하층민의 애환을 그린 대중소설은 이야기 전개에서 사회적 불평등과 계급의식을 직접 드러내기보다 단순히 감정적인 계급의식의 경향을 띠었다.[55] 이런 대중소설의 경향은 1970

---

55 권영미는 "박정희의 유신독재체제에서 하층계급이 발견되고, 그들의 목소리가 노출된다는 사실만으로도 충분히 의미가 있지만, 그 사실 하나에 천착해 하층계급 전체를 보지 못하고 표면만 보았던 한계도 있었다"라며 "지금까지의 연구가 문

년대 작가들이 도시 빈민 계층과 노동자, 창녀와 같은 하층민의 가난한 삶에서 차오른 가난의 감정에 내재한 사회적 증오심이나 투쟁의식을 구체적으로 조명함으로써 사회적 경향에 치우쳤던 계급적 감성을 불러일으키는 성과를 보여주었다고 할 수 있다.[56]

산업화가 고도로 발전해가던 19세기, 자본가와 노동자들 사이에 격렬한 계급투쟁이 벌어지고 있던 이 시기에 프랑스 여류 소설가이자 철학자, 저널리스트로 활동했던 마리 다굴(Marie d'Agoult)이 여성(이브)은 남

학에서 하층계급의 발견 자체에만 의미를 부여했다면 이제는 1970년대 당대를 살아가던 하층계급의 삶에 주목하면서 연구할 필요가 있다"라고 주장한다. 저자는 이러한 관점에서 이민구, 조세희, 황석영 소설에 등장하는 하층계급의 인물들을 재조명하며 1970년대 노동자들의 저항과 투쟁을 통해 노동자의 계급 정체성을 형성해나가는 과정을 보여주고 있다. 그러나 이들의 투쟁과 저항은 단지 노동자들의 처우 개선에 머물지 않고 박정희 군사정권에 맞서 사회정의를 위한 민주화운동의 성격으로 발전해나갔다고 주장한다. 이러한 분석은 권영미, 『박정희 체제 속 농민 노동자 도시 이방인의 삶: 1970년대 소설 속 하층계급 인물 연구』, 혜안, 2016을 참조. 한편 이정숙은 "1970년대 문학 장이 노동자와 빈민을 민중의 주체로 호명하면서 빈부에 대한 사회적 인식을 문학 내부로 상대화해 나아간 것은 산업화 당대로서 매우 빠른 반응이라 할 수 있으며 그것은 당대 이데올로기적 중핵으로 부상한 민중주의와의 관련성 속에서 따져야 한다는 필연성을 갖는다"라고 말하고 "그러나 그것은 문학 장 내부에서 이루어진 좁은 의미의 창작 방법론상의 논쟁을 뛰어넘는 광범위한 것이었다고 보아야 한다"고 주장한다. 이정숙, 「1970년대 한국 소설에 나타난 가난의 정동화」, 서울대학교 박사학위 논문, 2014, pp. 5~7.

56 1970년대 가난한 도시 빈민, 여공 등 도시 하층민에 관해 계급적 관점에서 노동운동을 통해 조명한 대표적인 사회학적 연구서는 구해근 지음, 신광영 옮김, 『한국 노동계급의 형성』이 있다. 구해근은 한국의 급속한 산업화 과정에서 노동자들이 억압적인 공장노동에 적응해가며 노동자 권리와 노동계급의 정체성 인식 형성에서 가난의 감정이 크게 작용했다고 말한다. 즉 이들 노동자는 가난으로 인한 교육의 불평등이 곧 사회 불평등을 초래한다고 인식했는데 이것이 곧 계급 감정을 불러일으켰다는 것이다. 특히 가난의 감정이 낳은 '한'은 노동자들의 연대감을 형성하는 데 크게 이바지했으며 이 맥락에서 '한'은 사회정의를 위한 투쟁과 저항으로 이어졌다고 설명한다. 구해근 지음, 신광영 옮김, 앞의 책, p. 202.

성(아담)을 일깨워 절대 권력자인 신으로부터 해방시킨 최초의 해방론자라고 말했듯이, 한국 여성 노동자들 역시 노동자 정체성을 확립하여 절대 권력자인 기업주와 박정희 군사독재권력에 대항해 계급투쟁을 벌인 계급투쟁 전사인 동시에 민주화운동의 실질적인 주체였다. 조르주 상드(George Sand)에게 소설은 '남성의 압제에 대항한 여성의 외침'이라면, 마리 다굴에게 있어서 소설은 무엇보다 약자와 소외된 자들을 향한 사회 총체적인 억압과 압제의 형태를 폭로해주는 도구였다. 마리 다굴에게 있어서 여성은 단지 아버지, 남편 혹은 남성 성직자 등 절대적인 남성 중심 체제에 희생하고만 살아가지 않는다. 그녀의 소설 속 여주인공은 남성의 권위적인 사회에서 벗어나 노동자들과 가난한 약자, 그리고 억압받는 자들과 서로 결속하여 정의와 진실의 선견을 나누면서 가부장적인 사회의 틀과 단절하고 살아간다. 여성의 운명은 '위대한 불행의 목소리'를 보여주고 있다. 진보주의자는 여성에게서 나오며, 그리하여 그 상징적인 인물로 재창조된 여성은 그리스도의 구원을 향해 가는 희생적인 여정을 보여준다. 이들 여성의 이야기들은 권리의 개념과 자유의 사상을 도덕적 차원에서 오늘 우리에게 여성 노동자들의 투쟁이 지닌 의미를 다시 생각하게 한다.[57] 한국의 억압적이고 폭력적인 남성 중심 사회를 타파하고 자유롭고 평등한 사회를 구현하고자 투쟁한 한국의 이브인 이들 여성 노동자들은 스스로의 희생을 통하여 사회혁명으로 나아간 민주화의 주역들이었다. 1970년대 산업의 주체이면서 동시에 가족의 생계를 책임졌던, 그리고 사회로부터 소외당하고 약자로서 살면서도 노

---

57 Sophie Vanden Abeele, "La nouvelle Ève ou l' 《esprit de liberté》 féminin dans la fiction romanesque de Marie d'Agoult(1842-1847)", *Revue Tangence*, Number 94(Fall, 2010), pp. 45~60.

동운동을 통하여 노동자 계급의 정체성을 확립해나갔던, 그리고 '공순이'라는 멸칭으로 불렸던, 도시의 하층계급 여성 노동자들은 자신을 희생해가며 가족과 국가를 지탱했다.

1970년대 박정희 군사정권에 맞서 노동자의 권리를 찾기 위한 여성 노동자 공순이들은 남성 노동자들보다 더 지독하게 싸웠다. 사회적인 차별과 멸시에도 불구하고 오직 '인간다움'과 남성 중심의 억압적인 사회적 전통을 무너뜨림으로써 여성의 권리를 회복하고자 한 이들의 몸부림은 계급투쟁을 넘어 페미니즘 운동, 민주화운동으로 발전했고, 더 나아가 기성세대의 가치관과 세계관을 뛰어넘고자 했던 '아방가르드(Avant-garde)'의 선구자가 되었다.[58]

프랑스 시인 랭보(Jean Nicolas Arthur Rimbaud)가 설명했듯이 아방가르드가 사회적 진보의 최전선에서 진보를 확대해나가는 것이라면[59] 한국의 '공순이'는 약자에 대한 억압적인 사회를 개혁하고 인권이 존중받는 진보한 사회를 구현하고자 앞장섰던 '이브(Eve)'였다. 말하자면 아방가르드는 정치적으로 전통의 삶을 변화시키고 기존 사회제도의 모순, 기

---

58 아방가르드(Avant-garde)는 19세기부터 전통적인 기존 사회를 부정하고 새로운 사회와 정치를 개혁하고자 한 사회개혁의 급진파를 지칭하는 말로 쓰이다가 20세기에 접어들어 예술 용어로 정착되었다. 아방가르드는 원래 최전선, 최전방을 의미하는 프랑스 군사 용어로 사용되었으나 이후 정치, 문화, 미술, 패션, 음악, 영화 등 예술 영역 전반에 적용되었으며 기존의 흐름을 뛰어넘은 혁신적이고 실험적인 사람이나 작업 결과를 의미하게 되었다. Peter Bürger, "Avant-Garde and Neo-Avant-Garde: An attempt to answer certain critics of Theory of the Avant-garde", trans. Bettina Brandt & Daniel Purdy, *New Lieterary History,* Vol. 41, No. 4(Autumn, 2010), pp. 695~715.

59 Peter Bürger, "Avant-garde", *Encyclopedia of Aesthetics,* ed. by Michael Kelley(New York: Oxford University Press, 1998), p. 187.

득권자들의 지배력에 의한 계층 간 삶의 불평등을 극복하고자 하는 도전이다.[60] 그러므로 이들 공순이의 저항과 투쟁은 영등포산업선교회, 가톨릭 노동청년회 등의 교회와 민중 지향적인 지식인들의 후원과 지지를 받으면서 성장해갔으나, 투쟁을 이끈 주체는 바로 여성 노동자들 자신이었다. 이들은 고된 노동과 가난으로 고통의 생활을 보내면서도 영등포산업선교회의 소그룹 활동에 참여하여 인명진으로부터 받은 의식화 교육을 통해 세상의 이치를 깨치고 인간의 존엄성과 인간다운 삶의 권리를 깨달았다. 이 의식의 힘으로 이들은 불의한 세상에 저항을 시작한 것이다.

한국 여성들은 오랫동안 유교적 관습에 의해 순종과 복종만 강요받았고 남성 중심의 가부장 풍습 속에서 차별을 받았다.[61] 이뿐 아니라 여성은 가족을 위해 가장 먼저 희생을 요구받았다. 예컨대 가족의 생계를 위

---

60 Peter Bürger, 앞의 글("Avant-garde"), p. 188. 장 프랑수아 시리넬리(Jean-François Sirinelli)는 1894년 프랑스에서 일어난 드레퓌스 사건(Dreyfus Affair)을 두고 그의 무죄를 주장하며 드레퓌스파 진영을 형성했던 소위 지식인(Intellectuels)들에 대하여 미술계의 인상파와 마찬가지로 기존 기득권 세력을 타파하고 새로운 시대를 열어가고자 한 '아방가르드'로 정의했다. 아방가르드에 대한 정의는 Pascal Ory, Jean-François Sirinelli, *Les intellectuels en France: De l'affaire Drefyus à nos jour*(Paris: Armand Colin, 1992)를 참조. 드레퓌스 사건은 1871년 독일과의 전쟁에서 패배한 프랑스를 휩쓴 군국주의와 민족주의, 반유대주의 등의 분위기 속에서 독일 간첩으로 억울한 누명을 쓴 포병 대위 드레퓌스 사건을 두고 인권과 정의를 외친 드레퓌스파와 국가주의와 민족주의를 주장한 반드레퓌스파로 양분되어 격렬한 논쟁이 벌어졌던 정치적 스캔들을 말한다.

61 이러한 전통적인 남성들의 여성관이 여성 노동자들에게 큰 영향을 미쳤다. Elaine H. Kim, 앞의 글, pp. 67~117. 예컨대 동일방직 공장의 경우 종업원 80% 이상이 여성이었지만 노조 지부장은 항상 남성이었다. 이는 다른 공장들도 마찬가지로 이것은 노동현장에서도 비민주적이고 가부장적 전통이 지배하고 있었다는 것을 보여준다.

해 돈을 받고 부자의 후처로 들어간다든가, 남동생이나 오빠의 학비 혹은 부모님의 양육비, 질병 치료비, 약값 등을 부담해야 했다. 이렇게 희생적인 삶을 살아온 여성 노동자들이 노동현장에서도 최하층에 속했다.[62] 특히 여성 노동자들은 경제개발과 산업화에 많은 이바지를 하고 있었으나 동료인 남성 노동자들이나 기업주로부터 실질적인 노동자로 인정받지 못했고 항상 공장에서 가장 낮은 위치에 있었다. 사실상 1970년대 여성 노동자들의 계급투쟁과 노동운동의 주요 패배 원인은 소위 '공돌이'로 불렸던 남성 노동자들의 방해 때문이었다. 이런 상황 속에서도 여성 노동자들은 노동조합에 회유당한 남성 노동자들과 기업주, 어용노조를 상대로 더욱 급진적인 투쟁을 펼쳐나갔다.[63]

1970년대 한국 산업 지형은 여성 노동자들의 고용이 가장 많은 수출형 경공업이 대부분을 차지하고 있어서 여성 노동자들의 수가 남성보다 더 많았고[64] 여성들의 정서 문화가 그만큼 강하게 작용하여 노동운동의 결집력을 강화하는 데 좋은 여건이 형성되어 있었다. 물론 여성뿐 아니라

---

62 인천도시산업선교회 실무자였던 조화순 목사가 "여성 노동자들이 가장 소외를 당하고 억압을 당한 사람들"이라고 말했던 것처럼 여성 노동자들은 노동현장에서 가장 하부에 속한 약자였다. Cho Wha Soon, *Let the Weak Be Strong: A Woman's Struggle for justice*(Blooming, Ind: Meye Stone, 1988), p. 135.

63 이러한 여성 노동자의 급진화는 Seung-kyung Kim, *Class Struggle or Family Struggle: The Lives of Women Factory Workers in South Korea*(Cambridge: Cambridge University Press, 1997), pp. 103~104를 볼 것.

64 1970년대는 주로 여성 노동자들이 만드는 섬유 등 경공업 제품과 전자제품이 전체 수출에서 차지하는 비중이 47%나 되었다. 특히 종업원 1,000명 이상 대규모 제조업체에서 여성 노동자가 차지하는 비율은 1970년에 61.8%, 그리고 1979년에는 56.9%를 차지했다. 수출이 많은 대규모 공장일수록 적어도 1970년대까지는 남성 노동자보다 여성 노동자가 훨씬 더 많았다. 이옥지·강인순, 앞의 책, 제1권, pp. 124~125.

남성 노동자들도 저임금과 장시간 노동을 하며 가족을 부양해나갔다. 대개 장남인 남성 노동자들은 부모를 모시며 동생들의 학비를 마련하는 등 가족의 모든 생계를 도맡았다. 그러나 남성 노동자들은 여성 노동자와 비교하면 상대적으로 임금이 많았고, 임금을 많이 받을 수 있는 직업 선택의 폭도 넓었다.[65] 즉 자본주의 사회 속에서 박정희 군사정권의 경제개발은 여성 노동자들을 가장 쉬운 착취 대상으로 삼았던 반면, 그나마 남성들에게는 부를 축적할 수 있는 좋은 기회를 제공한 것이다.[66]

그렇지만 아직 충분한 경제성장이 이뤄지지 못한 단계에서 가난은 남녀 노동자 모두에게 공통된 것이었다. 더욱이 조선 시대 신분제로부터 이어져온 계층 간의 차별과 멸시의 감정이 여전히 유지되고 있어서 우리 사회에서 이들 하층민 노동자들은 냉대를 받았다.[67] 가난하고 배우지 못한 이들 모두가 사회로부터 천대를 받는 그런 존재였다. 아무리 열심

---

65 1980년 한국 여성 노동자의 평균 임금은 남성 노동자의 44.5%에 불과했다. 1970년대 말 남성 노동자의 90% 정도가 10만 원 이상의 임금을 받았으나 여성 노동자들은 평균적으로 5~6만 원 정도를 받았다. 이옥지·강인순, 앞의 책, 제1권, pp. 131~135.

66 루스 배러클러프(Ruth Barraclough)는 "자본주의 체제에서 여성 노동계급의 조직적인 착취는 한국에서뿐 아니라 다른 나라 산업사회에서도 나타난 특징"이라며 "한국에서 여성 노동자들의 저임금과 차별로 인한 착취를 강조하는 것은 자본주의의 특성을 잘 모르기 때문"이라고 비판한다. Ruth Barraclough, "The labour and literature of Korean factory girls", A thesis submitted for the degree of Doctor of Philosophy of The Australian National University, 2003, p. 58. 한편 소냐 로즈(Sonya Rose)는 영국의 산업계에서 여성 노동자들의 낮은 임금과 차별은 영국 근대 자본주의 산업화의 핵심적인 요소였다고 말한다. Sonya Rose, *Limited Livelihoods: Gender and Class in Nineteenth Century England*(Berkeley: University of California Press, 1992).

67 특히 우리가 알고 있는 문화적 영향과 일제강점기를 거치며 스며든 근대화에 대한 한국 여성들의 인식은 대부분 양반 여성과 귀족들의 경험에 기반을 둔 것이다. 한국의 근대화된 신여성의 모습은 양반 계급 상류층의 분위기를 지니고 있다. 젊은 신여성은 일제강점기 근대학교의 교육과 대도시의 백화점 그리고 카페

히 온몸을 바쳐 노동해도 수입은 가난한 집안의 생계유지에 턱없이 부족했다. 절망에 빠진 노동자에게는 마지막 희망이 죽음뿐이었다. 조세희의 소설 『침묵의 뿌리』는 이렇게 묘사하고 있다.

"시멘트 다리 밑으로 고리 지은 줄을 내려 목을 맨 남쪽 도시의 한 노동자는 1년 내내 일을 해도 60만 원을 벌 수 없었다. 불치의 병을 앓는 아버지와 어머니, 그리고 자기가 돈 대주지 않으면 당장 학교를 그만두어야 할 두 동생을 남겨놓은 채 그는 죽었다. 1978년에 240억 원의 개인소득을 올렸던 노인은 1985년에 도착해 '문어발 시대는 지났다'라고 말했다. 그 노인과 젊은 나이에 죽은 남쪽 도시의 한 노동자 사이에는 4만 4, 5천 배의 소득 격차가 있었다."[68]

1974년 청계천에서 빈민선교를 하기 위해 활빈교회를 설립한 김진홍 목사는 당시 서울 청계천 지역주민의 상황에 대해 이렇게 설명하고 있다.

"서울의 한 중심가를 가로질러 청계천은 시내의 온갖 오물을 담고 한강으로 흘러들어간다. 이 청계천 제방을 끼고 15년 전부터 무허가 판자촌이 형성되어왔다. 지난날 피폐했던 농촌을 떠나 무작정 상경한 이농민을 중심

에서의 친교 등 근대적인 분위기를 경험하지만, 하층 여성들은 공장이나 초라한 장소에서 근대화를 경험한 것이다. Michael Robinson ed., *Colonial Modernity in Korea*(Cambridge: Harvard University Press, 1999), 특히 7장과 8장을 보라. 보통 일제강점기의 공장 여성 노동자들은 자본주의 기업가에 의해 채용되지만 가난하고 고립된 젊은 여성들의 낮은 사회적 상태는 한국에서 오래된 전통이었다. Ruth Barraclough, 앞의 글, p. 60.

68 조세희, 『침묵의 뿌리』, 열화당, 1985, pp. 62~63.

으로 도시의 생존경쟁에서 낙오된 빈민들 1만 2,000여 세대의 6만의 방대한 인구가 밀집해 살고 있다. 이들은 빈곤과 질병, 무지 속에서 인간 이하의 삶을 영위하고 있다. 주택은 흙으로 된 토담집에 비가 오면 새고 연탄가스의 위험이 있고 환기가 되지 않는 캄캄한 단칸방에 많은 수의 가족이 모여 살기 때문에 전염병이 많고 전기도 없고 전과자가 많은, 문화 혜택을 조금도 받지 못한 슬럼 지역이다."[69]

해방 이후 한국 사회는 혼란과 동족상잔의 전쟁을 거치면서 조선 시대부터 내려온 신분제 감정이나 혹은 부자와 가난한 자의 경계 등 모든 것이 다 파괴되었다. 그 평평한 사회구조 속에서 1960년대 쿠데타로 정권을 잡은 박정희 군사정권이 추진한 경제개발 정책은 그야말로 혼돈 그 자체였다. 자본주의 체제를 완성하려는 박정희 군사정권은 이에 맞는 사회적 질서를 확립하기도 전에 전체주의적 체제를 구축하여 모든 통치 활동을 펼쳐나갔다. 이로 인한 무수한 부작용은 필연적이었으나 가난한 노동자 등 하층계급들이 이를 견디어내기에는 너무나 많은 희생을 감수해야 했다. 더구나 이들 계층은 정부나 혹은 기업 등 부유한 계층들로부터 도움을 받기보다 더 철저한 배척을 당하였다.

인명진이 이제 막 목회자로서 세상에 나와 몸을 담았던 곳, 영등포산업선교회에서 노동자에게 관심을 갖게 된 것은 노동문제 이전에 그들의 삶에 관한 문제 때문이었다. 그는 멸시와 억압을 받으며 비참한 삶 속에서 신음하던 가난한 사람들이 사는 곳, 즉 우리 사회의 그늘을 본 것이다. 그리고 그는 단지 눈에 보이는 노동문제가 아니라 인간에게 더 관심

---

69 「김진홍 전도사 신상명세서」, 김명배 엮음, 앞의 책(Ⅷ), pp. 281~282.

을 두고 노동자들의 편에 서게 되었다. 노동자들의 삶의 현장이라는 것과 관련해 인명진은 "노동문제가 아니라 월급을 못 받는 것, 해고당하는 것, 공장에서 재해를 당하는 것, 매 맞는 것, 장시간 노동 등 이런 노동자들의 현실 문제를 해결해주기 위해 노동자 문제와 관련을 맺을 수밖에 없었다"라고 말한다.[70]

이렇듯 많은 노동자들이 인간으로서의 권리인 '인권'을 박탈당하고 있었다. 이 때문에 인명진이 가장 우선적으로 추구한 산업선교의 목적은 바로 노동자의 인권 회복이었다. 1972년 영등포산업선교회 실무자로 부임하기 전 인명진은 25만 원짜리 단칸방에 세 들어 살면서 영등포 내 공장의 15개 그룹 2,000명의 노동자를 지도하고 있었다. 이때 인명진의 월수입은 48,000원으로, 그나마 셋방 얻는 데 든 보증금이 빚이어서 이자를 내고 나면 생계비를 제대로 충당하지 못할 만큼 빈궁한 생활을 면치 못하고 있었다. 그의 이런 생활에 불만을 가진 인명진의 부친은 아들 인명진과 일체의 연락을 끊고 지냈다. 보수적인 기독교 신앙을 지닌 부친은 빨갱이 소리를 들어가며 산업선교 활동을 하던 아들 인명진을 몹시 못마땅하게 여겼다. 인명진 자신도 최하층민에 속했기에 그는 노동자들의 가혹한 삶의 현장을 보고서 그들의 아픔을 함께 공유하며 앞장서서 인권 투쟁에 참여할 수 있었다.

인명진이 영등포산업선교회의 실무자로 일하기 시작했던 1973년은 박정희 군사정권이 권력유지와 영구집권을 위해 유신체제를 출범한 시대여서 그 어느 때보다 노동운동이나 민주화운동을 비롯해 그 어떤 집단 행동이든 철저하고 무자비하게 탄압받던 시기였다. 그러나 인명진이

---

70 「인명진 구술녹취 전문」, 제1차(2011. 1. 6.), 김명배 엮음, 앞의 책(Ⅷ), pp. 298~299.

가난한 민중 편에서 섰다고 해서 그가 급진적인 사상을 지닌 건 아니었다. 그의 이념은 자본주의도 아니고, 그렇다고 공산주의나 사회주의도 아니었다. 그의 사상은 철저하게 기독교 신앙이었다. 기독교의 이념적 기초는 소위 '공동체'를 중심으로 한 사회주의이다. 이 사회주의는 정치적 이데올로기가 아닌 인간애, 즉 '이웃 사랑'을 토대로 기독교가 추구한 이상세계인 '천국'을 이 땅에 건설하려는 종교적 신념이었다. 이와 달리 노동운동에 참여한 학생이나 혹은 진보적 지식인들은 대개 정치적 이념에 치우친 경우가 많았다.

기독교의 대표적인 교육기관인 크리스천 아카데미의 경우 교육위원들은 주로 사회주의 이념에 의한 정치적 성격을 강하게 띠었다. 노동문제와 무관하게 이들 실무자는 사회주의 이론을 한국 사회의 모순 해결을 위한 대안으로 설정했다.[71] 이 때문에 이들이 주도한 아카데미 노동교육은 정치교육을 통해 민주노조 간부들이 노동문제를 인식하고 이를 위한 투쟁을 벌이게 하는 것이었다. 특히 70년대 가난의 감정과 정서는 부자와 정치 권력의 억압과 결합함으로써 감정적인 동시에 정치적인 성격을 가졌다. 그리하여 영등포산업선교회나 혹은 크리스천 아카데미의

---

71 농촌사회 간사는 이우재, 장상환, 황한식, 여성사회 간사는 한명숙, 산업사회 간사는 신인령, 김세균으로, 이들은 1978년부터 '사회주의 학습 6인 클럽'을 비공개로 구성하여 마르크스주의 등을 학습하면서 교육을 매개로 한 민중운동의 방향을 모색했다. 크리스천 아카데미 사건 공소장을 통해 확인되는 이들의 학습교재는 평양방송 – 맑스·레닌주의 방송대학 강좌, 통혁당 목소리 방송, 모스크바 한국어 방송 등을 청취, 북한에서 발행한 『현대사상연구』, 『조선 여성 독본』, 마르크스의 『공산당 선언』, 『자본론』, 『국가와 혁명』, 『가족, 사유재산 및 국가의 기원』, 『반 듀링론』 등이었다(크리스천 아카데미 사건 공소장 1979형 16567호). 유경순, 「학생운동가들의 노동운동참여 양상과 영향 – 1970년대를 중심으로」, 『기억과 전망』, 제29호, 민주화운동기념사업회, 2013년 겨울호, p. 87.

교육 프로그램에서는 민중들이 사회적인 불평등을 인식하고 대중적인 공감대 형성을 위한 자발적인 정치 혹은 사회운동을 펼쳐서 평등 사회를 지향해나가도록 하는 의식화 교육이 절실했다. 이에 따라 크리스천 아카데미는 노동자들에게 글쓰기 교육을 함으로써 이들이 스스로 사회 불평등에 관해 깨달아가도록 이끌었다.[72] 그러나 인명진은 노동운동과 교육에 있어서 이러한 이념과 정치성을 철저하게 배격하고 오로지 기독교 신앙관에 충실했다. 다음의 글은 인명진의 이러한 기독교적 이념을 잘 표현하고 있다.

"나는 이념 서적을 읽어본 적도 없고, 어떤 이념에 의해서 노동운동을 해 본 적도 없다. 이건 순전히 성경적인 예수의 가르침이고 이 가르침을 말씀 그대로 믿으며 선업선교회를 한 것이다. 나는 이념 논쟁이 한창 휩쓸었을 때도 후배들에게 어떻게 해서 예수가 마르크스에게 힘을 못 쓰냐. 어떻게 예수가 모택동에게 쩔쩔매냐. 왜 예수가 김일성에게 쩔쩔매냐. 어떻게 성경이 주체사상에 쩔쩔매냐. 우리 기독교인은 예수 깃발을 꽂고 살아야 한다. 예수와 성경은 그 어떤 혁명보다 폭발적이다. 바로 여기에 혁명 지침이 있다. 내가 산업선교회에서 일하는 것도 예수와 성경을 따라서 한 것이다. 요즘 세상에 예수가 왔다면 공장에 갔을 것이다."[73]

---

72 1970년대 가난에 의한 강렬한 감정은 같은 감정을 지닌 가난한 자들의 공동체 정서 속에서 개인의 삶이 강력하게 억압된 환경과 밀접한 관계를 맺고 있다. 가난에 의한 비참함의 감정은 당대 독서 대중을 수기와 소설의 주체가 되게 하였으며, 무엇보다 이 감정은 노동자들의 글쓰기 특징이 되었다. 이 과정에서 크리스천 아카데미의 역할이 컸으며, 가난의 강렬한 감정을 단지 대중적인 유행으로 만들지 않았다. 이에 대해 이정숙, 「1970년대 한국 소설에 나타난 가난의 정동화」, 서울대학교 박사학위 논문, 2014를 보라.

인명진은 어린 여성 노동자들의 고난을 바라볼 때 자신의 마음속에 솟구친 예수 정신의 신념을 뿌리칠 수가 없었다. 그것은 예수 그리스도가 그랬듯이 자신도 가난하고 핍박받는 낮은 자들을 위해 희생하는 사랑의 신앙이었다. 그래서 인명진은 이들 여성 노동자들에게 가장 중요한 것이 바로 인간 사랑이라는 예수 그리스도의 정신임을 가르쳤다. 인명진은 이에 따라 소그룹 활동 회원인 여성 노동자들에게 이 예수 신앙을 가져야 불의한 세상을 정의로운 세상으로 바꿀 수 있다고 강조했다. 인명진이 이끈 의식화 교육은 정치적이고 이념적인 것이 아니라 인간의 본질적인 권리와 사회정의 실현을 향한 것이었다. 그의 이러한 정신에 의하여 어린 여성 노동자인 공순이들의 저항이 시작되었다. 한국 민주노동운동의 불길은 이렇게 타올라 점차 남성 노동자들에게, 그리고 사회 전반으로 확대되어갔다. 어린 이브가 자본가와 권력에 복종과 순종으로 사로잡힌 아담을 일깨워 해방의 길로 나아가게 했다. 인명진의 이 희생적인 활동은 곧 박정희 유신독재정권에게 도전으로 받아들여졌다. 그의 고난은 가혹하고 혹독했다.

---

73 「CBS 인명진 목사 영상 인터뷰」, 김명배 엮음, 앞의 책(Ⅷ), pp. 431~432.

고난의 길—감옥살이

노동자들을 탄압함으로써 기업의 이익을 보호하고 수출에 매진하며 경제개발에만 몰두했던 박정희 군사정권하의 1970년대는 사회불안이 점점 증폭되어가고 있었다. 이런 사회불안의 움직임을 잠재우기 위해 박정희 군사독재정권은 반공과 안보를 내세워 '빨갱이 몰이'에 심혈을 기울였다.[74] 1971년 제7대 대선에서 김대중 후보를 가까스로 물리치고 당선된 박정희 대통령은 합법적으로 임기를 연장하기 위해 개헌을 해야했다. 그러나 여당인 공화당이 대선 한 달 후에 치러진 5월 25일 국회의원 선거에서 개헌 가능 의석을 확보하지 못하자 박정희 대통령은 비합법적인 수단을 동원했다.[75]

그리하여 1971년 10월 15일, 민간 치안 유지를 명목으로 헌법의 근거도 없이 대통령 명령만으로 군대를 동원할 수 있는 위수령을 발포하고

---

[74] 박정희 군사독재정권이 채택한 반공주의는 적대 세력에 대한 대항과 억압의 이데올로기로 작용했다. 반공주의의 제도적 토대인 국가보안법이 사실상 정치적 반대파를 억압하기 위해 제정된 것이며 이에 따라 정권에 대한 내부의 반대자는 섬멸시켜야 할 적과 동일시된 채 일상적인 '피해 양의 정치'와 그 극단으로서의 '정치적 죽음'이 출현하게 되었다. 서중석, 「정부수립 후 반공체제 확립 과정에 대한 연구」, 『한국사연구』, 제90호, 한국사연구회, 1995, p. 90. 반공 아니면 모두 용공이라는 획일화된 도식이 통용되면서 반공주의자 아니면 '빨갱이'라는 이분법적 사고로 인해 저항 세력은 나라와 민족에 대한 반역의 증표이자 범죄자를 의미하는 것이었다. 따라서 국가보안법상 법과 질서 유지를 구실로 정보기관에 의한 대국민 사찰은 일상화되었고 정치적 도전과 항거에 대한 불법 체포와 납치, 고문이 횡행하였다. 조현연, 『한국 현대정치의 악몽 – 국가폭력』, 책세상, 2000, p. 123.

[75] 국회 재적 의석은 204석으로 여당 민주공화당은 48.8%를 득표하여 113석을 확보했고 야당 신민당은 44.4%를 획득하여 89석을 얻었다.

교련 반대시위를 탄압했다. 그리고 박정희 군사정권은 국가안보 최우선 정책을 내세우며 무책임한 안보 논의가 국민을 불안케 한다는 이유를 들어 12월 6일 국가비상사태를 선포했다. 이를 법적으로 뒷받침하고자 여당이 대통령에게 강력한 비상대권을 부여하는 소위 '국가 보위에 관한 특별조치법안'을 국회에서 통과시키자 박정희 대통령은 비상사태를 빌미로 영구집권을 위한 헌법 개정 작업에 착수했다. 비상시국이란 명분 속에서 엄격한 통제가 시행되는 가운데 1971년 10월 27일 비상국무회의에서 헌법개정안이 의결, 공고되자 11월 21일 국민투표를 거쳐 확정되었다. 이것이 바로 유신헌법이다.

박정희 대통령은 12월 13일 비상계엄령을 해제하고 새로 제정한 유신헌법에 따라 1972년 12월 15일 대통령 선출을 위한 통일주체국민회의 대의원 선거를 치렀고, 당선된 5,000명의 대의원들은 12월 23일 제1차 국민회의를 개최하여 박정희를 대통령으로 선출했다.[76] 그리고 1973년 2월 27일 국회의원 선거를 통해 의원 정수 3분의 2를 뽑고 나머지 3분의 1은 각 시도별 통일주체국민회의 지역회의에서 찬반투표로 선출되었다. 이러한 선거 방식은 공산주의 같은 전체주의국가에서나 가능한 것으로, 이는 박정희 군사독재정권의 영구집권을 위한 것이었다.

이렇게 박정희 대통령이 유신체제를 완성하자 진보적 지식인들이나 학생들은 크게 반발하고 항거에 나서게 되었다. 박정희 군사정권은 바로 이 유신헌법에 따라 긴급조치를 제정하여 자신을 향한 반대파들을

---

76 통일주체국민회의 대의원은 국민 직접선거로 선출되었으나 대통령이 의장직을 맡고 대의원은 정당 가입이 금지되었다. 대통령 선출은 토론 없이 무기명 투표로 진행하도록 규정되어 선출 방식이 형식적이었다.

잔혹하게 탄압했다.[77] 유신헌법은 박정희의 영구집권을 위한 악법으로 국회의 회기 일수를 제한하고 전체 국회의원 가운데 3분의 1을 대통령이 지명할 수 있게 함으로써 박정희 대통령이 국회를 마음대로 조정할 수 있도록 했다. 대통령은 법관 임명권뿐 아니라 법원의 위헌법률심사권까지 폐지하여 이를 헌법위원회에 부여함으로써 입법과 사법권을 모두 장악한 무소불위의 권력자가 되었다.[78]

유신독재체제는 박정희 대통령의 종신 집권을 위한 민주주의 체제와 3권분립 및 국민의 기본권을 철저하게 파괴했다. 게다가 노동기본권 탄압을 통해 기업에 많은 혜택을 주어 대기업의 자본축적을 용이하게 해주었다. 기본적인 자유민주주의 공화정 체제를 무너뜨린 유신독재체제는 결국 국민의 저항을 불러일으키고 말았다. 특히 1973년 8월 중앙정보부의 '김대중 납치사건'이 일어난 후 유신 반대 투쟁은 전국 각 대학과 지식인, 종교계, 언론계 등으로 확산되어갔다. 박정희 유신정권은 아홉 차례의 긴급조치와 휴교령, 시위 주모자 학생 제적, 교수 해직, 민주화운동 인사들의 투옥, 사형 등 온갖 탄압 수단을 동원했지만, 민주화 투쟁은 멈추지 않았다.

이 투쟁은 재야 민주화 세력을 형성하면서 그동안 침묵했던 야당까지도 이에 합세하게 되었다. 유신 반대 투쟁이 격화되자 박정희 대통령은 1974년 1월 8일 긴급조치 1, 2호를 발표했다. 그러자 이해학 전도사, 김진홍 전도사, 이규상 전도사, 김경락 목사 등이 종로5가 소재 한국기독

---

77 권혜령, 「유신헌법상 긴급조치권과 그에 근거한 긴급조치의 불법성」, 『법학논집』, 제14권, 제2호, 이화여자대학교 법학연구소, 2009, pp. 181~221.

78 헌법위원의 9명 중 3명은 대통령이 임명하고 국회에서 지명한 3명과 대법원에서 지명한 3명 등을 모두 대통령이 임명하여 대통령이 사법권을 완전히 장악했다.

교교회협의회에 모여 시국선언 기도회를 개최한 데 이어 진보 기독교 목회자들은 1월 17일 긴급성명 발표를 통해 "긴급조치는 국민을 우롱하는 처사이며 개헌 논의는 민의에 따라 자유롭게 전개되어야 한다"고 주장하며 "유신체제를 폐지하여 민주질서를 회복할 것"을 촉구했다.[79] 그러자 이들은 경찰에 연행되었는데 이날 참석하지는 않았으나 이 성명서에 서명한 인명진을 포함하여 관련자 11명이 21일에 모두 구속되었다.

이 시국선언 기도회 사건은 긴급조치 발표 이후 최초로 일어난 한국 진보교회의 저항운동이었다. 이 사건으로 구속된 이들 가운데 4명은 석방되었으나 인명진, 김진홍 전도사 등 6명은 2월 7일 비상보통군법회의에서 징역 10~15년의 중형을 선고받았는데 이 가운데 인명진은 10년형을 선고받았다.[80] 하지만 유신헌법에 대한 국민의 저항이 거세지자 박정희

---

79 긴급조치(緊急措置)는 1972년 발표된 유신헌법 53조의 규정에 따라 대통령의 권한으로 취할 수 있었던 특별조치를 말한다. 당시 박정희 대통령은 이 조치를 통해 헌법상 국민의 자유와 권리를 잠정적으로 정지할 수 있는 권한을 가지게 되었다. 긴급조치권은 1974년 1월 8일 제1호를 시작으로 모두 아홉 차례 공포됐다. 긴급조치 1호의 내용은 다음과 같다. ① 대한민국 헌법을 부정, 반대, 왜곡 또는 비방하는 일체의 행위를 금한다. ② 대한민국 헌법의 개정 또는 폐지를 주장, 발의, 청원하는 일체의 행위를 금한다. ③ 유언비어를 날조, 유포하는 일체의 행위를 금한다. ④ 전 1, 2, 3호에서 금한 행위를 권유, 선동, 선전하거나 방송, 보도, 출판, 기타 방법으로 이를 타인에게 알리는 일체의 언동을 금한다. ⑤ 이 조치에 위반한 자와 이 조치를 비방한 자는 법관의 영장 없이 체포, 구속, 압수, 수색하며 15년 이하의 징역에 처한다. 이 경우에는 15년 이하의 자격정지를 병과할 수 있다. ⑥ 이 조치에 위반한 자와 이 조치를 비방한 자는 비상군법회의에서 심판, 처단한다. ⑦ 이 조치는 1974년 1월 8일 17시부터 시행한다.

80 긴급조치 1호는 유신헌법에 대해 일체의 언급을 금지하고 위반자는 영장 없이 체포, 15년 이하의 징역에 처하도록 하고, 동시에 발표된 긴급조치 2호는 긴급조치 1호 위반자의 처벌을 위한 비상군법회의 설치를 규정했다. 한편 진실·화해를 위한 과거사정리위원회가 박정희 군사독재정권에서 긴급조치 위반으로 기소된 589건의 사건 1심·항소·상고심 판결 1,412건을 분석한 보고서에 따르면 전체 589건

군사정권은 1975년 2월 12일 '유신헌법 신임 국민투표'를 실시하고 2월 15일 긴급조치 1, 4호를 통해 인명진을 비롯한 위반자 148명을 형집행 정지로 석방하는 등 유화정책을 펼쳤다. 다음의 인용문은 몇 마디 정부를 비판했다고 긴급조치 1호 위반 혐의로 억울하게 고문과 감옥살이를 했던 평범한 시민의 이야기이다. 국가권력의 횡포가 얼마나 가혹했는지를 생생하게 보여주고 있다.

"1974년 6월 7일 오후, 경기도 평택의 오종상(당시 33세) 씨 집에 점퍼 입은 남자 2명이 들이닥쳤다. '본부'에서 나왔다는 그들은 경기도 수원으로 가자며 오씨를 차에 태웠다. 오씨는 겉옷도 못 걸친 러닝셔츠 바람이었다. 중앙정보부 수원지부를 거쳐 그날 저녁 오씨가 도착한 곳은 서울 남산의 중앙정보부였다. 취조가 시작됐다. 수사관들은 다짜고짜 지난 5월 17일과 22일 정부 시책을 비판하고 북한을 찬양하지 않았느냐며 오씨를 '빨갱이', '자생적 공산주의자'로 몰아붙였다. 빨갱이라는 말에 숨통이 조여왔다. 기억을 더듬었다. 읍내 가던 버스에서 여고생들에게 건넨 얘기가 떠올랐다. 반공·근면·수출 증대가 주제인 웅변대회에 나간다는 학생들에게 오씨가 한 말은 이랬다. 수출 증대가 뭔지 아냐? 선량한 노동자의 피를 빨아먹는 일이다. 정부가 분식을 장려하는데 정부 고관과 부유층은 분식이랍시고 국수 약간에다 달걀과 고기를 듬뿍 넣어 먹는다. 민주주의 못 하는 유신체제 아래서 가난하게 사느니, 이북하고 통일해서라도 잘사는 게 낫다. 오씨에게 적

의 재판 중 가장 많은 282건(48%)이 음주 대화나 수업 중 박정희·유신체제를 비판한 경우였고, 191건(32%)은 유신 반대·긴급조치 해제 촉구시위·유인물 제작 관련 사건이었다. 또 85건(14.5%)은 반유신 재야운동·정치 활동, 29건(5%)은 국내 재산 해외 반출·공무원 범죄 등, 2건(0.5%)은 간첩 사건으로 파악되었다.

용된 혐의는 긴급조치 1호(유언비어 날조 및 유포 금지) 및 반공법 위반(북한
찬양)이었다. 밤낮 없는 구타와 고문이 이어졌다. 혐의를 인정해야 끝날 기
세였다. 그들은 공산주의를 찬양하는 말을 학생들에게 했는지 집중적으로
물었다. 부인할 때마다 여지없이 각목이 날아들었다. 매질은 팔과 등, 머리
를 가리지 않았다. 온몸이 피투성이가 됐다. 기절했는데, 여의사인지 간호
사인지 들어와 주사를 놓았다. 정신을 차리면 조사가 다시 시작됐다. 혐의
를 부인할 때면 몽둥이가 날아들었다. 이틀 동안 몇 시간도 못 잤을 것이다.
일주일 뒤 오씨는 구치소로 이감됐다. 1974년 7월 기소돼 비상보통군법회
의에서 징역 7년, 자격정지 7년을 선고받은 오씨는 비상고등군법회의를 거
쳐 1975년 2월 대법원에서 징역 3년, 자격정지 3년의 형을 확정받았다. 억
울함을 호소하는 오씨의 절규에 어느 판사도 귀 기울이지 않았다. 사법부는
유신체제를 지탱하는 기둥이었다."[81]

이를 보면 인명진이 구속되어 겪은 수사관의 폭력이 얼마나 혹독했을
지 누구나 가늠할 수 있을 것이다. 당시 박정희 유신정권은 영등포산업
선교회뿐 아니라 인명진조차 소위 '빨갱이'로 몰아갔다.[82] 그러나 당시
검찰이나 치안본부, 중앙정보부 등 모든 수사기관은 공동조사팀을 꾸려
영등포산업선교회가 용공 세력인지 밝혀내려 했으나, 그 혐의를 조금도
발견하지 못하자 인명진이 구약성서 미가서 2장에 나오는 '망할 것들,
권력이나 쥐었다고 자리에 들면 못된 일만 꾸몄다가 아침 밝기가 무섭
게 해치우고 마는 이 악당들아'라는 구절을 들어 설교한 것을 빌미 삼은

81 「되돌아오는 유신, 독재의 추억」, 『한겨레 21』, 2012년 10월 19일 자.
82 『조선일보』, 1979년 8월 15일 자.

소위 '성서 재판'을 통해 영등포산업선교회를 유물론의 용공단체로 몰았고, 노동자들을 선동했다는 명목으로 인명진을 징역 1년에 처하고 복역시켰다. 노동문제에 개입한 인명진은 "우리는 월급을 더 달라고 한 적이 없다. 그저 약속한 월급은 줘야지, 일을 더 시켰으며 더 일한 만큼 임금을 떼먹지 말라고 한 것뿐이다"라고 회고했다.[83]

그렇지만 인명진을 향한 박정희 군사정권의 탄압은 여기서 그치지 않았다. 그는 또 1974년 1월 19일 긴급조치 1호 위반으로 구속 기소되어 징역 10년 자격정지 10년을 선고받고 13개월 동안 복역하다가 75년 2월 형집행정지로 출소했다. 그가 첫 번째 징역형을 산 것은 박정희 군사정치의 유신체제를 반대한 정치적 행위 때문이지만, 다음에 그가 구속기소되어 감옥살이한 것은 노동자들의 인간다운 삶의 권리를 찾기 위한 노동투쟁 때문이었다. 이후 인명진은 1978년 5월 긴급조치 9호 위반으로 구속되어 징역 1년, 자격정지 1년을 선고받고 6개월간 복역하다가 1978년 11월 역시 형집행정지로 풀려났으며, 1979년 8월 11일 또 YH무역 사건으로 국가 보위에 관한 특별조치법 위반 혐의로 세 번째 구속되는 고난을 길을 걸었다. 당시 감옥 생활에 대해 그는 이렇게 회고한다.

"제가 징역 살 때 물을 안 마셨어요. 왜냐면 방이 너무 좁으니까, 반듯하게 못 자고 칼잠을 자는 거예요. 그래도 너무 좁아서 두 명이 눕지 못하면 발로 밀고 한 명 눕고, 발로 밀고 또 한 명 눕고, 그러다 보면 중간에 있는 자의 머리가 방바닥에 닿지 않고 뜨는 거예요. 만일 화장실에 갔다 오면 누울 자리

---

83 MBC. 홍상운 연출, 〈이제 말할 수 있다: 대한민국의 역사 증언 다큐멘터리의 현주소〉, 2001년 8월 3일 방영.

가 없어 잠을 못 자는 거지요. 그러니 잘 때 물을 안 마시는 겁니다."[84]

그는 구속되어 조사받으며 온갖 구타와 물고문 등 참혹한 고문을 받는 중에 오히려 예수 그리스도의 십자가 고난을 생각하며 마음의 평정을 되찾았다고 술회한다. 그가 두 번째로 구속되어 감옥에 갇혔던 것은 1978년 4월 17일 청주도시산업선교회와 청주활빈교회가 주최한 '억울함을 당한 농민을 위한 기도회'에서 설교한 내용 때문이었다. 이때 인명진은 설교에서 구약성서 미가서 2장 1절과 7장 3절을 읽은 후 유신체제를 비판하며, 과거 구속되었을 때의 경험을 들어 교도소의 부정을 폭로했다. 인명진이 설교에 인용한 성경 구절은 이렇다.

"아, 답답하구나. 여름 과일을 따러 나섰다가, 포도송이를 주우러 나갔다가, 먹을 만한 포도송이 하나 얻지 못하고, 먹고 싶던 맏물 무화과 하나 만나지 못하듯, 이 나라에선 하느님의 은덕을 보답하는 사람 만날 수 없고 정직한 사람 하나 찾아볼 수 없구나. 모두가 피에 목말라 숨어서 남을 노리고 저마다 제 겨레를 잡으려고 그물을 친다. 몹쓸 일에만 손을 대고 관리들은 값나가는 것 아니면 받지도 않으며, 재판관들은 뇌물을 주어야 재판을 하고 집권자는 멋대로 억울한 선고를 내리는구나."(미가서 7장 1~3절)

당시 징역 선고를 받고 복역할 때 아내에게 보낸 편지 내용을 보면 그가 노동자들을 위한 고난의 삶을 얼마나 자랑스럽게 여겼는지를 보여준다.

---

84 「인명진 구술녹취 전문」, 제1차(2011. 1. 6.), 김명배 엮음, 앞의 책(Ⅷ), p. 328.

"지난 1975년 이후 나는 정말 후회 없는 생을 살아왔다고 자부하고 있소. 내 온 힘을 기울여 내가 믿는 바대로 한 줄기로 살아왔으니 그 이상의 멋진 삶이 없었다고 생각하오."

그러면서 인명진은 아내에게 "사무실에 연락해서 부활절 사건 때문에 들어온 6명 근로자의 뒷바라지를 잘하라고 부탁해주오. 때때로 괴로울 땐 그들을 생각하며 견디는 것이 내 버릇이오"라고 당부하며 옥중에서도 탄압받는 노동자들을 가엽게 여겼다.[85] 힘든 감옥살이를 하면서도 인명진은 항상 영등포산업선교회 소그룹 활동 회원들을 잊지 않고 그들뿐 아니라 함께 갇힌 노동자와 학생들, 또 나라와 민족을 위한 눈물겨운 기도를 하루도 빼먹지 않았다.[86] 이처럼 인명진은 가난하고 착취당하며 억울한 탄압 속에서 살아가는 '민중'을 위해 갈릴리로 향했던 인간 예수 그리스도의 십자가 길을 따라가는 것을 자랑스럽게 생각했다. 자본주의 사회에서 가장 약자인 여성 노동자들을 위한 그의 헌신은 인간 예수 신앙의 본보기였다.

유신독재체제 반대운동은 정치적 성격을 띠고 마치 사회 지도자 혹은 지식인들 주도로 전개된 것처럼 보이나 이는 표면적인 현상이며 그 밑바탕에는 경제개발 정책의 희생자인 여성 노동자나 전태일과 같은 하층 민중들의 강력한 저항력이 있었다. 박정희 군사독재정권을 향한 저항은 애초부터 '아래부터의 투쟁'이라는 성격을 띤 것이었다. 이들의 편에 서

---

85 「인명진 목사 옥중서신집」, 김명배 엮음, 『영등포산업선교회 자료집(VI) – 영문 발·수신 서신 및 인명진 목사 옥중서신』, 영등포산업선교회·숭실대 문화선교연구소, 2020, p. 339.

86 「인명진 목사 옥중서신집」, 김명배 엮음, 앞의 책(VI), p. 341.

서 사회정의를 실현하고자 했던 인명진은 스스로 고난의 길에 나섰다. 민중들의 저항이 확산되면서 진보적인 기독교 지식인들과 사회 지도층, 나아가 전 국민에게로 투쟁이 퍼져나가자 권력 이해에 얽힌 야당 정치인들도 투쟁 전선에 나서게 되었다. '아래로부터의 투쟁'은 앞서 설명한 바와 같이 전태일 사건부터 시작하여 동일방직, 대한모방, 해태제과 8시간 노동운동 투쟁 등 일련의 여성 노동자들이 저임금과 장시간 노동, 비인간적인 대우에 항거하며 벌인 노동운동이 사실상 모든 노동자에게 저항의식을 불러일으킨 것이었다.

1974년 2월 22일 대구 대동신철공업사 노동자 정세달이 기업주의 횡포를 고발하는 유서를 남기고 자살하였으며 1978년 10월 20일 서울 삼화운수 소속 시내버스 안내양 강이숙은 회사 측의 지나친 몸수색에 항의하며 자결했다. 이어 11월 3일에는 삼영 정밀공업사 노동자 정귀한이 "사장님, 사람을 사람답게 대우해주십시오"라는 유서를 써놓고 스스로 목숨을 끊었다. 이 일련의 노동자들의 죽음은 곧 노동자들뿐 아니라 우리 사회에 큰 충격을 안겨줌으로써 박정희 유신독재정권의 폐해를 드러냈다. 그러자 마침내 숨죽이고 있던 진보적인 기독교 지식인들과 사회 지도자들, 그리고 학생운동가들은 박정희 군사독재정권에 맞서 민주화운동을 전개하기에 이르렀다.[87]

---

87 지식인과 노동운동의 관계에 대해서는 김낙중, 「지식인과 노동운동」, 박현채·김낙중, 『한국자본주의와 노동문제』, 돌베개, 1985를 보라. 이 저서는 1970년대 지식인의 노동운동 참여, 특히 종교기관과 노동문제연구소 등의 활동을 다루고 있어 1970년대 지식인들의 노동운동 개입을 알 수 있는 유일한 글이다.

학생운동가와 노동현장

1970년 전태일 분신 사건 이후 학생운동에 '현장론'이 대두되었고, 학생운동가들이 민중과 노동자의 현실에 눈을 돌려 노동현장에 참여함으로써 1970년대 후반에는 일반화되었다.[88] 학생운동가들이 노동운동에 참여하게 된 것은 대부분 이념 서클의 영향을 받아서였다. 사회주의사상과 관련이 깊었던 이념 서클을 통해 일부 학생운동가들은 노동문제를 인식하고 노동현장에 투신하기도 했다. 이와 더불어 이들은 장기적인 반독재운동의 주체가 바로 노동자임을 인식하고 사회 민주화, 불균등한 분배 문제 등을 해결하기 위해 노동자와 함께하면서 노동현장에 참여하기도 했다. 이처럼 학생운동의 노동운동 참여는 사회적으로는 민중의 현실 문제에 참여한 것이고, 사상적으로는 사회주의 이념에 따른 참여였으며, 정치적으로는 유신체제의 독재정권 반대운동의 대안으로 참여한 것이었다.[89] 따라서 인명진은 노동운동의 시발점이 곧 민주화운동이

---

88 학생운동은 1960년대 민족주의와 민주주의를 외치는 데 머물렀던 운동의 한계를 인식하고 변화를 모색하던 중에 일어난 전태일 분신 사건으로부터 큰 영향을 받았다. 이후 이들은 민중에게 관심을 두거나 직접 행동으로 표현하기 시작했다. 조영래,『전태일 평전』, 돌베개, 1983, pp. 241~242; 조희연,「80년대 학생운동과 학생운동의 전개」,『사회비평』, 창간호, 나남, 1988, p. 129. 그러나 조희연의 연구는 1970년 전태일 분신 사건이 어떻게 학생운동가들의 노동현장 투신으로 연결되는지 구체적으로 제시하지 않았고, 또 1970년대 학생운동가들의 노동운동 참여에 대한 이유와 그 과정들에 대해서 상세하게 밝히지 않았다. 이에 대해 유경순은 1970년대 학생들의 사회 인식 및 실천, 그리고 사회운동과의 연계성에 관한 연구가 없기 때문이라고 지적하고 있다. 유경순,「학생운동가들의 노동운동 참여 양상과 영향 - 1970년대를 중심으로」,『기억과 전망』, 제29호, 민주화운동기념사업회, 2013년 겨울호, p. 55.

89 유경순, 앞의 글, pp. 75~80.

라고 말한다. 노동운동은 근본적으로 노동자들의 인권과 권리를 쟁취하려고 하다 보니 당연히 정부 정책과 맞닿게 되었고, 노동자 권익을 억압하는 박정희 유신독재정권과 충돌할 수밖에 없었다. 이렇게 노동운동은 필연적으로 학생과 지식인 등의 지지와 참여로 인권운동과 민주화운동으로 발전해나갔다.[90]

　1970년대 학생운동가들의 노동현장 투신은 사회주의에 관심을 두고 민주화를 위한 반독재운동을 벌이며 1970년대 후반기에 노동현장으로 진출하였으나 공장에서의 장시간 작업 문제로 당시 민주노조운동과는 관계를 맺지 못했다. 그리하여 이들 학생운동가들은 1980년대 들어 노동문제의 정치화를 시도하며 공단 주위에 유인물 배포, 거리 시위 등을 펼치면서 노동자들과 연대 활동을 펼쳤다. 또 1970년대 전반기 학생운동의 역할을 둘러싼 논쟁을 지나 1970년대 후반기에는 현장론과 정치투쟁론이 대립하였고, 1980년대 들어서는 무림·학림 논쟁과 야학비판 논쟁 등으로 이어졌다. 말하자면 1980년대의 학생노동운동은 노동자의 권리 쟁취보다 노동계급의 정치 계급화를 더 중요하게 추구한 것이다.[91]

　이후 1980년 12월 전두환 신군부가 계엄령하에서 노동운동 지도자들

---

90 「인명진 구술녹취 전문」, 제1차(2011. 1. 6.), 김명배 엮음, 앞의 책(Ⅷ), p. 300; 채구묵, 「1980년대 민주 노동운동에서 학생 출신 지식인의 역할」, 『역사비평』, 제78호, 역사비평사, 2007년 봄호, pp. 385~415.

91 보통 한국 노동운동은 1970년대를 영등포산업선교회 등 종교단체의 지원을 받아 전개된 노동 투쟁의 시기로, 1980년대는 위장 취업으로 노동현장에 투신한 학생 출신 노동자 주도의 투쟁 시기로 분류된다. 즉 1970년대 노동현장에 투신한 소수 학생은 현장의 작업 기술에 적응하는 데 너무 오랜 시간이 걸려 박정희 군사독재 유신정권 시기에 제대로 활동하지 못한 면도 있지만, 크리스천 아카데미 등 기독교 노동운동 단체의 교육 활동을 매개로 노조운동에 개입하기도 했다. 유경순, 앞의 글, pp. 52~96.

을 해고 및 축출하고, 노동조합과 노동쟁의에 제3자 개입을 금지한 데 이어, 영등포산업선교회 소속 교단인 대한예수교장로회(통합) 총회 지도부들도 교리를 부정하고 반정부 활동을 수행하는 산업선교에 재정 지원을 중단할 것을 결정했다. 1978년 5월 영등포산업선교회를 이끌던 인명진이 긴급조치 9호 위반으로 구속되었고, 특히 그 이후 1964년부터 영등포산업선교회를 지원해오던 영락교회마저 1978년 말에 재정 지원을 중단함으로써 영등포산업선교회는 큰 위기에 직면하게 되었다.[92]

---

92 장숙경, 앞의 책, p. 325.

제6장

새로운 민주노동운동 전략

어용노조의 개혁

산업선교에 사역한 목회자들은 대개 노동자들에게 복음을 전하는 일을 자신들의 소명의식으로 여기고 있었다.[1] 그러나 기독교 목회자로서의 사명감으로 노동자 편에서 그들의 권익을 위해 노동운동을 벌여왔던 인명진은 노동현장을 직접 체험한 후 노동자 세계에서 많은 문제점을 발견하기 시작했다. 앞서 살펴본 바와 같이 영등포산업선교회가 교육을 통해 양성한 노동운동 지도자들이 유신정권을 지지하며 노조가 어용단체로 변질되어갔던 것이다. 그리하여 영등포산업선교회는 노동자들이 의식화되어 스스로를 위하여 투쟁할 수 있는 조직, 즉 민주노동조합의 설립 외에는 노동문제를 해결할 방안이 없다고 판단했다. 그리하여 인명진은 소그룹 활동의 교육 방향을 노동자 권익에서 어용노조를 타개할 민주노조 조직으로 바꿨다. 이 노동조합이 '새로운 교회'라고 생각한 영등포산업선교회는 이것이야말로 하나님이 만든 특별한 도구라고 여겼다. 즉 영등포산업선교회는 민주노동조합이 결성되면 노동자들의 권익이 보장되고 노동문제가 해결될 것으로 판단한 것이다. 당시 한국노총은 박정희 유신독재정권과 우호적인 관계를 유지하면서 노동자의 권익보다 정부와 회사의 이익을 위해 활동했으며 부패 정도가 심했다.

한국노총, 각 산별노조 및 단위 사업장의 어용노조들은 회사 측으로부터 많은 보수를 받고 있었기 때문에 기업주의 권력에 아첨하며 사적 이

---

1 인명진, 「영등포산업선교회의 역사」, 영등포산업선교회 40년사 기획위원회, 앞의 책, p. 58.

익을 챙기는 데만 몰두해 노동자들의 이익을 대변하지 못했다. 이에 맞서 여성 노동자들은 노동조합의 자주성과 민주성을 회복하고자 했다. 1970년 11월 27일 전태일이 죽은 직후 조직된 청계피복 노동조합, 원풍모방 노동조합, YH무역 노동조합 등은 그런 노력의 결과로 탄생한 70년대의 대표적인 민주노조들이었다.[2] 그러나 산업선교에 결정적인 영향을 끼친 사건은 전태일 사건보다 김진수 사건이었다. 이 사건에 큰 충격을 받은 인명진은 그동안 가깝게 지냈던 노동조합 간부들이 노동운동 과정에서 쉽게 노동자보다 사업주 편을 드는 것을 보고 나서 노동자를 대상으로 새로운 노동운동을 시작하기로 맘먹었다. 인명진은 먼저 한국노총과 노조 간부들을 통한 산업선교 활동에 한계가 있다는 것을 자각하고 이후 상급노조와의 결별을 선언했다. 한국노총과 기존 노조의 어용화에 분노한 인명진은 영등포산업선교회 회관에 노동회관이란 간판을 걸고 입주해 있던 섬유노조 지부를 내쫓기 위해 '영등포 노동운동 진상 폭로대회'를 개최하기도 했다. 그는 이제 노동문제는 곧 사회문제라는 사실을 깨닫게 되었다.[3] 민주노조의 선구적 역할을 한 것은 인명진이 주도한 소그룹 활동의 의식화 교육을 통한 남영나일론의 어용노조 개혁 투쟁이었다. 이 기업의 여성 노동자들을 주도로 한 민주노조운동이 활성화되어 전국 각 기업으로 퍼져나갔다. 민주노조운동은 초기 회사 편에서 서서 여성 노동자의 이익을 배제한 남성 노동자 중심의 어용노조를 개혁하자는 취지에서 영등포산업선교회 소그룹 활동 회원들을 중심으로 시작된 것이다.

---

2 Ruth Barraclough, 앞의 글, p. 159. 이들 기업의 민주노조 투쟁에 대해서는 한국기독교교회협의회·한국교회산업선교25주년기념대회자료편찬위원회 편, 앞의 책을 보라.

3 장숙경, 앞의 책, p. 100.

이들 민주노조는 대체로 섬유·의류·전자와 같은 노동집약적인 경공업 분야에 속해 있었고 조합원의 대부분은 어린 여성 노동자들이었다. 이들은 어용노조를 민주화하거나 새로운 노조를 결성하였다. 이 민주노조를 결성하는 데 결정적인 역할을 한 것이 바로 소그룹 활동이었다. 인명진은 긴급조치 1호 위반으로 징역 10년 형을 받고 투옥되었다가 1975년 정부의 형집행정지로 풀려나자 영등포산업선교회로 돌아와 소그룹 활동에 매진했다. 영등포산업선교회에서 그가 창안한 소그룹 활동은 혁신적인 노동 조직과 노동자 스스로 노동운동을 펼칠 수 있도록 해주는 의식화 교육에 중점을 둔 것이었다.[4] 인명진의 노동자 조직과 의식화 교육을 위한 이 소그룹 활동은 기존의 인천이나 영등포산업선교회에서 실행한 적이 없었던 새로운 방식이었다.

이전의 소그룹 활동이 노동법 교육을 통해서 저임금, 근로시간 단축 등 근로조건 개선, 그리고 노동자 처우 개선이나 권리를 위한 노동조합 지도자 양성과 노조 결성에 중점을 두었다면, 인명진의 새로운 소그룹 활동은 노동자들이 외부의 도움이나 지원 없이 각기 소모임을 구성하여 서로 연대를 구축함으로써 현장조직을 토대로 노동조합을 결성한 다음, 스스로 노동운동을 펼치게 하는 것이었다. 말하자면 인명진이 구상한 노동조합과 노동운동 방식은 산업선교회의 도움 없이 노동자들이 스스로 움직이는 자발적인 민주노조였다.[5] 이렇게 하여 새로 탄생한 민주

---

4 구해근 지음, 신광영 옮김, 앞의 책, p. 119.

5 민주노조는 교회의 역할보다 여성 노동자들이 자체적으로 구성한 소그룹 등 자의식적 활동의 결과이다. 전순옥·조은주, 「우리는 왜 그렇게 혁명을 갈구했나: 여성, 노동, 그리고 삶」, 『프레시안』, 2004년 5월 16일 자; 특히 전순옥, 「끝나지 않은 시다의 노래」, 한겨레신문사, 2004를 참조.

노조들은 1970년대 후반부터 한국 노동운동에 새로운 변혁을 일으켰다. 그러자 기업가들은 민주노조가 산업선교회와 연계되어 있다며 이를 인정하지 않고 오히려 온갖 수단을 동원하여 방해했다. 회사 측은 여성 노동자 중심의 민주노조 활동을 저지하기 위해 남성 노동자들을 동원했다. 이렇게 되자 민주노조운동은 여성 노동자와 남성 노동자, 세칭 '공순이'와 '공돌이'의 전투가 되어버렸다.[6] 그렇다면 남성 노동자들은 왜 여성 노동자들과 적이 되었을까?

이들 남성 노동자들은 계급의식이 없었다. 말하자면 남성 노동자들은 자신들에게 주어진 운명처럼 오로지 주인에게 복종하고 성실하게 노동을 제공한 대가를 받으면 된다는 전통적인 유교적 질서 감정에서 벗어나지 못하고 있었다.[7] 이러한 민주노조운동에 대하여 정부가 용공으로 몰아가며 파괴 공작을 펼치자 기업주들도 이에 가세했다. 이들은 민주노조운동에 참여한 여성 노동자들이 산업선교회의 조종을 받고 있다고 비난하고 나섰다. 영등포산업선교회가 노동자들에게 불신을 심어주어 작업장에 불안을 선동하고 있다는 것이다. 그러나 이러한 파괴 공작은 역효과를 초래했다. 노동자들의 민주노조 가입률이 높아졌을 뿐 아니라 노동자 연대의식도 더 강해졌다.

민주노조들은 다양한 교육 활동을 벌였는데, 교육 내용은 주로 노동자의 기본적인 권리의식과 단결의 필요성에 관한 것이었다. 교육 방법

---

6 여성 노동자들이 어용노조를 민주노조로 개혁하고자 투쟁하자 이를 방해하기 위해 동원된 남성 노동자들의 폭력 행위의 대표적인 사례가 동일방직이었다. 이에 관한 분석은 구해근 지음, 신광영 옮김, 앞의 책, pp. 123~132.

7 특히 남성 노동자들이 여성 노동자들을 적대시한 것은 한국 사회의 뿌리 깊은 성차별에서 기인한 것이라고 말한다. 구해근 지음, 신광영 옮김, 앞의 책, p. 132.

으로 토론, 노래, 율동, 연극, 촛불의식 등 문화 활동을 통한 의식화 교육이 사용되었다. 인명진이 영등포산업선교회에서 실무자로 일하기 시작했던 1973년은 노동운동의 변혁기인 박정희 독재정권의 유신체제가 시작될 때였다. 유신독재정권이 시작되자 노동운동 지도자들이 이를 지지하며 변질되어가고 있었다.[8] 인명진은 이러한 노동조합의 문제를 해결할 유일한 방법이 민주적인 노동조합을 만드는 것밖에 없다고 판단했다. 인명진은 소그룹 활동을 통해 노동운동 지도자들을 양성하고 노동조합을 조직했으나 이들 노조가 유신독재체제를 지지하는 등 점차 어용단체로 변질되었을 뿐 아니라 오히려 노동자들을 탄압하는 역할을 하고 있다고 생각했다. 1972년 한국노총은 「구국 통일을 위한 영단을 적극 지지한다」란 성명을 발표했고 1973년에는 "유신과업의 적극 추진과 조직체제 및 운영의 유신적 개혁 그리고 새마을운동의 강화 및 평화통일 태세의 완비"를 다짐하는 활동 목표를 제시하기도 했다. 한국노총은 국가안보와 경제자립이라는 명분으로 노동상황의 악화를 감수하고 유신체제의 통치에 계속 추종할 뜻을 비쳤다. 이리하여 노동운동은 한국노총의 유신독재 지지, 노사협조주의 수락, 조합원 단결과 노동운동의 포기

---

8 1972년 박정희 군사독재 유신체제가 들어서자 한국노총과 산별노조들은 노동자 이익을 대변하는 노동단체가 아니라 정부 정책을 지지하는 어용단체로 변질되어갔다. 즉 한국노총 및 산별노조의 지도부를 이용한 민주노동운동의 파괴 공작이 이루어졌다. 비록 중앙집중적인 산별 체제는 약화되었지만, 박정희 유신독재정권은 한국노총 지도부를 매수하여 그들을 유신체제의 지지자로, 그리고 민주노조운동을 저지하는 전위대로 활용하였다. 이러한 한국노총 지도부의 반노동적 행태는 1974년 이후 노동자들을 지원하는 종교단체들과의 갈등과 대립을 빚어냈다. 김용철, 「박정희 정권의 노동통제전략: 형성과 진화」, 『한국경제지리학회지』, 제14권, 제2호, 한국경제지리학회, 2011, p. 202. 이 점에 대해 다음을 참조하라. 임송자, 「1970년대 도시산업선교회와 한국노총의 갈등·대립」, 『사림』, 제35집, 수선사학회, 2010, pp. 311~342; 조승혁, 『한국의 공업화와 노사관계』, 정암사, 1989.

등 조직 상층부의 투항주의로 인하여 이후 1970년대 말까지 계속 마비 상태에 빠지게 되었다.[9]

당시 영등포산업선교회가 있는 자체 건물 안에 어느 기업의 노동조합 사무실이 입주해 있었고, 노동조합 교육이 26기 정도에 이를 만큼 활발하게 노동자 지도자들을 양성하여 노동조합 설립을 적극적으로 지원했다. 한국노총 지도자들 가운데 영등포산업선교회에서 훈련을 받지 않은 자가 없을 정도였다. 그러나 한국노총은 동료 노동자들을 배신하고 노조 지도자들을 위한 이익단체로 전락하고 말았다. 이들 어용노조와 달리 인명진의 소그룹 활동에 참여하여 의식화 교육을 받은 여성 노동자들에 의해 새로 탄생한 민주노총은 1970년대 말부터 1980년대까지 점점 독자적으로 성장해가면서 노동자의 조직적 권력을 강화해나갔다.

민주노총이 생겨나기 전 한국의 노동자들은 전반적으로 유교적 가부장제 전통에 따라 혹은 강압적인 박정희 군사정권의 힘에 따라 대개 복종적이었고 비정치적이었으며 조직이 반민주적이었다.[10] 그러나 1996년 그리고 그다음 해 총파업은 20여 년 전과 딴판이었다. 1970년대 노동자들은 보통 하루 10~12시간 노동이 일상적이었고 잔업수당을 받으면 연장근무도 마다하지 않았다. 또 파업의 목적은 장시간 노동과 같은 비

9 한국기독교교회협의회·한국교회산업선교25주년기념대회자료편찬위원회 편, 앞의 책, pp. 233~245.

10 한국 노동자들을 포함해 유교문화권에 속한 동아시아 노동자들의 순종적인 노동은 유교적 전통에 따른 위계질서, 혈연 중심주의, 근면, 협동정신 등에서 비롯되었으며 이러한 순종적인 태도는 노동자들의 연대와 집단행동을 저지하고 기업주에 대한 협조를 촉진했기 때문으로 설명된다. Frederic Deyo, *Beneath the Miracle: Labor Subordination in the New Asian Industrialism*(Berkeley: University of California Press, 1989), pp. 5~6.

인간적인 노동조건을 개선하는 것이었으나 1990년대에 이르면 한국 노동자들은 하루 8시간 근무가 정상이라고 여겼고 수당이 적고 많음에 따라 연장근무의 가부를 결정했다. 더 나아가 이 시기 노동자들은 임금도 기업주와 협상을 통해 결정했으며 노동운동의 목표가 고용보장과 노조 권력의 강화였다. 이렇게 노동자들의 태도와 노조 활동 그리고 노동운동이 크게 변한 것은 어디에서 비롯된 것일까. 이런 변화의 첫 출발은 노동현장이 아니라 바로 인명진이 1974년부터 영등포산업선교회에서 펼친 새로운 소그룹 활동이었다. 다시 말해 한국 노동운동의 변화와 발전에 대해서 영등포산업선교회의 역할을 말하지 않고는 얘기할 수 없다며 그는 이렇게 말한다.

"한국 노동운동사에서 영등포산업선교회 역할을 축소하거나 배제하고 있어요. 노동사가나 노동자들조차 영등포산업선교회를 빼고 자신들이 노동운동을 주도해나갔다고 합니다. 역사에서도 영등포산업선교회의 활동을 빼버립니다. 제가 여러 노동운동 관련 저서를 볼 때마다 영등포산업선교회가 노동운동에서 배제되었는데, 이때 서글픈 생각이 듭니다. 노동자 독자적으로 노동운동을 한 것으로 서술하고 영등포산업선교회는 단지 도구였을 뿐이라는 설명은 정직하지 못한 처사지요."[11]

당시 영등포산업선교회의 노동자 지도자 양성 교육에서 인명진은 고

---

11 「인명진 구술녹취 전문」, 제1차(2011. 1. 6.), 김명배 엮음, 앞의 책(Ⅷ), p. 312~313.
이러한 한국 노동운동사 연구의 문제점을 지적하며 영등포산업선교회의 인명진이 주도한 해태제과 여성 노동자들의 하루 8시간 근무제 투쟁을 재조명한 연구는 김보현, 앞의 글, pp. 55~91을 보라. 특히 한국연구재단(NRF, National Research Foundation of Korea)이 지원한 연구과제(「해태제과 여성 노동자들의 '8시간 노

려대학교 이문영 교수, 김낙중 선생 등 노동문제 전문가를 초빙하여 노동법과 노동조합, 조직원리, 노동조합 조직 실무 등을 가르쳤다. 여기에 그치지 않고 영등포산업선교회는 노동조합을 결성할 때 자문도 해줬을 뿐 아니라 사무실이 없으면 영등포산업선교회 건물에 조합 사무실을 둘 수 있게 했다. 이렇게 해서 영등포산업선교회가 조직한 노동조합이 전국적으로 1,200여 개에 이르렀다. 그런데 이처럼 힘들게 노동조합을 만드는 과정에서 여기에 참여한 노동자들이 노동조합을 팔아먹는 일이 발생하기도 했다. 인명진은 "이렇게 우리가 열심히 노동조합을 만들어주면 이것을 노동자들이 회사에 돈을 받고 팔아넘기는 거예요"라고 회상한다.[12] 이렇게 어용노동조합이 탄생했다는 것이다. 노동조합의 매매 과정은 이렇다. 인명진은 "노동조합 지도자들이 바다 한가운데로 배를 타고 가서 회사 측으로부터 돈을 건네받는다"라고 말한다. 이런 일에 관여한 노동운동 지도자들 가운데 유명한 인사들이 많다는 것이 충격적이다. 예컨대 노동조합이 생기면 노동조합 지부장이 기업주에게 가서 금품을 받고 기업 측의 말을 잘 듣는 지부장을 세우거나 아예 조합을 해체해버리는 일이 다반사였다. 인명진은 이런 부도덕한 노동조합 매매 행태에 대해 "우리가 이놈들 돈만 벌어준 꼴이 되었다"라고 개탄할 정도로 당시 한국노총의 어용화는 노골적이었다. 유신독재체제 아래 영등포산업선교회에서 인명진이 양성한 한국노총 지도자들이 심지어 전부 어용노조 지도부로 변신하여 산업선교회를 비판하는 성명을 발표하기도

동제' 실현: 삶을 노동으로 환원하는 체제에 저항하다」, 2019년 김보현(국민대학교), NRF 인문사회 연구책임 4회 수행 / 공동연구 2회 수행 / 학술논문 9편 게재 / 저역서 1권 저술 / 총 피인용 35회)의 연구 결과물로 제출된 자료를 볼 것.

12 「인명진 구술녹취 전문」, 제1차(2011. 1. 6.), 김명배 엮음, 앞의 책(Ⅷ), p. 313.

했다. 1974년 한국노총은 성명을 통해 다음과 같이 영등포산업선교회를 비난했다.

"우리는 우리 노동단체에 침투하여 선량한 노동자들을 선동함으로써 건전한 노동운동의 방향을 흐리게 하고 조직의 분열과 노사 간의 분규를 야기시키고 있는 지각 없는 일부 종교인들의 맹성을 촉구하면서 만일 그들이 끝까지 그와 같은 행동을 계속할 때에는 우리의 조직력을 총동원하여 단호히 응징할 것을 전국의 60만 조직 노동자의 이름으로 경고한다."[13]

이후 인명진은 유신헌법을 반대한다는 죄목으로 투옥되면서 노동조합과 결별하고 말았다. 한국노총 산하 하부조직 노조들은 노동자 이익을 위하여 일하는 조직이 아니라 박정희 유신독재체제를 지지하고 협력하며 국가의 노동운동 통제 수단에 활용되는 어용조직으로 전락한 것이다. 심지어 박정희 유신독재체제 반대운동이 고조되어가던 1974년 12월 9일 한국노총은 국가안보 강화 촉구 및 북괴 남침 터널 구축 규탄 궐기대회를 개최한 자리에서 "일부 인사들은 북괴뿐 아니라 자유민주주의의 환상에 사로잡혀 있으며 산업선교회의 일부 목회자들은 노동조합조직에 개입하여 분열과 파쟁을 조성하는 등 자기 직분을 망각한 행위를 자행하고 있다"라고 강력히 규탄하기도 했다.[14] 따라서 여성 노동자들에게 자신들을 위한 도움을 요청할 수 있는 곳은 오직 영등포산업선교회 혹

---

13 원풍모방 해고노동자 복직투쟁위원회 엮음, 앞의 책, pp. 97~98.
14 「한홍구의 유신과 오늘 - (26)도시 산업선교회 마녀사냥」, 『한겨레신문』, 2013년 1월 18일 자.

은 기독교 지식인 그룹뿐이었다. 결국 영등포산업선교회가 노동운동에 적극적으로 개입하자 한국노총과 갈등 관계를 갖게 되었다.

이리하여 민주적인 노조 결성의 필요성을 인식한 여성 노동자들은 기존 어용노조를 뒤엎고 새로운 노동조합 결성 운동을 펼치기 시작했다. 이들의 노조 운영과 노동운동 방식은 한국노총과 전혀 달랐다. 예컨대 민주노조 활동은 노조가 앞장서서 영등포산업선교회의 여러 소그룹 활동을 통해 전개했는데, 원풍모방의 경우 조합원의 50% 이상이 소그룹 활동에 참여했다.[15] 또 민주노조는 조직력을 강화하기 위하여 청계피복 노조의 노동교실, 혹은 YH무역 노조의 야학 등 다양한 교육을 통해 의식화하는 데 힘을 쏟았다. 특히 유신독재체제에서 노동자들의 단체행동이 엄격하게 통제를 받았음에도 불구하고 민주노조는 농성, 시위, 파업, 준법운동 등 과감하게 단체행동을 벌여 노동조건을 개선해나갔다.[16]

---

15 원풍모방 여성 노동자들의 노조가 자율적이고 민주적인 운영으로 조직을 강화하여 노동자 투쟁을 극대화할 수 있었던 것은 소모임의 활성화 때문이었다. 원풍모방의 전성기에는 7~8명으로 구성된 소모임 50~60개에 약 500명이 가입하여 활동하고 있었으며 이들 소모임의 기반은 교육으로, 각 반별, 작업 부서별로 다양한 형식과 내용으로 자체 활동과 교육이 시행되었다. 이 소모임은 주요 투쟁이나 행사에 대해서 별동대 역할을 하면서 노조 대의원이나 적극적인 활동가를 양성하기도 했다. 또 소모임과 교육, 그리고 여가활동이 서로 결합함으로써 작업장 경험을 공유하고 상호 연대감을 형성하여 노동에 대한 새로운 '의미 규정'을 하기도 했다. 이렇게 원풍모방 여성 노동자들은 노조 지도부 – 대의원 – 소모임으로 연결되는 결속망을 강화하여 노동자의 조직력을 극대화해나갈 수 있었다. 김원, 앞의 책, pp. 417~423. 원풍모방 소모임 활동 현황에 대해서는 원풍모방 해고노동자 복직 투쟁위원회 엮음, 앞의 책, pp. 162~163을 보라. 원풍모방 소그룹 활동에 대해 상세하게 보여준 자료는 다음을 참조. 박수정, 『숨겨진 한국 여성의 역사』, 아름다운 사람들, 2003; 박순희, 「정권·자본·어용 노총 탄압을 뚫고 선 '70년대 민주노조운동' – 원풍모방 노동조합과 박순희 당기 위원」, 『이론과 실천』, 민주노동당, 2001년 10월호.

16 대표적인 민주노조의 단체행동은 1974년 원풍모방 노조의 회사 재건 투쟁, 1975년

1970년대 초기 노동운동은 교육을 통한 의식화 활동이 핵심이었다면, 민주노조 결성 이후 노동운동은 각각 노조의 개별적인 활동에서 벗어나 보다 조직적인 노조 간 연대를 통하여 확장되어갔다. 이렇게 노동운동이 의식화를 위한 교육에서 행동을 위한 조직화로 변화한 것은 어디에서 비롯되었을까. 말하자면 고도로 발전된 자본주의 산업화에서 노동운동의 필수적인 조건이 노동자들의 조직화이다.

여기에는 세계적인 노동운동 교육이론가 파울루 프레이리(Paulo Freire)와 조직이론가 사울 알린스키(Saul David Alinsky)가 이미 선구적인 역할을 하고 있었다. 이 이론은 여러 노동운동과 민주화운동 단체들에 활용되었으나, 이 두 이론은 유교적이고 혈연관계가 깊은 우리나라와는 잘 맞지 않았다. 그래서 우리나라 전통과 가치관 그리고 관습에 맞는 노동교육과 조직화 방식을 새로 창안하여 이를 영등포산업선교회 소그룹 활동의 의식화 교육에 활용한 최초의 인물이 바로 인명진이었다. 그는 영등포산업선교회에서 실무자로 일하면서 그동안 소그룹 활동을 통해 소극적으로 습득한 세계적인 두 노동운동 이론가의 이론에서 벗어나 새로운

청계피복 노조의 노동시간 단축과 다락방 철거 투쟁, 1977년 노동교실 수호투쟁, 1976년과 1978년 동일방직 노조의 노조수호 투쟁, 1979년 YH무역 노조의 폐업 반대 투쟁 등을 들 수 있다. 또 이들 민주노조는 1970년대 후반기 협신피혁 노동자 민종진의 가스 질식사 항의 공동시위를 비롯하여 1978년 동일방직, 원풍모방, 해태제과 등 노동자 30여 명이 기독교 방송국을 점거해 농성을 벌였고, 이어서 동일, 원풍, 삼원, 방림, 남영나일론 등 노동자 6명이 17개 교단 여의도 연합 예배 현장에서 시위를 벌이는 등 여러 노조가 힘을 합쳐 공동투쟁을 벌이기도 했다. 그러나 민주노조운동은 1980년대 초 전두환 군사정권에 의해 1981년 청계피복 노조 강제해산, 그리고 1982년 원풍모방 노조 강제해산을 당함으로써 모든 활동이 중지되었다. 민주노조들의 단체행동에 대해서는 역사학연구소, 『노동자 자기 역사를 말하다』, 서해문집, 2007; 성공회대학교 사회문화연구소, 『1970년대 산업화 초기 한국노동운동사 연구: 노동운동사를 중심으로』, 노동부, 2003을 참고하라.

노동운동의 활로를 개척했다. 이로써 한국 노동운동이 비로소 기존의 공장 공간에서 탈피하여 사회, 정치 영역으로 확대해나가는 길이 열리게 되었다.

영등포산업선교회는 먼저 단순히 노동운동을 위한 지도자 양성교육과 지원에 그치지 않고 어려움에 부딪힌 노동자들의 복지를 위해 우리나라 최초의 신용협동조합을 설립했다. 어느 날 영등포산업선교회 실무자들은 경성방직에 다니는 여성 노동자가 다리가 썩어가는 병에 걸린 것을 보게 되었다. 그러나 영등포산업선교회 측에서는 형편이 어려운 그 여성 노동자가 치료를 받을 경제적 여유가 없는 것을 알고 해결 방안을 고심한 끝에 신용협동조합 설립을 결심하게 되었다. 그래서 조지송 목사를 중심으로 아시아신용협동조합 회장을 지냈던 강정열 선생의 도움을 받아, 마침내 노동자들을 위한 신용협동조합이 처음으로 설립된 것이다.[17] 정부가 탄압하여 1978년 문을 닫을 때까지 영등포산업선교회가 설립한 노동자를 위한 신용협동조합은 노동자들에게 병원비, 혹은 동생 학비, 전세비 마련, 시골 부모의 약값 송금 대출 등 매우 모범적으로 조합을 운영하여 노동자들에게 많은 경제적 도움을 주었다. 지금 이 신용협동조합은 '다람쥐회'로 변했다. 이처럼 영등포산업선교회는 여성 노동자들에게 단지 노동법이나 민주노조운동과 조직 이론만 가르친

---

17 강정열 씨는 한국신용협동조합 초대 이사장을 지냈고, 1960년 부산 메리놀병원에서 메리놀 수녀회의 메리 가브리엘라 수녀의 주도 아래 가톨릭 신자 27명이 모여 만든 민간 차원 제1호 신협인 성가신용협동조합의 초대 이사장으로 뽑혔다. 이후 그는 1971년부터 신협 아세아연합회 사무총장을 역임했다. 1964년 55개의 신용협동조합을 중심으로 창설된 한국신용협동조합연합회는 국제신용협동조합연합회(Credit Union National Association International, CUNAI)에 정식회원으로 가입하였다.

것이 아니라, 여성 노동자들의 생활에 도움을 줄 수 있는 복지문제에도 많은 관심을 두고 실천해나갔다.

소그룹 운동, 민주화운동으로 나아가다

그간 양성한 노동조합 지도자들이 정부의 앞잡이 노릇을 하거나 노동자들을 탄압하는 또 하나의 탄압기구 혹은 착취기구가 되자, 영등포산업선교회는 결국 기존의 노동운동 지도자 양성을 중심으로 한 선교사업을 중단하고 말았다. 인명진은 노동자 지도자 양성보다 노동자들의 의식에 변화를 주는 것이 더 중요하다고 판단했다. 그렇게 해서 노동조합이나 지도자들을 통해 노동자의 권리를 쟁취하게 하는 것보다 스스로 노동자 의식을 자각하고 권리를 쟁취해나가게 하려는 것이었다. 노동자 세계의 밑바닥부터 바꾸는 일의 중요성을 깨달은 인명진은 하층 노동자들의 의식화가 곧 사회를 근본적으로 변화시키는 운동력이라고 확신했다.

이리하여 영등포산업선교회는 정규직 노동자가 아닌 임시로 고용된 노동자나 여성 노동자에게 접근하여 이들의 의식화 교육을 통해 근본적으로 노동문제를 해결할 방안을 모색하기 시작했다. 당시에는 앞서 언급한 브라질의 민중 교육가 파울루 프레이리의 교육 이론 혹은 사울 알린스키의 조직 이론이 한국의 학생운동과 의식화 교육 그리고 조직 강화를 위한 획기적인 방안으로 유행하고 있었다.[18] 이 이론의 핵심이 노

---

18 1970년대 중 후반부터 프레이리(Paulo Freire)의 '의식화 교육'이 사울 데이비드 알린스키(Saul David Alinsky)의 조직화론과 함께 기독교 교육 운동의 주요 원리로 수용되어 기독교 야학을 통해 학생운동에 큰 영향을 끼쳤다. 이에 대해 기독교 진보 지식인 문동환은 민중 교육을 각각 '의식화 교육'과 '의식화 야학'으로 개념 규정을 하고 있다. 문동환, 「의식화 교육의 과제」, 한완상 · 허병섭 외, 『한국민중교육론: 그 이념과 실천 전략』, 학민사, 1985, pp. 102~110. 프레이리는 남미에서 유행한 해방신학의 영향을 받아 빈민과 노동자들을 위한 교육 프로그램을 운영했다.

동운동 지도자 양성이나 조직화 또는 노동법과 노조 설립 방안 등에 중점을 두었다면 인명진이 시행한 새로운 소그룹 활동의 의식화 교육은 이와 전혀 다르게 노동계급의 의식화를 통해 노동자들의 자발적인 노동운동을 유도하는 방안이었다. 이 방식은 우리나라 최초로 노동운동에 적용된 것으로 그동안 박정희 유신독재정권의 경제개발 과정에서 나타난 하층 노동자들의 희생적인 근로 구조에 전반적인 변혁을 일으킬 수 있는 획기적이고 독창적인 방안이었다. 특히 이 소그룹 활동 의식화 교육은 단지 노동현장에서만 멈추지 않고 사회구조 개선뿐만 아니라 궁극적으로 정치 영역까지 발전되어 나아갔다.

당시 노동자들의 문제, 즉 근로조건이나 저임금, 쉴 틈 없는 장시간 노동조건 개선 등 당면한 모든 문제를 해결하기 위해서는 궁극적으로 인간성보다 돈을 더 중시하는 자본주의사회의 착취 구조가 개선되어야 했고, 이 모든 문제의 근원지인 유신독재정치가 개혁되어야만 한다는 노

그는 억압받는 민중들의 인간화를 위한 해방교육을 실천한 교육철학자이자 교육실천가로서, 극심한 빈부 격차 속에서 식민지 시대 인식이 여전히 남아 있는 사회, 문화 등으로 인하여 억압이 만연해 있던 저개발국가 브라질에서 빈민 문제와 대중교육에 관심을 두고 사회변혁을 이루기 위한 인간 중심의 비판적 교육론을 제시했다. 군사 쿠데타 정부로부터 공산주의자로 지목되어 투옥 생활을 하던 중에 그는 사회변화가 개인이 아니라 민중에게서 나온다는 사실을 깨닫고 '교육은 곧 정치'라는 명제 아래 인간 해방을 위한 교육 이론을 완성했다. 따라서 그의 교육사상은 인간 해방을 목적으로 삼아 실천적인 자율성과 주체성을 위한 비판적 사고를 기르는 것이었으며 그의 교육사상과 실천은 억눌린 민중들의 해방과 인간화를 위한 '해방과 희망의 교육학'이었다. 민중교육은 이미 1960년대 기독교 교육운동과 야학 운동으로 실천되었으며 프레이리의『페다고지: 억눌린 자를 위한 교육』은 80년대 민주화운동이 한창일 때, 노동자·교사·대학생에게 많은 영향을 끼쳤다. 대표적인 것이 한완상·허병섭 외,『한국민중교육론』이다. 이 민중 교육론은 파울루 프레이리 지음, 성찬성 옮김,『페다고지: 억눌린 자를 위한 교육』, 한마당, 1997과 파울루 프레이리 지음, 김한별 옮김,『프레이리의 교사론: 기꺼이 가르치려는 이들에게 보내는 편지』, 오트르랩, 2020 등으로 번역되어 있다.

동자들의 자발적인 인식이 필요했다. 이렇듯 1974년부터 1980년대 초까지 인명진이 한국에서 처음 시행한 노동자 의식화에 초점을 둔 소그룹 활동으로 인하여 기존 노동운동이 근로 현장에서 벗어나 사회운동, 그리고 정치 민주화운동으로 발전해나가기 시작했다. 노동운동이 계급의식에서 벗어나 사회와 정치운동으로 발전한 경우는 전 세계에서 한국이 유일하다.

이제 노동운동은 개별 기업 수준에서 기업주의 횡포, 정부의 노동자억압 정책, 근로조건이나 저임금의 개선과 같은 법적, 제도적 문제와 단기적인 경제적 이익을 넘어서서 장기적인 근로조건과 고용안정에 더 관심을 두었다. 이로써 노동자들의 파업은 경제적 성격이 아니라 정치적투쟁으로 나아갔고 그 대상은 기업주가 아니라 국가였다. 그리하여 순종적인 노동자가 아니라 투쟁적인 노동자로 탈바꿈한 것이다.[19] 그러나

---

19 구해근 지음, 신광영 옮김, 앞의 책, p. 20. 이에 대해 월든 벨로(Walden Bello), 스테파니 로젠펠드(Stephanie Rosenfeld)는 "타협이 없는 도전적인 계급의식을 발휘하던 19세기 유럽 노동계급의 모습과 닮았다"라고 평가한다. Walden Bello, Stephanie Rosenfeld, *Dragons in Distress: Asia's Miracle Economies in Crisis*(Harmondsworth: Penguin, 1990), p. 23. 이와 관련하여 19세기 유럽 노동계급의 정치적 투쟁에 대해서는 특히 Michelle Perrot, *Les ouvriers en grève: France 1871-1890*(Paris-La Haye: Mouton, 1973, deux tomes), 영어판은 Michelle Perrot, *Workers on Strike: France 1871-1890,* Translated by Chris Turner with the assistance of Erica Carter and Claire Laudet(New Haven: Yale University Press, 1987) 그리고 Michelle Perrot, "On the Formation of the French Working Class", in Ira Katznelson and A. R. Zolberg ed., *Working Class Formation*(New Jersey: Princeton University Press, 1986), pp. 71~110을 보라. 19세기 유럽 노동계급 운동에 대해서는 다음을 참조하라. Mauris Agulon, *1848 ou l'apprentissage de République 1848-1852*(Paris: Seuil, 1973); Roger Magraw, *France 1814-1915: The Bourgeois Centry*(Oxford: Fontanapaper book, 1983); William L. Langer, *Political and Social Upheaven, 1832-1852*(New York: Charper Torchibook, 1969); Craig Calhoum, "Industrialization and Social Radicalism: British and French Workers

어찌 된 일인지 이렇게 독창적인 영등포산업선교회의 노동자 소그룹 활동 의식화 교육은 제대로 기록되지 못했다. 인명진은 이에 대해 이렇게 설명한다.

"당시 당국으로부터 엄청난 탄압을 받았기 때문에 이러한 노동 조직 활동을 기록할 수가 없었지요. 이 활동은 단지 제 머릿속에 남아 있을 뿐입니다. 그래서 심지어 회원들 명단조차 남길 수가 없었어요. 이 활동이 내 기억에서 사라지기 전에 꼭 기록으로 남겨야겠다고 생각했습니다."[20]

한편 한국 교회는 이미 1960년대부터 1970년대에 야학 운동을 통해 파울루 프레이리의 민중 교육을 실천하고 있었다.[21] 이 시기에 민중 교육으로서의 야학 운동은 도시산업선교회의 선교 중심으로 이뤄졌으며 사회변혁을 위한 정치운동이라기보다는 인간 중심의 인권운동이었다.[22]

Movements and The Mid-Nineteenth Century Crisis", *Theory and Society,* vol. 12, no. 4(Jury, 1983), pp. 485~504; William H. Sewell Jr., "Social Change and the Rise of Working Class Politics in Nineteenth Centry Marseill", *Past & Present,* no. 65(November, 1974), pp. 73~109.

20 「인명진 구술녹취 전문」, 제1차(2011. 1. 6.), 김명배 엮음, 앞의 책(Ⅷ), p. 316. 지역 조직화(Community Organization)의 창시자인 사울 알린스키는 미국의 급진적 사회주의자로서 주로 미국의 가난한 흑인 지역사회의 생활조건을 개선하는 데 초점을 맞추었으며 빈민운동에 큰 영향을 끼쳤다. 알린스키의 대표 저작은 『급진주의자를 위한 규칙(Rules for Radicals)』이다.

21 이에 대해 기독교 야학연합회, 『민중 야학의 이론과 실천』, 풀빛, 1985 참조. 1970년대 민중 교육의 실천 현장은 기독교 선교, 야학, 노동운동, 농민 선교운동, 도시 빈민 선교운동 등을 들 수 있다. 이미숙, 「현 단계 민중 교육에 대한 검토」, 한완상·허병섭 외, 앞의 책, pp. 27~44.

22 한승희, 『민중교육의 형성과 전개』, 교육과학사, 2001, pp. 113~118.

1960년대 말 민중교육이 산업선교의 활동으로 실천되어 노동자 인권과 민주노조 설립을 목적으로 한 노동교육에 치우쳤다면, 1973년 이후 전태일 사건에서 충격을 받았던 인명진이 영등포산업선교회에 부임하여 실행한 민중교육은 노동자의 현실을 외면하고 무관심했던 것에 대한 반성으로 시작되었다. 인명진을 중심으로 현장에서 시행된 이 소그룹 활동 의식화 교육은 사회체제에 대한 급진적인 저항에까지 이르지는 못했으나 정치와 사회의 민주화를 지향한 점진적인 개선을 목적으로 활동이 전개되었다.[23]

그렇다면 인명진의 조직운동은 어떻게 진행되었는가. 당시 노동자들은 산업선교회에 다니기만 해도 공장에서 해고되었고, 감시 대상 명단에 올라가 어딜 가도 취업이 되지 않았다. 그래서 인명진은 보통 7~10명으로 그룹을 조직했다. 조직 논리 가운데 가장 강력한 조직이 혈연조직 혹은 인연조직으로, 통상 6~10명 선이어야 강력한 조직의 힘을 발휘한다는 것을 인명진은 경험으로 체득했던 것이다.

한편 가톨릭노동청년회(JOC)의 소그룹 활동은 치명적인 단점을 안고 있었는데, 인명진의 소그룹과 달리 인원이 10명이 넘는 대규모 그룹으로 운영되었다는 점이었다. 가톨릭노동청년회의 소그룹 활동은 여러 회사의 노동자들을 섞어서 그룹을 만들었다. 그렇다 보니 자기 회사의 근로조건과 타 회사의 근로조건을 서로 비교 검토하면서 연구, 토론할 때 자기들이 당면한 문제들을 상호 공유하고 해결점을 찾기 위한 공감대가 형성되지 못했다. 인명진의 설명에 따르면, 한 부서에서 일하는 일곱이나 여덟이 모여 자기네 문제들을 의논하면서 공유할 때 같이 행동할 수

---

23 정환규, 「민중 교육론의 이론과 성격」, 한완상·허병섭 외, 앞의 책, p. 153.

있는 강력한 힘을 발휘할 수 있다는 것이다.[24] 소그룹 활동에 있어서 가장 중요한 과제는 여성 노동자들에게 노동의 정당한 대가를 받지 못하고 있는 자본주의 착취 구조를 이해시키고, 소위 '공순이'로 지칭된 사회적 멸시감을 떨쳐내게 하고, 조국의 경제개발에 크게 이바지하고 있다는 자부심을 심어주는 일이었다. 당시 여성 노동자들은 '공순이'로 불리는 것에 큰 수치심을 느끼고 있었다. 그래서 여성 노동자들은 공순이 티를 드러내기 싫어 책 한 권씩을 들고 다니곤 했다.[25] 인명진은 이렇게 열등감에 사로잡혀 있던 여성 노동자들에게 자존감을 불어넣어주려고 애썼다.

인명진은 먼저 노동자들이 주체적으로 소그룹을 조직하고 의식화 교육을 할 수 있도록 노동자 권리와 인권에 관한 교육 프로그램을 제공했다. 인명진이 시행한 이 소그룹 활동으로 조직 강화와 교육의 효율성이 커지자 세계에 널리 퍼져나갔다. 소그룹 활동이 노동자들에게 계급적 동질감과 연대감을 강화해줌으로써 기업별 파업이 전체 노동자가 합세한 총파업으로 확대되어 노동운동의 규모가 경제계와 사회계, 특히 정치계에 엄청난 영향을 끼치기 시작했다. 이제 한국의 노동운동은 기업과 노동자들의 문제가 아니라 국가적인 차원에서 경제, 사회, 정치적인 문제가 되었다. 이렇게 되자 박정희 유신독재체제를 무너뜨리기 위해 야학을 매개로 노동운동에 뛰어든 대학생들도 노동자 의식화 교육을 위해 이 소그룹을 활용했다. 그만큼 인명진이 주관한 소그룹 활동의 의식화 교육은 정치운동에서도 매우 유용할 만큼 그 교육 방식과 조직 이론

---

24 「인명진 구술녹취 전문」, 제1차(2011. 1. 6.), 김명배 엮음, 앞의 책(Ⅷ), p. 320.
25 김원, 앞의 책, p. 556.

이 한국의 상황에 적합했다. 오늘날 진보 정치인으로 유명한 심상정의 경우에도 구로 지역 공장에 취업하여 노동자의 의식화 수단으로 기업 간 소그룹을 이용했다. 1980년부터 1985년까지 심상정은 8개 소그룹 교육 활동을 진행하여 1기에 48명의 의식화된 노동자를 배출했다. 이 소 그룹들은 인명진이 조직한 규모대로 6명 정도의 노동자들로 구성되어 있 었으며, 구로공단 지역 소그룹들은 학생 출신 노동자들로 구성된 14인회 가 지도했다.

여기서 심상정이 그 중심이 되어 여러 소그룹을 조정하고 투쟁 활동을 계획하기도 했다. 또 서울여자대학 이선주라는 학생 역시 김순영이란 가 명으로 구로공단의 의류 수출 제조업체인 부흥사에 취업한 후 서서히 소 그룹을 조직하여 노동자들의 의식화 교육을 시작했다. 그 결과 이 공장에 서 여공이라는 자신들의 처지에 비관하고 있던 여성 노동자들은 이선주 가 조직한 소그룹 교육 활동을 통해 빠르게 계급의식을 수용하면서 다른 공장노동자들에 대한 강한 연대의식을 키워나갔다. 이렇게 하여 1983년 부터 이 지역 노동자들은 점차 새로 민주노조를 만들거나 회사 노조를 자주 노조로 바꾸는 데 큰 성공을 거두었다.[26] 이렇게 위장취업한 대학생 들의 소그룹을 이용한 노동자 의식화 교육은 이들의 독자적인 활동이 아니 라 바로 인명진이 영등포산업선교회에서 처음 계획하고 실행한 의식화 교 육과 조직 원리를 활용한 것이었다. 이를 기초로 하여 1985년에 일어난 구 로연대투쟁은 정치적 억압으로 촉발된 노동자의 첫 정치적 투쟁이었다.[27]

---

26 구해근 지음, 신광영 옮김, 앞의 책, pp. 177~186.

27 심상정은 소그룹 활동으로 인한 의식화 교육을 토대로 구로공단 노조 지도자들을 모아 연대투쟁을 벌인 것에 대해 '우리들의 첫 작품'이라고 자랑스럽게 말했으나 사실은 인명진의 후예인 셈이다. 1985년 구로연대투쟁은 사실상 이 지역의 소그

인명진이 시작한 이러한 소그룹 활동의 의식화 교육과 조직 원리는 1980년대 중반 민주노조운동의 역량을 키워주는 작업이었으며 이후 노동교육과 조직의 역사적 유산으로 자리 잡게 되었다.[28] 이로써 1970년대 중반 인명진이 실행한 노동자의 자발적인 소그룹 활동은 정치적으로는 진보적 지식인과 학생을 중심으로 한 민주화운동, 사회적으로는 경제정의 실현, 그리고 경제적으로는 고용보장과 저임금 해소 등 노동자 권리 보장을 위한 노동운동과 결합해 한국 사회의 개혁을 위한 모든 운동을 주도했다. 이렇게 인명진의 소그룹 활동이 우리 사회의 전반적인 혁신과 진보를 위한 밑거름이 되어가자 이와 유사한 외국의 여러 교육 및 조직 이론이 소개되기 시작했다. 한국 노동운동사에서 가장 강렬하게, 그리고 노동자들이 스스로 자신들의 권리를 위한 노동운동과 민주적인 노동조합 개혁을 위한 투쟁에 나서도록 이끌었던 힘은 바로 인명진의 독창적인 소그룹 활동을 통한 노동자 의식화 작업에서 나온 것이었다.

당시 조화순이 이끌었던 인천산업선교회에서도 1971년 5월부터 12월까지 조승혁과 오글이 알린스키의 조직 이론과 방법을 적용하여 소그룹 활동 프로그램을 시행하고 있었다. 훈련 내용은 '알린스키의 조직 이론과 방법', '소그룹 운영의 과제와 관리 기술', '외국의 도시산업선교 활동 내용과 과제', '파울루 프레이리의 의식화 교육방법론' 등이었다.[29] 알린스키의 조직 이론은 1970~1980년대 한국 빈민 및 노동운동가들이나

룹 활동으로 상호 기업 노동자들 사이의 강한 연대감에 기초한 투쟁이었다. 서울 노동운동연합, 『선봉에 서서: 6월 노동자 연대투쟁기록』, 1986, 돌베개, p. 176.

28 홍은광, 「파울루 프레이리(Paulo Freire) 사상의 수용과정과 한국 민중운동 교육에 대한 영향」, 서울대학교 교육학과 석사학위 논문, 2003, pp. 108~110.

29 장숙경, 앞의 책, p. 106.

민주화운동가들에게 이론적 지침이 되었다. 이들 운동가들은 항상 박정희 군사정권의 유신체제 붕괴나 민주화운동, 그리고 빈민 노동운동에 관한 논의에서 알린스키의 공동체 조직 이론을 빠뜨리지 않았다. 그만큼 노동운동과 민주화운동에서 그의 영향력이 높이 평가받고 있었으나, 사실상 그의 조직 이론은 미국과 한국의 전통적인 노동문화가 다르다는 점을 고려하면, 도움이 되었을지라도 절대적이지는 않았다. 왜냐하면 한국에서의 노동운동은 계급의식 혹은 정치적 운동으로 발전하는 데 그 어느 나라보다 빨랐고 또 독창적이었기 때문이다.[30]

알린스키는 사회규범과 법질서 안에서 사람들이 주제적으로 사고하고 행동하는 것이 사회개혁의 원동력이라고 믿었다. 그는 민중들이 스스로 삶의 방향을 결정할 힘을 갖고 사회질서의 변화에 참여할 때, 많은 사회문제가 점진적으로 올바르게 해결되어갈 것이라고 주장했다.[31] 알린스키는 미국에서 가장 위대한 비사회주의 좌파 지도자 중 한 사람으로 평가받는 인물로서 미국 대통령을 지낸 버락 오바마(Barack Hussein Obama II)는 그의 이론에 따라 시카고에서 지역사회 운동을 벌여 정치계 진출의 기회를 얻게 되었고, 그의 영향을 받았던 정치인이자 빌 클린턴 대

---

30 프레드릭 데요(Frederic Deyo)는 한국, 일본, 대만 등 동아시아 나라들의 노동운동 강도 차이가 각기 다른 노동계급의 구조에서 비롯되었다고 말한다. Frederic Deyo, 앞의 책, pp. 167~196. 한국의 산업 발전은 다른 아시아 국가들과 달리 수출 지향적, 노동집약적 경공업에서 출발하여 점차 중화학공업 지향적으로 발전해나가면서 여기에 정치적 요인이 결합하여 있었다. Koo Hagen, "The State, Industrial structure, and Labor Politics: Comparison of South Korea and Taiwan" in *Industrial East Asia* ed., by Kyong-Dong Kim(Seoul: Seoul National University Press, 1989) 참조.

31 알린스키의 조직 이론과 그의 사상에 대해서는 사울 D. 알린스키 지음, 박순성 옮김, 『급진주의자를 위한 법칙: 현실적 급진주의자를 위한 실천적 입문서』, 아르케, 2008을 보라.

통령의 부인인 힐러리(Hillary Diane Rodham Clinton)는 웨슬리 대학(Wellesley College) 졸업논문을 알린스키 모델에 관해 썼을 정도로, 당시 그의 이론은 자본주의국가의 착취 구조를 개선하는 데 매우 급진적이었다.

그러나 1970년대와 1980년대 한국 노동운동에 많은 영향을 끼친 파울루 프레이리의 교육 이론과 알린스키의 조직 이론은 지나치게 이념적이어서 인명진은 그다지 큰 영향을 받지 않았다. 그 이유는 알린스키의 조직 이론이 남북분단으로 이념적 갈등이 강하고 미국과 달리 이제 막 산업화되어 경제개발 단계에 들어선 한국의 상황과는 맞지 않았기 때문이다. 이 점에 대해 인명진에 따르면, 알린스키의 조직 이론의 핵심은 셀프 인터레스트(Self interest)인데 이것을 주장하기에는 우리의 정치적 탄압이 너무 강하여 극복할 수가 없었다는 것이다.[32] 말하자면 반공정책과

---

32 셀프 인터레스트란 자기 이익을 위해 일반적으로 자기 자신의 필요나 욕망에 초점을 맞추는 것을 의미한다. 대부분의 경우 사리사욕을 나타내는 행동은 무의식적으로 행해지는 경우가 많다. 많은 철학적, 심리학적, 경제적 이론이 인간 행동의 동기를 부여하는 이기심의 역할을 조사하기도 한다. 노동자와 노조가 노동조합을 조직하고 확대하려는 것은 자신들의 이익 때문이다. 노동자들은 자신들의 이익을 대변하기 위해 노조를 조직하고 노조는 자신들의 조직을 유지하고 확대함으로써 사용자와 사회에서 노동자들의 권익 보호 및 노조의 힘을 보여주려고 한다. 노동자와 노조 모두 자신들의 이해를 달성하기 위해 상호 의존적일 수밖에 없음에도 불구하고 기존 조직화 모델은 노동자와 노조 이해를 조화시키기보다 개별적으로 충족시키는 데 집중했다. 예컨대 노동자 이해 중심의 이론은 노동자들이 자신의 이해가 충족되면 더 많은 이득을 충족시키기 위해 많은 노동자를 동원하여 노조에 가입시키며 그로 인해 노조 조직률이 증가할 것으로 판단했다. 반면 노조 이해 중심 이론들은 노조 규모가 확대되고 재정적 안정화가 이루어져야 노조가 노동자를 위해 제 역할을 할 수 있다고 보았다. 예컨대 노조 규모 확대는 사용자와 정부에 대한 노조 교섭력이나 노조의 정치적 힘의 증대를 가져오고 이는 더 많은 조합원을 가입시킬 수 있는 기반이 된다고 가정한 것이다. 따라서 기존 조직 이론들은 노동자 이해 충족, 노조 조직률 증가나 노조 이해 충족, 노조 조직률 증가 등의 한 방향으로 나아가는 논리를 보여준다. 우상범·임상훈, 「노조 조직화 이론에 대한 비판적 검토-노동자와 노동조합의 이해 조응을 중심으로」, 『대한경영학회지』, 제27권, 제

강제적인 경제개발을 위한 정부 탄압이 너무 무서워 셀프 인터레스트를 주장할 수 있는 상황이 아니었던 셈이다. 또 우리나라는 유럽이나 미국 등 서구 사회와 달리 개인주의 사회가 아니고 혈연 중심의 집단주의여서 이것이 셀프 인터레스트보다 더 강했다. 그러므로 셀프 인터레스트보다 가족이나 혈족 관계를 더 중요하게 여기는 우리 사회에서는 이것을 핵심으로 한 알린스키의 조직 이론이 잘 맞지 않았다.[33] 노조 조직률에 영향을 미치는 결정적 요인은 노동자 지지 정당, 중앙집중화된 단체교섭, 노조가 운영하는 비고용보험으로 나타났다. 특히 스웨덴을 비롯한 서유럽 국가들이 여전히 높은 노조 조직률을 유지하는 이유는 이 세 요인이 존재하기 때문으로 분석했다.[34] 여기에서 인명진이 노동자 조직과 활동 활성화, 그리고 노동자 복지 지원을 위해 설립한 신용협동조합은 노동자들의 소그룹 활동 활성화에 큰 도움을 주었다고 할 수 있다. 인명진의 소그룹 활동에서 조직 강화를 위해 중점을 둔 것이 바로 신입 노동자들의 영입이었다. 대개 노동자 조직에서 신규 회원의 조직 영입이 부진하면 노동조합 활동이 위축되기 마련이었다.

여기에는 기업주와 어용노조의 방해가 작용하기도 한다.[35] 1970~1980

6호, 대한경영학회, 2014, pp. 907~925.

33 「인명진 구술녹취 전문」, 제1차(2011. 1. 6.), 김명배 엮음, 앞의 책(Ⅷ), pp. 316~319.

34 미국에서 노동조합에 가입한 노동자는 5명 중 1명도 채 안 되었으나 스웨덴의 경우 전체 노동자들이 조직되어 있다. 이러한 분석은 다음을 보라. Bruce Western, B, Between, *Class and Market: Postwar Unionization in the Capitalist Democracies*(New Jersey: Princeton University Press, 1997).

35 노조 조직화에 대한 노조 지도부의 인식 부재로 인해 신규 조합원 조직화 노력이 부진한 반면 사용자의 반대는 증가했다고 주장한 것은 Richard B. Freeman, "Spurts in union growth: Defining moments and social processes," in Michael D.

년대 한국의 노동현장은 이런 문제로 인하여 노조의 역할이 제대로 작동되지 못하고 있었다. 새로운 노조의 개혁이 절실했던 인명진은 노동자들이 자발적으로 활동할 수 있도록 기존 어용노조를 민주노조로 교체하는 것이 중요하다고 생각하고 이 운동을 적극 추진했다. 1973년 이후 노동자들의 자발적이고 주체적인 민주노조운동은 이렇게 첫발을 내딛기 시작해 주요한 흐름이 되었다.[36] 여기에서도 인명진의 또 다른 험한 십자가 고난이 뒤따랐다.

Bordo. Claudia Goldin & Eugene N. White, eds., *The Defining Moment: The Great Depression and the American Economy in the Twentieth Century*(Chicago: University of Chicago Press, 1998)를 보라.

36 개별 노동자의 이익을 위한 개별적 노조의 한계를 극복하고 노동자들이 주체적으로 조직화하여 집단행동을 함으로써 자신들의 입장을 주장하는 자발적 단계로의 전환은 1970년대부터 노동운동에 적용되어온 지배적 패러다임이다. 정이환, 「주변 노동자의 동원화·조직화」, 『한국사회학』, 제34집, 겨울호, 한국사회학회, 2000, pp. 981~1006.

제7장

유신독재정권의 몰락

인명진과 YH무역 사건

영등포산업선교회는 1960~1970년대 한국에서 발생한 크고 작은 노동문제와 노동운동에 가장 깊게 관여해 큰 영향을 미친 노동운동단체이며 여기에서 인명진은 한국 민주노동운동의 탄생에서 빼놓을 수 없는 중요한 인물이다. 영등포산업선교회는 그동안 개신교의 선교단체였다는 이유로 한국 민주화운동사나 노동운동사에서 크게 주목받지 못하였고, 그 활동 내용이나 의의도 제대로 평가받지 못하였다.[1] 영등포산업선교회는 대한민국 정부 수립 이후 근대화 과정에서 발생하는 사회문제들을 가장 먼저 파악하고 장기간에 걸쳐 조직적으로 준비하여 부조리한 사회구조에 대항해온 유일한 기독교 사회운동단체였다. 이런 점에서 한국 노동운동과 사회운동사를 이끌었던 기독교 사회선교단체와 그 중심인물은 한국 현대사에서 독립운동가 못지않게 정치 및 사회 발전에 큰 공헌을 했다고 봐야 한다.

한국 노동운동은 경제개발이 본격적으로 추진되던 1970년부터 영등포산업선교회가 주도해가면서 시작되었으나, 이때 노동운동은 대개 어용노조의 테두리 안에서 단지 노동자의 기본적인 문제 해결에 그쳤다. 그러다가 1973년 인명진이 영등포산업선교회의 실무자로 부임하면서 이전 노동운동 방식에서 벗어나 실질적인 노동자의 권리와 인권을 위한 민주노동운동으로 발전하게 되었다. 인명진의 지도하에 여성 노동자들을 중심으로 전개된 민주노동운동은 정치뿐 아니라 사회 전반에 걸

---

1 장숙경, 앞의 책, p. 19.

쳐 큰 변혁을 일으켰다. 먼저 정치적으로 장기간 유지되어온 박정희 유신독재정권이 몰락했다. 이 결과를 이룩한 것은 사회 지도자들이 주도한 민주 세력의 저항도 아니고 국민 전체가 참여한 혁명의 힘도 아니었으며, 오로지 경제개발에서 희생되어왔던 사회적으로 가장 낮은 계층인 여성 노동자들이 사람답게 살고자 민주노동운동을 펼치며 부조리한 사회에 저항한 몸부림 덕분이었다. 이들 여성 노동자들의 저항을 지도하고 이끌어간 핵심 인물이 바로 인명진이었다. 그러므로 1978년 박정희 군사정권의 유신독재체제가 붕괴하고, 정치의 민주화를 이룩하여 문민통치 시대와 사회정의가 실현되었던 1979년 후반기부터 1980년대는 인명진의 삶을 살피지 않으면 제대로 이해할 수 없다.

그 첫 출발은 바로 YH무역 여성 노동자들의 노동투쟁이다. 1979년 8월에 YH무역 노조 간부 김경숙이 신민당사에서 농성을 벌이다가 경찰의 진압 과정에서 주검으로 발견되었다. YH무역 여성 노동자들이 촉발한 이 사건으로 노동운동이 처음으로 정치문제로 비화되었다. 그동안 노동운동은 단지 노동자 당사자들의 문제였고 여기에 영등포산업선교회 등 종교단체와 실무자들이 개입하여 점차 사회문제로 확대되었을 뿐이었다. 이 사건은 단지 정치문제만이 아니라 유신독재체제로 장기간 정권을 유지해온 박정희 군사정권을 무너뜨린 정치혁명과도 같은 대사건이었다.

박정희 군사정권의 유신독재체제는 중앙정보부를 통해 치밀하게 국민을 감시했고 군, 경찰, 검찰, 국회, 사법부를 장악하여 정권 마음대로 움직이게 했다. 유신독재체제는 박정희 자신만을 위한 일인체제나 다름없었다. 유신독재체제는 '풍년 사업'이란 암호명으로 중앙정보부장 이후락이 북한 주석 김일성을 만나고 온 직후인 1972년 5월부터 박정희와 이후락, 김정렴 대통령 비서실장, 홍성철, 유혁인, 김성진 비서관, 신직

수 법무부 장관, 헌법학자 한태연, 갈봉근 등이 비밀리에 모여 탄생시킨 것이었다.[2] 박정희 군사독재 유신체제의 최대 적은 학생들이었다.[3] 이들 학생 세력은 지속해서 시위를 벌이며 유신체제 철폐를 외쳤으나 정권을 붕괴시킬 만한 국민의 지지와 저항의 힘을 강화하지 못했다. 결국, 강력한 긴급조치권을 이용하여 국민의 자유를 억압함으로써 권력을 유지해 나간 박정희 유신독재정권은 1971년 12월 6일 국가비상사태를 선언하고 이어서 1972년 10월 17일 박정희가 위헌적 계엄과 국회 해산 및 헌법 정지 등을 주요 내용으로 한 네 가지 비상조치를 발표하고 이러한 비상조치에 따른 국민투표로 1972년 12월 27일 헌법을 개정하여 유신독재체제를 출범시켰다. 이후 박정희 군사정권은 유신독재체제에 반대하는 정치인은 말할 것도 없고 사회 지식인이나 민주인사 그리고 학생과 노동운동을 벌인 노동자들까지 철저하게 탄압했다. 이렇게 유신독재체제에 대한 국민의 저항이 커지던 중 1979년 5월 야당인 신민당의 총재로 선출된 김영삼은 박정희 유신독재정권과 정치적 적대관계를 형성하게 되었다.

특히 1979년에는 물가가 폭등하고 경제가 악화되었으며, 제2차 석유 파동이 발생함으로써 중화학공업이 큰 타격을 받아 가동률이 50% 안

---

2 통일주체국민회의의 거수기식 대통령 선출 방식이나 긴급조치권 등 유신체제의 핵심은 박정희가 직접 챙긴 것으로 알려졌다. 이상우, 『비록: 박정희 시대 (2)』, 중원문화, 1985, pp. 255~266.

3 1971년 10월 5일 항명 파동으로 여당인 공화당의 실력자 김성곤, 길재호가 당에서 출당된 날, 고려대학교에 군인들이 난입했다. 이어 10월 15일 위수령이 내려져 서울 시내에 7개 대학에서 1,889명이 연행되었다. 그 후 23개 대학에서 제적되어 곧바로 강제입영된 177명은 보안사의 감시를 받았다. 이경재, 『유신쿠데타』, 일원서각, 1986, pp. 156~168.

퍄으로 하락했다. 이러자 박정희 군사독재 유신체제는 총투자 규모의 30%를 축소하여 투자조정을 하고 경제성장률도 급격하게 줄어들어 1952년 이래 가장 낮은 6.5%를 기록했다.[4] 더욱이 경제정책이 대기업에 집중되어 1979년 전체 제조업 출하액에서 상위 5대 재벌이 차지한 비중이 16.3%, 10대 재벌이 22.7%, 20대 재벌이 30.3%였다.[5] 이처럼 한국의 중화학공업이 해외에서 수요가 격감하면서 위기를 맞자 박정희 유신독재정권은 재벌의 몫인 비용과 손실을 중산층과 노동자, 서민에게 부담케 하여 국민의 반발을 샀다. 대기업과 중소기업의 격차가 심했던 것처럼 부자와 서민들의 경제적 차이도 커서 전반적으로 국민의 불만은 증폭하고 있었다. 그래도 박정희 유신독재정권은 강력한 초법적 통치권을 통해 권력을 유지하고 있었기에 누구도 이에 저항할 강력한 힘을 갖추지 못하고 있었다. 이렇게 강력한 군사독재정권을 누가 어떻게 하루아침에 몰락시켰을까.

바로 그 주인공은 정치인도 아니고 학생, 민주인사, 지식인, 사회 지도자도 아니었으며 서민들도 아니었다. 그 주인공은 바로 사회에서 가장 낮은 계층, 소위 '공순이'로 불리며 천대받았던 어린 소녀 노동자들과 이들을 돌보던 영등포산업선교회의 실무자, 청년 인명진이었다. 이 대변혁의 시대를 열었던 사건의 한가운데에 바로 인명진과 여성 노동자 김경숙이 있었다. 인명진은 이 사건의 배후 조종자로 찍혀 산업선교회 실무자 등 8명과 함께 구속되고 말았다.[6]

---

4 1980년 물가상승률이 43%, 성장이 마이너스 5.6%였다. 김성익 편, 『전두환 육성 증언』, 조선일보사, 1992, p. 283.

5 『한겨레 21』, 제546호, 한겨레신문사, 2005년 2월 15일 자, p. 89.

6 『경향신문』, 1979년 8월 17일 자.

YH무역주식회사는 1966년 재미교포 장용호가 세운 가발회사로 70년대 초반 종업원 4,000여 명에 수출 순위 15위를 기록했던 대기업이었다. YH무역의 노동조건은 1975년 기준 일당 220원이었고 하루 12시간 이상 근무였다. 고용형태가 도급제라서 노동자들은 잦은 전출 혹은 감봉으로 많은 불이익을 당하는 등 불리한 노동조건에 저항해 1975년 두 차례 노조 결성을 시도했으나 실패하고 말았다. 그러다가 1975년 5월 24일 섬유노조의 지원을 받아 YH무역 지부(지부장 최순영) 결성에 성공했다. 그 후 노조는 회사와 단체교섭을 벌여 임금인상과 노동조건을 대폭 개선하며 자주적인 노동조합으로 발전했다. 1970년대 후반에 접어들자 사장 장용호가 막대한 회사 수익금을 미국으로 빼돌린 데다가 가발 경기의 쇠퇴로 회사는 점차 기울기 시작했다. 1970년 4,000명이던 종업원이 1978년 500명으로 급감했다. 더욱이 1979년 3월 교육생들인 노동자, 농민, 여성들에게 자본주의의 모순을 교육하고, 사회주의국가 건설을 위한 비밀 서클을 만들었다는 혐의로 크리스천 아카데미 여성사회분과 간사 한명숙의 연행을 시작으로 농촌사회분과 간사 이우재, 황한식, 장상환, 산업사회분과 간사 김세균, 신인령 등과 더불어 정창렬(한양대 교수)이 구속되었으며, 유병묵(전 중앙대 교수), 박현채, 양정규, 신혜수, 원장인 강원용 목사도 연행되었다. 이 사건에 노조 지도부 최순영(YH무역), 장현자(반도상사), 이총각(동일방직), 박순희(원풍모방), 이영순(콘트롤데이타) 등이 연루되어 중앙정보부에 연행되자 회사 측은 이를 빌미로 폐업을 단행했다.[7] 같은 해 8월 6일 마침내 회사는 일방적으로 폐업 공고

<hr />

7 1979년 4월 16일 중앙정보부가 크리스천 아카데미 간사 등이 북한 서적을 소지하고 북한 방송을 청취했다고 발표하고 이 사실을 근거로 용공 혐의를 뒤집어씌웠다.

를 발표하고 다음 날 7일에는 기숙사, 식당을 폐쇄해 퇴직금, 해고수당을 10일까지 수령할 것을 직원들에게 통지했다. 이에 여성 노동자들은 이러한 회사 측의 조치에 반발하며 철야농성에 돌입했다. 노조는 8월 8일 마지막 투쟁대책을 논의하여 영등포산업선교회를 비롯해 한국교회사회선교협의회 등 각 기독교단체와 인권단체에 지원을 요청했다.

당시 영등포산업선교회는 영등포 지역 외의 다른 지역 노동문제에 대해서는 관여하지 않는다는 원칙을 지키고 있었기 때문에 면목동에 있는 YH무역과 직접적인 관련이 없었다. 그러나 인명진은 YH무역 노동자들이 농성 중에 협력 요청을 해오자 농성 현장에 직접 찾아가 격려 발언을 하며 해결 방안을 조언해주었다. 특히 당시 영등포산업선교회 회관에 사무실을 두고 있던, 개신교회와 가톨릭의 사회선교협의체인 한국교회사회선교협의회 실무자가 YH무역 지부장 최순영의 남편 황주석과 함께 기독교 청년학생운동을 했던 서경석 목사였다. 인명진은 1972년 한

중앙정보부는 7명의 피의자를 장기간 불법으로 가두고 이들에게 혹독한 고문을 가해 허위 자백을 받아냈다. 사건 발생 직후 한국기독교교회협의회 등 종교단체들은 크리스천 아카데미 사건을 노동운동과 농민운동을 탄압하며 기독교 선교 활동의 자유를 침해한 행위라고 규탄하였고, 국제 종교 네트워크를 통해 이 사건을 '인권 및 종교 탄압'의 사례로 고발했다. 세계 교회 조직과 종교 지도자들은 한국의 '크리스천 아카데미 사건'의 재판 전개 과정을 관심 있게 지켜보며 지원과 연대 활동을 전개했다. 또 이들은 청와대와 백악관, 미 의회 등에 이 사건에 대한 부당한 처사를 바로잡으라고 압력을 넣었다. 미국 카터 행정부의 '인권 외교'의 핵심 목표 중 하나가 박정희 정부였고, 크리스천 아카데미 사건을 포함한 박정희 정부의 종교 및 사회단체에 대한 탄압은 한국의 '인권' 보호 조치에 대한 미국의 압력을 강화했다. 크리스천 아카데미 사건과 '인권' 문제를 둘러싼 국제적 네트워크의 작동, 미국의 인권 외교 정책의 강화는 유신정권 붕괴의 간접적 원인으로 작용했다. 이상록, 「1979년 크리스천 아카데미 사건을 통해 본 한국의 인권문제」, 『역사비평』, 제128호, 역사문제연구소, 2019, pp. 64~110. 이 사건에 대해 민주화운동기념사업회 한국민주주의연구소, 『한국민주화운동사 2』, 돌베개, 2009를 참조.

국모방 노동자들이 체불임금 문제로 회사 측과 투쟁하던 때에 남북적십자회담이 개최되었는데 한국모방 여성 노동자들이 그 길목이었던 명동성당에서 농성하여 문제를 해결했던 일을 기억하고, YH무역 여성 노동자들의 농성 문제를 두고 서경석 목사와 해결 방안을 의논하던 중 "YH 여성 노동자들을 야당 신민당 당사로 보내 농성하게 하자. 그리고 신민당 총재 김영삼이 이 사건에 대해 어떻게 나오는지 살펴보자"라는 의견을 제시했다. 8월 8일이었다.

그리고 곧장 고은 시인, 이문영 교수, 문동환 목사 등은 상도동 자택으로 가서 김영삼 총재를 만나 노동자들을 보호하겠다는 약속을 받아냈다. 신민당 총재 김영삼이 이들의 호소를 받아들여 흔쾌히 신민당사를 집회 장소로 내주자 8월 9일 YH무역 여성 노동자 190여 명은 회사 운영 정상화와 노동자 생존권 보장을 요구하며 서울 마포구 도화동 신민당사로 찾아가 "우리더러 나가라면 어디로 가란 말이냐, 배고파 못 살겠다, 먹을 것을 달라"라고 쓴 플래카드를 내걸고 농성을 시작했다. 그러자 김영삼 총재는 당직자들을 동원해 주변을 감시하는 경찰들의 접근을 차단하게 했다. 당시 김영삼 총재는 1979년 5월 30일 신민당 전당대회에서 박정희 유신독재정권과 타협 노선을 택한 이철승 총재를 물리치고 당권을 장악하여 강한 투쟁 노선을 택하고 있었다. 김영삼이 노동자 편에 서서 이 사건에 대해 기꺼이 지원을 약속하자, 이에 인명진은 깊은 인상을 받았다. 이 계기로 후일 인명진은 김영삼 진영에 참여하게 된다.

8월 11일 새벽 1시 58분 서울시경 1,000여 명의 경찰이 신민당사를 기습하여 23분 만에 농성 중인 YH무역 여성 노동자들을 폭력적으로 무차별 연행했다. 경찰은 이를 막는 신민당원들과 집회 참가자들에게 무자비한 폭력을 가하고 이를 저지하던 신민당 관계자들까지 닥치는 대로 잡아갔다. 이 과정에서 21세 여공 김경숙(당시 노조 집행위원)이 왼팔 동맥이 절단되고 타박상을 입은 채 당사 뒤편 지하실 입구에 쓰러져 있는 것이 발견되어, 당사 옆 녹십자병원으로 옮겨졌으나 새벽 2시에 끝내 숨을 거두는 비극적 사고가 발생했다. 그리고 신민당 의원과 당원, 취재 중이던 기자, 신민당사에서 일하던 용역, 경비들까지 경찰에게 무차별 구타를 당해 중경상을 입었다. 심지어 김영삼 신민당 총재도 경찰에게 폭행당해 크게 다쳤다. 김영삼 총재는 구속까지는 되지 않았으나 상도동 자택으로 끌려나가는 수모를 겪었다. 8월 17일 서울시경은 "YH무역 노조 간부들은 무산계급이 지배하는 사회체제를 건설하는 것이 기독교 사명이라고 표명한 영등포산업선교회 인명진의 조종을 받아 사회 혼란을 조성하여 한국 사회의 변혁을 획책했다"라고 수사 결과를 발표, YH무역 여성 노동자들의 신민당사 농성 사건의 책임을 영등포산업선교회 인명진에게 전가했다.[8]

이리하여 이 사건의 배후 조종자로 지명된 인명진은 물론 문동환, 서경석, 이문영, 고은 등 5명과 최순영 등 YH무역 노조 지도부 3명이 구속되었다.[9] 이로써 YH무역 여성 노동자 농성 사건이 아니라 영등포산업선교회와 인명진의 사건이 되고 말았다.[10] 이 사건의 후폭풍은 마침내 민중들의 거대한 반정부운동으로 번졌다. 경찰의 폭력적인 진압을 비난하며 이 투쟁에 합세한 민주통일당과 신민당은 "밤이 깊을수록 새벽은 가

---

8 『동아일보』, 1979년 8월 17일 자.

9 『경향신문』, 1979년 8월 17일 자. 인명진은 이 사건으로 국가보위법, 집회 및 시위에 관한 법률 위반으로 세 번째 구속되었다.

10 장숙경, 앞의 책, p. 332. YH무역 여성 노동자 사건의 자세한 내용에 대해서는 한국기독교교회협의회·한국교회산업선교25주년기념대회자료편찬위원회 편, 앞의 책, pp. 577~586과 이원보, 『한국노동운동사 – 경제개발기의 노동운동: 1961~1987』, 지식마당, 2004를 보라.

깝다"라는 플래카드를 걸고 김경숙의 사인 규명과 책임자 문책 등을 요구하는 농성을 벌였다. 김영삼 총재는 "국민으로부터 유리된 소수의 독재 정부냐, 민주주의를 갈망하는 대다수 대한민국 국민이냐, 둘 중 하나를 미국 정부가 선택해서 민주주의를 지켜야 할 것이다"라는 『뉴욕타임스』와의 회견 내용이 문제가 되어 국회의원에서 제명당한 직후, "닭의 모가지를 비틀어도 새벽은 온다"라는 유명한 말을 남기기도 했다. 이로 인해 부산과 마산 지역에서 소위 부마항쟁으로 불리는 민중들의 항쟁이 폭발했다. 박정희 군사정권의 경제개발이 발생시킨 도시화와 산업화는 많은 하층 노동자들을 양산했다. 이들 하층 노동자들은 불안정한 생활로 인해 많은 사회문제를 일으켰는데 주로 생계형 범죄였다. 이들은 항상 사회로부터 소외된 감정을 품고 살았으며 정치나 사회구조에 대하여 적개심을 품고 있었다. 그러므로 정치적 혼란 혹은 사회불안이 야기되면 이들 하층 노동자들은 정권 투쟁의 선두 그룹이 되곤 했다. 그 결과가 바로 1979년 10월 16일부터 20일 사이에 벌어져 박정희 군사정권의 유신독재에 종지부를 찍게 한 부마항쟁이었다.[11]

한편 부마항쟁 진압을 두고 박정희 유신독재체제 내부의 강경파와 온

---

11 이 항쟁의 주체는 노동자, 도시 하층민, 룸펜 프롤레타리아 등으로 민중항쟁의 성격을 띠고 있다. 말하자면 부마항쟁은 대학생이 주도하였지만 1979년 10월 16일 이후 항쟁을 실질적으로 이끌었던 주체는 도시 하층민이었다. 권보드래·김성환·김원·천정환·황병주, 앞의 책, pp. 387~389. 하층 노동자들의 사회적 적개심은 항상 계급투쟁의 근원적인 요인으로, 이들은 가난하고 착취와 멸시와 소외의 대상이 되어 항상 사회의 위험한 계급을 구성하고 있었으며 사회 봉기나 계급투쟁의 직접적인 주체였다. 이에 대하여 Louis Chevalier, *Classes laborieuses et classes dangereuses à Paris fendant la première moitié du XIXe siècle*(Paris: Pion, 1958)를 보라. 특히 이에 대한 서평은 A. Alba, "Louis Chevalier, *Classes laborieuses et classes dangereuses à Paris fendant la première moitié du XIXe siècle, 1958*", *Revue d'histoire moderne et contemporaine*, tome 7 N°1 (Janvier-mars 1960), pp. 73~76을 참조.

건파가 대립하면서 온건파 중앙정보부장 김재규가 박정희 대통령과 강경파 경호실장 차지철을 살해한 '10·26 사태'가 발생하게 되었다. 그래서 인명진은 YH무역 사건을 '야훼 사건'이라고 불렀다. 시인 고은은 자신의 시집 『만인보』에서 "김경숙의 무덤 뒤에 박정희의 무덤이 있다"라며 유신의 몰락과 박정희 시대 노동자들의 투쟁을 시로 표현했다.[12] 그러나 이같이 거대한 정치 사회의 변혁을 일으켰던 주인공이 바로 인명진이라는 사실은 잘 알려지지 않았다. 인명진이 제시한 이 의견이 한국 정치사의 격변을 일으킨 거대한 사건으로 확대되리라는 것을 아무도 예측하지 못했다. 인명진은 YH무역 사건 이후 노동운동에서 민주화운동의 선구자로 나서게 되었다.

박정희 군사정권은 경제개발 정책을 위하여 노동자들을 희생시켰다. 오늘날 대기업들은 바로 이들 노동자들의 희생의 터에서 성장한 것이다. 수출 위주의 경제발전을 추진해온 박정희 군사정권은 노동운동을 반정부운동으로 인식하고 있었다. 그리하여 박정희 군사정권은 이를 저지하기 위해 억압적인 법률을 제정하고 노동을 국가를 위한 애국적인 행동으로 규정함으로써 노동자들의 권익을 제한하고 일방적인 희생을 강요했다. 박정희 군사정권의 이러한 노동전략은 국가조합주의적 노동통제였던가, 아니면 시장기제적 노동통제였던가.[13] 이 점에 대해서는 여러 의견이 제시되고 있으나 기본적으로 박정희 군사정권의 노동정책은

---

12 고은, 『만인보』, 12권, 창비, 1996.

13 당시 노동조합들이 기업주의 강력한 영향력 아래에 있었다는 점에서 최창집은 국가조합주의적 노동통제로 파악하고 있고(최장집, 『한국의 노동운동과 국가』, 열음사, 1988) 송호근은 박정희가 중앙집중적 산별노조 체제로서 '한국노총체제'를 지향했다는 점에서 시장기제적 노동통제로 분석하고 있다(송호근, 『한국의 노동정치와 시장』, 나남, 1991).

1960년대부터 국가조합주의적 억압전략에 기초하여, 시장기제적 통제 전략을 보완적으로 활용한, 유사 국가조합주의적 혼합전략에 가까운 것이었다. 즉 박정희는 공식 노조인 한국노총을 만들었으며, 전국 수준에서 통합되고 중앙집권화된 '한국노총체제'를 제도화하여 노조의 대표 활동 범위를 경제적 조합주의로 제한함으로써, 국가조합주의적 억압전략을 시도하였던 것이다.[14]

박정희 군사정권은 1971년 12월 6일 '국가비상사태'를 공포하고 사회불안을 방지하기 위해 국민의 자유를 일부 유보할 수 있다고 발표했다.[15] 이어서 12월 27일 '국가보위에 관한 특별조치법', 소위 국가보위법을 제정하여 노조의 자율적인 단체교섭권 및 단체행동권을 박탈했을 뿐 아니라 "노조의 단체행동 규제를 위하여 특별한 조치를" 취할 수 있다고 규정함으로써 사실상 노동운동을 금지한 것이나 다름없었다. 그리고 노조의 자율성을 금지한 국가보위법의 내용은 1972년 12월 27일 공포된 유신헌법에 수용되었고, 1973년과 1974년 두 차례에 걸쳐 개정된 '노동조합법'과 '노동쟁의조정법'에 의해 뒷받침되었다. 이러한 법적 조치는 노동자들을 시장 논리에 맡겨서 노조 활동의 무력화를 더욱 강화하려는 정책적 조치의 일환이었다.[16] 박정희 유신독재정권은 노동운동 탄압을 위한 제도적 조치와 더불어 억압전략을 구사해, 기업주의 횡포와 구사대 동원을 묵인해주고 반공주의 및 공장 새마을운동을 통하여 노동운동을 이념적으로 통제할 수 있게 했다. 특히 이러한 노동운동의 억압

14 김용철, 앞의 글, p. 200.

15 『동아일보』, 1971년 12월 6일 자.

16 임혁백, 『시장·국가·민주주의 한국 민주화와 정치 경제이론』, 나남, 1994, p. 387.

정책은 한국노총 지도부를 이용한 민주노조운동의 방해 공작을 다음과 같이 더욱 강화시켰다.

첫째, 신규 노조의 설립을 방해하고 기존 노조들을 기업주에 종속시키는 어용화 촉진, 둘째, 민주노조가 결성되면 노조 파괴 공작 개시, 셋째, 민주노조 파괴 공작이 실패할 경우, 기업주가 매수한 노조원들의 노조 집행부 장악 시도, 넷째, 사내 남성 노동자들로 조직한 폭력단과 구사대를 동원하여 민주노조의 활동에 폭력행사로 억압. 그러면서 동시에 정부는 용공이라는 이념적 조작을 통해 기업주의 부당행위를 묵인하거나 부추겼다. 국가는 노사분규가 발생할 때마다 반공주의 이념을 적극적으로 활용하였다. 반공주의의 법적 기반은 국가보안법이었다. 경찰을 비롯한 국가 사찰기관들은 근로조건의 개선을 요구하거나 기업주의 통제에 저항하는 노동자들을 불순분자 혹은 용공분자로 낙인찍어 억압했다. 특히 박정희 유신독재정권은 노동문제나 노조 결성을 지원하는 사회단체나 종교단체들을 국가 경제를 파멸로 이끄는 공산주의 추종 세력으로 몰아갔다. 그리고 박정희 유신독재정권은 1974년부터 도입한 공장 새마을운동을 활성화하여 가족주의적 인화단결에 기초한 공장 생활규범을 지속해서 주입함으로써 권위주의적 노사관계를 정당화했다.[17]

---

17 기업주를 한 가족의 가장에, 그리고 노동자를 그 가족 구성원에 비유하여, 기업주에 저항하는 노동자의 행동은 일종의 패륜적 행위로 간주되었다. 초기 공장 새마을운동은 시범업체로 지정된 1,500개 공장만을 대상으로 추진되었으나, 1977년 이후에는 10인 이상 사업체 전체를 대상으로 확대 실시되었다. 장상철, 「작업장통제 전략으로서의 공장 새마을운동 성과와 한계」, 이종구 외, 『1960~70년대 노동자의 작업장 문화와 정체성』, 한울아카데미, 2006, pp. 173~197. 나아가 1978년 이후에는 상공회의소, 전국경제인연합회, 한국무역협회, 한국중소기업연합회 등 기업가 단체들이 공장 새마을운동에 참여하였다. 최장집, 앞의 책, p.187. 이들 자본가 단체는 다양한 교육 및 캠페인을 통해 가부장적 노동윤리 및 노사협조주의를 작업 현장에 주입하였다. 김용철, 앞의 글, p. 202.

다음으로 박정희 유신독재정권은 한국노총 및 산별노조의 지도부를 이용해 민주노조운동의 파괴 공작을 벌였다. 박정희 유신독재정권은 유신헌법에 근거한 총력 안보 및 중화학공업화라는 통치이념과 정책을 내세워 1973년과 1974년 두 차례에 걸쳐 노동조합법과 노동쟁의조정법을 개정했다. 이 개정된 법은 노동자의 단체행동권과 교섭권을 박탈하고 산별 체계를 약화하여 노동자들의 개별 시장화를 최대화했으며, 이와 더불어 긴급조치권의 발동을 통해 노동운동을 억압하였다. 그 결과 노동자에게는 장시간의 노동에도 불구하고, 생계비에도 못 미치는 저임금만이 주어졌다. 하지만 박정희 유신독재정권이 노동자 억압 정책의 방안으로서 노동자 조직공간을 철저히 봉쇄한 것은 오히려 노동운동의 정치적 공간으로의 진입을 더욱 촉진시킨 결과를 초래했다. 앞서 설명한 바와 같이 노동운동을 최초로 정치 영역으로 이동하게 한 사건이 바로 영등포산업선교회와 인명진이 계획한 'YH무역 사건'이다. 이 사건은 노동운동이 정치판으로 확대된 것만이 아니라 장기간 독재를 이어온 박정희 유신독재정권을 몰락시켰고 민주노조운동을 절정에 이르게 했다. YH무역 사건을 정치판으로 끌고 간 인명진의 기지가 한국 현대사의 대변혁을 일으키는 나비효과가 된 것이다.

아무튼 이 사건을 계기로 민주노조로 불리는 노동조합들이 산업현장에 속속 등장하여 활동하기 시작했고, 마침내 민주노조운동은 유신체제를 반대하는 재야 세력과 정치연합을 형성하기 시작해 권위주의 독재를 타도하고 인권 회복을 요구하는 민주화운동으로 발전해나갔다. 이 민주화의 흐름에 따라 인명진도 노동운동에서 한 걸음 더 나아가 민주화운동 투사가 되어갔다. 노동문제는 단순히 노동자의 몫이 아니라 사회적 구조와 정치적 상황에 의하여 발생한다. 이러한 시대적 인식을 하게 된 인명진은 노동운동 현장에서 벗어나 본격적으로 민주화운동에 투신하게 된다. 그 직접적 계기는 박정희 유신독재정권이 붕괴하고 새로 들어선 전두환 군사 쿠데타 정권이 인명진에게 가한 혹독한 탄압이었다.

영등포산업선교회의 위기

영등포산업선교회와 인명진에 대한 마녀사냥식 탄압은 박정희 대통령의 죽음을 초래한 YH무역 여성 노동자들의 농성 사건이 발생한 이후 최고점에 이르렀다. 1979년 8월 9일 이후 박정희 유신독재정권이 영등포산업선교회와 인명진을 YH무역 사건의 배후 세력으로 지목한 8월 15일부터 대통령의 특별명령으로 '산업체에 대한 외부 세력 침투실태 특별조사반'을 구성하여 영등포산업선교회를 우리 사회를 사회주의 체제로 전복하려고 꾀한 용공단체로 매도했다. 각 신문은 "도산(都産)이 들어오면 도산(倒産)한다"라는 내용의 특집을 여러 회에 걸쳐 연재했다.[18] 이어서 박정희 유신독재정권은 법적·행정적·이념적 통제에 긴급조치와 국가보안법 등 초법적 수단을 총동원하여 노조 활동을 철저하게 억압했다. 노동자들은 이에 맞서 어용노조를 개혁하여 민주노조를 결성함으로써 파업과 단체행동, 나아가 반체제 민주화운동으로 투쟁의 공간을 정치 영역으로까지 확대해나갔다.[19]

이렇게 박정희 유신독재정권이 영등포산업선교회를 공산주의 단체로 몰아가자 보수적인 소속 교단은 1979년 8월 15일과 27일 두 차례에 걸쳐 발표한 성명을 통해 "YH무역 여성 노동자들의 농성 사건 배후자로 인명진을 지목하고 영등포산업선교회를 기독교를 가장한 용공단체

---

18 장숙경, 앞의 책, p. 334.

19 신치호, 「박정희 정권하의 국가와 노동관계」, 『노동연구』, 제16집, 고려대학교 노동문제연구소, 2008, pp. 81~120.

로 규정"한 정부의 처사를 강하게 비난했다.[20] 이와 달리 한국기독교교회협의회 등 진보적인 한국 교회와 단체는 노동운동과 산업선교에 관한 자료집을 통해 "YH무역 사건뿐 아니라 모든 노동운동은 한국 교회 산업선교회의 활동에 의한 것이 아니고 정부의 무리한 수출 중심의 경제정책과 불합리한 사회구조 및 기업의 비윤리적인 운영의 탓"이라며 "정부의 산업선교회 탄압 중지"를 촉구하고 나섰다.[21] 교단과 진보 기독교 단체들은 산업선교회에 대해 "노동자의 권익을 보호하고 사회정의 실현을 위한 선교단체"라고 주장하며 산업선교회를 보호하려고 노력했다. 그러자 정치권에서도 야당인 신민당이 "산업선교는 가난하고 핍박받는 자를 돕는 종교의 근본정신에 입각하고 있으며, 노사분규에서 화해를 이룬 사례가 많은 아주 건전한 선교 활동"이라며 영등포산업선교를 옹호하고 나섰다.[22] 이에 앞서 박정희 군사정권은 영등포산업선교회 등 노동운동단체나 진보적인 기독교 지식인들이 유신체제를 반대하며 민주화운동을 전개하고 있는 것에 대해 그 반대 세력으로 보수교회 지도자들을 포섭하여 이를 견제케 했다. 한국 교회의 진보와 보수의 신앙 노선이 뚜렷하게 드러나기 시작한 것은 박정희 군사정권이 3선 개헌을 하면서부터이다. 이후 3선 개헌을 찬성한 보수교회와 이를 반대한 진보교회는 사회문제에 관하여 서로 반대 혹은 적대적으로 대응하게 되었다.[23] 이후

---

20 대한예수교장로회(통합) 총회, 1979년 8월 15일 자 「성명서」, 8월 27일 자 「성명서」.

21 「특집: 이것이 산업선교의 실상이다」, 『기독교 사상』, 통권 제467호, 기독교서회, 1979년 11월호, pp. 23~38. 특히 이 책의 「산업선교에 관한 자료 모음」(p. 108)을 보라.

22 『조선일보』, 1979년 8월 23일 자.

23 이상규, 「해방 후 한국 교회의 민주화운동과 통일운동」, 『한국기독교와 역사』, 제4호, 한국기독교역사연구소, 1995, p. 81.

한국 교회의 진보와 보수는 각기 상반된 신학적 노선에 따라 상호 간의 갈등과 적대행위가 더욱 고조되어갔다. 그 시점은 보수교회가 박정희 유신독재정권을 지지하며 대형 집회를 개최하면서부터였다.

그리하여 1974년 5월 박정희 대통령은 국가조찬기도회에서 "북한 공산당이 통일전선을 형성하기 위한 전략의 하나로 종교계에 침투하려 하고 있다"라며 보수교회 지도자들에게 산업선교회와 진보적인 기독교 인사들에 대한 경계를 당부했다.[24] 그 대가로 박정희 군사정권은 대표적인 보수교회 지도자인 김준곤 목사의 한국대학생선교회(CCC) 회관을 서울 정동에 세워주었고, 한경직 목사와 감리교신학대학 홍현설 학장이 주도한 '빌리 그레이엄 전도대회', '엑스플로 74' 같은 초대형 전도 집회를 위해 통금 해제, 버스 노선 변경, 군대 텐트 사용 등의 파격 지원을 하기도 했다.[25] 이렇게 박정희 유신독재정권이 보수교회를 지지한 것은 공산주의 사상을 공통의 적으로 삼고 있었기 때문이며, 더 나아가 한국 보수교회의 지지를 받기 위한 목적이었다. '엑스플로 74' 행사는 한국대학생선교회 대표인 김준곤 목사가 계획한 것으로 박정희 유신독재정권을

---

24 한국 국가조찬기도회는 김준곤 목사가 개신교 기업인 장로들과 연합한 미국 국가조찬기도회를 모방하여 한국대학생선교회 주관으로 1966년 3월 8일 처음 시작한 것이다. 국가조찬기도회와 박정희 군사독재 유신정권과의 관계에 대해서는 장숙경, 앞의 책, pp. 135~150을 참조.

25 한국대학생선교회(Campus Crusade for Christ, CCC)는 미국 복음주의자 빌 브라이트가 1951년에 창단하여 1958년 대한예수교장로회(합동) 총회 소속 김준곤 목사가 미국에 이어 두 번째로 한국에 설립한 선교단체이다. 이에 대해 다음을 보라. 한국대학생선교회 엮음, 『나와 김준곤 목사 그리고 CCC』, 순출판사, 2005. 한편 세계교회협의회(World Council of Churches, WCC)가 공산주의와 밀접한 관계를 맺고 있다고 공격한 전미복음주의협의회(NAE) 소속 목회자인 빌리 그레이엄 목사는 세계 보수교회의 대표적인 인물이었다.

지지하고 기독교 진보계 반체제 인사들을 고립시키기 위한 목적으로 시행되었다.[26] 이후 복음주의가 대세가 되어 한국 교회의 신학 혹은 신앙적 노선을 지배하게 되었다.

빌리 그레이엄 전도대회에 이어 열린 '엑스플로 74'의 보수교회 대형집회는 어김없이 진보교회의 노동운동과 민주화운동에 적대적인 성격이 뚜렷했다. 박정희 유신독재정권은 이 보수교회의 대형 집회가 진보교회 인사들의 반체제 행동에 대한 탄압 구실로 삼기에 적합한 것이어서 적극적으로 지원했다.[27] 다른 한편에서는 대학생들이 '유신 철폐'를 외치며 시위를 벌인 반면에 이 대회를 홍보하기 위해 동원된 한국대학생선교회 대학생 회원들은 티셔츠에 '성령 폭발 전도 폭발'이란 글귀를 새겨 입고서 서울 번화가와 사람들이 붐비는 시내 곳곳을 누비고 다녔다. 이 대회를 통해서 박정희 유신독재정권은 보수교회와 밀접한 관계를 강화해갔다. 바로 이 대회가 열렸던 해에 인명진, 김경락 등 영등포산업선교회 실무자들이 긴급조치 1호 위반으로 구속되었다. 당시 긴급조치 1, 4호 위반으로 구속 수사를 받은 자는 1,024명이었으며, 이 중 180명이 군법

---

26 한국기독교교회협의회 인권위원회, 『1970년대 민주화운동 2』, 한국기독교교회협의회, 1987, pp. 846~847. 이 집회 이후 한경직 목사와 김준곤 목사는 한국 복음화의 목표 아래 한국복음주의신학회와 한국복음주의협의회를 조직하고 민중신학 등 진보적인 기독교 신학에 대항했다. 한국대학생선교회 엮음, 앞의 책, p. 561.

27 정부는 이 대회를 위해 방대한 규모의 본부석과 1만 명의 성가대가 찬양할 수 있는 좌석의 설비, 수십만 명을 수용할 수 있는 군사용 텐트 500채, 22만 명을 수용할 수 있는 숙소로 여의도 주변 76개 학교 교실 3,000개를 마련해주었다. 또 정부는 5·16광장의 조명, 음향 시설을 비롯하여 의료시설, 1회에 1만 명이 식사할 수 있는 취사시설, 숙소와 대외장소까지 사람들을 운송하기 위한 버스 등 교통수단까지 대여해주는 등 물량과 행정 지원을 아끼지 않았다. 『기독신문』, 1974년 8월 17일 자. 특히 김진환, 『한국기독교 부흥운동사』, 크리스챤비전사, 1976, p. 449를 참조.

회의에 넘겨져 일부는 사형선고를 받기도 했다.[28]

　이렇다 보니 박정희 유신독재정권과 보수교회 인사들은 영등포산업선교회와 인명진 등의 노동운동이나 진보교회 인사들의 민주화운동 등에 대해서 용공 혹은 공산주의자들이 기독교의 탈을 쓰고 북한과 통일전선을 형성하기 위한 일환으로 활동하는 자들이라고 낙인찍었다.[29] 따라서 보수교회의 '엑스플로 74' 대회는 가장 뜨거운 반공 궐기대회의 성격을 띠었다. 예컨대 여의도 순복음교회 조용기 목사는 "엑스플로 74는 이 땅에서 공산주의와 무신론의 검은 세력을 몰아낼 수 있는 절호의 기회"라고 강조하기도 했다.[30] 이 행사 둘째 날인 8월 15일 서울 중구 장충동 국립중앙극장에서 진행된 제29회 광복절 기념식에서 대통령 박정희가 경축사를 하던 도중, 청중석에 있던 재일 한국인 문세광이 쏜 총에 맞아 육영수 여사가 사망하는 사건이 발생했다. 그러자 이 행사에 참석한 기독교인들과 보수교회 지도자들은 "북괴의 간악한 도발에 맞서 한국을 이끌어온 박정희 대통령에게 용기와 지혜를 불어넣어달라"고 기도했다.[31]

　이와 달리 진보계 한국 교회 인사들은 1972년 10월 17일에 발표한 박정희 유신독재체제 정권이 출범하자마자 그다음 해인 1973년 4월 22일

---

28 한국기독교장로회 역사편찬위원회, 주재용, 서광일, 연규홍 공저, 『한국기독교 100년사』, 한국기독교장로회 출판사, 1992, pp. 617~763.

29 『크리스챤신문』, 1974년 5월 11일 자, 6월 12일 자. 특히 보수교회의 대표적인 교단인 대한예수교장로회(합동) 총회 기관지인 『기독신보』의 사설 「교회는 용공과 폭력을 부정한다」, 『기독신보』, 1974년 5월 18일 자와 「기독교와 공산주의」, 『기독신보』, 1974년 6월 15일 자를 볼 것.

30 『동아일보』, 1974년 8월 14일 자.

31 『한국일보』, 1974년 8월 16일 자.

새벽 5시 서울 남산 야외음악당에서 열린 부활절 예배에 박형규 목사 등 수도권 도시선교위원회 실무자들이 '부활하신 왕, 주님의 이름으로 민주주의 꽃피우자', '민주주의는 통곡한다' 등의 현수막과 '주여, 어리석은 왕을 불쌍히 여기소서', '민주주의 부활은 대중의 해방이다'라는 제목의 유인물을 준비하여 참석했다. 그러나 예배에 참석한 성도들이 관심을 보이지 않자 허사로 끝나고 말았다. 그런데 한국기독학생회총연맹(Korea Student Christian Federation, KSCF) 소속 학생들이 예배를 마치고 귀가하던 성도들에게 이 유인물 일부를 배포했다.[32]

그러자 박정희 유신독재정권은 이를 내란음모 예비죄로 규정하고 1973년 7월 6일 이들을 모두 구속했다. 이 사건은 최초로 사회에 알려진 반유신체제 운동이었다. 이후 8월 김대중 납치사건이 일어나 반유신체제 운동이 본격화되면서 점차 전국적으로 확대되어 대학생들의 반대시위가 일어나기 시작했다. 이에 당혹한 박정희 군사독재 유신정권은 체제 반대운동의 확산을 저지하기 위하여 1974년 1월 대통령긴급조치를 발표하여 민주화운동 인사들을 검거하기 시작했다. 이 긴급조치로 인해 1월 18일 인명진은 유신헌법과 긴급조치 철폐를 주장한 성명에 서명했다는 이유로 구속되어 군사재판에서 10년 형을 선고받았다. 이처럼 한국 교회는 진보와 보수로 뚜렷하게 분열되어 사회문제를 놓고 서로 반대 혹은 적대적으로 대응하게 되었다.[33] 특히 영등포산업교회의 활동을 공산주의자의 책동으로 몰아가며 탄압에 나선 선두 주자는 바로 기독교

---

32 한국기독학생회총연맹은 대한예수교장로회(통합), 한국기독교장로회, 기독교대한감리회, 대한성공회, 구세군 대한본영, 기독교대한복음교회 등 6개 교단에서 학원 선교를 목적으로 조직한 에큐메니컬 기독학생회 단체이다.

33 이상규, 앞의 글, p. 81.

인 기업주들의 단체인 한국기독실업인회였다. 이 단체는 보수교회 인사나 교단과 긴밀한 관계를 맺고 정부와 협조하여 영등포산업선교회의 노동운동 탄압에 앞장섰다. 인명진은 이들 기독교인 기업주의 행태에 대하여 "사주가 교회 장로가 많았어요. 그러다 보니까 이 장로 사장들이 저와 영등포산업선교회가 노동자들을 선동해서 자꾸 문제를 일으킨다고 해요. 그래서 이들이 앞장서서 교단 지도부에 자꾸 저를 음해하는 거예요"라면서 다음과 같이 말한다.

> "조지송 목사가 영등포산업선교회에 올 때 그 생활비라든지 후원을 영락교회에서 1964년부터 1978년까지 했어요. 박조준 목사가 1978년에 영락교회 목사로 부임해왔는데, 최창근 장로를 비롯하여 기독 실업인들이 엄청난 압력을 가해서 영락교회뿐 아니라 서울 여전도회연합회 그리고 여러 교회가 다 보조금을 끊었어요"[34]

인명진과 영등포산업선교회에 압력을 가한 건 단지 기독교인 기업가들에 국한되지 않았다. 정부와 기독실업인회에 속한 기업주들이 교단 목사들을 동원하여 인명진과 영등포산업선교회를 탄압하기 시작했다. 기독실업인회는 김준곤 목사가 주도한 대통령 조찬기도회의 재정을 담당하면서 경제성장을 정권 유지의 근간으로 삼고 있던 박정희 군사독재 유신정권의 지지단체로서 정경 연대를 형성했다. 기독실업인회 회원 기업주들은 소속 정계의 고위층과 교류하면서 고용한 노동자들을 종교로 순화시켜 국가 경제발전에 이바지해야 한다는 목표로 더 강한 노동을

---

34 「인명진 구술녹취 전문」, 제1차(2011. 1. 6.), 김명배 엮음, 앞의 책(Ⅷ), p. 297.

강요하여 사업 확장을 꾀하였다. 그러다 마침 1973년 영등포산업선교회가 주도한 대한모방 강제 예배 반대 사건이 이들 기독실업인회에 큰 충격을 안겨주었고, 게다가 모든 노동운동의 배후에 영등포산업선교회와 인명진이 있다는 소식이 전해지자 이들은 인명진과 영등포산업선교회에 큰 거부감을 갖게 되었다. 특히 기독실업인회 회원 기업인들은 전국 산업인 복음화 운동의 일환으로 노동자를 전도하여 이들이 산업선교회에 빠지지 않도록 노력했다.[35] 대한모방 강제 예배 반대 투쟁이 일어났을 때 여성 노동자들의 기숙사 사감이었던 이용남은 "영등포산업선교회는 노동자들을 의식화시키고 인권문제와 임금문제까지 개입하고 있다"라며 산업선교를 비난하고, "노동자들이 열심히 일해서 회사의 이윤이 오르면 자연적으로 노동자들에게도 혜택이 갈 텐데 공연히 임금투쟁을 하여 회사가 망하면 자신들만 비참하게 될 것"이라고 자신의 행위를 항변하기도 했다.[36] 이처럼 기독교인 기업주들은 기독교라는 종교를 매개로 한 정치권력과 유착관계를 맺음으로써 가난하고 소외된 사회적 약자를 돌보라는 기독교 신앙보다 자신들의 이익을 더 추구했다.[37]

기독교인 기업주들은 노사분규에 항상 영등포산업선교회와 인명진이 개입해 있다는 점에 적개심을 품고 노동자들을 선동하여 영등포산업선교회와 인명진을 음해하는 데 주저하지 않았다. 예를 들면 대한모방의 경우 기업주인 김성섭 동신교회 장로는 1973년 5월 30일 노동자들과 함께 예배를 본 후 전체 단합대회를 개최하고 "영등포산업선교회는

---

35 「산업 전도에 새 방향 제시/활기 띠는 만(萬) 교회운동」, 『기독신보』, 1975년 11월 8일 자.

36 장숙경, 앞의 책, p. 182.

37 강인철, 『한국의 개신교와 반공주의』, 중심, 2007, p. 397.

본래의 목적에서 벗어나 노사 간의 이간을 획책하고 선량한 노동자들을 현혹하여 질서문란, 명예훼손을 일으켜 유신 과업 수행에 역행하는 집 단이므로 사내의 영등포산업선교회 회원들은 노동자들 스스로가 축출하겠다"라는 내용의 '결의문'을 채택하여 노동자들에게 영등포산업선 교회에 대한 경계심을 품게 했다.[38] 이뿐 아니라 이 기업주가 장로로 있던 동신교회도 "영등포산업선교회가 노동자들을 선동해 전도를 목적으로 한 예배를 방해했다"는 내용의 유인물을 작성하여 전국 교회에 배포했을 뿐 아니라 이를 기독교방송과 교단지인 『기독공보』의 광고를 통해 널리 홍보하기도 했다.[39] 대한모방 강제 예배 철폐 소식이 기독실업인회와 전국 교회 및 여러 사업체에 퍼져나갔으며, 이에 기독교인 기업주들은 교단에 압력을 넣어 영등포산업선교회에 대한 지원 중단을 요구하거나 전국 교회와 사업체에 부정적인 이미지를 계속 확대 재생산해나갔다. 여기서 멈추지 않고 기독교인 기업주 장로들은 심지어 교단 총회까지 끌어들여 영등포산업선교회 해체를 도모했다. 이렇게 교단의 압력과 기독교인 기업주 장로들의 음해공작으로 인해 영등포산업선교회의 활동은 크게 위축되어 자칫 조직 자체가 와해할 뻔했으나 인명진이 새롭게 시도한 취미와 교양 강좌 중심의 소그룹을 통해 오히려 이전보다 더 효율적인 노동자 의식화 교육으로 전환되었다.[40]

이런 기독교인 기업주들의 압력 외에도 박정희 유신독재정권이 인명

---

38 이 결의문은 회사 내 게시판과 식당 내에 게시된 것을 한 여성 노동자가 적어온 것이다. 「결의문」, 대한모방 부당해고자 복직추진위원회, 영등포도시산업선교연합회, 1973년 6월 11일.

39 『기독공보』, 1973년 7월 6일 자.

40 장숙경, 앞의 책, p. 212.

진 등 실무자들을 구속하고 탄압하는 등 별짓을 다 했지만, 인명진과 영등포산업선교회는 이를 잘 버텨나갔다. 그러자 박정희 유신독재정권은 영등포산업선교회의 가장 큰 약점이었던 교단 소속 교회들의 지원을 차단하는 데 나섰다. 그리하여 박정희 유신독재정권은 영등포산업선교회의 운영 책임을 진 교단의 영등포노회, 남노회, 동남노회에서 파송 목사들로 구성된 위원회를 회유하여 이들 위원이 영등포산업선교회와 관계를 끊도록 공작했다. 교인들 가운데 정부 관리 교인들이나 혹은 기업 간부 교인들이 담임목사에게 줄기차게 압력을 가해서 영등포산업선교회를 지원하지 못하게 한 것이다. 감리교 소속이었던 인천산업선교회는 위원회 목사들이 정부의 압력에 굴복하면서 산업선교회 위원회가 해체되어 결국 문을 닫고 말았다. 그러나 다행스럽게도 영등포산업선교회 위원회는 정부의 탄압과 압력에 굴복하지 않고 끝까지 영등포산업선교회를 지켜주었다.[41] 당시 영등포산업선교회 위원회의 위원들 가운데 양평동교회 이정학 목사와 시흥교회 차관영 목사는 변함없이 영등포산업선교회를 지켜준 인물들이었다. 박정희 군사독재 유신정권이 영등포산업선교회를 눈엣가시로 여기고 이를 없애려 해도 교단이 뒤에서 받쳐주고 있다 보니 자칫 종교 탄압으로 비칠까 두려워 감히 어찌하지 못했다.

그 덕분에 영등포산업선교회는 존속할 수 있었다. 영등포산업선교회가 교회 기관이다 보니 그 어떤 시련을 겪어도 교단과 관계를 놓지 않았다. 그렇지만 교단의 압력이 전혀 없지는 않았다. 1983년 교단 총회의 압력으로 실무자인 명노선과 조지송이 영등포산업선교회를 떠나자 인명진은 더 이상 노동자들의 노조 활동과 노동운동을 지도할 능력이 없

---

41 「인명진 구술녹취 전문」, 제1차(2011. 1. 6.), 김명배 엮음, 앞의 책(Ⅷ), pp. 288~289.

다고 판단하여 회관에서 원풍모방 노조를 내보낼 수밖에 없었다. 그러나 원풍모방 노조 간부들은 이러한 인명진의 처사를 원망하기보다 교단 총회의 압력으로 내린 어쩔 수 없는 결단으로 이해했다.[42] 비록 인명진이 냉정하게 원풍모방 노조를 영등포산업선교회 회관에서 쫓아냈으나, 노동자들은 인명진을 원망하지 않고 그만큼이나 깊이 신뢰하고 있었다.[43]

인명진의 시련은 기독교인과 교회 그리고 교단 총회의 압력에서 그치지 않았다. 그는 노동운동과 박정희 유신독재정권에 대한 비판 및 반대로 세 차례나 투옥되어 감옥살이를 해야 했고, 민주화운동 과정에서 김대중내란음모죄로 또 한 차례 투옥됐다. 첫 번째는 유신체제가 출범했던 1973년 1월 18일 유신헌법과 긴급조치철폐 성명서에 서명했다는 이유로 구속되어 군사재판에서 10년 구형에 10년 징역을 선고받았다. 그리고 두 번째는 1978년 4월 17일 청주산업선교회에서 열린 기도회에서 소위 '성서 재판'으로 알려진 '미가서 설교'로 구속되어 투옥되었다. 1978년 4월 17일 청주산업선교회 정진동 목사가 인명진에게 기도회 설교를 부탁했다. 당시 정진동 목사는 신흥제분 노조와 조공피혁의 노동 문제를 해결하기 위해 3월부터 단식에 들어가 23일 만에 일부 문제가 해결된 터였다. 그리고 그는 농민들의 억울한 문제를 해결하기 위해 또다시 단식 중이었다. 이 기도회에서 인명진은 다음과 같이 미가서 내용을 설교했다.

---

42 원풍모방 해고노동자 복직투쟁위원회 엮음, 앞의 책, p. 340.

43 교단의 압력에 대한 인명진의 고뇌는 1983년 원풍모방 노조와 영등포산업선교회가 결별했을 때 잘 나타나 있다. 장숙경, 앞의 책, pp. 274~281.

"내가 감옥에 가보았더니 감옥의 죄인들이 낙서해놓은 것 중에 '유전무죄 무전유죄'라는 말이 있더라. 나는 감옥에서뿐만 아니라 밖에 나와서도 그 말이 무슨 뜻인 줄을 실감하게 되었다. 내가 감옥에 다니면서 보니까, 못 한 근 훔쳐다가 팔아먹은 사람이 몇 년씩 징역을 사는 경우를 보았는데 참, 이상한 것은 기업주들이 몇 억씩 떼어먹는 데도 이것들을 잡아가지 않더라. 말하자면 남의 품값을 주지 않고 퇴직금을 주어야 할 것을 주지 않고 잔업수당 줄 것을 주지 않은 것이 도둑질 아니냐? 그런데도 경찰들에게 '큰 도둑이 있다. 잡아라'라고 하면 잡지 못하고 '그것은 자기들의 힘이 미치지 않는다'고 그러더라. 나는 기독교 목사로서 분명히 내세를 믿는다. 여러분이 세상에서 이런 억울함을 당해서 해결이 안 된다 할지라도 틀림없이 이 억울함을 당한 사람들이 억울함을 풀 날이 올 것을 나는 확신한다. 살인자가 정말 살인자로, 도둑놈이 정말 도둑놈으로 밝혀질 그런 날이 오고 그 사람들이 심판을 받는 날이 분명히 온다."[44]

정부 당국은 이 설교 내용에 긴급조치 9호 위반을 적용하여 5월 1일 인명진을 구속했다. 소위 '성서 재판'으로 불린 이 재판은 당시 박정희 군사독재 유신정권이 인명진과 영등포산업선교회를 얼마나 증오하고 탄압했는지를 보여주는 사례이다. 이때 인명진을 구속하여 수사한 인물이 소망교회 장로 이진우였다. 후일 이진우는 이 사건에 대하여 필자에게 "자신이 구속기소하지 않았다 해도 그때 정치적 분위기에서 누군가가 나와 똑같이 했을 것"이라고 해명했다. 그러나 당시 설교나 성경 내

44 한국기독교교회협의회·한국교회산업선교25주년기념대회자료편찬위원회 편, 앞의 책, pp. 456~457.

용으로 처벌한 경우가 단 한 번도 없었고 또 장로가 목사를 구속기소한 것 때문에 이 사건을 두고 교단 내에서도 많은 논란이 일기도 했다. 인명진은 그에 대하여 "장로라는 기독교 신분을 지닌 자가 성경 구절과 설교 내용을 문제 삼아 구속기소를 한 것은 기독교인으로서 도저히 이해할 수 없는 처사였다"라고 당시 심경을 밝혔다. 인명진의 공소장에 성경 내용이 적혀 있는데 문제가 된 구절은 다음과 같다.

"망할 것들은 권력이나 쥐었다고 자리에 들면 못된 일만 하였다가 아침이 밝기가 무섭게 해치우고 마는 이 악당들아…."(미가서 2장 1절)
"관리들은 값나가는 것이 아니면 받지도 않으며 재판관은 뇌물을 주어야 재판하고 집권자들은 멋대로 옥살이 근거를 내리는구나."(미가서 7장 3절)

인명진과 같은 교단 소속인 소망교회의 장로였던 검사 이진우는 인명진을 포승해 기어서 개처럼 밥을 먹게 하는 등 온갖 모멸감과 치욕을 주며 5년을 구형했으나 재판장 고영구 판사는 징역 1년을 선고했다. 이 사건으로 인명진이 구속되자 영등포산업선교회는 전화위복을 맞게 되었다. 박정희 유신독재정권이 성경 구절조차 문제 삼아 기소했다는 소식이 알려지자 국내외적으로 여론과 국민의 관심이 집중되었다. 인명진이 속한 교단인 대한예수교장로회(통합) 교단의 목회자들은 예장산업선교수호위원회(위원장: 차관영 목사)를 조직하고 기도회와 세미나를 열어 박정희 유신독재정권의 산업선교 탄압 정책에 적극적으로 저항했다. 그러자 정부는 영등포산업선교회 회관 건축 허가를 내주는 것으로 타협하고, 인명진은 11월 1일 석방되었다.

그러나 검찰은 인명진 구속에 그치지 않고 5월 1일 영등포산업선교회의 서류 및 장부 일체를 압수하여 간 후, 성직자에게는 갑근세가 면제되어 있었음에도 인명진, 조지송, 명노선 그리고 호주 선교사 라벤다가 갑근세를 내지 않았다고 세금과 벌금을 부과했다. 또 검찰은 6월 17일 정치 활동을 했다는 이유로 라벤다 호주 선교사를 추방했으며 심지어 영등포산업선교회와 신용협동조합에도 벌금 135만 원을, 조지송 목사에게 700만 원짜리 아파트에 약 1,600만 원의 양도세, 증여세, 과태료 그리고 약 2,000만 원의 벌금과 세금을 물게 하여 재정적으로 곤경에 처하게 했다.[45]

박정희 유신독재정권은 억압적이고 독재적이었으며 공권력의 폭력이 난무했다. 경제개발은 노동자의 착취를 통해 대기업의 부를 키웠고 안보정책은 박정희의 장기독재를 위한 민주 세력 탄압의 도구였다.[46] 1970년대 한국 사회는 일상화된 물리적 강제와 폭력이 지배하고 있었다. 중앙정보부와 보안사 등 정보기관들은 정치인과 국민의 일상생활에 이르기까지 철저하게 감시하고 통제했다. 심지어 이 정보기관들은 전화 도청에서부터 각종 하급 정보요원의 고용, 문제 학생들의 동태 파악을 위한 교수 동원 등 일상적인 감시체제를 구축하여 국민 전체를 감시했다. 또 박정희 유신독재정권은 언론 통제를 통하여 반체제 지식인이나 재야인사들, 반정부 학생운동을 북한 공작이나 침투에 의한 것으로 왜곡 보도하거나 영등포산업선교회 등 저항적인 단체에 대하여 반공주

---

45 한국기독교교회협의회·한국교회산업선교25주년기념대회자료편찬위원회 편, 앞의 책, p. 457.

46 유신체제는 한국전쟁 이후 가장 국가기구의 물리력이 강화된 정치체제라 할 수 있다. 이러한 단편적인 예는 시국사범의 수에서도 확인된다. 1970년 시국사범의 수는 343명이었으나 유신 말기인 1979년에는 1,239명으로 증가한다. 이우재, 「1979년 크리스천 아카데미 사건」, 『역사비평』, 통권 제14호, 역사비평사, 1991년 봄호, p. 317.

의를 앞세워 이데올로기적 매도를 일삼았다. 이처럼 박정희 유신독재정권은 18년 동안 전체주의적인 정치를 강화하며 '국민총화'를 활용해 정권 유지를 해나갔다.[47] 박정희 유신독재정권은 철저한 자본주의체제의 경제발전이라는 성과를 이뤄냈으나 부의 양극화를 초래하여 노동자의 노조 활동은 점점 거칠고 이념화되어갔으며, 안보 면에서도 여전히 남북의 대립 관계에서 벗어나지 못하고 군비경쟁이 더 심화되어가고 있었다. 이러한 정치적 성향은 박정희 유신독재정권이 몰락한 후 다시 폭력적이고 억압적인 전두환 군사정권이 들어설 수 있는 기반이 되었다.

박정희 유신독재정권의 경제개발이 발생시킨 도시화와 산업화는 많은 하층 노동자들을 양산했다. 이들 하층 노동자들은 불안정한 생활로 인하여 많은 사회문제를 일으켰는데 주로 생계형 범죄였다. 이들은 항상 사회로부터 소외된 감정을 갖고 살았으며 정치나 사회구조에 대하여 적개심을 품고 있었다. 그러므로 정치적 혼란 혹은 사회의 불안이 야기되면 이들 하층 노동자들은 정권 투쟁의 선두 그룹이 되곤 했다. 대표적인 사례가 1979년 10월 16일부터 20일 사이에 벌어진 박정희 유신독재정권의 종지부를 찍은 부마항쟁이다. 부마항쟁의 원인을 제공한 YH무역 여성 노동자들의 신민당사 농성 사건은 박정희 군사독재 유신정권의 몰락을 가져왔다. 이는 인명진이 영등포산업선교회의 소그룹 활동을 통해 의식화 교육으로 무장시킨 연약한 여성 노동자들이 일구어낸 결과로, 이들 여성 노동자들이 회사와 정부 당국, 심지어 같은 동료였던 남성 노동자들의 폭력과 억압에도 불구하고 열악한 노동환경을 바꿔보자는

---

47 전재호, 「박정희 체제의 민족주의 연구: 담론과 정책을 중심으로」, 서강대학교 정치외교학 박사학위 논문, 1997, pp. 56~59.

일념으로 전개했던 민주노조운동의 성과였다. 이에 대한 노동언론의 평가는 이렇게 결론을 맺는다.

"이들 여성 노동자의 투쟁이 박정희 군사독재 유신정권의 파탄을 가져온 계기를 제공했다. 어떤 사람들에게는 불편한 진실일 수 있겠지만, 한국 노동운동사에서 부인할 수 없는 사실은 1970년대 노동운동의 주역은 여성 노동자들이었고, 이 여성 노동자들이 활약한 사업장은 모두 다 산업선교회나 노동청년회와 아주 긴밀한 관련을 맺고 있었다는 점이다. 한국 기독교는 최근 들어 '개독교'라는 모멸적인 소리를 들으면서도 또 한편에서는 여전히 많은 종교 중에서 신뢰도 1위라는 잘 맞지 않는 모습을 보인다. 한국 기독교가 일반 대중의 신뢰를 받을 일이 있었다면 그것은 저 낮은 곳에 임하신 예수의 모습처럼 살고자 했던 영등포산업선교회 덕분일 것이다. 영등포산업선교회나 가톨릭 노동청년회의 기여가 없었더라면 전태일이 죽은 뒤에도 한동안 노동운동의 공백기는 이어졌을 것이다. 제대로 서지 못하는 아이도 보행기를 태워주면 붕붕 날다시피 움직이는데 영등포산업선교회는 어리고 어린 한국 노동운동에서 보행기와 같은 구실을 했다. 1980년대에 들어 영등포산업선교회의 역할이 축소된 것은 꼭 전두환의 탄압 때문만은 아니었다. 이제 걸음마를 시작한 노동운동이 더는 보행기를 필요로 하지 않았기 때문이다."[48]

---

[48] 매일노동뉴스(http://www.labortoday.co.kr)

제8장

전두환 군사 쿠데타 정권

끝없는 십자가의 길 — 민주화운동

1979년 10월 26일 서울시 궁정동 안가에서 박정희 대통령은 중앙정보부장 김재규에 의해 경호실장 차지철과 함께 죽음을 맞았다. 10·26사태이다. 사건 직후 최규하 국무총리를 비롯한 주요 각료들은 비상국무회의를 개최하고 제주도를 제외한 전국에 비상계엄을 선포했다. 이렇게 18년간 독재정치를 해온 박정희가 하루아침에 자신이 가장 신뢰하던 측근에게 살해당하자 보안사령부 전두환 소장은 합동수사본부장을 맡으면서 정권 탈취의 기회를 얻게 되었다.

박정희가 서거하자 당시 국무총리였던 최규하가 대통령 직무를 대신하여 11월 10일 기존의 유신헌법 절차에 따라 일단 대통령을 선출하되, 선출된 대통령은 잔여 임기를 다 채우지 않고 이른 시일에 헌법을 개정할 것이라고 발표했다. 최규하는 12월 기존의 유신헌법 절차에 따라 대통령으로 선출되었고, 1975년 이래 국민의 기본권을 제한했던 긴급조치 9호를 폐지하는 등 유신체제 해체에 착수했다. 이러한 10·26 직후 발생한 권력 공백 상태에서 합동수사본부장에 취임한 국군 보안사령관 전두환과 '하나회' 중심의 신군부 세력이 12월 12일 서울 및 수도권 일대에 주둔해 있던 병력을 동원해 쿠데타를 일으켜 정권을 장악함으로써 1980년 전두환 군사 쿠데타 정권이 탄생했다.[1]

---

1 하나회는 전두환·노태우·최성택·김복동 등 이른바 '정규 육사'의 첫 기수인 육사 11기 장교들로 구성된 '오성회'라는 모임을 기반으로 한 군 내부의 비밀 사조직이다. 전두환 등을 통해 소규모로 시작된 하나회는 육사 기수마다 10여 명의 장교를 회원으로 확보하며 세를 불려나갔다. 하나회는 대부분 영남 출신 장교들로 채워졌으며, 윤필용·유학성·황영시 등 육사 11기보다 위 기수의 선배 장교들을 후원자로

12·12반란 이후 최규하 정부가 무력화되자 전두환을 비롯해 쿠데타를 주도한 자들은 정부와 군의 요직을 차지하며 국가 운영의 실질적인 권한을 행사했다. 12·12반란 이후 몇 달 만에 전두환은 현역 군인으로서 중앙정보부장 서리직을 맡아 군과 정보 조직을 동시에 장악했다. 그러자 전두환 쿠데타 신군부 세력에 반대하여 5월 13일부터 5월 14일에 걸쳐 서울, 부산, 대구, 광주 등의 도시에 있는 37개 대학에서 계엄 철폐를 요구하는 학생들의 시위가 일어났다. 5월 15일에는 서울역에서 시위가 발생하는 등 학생시위가 절정에 이르자 전두환 신군부 세력은 5월 17일 비상국무회의를 열고 제주도를 제외한 지역에 한정되었던 비상계엄을 전국으로 확대 발표했다. 그러자 5월 18일부터 27일까지 광주광역시와 전라남도 지역에서 전두환 신군부 세력을 규탄하고 계엄 철폐와 민주화를 요구하며 학생, 시민들의 시위가 일어났다. 이에 전두환 신군부 세력은 시위를 무력으로 진압했는데 이 과정에서 많은 학생과 시민들이 계엄군에게 무참히 살해당했다. 10일에 걸친 광주민주화운동의 결과 사망자 166명, 행방불명자 54명, 상이 후유증 사망자 376명, 부상자 3,139명 등에 달했다. 박정희 유신독재정권과 광주민주화운동에서 드러난 국가의 폭력성은 1980년대 민주화운동의 저항 동력으로 작용했다.[2]

　　확보했다. 박정희 정권 시절 하나회는 박정희의 친위 조직을 자임했으며, 특전사, 수도경비사령부(수경사), 보안사 등 군 내 핵심 기구의 주요 보직을 독점하면서 군 내에 광범위한 영향력을 행사했다. 하나회는 1973년 4월에 발생한 '윤필용 사건'으로 그 실체가 드러나면서 위기를 맞았지만, 하나회의 인맥은 그 이후에도 여전히 살아남아 군 내에서 상당한 영향력을 행사하고 있었다. 일례로 1979년 당시 하나회 구성원들은 보안사를 비롯한 군 내 첩보기구, 청와대 외곽을 방어하는 수경사 30·33경비단, 9사단 등 서울 근교의 전투부대, 공수여단 등을 장악하고 있었으며, 이는 12·12군사반란이 성공하는 데 중요한 요인으로 작동했다.

2　조희연 외, 『국가폭력, 민주주의 투쟁, 그리고 희생』, 함께읽는책, 2002, p. 46.

군사정권에 대한 국민의 저항이 강해지자 전두환 쿠데타 군부 세력은 민주화운동에 대해 더 강압적으로 대응하여 청계피복 노조, 원풍모방 노조 등 1970년대 민주노조뿐 아니라 사회운동 조직들까지 대부분 해체함으로써 노동운동과 민주화운동이 침체에 빠지게 되었다.[3] 그러나 이 시기를 통하여 군사정권에 대한 국민의 저항은 그 목적이 더 분명해짐으로써 한국 사회구조의 본질적 성격과 변혁의 내용, 그리고 변혁의 주체와 방법에 대하여 뚜렷이 인식하게 되어 체계화된 이념의 형태로 나타나게 되었다.

좌경, 용공, 이적, 불순세력 등 국민에게 익숙한 용어들은 박정희 유신 독재정권이 주로 민주 세력과 민주노동운동을 탄압할 때 즐겨 사용했던 말들이다. 폭력적 군사정권은 자신의 정당성을 위해 항상 안보, 반공 등의 정치적 이념을 활용했다. 전두환 군사정권도 박정희와 마찬가지로 안보와 반공을 무기로 '정치풍토 쇄신을 위한 특별법'과 '집시법'을 개정하여 자신들에 반대하는 저항을 원천 봉쇄해 나갔으며 언론 통제를 목적으로 '언론기본법'을 제정, 전국 64개 언론사를 18개로 강제 통폐합시켰다.[4] 특히 1980년 여름 전두환 쿠데타 군부 세력은 자신들의 권력에 반대하는 언론인을 추방하기 위해 소위 '언론인 자체 정화 계획서'라

---

3 조희연, 『한국의 국가·민주주의 정치 변동』, 당대, 1998, P.48.

4 진실·화해를 위한 과거사 정리위원회, 「전두환 신군부, 정권장악을 위해 언론 통폐합: 64개 언론사 18개로 강제 통폐합」, 2010, p. 11, 18. 언론 통폐합 사건은 전두환 정권이 1980년 11월 '언론창달 계획' 아래 언론 통폐합을 단행해 전국 64개 언론사를 신문사 14개, 방송사 3개, 통신사 1개로 통합했고 이 과정에서 언론인 1,000명 이상이 해직조치를 당한 것이 주 내용이다. 『한겨레』, 2010년 1월 7일 자. 언론사의 자격요건을 강화함으로써 최소한 수십억 원의 자본을 보유해야 일간신문을 발행할 자격을 주었고, '방송윤리심의규정'을 두어 사실상 사전검열을 합법화하였다. 대한변호사협회 엮음, 『인권보고서』, 제3집, 역사비평사, 1989, pp. 152~153.

는 해고 대상자 언론인 명단을 작성했다. 이 계획서에 따라 전두환 쿠데타 군부 세력은 1980년 7월 29일 신문협회와 방송협회 임시총회를 개최하여 언론인 해직조치를 단행함으로써 8월 16일 933명의 기자가 해직되었다.[5]

폭력적인 전두환 쿠데타 군사정권에 대한 국민의 저항이 더욱 강력해져가자 이를 저지하기 위해 전두환 쿠데타 군부 세력은 5월 31일 국가보위비상대책위원회를 구성하고 곧바로 김영삼을 가택연금시킨 한편 김대중과 박형규, 백낙청, 송건호, 이효재, 장을병, 유인호, 임재경, 문익환, 안병무, 한완상, 이문영, 서남동 등 37명을 체포하여 두 달 동안 고문한 다음, 7월 14일 '김대중 내란음모사건'을 조작 발표했다.[6] 인명진은 이 사건에서 노동총책으로 지목당해 1980년 5월 16일 연행되었다. 당시 인명진은 어용노조를 개혁하여 민주노조를 결성하는 데 온 힘을 다하고 있었다. 그는 김대중과 긴밀한 접촉을 한 적도 없었으며, 노동자들이 정치집회에 참여하는 것을 반대했었다.

그런데도 전두환 쿠데타 군부 세력은 민주노조 결성과 노동운동을 주도하고 있다는 이유로 인명진을 김대중 내란음모에 연루시켜 중앙정보부로 연행하였고, 내란음모와 북한 방문을 실토하라며 60일간 3인 1조로 8시간씩 잔혹하게 고문했다. 인명진은 독방에 갇혀 모진 고문을 당하면서도 끝끝내 혐의를 부인하여 간신히 김대중 내란음모사건에서 벗어날 수 있었다. 대신 그는 포고령 위반 혐의로 서울구치소에 갇혔다. 인명

5 「모든 것은 끝났다. 언론사를 장악하라! - 1980년 언론 통폐합」, 민주화운동기념사업회 사료관 오픈아카이브.

6 김삼웅, 『김대중 평전』, 시대의창, 2010, p. 517.

진은 당시 이 사건으로 연행되어 조사를 받던 서남동 교수의 재치 있는 답변을 회상하며 한바탕 웃었다.

"당시 서남동 교수는 조사관이 북한 방문을 실토하라고 하자 '내 이름을 봐라. 서쪽, 남쪽, 동쪽은 있는데 북쪽은 없지 않나'라고 답변하는 거예요."[7]

마침내 군검찰은 7월 31일 김대중, 문익환, 이문영, 예춘호, 한완상, 조성우, 이해동, 이해찬, 이신범 등 24명을 기소해 군사재판에 넘겼고, 9월 17일 김대중은 사형선고를 받았다. 이후 전 세계적인 구명운동이 전개되어 1981년 1월 23일 대법원의 사형 확정 직후 무기징역형으로 감형되기까지 김대중은 4개월여 동안 사형수로 지냈다. 그러다가 미국 레이건 대통령 당선인과 국가안보좌관인 리처드 앨런(Richard Allen)의 강력한 요청에 따라 전두환 쿠데타 신군부정권은 인명진에게 그랬던 것처럼 1982년 3월 12일 그를 무기징역에서 20년으로 감형하고, 이어서 12월 16일 서울대학병원으로 이송시킨 다음, 23일 신병 치료를 빌미로 미국으로 추방했다.[8] 그가 옥중에서 친필로 작성한 다음의 옥중 수필은 그의 정치적 면모를 보여주고 있다.

---

7 필자의 인명진 인터뷰, 2025년 4월.

8 레이건 대통령 당선인의 국가안보좌관인 리처드 앨런(Richard Allen)은 전두환의 특사 자격으로 미국을 방문한 특전사 사령관 정호용 소장에게 김대중을 사형시키면 한미관계가 극도로 악화될 것을 경고하며 김대중에 대한 대폭 감형을 조건으로 레이건 대통령 취임 후에 전두환 초청 요청을 허락했다. 이로써 사형이 확정되었으나 당일 국무회의는 그를 무기징역으로 감형했다. 윌리엄 글라이스틴(William H. Gleysteen) 지음, 황정일 옮김, 『알려지지 않은 역사: 전 주한미국대사 글라이스틴 회고록』, 중앙M&B, 1999, pp. 263~264.

"나는 나의 크리스천으로서의 신앙(信仰)과 우리 역사(歷史)의 최대(最大) 오점(汚點)인 정치보복(政治報復)의 악폐(惡弊)를 내가 당(當)한 것으로 끝마쳐야겠다는 신념(信念)을 특히 76년(七六年)의 3·1민주구국선언사건(三一民主救國宣言事件)으로 투옥(投獄)된 후(後) 굳게 하며 그 이후(以後) 이에 일관(一貫)했다. 10·26사태(十·二六事態) 이후(以後)는 계속해서 국민적(國民的) 화해(和解)와 단결(團結)을 제창해왔다. 그러나 나의 그러한 호소(呼訴)는 아무런 반응(反應)도 얻지 못하고 오늘의 운명(運命)에 이르렀다. 나는 박정권(朴政權) 18년(十八年) 동안 일관(一貫)해서 비폭력적(非暴力的) 방법(方法)에 의한 평화적(平和的) 정권교체(政權交替)를 국민(國民)의 성숙(成熟)된 힘으로 이루어야 한다고 주장(主張)했으며, 특히 10·26(十·二六) 이후(以後)는 어떠한 성명(聲明)이나 연설(演說)에서도 이를 강조(强調)하지 않는 일이 없었다. 그러나 나는 지금 내란음모자(內亂陰謀者)로서 오늘의 처지(處地)에 서게 되었다. 나는 박정권(朴政權) 아래서 가장 가혹(苛酷)한 박해(迫害)를 받은 사람이지만 나에 대(對)한 납치범(拉致犯), 자동차 사고(自動車事故) 위장(僞裝)에 의한 암살음모자(暗殺陰謀者)들, 기타(其他) 모든 악(惡)을 행(行)한 사람들을 하느님의 사랑과 용서(容恕)의 뜻에 따라 일체(一切) 용서(容恕)할 것을 선언(宣言)했다. 나는 지금 나를 이러한 지경(地境)에 둔 모든 사람에 대(對)해서도 어떠한 증오(憎惡)나 보복심(報復心)을 갖지 않으며 이를 하느님 앞에 조석(朝夕)으로 다짐한다. 그러나 나는 이 시간(時間)까지 나의 반대자(反對者)들로부터 무서운 증오(憎惡)와 모욕(侮辱)과 보복(報復)의 대상(對象)이 되고 있다. 그러나 나는 결(決)코 실망(失望)하지 않는다. 하느님만은 진실(眞實)을 알고 계시기 때문이다. 하느님은 나의 행적(行蹟)대로 심판(審判)하실 것이고 우리 국민(國民)도 어느 땐가 진실(眞實)을 알 것이며 역사(歷史)의 바른 기록(記錄)은 누구도 이를 막지 못할 것이다. 하느님이 안 계신다면 내가 지금 어떻게 마음의 평화(平和)를 유지(維持)할 수 있겠는가? 국민(國民)과 역사(歷史)에 대한 신뢰(信賴)가 없다면 나의 일생(一生)은 완전(完全)한 실패작(失敗作)이었다는 간탄(艱嘆) 이외(以外)에 나의 입에서 나올 말이 무엇이겠는가?"[9]

이 사건의 내막은 이렇다. 인명진은 YH무역 사건의 배후자로 지목되어 옥살이를 하던 도중인 1979년 10월에 박정희 대통령이 죽자 두 달 후 12월 12일에 출옥했다. 그때 국무총리였던 최규하가 대통령 권한대행을 하던 중이었는데, 쿠데타 신군부 세력의 우두머리인 전두환이 통일주체국민회의를 거쳐 합법적으로 대통령직을 물려받으려 했다. 그러자 민주 인사들과 야당 인사들은 이를 저지하기 위한 모임을 계획했는데, 이것이 바로 '명동 YWCA 위장 결혼식 사건'이었다. 이 사건은 전두환 쿠데타 신군부 세력이 꾸민 음모라는 주장이 제기되고 있는데, 인명진은 이에 대하여 이렇게 증언하고 있다. 즉 어느 육군 소장이 정장하고 윤보선 전 대통령을 찾아와 "지금 박정희가 죽었으니 새로운 민주화 세력이 나와야 한다. 지금 군부 일부에서 계속 군정을 이끌어가려고 하는 움직임이 있다. 그러니 민주화 세력이 다 들고일어나면 우리가 보호하여 민주 정부를 수립하도록 돕겠다"라고 했다는 것이다.[10]

이 말을 들은 윤보선 전 대통령은 전두환 쿠데타 군부 세력에 반기를 든 양심적인 또 다른 군부 세력이 전두환 쿠데타 군부 세력을 물리치고

---

9 2020년 5월 14일 연세대 김대중도서관, 5·18광주민주화운동 40주년 기념 김대중 내란음모조작사건 관련 사료 공개문.

10 「인명진 구술녹취 전문」, 제1차(2011. 1. 6.), 김명배 엮음, 앞의 책(VIII), p. 370.

민주 세력이 빨리 민주화를 추진하게 하려는 것이라 믿고 민주 세력을 모두 한자리에 모아 민주화 정부 수립을 계획했다는 것이다. 계엄 상황에서 모임을 할 수는 없으니 11월 24일 위장 결혼식을 꾸며 500여 명의 민주 인사들을 모두 명동성당에 모으고, 구체적으로 각료를 구성하는 등 민주화 정부 수립전략을 구상키로 했다. 이들 민주 인사들은 결혼식이 끝나고 모두 밖으로 나와 시위를 할 작정이었다. 이렇게 한자리에 모인 민주 인사들은 모두 내란음모죄로 연행되고 말았다. 다행히도 인명진은 감옥에서 늦게 나온 탓에 큰 화를 면하게 되었다. 그래서 이 사건은 민주 세력을 일망타진하려고 전두환 쿠데타 군부 세력이 꾸민 음모라는 얘기가 나돌게 되었다. 인명진은 당시를 이렇게 회상한다.

"만약 내가 그 전에 나왔으면 죽었지. 이게 하나님께서 날 특별하게 사랑하여 감옥이 안전하다고 생각했던 것 같아. 그 사건이 끝난 후 출옥했으나 난 원래 정치에 관심이 없었으니까 어떻게 하든 어용노동조합을 타개하여 노동운동을 바로 세워야 한다는 생각뿐이었지."[11]

박정희 유신독재정권이 무너졌으나 다시 전두환 신군부 세력이 정권을 잡자, 야당 정치 지도자 김대중과 김영삼이 민주정부의 수립을 꿈꾸었는데, 김대중을 중심으로 이문영 등의 민주 인사들이 북악호텔에 모여 내각을 조각했다는 말들이 나돌기도 했다. 이것을 빌미로 김대중 내란예비음모사건이 만들어지고 말았다. 인명진은 김대중과 친밀한 관계였으나 정치 모임인 이 자리에는 참석하지 않았다. 그는 이렇게 정치인

11 「인명진 구술녹취 전문」, 제1차(2011. 1. 6.), 김명배 엮음, 앞의 책(VIII), p. 371.

과 거리를 두고 오직 노동자를 위한 노동운동에만 관심을 두고 있었다. 인명진이 김대중과 김영삼 등 정치인과 거리를 둔 이유는 노동자는 노동운동에 전념해야지, 정치운동에 동원되는 것은 옳지 않다는 생각 때문이었다. 그러나 그 역시 김대중 내란예비음모에서 벗어나지 못했다. 결국, 인명진은 중앙정보부에 연행되어 내란음모와 북한 방문을 실토하라며 60일 동안 혹독한 고문을 받았다. 조사가 끝나자 인명진은 중앙정보부 지하 3층으로 내려보내졌다. 침대 하나 놓여 있는 아주 작은 방에 사방 벽이 다 흰색으로 칠해져 있었으며, 한쪽 벽에 공기 구멍이 나 있었다. 그런 방에 200촉 넘는 전등을 켜놓았다.

방은 아무 소리도 들리지 않는 그야말로 정적만 흐르는 밀실 같은 곳이었다. 날짜가 가는지조차 알 수 없는 그 방에서 인명진은 알몸에 군복만 입고 지냈다. 그 방을 지키는 간수는 기독교인으로 인명진에게 "이 방에서는 주기도문이라도 암송하거나 혼잣말이라도 자꾸 되풀이해야 합니다. 그러지 않으면 큰일 납니다"라고 말해주었다. 그의 말은 그 누구도 이 방에 들어오면 견디지 못하고 다 실토한다는 것이었다. 그 간수의 말인즉, 이 방에 들어온 이영희 선생, 함세웅 신부, 김승훈 신부 등 모두가 김대중이 빨갱이라고 쓰고 나갔다는 것이다. 그가 인명진에게 "신부들도 다 그렇게 하고 나갔는데 당신은 개신교 목사로서 왜 김대중이 빨갱이라고 안 쓰느냐"라고 묻자, 인명진은 "내가 김대중이 빨갱이인지 아닌지 모르는데 어떻게 그를 빨갱이라고 쓰느냐"면서 끝까지 버텼다. 그러면서 인명진은 그 중앙정보부 3층 지하실에 갇혀 있을 때가 가장 힘들었다고 회상했다.

"중앙정보부 요원 이 사람들이 얼마나 지독하게 때리느냐면 온몸이 피투성이고 피멍이 들면 쇠고기를 얇게 포를 떠서 그곳에 붙이고 비닐로 싸매. 그러면 그 멍이 쏙 빠져. 내 생애 그렇게 오랜 세월로 느껴진 적이 없었지. 적막함 속에 강렬한 백열전구에서 내리쬐는 열기, 그냥 왱왱왱 공기 돌아가는 소리만 들리는 곳, 밤인지 낮인지 알 수 없는 곳에 혼자 있다고 생각해봐. 그런 지하방에서 나와 햇빛을 보니까 쓰러지고 마는 거야. 그러면 헌병들이 와서 모가지를 쥐어 눌러서 땅바닥에 쇠고랑을 채우고 서울구치소로 데리고 가더라고. 구치소에 가니까 내 집에 온 것처럼 안심이 되더군. 김대중과 문익환은 중죄인이니까 성남 육군교도소로 가고 한승헌, 서남동 교수 등 나처럼 죄가 가벼운 사람들은 구치소로 보내는 거야. 그때 우리 가족은 두 달 만에 내가 살았다는 통보를 받은 거지."[12]

그는 조사 요원의 요구대로 진술하면 진짜 간첩으로 몰려 죽을 수 있겠다고 생각하고 끝까지 혐의를 부인하며 이같이 혹독한 고문을 참아냈다. 이렇게 간신히 김대중 내란음모사건에서 벗어났을 수 있었으나 대신 포고령 위반 혐의로 서울구치소에 수감되었다. 두 달 동안 생사를 알 길 없었던 인명진의 가족은 물론 호주 교회가 발칵 뒤집혔다. 호주 교회는 자기 나라의 정부를 통해서 인명진의 신상에 무슨 일이 일어난 게 아닌지 알아보았고, 인명진이 속한 대한예수교장로회(통합) 교단과 협력하여 전두환 쿠데타 군사정부와 협의한 결과, 인명진을 풀어주는 대신 호주로 추방한다는 것이었다. 그렇게 1980년 9월경 형 집행정지로 서울구치소에서 석방된 인명진은 1981년 호주로 추방당했다.

전두환 국보위 상임위원장은 1월 24일 비상계엄을 해제하고 2월에 대

---

12 「인명진 구술녹취 전문」, 제1차(2011. 1. 6.), 김명배 엮음, 앞의 책(Ⅷ), pp. 376~377.

통령에 취임할 계획을 세우고 있었기에 그 이전에 인명진을 외국으로 추방한다는 서류에 서명한 것이었다. 여권은 발급되었지만, 출국금지를 당한 인명진은 출국심사를 받을 수 없었다. 그러자 중앙정보부 요원들이 자신들이 출입하는 통로를 이용해 인명진을 비행기에 탑승시켰다. 이렇게 인명진은 기약 없이 외국으로 떠돌아다녀야 할 운명에 처하게 되었다.

인명진의 인생철학과 신념

인명진은 네 번에 걸쳐 수감생활을 했는데, 거의 3년 정도를 독방에서 지냈다. 인명진은 "독방에서 지내다 보니 외로움이라는 게 이루 말할 수 없이 힘들었다"라고 회상한다. 그는 옥중 생활을 하면서 사색과 기도 그리고 독서를 통해 인간적인 외로움을 이겨냈다. 그러나 그는 가족에게 보낸 편지에서 이 고통스러운 옥중 생활에 대해 "지극히 평안하고 안정된 마음으로 나날을 살아가기 위해 자신과 끊임없는 싸움을 하고 있다"라며 "하나님께서 나 자신을 단련시키려고 주신 귀한 기회로 생각한다"라고 담담하게 전했다.

그러면서 그는 "많은 학생이 아직도, 또 어린 노동자들도 고생하는데 그들에게 부끄러움 없는 마음가짐을 가지려고 하는 것이고, 아마 밖에 나가 있었다면 정신적으로 더욱 부담스럽고 고통스러웠을 것"이라며 자신의 고통보다 민주화운동과 노동운동으로 고난받는 학생과 어린 여성 노동자들의 안위부터 걱정했다. 그리고 그는 옥중에서도 늘 영등포산업선교회 소그룹 활동 회원 노동자들이 겪어야 했던 고난에 대해 염려하는 심정을 자주 보여주었다.

> "내 걱정은 내가 출옥한 다음 만나보고 싶은 소그룹 회원들이 다 없어진다면 어떻게 할까 하는 것이오. 아마 그렇게 된다면 퍽 섭섭할 거요. 새로 지을 영등포산업선교회 회관은 어떻게 추진되는지 궁금하군요. 그 밖의 소식을 자세히 적어서 편지로 보내주길 바라오."[13]

자신의 안위보다 노동자들의 어려움을 더 헤아린 사랑의 정신과 삶의
자세, 그리고 인생관과 신앙심은 그가 가족에게 보낸 옥중 서신에 잘 나
타나 있다. 인명진은 늘 가족과 영등포산업선교회 소그룹 회원 노동자
들에 대한 염려와 기도로 옥중 생활을 보냈다. 그러면서 인명진은 그리
스도 안에서 하나님과 그의 선하신 뜻이 이 땅에 이뤄지길 위해, 또 부
끄럼 없는 삶을 위해 기도 생활을 빠뜨리지 않았다. 인명진의 인생철학
은 기본적으로 기독교 신앙에 기초하고 있었기에 '신앙적으로 살아가는
것', 예수 그리스도 가르침에 충실하게 살아가는 것이 그의 생활신조였
다. 그것은 곧 예수처럼 가난하고 소외된 이웃들을 찾아가 그들을 돌보
며 살아가는 십자가의 여정이었다. 이러한 그의 삶의 자세는 옥중 서신
에 잘 표현되어 있다.

"인생이란 누가 무엇을 했느냐(To do)가 아니라 어떻게 존재했느냐(To
be)로 평가해야 한다. 이것이 내가 이곳에 온 후 나 나름대로 지은 삶에 대한
결론입니다. 아니, 내 행동과 삶에 대한 자위이기도 합니다. 때때로 내가 왜
이렇게 험한 생을 살아야 하나, 내 인생이란 무엇인가라는 회의에 대하여
스스로 그와 같이 대답했습니다. 그래서 나는 나의 이생에 대하여 불평하거
나 후회하지 않을 것입니다. 예수의 삶, 그것은 실패와 무성과(無成果) 바로
그것이었습니다. 한 일이라곤 고작 병자 몇 명 고치고, 몇 마디 설교, 그리고
십자가의 죽음, 그것 이상 아무것도 그의 삶에는 없었습니다. 그것도 아주
짧은 생. 그러나 그의 존재(To be)는 하나님 자신이었기에, 사랑 그 자체였기
에, 아니 삶 바로 그것이었기에 그는 인류의 구세주가 될 수 있었던 것 같습

13 「인명진 목사 옥중서신집, 1978년 6월 1일」, 김명배 엮음, 앞의 책(Ⅵ), p. 340.

니다. 그러기에 그분은 '나는 곧 길이요 진리요 생명'이라고 감히 스스로 말할 수 있었던 것입니다."[14]

물론 인명진은 옥중 생활을 거의 독방에서 지낸 탓에 견디기 힘든 외로움을 겪어야 했으나 그 침묵과 고독에서 끊임없이 사색과 기도, 묵상, 성경 읽기 그리고 독서를 게을리하지 않고 자신의 인생철학을 더욱 다져갔다. 그가 사람과 단절된 옥중 독방에서 느꼈던 가장 가치 있는 인간다움의 모습은 어떻게 예수 같은 존재가 되느냐 하는 것이었다. 그가 추구한 것은 자신의 안위와 행복이 아니라 고난을 받고 사는 타인의 안위와 행복을 위해 십자가를 진 구세주 같은 삶이었다. 이런 존재가 되려면 예수 그리스도처럼 죽음을 두려워하지 않아야 했다. 박정희 유신독재정권은 정권에 반대한 민주 인사들과 경제정책에 반한 민주노동운동가들을 일상적으로 가혹하게 고문, 살해, 투옥하는 식의 폭력으로 대처했다.

더욱이 박정희 유신독재정권이 정치적 목적을 위해 사용한 가장 근본적이고 원초적인 수단은 군을 동원하는 것이었다. 1964년 6월 한일회담 반대운동이 일어나자 비상계엄을 선포하거나, 1965년 8월 한일협정 타결 시의 위수령 발동, 1971년 10월의 위수령 발동, 유신체제기의 비상계엄령 선포, 그리고 1979년 10월 부마항쟁기의 위수령 발동 등이 바로 박정희 유신독재정권이 군대를 정치적 목적을 위해 동원했던 대표적인 사례들이다. 게다가 박정희 유신독재정권은 전쟁이나 유사시 군과 경찰이 체포해야 할 명단을 작성해놓는 등 일상적인 감시체제를 구축해놓고 있었다. 군대는 국가가 보유한 가장 막강한 물리력이어서 정권을 유지하

---

14 「인명진 목사 옥중서신집, 1978년 6월 28일」, 김명배 엮음, 앞의 책(Ⅵ), p. 344.

기 위한 수단으로 이용되었다. 박정희 유신독재정권은 정권유지를 위하여 군대를 동원하는 공권력 폭력을 마다하지 않았기 때문에 국민 모두 죽음의 공포와 고문과 투옥의 압박을 느끼지 않을 수 없었다.[15]

예컨대 1961년부터 1980년까지 박정희 유신독재정권의 정치규제법에 따라 검거된 전체 인원수는 국가보안법으로 1,968명, 반공법으로 4,172명, 정치활동정화법 3,849명, 사회안전법 19명, 집시법 625명, 비상사태하의 범죄 처벌에 관한 특별법 15명, 국가보위에 관한 특별법 15명, 긴급조치 9호 위반 726명 등 총 11,389명에 달했다.[16] 이뿐만 아니라 김대중의 일본 망명과 납치 살해 시도, 장준하 살해, 김영삼의 국회 제명 등은 박정희 유신독재정권 시대에 자행된 국가폭력의 사례들이다. 이런 국가폭력은 민주주의적 절차도 생략한 극단적인 조치였다. 1972년 10월 유신 이후 전체 사회를 일상적으로 통제하고자 하는 포괄적 긴급조치가 선포되었는데, 이러한 긴급조치 중에서 가장 폭력적인 성격을 지닌 것이 바로 1975년 5월에 선포된 긴급조치 9호였다. 이처럼 박정희 유신독재정권하의 한국 사회는 일상화된 물리적 강제와 폭력이 지배하고 있었다. 이런 시국이기 때문에 인명진 자신도 언제든지 국가폭력에 의하여 합법적으로 죽임을 당할지도 모른다는 두려움을 가질 수 있었다. 그러나 그는 죽음에 대하여 이렇게 정의한다.

"죽음이란 두려워하는 자에게만 두려운 것일 뿐, 이를 개의치 않는 자에게는 두려움도 죽음도 아니다. 즉 죽음은 죽지 않으려는 자에게만 죽음일

---

15 박세길, 『다시 쓰는 한국 현대사 3』, 돌베개, 1992, pp. 193~194.
16 박종성, 『한국 정치와 정치폭력』, 서울대학교출판부, 2001, p. 413 참조.

뿐이다. 그 죽음을 자초하는 자에게는 죽음이란 죽음이 될 수 없다. 더구나 죽음을 자초하고자 하는 것이 영원한 진리일 때, 그 죽음은 죽음이 아니라 오히려 영원이며, 생명이며, 진리인 것이다. 예수 그분은 바로 그러했던 분이었다. 그는 자신이 스스로 죽음을 좇아가서 그 죽음을 붙잡았기에, 죽음이 그를 삼킨 것이 아니라 그가 도리어 죽음을 삼키었기에 그분은 죽은 것이 아니라 살았던 것이다."[17]

그의 옥중 서신은 인명진의 인생철학이 철저히 기독교 신앙에 바탕을 두고 있음을 보여준다. 그러나 "우리가 지금 이렇게 사는 것이 당연하다는 것을 주위 사람, 부모님, 가족, 친구, 특히 영등포산업선교회 소그룹 활동 회원들이 알아주었으면 좋겠다"라고 고백하면서 "누구에게 억지로 끌려 이곳(감옥)에 온 게 아니"라며 "내가 원하여 스스로 온 것이기 때문에 나는 간혀 있는 사람도 아니고 빨리 풀려나길 바라지도 않는다"라고 밝히고 있다.[18]

이처럼 인명진은 철저하게 자신보다 낮은 자들을 위한 삶의 철학을 신봉하며 명예, 재물, 권력 등 자신의 풍요로움만을 추구하는 삶을 거부했다. '승리의 삶'을 예수 그리스도가 거부했듯이 자신도 이러한 세속적인 욕심을 버리고 살았다. 후일 김영삼 문민정부가 들어섰을 때, 그는 대통령으로부터 장관 혹은 정부의 고위직을 제안받자 이를 단호하게 거절하고 오직 "자신은 목회자로 남아 예수 그리스도의 삶을 살아갈 것"을 밝히며 목회자로서 작은 민중교회를 이끌었다. 그렇다면 그는 인생의 패배자였던가?

---

17 「인명진 목사 옥중서신집, 1978년 7월 5일」, 김명배 엮음, 앞의 책(VI), p. 345.
18 「인명진 목사 옥중서신집, 1978년 7월 5일」, 김명배 엮음, 앞의 책(VI), p. 345.

인명진은 이러한 자신의 삶이 절대로 실패하지 않았다고 여겼다. 자신의 고난이 세상 시각으로는 분명 패배자처럼 보일 수 있지만, 고난의 길을 갔던 예수 그리스도는 이상하게도 패배자로 비난을 받은 게 아니라 위대한 승리자로서 수천 년 동안 불리고 있다는 것이다. 그래서 그는 "어떤 결과가 아니라 어느 편에서 살았느냐가 삶의 승리 여부를 결정짓는 것"이라며 "삶의 자리가 처음부터 진리 편이었다면 설사 비참과 실패라고 할지라도 그것이 바로 승리"라고 말한다. 그런 의미에서 자신은 '승리자'라는 것이다. 특히 인명진은 이렇게 고난의 삶을 살면서도 늘 좌절하지 않고 승리자로서 즐겁게 힘든 노동운동이나 감옥 생활을 견디어내었다. 그러면서 그는 "나의 고생은 고생이랄 것도 못 된다"며 "학생이나 노동자들에게 부끄럽기 한이 없고, 영등포산업선교회 소그룹 활동 회원에게 분이 넘치는 사랑을 받았다"라며 항상 노동자들을 향한 생각에서 벗어나지 않았다. 이렇게 그가 노동자들에게 감사하며 은혜로 여긴 것은 이들 여성 노동자들이 감옥 생활에 필요한 작은 정성의 영치금을 넣어준 일 때문이기도 했다. 그는 아내를 통해 이들 여성 노동자들에게 쥐꼬리만 한 월급에서 자신을 돕는 일을 그만두라고 부탁하기도 했다. 그리고 그는 이렇게 아내에게 당부한다.

"나는 옛날 밖에 있을 때 남편을 감옥에 보낸 부인들이 극성스럽게 떠들고 다니는 것을 제일 못마땅하게 여겼던 사람이오. 감옥에 있는 사람보다 밖에서 더 고생하고 훌륭한 일을 하는 사람이 많이 있다는 사실을 명심하여 처세에 조심하길 바라오."[19]

19 「인명진 목사 옥중서신집, 1978년 7월 5일」, 김명배 엮음, 앞의 책(Ⅵ), p. 347.

그는 자신의 십자가 운명에 대한 의지와 결단을 보여주면서도, 단지 하나님의 뜻에 따라야 한다는 신앙에서 비롯된 것만은 아니라는 점을 분명히 하고 있다. 그는 하나님께서 우리 인간이 상상할 수 없는 일을 하고 계신다는 사실을 늘 경험하며 또 그렇게 믿었다. 이런 하나님을 신봉한 그는 어떤 난관이나 어려움 앞에 절망하지 않고 하나님이 하시는 일을 믿음으로 조용히 지켜보며 스스로 자족하고 즐겁게 살아갔다.

온갖 혹독한 고문과 감옥 생활을 겪었고, 박정희 유신독재정권이 권력 유지를 위해 수단과 방법을 가리지 않고 자행한 살인, 고문 등이 주변에서 횡행했던 것을 생각하면, 인명진은 자신이 그런 불행을 당하지 않으리라 장담할 수 없었을 것이다. 그렇지만 그는 이 모든 고난과 두려움을 신앙으로 이겨냈다. 그는 예수 그리스도를 믿는다는 신앙은 세속적인 축복과 행복이 아니라고 생각했다. 그래서 그는 "예수 그리스도를 믿는다는 것이 참으로 소름 끼치는 일"이라고 고백한다. 왜냐하면 예수 그리스도는 자기를 따르려거든 부모 처자를 버리라고 했기 때문이다. 가족을 버린다는 것은 사람으로서 쉽게 할 수 없는 일이다. 이것은 유교 사상이 투철한 한국 사회에서는 더더욱 상상할 수 없는 패륜 행위로 지탄받을 일이었다.

거기에다 자기 자신조차 버리는 것은 더욱 힘든 일이다. 인간은 누구나 자기보존이라는 강한 본능을 가지고 있다. 그에게 "십자가를 지고 나를 따르라"는 예수 그리스도의 말은 곧 "죽으라"는 말이나 다름없었다. 이 말대로라면 예수 그리스도를 믿는다는 것은 얼마나 두려운 일인가. 그러나 인명진은 "이것이 바로 기독교"라고 강조한다. 이미 예수 그리스도가 그 길을 가셨고 지난 2000년 동안 얼마나 많은 제자들이 그 길을 갔는지 모를 정도라는 걸 생각하면, 십자가의 길 외에는 그 어느 길이라도 그에게 있어서는 변명일 뿐이었다.[20] 그는 지난 수천 년 동안 죽음을 두려워하지 않고 십자가의 길을 걸었던 많은 그리스도인들을 생각하며 자신이 처한 죽음과 고문의 두려움을 즐거움과 희망으로 여겼다.

이렇게 인명진은 노동자들을 위한 십자가 삶을 고난으로 여기지 않고 오히려 기독교인으로서 당연한 의무로 여겼다. 그가 선택한 인생의 길이 순탄하기보다 희생적인 면이 많았던 것은 이 같은 목회자로서 주어진 자신의 운명에 따랐기 때문이었다. 죽음의 공포가 유령처럼 자신에게 다가오는 것을 느낄 때, 두려워하지 않을 인간은 없다. 적어도 절대권력자에게 도전할 때 죽음의 유령은 어김없이 활기를 띤다. 박정희 유신독재정권이 그랬다. 이 정권은 남북분단을 빌미로 안보를 내세우며 간첩 만들기, 감시, 구속, 처벌, 고문, 살해를 서슴지 않았다.

1960년대 이후 각종 간첩 사건, 남조선 해방전략당 사건, 동베를린 사건으로 알려진 유럽 거점 간첩 사건, 1970년대 인혁당 사건, 1970년대 이후의 납북 어부 간첩 사건, 기타 각종 조작된 간첩 사건 관련자들은 적법한 절차를 거치지 않고 인혁당 사건에서처럼 처형당하거나 고문을 받던 중 사망하곤 했다. 1970년대 이후 1992년까지 발생한 80건이 넘는 각종 의문사 사건 등과 이적행위자들은 대체로 단순 반정부 인사, 통일운동 인사들로서 한결같이 박정희 유신독재정권의 '간첩 만들기' 전략의 희생자들이었다. 인간 박정희는 일제강점기에 태어나 일제 군국주의 사상을 신봉한 군인 출신이다. 그는 군사 쿠데타로 권력을 장악한 후 일본의 메이지유신을 본받아 한국 경제개발과 근대화에 주력했다.[21] 이를

---

20 「인명진 목사 옥중서신집, 1978년 7월 5일」, 김명배 엮음, 앞의 책(VI), pp. 358~359.

21 일본의 메이지 체제는 천황을 중심으로 국가에 절대적인 충성과 군부를 중심으로 한 혁신적 관료들의 엘리트주의적 지배구조를 특징으로 하고 있다. 그러한 지배구

위해 그는 영구적 독재정권을 추구하면서 자신에게 반대한 세력들이나 인사들에게 가혹한 국가폭력을 자행했다.

인명진은 바로 이 국가폭력의 살아 있는 희생자였다. 노동운동가에서 민주화운동가로 한 걸음 더 나아간 그는 끝내 이 독재자 박정희와 유신독재정권을 무너뜨리고 말았다. 아무도 막강한 독재자 박정희 정권을 무너뜨리겠노라 엄두조차 못 내던 시퍼런 공포의 시절에 아주 미약한 노동운동가 인명진이 그 거대한 리바이어던(Leviathan) 괴물 정권[22]을 붕괴시킨 것은 바로 그가 굳게 믿어왔던 예수 그리스도의 십자가 신앙에서 나온 용기와 지혜 덕분이었다. 결과적으로 인명진은 김영삼이 이끄는 신민당이 박정희 유신독재정권에 도전하도록 했고, YH무역 여성 노동자들이 박정희에게 직접 대들게 했으며, 부산과 마산에서 대규모 학생과 노동자, 시민 등의 군중이 박정희 유신독재정권에 항거할 수 있도

조에서 군부는 그에 동조하는 우익 세력 및 재계와 결합하여 국가 건설을 위한 총력체제를 구축했다. 박정희는 바로 이 메이지 체제를 자신의 정치 모델로 삼았다. 이우영, 「박정희 통치이념의 지식 사회학적 연구」, 연세대학교 사회학과 박사학위 논문, 1991, p. 9. 박정희에 대한 평가는 매우 상반된 모습을 보여주고 있다. 먼저 보수주의자들은 박정희를 단군 이래의 가난을 해소하고 '민족을 중흥시킨 영도자', '조국 근대화의 아버지', '한강의 기적을 이룩하여 동아시아 발전모델의 원형을 만든 산업화 지도자', '안보와 경제성장 병행 발전론자'로 평가하고 있으나 진보주의자들과 민주화론자들은 박정희를 '민주적 헌정체제를 파괴하고 쿠데타로 권력을 찬탈한 군부 독재자', '친일파', '남로당원인 공산주의자', '기회주의 정치 군인', '초헌법적, 탈헌법적 강압 통치자' '개발독재자', 긴급조치 발동을 통해 많은 민주 인사를 박해한 '인권유린자'로 평가한다. 임현백, 「박정희에 대한 정치학적 평가: 리더십, 근대화, 유신 그리고 몰락」, 『평화연구』, 제20권, 제2호, 고려대학교 평화와민주주의연구소, 2012년 가을호, p. 62.

22 박정희는 끊임없이 권력을 추구하는 권력 욕심이 강한 홉스형 인간이었다. 홉스는 자연 상태의 인간은 죽음에 도달해서야 끝나는 권력에의 욕망이 있다고 말한다. Thomas Hobbes, *Leviathan*의 최초 발행은 1651년 4월이다.

록 했다. 박정희가 측근 중앙정보부장 김재규에게 살해당하던 날, 수감 생활을 하던 인명진은 교도소 분위기를 이렇게 기억하고 있다.

"1979년 10월인데 이른 새벽에 교도관이 목사님, 목사님, 이상해요. 군인들이 교도소에 들어왔어요. 그래서 내가 교도소에 군인들이 들어왔다는 얘기는 두 가지이다. 나라에 내란이 발생했다든지, 아니면 북에서 쳐들어왔다든지. 그렇지 않으면 군인들이 왜 교도소에 들어옵니까. 그렇게 말하고 나서 나중에 알고 보니 박정희가 죽은 거야. 그러니까 이 교도관이 박정희가 죽었다는 얘기를 듣고 목사님 나오십시오, 문 따고 나를 나오라고 하더니 감방 끄트머리에 있는 세면장, 거기로 들어가더니 목사님 만세 부릅시다, 그러더니 민주주의 만세, 교도관하고 나하고 둘이서 민주주의 만세, 대한민국 만세를 불렀어요. 그러니까 우리나라 민주화운동이라는 게 우리만 한 것이 아니라 교도관도 민주 인사다, 이들도 진짜 나라의 보배다. 이들이 우리에게 너무 잘해주었어요. 나는 대한민국 만세를 여러 번 불러봤지만, 그때만큼 감격스럽게 대한민국 만세, 민주주의 만세를 불러본 적이 없어요."[23]

---

23 「인명진 구술녹취 전문」, 제1차(2011. 1. 6.), 김명배 엮음, 앞의 책(Ⅷ), pp. 368~369.

해외 혁명의 현장을 찾아가다

해방 이후 가장 긴 세월 동안 절대적인 권력을 누려온 박정희 유신독재 정권이 이렇게 하루아침에 붕괴되고 말았다. 이날은 아무도 몰랐다. 인명진은 그저 가난하고 핍박받고 소외된 노동자들을 예수 그리스도인 양 자신의 삶 속에 깊이 받아들여 섬긴 것, 그리고 이 신앙을 지키기 위해 목숨을 걸고 투쟁했던 것뿐인데, 바로 이것이 절대권력자 박정희를 심판받게 한 것이었다.

전두환 쿠데타 신군부정권으로부터 해외로 추방당한 후 인명진은 이 국땅 호주에서 지내는 동안 위기에 직면한 한국 민주화운동의 활로를 찾기 위해 많은 고민을 하고 있었다. 그래서 조국 한국이 민주화를 이루는 데 도움이 되도록 여러 나라의 성공한 혁명과 실패한 혁명에 관한 연구를 하자는 의욕을 갖게 되었다. 그런 인명진의 의도를 알게 된 호주 연합교회 존 브라운 목사는 그의 뜻을 이해하고 충분한 재정적 지원을 약속하며 먼저 인명진에게 영어를 배울 것을 권유했다. 그리하여 인명진은 뉴사우스웨일스대학교(UNSW)의 언어반에 들어가 1년 동안 열심히 공부하여 마침내 영어를 완벽하게 구사할 수 있게 되었다. 그는 원래 반미주의자라서 영어 배우기를 싫어했다. 제국주의 언어를 배운다는 것이 자신의 민족주의 신념에 어긋났기 때문이었다. 그러나 그는 미국과의 관계를 벗어나 우리나라가 살아나갈 길이 없다는 현실에 수긍하지 않을 수 없었다. 그래서 그는 영어 학습에 매진하게 된 것이다.

이후 인명진은 호주 연합교회, 아시아기독교협의회(CCA), 독일 교회, 미국 기독교교회협의회(NCCUSA) 등의 재정적 도움을 받아 여러 국가의 혁명운동을 살피기 위해 필리핀, 남미, 인도, 미국 등 혁명에 성공 혹은 실패한 나라들을 두루 살피는 긴 여행을 시작했다. 먼저 인명진은 필리핀에서 20년간 끈질기게 투쟁하여 페르디난드 마르코스 정권을 무너뜨린 에드사(EDSA) 혁명을 살폈다.[24] 이어서 필리핀 공산 반군단체인 뉴피플스 아미(New People's Army) 캠프를 찾아 한 달 동안 그들과 함께 생활하며 혁명을 위한 투쟁 과정을 살펴보았으나, 어설픈 조건과 변변치 못한 무기를 갖추고 있어서 이들에게 배울 점은 그리 많지 않았다.[25] 이후 그는 중남미의 니카라과의 소모사 정권을 무너뜨리고 혁명에 성공한 산디니스타 국민해방전선 혁명정권의 주요 인물들을 만나 그들의 혁명 성공 경험을 들었다. 산디니스타 정부는 노동자, 농민, '애국적' 자본가들과 동맹을 맺고 개혁을 추진했다. 그래서 민간 지주들의 토지를 몰수하기보다는 주로 국유지나 유휴지를 농민들에게 분배했다.

혁명 초기의 성과는 상당했다. 예컨대, 문맹률이 50%에서 12%로 감소했고, 토지개혁 덕분에 8만 가구 이상의 농민 가구에게 토지가 분배

---

24 필리핀에서는 이 혁명을 시위가 벌어진 도로의 이름을 따 EDSA 혁명이라고 부른다. 필리핀 시민사회는 마르코스의 권위주의 체제하에서 저항적 사회운동을 통해 활성화되었다. 이렇게 활성화된 시민사회는 마르코스 독재를 무너뜨리고 '이행'을 달성하는 데 결정적인 역할을 했으며, 그 후 포스트 이행 단계 초기, 즉 아키노와 라모스의 집권기(1986~1998년)에는 옛 과두 지배 엘리트의 정치적 독점 구도를 해체하기 위한 제도적 개혁을 수행하는 데도 크게 이바지했다. 그러나 이러한 정치개혁 프로젝트는 전통적 정치 엘리트들의 적극적 대응으로 무력화되고 말았다. 박승우, 「필리핀의 과두제 민주주의 - 정치적 독점의 해체 없는 민주화」, 『민주사회와 정책연구』, 제12호, 한신대학교 민주사회정책연구원, 2007, pp. 93~128.

25 NPA는 1969년 3월에 마르코스 정부의 전복을 목적으로 결성된 마오이즘 집단이다. 이 단체의 일차적 목표는 정부의 치안부대, 정치인, 판사, 정부 정보원 등이다. 이들 집단은 처음엔 1만 명 정도였으나 1980년대에 이르러서는 2만 5,000명으로 늘어났다. 이들의 활동 지역은 루존 시골 지역, 비세이야스, 민다나오 일부 지역이며, 마닐라와 대도시에서는 세포조직을 중심으로 활동했다.

됐다. 농촌 지역에 학교들과 병원들이 설립돼, 교육·의료 서비스가 크게 개선되자 영아 사망률은 대폭 하락하고 평균수명은 늘어났다.[26] 인명진은 이런 저개발국가들의 혁명운동에서 많은 교훈을 얻은 후, 이제는 유럽 선진국의 민주화와 사회복지정책 등을 배우기 위해 걸음을 옮겼다. 그는 스웨덴과 덴마크, 독일 등 유럽의 사회주의 정당을 견학하며 이들 정당의 정치 방식이 한결같이 기독교 정신에 입각하고 있다는 사실을 배웠다. 유럽에서 그는 민중을 위한 정치를 위해 이념보다는 반드시 기독교 정신을 따라야 한다는 점을 확신하게 되었다.

이어서 인명진은 미국 캘리포니아를 방문하여 이 지역에서 활동한 농민운동과 노동운동을 살폈다. 알린스키는 그동안 사회운동이나 사회 사업 방안으로 추진해왔던 지역사회 조직화 방식을 비판적으로 재구성하여 나름의 독자적인 지역사회 조직화 전략을 구성했다. 이는 아래로부터의 '민중조직'을 중심으로, 외부 활동가의 '옆으로부터의 지원'과 기존 주민 모임을 활용한 '조직의 조직' 방식을 통해 주민조직을 결성하는 방식이었다. 이러한 조직적 역량을 바탕으로 외부로부터 인정을 받아서 소외된 지역사회가 기존 사회체제에 편입되도록 하는 전략이다. 여기에 전업 활동가의 조직적 육성과 체제 친화적 조직화 방안을 더함으로

---

26 1961년에 아우구스토 산디노(Augusto Sandino)의 전통을 계승하여 결성된 산디니스타 민족해방전선(FSLN)은 보수 우익적인 소모사 정권과 투쟁한 좌파 게릴라이자 반미, 반제국주의 저항 운동가인 산디노의 사상을 이어받았다. 산디니스모는 니카라과의 좌파 경제정치 사상이다. 볼리바르주의에서 파생한 것으로 이 사상을 따르는 자들을 산디니스타(Sandinista)라고 한다. 산디니스타 민족해방전선은 1979년 7월 43년 동안 니카라과를 지배해온 소모사 가문의 친미 독재정권을 무너뜨렸다. 좌익 정부가 들어서자 미국은 1980년대 경제봉쇄뿐 아니라 우익 반군 콘트라를 조직·지원하며 물리적으로도 산디니스타 정부를 무너뜨리려 했다.

써 지역사회 조직을 지속 가능한 조직으로 자리 잡게 한다는 것이다. 알
린스키의 조직화 모형은 철저하게 개인 이익(Self interest)에 중점을 두고
있어서 궁극적으로 보면 부자들의 돈을 빼앗아 자신들의 이익이 충족될
때 자연스럽게 해체되고 만다. 이는 미국처럼 다민족 국가에 적용될 수
있는 철저한 이익단체운동이었다.[27] 그리하여 인명진은 알린스키의 이
운동이 유교 전통의 우리 사회와는 맞지 않는다고 판단했다. 인명진은
노동운동 투쟁 과정에서 노동자의 부모나 형제들이 자기 자식을 설득하
여 투쟁을 무력화시킨 일을 경험적으로 알고 있었기에 알린스키의 빈민
조직운동의 부작용만 확인한 셈이었다.

이제 인명진은 캘리포니아 농민운동가 세자르 차베스(César Estrada
Chávez)의 농업노동자운동을 살피러 찾아갔다.[28] 미국은 애초 혈연이 아
니라 여러 다양한 민족의 자발적 이주 혹은 강제로 피난해온 탈주민들
로 세워진 다민족 국가여서 국민통합이 매우 중요했다. 따라서 영국 식

27 장세훈, 「알린스키의 지역사회 조직화 모형에 대한 탐색: 지역사회 조직화의 '오
   래된 미래'로부터의 교훈」, 『지역사회학』, 제21권, 제3호, 지역사회학회, 2020, pp.
   5~38.

28 Frank, Bardacke, "César Chávez: The Serpent and the Dove," Charles W. Calhoun(ed.),
   The Human Tradition in America 1865 to the Present(Wilmington: Scholarly
   Resources Inc., 2003), pp. 235~250. 1960년대 격변의 시대에 농업노동자들의
   지도자로 떠오른 세자르 차베스(César Estrada Chávez)는 라티노, 특히 멕시코계
   미국인들에게 마틴 루터 킹 목사처럼 막강한 영향력을 발휘했다. 차베스의 활동
   은 오랫동안 멕시코계 미국인이 겪어온 억압과 차별의 경험에 기반을 두고 있었
   고, 1960년대 후반 흑인민권운동으로부터 영감을 얻어 도시와 대학가를 중심으
   로 확산된 치카노(Chicano) 운동과 궤를 같이했다. 원래 치카노는 20세기 초 미국
   에 정착하기 시작해 어느 정도 경제력을 갖춘 안락한 '제1세대' 멕시코계 미국인
   (Mexican 'safe' minorities)들이 1930년대 말 이래 갓 이주한 멕시코인을 비하하려
   는 의도에서 낮춰 부르는 표현이었다.

민 시대부터 토대를 갖추기 시작한 '시민 정체성'은 독립투쟁기를 거쳐 미국 예외론(American exceptionalism)으로 뿌리를 내려 국민통합의 이데올로기로 작용했다. 하지만 '자유의 나라'라는 미국의 이미지 속에 숨어 있던 인종주의적 차별 관행은 사라지지 않고 있었다.[29] 이에 따라 차베스는 1960년대 캘리포니아 농업노동자들의 파업 투쟁을 조직하고 농업노동자조합의 창설과 파업, 불매운동을 전개하여 이민자 민권운동의 흐름을 주도해나갔다. 그는 최저임금, 사회보장연금, 주택·의료·교육보조금 지급을 외치며 농업노동자들의 조직화에 앞장섰다. 농업노동자들은 미국노동총연맹(AFL)뿐 아니라 1936년 전국노동관계법으로부터 배제될 정도로 오랫동안 경시되어왔고, 1940년대 초부터 1965년까지 이들 대다수가 다른 부문 노동자들과 법적으로 차별받는 '브라세로(Bracero)'였다.

브라세로 프로그램은 전시 노동력 부족 현상을 타개하고자 미국 정부가 1942년 8월 멕시코 정부와 협약을 체결해 멕시코 출신 노동자들을 임대 고용한 정책이었다. 차베스는 1962년 미국농업노동자연합(United Farm Workers of America, UFW)의 모체인 전국농업노동자협회(National Farm Workers Association, NFWA)를 창설하고 1966년 캘리포니아 중부 델라노(Delano)에서 주도(州都) 새크라멘토까지 340마일에 이르는 순례(Peregrinación) 행진과 1968년 25일간의 단식을 통해 농업노동자들의 파업 투쟁을 이끌었다. 특히 차베스는 파업보다 불매운동 전략을 통해 소

---

29 배영수, 「미국 예외론의 맹점」, 『미국학』, 제27권, 서울대학교 미국학연구소, 2004, pp. 107~108. 미국인은 2월을 '흑인 역사의 달(Black History Month)'로, 그리고 9월 15일부터 10월 15일까지 한 달을 '히스패닉계 유산의 달(National Hispanic Heritage Month)'로 각각 정하여 인종적인 평등의 역사를 기리고 있다.

비자들이 농장주에 맞선 노동자들의 투쟁을 지원할 수 있도록 영향력을 발휘했다.[30] 차베스와 미국농업노동자연합의 적극적인 활동에 힘입어 1975년 6월에 '캘리포니아 농업노동 관계법(California Agricultural Labor Relations Act, CALRA)'이 제정되었는데 이 법은 캘리포니아 노동 규약의 일부로서 농업노동자들에게 단체교섭권을 보장해준 획기적인 조치였다. 이 법에 따라 농업노동자들은 부당한 대우를 받지 않고 재배회사들과 노동 계약을 체결할 수 있었다. 그러나 1970년대 말 차베스가 미국농업노동자연합의 분권화를 거부하면서 연합의 지도부와 일반 조합원들 사이에 갈등이 빚어졌다. 1980년 11월부터 1981년 10월까지 내부 투쟁의 격동기를 겪은 차베스는 미국농업노동자연합을 민주적으로 개혁할 수 있는 기반을 약화시켰고, 조합원의 회비보다 외부의 기금 지원에 의존한 미국농업노동자연합의 구조적 약점을 극복하지 못하여 단일한 조직을 유지하는 데 실패했다.[31]

인도 마하트마 간디의 영향을 받은 차베스는 비폭력을 강조하며 급진적인 치카노 운동과 거리를 유지하려 했다. 어린 시절부터 가족의 영향으로 가톨릭 신자로 자라난 차베스는 때때로 성경 구절과 교회 문서를 인용하고 복음 전도자처럼 행동했으며, 피켓 시위와 파업 투쟁 과정에서 피

---

30 1965년부터 3년간 지속된 신선 포도(table grape) 불매운동은 전국적으로 확산되어 '대의를 위한 투쟁(La Causa)'으로 각인되었고 로버트 케네디 같은 유력 정치가와 민권운동 지도자를 포함해 약 1,700만 명의 지지를 끌어냈다.

31 Frank, Bardacke, *Trampling Out the Vintage: César Chávez and the Two Souls of the United Farm Workers*(London and New York: Verso. 2011), p. 721. 이런 뼈아픈 실패는 1980~1990년대 미국농업노동자연합의 회원 수와 영향력이 줄어드는 주된 원인이 되었다. Desirée A. Martín, *Borderlands Saints: Secular Sanctity in Chicano/a and Mexican Culture*(New Brunswick: Rutgers University Press, 2014), p. 113.

살당한 노조원과 자원봉사자들을 '순교자'로 지칭하며 종교적 신념을 표현했다. 그리하여 차베스의 투쟁은 일부 가톨릭 사제뿐 아니라 오순절과 같은 개신교인들의 적극적인 후원을 받을 수 있었다.[32] 차베스가 전개한 온건하고 현실적인 노선의 농업노동자운동은 미국 사회에서 치카노라는 인종적·종족적 정체성을 강화하는 데 큰 공헌을 했다.[33] 이 같은 차베스의 운동을 돌아본 인명진은 이에 그치지 않고 다음으로 인도의 커뮤니티 운동단체와 20세기 후반 세계교회협의회(WCC)에서 주목받고 있던 인도의 유명한 신학자 M. M. 토마스(M. M. Thomas)를 만났다.[34]

---

32 Richard J. Jensen, Thomas R. Burkholder, and John C. Hammerback "Martyrs for a JustCause: The Eulogies of César Chávez", *Western Journal of Communication*, Vol. 67, No. 4, 2003, pp. 335~356. 차베스는 기독교 신앙과 과달루페 성모상 같은 문화적 상징에 의지하면서 불매운동을 노조 조직화와 농업노동자의 복지를 추구하는 민권운동인 동시에 일종의 신앙적·도덕적 사명으로 인식했다. Randy Shaw, *Beyond the Fields: Cesar Chavez, The UFW, and the Struggle for Justice in the 21st Century*(Berkeley and London: University of California Press, 2008), p. 38.

33 이처럼 차베스의 농업노동자운동을 비롯한 소수인종 집단의 투쟁은 1960년대 중후반 미국의 사회운동뿐 아니라 사회 전반의 분위기를 일신하고 다양하게 만든 원천이었지만, 차베스가 1980년대 초 이래 권위주의적 조직 운영으로 농업노동자운동의 단결과 통합을 유지하지 못한 실패와 영향력의 하락을 경험했다는 점도 간과하지 말아야 한다. 박구병, 「"예, 할 수 있습니다!": 미국 서남부 지역의 '세자르 차베스의 날' 제정」, *Revista Iberoamericana*, vol. 26, no. 3, 2015, pp. 153~178.

34 그는 복음적이고 경건한 훈련으로 출발하였으나 점차 종교와 사회에 깊은 관심을 가졌다. 토마스의 신학의 방법론적 접근은 인류학에 근거하고 있다. 토마스는 기독교 신앙과 두 이데올로기, 곧 간디주의와 마르크스주의와의 만남을 통해 남아 있는 문제를 풀고자 했다. 신학과 이데올로기 사이의 대화는 토마스가 예비적인 필요조건을 인식했다는 사실로부터 나온다. 첫 번째 단계는 그와 간디주의와의 만남으로 시작된다. 비폭력의 원칙은 육체의 힘으로 이해된 힘의 실재에 대한 간디의 근본적인 접근이었다. 토마스는 간디의 도덕에 문제가 있다는 것을 알았기 때문에, 그는 마르크스주의의 인식이 사회 분석에 더 나은 도구를 제공해줄 수 있을 것으로 보고 이를 인도 사회의 급격한 변화에 영향을 주는 수단으로 발전시켰다. 토마스는 간디주의자로 시작했으나 사회 현실에 관한 깊은 연구가 그에게 마르크

이렇게 인명진은 여러 나라의 빈민운동과 사회혁명의 여러 양상을 살펴고 연구한 끝에 정의와 평등 사회를 구현하기 위한 방식이 혁명적인 사회체제 구축이 아니라 근본적으로 인간 자체가 변화되어야 한다는 사실을 깨닫게 되었다. 즉 여러 나라의 혁명을 살핀 끝에 얻은 그의 결론은 정의와 평등의 세상이 제도보다 인간의 마음에서 시작된다는 진리였다. 인류 역사에서 여러 혁명이 일어났으나 그 혁명 정신이 계속 유지되지 못한 점은 인간의 생각 자체가 변하지 않고 외형적인 면만 바꾸려 했기 때문이라는 것이었다. 그러나 예수 그리스도 혁명 정신이 2,000년 동안 지속해온 것은 바로 인간의 마음을 변화시켰기 때문이었다. 따라서 인명진은 교회가 신앙적 정체성을 포기한 채 노동운동과 혁명운동의 중심이 되기보다 '인간 변화'의 요람이 되어야 한다고 생각했다. 그리하여 인명진은 노동자 문제도 인간의 문제이기에 제도만으로는 해결되지 않으며 복음에 근거해야 근본적으로 해결할 수 있다고 결론을 내렸다. 이제 인명진의 관심은 '인간 의식의 변화'로 전환되었다. 그래서 예수 그리스도의 복음을 가르치고 이를 실천하는 운동을 벌여야겠다고 결심하기에 이르렀다. 이 운동이 바로 갈릴리 신앙공동체 운동이었다.[35]

스주의를 합류시키게 만들었다. 나중에, 그는 선교의 목표로서의 인간화를 발전시키는 에큐메니컬 선교 신학에 지대한 공헌을 했다. 김은홍, 「M. M. 토마스 신학의 배경과 세 단계의 발전과정」, 『선교신학』, 제42호, 한국선교신학회, 2016, pp. 117~151.

35 성문밖교회 30주년 역사자료편찬위원회, 『그 길의 사람들, 성문밖교회 30년사 (1977-2007)』, 성문밖교회, 2007, p. 84.

인간 정신을 깨치다—갈릴리 신앙공동체 운동

인명진은 호주로 추방당한 후 민주화운동과 관련한 인물들을 만나고 또 여러 단체를 방문하며 배운 결과, "정치권력에 의한 공동체가 아니라 어떤 정신적 가치와 삶으로 엮여 있는 공동체가 우리의 대안이다"라고 결론지었다.[36] 그리고 마침내 인명진은 1982년 3월에 귀국하여 다시 영등포산업선교회에서 일하게 되었다.

그러나 국내 사회운동은 이념으로 무장되어 운동권은 민족해방(National Liberation Faction, NL) 계열과 민중민주(People's Democracy Faction, PD) 계열로 나뉘어 있었다.[37] 급진적인 이념의 인식은 전두환 군사정권에 대한 저항 강화로 나타났다. 따라서 이들 급진적인 운동가들에게 노

---

36 정병준, 앞의 글, p. 39.

37 1980년대 군사정권에 대한 저항과 민주화운동의 대중적 전개 과정은 곧 운동 주체들의 변혁적 인식의 명확화 과정이자 운동론(변혁론)의 발전 과정이기도 했다. 이러한 운동론 및 변혁론상의 제 쟁점과 기본 내용은 체계화된 이념의 형태로 제시되었다. 경찰청 보안국, 『해방 이후 좌익운동권 변천사(1945~1991년)』, 경찰청, 1992, p. 295. 민족해방파는 1980년대 이후 대한민국의 민주화운동의 진보 운동권 정파로서 민중민주파의 별명인 평등파와 대비하여 자주파(自主派)라고도 한다. 민족해방파는 제국주의 대 민중을 대립관계로 설정하고 모든 투쟁에서 항상 반제 반파쇼, 반미 자주화를 기본 투쟁으로 설정하였다. 특히 민족해방파에는 조선노동당의 지도이념인 주체사상을 부분적으로 수용하여 형성된 주사파가 있었다. 민중민주파는 마르크스주의의 사회 및 철학적 전통을 중시하는 사회주의 계열로 1980년대 국내에서 시작된 진보주의 운동의 한 갈래이며 평등파(平等派)로 불린다. 한국 사회를 신식민지 국가 독점자본주의로 규정하고, 사회변혁의 방법으로는 민중민주주의 혁명론을 추종하며 마르크스주의의 영향을 받았다. 그러나 1980년대 말과 1990년대 초 이후 서로 다른 이념, 노선, 조직문화를 가지고 있었으며, 진보적 정치와 사회운동의 주도권을 두고 경쟁을 벌였던 전국연합, 전대협, 한총련, 전농 등 민족해방 계열의 정치, 사회운동 계열과 진보정치연합, 정치연대

동자를 돕기 위한 영등포산업선교회의 노동운동은 개량주의로 비판받기도 했다.[38] 노동자의 '인간다운 삶'을 목적으로 한 인간적인 노동운동은 사회혁명가들이 볼 때 단순한 인도적 봉사 행위에 지나지 않았던 것이다. 이처럼 1980년대 이후 한국 민주화 및 노동운동은 사회혁명의 이념화 경향을 띠며 서로 치열한 주도권 경쟁을 벌였다. 이에 더하여 학생운동 및 노동운동 참가자 내부는 '명문대생의 삶', '삼류대생의 삶', 여성은 '여성', 노동자는 '노동자의 삶'으로 서로 다른 계층 및 학벌 계급과 젠더 주체들로 이뤄져 있었다.[39]

이러한 노동 및 민주화 투쟁은 점점 정치의 양극화와 이데올로기화 및 진영화로 나아갔다. 당시 학생운동가들이나 민주화 인사들은 혁명을 통해서 민중 정권을 세워야겠다는 열의를 갖고 보수적인 정치 세력으로 민주주의를 해보려 했던 생각이 얼마나 낭만적이며 철없는 짓이었는지 자각하게 되었다. 결국 이를 위해서 이들 운동가는 운동의 이념화를 추구해야 하며 기독교, 천주교 등 종교의 낭만주의자들에게서 노동자들을 빼앗아와야 한다고 결론을 내렸다. 그리하여 학생운동가들이 노동자들

등 민중민주 계열의 정치, 사회운동 진영의 양대 세력은 1997년 대선 무렵 민주노총과 함께 '국민승리 21'을 창당했다. 일반적으로 민족해방 계열은 NL, 민중민주 계열은 PD로 불렸으나 두 세력이 민주노동당에 합류한 이후 전자를 자주파, 후자를 평등파로 표현했다. 이에 대해 다음을 참고하라. 정영태, 「라이벌 정치운동단체의 연합에 의한 정당 창설: 민주노동당의 사례」, 『한국정치연구』, 제20집, 제2호, 서울대학교 한국정치연구, 2011, pp. 79~106.

38 1982~1984년 한국 사회의 노동운동과 학생운동이 극좌로 이념화되어 인명진의 사상은 개량주의로 비판받는다. 정병준, 「인명진 목사의 정치참여와 신학」, 『한국교회사학회지』, 제57집, 한국교회사학회, 2020, pp. 223~259.

39 천정환, 「1980년대와 '민주화운동'에 대한 '세대 기억'의 정치」, 『대중서사 연구』, 제20권, 제3호, 대중서사학회, 2014, pp. 187~192.

을 이념화하기 위해 영등포산업선교회의 노동자들을 집요하게 빼앗아 가다시피 하자 인명진으로서는 산업선교의 한계를 느끼게 되었다. 학생 운동가들과 이념화된 노동운동가들은 산업선교회를 종교적 낭만주의로 비난하며 노동자들을 산업선교회로부터 빼내어갔다. 인명진은 그러한 이념적인 변화를 감당하는 데 한계를 느끼기도 한 데다 오랜 수감생활 뒷바라지로 가족들의 건강도 좋지 않았다. 그때 인명진은 영등포산업선교회를 후배에게 물려주고 노동운동의 이념화라는 새로운 변화에 대처하기 위해 1984년 다시 호주로 떠나 그곳에서 2년 동안 머물렀다. 그리고 그는 미국 샌프란시스코 신학교에 입학하여 산업선교 역사를 전공하고 박사학위를 취득한 후 1986년 한국으로 돌아와 1987년 교회를 개척했다.

한편 1980년 8월 16일 최규하 대통령이 잔여 임기를 채우지 못하고 물러나자 전두환은 8월 27일 통일주체국민회의 대의원의 선거를 통해 제11대 대통령으로 취임했다. 이렇게 새로 들어선 전두환 쿠데타 신군부정권은 이전 박정희 유신체제의 방식을 그대로 이어받아 영등포산업선교회에 대한 용공화 공작을 통한 탄압행위를 멈추지 않았다. 5·18광주민주화운동을 유혈 진압한 전두환 쿠데타 신군부정권이 영등포산업선교회에 가한 탄압은 극에 달했다. 안기부, 보안사, 치안본부, 경찰 등 공안기구들의 감시망은 더욱 촘촘해졌고, 노조 회원들을 감시대상 명단에 올려 취업을 막는 한편, 합동수사본부를 설치해 영등포산업선교와 민주노조의 노동자들을 연행해서 삼청교육대로 보내거나 해고했다. 게다가 전두환 쿠데타 신군부정권이 설치한 국가보위입법회의는 1980년 12월 31일 노동관계법을 대폭 개정하여 '제3자 개입 금지조항'을 신설함으로써 산업선교의 노동문제 개입을 차단했다. 전두환 쿠데타 신군부

정권의 회유와 압력을 받은 일부 기독교계 지도자들은 영등포산업선교회에 큰 타격을 안겨주었다.

특히 1984년 대한예수교장로회(통합) 총회에서 6개 조항으로 영등포산업선교회를 해체하려고 시도했으나 신학생들과 진보 성향 총대들의 거센 반대로 '산업선교'를 '산업전도'로 명칭을 바꾸자는 선에서 타협이 이루어졌다. 이런 상황에서 인명진과 실무자들, 그리고 노동자들은 연행, 수배, 구속, 해고로 많은 고초를 겪어야 했다. 이러한 위기에 직면한 영등포산업선교회는 이정학, 차관영 목사 등의 산업선교위원들이 보호막이 되어주었고, 특히 교회의 지원이 중단되어 많은 재정적 어려움에 부딪혔을 때 선교사를 파송하며 늘 긴밀하게 협력해온 호주 교회와 세계교회협의회(WCC), 독일 교회 등이 재정을 지원해줌으로써 겨우 버텨나갈 수 있었다. 전두환 쿠데타 신군부정권 아래에서 한국 노동운동의 현실은 점점 더 어려워져갔다. 간신히 영등포산업선교회는 교단과 몇몇 뜻있는 목회자들의 도움으로 지탱해가고 있었으나 이전처럼 활기를 띠지 못했다.

학생운동과 노동운동의 이념화

한국 노동운동의 기초는 대중적인 민중운동이었다. 1970년대 후반 박정희 유신독재정권에 대한 반발로 일어난 민중운동은 민주화와 사회 불평등 해소를 외치며 대중 저항의 성격을 띠었다. 1970년대 정치와 경제, 사회적 문제를 해결하기 위한 투쟁의 이념으로 수용된 민중 이데올로기는 남미에서 유행했던 해방신학과 종속이론, 그리고 네오마르크스주의 이론 등으로부터 영향을 받아 민중신학, 민중사회학, 민중사학, 민중문학 등 여러 인문사회학으로 퍼져나갔다. 민중은 가난한 노동자계급뿐 아니라 정치적으로 억압을 받는 자, 사회적으로 소외된 자 등 사회 약자 모두가 포함되었다. 민중운동은 절대자의 억압으로부터의 해방을 추구하였고 민중이 주인이 되는 세상을 지향했다[40]

정치적으로 민중의 이념 아래 민주화운동이 다양한 방식으로 전개되었다. 특히 학생운동이 본격화되어 소위 노학연대 아래 노동운동 역시 급격히 확산되었다. 1980년대 민주화운동에서 가장 큰 역할을 담당했던 학생운동의 끈질긴 투쟁은 체계적인 국가폭력이 난무한 조건에서 강력한 전두환 쿠데타 신군부정권에 균열을 일으킨 매개체였다.[41] 이렇게

---

40 1980년대 5·18광주민주화운동은 마치 민주화운동 세력에게 1871년 최초의 프롤레타리아 혁명으로 평가된 프랑스 파리 코뮌처럼 보였다. 따라서 5·18광주민주화운동은 1980년대 노동운동과 민주화운동권에 이론적·실천적 모티브 역할을 하였다. 이들은 70년대 등장한 '민중'의 모습을 5·18광주민주화운동에서 발견하고 '민중'에 의한 민주화의 모습을 사상적으로 확립하고자 했다. 그에 따라 다양한 흐름의 변혁이론들이 구체화 및 조직화되었다. 홍태형, 「'민중'이라는 주체의 탄생과 1980년대의 사회적 상상」, 『한국정치연구』, 제33권, 제1호, 서울대학교 한국정치연구소, 2024, pp. 1~32.

학생운동가들의 민주화 투쟁이 갈수록 격렬해지는 와중에 미국은 한국의 민주화운동을 주시하고 있었다. 그러던 중 전두환 쿠데타 신군부정권의 민주화운동 탄압 강도가 높아지자 이를 염려한 미국이 전두환에게 민주화를 요구한 직후인 1983년 12월 21일, 전두환 쿠데타 신군부정권은 학생 사범을 포함한 공안 관련자 172명을 석방하고 142명의 공민권 복권 등을 시행했다. 또 전두환 쿠데타 신군부정권은 미국의 비위를 맞추기 위해 1984년 초부터 학생운동의 원천 봉쇄를 위해 대학에 상주했던 경찰들을 철수시켰다. 이로 인해 1984년부터 학생운동이 전국 대학으로 급속히 확산하여 민주화운동이 점차 고조되기 시작했다. 더욱이 유화 국면에서 민주화운동은 학생들과 재야 세력, 더 나아가 노동운동 세력과 정치권까지 포괄하는 민주화 연합운동으로 발전했다.[42]

민주화 투쟁 과정에서 학생운동권은 민주화 및 변혁의 주체로서 민중에 대한 이해, 민중과 학생운동과의 관계, 학생운동의 역할, 조직 및 투쟁 노선 등을 둘러싸고 논쟁을 벌였으며, 더 나아가 한국 사회에 대한 본격적인 분석과 새로운 발전 방향 등에 대한 논의로 확장해나갔다. 그리하여 학생운동권은 민중운동과의 관계에서 학생운동이 선도적인 정치 투쟁을 전개해나가야 하는가(학림), 아니면 대중들의 역량 강화와 성숙

---

41 1980년부터 1985년까지 학생운동과 노동운동 간의 연계는 규모, 빈도 등의 모든 측면에서 확대되지만 1986년에 접어들면서 다시 축소된다. 또 학생운동은 초기 노동문화의 형성과 지도력 및 조직화에 영향을 끼쳤으나 그 폭과 범위는 제한적이었다. 이것은 권위주의적 탄압과 분단 이데올로기의 영향이라는 구조적 측면 때문이기도 하지만 학생운동의 지적 특성에서도 그 원인이 있다. 은수미, 「80년대 한국 학생운동이 노동운동에 끼친 영향」, 『기억과 전망』, 제15권, 민주화운동기념사업회, 2006, pp. 199~238.

42 민주화운동기념사업회 한국민주주의연구소 엮음, 『한국민주화운동사 3』, 돌베개, 2010, p. 33.

을 준비하면서 지나친 선도적 정치투쟁을 자제해야 하는가(무림)의 문제를 두고 격렬한 논쟁을 벌였다.

서울대 학생운동 내부에서 진행되었던, '무림–학림' 논쟁으로 불리는 이 논쟁은 대중과의 결합에 무게를 두고 이후 한국 사회변혁운동에서 '민중'이 중심이 되어야 한다는 사실을 각인시켰다.[43] 1980년 5·18광주민주화운동에서 출현한 '민중'은 1980년대 민주화운동에서 항상 중심을 차지하고 있었다. 5·18광주민주화운동 이후 학생 및 노동운동과 민주화운동의 이론적 '급진화' 현상이 진행되었다. 80년대 학생운동이나 노동운동은 전두환 쿠데타 신군부정권에 맞서 투쟁 방식과 이론의 급진화가 이루어져 민주화의 동력이 되었다. 그러나 투쟁의 주체로서의 민중이 아직 성장하지 못했다. 5·18광주민주화운동 이후 등장한 '민중'은 노동자계급의 '프롤레타리아트화'의 부재로 인해 양적 성장에 비해 조직화가 부재하고 그에 따른 정치 세력화가 미성숙했다. 그래서 '민중운동'이 발전하지 못한 것이다. 더욱이 철학의 빈곤과 운동 주체 역량의 미성숙 탓에 1987년 민주주의의 구체화 과정이 '보수적'으로 진행되고 말았다. 이런 결과는 현재 한국 민주주의 정치에서 드러난 진보의 정치적 양극화를 초래함으로써 진보와 보수 정치의 기준이 모호하게 되었고, 이 두 정치 세력이 '비민주성'을 공유하여 그 경계선 구분조차 어렵게 만들었다.[44]

사실상 자본주의적 자유민주주의가 이미 뿌리를 내린 한국 사회에서 이러한 사회혁명 이념은 적합하지 않았다. 이런 현실을 직시한 노동운

---

43 강신철 외, 『80년대 학생 운동사: 사상이론과 조직노선 중심으로』, 형성사, 1988, pp. 24~26.

44 따라서 홍태영은 "1987년 민주화 이후 30년 이상의 시간 동안 한국 민주주의의 심화와 공고화 작업이 진행되고 있지만, 그 과정은 여전히 실패와 정정의 과정을 거치는

동과 민주화운동에 참여했던 운동권 학생들은 자신들의 노력과 헌신에 대한 실망감과 자괴감을 드러내기도 했다. 말하자면 민주화운동에서 학생들이 선봉에 섰지만, 좌경화 혹은 친북 세력으로 오인되어 보수정권의 탄압을 받으면서 1980년대 학생운동은 개인적인 연고를 통해 은밀하게 진행될 수밖에 없었다. 그래서 학생운동은 분파주의를 극복하지 못하고 대중성과 실천성에서 오류를 범하는 경우가 많았다.

이렇게 학생운동은 자신들에게 내재한 독단성을 성찰하지 못하고 폭력적인 보수정권 퇴진 투쟁에 매몰되어 운동 목적과 방식의 혁신은 뒤로한 채 보수적인 태도를 그대로 고수하고 있었다.[45] 그리하여 학생운동은 동성애자, 양심적 병역 거부, 이주노동자, 장애인 문제 등 사회 약자를 위한 사회적 변화에 무감각했으며, 차별과 적대, 특권 체제의 해체, 현실적인 민중들의 삶에 관한 전반적인 사회민주화 등의 시대적인 변화에 부응하지 못하고 자신들이 추구했던 사회주의적 민주주의에 소극적으로 대처했다.[46] 그리하여 학생운동에서 1990년대 이후 민중에 대한 진지한 논의는 실종되어 더는 평등하고 공평한 공동체적 의식이 존재하지

쉽지 않은 작업이다. 최근 뚜렷하게 나타나는 대중영합주의 현상 등 정치적 양극화는 여전히 80년대의 과제가 미해결이라는 점을 보여준 것이라 할 수 있다. 어쩌면 대중영합주의에 동원되고 또한 대중영합주의를 만들어내는 이들 역시 '민중'이다. 그러한 점에서 '80년 5월 광주'는 아직도 진행 중이다"라고 진단한다. 홍태영, 앞의 글, p. 27.

45 우리 사회의 위계적인 질서나 복종 등 규율 권력에 물든 대학교에서 학생조직은 철저하게 군대조직처럼 위계질서와 권력에 종속되어 있었다. 따라서 상명하복에 길든 학생운동 조직은 체제의 충실한 파수꾼이 된다. 1980년대 학생운동권 출신이 기성 정치권에 대거 편입된 것은 이러한 맥락에서 비롯되었다. 임지현, 「일상적 파시즘의 코드 읽기」, 『당대비평』, 통권 제8호, 생각의나무, 1999년 9월호, pp. 35~36.

46 이 점에 대해서 천정환은 "한국에서 '80년대' 또는 '90년대'뿐 아니라 '세대 표상'은 거의 언제나 엘리트주의를 내포해왔다"라고 전제하고 "'80년대' 또는 '90년

않았다. 대신 학력과 학벌주의가 기승을 부리며 명문대와 비명문대, 지방대학과 서울 소재 대학 사이의 위계질서가 강화되어 불평등한 학생문화가 대학가를 지배하게 되었다. 말하자면 '대학이 계급사회'로 전락한 것이다.[47] 따라서 1980년대 학생운동권 출신들은 오늘날 대개 비판적 시선을 받기도 하고, 이들 자신의 민주화운동 공적 과시는 남용과 오용으로 비치기도 한다.[48]

1960년 4월 혁명을 주도한 학생운동은 1990년대까지만 해도 한국 사회에서 강력한 영향력을 행사했다. 특히 박정희와 전두환 등 군사독재정권에 맞서는 민주화운동과 사회변혁운동을 통해 정치적 사회적 민주화에 크게 이바지했다. 1980년대까지 조직화한 시민들이나 노동자계급이 여전히 취약한 가운데 이러한 학생운동의 기여도는 압도적으로 클 수밖

대'는 물론 학번의 숫자이고 '4/586'은 물론 '민청학련 세대', '긴조 세대', 나아가 '4·19세대' 또한 학생운동과 연관된 기표"라며 "그 운동의 주체들은 거의 서울의 '명문대'를 다닌 남성이고, 그 운동의 주체와 기억의 주체는 일치한다"라고 말한다. 그리고 천정환은 "사실상 한국의 세대='학번 세대'"로 규정하며, 따라서 그는 "〈응답하라 1994〉 조차 세대 기억 정치의 생산자가 '서울의 명문대'를 다닌 자들임을 재증명한다"라면서 "이를 통해 '학번-세대-담론'이 한국 사회의 학벌주의와 긴밀한 연관이 있음을 확인할 수 있다"라고 설명한다. 천정환, 앞의 글, pp. 189~190. 특히 한국대학총학생회연합은 민족과 민주주의를 양립하고자 한 남한의 정치 지향적 태도를 비방하고 북한의 민족 중시 관점에서 민주화 논리에만 집착하여 민족주의가 민주주의의 발목을 잡고 있다는 비판을 받았다. 황태연, 「한총련의 낡은 정치이념과 학생운동의 '정치교체'」, 『대학연구』, 제89집, 한국대학교육협의회, 1997, p. 31.

47 김정인, 「한국 사회와 학생운동, 그 회고적 전망」, 민주화운동기념사업회, 학술단체협의회, 2003년 가을 학술심포지엄, 『한국 민주화운동의 쟁점과 전망』, 2003년 9월 30일, p. 142.

48 이른바 '4/586 개새끼론' 같은 것이다. 이 글에서는 주로 '386세대'로 지칭되어온 70~80년대 '민주화운동 세대'를 '4/586세대'라 표기함. 이와 비교해 '70~80세대'는 단순히 70년대와 80년대에 20대였던 세대의 문화적 취향을 표시하는 기표로 사용되는 경향이 있다. 천정환, 앞의 글, p. 188, 각주 1.

에 없었다. 이런 의미에서 이 시기를 '학생운동의 시대'라고 규정할 수 있다. 1960년대 등장한 여러 이념 서클은 학생운동의 지속과 성장을 촉진하였고, 기본적으로 대학별 학생운동을 전개하면서도 상호 접촉과 교류, 연대를 도모했다. 박정희 유신독재정권 시대 학생들은 정치 및 사회 민주화 등 전방위적인 투쟁에 나섰다. 그리고 이 과정에서 불평등한 경제성장으로부터 희생당한 노동자와 도시 하층 민중에 대한 학생들의 고민이 깊어졌다.

전태일 분신 사건에서 큰 충격을 받은 학생들은 곧바로 학생운동을 이념화하기 시작했다. 그러나 학생운동의 이념화는 내적 투쟁 노선을 두고 분열과 갈등을 빚어냈다. 즉 학생운동과 노동운동의 참가자들은 명문과 비명문의 학벌과 남녀 성별로 차별화하여 각기 서로 다른 계층으로 분화된 계급화 현상을 만들어내며 흩어지고 말았다.[49] 그리고 이후

---

49 예컨대 학생 출신 활동가들, 현장 출신 활동가들, 그리고 1984년 민주노조운동을 통해 성장한 노동조합 간부들이 어릴 적 성장 배경과 노동자로서의 고단한 삶, 노동조합 활동과 투쟁 경험, 그리고 현재의 삶을 구술하거나 직접 쓴 글로, 동맹파업 주역들의 출생 이후 현재까지의 개인사를 통해 시대를 재생한 산문집인 유경순 엮음, 『같은 시대 다른 이야기: 구로동맹파업의 주역들, 삶을 말하다』(메이데이, 2007)에 관한 연구는 '학생 출신/노동자 출신'의 대립선 정도로 다른 경험을 살핀다. 이 연구는 '노동자 자기 역사 쓰기'의 한 유형으로 시도된 구로동맹파업의 구술 작업과 기록물, (개인) 자기 역사 쓰기의 경험을 돌아보고, 이후 노동자 자기 역사 쓰기의 방향을 새롭게 모색하려는 데 목적을 둔 것으로 구술 대상자인 정○○은 노조 활동에서 적극적이었으나 구속 이후 "학생운동 출신 노동자들의 변신에 대한 분노, 배신감, 자신의 학력 콤플렉스가 작용했다"라고 밝히고 있다. 인터뷰를 거부한 경우는 정○○, 추○○ 정○○ 같은 이들이다. 이유로 3인 모두 운동 과정에서 또는 그 이후 '상처'를 받았다는 공통점이 있었다. 구술에 참여한 노동자들은 47명으로 그 구성은 학생 출신 활동가 14명(남성 2명, 여성 12명), 현장 노동자 33명(남성 8명, 여성 25명)이며, 이를 성별로 보면 여성이 37명이었고 남성은 10명이었다. 유경순, 「구로동맹파업과 노동자 자기 역사 쓰기 – 『아름다운 연대』, 『같은 시대 다른 이야기』를 중심으로」, 『역사연구』, 제18호, 역사학연구소, 2008, p. 203.

전(前) 4/586, 즉 386세대는 '민주화' 이후 명문대 출신 학생운동가들의 경우 한국 사회의 주역으로 살아왔다.[50] 반면 '비명문대'나 노동자 출신의 무명 투사들 대부분은 사회적 보상을 받지 못하고 여전히 '노동자'로 남아 노동운동과 지역 봉사에 분투하며 가난하게 생계를 꾸려간 경우가 많다. 이처럼 명문대 출신 학생운동가들과 비명문대 출신 학생운동가들 사이에는 사회적 위치에서 큰 차이가 존재했다. 궁극적으로 보면 명문대 출신 학생운동가들은 기득권 쟁취를 목표로 투쟁한 셈이지만, 노동자 출신 운동가들은 순수한 노동자들의 권익을 쟁취하는 것을 운동 목적으로 삼았던 것이다.

윤혜련(가리봉전자) 등 노동운동 출신들은 영등포산업선교회와 깊은 관계를 맺고 현장 노동운동을 펼치며 노동자 권익을 쟁취하는 투쟁에 치중했다. 적어도 1970년대 전반기만 해도 71학번 최한배 같은 학생운동 출신들은 '노동자와 함께하는 삶'을 살기 위해 노동현장에 들어가 "노조운동은 노동자가 주체가 되어야 하며 학생운동 활동가들은 그 보조적 역할을 해야 한다"라고 주장했다. 이처럼 1970년대 학번들은 박정희 군사독재정권의 유신체제에 대한 반대와 민주화의 열망을 갖고 민중과 함께하기 위하여 집단이 아닌 개인적으로 노동현장에 투신하여 노동운동을 전개했으나, 1980년대 학생운동 출신들은 노동자와 민중보다 정치적 사회적 혁명을 더 중시했다.

---

50 예컨대 이건범의 책 『내 청춘의 감옥』(상상너머, 2011)의 부제는 '시대와 사람, 삶에 대한 우리의 기록'이다. 이건범의 책은 엘리트주의적 자신감과 자만심으로 가득 차 있다. 책의 서두에 줄줄이 붙은 '명문대' 출신 유명인사인 조국(82학번)·공지영(81)·한홍구(79)·정진영(83)의 추천사는 역시 그들의 사사화(私事化), 즉 '이너서클'과 회고담들이 '그들(만)의 리그' 이야기임을 실감하게 한다. 천정환, 앞의 글, p. 207.

예컨대 구로 지역은 여성 노동자 중심의 섬유, 전자업체가 대부분이라서 많은 학생운동 출신 여성 운동가들이 이곳의 노동현장으로 들어와 활동하고 있었는데, 그 가운데 구로동맹파업을 주도한 세력은 78학번인 심상정, 장영인, 서혜경 등 서울대 여학생회 그룹이었다. 이 그룹은 각자 야학 경험을 쌓고 1980년대 전반기 구로공단으로 개별적으로 들어와 한 집단을 형성했다. 그 뒤 이 그룹의 79, 80, 81학번 학생운동가들은 현장에서 조직한 집단과 조직 관계를 거쳐 구로공단에 들어와 활동했다. 이들은 주로 사회변혁 의식과 마르크스주의의 영향을 받은 자들로서 '사회주의'를 지향하며, 노동운동의 목적을 노동자계급의 혁명으로 인식했다. 한편 고려대 80학번인 공계진은 학내 시위를 주동하여 구속됐다가 학내 관련자들과 노동현장으로 진입했는데, 이는 1980년 이후 학생운동의 정치투쟁론에 따른 운동 경로를 보여주고 있다. 또 롬 코리아에 입사한 이화여대 79학번 박민나, 대우 어패럴의 서강대 80학번 민경옥, 부흥사의 서울여대 79학번 이선주 등은 공통으로 사회주의를 신봉한 자들이었다. 따라서 이들 학생운동 출신 노동운동가는 혁명을 지향했다.[51] 그리하여 이들 노동운동 출신과 학생운동 출신 사이에 보이지 않은 갈등이 자라고 있었다.

특히 학생운동 출신인 서혜경은 노동현장에서 노조 사무실 구하는 방법, 단체협약, 임금인상 투쟁 등을 둘러싸고 노동운동 출신들과 적지 않은 마찰을 빚기도 했다. 이들의 갈등은 겉으로 드러나지는 않았지만, 구로동맹파업 이후 노동운동 출신인 윤혜련 등은 학생운동 출신에게서 벗어나 독자적으로 활동했다. 예컨대 78학번 서울대 출신 서혜경은 서울

---

51 유경순, 앞의 글, pp. 209~222.

구로구 가리봉전자 노동조합 부위원장으로 활동하며 1985년 구로동맹 파업 때 주도적 역할을 했음에도 불구하고, 「정말 중요한 것은 무엇일까?」란 고백의 글에서 80년대의 운동과 현실, 그리고 세상 사람을 속여먹은 사기꾼이라는 자신에 대한 회의와 자책을 보여주고 있다.[52] 1980년대 민중혁명을 선동했다는 김명인도 자신이 세상 사람을 속여먹은 사기꾼이었다고 자책과 죄의식이 가득하다. 그는 자신만 속인 게 아니라 보잘것없는 이론과 수사학으로 다른 사람들까지 속였고 그들의 삶에 개입하여 피해를 주었다는 것이다. 혹독한 군사독재정권의 압제를 받던 민중들은 이렇게 설익은 학생운동가들의 민중혁명 선동에 속아넘어갔다. 그래서 김명인은 스스로 자신 때문에 힘들게 살았던 민중들에게 사죄하기도 했다.[53]

그렇지만 대다수 명문대 출신 학생운동가들은 실패한 민주화운동을 승리의 영웅담으로 표현하며 자신을 항상 투쟁의 주인공처럼 포장해오고 있다. 마침내 1987년 6월 항쟁에서 승리하여 주사파의 명성이 높아지자 이들은 투쟁의 선봉자인 노동자들을 팽개치고 정치권력층에 편입하거나 혹은 법조인이나 대학교수, 또는 성공한 벤처기업 사장이 되어 우리 사회의 새로운 자본주의적 기득권자로 등극했다. 민주화 이후 한국 사회의 주역으로 살아왔던 소위 '강남 좌파'가 바로 그 대명사이다. 1980년대 학생운동의 목적은 군사독재정권의 타도와 '민주화'만이 아니라 노동 해방과 평등 사회의 건설이었다. 달리 말하면 사회 약자인 노동자들이 살기 좋은 세상, 즉 노동자가 주인이 되는 세상 만들기였

52 천정환, 앞의 글, p. 209. 서혜경의 「정말 중요한 것은 무엇일까?」는 유경순 엮음, 앞의 책에 실려 있다.

53 김명인, 『내면 산책자의 시간』, 돌베개, 2012, pp. 172~174.

다.[54] 이들 학생운동가는 왜 이런 사고에 젖어 있을까. 1980년대 운동가들은 5·18의 광주를 마치 마르크스의 프롤레타리아 혁명론과 1871년 최초의 계급투쟁으로 알려진 파리 코뮌처럼 인식하고 있었다. 이들에게 민주화 투쟁은 이처럼 이념적이었다.[55]

그렇지만 자본주의 체제의 혜택을 받고 자랐던 이들에게 완전한 프롤레타리아 세계는 공상적 이념에 불과했다. 이들은 자신들이 누리고 있던 자본주의적 물질세계와 자신들이 추구한 이념적 신념 사이의 괴리로 방황하다가 마침내 이상과 현실의 이중적 삶의 태도에 안주하고 말았다. 결국 명문대 출신 학생운동가들은 민주화운동의 유공자로서 많은 보상과 혜택을 받았지만, 정작 이들의 선동에 삶의 희망을 품고 민중혁명의 선봉에 서서 투쟁했던 수많은 노동운동 출신의 민주화운동가들은 감옥살이도 하고, 또 노동자로서, 아니면 회사에서 해고되어 가난하게 살아갈 수밖에 없는 소외계층으로서 사회 약자가 되고 말았다. 오늘 우리 세상은 민주화운동가들이 주장했던 정의와 평등이 실현된 세상이 아니라 여전히 과거처럼 지배자가 모든 것을 독식하는 불평등하고 불공정한 세상이 된 것이다. 더 직설적으로 말하면 오늘 우리 사회는 군인 출신 독재자에서 명문대 출신 엘리트주의자의 세상으로 바뀌었을 뿐이다.

6월 민주항쟁 직후인 1987년 7~9월 노동자 대투쟁이 전개되었다. 이 노동자 대투쟁의 가장 큰 특징은 노동자의 주체성이 강조되었다는 점이다. 이전 노동운동이 학생운동 출신 노동자와 연대하여 서울과 인천 등 주로 경공업 지역에서 산업선교회와 결합한 여성 노동자들을 중심으로

---

54 천정환, 앞의 글, pp. 214~215.
55 홍태영, 앞의 글, p. 4.

전개되었다면, 1987년 노동자 대투쟁은 남부 중공업 지역을 중심으로 자생적인 노동운동의 성격을 띠었다.[56] 이로써 학생운동가보다는 노동자가 노동운동의 주체로서 등장하였는데, 이런 변화는 곧 마르크스주의와 노동운동의 결합을 의미하는 것이었다. 그리하여 87년 민주화와 함께 노동운동의 주체에 관한 변혁을 두고 논의가 본격화되어 마침내 학생운동권은 노동자계급의 정치적 헤게모니 아래 민주 변혁의 강령을 철저하게 수행함으로써, 새로운 사회의 도래를 가져올 수 있다고 보았다.[57]

그 이전 노동운동은 저임금 장시간 노동에 시달려온 노동자들이 자신들의 권익을 되찾는 것이 목표였다. 따라서 노동운동의 초기에는 어용노조의 횡포와 회사 측의 무력 저지, 그리고 노동운동을 탄압한 공권력에 맞섰던 강성노조가 어느 정도 민주적이고 도덕적이었다. 그러나 1987년 6월 민주항쟁과 7~9월 노동자 대투쟁의 과정에서 지역 노조협의회와 더불어 '전국노동운동단체협의회'라는 전국적인 노동자 조직이 결성되었다. 그리고 전국노동운동단체협의회는 1988년 11월 '전태일 열사 정신 계승, 노동악법 개정 전국노동자대회'를 성공적으로 개최했다. 이후 전국노동운동단체협의회는 전국적인 조직망과 노동운동의 정치투쟁, 그리고 다양한 부문 운동과 연대하여 1990년 1월 22일 전노협 창립대회를 열고 강령과 창립선언문을 통해 지향하는 목표를 천명했는데, 바로 노동조건의 근본적인 변화를 위한 경제·사회구조의 개혁, 그리고 조국의 민주화·자주화·평화통일의 달성이었다. 이 목표를 달성하려면 노동자와 민중은 민주 세력과 굳게 연대하여 자유와 평등 사회를 실

56 오하나, 『학출, 80년대 공장으로 간 대학생들』, 이매진, 2010, pp. 75~76.

57 이창휘, 「PDR론의 올바른 이해를 위하여」, 『현실과 과학』, 제4호, 새길출판사, 1989, p. 55.

현하고, 언론·출판·집회·시위·사상의 자유 등 민주적 제 권리를 쟁취해야 한다는 것이었다. 이처럼 전국노동운동단체협의회의 노동운동 목표에서 체제전복적 요소나 급진적 요소는 표면상 드러나지 않았지만, 내포된 의미는 '사회주의'였다. 이미 노동운동가들은 '노동해방'을 외치며 사회주의를 지향하고 있었다.[58]

그러나 한국 사회의 민주화 이후 노동자 권익이 향상되고 민주화가 실현된 오늘날, 노동운동은 지극히 정치적이고, '강성노조', '귀족노조', '노조 이기주의' 등 노동운동이 이익집단 행동으로 변질되고 말았다. 그 이유는 학생 출신 노동운동가들이 근본적으로 노동자 세계를 획기적으로 개선하려는 목적보다 군사독재정권을 무너뜨리고 민주화를 이루기 위한 정치적 목적에 더 초점을 두었기 때문이다. 한국의 체제는 자유민주주의적인 자본주의 체제이다. 이미 자본주의 체제가 뿌리내린 사회를 사회주의 체제로 전환하려면 피의 혁명이 불가피하다. 또 이 물질적인 삶을 누려온 학생운동가들은 자신들의 기득권을 포기하는 것도 원치 않았다. 이에 따라 이들의 노동운동은 정치운동으로 이동하는 과정에서 민중들의 지지를 얻으려는 방편에 불과했다.

이러한 전략에 의하여 학생운동가들은 노동자와 하층 민중들, 더 나아가 일반 서민층 모두를 동원할 수 있었으며 마침내 1987년 6월 항쟁

---

58 물론 노동자들이 외친 '노동해방'은 구체적인 대안 사회의 모델을 제시했다기보다는 비인간적인 착취의 노동현장을 변혁하고자 하는 노동자들의 열망을 담은 이념적 구호였다고 할 수 있다. 김영수·김원·유경순·정경원, 『전노협 1990~1995』, 한내, 2013, pp. 137~143. 특히 1991년 발간된 「선진노동자의 이름으로」는 학생운동권과 노동운동권에서의 PD 세력(인민민주주의)의 연합을 의미하는 것이었고, '사회주의'의 지향을 공개적으로 천명했다. 이진경, 「신식민지 국가독점자본주의와 민중민주주의」, 이진경·김진국·김학원·노회찬, 『선진노동자의 이름으로』, 소나무, 1991, pp. 53~54.

에서 승리하게 되었다.[59] 이제 학생운동가들은 새로 등장한 민주화 시대의 주인공이 되어 지배층 기득권자로 부상했다. 소위 '강남 좌파' 세력이 이렇게 탄생한 것이다.[60] 이들 명문대 출신 학생운동가 집단인 '강남 좌파'의 속성은 이렇게 묘사되고 있다.

"너는 강남에 살고 외고−명문대를 나와 앞으로도 그런 연장선의 인생을 살 것이면서 그 기득권과 안락함은 버리지 않을 것이다. 그러면서도 또 한편 사람들의 마음까지 얻고자 위선적으로 민주, 정의, 평등 따위의 가치들을 주장하는 것 아니냐? 더 큰 명예와 부를 얻기 위해서….''[61]

---

59 구해근 지음, 신광영 옮김, 앞의 책, p. 224. 실제로 6월 항쟁에서는 거리시위에 나선 화이트칼라 노동자와 상점 주인보다 육체노동자들이 더 많았다. 이 시기 체포당한 시위대 가운데 노동자들이 가장 많은 비율을 차지하고 있다. 김영수, 『한국 노동자 계급정치운동』, 현장에서미래를, 1997, p. 207. 그러나 임영일은 "민주화 투쟁에서 노동자들의 역할은 극히 미미했다"며, "민주화운동에서 노동자들이 주변적인 역할에 머물렀다는 것은 1987년 봄 전두환 쿠데타 군사독재정권에 반대하는 민간 시위를 주도한 민주헌법쟁취국민운동본부의 2,191명 발기인 가운데 39명의 노조 지도자들만 참여하였다는 사실에서 확인할 수 있다"고 말한다. 임영일, 『한국 노동운동과 계급정치(1987~1995): 변화를 위한 투쟁, 협상을 위한 투쟁』, 경남대학교출판부, 1998, pp. 143~146. 이러한 노동자 역할에 관한 주장은 명문대 출신 엘리트 학생운동가의 관점으로 이해된다. 대체로 노동자들은 낮은 수입으로 그날그날 생계를 유지해야 하므로 노동자들이 투쟁에 적극적으로 참여하기 어려운 형편을 고려해야 하며 엄밀히 말하면 민주헌법쟁취국민운동본부는 지식층 혹은 엘리트층의 조직인 셈이다.

60 강남 좌파는 고학력 고소득자를 칭하는 일종의 수사어로서 강준만이 『강남 좌파−민주화 이후의 엘리트주의』(인물과사상사, 2011)라는 책을 출판하면서부터 한국 사회에서 빈번하게 인용되기 시작했다. 이 집단은 부유층이 모여 사는 강남 수준의 소득과 학력을 가졌으나 정치적 성향은 진보적이다. 이후 강준만은 『강남 좌파 2−왜 정치는 불평등을 악화시킬까?』, 인물과사상사, 2019를 펴냈다.

61 강준만, 『강남 좌파−민주화 이후의 엘리트주의』, 인물과사상사, 2011, p. 25에서 인용.

이들이 민주화 이후 새로운 기득권자로 등장했으나 여기에서도 노동운동가 출신들과 비명문대 학생운동가들은 철저하게 배제되고 민주화시대의 새로운 계급화가 형성되면서 다시 예전처럼 불평등한 사회가 그대로 유지되었다. 새로운 민주화 시대를 맞았으나 학생운동가 자신들이 투쟁의 목표로 삼았던 평등 사회는 궁극적으로 실현되지 않았다. 오히려 노동운동가들과 민중들은 민주화가 이뤄지면서 새로운 적, 바로 명문대 출신 엘리트 지배층을 맞이하게 된 셈이다. 이에 따라 노동운동가들은 자기 계급의 이익을 위한 새로운 투쟁이 절실했다.

그리하여 노동운동가들은 학생운동가에게 배운 사회주의 이념과 강경한 투쟁 방식을 무기로 삼아 독자적인 노동운동의 길을 선택하기로 했다. 이것이 바로 노동자 대투쟁이다. 이 대투쟁은 1987년 7월 5일 울산의 현대엔진에서 노동조합이 결성된 것을 시작으로 마산과 창원, 거제를 거쳐 전국으로 확산됐다. 대기업 공장에서 중소기업 공장, 버스, 택시, 호텔, 병원, 백화점 등 전 산업에 걸쳐 파업과 농성, 시위가 일어났다. 노동자들은 임금인상과 노동조건 개선을 요구하며 각종 부당노동행위를 규탄했고 인격적 대우와 작업장의 민주화를 요구했다. 1987년 7월부터 9월까지 석 달 동안 벌어진 파업 건수는 지난 10년간 일어난 파업 건수의 2배였고, 참가자 수는 지난 10년간 참가한 인원수의 5배였다.

1987년 노동자 대투쟁은 한국에서 근대적인 임금노동자가 형성된 이후 발생한 최대 규모의 집단적 저항운동으로서 한국 산업노동자들에게 새로운 의미의 집단적 정체성과 계급의식을 심어주었다.[62] 달리 말하면 노동자들은 자신들을 엘리트 학생운동 출신과 다른 계급으로 생각하게

---

62 구해근 지음, 신광영 옮김, 앞의 책, pp. 228~230.

된 것이다. 1987년 노동자 대투쟁은 이전의 노동쟁의와 달리 자신들의 장기적인 이익을 보장해줄 수 있는 조직의 중요성을 인식했다. 그것이 바로 자발적인 노동조합 설립이었다. 노동자들의 자발적이고 독립적인 민주노조 설립과 활동의 근본정신은 사실상 이 시기에 갑자기 나온 것이 아니라, 인명진이 영등포산업선교회에서 꾸준히 실행했던 소그룹 활동의 의식화 교육에서 서서히 성장해온 결과이다.

이전 노동투쟁은 명문대 출신 엘리트 학생운동가들이나 영등포산업선교회 등 종교단체, 그리고 지식인 집단의 주도와 참여로 일어났으나 1987년과 1988년 노동자 대투쟁은 전적으로 노동자들의 자발적인 집단 참여로 발생했다. 반면 1980년대 초 노조 조직 투쟁에서 주요한 역할을 한 명문대 출신 엘리트 학생 노동운동가들은 1987년 노동자 대투쟁에선 큰 활약을 하지 못했다.[63] 1987년 노동자 대투쟁은 노동자들이 더는 명문대 출신 엘리트 학생 같은 지식인 집단으로부터 보호받고 지도받을 필요가 없을 만큼 충분한 의식화 교육을 통해 무장되어 있었음을 보여준다.

이러한 노동운동의 획기적인 변화는 어디에서 비롯되었는가. 인명진은 이 노동자 의식화 교육 활동을 서울 지역뿐 아니라 공장과 노동자들이 많은 울산, 구미, 창원 등 전국 공업 지역으로 확대해나갔다. 예컨대 인명진은 장로회신학대학원 현대신학연구회 소속 졸업생들에게 민중교회 개척을 제안했다. 노동자들이 많은 공단 지역에 산업선교라는 간판 대신 민중교회를 세워 현장 교회를 통해 산업선교를 하자는 것이었다. 이에 따라 1984년부터 본격적으로 민중교회 사역자들을 위한 훈련

---

63 임호, 「한국 노동자 계급의식 형성 연구: 1980년대 노동운동을 중심으로」, 부산대학교 박사학위 논문, 1992, p. 138.

이 시행되었다. 민중교회를 지원한 전도사들은 6개월 동안 공장노동 훈련을 필수적으로 받아야 했다. 그리고 이들은 사회과학 공부와 목회 훈련 등 1년 이상의 교육을 받고, 연고지와 상관없이 전국 지도를 펼쳐놓고 산업선교가 필요한 공업 지역에 전략적으로 배치되었다.[64]

1987년 7월 5일 민주정의당 총재 노태우가 6·29선언을 한 후 1년이 지나 울산 현대엔진 노동자 100여 명이 시내 도심 지역에서 비밀리에 노조를 결성했다. 현대그룹 노동자들도 뒤따라 11개 현대 사업장에서 이미 노조를 만들거나 준비하고 있었다. 최초로 노조가 결성된 현대엔진에서는 소규모 노동자들이 다양한 소그룹 활동을 하면서 의식화되어가고 있었다. 명문대 출신 엘리트 학생 노동운동가들이 주도했던 1980년대 소그룹들과 달리 현대엔진의 소그룹 활동은 울산산업선교실천협의회의 도움과 지원을 받아 노동자 자신들의 주도로 이뤄졌다.[65] 이러한 소그룹 활동은 현대자동차, 현대중전기, 현대중공업 등 울산의 여러 사업장에서 시행되고 있었다. 1987년 7월과 8월에 많은 노동쟁의가 발생하면서 민주노동운동의 전환기를 맞아 교회에 기반을 둔 노동상담소와 지역 노동단체들이 활성화되기 시작했다. 인명진이 민중교회를 전국적으로 확대하면서 설치한 노동상담소가 빛을 발한 것이다. 1987년 신학대를 졸업하고 민중교회 훈련에 참여하여 사역한 안하원 부산새날교회 담임목사는 이렇게 회고한다.

"인명진은 노동상담소를 만들어서 전국 각지에 개소했다. 민중교회 선교

---

64 이근복, 「인명진의 노동과 산업선교」, 영등포산업선교회, 앞의 책, pp. 162~163.
65 이수원, 『현대그룹 노동운동: 그 격동의 역사』, 대륙, 1994, p. 23, 62.

영역이 다양화되는 과정에서 노동상담소는 산업선교의 기능을 수행하는 또 하나의 적절한 접근 방식이었다. 인명진은 민중교회를 전국화시켰을 뿐 아니라 노동상담소도 전국화했다."[66]

이렇게 하여 1990년 전국노동조합협의회, 그리고 1995년 11월 전국민주노동조합총연맹이 출범해 전국 노동자들이 연대하여 노동운동을 전개할 수 있게 되었다.[67] 특히 이 시기 새로 조직된 노조는 민주노조였으며, 1987년과 1988년의 노동투쟁은 대부분 중화학공업의 대기업 노동자들이 벌인 것이었다. 과거에는 경공업 중심의 여성 노동자들이 주축이 되어 노동 투쟁을 벌였지만, 이 시기에는 남성 노동자들이 노동운동을 주도했다.[68] 이런 노동운동 주체자의 변화는 인명진이 주도한 영등포산업선교회에서 소그룹 활동을 통해 의식화된 이브 여성 노동자들이 자신들의 저항의식을 회사에 순종적이었던 아담 남성 노동자들에게 물려준 결과였다. 아담은 이제 순종과 복종만을 강요하던 절대자로부터 해방 투쟁을 벌이기 시작했다.[69] 이렇게 하여 전국적으로 일어난 1987년 노동자 대투쟁 이후 노동자 정체성은 '골리앗 전사'라는 이미지를 띠게

---

66 안하원, 「한국 민중교회와 인명진」, 영등포산업선교회, 앞의 책, pp. 311~312.

67 노동자 대투쟁은 노조와 조합원 수의 양적인 팽창을 가져왔다. 대투쟁 이후 1년 만에 4,000개 노조가 새로 결성되어 조합원이 약 70만 명에 달했다. 전체 노동조합 수는 1986년 2,658개에서 1988년 말 6,142개로 증가했고 조합원 수도 100만 명에서 180만 명으로 늘어났다. 이에 관하여 김동춘, 『한국사회 노동자 연구』, 역사비평사, 1995를 보라.

68 구해근 지음, 신광영 옮김, 앞의 책, p. 233.

69 1987년과 1988년 결성된 노조들은 남성 노동자들이 대표를 맡은 경우가 압도적으로 많았고 노동운동 전체에 큰 영향력을 행사했다. 전국 수준의 노조 지도부는 노동자 대투쟁 때 격렬한 파업을 주도한 강성 남성 노동자들이 차지했다. 1989년

되었다. 예컨대 1990년 현대중공업 파업 노동자들이 지상 82미터 높이의 골리앗 크레인 위로 올라가 농성을 벌인 데서 드러났듯 이들의 투쟁은 과격하고 전투적이었다. 이 이미지는 과거 억압과 착취의 대상으로서 공돌이, 공순이로 멸시와 천대를 받았던 노동자들이 오랫동안 복종과 순종에 얽매여온 노예 생활에서 해방되었음을 의미했다.[70] 그리고 노동자들은 민주화 투쟁에서 자신들과 명문대 출신 학생운동가의 엘리트 계급이 절대로 함께할 평등한 존재가 아니라는 것을 분명하게 깨달았다. 그러면서 노동자 계급은 명문대 출신 엘리트 지배계급과 지금까지 볼 수 없었던 이상한 관계를 형성했다. 이들 두 계급은 한편으로 이념적 동질성을 갖고 협력하여 공동이익을 획득하기 위해 보수 정치세력에 맞서기도 했지만, 또 서로 이해관계가 다르면 적으로 변하기도 했다. 물론 6월 민주항쟁은 오늘 대한민국의 민주주의 성장과 경제발전, 그리고 분배 균등에 절대적인 전환점이 되었으나, 본래의 투쟁 목적인 평등은 여전히 먼 곳에 머물고 있었다. 1987년 6월 민주항쟁에서 승리한 학생운동가 출신 민주화운동가들은 노동자들과 민중을 배제하고 승리자로서 세상의 주인이 되어 모든 기득권을 독식했다.

1987년 정치적 자유가 주어지자 노동운동에 헌신했던 많은 명문대 출신 학생운동가들은 정치 활동가와 결합하여 정치계에 들어가기 시작했다. 이렇게 하여 1988년 3월 6일 민중의당, 같은 해 3월 29일 한겨레민주

전체 조합원에서 여성 노동자들은 27.4%에 불과했고 여성 노조위원장은 3.6%로 소수였다. 박기성, 『한국의 노동조합: 노동조합의 의사결정(3)』, 제4권, 제1호, 한국노동연구원, 1991, p. 78.

70 1987년 이후 노동운동 투쟁에서 지배적인 구호가 '노동해방'이었다. 구해근 지음, 신광영 옮김, 앞의 책, pp. 294.

당이 결성되었다. 두 정당은 노동자와 민중의 정당을 자처하며 이들에게 지지를 호소했지만 그렇다고 이들이 진짜 노동자계급 정당은 아니었다. 이 두 정당은 1988년 총선에서 지지율 4.3%로 참패하자 1990년 통합하여 11월 10일 민중당을 창당했고 1992년 14대 총선에 나섰으나 이전과 마찬가지로 유권자의 지지율이 매우 저조했다. 결국 이 당도 해산되고 말아 노동자계급을 대변하는 정당을 창당해 정치계로 진출하고자 한 시도는 무산되고 말았다.[71] 그러다가 마침내 2000년 1월 30일 최초의 노동자 정당인 민주노동당이 창당되어 2004년 10명의 국회의원을 확보했다.[72]

그러나 한국의 진보정당은 프롤레타리아계급의 해방을 지향하는 전통적인 사회주의 정당과 큰 차이가 있었다.[73] 더 중요한 것은 진보정당

---

71 진보정당의 지지율에 대해서는 지병근, 「한국 진보정당의 조직, 이념, 그리고 지지 기반」, 『현대정치연구』, 제7권, 1호, 서강대학교 현대정치연구소, 2014, pp. 16~20을 볼 것.

72 1987년 대선에서 김대중에 대한 소위 '비판적 지지'를 표명했던 민중운동 세력의 다수파인 소위 '민족해방파(NL)'의 변신이었다. 이들은 민주노동당의 출범 이후에도 진보정당 운동을 외면하다가, 2001년 발표된 소위 '9월 테제'를 기점으로 대규모로 민주노동당에 입당했다. 이를 계기로 민주노동당 내부의 정파 간 관계가 크게 바뀌었다. 이들 민족해방파는 2004년 김혜경 대표 체제가 출범할 당시 사무총장(김창현)과 최고위원직을 차지하면서 당권파로 부상하였으며, 2006년 당대표 선출 과정에서 자주파 문성현이 결선투표를 통해 평등파인 조승수를 이기고 당선되어 민주노동당의 주도권을 장악하게 되었다. 조현연, 『한국 진보정당 운동사: 진보당에서 민주노동당 분당까지』, 후마니타스, 2009, p. 26. 그러나 2012년 민주노동당은 국민참여당과 통합하여 통합진보당을 창당하면서 민주노총에 대한 할당제도를 폐지하여 먼저 민주노총과의 관계를 정리했다. 통합진보당은 2012년 13명의 의석을 얻었으나 양자 사이의 배타적 관계가 지속되다가 2012년 다시 분당하고 나서 2014년 헌법재판소에 의해 해산되고 말았다.

73 민주노동당은 2011년 6월 당 강령을 개정하여 "사회주의적 이상과 원칙을 계승 발전시킨다"라는 강령 내용을 "진보적 민주주의"로 대체하였고 "노동계급의 정치 세력화"는 "노동 존중"으로 바꾸었으며 "노동하지 않는 사람이 노동자를 지배하

이 저소득층이나 노동조합에 가입한 이들로부터 지지를 받고 있기보다는 청년층으로서 이념적으로 진보적인 유권자들의 지지를 받고 있다는 점이었다. 이는 진보정당의 지지 성격이 계급적이라기보다 이념성을 띠고 있다는 것을 보여준다. 이처럼 과거와 달리 노동자들의 힘은 국가 경제뿐 아니라 사회, 정치에 엄청난 영향력을 미치고 있다. 이렇게 노동자들의 힘이 세지다 보니 노동조합은 점점 이익집단의 성격을 띠기 시작했다. 게다가 경제발전과 노동자의 근로조건이 크게 향상되면서 1999년에 이르면 급진적이고 저항적인 노동운동가들의 '골리앗 전사' 이미지는 사라지고 소수 노동자의 이익만 대변하며 실리적이고 개인주의적이며 이기적으로, 그리고 비정치적으로 변해갔다. 1997년 현대중공업노조가 시행한 설문조사는 조합원의 이러한 태도와 의식의 변화를 보여주고 있다. 이 보고서에 따르면 "현대중공업의 노조 조합원들은 이제 과거의 '골리앗 전사'가 아니라 아파트를 소유하고 자가용을 굴리며 현실에 안주하고자 하며 노조 활동에 참여하기보다 생활비를 더 벌기 위해 잔업을 하는 등 가족 중심적이고 이기적이며 안락함을 추구하려는 모습을 보인다는 것이다."[74]

는 노동 배제적 경영방식 종식"은 삭제했다. 지병근, 앞의 글, p. 23.

74 현대중공업노동조합,『현대중공업 활동가 상태와 의식 조사』, 울산: 현대중공업노동조합·한국노동이론정책연구소, 1997, p. 77. 구해근 지음, 신광영 옮김, 앞의 책, pp. 295~296에서 인용.

가난한 이웃, 민중교회 설립

인명진이 호주에서 귀국했을 때는 학생들과 노동자들이 민주화에 앞장
서서 전두환 쿠데타 신군부정권과 격렬한 투쟁을 하고 있었고 노동운동
의 성격도 크게 달라져 있었다. 한국 사회는 오히려 더욱 억압적이고 폭
력적인 상태였다. 전두환 쿠데타 신군부정권의 폭력이 지배하고 있는
세상에서 정의와 민주화를 위한 투쟁은 죽음을 담보로 요구했다. 5·18
광주민주화운동에서 전두환 쿠데타 신군부정권이 보여준 공권력의 폭
력성은 극대화되고 있었다.

　이렇게 한국 사회에 국가권력의 폭력이 난무할 때, 인명진은 자신이
걸어갈 길로 다시 가시밭길을 선택했다. 인명진은 예수 그리스도를 따
라 십자가를 메고 가는 것을 마다하지 않으나 "십자가를 지고 따르
라"라는 말은 죽으라는 것이나 마찬가지이며 "솔직히 말해 두려운 길"
이라고 고백한다.[75] 그렇다 해도 그는 예수 그리스도가 제자들에게 "나를
보고자 하려거든 갈릴리로 오라"라고 한 말씀에 따라 갈릴리로 가기로
했다. 그가 호주에서 다시 한국으로 돌아온 이유는 바로 여기에 있었다.

　예수처럼 죽음의 골짜기로 들어가 사망 권세를 이겨내고 억압자로부
터 민중을 구해야 한다는 신앙적 결심을 품고 귀국한 인명진은 1986년
6월 1일 구로동에 교회를 설립했다. 이후 이 교회를 갈릴리교회로 명명
했는데, 그 이유는 마가복음 14장에 예수께서 "내가 이제 잡혀서 죽을

75　이 고백은 인명진이 옥중에서 아내 김옥란 사모에게 보낸 편지에 나온다. 인명진,
　　「당신에게 쓰오」(1979년 9월 12일), 김명배 엮음, 앞의 책(Ⅷ), pp. 149~150.

텐데 죽은 다음에 너희들보다 먼저 갈릴리에 가 있을 테니 너희들이 나 죽은 다음에 날 만나고 싶거든 갈릴리로 오라"고 유언을 남겼기 때문이다.[76] 인명진이 평생 목회철학으로 삼아온 "부활하신 예수를 갈릴리로 가서 만나자"라는 말의 의미는 무엇일까?

예루살렘은 권력자들과 지주들이 사는 곳이고, 갈릴리는 비옥한 농토가 있는 곳이지만 어부, 소작농민 등 가난한 사람들이 사는 빈민촌이었다. 갈릴리에서 만나자는 예수 그리스도의 약속으로 그의 생애가 끝났다는 것은, 짓밟히고 빼앗기고 눌려 있는 사람들이 자신의 인권과 정당한 몫을 찾겠다며 각성하여 일어나는 것이 곧 '부활하신 주님의 형체'라는 뜻이다. 말하자면 "주님의 부활은 민중으로서의 부활이었다."[77] 인명진은 그동안 자신이 청춘을 바쳐 전력을 다했던 노동운동은 사회를 정의롭게 바꾸는 데 한계가 있다고 판단했다. 한국 교회는 진보와 보수로 분열하여 서로 대립하고 있어서 노동운동이나 민주화운동에 대한 신학적인 입장이나 신앙적인 고백을 조율하지 못하고, 이 문제들이 사회문제로 떠오를 때마다 서로 협력하지 못했다. 더욱이 한국 교회는 정의로운 사회 건설을 위한 예언자적 사명을 잊은 채, 한편으로 이념적인 편향성을 보이며 더러는 계급적 성향이나 편 가르기를 마다하지 않고 있었다.[78]

인명진은 오랜 노동운동을 하면서 진보와 보수의 이념 갈등, 빈부 격

---

76 민중신학자 서남동은 "도시산업선교회들… NCC 인권위원회, 금요기도회, 목요기도회, 갈릴리교회 등은 우리의 현실 사회에 파견된 '현장교회'인 것이다. 나는 이 '현장교회'는 가톨릭교회, 개신교회에 다음가는 제3의 교회 행태라고 생각한다"라고 평가했다. 서남동, 앞의 책, p. 86.

77 서남동, 앞의 책, pp. 255~256.

78 이만열, 앞의 글, p. 26.

차 등 한국 사회의 고질적 병폐를 실감하며 기독교적인 사회정의를 이루기 위해서는 진정한 신앙운동이 전개되어야 한다고 판단했다. 그가 민중교회를 시작한 것은 세상 모든 일에 예수 그리스도의 믿음이 있어야 한다는 신앙적 결단에 의한 것이었던 만큼 인명진은 이 신앙에 따라 자신처럼 기독교인이 모두 예수 그리스도의 십자가 길을 따라간다면 모든 인간 세상에 정의가 강물처럼 흐를 것이라고 확신했다. 이에 따라 그는 이 신앙운동을 위해서 부자나 권력자들보다 가난하고 억눌린 자들에게 다가가야 했다. 그래서 그의 발걸음은 가난한 자들이 모여 있는 갈릴리로 향했다.

인명진은 평생 동안 노동자들을 모두 예수 그리스도라고 여겨왔다. 그는 호주에서 돌아온 후 갈릴리교회를 설립하고 다시 가난한 자들과 함께 그리스도 공동체라는 사랑의 안식처를 만들어가기 시작했다. 갈릴리교회 창립 당시, 서울 구로동은 가장 소외되고 가난한 변두리 지역이었다. 공장들이 밀집되어 있어서 숨 쉬기도 힘든 시커먼 매연과 유독가스가 항상 뿜어져나오는 삭막하기 그지없는 동네였다. 게다가 다닥다닥 붙어 있는 단칸방 벌집들로 가득 차 있어서 환경이 열악하기 그지없었다. 인명진은 바로 이곳이 한국의 갈릴리라고 여기고, 그곳에 예수 그리스도가 먼저 와 계신다고 생각하며 그를 만나려고 일부러 찾아간 것이다. 이것이 바로 그가 교회를 설립한 이유이며 교회 존재의 의미였다.[79]

"교회 문 앞에는 거지가 앉아 있어야 합니다. 교회와 거지는 한 짝을 이룹니다. 거지가 없는 교회는 진정한 의미에서 교회라고 말할 수 없습니다. 배

79 장윤재, 「인명진의 목회와 신학」, 영등포산업선교회, 앞의 책, pp. 216~221.

고픈 사람이 찾아오는 곳, 병든 사람들이 찾아오는 곳, 이곳이 바로 교회입니다. 이런 곳이 진정한 의미에서 교회라는 것을 잊지 말아야 합니다."[80]

그래서 인명진은 "가난한 사람을 찾아서 일부러 구로동에 왔으며 가난한 사람을 찾아서 구로동에 온 우리 교회에 가난한 사람의 발걸음이 끊어진다면 우리 교회의 존재 이유가 없어지는 것"이라고 거듭 강조했다. 그는 항상 예수 그리스도는 가난한 자의 모습으로 다가온다고 믿었다. 이렇듯 교회의 존재 이유에 대하여 인명진은 가난한 사람을 섬기고 그들을 예수님처럼 대접하는 것이라고 강조했다. 교회에 가난한 자들이 찾지 않고, 그리스도인이 가난한 자들의 삶과 연결되어 있지 않으면 그것은 교회가 아니고 기독교인이라고 말할 수 없다는 것이었다. 가난한 자는 인명진의 삶과 신앙에 압축되어 있었다. 그래서 그는 이렇게 말한다.

"우리 교회가 이것을 꼭 기억해야 합니다. 세월이 지나고 시간이 흘러도 이 사실을 잊지 말아야 합니다. 우리 교회는 가난한 사람 곁에 세워진 교회입니다. 가난한 사람을 찾아와서 세워진 교회입니다. 가난한 사람들을 일으켜 세우고 그들을 그리스도의 사랑으로 위로하고 그들을 섬기기 위한 교회가 바로 우리 갈릴리교회입니다. 이것이 우리 교회의 창립 이유요 목적입니다."[81]

1986년 인명진은 갈릴리교회의 창립예배에서 이같이 설교의 첫마디를 꺼냈다. 호주로 추방되었다가 귀국하니 막상 자신을 불러주는 교회

---

80 인명진, 『내 사랑, 갈릴리교회 – 갈릴리교회 창립주일 설교 모음집』, 갈릴리교회 문서선교부, 2012, p. 26.
81 인명진, 앞의 책(내 사랑~), p. 242.

는 그 어느 곳도 없었다. 아무도 그를 정상적인 목회자로 보지 않았고 노동운동가 아니면 용공주의자, 심지어 빨갱이라고 부르며 외면했다. 그런데도 인명진을 따뜻하게 맞아주고 많은 도움을 준 이가 바로 소망교회의 곽선희 목사였다. 인명진이 호주에서 망명 생활을 마치고 귀국하여 셋방살이 형태로 갈릴리교회를 시작한 지 3년 후 새로운 전기가 되는 사건이 일어났다.

그것은 소망교회가 가난한 구로동 지역사회의 선교 목적으로 약 8억 원을 들여 건축한 선교센터로 교회 예배 처소를 옮긴 일이었다. 소망교회는 이 선교센터의 운영을 갈릴리교회에 맡겼다. 이런 결정은 곽선희 목사와 인명진 두 사람의 계획에 따라 이뤄진 일이었다. 그러자 소망교회 장로들이 "저런 운동권 교회에 건물을 지어줄 수 있느냐"라고 곽선희 목사에게 항의하기도 했고, 반대로 갈릴리교회 일부 교인들이 "어떻게 갈릴리교회가 보수적인 교회의 도움을 받느냐"라며 강력히 반대하기도 하는 등 주변 사람 모두가 곽선희 목사와 인명진의 관계를 냉소적이고 부정적인 시선으로 바라보았다. 그러나 인명진은 이 사건이 한국 교회의 아름다운 역사의 한 페이지로 기억되고 있다고 술회한다.[82] 후일 인명진은 그의 도움을 두고 평생 갚아야 할 은혜라고 말하곤 했다. 이렇게 해서 인명진은 곽선희 목사의 따뜻한 위로와 격려에 힘입어 노동운동가가 아니라 목회자로서 새롭게 출발했다. 그는 갈릴리교회 창립예배에서 이렇게 말했다.

---

[82] 갈릴리교회는 이 희망의 집에서 8년 동안 마음껏 신앙의 꿈을 펼쳤으며 이상적인 교회를 여기에서 가다듬어 구체적으로 현실화해나갈 수 있었다. 인명진, 앞의 책 (내 사랑~), pp. 153~154.

"서울 시내 어느 곳에서든 한 곳에 10개 이상 십자가를 볼 수 있는데 우리는 왜 그 틈에 또 하나의 십자가를 세우려 합니까?"[83]

이는 인명진이 갈릴리교회의 설립 목적을 단순히 형식적인 복음 전파에 둔 것이 아니라 실천적인 의미에 중점을 두었다는 점을 보여준다. 그래서 갈릴리교회는 첫 출발부터 철저한 신앙공동체로서 자리매김했다. 이에 따라 인명진은 목회자 중심의 교회가 아니라 교인 중심으로 운영되는 평신도 교회로서 민주 교회를 지향했다. 그는 교회당 건물을 짓지 않고, 작은 교회로 유지하여 교인이 200명이 넘으면 자발적으로 분립하기로 했다. 인명진에게 교회는 건물이 아니라 신앙고백을 함께 하는 기독교인들의 공동체이기 때문이었다. 이와 더불어 그는 철저하게 조직교회를 따르지 않고 예산의 50%를 사회선교에 사용할 것 등 세 가지 원칙을 지켜나가기로 했다.[84] 그러나 교회 건물을 짓지 않고 조직교회를 따르지 않겠다는 두 원칙은 교인들 사이에서 찬반 논쟁으로 인한 분열을 초래했다. 즉 이상과 현실 사이의 갈등이 첨예하게 대립한 것이다. 인명진은 교회 제도를 수용하면서도 교회의 제도화를 방지하여 신앙공동체로서 교회 본질을 훼손하지 않는 타협점을 모색한 결과, 결국 교회 건물을 짓고 제도적인 조직교회를 따를 수밖에 없었다.

그렇지만 갈릴리교회는 다른 교회와 달리 매우 독창적으로 운영되었다. 우선 갈릴리교회는 선거제, 임기제, 할당제를 두어 항존직(恒存職) 독

---

83 인명진, 『갈릴리교회 25주년의 역사: 마가복음 17장을 쓰는 교회』, 갈릴리교회 문서선교부, 2012, p. 16.

84 장윤재, 앞의 글, p. 222.

주를 방지하고, 지도력의 민주적 순환을 제도화하여 제도 교회의 병폐 방지를 위해 노력했다. 또 갈릴리교회는 서리집사의 선출과 재신임 제도를 마련하고 장로와 목사도 임기제를 두어 재신임받게 하였을 뿐 아니라, 여성과 청년의 참여를 제도화하여 그들의 의견이 목회에 반영되도록 했다. 이런 제도는 신앙공동체로서 기능하도록 하는 것이 그 목적이었다. 이러한 갈릴리교회의 제도적 체제는 초대교회의 모델로 돌아가고자 한 신앙적 열정의 결과였다. 그래서 갈릴리교회 예배 의식은 AD 4세기경 초대교회의 본래 예배와 거의 똑같았다. 특히 갈릴리교회는 다른 교회와 달리 예배 의식에서 죄 고백을 아주 중요시하여 10분 정도 진행했다. 그리고 매년 초에 갈릴리교회가 빠뜨리지 않고 드리는 공동체 계약 갱신 예배 역시 성서에 따른 초대교회의 공동체 정신을 실천하기 위한 의식이었다.

갈릴리교회의 목회자는 개교회주의에서 벗어나 지역사회를 위해 일하는 것을 의무로 삼았다. 더욱이 예배당도 교회의 것이 아니라 지역주민들에 개방된 공공의 건물로서 교회 교인이든 아니든 누구나 사용할 수 있게 했다. 특히 갈릴리교회는 외국 이주노동자들에게도 자유롭게 예배와 친교 활동을 하도록 개방했다. 이는 갈릴리교회가 한국인들만을 위한 교회가 아니라 인종과 문화, 국적을 초월한 인류 공동체 교회를 지향한 까닭이었다. 모든 인간은 평등한 하나님의 백성이기 때문에 갈릴리교회는 보편적 교회여야 했다. 이에 따라 갈릴리교회 안에는 각 국가 언어로 예배를 드리는 몽골교회, 인도네시아교회, 파키스탄교회, 그리고 영어로 예배를 드리는 GIC교회 등 5개 교회가 하나의 보편적 교회의 모습을 이루었다. 이들 이주노동자 교회는 각각 독립하여 자기 나라 출신의 목회자를 세워 독자적인 신앙생활을 하고 있으며, 갈릴리교회는 이들에게 부족한 복지와 인권 그리고 재정을 돕고 있다.

이처럼 인명진은 인종, 국가 등에 얽매인 개교회주의에서 탈피하여 인류 보편 교회를 확립함으로써 21세기 한국의 다문화, 다민족 사회의 기초를 닦았다. 갈릴리교회에서 세례를 받고 기독인으로 개종한 여러 나라 출신 이주노동자들이 900명에 이르며 이들은 고국으로 돌아가 각기 자신의 나라에 갈릴리교회를 세우고 신앙생활과 자기 나라의 복음화 운동에 앞장서고 있다. 오늘날 예수님은 노동자의 모습으로 우리에게 오신다는 인명진의 신앙적 신념은 가난한 '나그네 철학'과 다름없었다.

> "예수님은 갈릴리에서 가난한 사람의 모습으로 또는 나그네의 모습으로 계신다. 우리는 굶주리는 예수님께 먹을 것을 드리고 병든 예수님을 보살펴 드려야 한다. 그렇게 가난하고 병든 예수님을 만나서 섬기는 삶이야말로 신앙생활이다. 또 굶주린 동포들이 있는 북한도 갈릴리이다."[85]

그러나 인명진이 갈릴리 지역으로 생각한 구로동에 갈릴리교회를 설립하고 목회를 한 것은 단순히 보편적 혹은 사도적 초대교회 공동체의 모델을 따른 것 이상의 더 큰 목적이 있었다. 그것은 오랫동안 압제와 가난, 차별과 폭력이 난무해온 우리 사회를 바꿔 정의와 평화가 실현되는 '하나님 나라'를 건설하는 것이었다. 그러기 위해서는 무엇보다 인간 의식의 개혁이 일어나야 했다. 인명진은 박정희와 전두환 등 군사독재정권에게서 온갖 핍박을 받고 외국으로 추방되었음에도 조국의 미래를 위하여 끊임없이 고민하며 여러 나라의 혁명과 민주화 및 노동운동을 살

---

85 인명진, 『위대한 부르심 – 갈릴리교회 30년 이야기』, 비전북, 2015, pp. 259~260.

폈다. 그리고 그가 도달한 결론은 정의로운 사회 건설의 핵심이 '이념적 혁명'이 아니라 바로 '인간 의식 개혁'이라는 것이었다. 의식 개혁의 방법을 두고 깊이 생각한 그는 이념이나 사상이 오히려 사회의 분열과 갈등, 대립을 초래한다는 사실을 목격하고 나서 그 대안으로 예수 그리스도의 가르침에 따른 신앙공동체 운동을 제시했다. 인명진이 오랜 세월을 외국에서 보낸 후 귀국했을 때, 노동운동은 물론 민주화운동도 바로 이런 혼란 속에서 이전보다 더 큰 갈등을 빚고 있었다. 갈릴리교회는 바로 그의 인간 의식 개혁을 위한 실험장이자 실천이었다.

한국 교회 풍토에서는 인명진을 불러줄 곳이 그 어디에도 없었다. 기독교 운동권의 요람인 한국기독교교회협의회에서조차 그를 외면했다. 그는 교회에서나 사회선교 운동에서도 항상 비주류에 속했다. 노동운동의 대가였음에도, 그는 한국 교회에서나 사회에서 늘 주변부에 밀려나 있었다. 그렇지만 그는 더 열심히 일했으며, 혹자는 사회선교나 에큐메니컬 운동을 한다며 외국의 원조를 받아 호의호식하고 살았을지라도 그는 외부의 도움을 받지 않고 한결같이 가난하게 살았다. 그래서 그는 혼자 모든 일을 하면서 스스로 생존해나갔다. 인명진은 단 한 번도 경제적인 비리나 물의를 일으킨 적 없이 청빈하게 살아간 것조차 하나님의 은혜로 여겼다. 그런 형편에서도 그는 노동자들을 섬기는 사역을 소홀히 하지 않았다. 서로 다투며 자신의 기득권을 쟁취하기 위해서만 투쟁하는 우리 사회를 변화시키기 위하여 그가 시작한 갈릴리교회는 한국 노동자뿐 아니라 외국 이주노동자들에게도 피난처이자 생활공동체의 중심지가 되어주었다.

제9장

민주정치와 문민정부 수립

민주화운동과 새로운 혁명의 길

1987년 민주화운동 이후 한국 정치는 김영삼, 김대중, 김종필에 의한 3 김 정치 시대를 맞았다. 한국 정치는 3김 정치 이전까지는 1인 군사독재 정권에 의한 장기집권이 지속됐으나, 3김 정치에서는 정당 통합과 연합 을 통해 평화적인 정권교체가 가능해졌다. 3김 정치로의 정치적 발전은 정당 구도의 다양화와 정권교체의 안정화를 꾀함으로써 한국의 정당 구 도를 양당체제에서 다당체제로 변화시켰다. 3당 합당과 김대중·김종필 연합 등 후보 단일화는 평화적 정권교체를 가능하게 하였으나 정당의 단명과 정치이념의 편중화라는 부작용을 초래했다. 3김 정치에서 김영 삼, 김대중, 김종필은 각자의 전략적 판단에 따라 정당 해체, 재창당, 정 당 통합이 반복되어 정당의 수명이 매우 짧았고 보수 성향과 진보 성향 이 3김 정치와 결합함으로써 지역적으로 정치이념의 편중화 현상이 더 욱 강화되었다.[1]

그러나 3김 정치는 한국 민주주의 체제를 확고히 하는 데 결정적인 역 할을 했다는 점에서 정치적 발전이 이루어졌고, 이에 따른 사회구조적 변화가 일어난 시대라고 할 수 있다. 이 가운데 민주화 이전까지 김대중 과 김영삼에 의해 구축된 양김 정치는 보수정권에 대항하는 진보 정치

---

[1] 김종필은 김대중, 김영삼과 달리 1961년 5·16쿠데타로 박정희 정부에서 2인자로 머물렀으나 1979년 유신체제가 붕괴한 후 '민주공화당' 총재로 복귀하여 유력한 대통령 후보로 부상하였다. 1980년 전두환 쿠데타 신군부에 의해 부정축재자로 몰 려 정계를 은퇴하였지만, 1987년 6월 민주화항쟁과 6·29선언으로 '신민주공화당' 을 창당해 제13대 대통령 후보에 출마했다.

세력으로 국민적 지지를 통해 한국의 민주주의를 성숙시켰다. 한국 정치에서 3김 정치는 양김 정치의 확대라는 차원을 넘어 독자 생존을 위해 정당 창당, 정당 통합 및 연합, 지역에 기반을 둔 정치세력 구축 등 한국 정치의 새로운 패러다임을 형성했다.[2]

1982년 12월 전두환 쿠데타 신군부정권에 의해 미국으로 추방된 김대중은 마침내 1985년 2월 8일 귀국했다. 전두환 쿠데타 신군부정권은 미국 등 국제사회의 압력에 밀려 김대중의 귀국을 허용했으나, 다시 투옥하지는 못하고 가택연금 조치를 취했다. 김대중은 한국으로 돌아와 야당 지도자인 김영삼과 함께 직선제 개헌 투쟁을 주도해나갔다. 그는 1972년 총선 유세 지원 중 의문의 교통사고로 크게 다친 이후 1980년대까지 군사독재정권으로부터 가장 많은 박해와 탄압을 받은 정치인이었다. 1973년 도쿄에서의 납치, 구속과 가택연금, 1980년 내란음모사건으로 인한 사형선고와 투옥, 미국 망명, 가택연금 등 군사독재정권이 가한 탄압은 그를 한국 민주화와 인권의 상징으로 만들었다. 그는 귀국하자마자 민주화를 위한 학생운동 및 사회운동의 급진성을 비판하면서 모든 투쟁 세력을 하나로 결집하여 민주화운동의 구심체를 형성하고, 이어서 미국의 지지가 필요하다고 판단했다.

김대중의 귀국에 앞서 국내에서 문익환, 이문영, 예춘호가 1984년 5월 30일 8개 항의 합의서를 작성해서 김영삼 및 미국에 있던 김대중과 접촉하여 협력관계 강화에 합의했다. 그 결과 1984년 5월 18일 김대중계와 김영삼계가 연합하여 민주화 투쟁 기구인 민주화추진협의회를 발

---

2 정태일, 「3김 정치 전후 한국 정치의 비판적 검토: 정치적 효과와 왜곡」, 『한국과 국제사회』, 제3집, 제1호, 한국정치사회연구소, 2019, pp. 6~7.

족했다.[3] 민추협은 민주화 투쟁을 위해 총선에 참여할 것을 결정하고, 1984년 12월 11일 비민추협 계열의 정치인들과 연합하여 1985년 2월 12일 총선을 불과 25일 앞둔 1월 18일 신한민주당을 창당했다. 2·12총선에서 학생운동을 비롯한 사회운동의 지원을 받아 창당된 지 한 달도 되지 않은 신민당이 260석 중 67석을 획득하고 29.3%의 득표율을 얻어 제1야당이 되었다.[4] 선거 직후 야당 통합 논의가 시작되자마자 민한당 당선자들은 대부분 탈당하여 신민당에 입당했다. 그 결과 신민당은 103석의 거대 야당으로 등극하게 되었다.

한편 1986년 한국으로 다시 돌아온 인명진은 의식 개혁 운동의 일환으로 갈릴리교회를 개척하면서, 그해 10월 17일 '고문 및 용공조작 저지 공동대책위원회'에 한국 교회 대표로 참석했다. 이 대책위는 당시 야당인 신민당을 이끌고 있었던 김대중의 동교동계와 김영삼의 상도동계 국회의원들뿐 아니라, 1985년 3월 29일에 결성되어 2·12총선 이후의 고양된 민주화 열기를 이끌며 민주헌법쟁취투쟁을 벌이고 신한민주당의 직선제 개헌 운동과 연대하면서 대중운동을 전개했던 민주통일민중운동연합, 그리고 가톨릭 교회, 불교 등 종교계 등의 대표로 구성된 조직이었다.

이 조직은 전두환 쿠데타 신군부정권의 폭력적인 통치에 저항하고 인권 수호를 위해 투쟁했는데, 1987년 1월 15일 서울대생 박종철 고문치사

---

3 김삼웅, 「민주화 투쟁과 민주화추진협의회」, 류상영·김삼웅·심지연 편저, 『김대중과 한국 야당사』, 연세대학교 대학출판문화원, 2013, pp. 112~113.

4 학생들의 활동은 전두환 정권에 염증을 느낀 많은 시민을 투표장으로 이끌었을 뿐 아니라 신민당의 황색 돌풍과 승리에 크게 기여했다. 민주화운동기념사업회 한국민주주의연구소 엮음, 앞의 책(3), pp. 234~235.

사건이 발생하자 5월 27일 민주 인사들이 모여 "이제 우리는 지금까지 고립 분산적으로 펼쳐온 호헌 반대 민주화운동을 하나의 큰 흐름으로 결집하여 국민을 향해 국민 속으로 확산시켜나가야 한다는 데 뜻을 모았다"고 주장했다. 이어서 이들은 "사제, 목사, 승려, 여성, 민주정치인, 노동, 농민, 도시 빈민, 문인, 교육자, 문화예술인, 언론·출판인, 청년들은 하나가 되어 이 땅의 민주화를 위해 몸 바쳐야 한다"며 '민주헌법쟁취국민운동본부'를 결성하여 민주화 세력을 하나로 결집한 다음, 본격적으로 전두환 쿠데타 신군부정권과의 투쟁에 나섰다.

이후 1987년 민주화운동에 참여했던 대부분의 세력이 민주헌법쟁취국민운동본부로 결집했고, 직선제 개헌 구호를 통해 중산층이 대거 참여하면서 1987년 6월 민주항쟁이 전국적으로 퍼져나가게 되었다. 비록 정치, 사회의 분열로 인해 민주화 세력이 집권에는 실패했을지라도, 1980년대 민주화 이행에서 민주화운동 세력들 못지않게 김대중과 김영삼의 역할이 매우 컸다. 이에 앞서 1986년 2월, 대통령 직선제를 주요 내용으로 한 민주헌법쟁취투쟁의 목소리가 높아짐에 따라 신한민주당이 1,000만 개헌 서명운동에 돌입하여 개헌 논의 여론을 더욱 확산해나가자 7월 30일에 여당과 야당의 만장일치로 헌법개정특별위원회가 발족되었다. 하지만 집권 여당인 민주정의당은 의원내각제를 주장했으나 야당은 대통령 직선제를 고집하여 개헌 논의가 쉽게 타결되지 못했다.

1987년 1월 14일 서울대생 박종철이 치안본부 남영동 대공분실에서 조사를 받다 고문과 폭행으로 사망하는 사건이 일어났다. 이로 인해 국민의 민주화 요구는 고조되어 대통령 직선제 개헌 논의가 활발하게 이루어지자 정권 유지에 불안을 느낀 전두환 쿠데타 신군부정권은 그해 4월 13일 모든 개헌 논의를 금지하는 호헌조치를 단행하였다. 이 조치에 이어 부천경찰서 성고문 사건, 박종철 고문치사 사건, 이한열 최루탄 피격 사건 등이 연달아 터지자 이를 계기로 국민의 시위는 더욱 격렬해져 마침내 1987년 6월 10일부터 전국 18개 도시에서 민주헌법쟁취국민운동본부가 주최한 대규모 거리집회가 열렸으며 같은 달 26일에는 전국 37개 도시에서 100만 명 이상이 격렬한 시위를 벌였다.

국민의 저항이 더욱 거세지자 전두환 신군부정권은 어쩔 수 없이 4·13호헌조치를 철회하고, 29일에는 민정당 대표 노태우가 민주화와 직선제 개헌 요구를 수용하겠다는 특별선언을 발표하기에 이르렀는데, 이것이 바로 6·29 민주화 선언이다. 이 6월 민주항쟁 이후 전두환 쿠데타 신군부 독재정권의 몰락과 동시에 직선제 개헌이 본격적으로 추진되었고 제6공화국의 새 헌법 개정을 위한 국민투표를 거쳐 1987년 10월 대통령 직선제 개헌이 이루어졌다. 대통령 직선제 개헌으로 16년 만에 직접선거로 대통령을 선출하게 되었지만, 민주 세력의 중심이었던 김대중 당시 통일민주당 고문과 김영삼 당시 통일민주당 총재가 대통령 후보 출마를 놓고 1987년 10월에 분열을 일으키면서 각기 출마를 강행하게 되었다. 이리하여 6월 항쟁의 중심 역할을 했던 민주 세력의 통합이 무산되면서 12월 16일 치러진 제13대 대통령선거에서 민주정의당의 노태우 후보가 당선되었다.[5]

인명진은 귀국하자마자 민주헌법쟁취국민운동본부의 대변인을 맡게

---

5 군사독재정권의 종식과 민주화 투쟁에서 당시 김영삼과 김대중 등 야당 정치인들이 큰 역할을 했으나 학생운동과 시민들의 참여에 비해 평가절하되고 있다. 그 이유는 1987년 대통령 선거에서 야당 정치인들의 분열이 군부 권위주의 세력의 재집권을 초래한 것에서 기인한 것으로 여겨진다. 이에 대해 다음을 참조하라. 전재호, 「한국의 민주화 이행에서 김대중의 역할－1980~1987년」, 『기억과 전망』, 통권 제35호, 민주화운동기념사업회, 2016년 겨울호, pp. 243~281.

되어 본격적으로 민주화운동에 참여하게 되었다. 그러자 전두환 쿠데타 신군부정권은 민주헌법쟁취국민운동본부의 핵심간부 인명진을 포함하여 220명을 구속했다. 당시 인명진이 민주 인사들의 대표 인물로 부각되자 정부는 그를 구속할 경우 국민 저항이 통제 불능 상황에 이를 것으로 여기고 체포영장을 발부해놓고도 인명진을 구속하지는 않았다. 특히 인명진이 비폭력을 주장한 데다, 외신기자들의 관심 대상이어서 정부는 그의 구속을 부담스러워했다. 6·10민주항쟁이 진행되는 동안 김대중과 김영삼의 입장은 상당히 달랐다. 김대중은 평화와 자주를 원칙으로 삼아, 야당과 재야의 연합을 운동방법론으로, 그리고 선 민주 후 통일, 비폭력·비용공·비반미(非反美)의 3비(非) 노선, 그리고 국제적 연대의 필요성을 민주화운동의 외연 확장을 위한 전략으로 삼고 있었다.[6] 반면, 김영삼은 미국이 군부 쿠데타를 용납하지 않을 거라며 더 적극적인 투쟁을 강조했다. 이것이 바로 인명진과 김영삼의 관계를 밀접하게 만들어준 계기가 되었다.

노태우의 6·29 민주화 선언 이후 민주헌법쟁취국민운동본부가 혁명의 주체였으나 그 주도권을 정치인에게 넘겨준 것을 인명진은 마음 아프게 생각했다. 특히 김대중 진영에서는 국민운동본부 실행위원들과 한국기독교교회협의회 주요 인사들을 자기편으로 끌어들였다. 김대중 진영에 참여한 민주 인사들은 김영삼보다 더 많은 고난을 함께했던 김대중을 지도자로 선호했던 것이다. 그 후 대통령 단일화 논의 과정에서 인명진은 두 김씨의 진영을 오가며 단일화 역할을 맡았지만, 결국 김영삼은 합의 추대를, 김대중은 선거제도를 원했다. 10년을 기준으로 먼저 대

---

6 이에 대해서는 류상영·김삼웅·심지연 편, 앞의 책을 볼 것.

476 •

통령 우선권과 당 대표권을 3대 7로 나눠 갖자고 두 김씨는 논의했으나 김대중이 재야의 비판적 지지 선언을 근거로 10월 29일 통일민주당에서 탈당하여 평화민주당을 창당하고 대통령 후보로 추대되자, 김영삼은 통일민주당에서 대통령 후보로 선출되어 두 김씨는 단일화를 이루지 못한 채 각기 독자적으로 대통령 출마를 선언하고 말았다. 당시 상황에 대하여 김대중은 이렇게 회고했다.

"대선을 앞두고 유력 언론사 사장이 우리에게 역할 분담을 제안했다. '두 분(DJ·YS)이 대통령 후보와 민주당 당수를 하나씩 나눠 하시라.' 나는 대통령 후보가 되면 더 좋겠지만, '그렇게 하겠다'라며 당수를 맡는 방안을 수용했다. YS 측은 거부했다. 후보와 당수를 독식하고자 했다. 우리 쪽(동교동계)에 대놓고 '김대중이 대통령 후보가 되면 공산당이라며 군부가 쿠데타를 한다. 그래서 양보할 수 없다'라는 '군부 불신론'까지 들먹였다. 대선을 두 달쯤 앞두고 YS가 대통령 후보 단일화를 위해 전당대회에서 경선할 것을 제의했다. 나는 공정한 경선을 위해 200여 개 지구당 중 미창당된 30여 곳은 우리 쪽에 달라고 했다. 그것도 거절당했다. 단일화 협상은 깨졌다. 나와 나를 지지하는 의원들은 민주당에서 집단 탈당하고, 11월 평화민주당(평민당)을 창당해 대통령 후보로 나서게 됐다."[7]

이로써 두 김씨의 중재는 실패하고 각기 독자적으로 대통령에 출마하여 국민의 지지표를 양분함으로써 민주정의당 노태우에게 당선의 기회

---

7 「"87년 대선, 우리는 서로 싸우다 졌고 국민은 나를 원망했다"-김대중 육성 회고록 〈16〉」, 『중앙일보』, 2023년 8월 29일 자.

를 제공하고 말았다.[8] 대다수의 진보 기독교 인사들이 1988년 대통령선거 과정에서 김대중을 지지했으나, 인명진은 이재오 등과 함께 김영삼 진영에 남았다. 인명진은 김영삼이 먼저 대통령을 맡고 김대중은 이후에 맡는 것이 옳다고 판단했다. 왜냐하면 인명진은 민주화가 달성되려면 먼저 전두환 군부 세력인 하나회를 척결해야 하는데, 김대중은 그럴 입장이 되지 않았기 때문에 김영삼이 먼저 대통령이 되어서 하나회를 모두 청산한 다음 김대중이 대통령이 되어야 한다고 판단했기 때문이다. 그의 판단은 이후 적중했다. 결국 두 김씨는 1987년 12월 대통령 선거에서 여당인 민주정의당 노태우 후보에게 패배하고 말았다. 1988년 4월 총선을 앞두고 두 김씨는 국민운동본부 출신 오충일 목사, 인명진, 김동완 목사를 불러 국회의원 출마를 권유했다. 그러나 인명진은 자신은 정치인이 되기보다 평생 성직자로 남겠다는 말로 이를 거절했다. 김영삼 진영에 참여했던 당시 상황에 대하여 인명진은 이렇게 회고한다.

"그전까지 김영삼 씨에 대해 좋은 생각이 없었지만 6월 항쟁을 겪으면서 김영삼 씨가 대처하는 모습을 보고 마음이 돌아섰습니다. 지도부는 감옥에 들어가고 다른 사람들은 잠적하고, 사무실에 혼자 남아 있어서 회의할 수가

---

8 12·16대선에서 노태우 36%, 김영삼 28%, 김대중 27%, 김종필 8%를 획득했다. 이 선거의 양상은 민주화가 상징하는 근대화의 의미를 상실하고 연고지에 따른 지역 갈등으로 표출되었다. 두 김씨가 지역 대립의 주인공이 되어 지역 갈등이 가열되면서 김영삼은 광주에서 유세를 중단해야 했고 김대중은 영남 유세를 하지 못했다. 이처럼 13대 대통령 선거가 지역감정에 휘말렸다는 사실은 여론조사에서 확인되고 있다. 지역 갈등의 근원은 영·호남의 갈등이다. 해당 지역주민들 그리고 타지역에 옮겨 사는 출향 인사가 그 주역이다. 김형국, 「선거와 정치에 나타난 지역 정서의 표출 - 대통령선거를 중심으로」, 『환경논총』, 제41권, 서울대학교 환경대학원, 2003, pp. 3~28.

없어 제가 이야기하는 것이 국민운동본부의 공식 입장이었습니다. (…) 6월 항쟁은 김영삼 씨가 진두지휘했다고 할 수 있습니다. 김대중 씨는 이번에 내란으로 몰리면 죽는다고 생각하고 몸을 사린 것으로 생각합니다. 김영삼 씨는 강경파였고 김대중 씨는 신중론이었습니다. 아무튼 그렇게 6월 항쟁이 끝나고 저는 단일화를 지지하게 되었습니다. 그리고 6월 항쟁은 모두 개신교의 돈으로 이루어졌습니다. (…) 그때 협상을 하러 갔는데 민주당 전당대회에서 투표로 후보를 정하기로 했습니다. 현재 상태로 하면 총재였기 때문에 김영삼 씨가 유리했습니다. 그런데 수유리에서 재야 인사들이 나서게 된 것입니다. (…) 국민운동본부에서는 실행위원이 33명인데 3명만 남고 다 김대중 씨 쪽으로 갔습니다."[9]

1988년 4월 제13대 국회의원 선거에서 민주정의당은 125석, 평화민주당은 70석, 통일민주당은 59석을 차지했다. 제3당으로 전락한 김영삼 통일민주당은 정치적으로 불우한 시기였다. 이러한 정국에서 여당인 민정당은 박철언의 중재로 정치적 안정과 호남 지역의 민심을 얻기 위해 비밀리에 김대중의 평민당과 대연합을 추진했는데 평민당이 합당을 결정하지 못하고 정책연대를 제안했다. 이 틈을 이용해 김영삼은 1990년 1월 신민주공화당 김종필, 민정당 박철언과 3당 통합을 논의하여, 마침내 자유민주당이 출범했다. 김영삼은 차기 대선을 노리고 이 3당 합당을 결정했으나 김종필과 박철언은 각기 내각제 개헌이 목적이었다.

그때 김영삼은 일주일에 두 번씩 인명진을 찾았다. 한번은 김영삼이

9 「2차 인명진 목사 평가 좌담회」, 2012년 7월 28일, 갈릴리교회, 참석자: 인명진 목사, 김명배 교수(숭실대), 장윤재 교수(이대), 정병준 교수(서울 장신대), 안기석 종무관(문화체육부).

인명진에게 "김대중이 낮에는 야당하고 밤에는 노태우와 결탁하고 있으니 자신의 정치 인생 중에 가장 불운한 때이지만 김대중은 가장 행복한 때"라고 말했다. 김대중 씨는 지조를 지킨 야당이고 김영삼 씨는 변절한 사람으로 취급받고 있다는 것이다. 노태우와 김대중의 합당이 거의 확실시되어가자 김영삼은 인명진에게 자신이 3당 합당을 추진하는 것을 어떻게 생각하느냐고 물었고, 인명진은 이에 호응했다. 인명진은 김영삼이 3당 합당을 하는 것 외에는 전두환 쿠데타 군사독재정권을 타도할 방법이 없을 것으로 판단한 것이다. 인명진의 조언을 듣고 김영삼은 역사적인 3당 합당을 성사시켰다. 군사독재정권과의 합당은 민주화운동가들에게 정당화될 수 없는 정치적 야합이었다. 박정희, 전두환으로 이어진 군사독재정권으로부터 혹독한 탄압을 받았던 김영삼이 이들과 타협하여 결탁한다는 것은 일종의 모험이었다.

그러나 인명진은 이런 정치적 계산에 앞서 기독인으로서의 '소금 역할론'을 내세웠다. 소금은 보수도 아니고 진보도 아니며 필요한 곳에 들어가 짠맛을 내는 것처럼 군사독재정권을 종식하고 국민을 위한 민주정치를 실현하기 위해서는 3당 합당이 필요하다고 주장한 것이다. 인명진에게 있어서 가장 중요한 것은 진보와 보수의 이념이 아니라 국민 모두 잘살 수 있는 진정한 민주주의의 실현이었다. 이렇게 김영삼은 진보와 보수의 대연합을 통해 1992년 12월 18일 14대 대선에서 김대중을 193만 표차로 누르고 승리함으로써 1993년 제14대 대통령으로 취임했다.

한편 전두환 쿠데타 신군부정권이 국민의 민주화 요구에 따라 통일주체국민회의에서 간접선거로 대통령을 선출하던 방식을 버리고 국민 직접선거로 대통령을 선출한다고 발표하면서, 김대중, 김영삼의 두 김씨 후보를 누르고 대통령에 당선된 노태우 정권은 오랫동안 이어져온 군사독재정권의 권위주의 잔재 청산과 경제정의 실현, 남북관계 개선 등 민주화와 함께 많은 과제에 직면했다. 이 과제들은 모두 상당한 정치 사회적 갈등을 일으킬 요소들이었으나 노태우 정부는 그런 갈등을 관리할 경험과 능력이 모두 부족했다. 3당 합당으로 탄생한 노태우 정권은 대화와 타협으로 정책을 추진하기보다 다수의 논리로 밀어붙이는 경우가 많았다. 그 결과 중요한 과제들 대부분이 노태우 정권에서 해결되지 못하고 김영삼 문민정부로 넘어왔다. 노태우 대통령은 군사독재정권과 문민정권의 과도기를 담당했기에 민주화 과정 자체가 붕괴하지 않도록 노력했다. 하지만 노태우 정권은 민주화 사회의 정착을 위한 많은 과제를 해결하기보다 이를 지연시켜 다음 정권으로 넘기는 소극적인 정책으로 일관했다. 이런 점에서 그의 통치기 자체나 통치 스타일도 과도기적이었다고 할 수 있다.[10]

해방 이후 진정한 민주주의에 입각한 문민정부를 열었던 김영삼은 세 차례에 걸쳐 인명진에게 노동부 장관, 복지부 장관, 국민체육진흥공단 이사장직을 제안했다. 그러나 인명진은 다만 목사로서 정치와 사회를 개혁하고 비판하는 역할에만 전념하는 것이 옳은 일이라고 여기고 이 제안을 모두 거절했다. 이로써 그는 김영삼 대통령에게 절대적인 신임을 받고 문민정부에서 다양한 활동을 했는데, 오직 민주화운동을 한다는 일념으로 1993년에 감사원 직속 부정방지대책위원회 위원, 대통령 직속 행정쇄신위원회 위원, 1996년에 대통령 직속 세계화추진위원회 위원, 대통령 직속 노사관계개혁위원회 위원, 그리고 KBS 이사를 맡았다.

---

10 김일영, 「노태우 정부에서의 정치 사회적 갈등양상과 해결 경험」, 『분쟁해결연구』, 제7권, 제2호, 단국대학교 분쟁해결연구센터, 2009, pp. 5~25.

인명진은 문민정부의 정체성에 맞게 여러 제도적 개혁을 단행했다. 행정쇄신위원회에서 일하면서 인명진은 국민고충처리위원회를 설치하고 이어서 '주민등록 전출 간소화', 신문 구독과 면회제도 등 '교정 행정'의 개선 및 현대화, 교정국장을 검사에서 교정공무원으로 변경함으로써 수감자들의 인권 보호 등에 힘을 쏟았다. 이는 그가 교도소에서 수감생활을 할 때 겪었던 불합리한 교도 행정을 바로잡은 것이었다. 그리고 장애등급 상향조정, 장애 보조기구 수입세 면제, 녹색면허제, 거주지 우선주차제, 고속도로 중앙차선제를 도입했다. 그리고 세계화추진위원으로 활동하며 외국인 노동자 산재처리와 인권 보호, 귀국한 이주노동자의 밀린 임금과 산재처리 소급 적용 등을 시행케 하여 외국인 노동자들의 처우 개선에도 많이 기여했다. 이에 대하여 인명진은 이렇게 말한다.

"나는 행정을 전혀 모르거든요. 그러나 내가 밑바닥을 살아봤던 사람이기에 밑바닥 사람들이 무엇을 불편해하는가, 무슨 문제 때문에 어려움을 겪는가를 내가 아니까 그것을 다 제대로 고쳤지. 장애인 복지제도도 내가 많이 고쳤어. 건물을 지을 때 장애인이 편리하도록 복지시설을 의무적으로 갖추도록 하고 도로에서도 턱을 낮춰 장애인 휠체어가 다닐 수 있도록 했어요."[11]

특히 인명진은 노동운동가답게 노사관계법 개선과 노동위원회 중립화 방안 등 노동자들의 처우 개선을 위해 여러 가지 개혁을 단행했다. 이 외에 부정방지대책위원회에서는 부정부패 사례집을 발간하여 공직자들의 부정부패를 미리 차단할 수 있도록 모든 제도적 개선을 시행케 했

---

11 「인명진 구술녹취 전문」, 제1차(2011. 1. 6.), 김명배 엮음, 앞의 책(Ⅷ), p. 350.

다. 또 인명진은 KBS 이사로 일하면서 장애인 고용과 간부들의 연봉제를 도입하여 합리적인 공영방송 운영에도 힘을 쏟았다. 이외에 인명진은 시민운동에도 관심을 두고 1993년에 경제정의실천시민연합의 상임집행위원과 부정부패추방운동본부 본부장, 1994년 바른 언론을 위한 시민연합 집행위원장, 교계와 관련해서는 1995년 아시아기독교협의회 도시농어촌선교위원회(CCA URM) 위원장, 대한예수교장로회(통합) 총회 영등포 노회 노회장, 1998년 세계 최초의 인터넷 방송 C3TV 기독교 인터넷 방송을 설립하여 대표이사로 재직하고, 1999년 기독교 위성방송 사장을 역임했으며, 일반 언론으로는 1995년 주간 『바른 언론』의 발행인을 맡았다. 대한민국 건국 이래 한 사람이 이렇게 정계와 교계와 언론계의 주요 요직을 두루 맡은 경우가 드물 정도로 인명진은 정치, 사회, 언론, 종교 등 여러 분야에서 눈부신 활약을 했다. 이렇듯 인명진은 김영삼 문민정부에서 정치인이라기보다 여전히 민주화운동가이자 목회자로서 그 책무를 다했다.

김영삼 문민정부의 최대 업적을 꼽으라면, 금융실명제 실시와 더불어 '하나회' 해체를 들 수 있다. 김영삼은 정권의 위험을 감수하고 군부의 비밀 정치 사조직으로서 12·12군사반란과 5·18광주민주화운동 유혈진압 등 온갖 만행을 저지른 '하나회'를 숙청함으로써 김대중에게 정권을 물려줄 수 있었다. 박정희 군사독재정권 때부터 하나회는 '무소불위'의 권력 집단이었다. 육군참모총장, 기무사령관, 수경사령관, 특전사령관 등 모든 군 요직을 하나회가 차지했고 전두환을 도와 12·12군사반란에 가담해 군부를 넘어 국회의원, 장관, 청와대의 요직을 차지하고 군사독재정치에 앞장섰던 정치군인 집단이었다.

김영삼 대통령은 군부 쿠데타의 위험을 무릅쓰고 1993년 3월 8일 하나회 출신 김진영 육군참모총장과 서완수 기무사령관의 보직을 해임한 데 이어 특전사령관과 수방사령관, 야전사령관 등 5월 23일까지 하나회 소속 장군 18명의 군복을 벗겼다. 김영삼 대통령은 하나회 숙청 작업을 통해 군부의 정치 개입을 완전히 차단하여 다시는 군부가 정권을 잡지 못하게 원천봉쇄함으로써 완전한 문민정부를 완성했다.[12] 이에 그치지 않고 김영삼 대통령은 1995년 전두환과 노태우를 내란죄와 횡령, 살인죄로 구속기소하여 전두환은 법정 최고형인 사형을, 노태우는 징역 22년 6개월을 선고받았다.

이로써 김영삼 대통령은 오랜 세월 민주주의 발전을 저해해온 군사독재정권을 종식하고 진정한 문민정부 시대를 열었다. 그러나 대통령 취임 후 김영삼은 상호 갈등적이고 모순적인 정치 및 정책적 목표를 추구하였다. 김영삼 대통령은 군사정권의 실세들과 경상도민의 지역적 지지를 추구하는 한편, 전두환과 노태우 쿠데타 군사독재정권의 유산을 제거하고 지역적 대립을 완화하고자 했다. 그러나 김영삼 대통령의 개혁정치는 내부의 분열과 군사정권의 지역적 기반이었던 대구 경북 지역의 지지를 감소시키는 결과만 낳았다. 이에 따라 김영삼 대통령은 소규모의 부산과 경남 출신 세력에게 더욱 의존했고, 그로 인해 그의 정책은 자의적이고 인기 영합적인 것으로 전환되고 말았다.[13]

예컨대 김영삼 문민정부에서는 전체적으로 볼 때 서울대 출신, 법학전공 출신, 경남을 중심으로 한 경상도 출신, 정치계와 관료 출신이라는

---

12 김영삼 대통령의 하나회 숙청에 대해서는 오동룡, 「김영삼 정부의 하나회 해체 20년의 明暗」, 『월간조선』, 2013년 4월호를 보라.

13 정태환, 「김영삼 정권의 등장 배경과 주요 정치세력의 역학」, 『한국학연구』, 제22집, 고려대학교 한국학연구소, 2005, pp. 237~266.

사회적 배경을 가진 권력 엘리트가 지배적인 권력구조를 이루었다.[14] 김영삼 문민정부는 보수적 정치 성향을 띠었으나 민주적인 개혁을 단행하여 오랫동안 억압적이고 권위적이었던 전체주의 군사독재정권을 종식시키는 한편, 문민 통치의 뿌리를 내리게 하여 완전한 민주주의 체제를 확립했다. 이는 김영삼 문민정부의 뒤를 이어 김대중 정권이 들어설 수 있는 기반이 되었다. 따라서 김영삼의 '하나회' 숙청은 문민정부의 정착과 민주주의 체제를 공고하게 만든 기반이라 평가받는다. 만약 하나회 숙청이 제대로 이뤄지지 못했다면 한국은 잦은 군부 쿠데타가 일어났을 것이며 민주주의 체제가 항상 위험 상태에 놓여 있었을 가능성이 컸다. 하나회 숙청은 보수와 진보를 가리지 않고 김영삼 대통령의 최고 업적으로 평가받는다. 특히 김영삼 문민정부는 출범과 동시에 부정부패사범 특수부를 설치하고, 세무, 보건 등 구조적이고 고질적인 부정부패를 방지하기 위하여 강력한 수사를 통해 17,000여 명을 단속하고 7,500여 명을 구속했다. 그리고 공직자윤리법을 개정하여 고위공직자 재산공개제도를 시행하였으며 장면 내각에서 처음 도입했던 지방자치단체장 선거를 35년 만에 부활하여 풀뿌리 민주제의 틀을 확립했다. 정치개혁은 1994년 3월 공직선거 및 부정선거방지법, 정치자금법, 지방자치법 등 3개 정치개혁 입법을 통해 제도적인 기반을 마련했다.[15] 경제 면에서 김영삼 문민정부는 검은 돈의 흐름을 차단하기 위한 금융실명제를 시행하여 불법

---

14 노병만, 「김영삼 정권 권력 엘리트의 특성 분석」, 『한국정치학회회보』, 제31집, 제2호, 한국정치학회, 1997, pp. 143~171.

15 임현백, 「지연되고 있는 민주주의의 공고화: 정치 민주화의 과정과 문제점」, 『한국 민주화 10년: 평가와 전망』, 한국정치학회·한국사회학회 공동주최 심포지엄 논문집, 1997, pp. 1~30.

자금으로 부를 축적하는 행위를 근절했으며, 신경제 구상에 의한 신자
유주의 이념의 바탕으로 한국이 생존하기 위한 '세계화' 전략을 수립했
다. 이에 따라 김영삼 문민정부는 중소기업청을 신설해 세계화 시대에
대기업에 비해 상대적으로 약세였던 중소기업의 자생력을 키워주는 정
책을 펼쳤다.

이처럼 김영삼 문민정부는 여러 분야의 개혁을 단행하여 과거 군사독
재정권의 부패 요소와 권위적 통치의 잔재를 모두 제거해나갔다. 또 김
영삼 문민정부는 공정한 정치적 경쟁, 국민의 자유로운 정치 참여와 자
유 보장에 있어 큰 변화와 진전을 이루었다. 특히 언론의 자유와 집회의
자유도 과거보다 많이 신장되었으며, 인신 보호를 위한 사법제도의 개
선으로 인권 존중 사회가 형성되었다. 이 모든 개혁정치는 과거 권위주
의적인 정치 과정이 민주적 정치 과정으로 전환되는 구조적 변화를 일
으킨 것이었다.[16] 김영삼 문민정부의 이러한 개혁은 민주화 투쟁 과정에
서 활성화된 시민사회와 각종 시민운동단체의 호응에 힘입은 것으로,
인명진은 김영삼 문민정부의 개혁 성공을 위하여 다방면의 사회단체에
서 활동했다.[17]

---

16 민기준, 「김영삼 정부의 개혁 평가」, 『한국정치연구』, 제7집, 서울대학교 한국정치
연구소, 1997, p. 440.

17 김성식은 제14대 대통령으로 김영삼이 당선되어 문민정부 시대가 본격적으로 시
작되었을 뿐만 아니라 국가 - 정치사회 - 시민사회 간의 관계가 질적으로 변화되었
다고 보았다. 김성식, 「14대 대통령선거의 정치적 의미와 범야권의 과제」, 『동향과
전망』, 제18호, 한국사회과학연구소, 1992, pp. 219~238.

정치가 아니라 시민운동으로 가다

새로 탄생한 김영삼 문민정부에서 인명진은 정치가 아니라 시민운동에서 주로 활약했다. 인명진은 영등포산업선교회에서 노동운동을 할 때부터 그러했거니와 호주 추방 생활을 경험하고 외국 여러 나라의 혁명 실태를 살펴본 후, 제도나 이념에 의한 사회개혁은 사람의 의식을 변화시킬 수 없다는 사실을 뼈저리게 체험하고 배웠다. 더욱이 그가 추구했던 세상은 이념이 지배하는 세상이 아니라 예수 그리스도의 사랑이 넘치는 정의롭고 평등한 세상이었다. 그 신념에 따라, 그가 노동운동에 헌신할 당시 연약한 여성 노동자들에게 소그룹 활동을 통해서 가르쳤던 의식화의 핵심 내용도 투쟁 정신이 아니라 그리스도의 공동체 정신에 충실한 것이었다. 외국에서 다시 귀국했을 때 그의 눈에는 한국 사회가 민주화를 성취했으나 또 다른 기득권층이 그 자리를 메꾸고 있는 것처럼 보였다. 그들은 바로 이념으로 무장한 민주화운동가 세력이었다.

이념으로 무장한 사회는 항상 갈등과 대립으로 혼란을 겪기 마련이다. 해방 이후 한국 사회에는 이런 현상이 지속되어 모든 국민이 큰 고통을 받아야 했다. 이를 해결하기 위해 인명진은 기독교 공동체 정신을 생각했다. 그는 이 정신이야말로 이념을 초월하여 정의롭고 평화로운 세상을 건설하는 기반이 될 것이라고 믿었다. 그래서 1986년 귀국하자마자 그가 설립한 민중교회는 예수 그리스도의 가르침대로 가난한 자에게 다가가서 그들을 대접하고 보살펴주었다. 그러면서 한편으로 인명진은 이러한 자신의 신앙운동을 세상에 널리 알려서 국민 모두가 이 운동에 동참하도록 이끌기 위한 구체적 대안으로서 시민운동을 펼쳤다.

한국에서 시민운동이 활성화된 배경은 무엇보다도 1987년 6월 민중항쟁을 시작으로, 재벌 중심의 자본축적 체제에서 노동 통제와 억압적 사회관계가 균열을 일으킴에 따라 사회운동의 영역이 확장된 데서 출발했다. 이러한 분위기로 인해 자유주의적 운동 방향을 지닌 진영과 민중적 운동 등 사회운동 진영의 분화가 촉진되었다. 전자는 직선제라는 자유민주주의적 질서의 수립과 선거를 통한 자유주의 정권의 수립을 지향했으며, 후자는 민중적인 개혁을 강화하고자 했다. 그러나 1987년 대선을 거치면서 두 운동 방향 모두 부분적으로 실패하면서 자본의 자유화 요구들이 적극적으로 추진되었다. 이러한 상황에서 사회주의 체제의 붕괴를 교훈 삼아 프롤레타리아 독재, 사회민주주의, 유로코뮤니즘 등의 사회주의 위기 및 이에 대한 대안 논의들이 진행되는 가운데 민주주의, 시민사회, 그리고 시민운동이 새로운 쟁점으로 등장하게 되었다.[18] 민주화 이후 사회의 개혁을 달성하기 위해서는 보통 시민들이 역사의 전면에 나서야 한다는 담론이 제기되었다.

　보통 시민들이 사회운동에 참여하려면 운동이 비폭력, 평화, 합법적이어야 하며, 또 이 운동은 국민적 합의에 기초해서 사회 공공이익을 추구해야 했다.[19] 이리하여 1987년 자유주의적 소부르주아 세력을 중심으

18　여기에서 자유주의적 길은 새로운 전망을 찾게 된다. 즉 시민운동의 중심성을 주장하는 자유주의적 시민사회론과 민중운동의 중심성을 부정하는 다원주의적 시민사회론이 논의의 주도성을 강화하면서 시민운동의 이론적 근거가 형성되게 되었다. 이에 대하여는 다음을 참조. 유팔무 외 엮음, 『시민사회와 시민운동』, 한울, 1995.

19　경실련이 지향하는 운동 방식은 국민적 합의에 기초한 운동, 보통 시민이 주체가 되는 운동, 비폭력 평화운동, 대중적이고 합법적인 방식의 운동으로 특징지을 수 있다. 경실련 운동 방식의 특성은 시대 변화, 즉 지지 기반으로서 시민계급을 대상으로 하고, 민주화가 진행됨에 따라 시민계급에 피해를 주지 않으면서 민주주의

로 한 시민운동의 주체가 형성되었고, 현실 사회주의의 붕괴를 계기로 노동자 정치운동 세력들이 합세하면서 정치적, 조직적 시민운동 세력이 강화되었다. 그리하여 1989년 11월 인명진의 주도적인 역할 속에서 서경석 목사 등 기독교 사회운동권 인사들을 중심으로 경제민주화를 내건 경제정의실천시민연합이라는 시민운동이 탄생했다.

정치성을 배제한 시민운동으로 출범한 경제정의실천시민연합은 경제적 정의의 실현을 사회개혁의 핵심으로 설정하여 가장 먼저 자본주의 사회의 병폐인 빈부 격차와 분배의 불균형을 바로잡기 위한 범시민운동을 펼치기 시작했다.[20] 이 운동은 기독교 시민운동권을 비롯해 불교와 가톨릭 등 종교계와 시민단체들이 모두 결집함으로써 다종교 사회인 우리나라에서 종교 간 이해와 협력을 강화하여 갈등 없는 평화로운 종교 공존 사회의 기틀을 마련했다. 1987년 민주화운동 이후 노동자계급 운동이나 민주화운동 등 사회운동의 중심이 시민운동으로 이동했다. 시민운동은 혁명적이고 이념적이며 투쟁적인 성격과 달리, 온건하고 개혁적이며 여론을 동원하여 다수의 시민을 참여시키는 방식을 통해 정치에 개입했다. 대표적인 시민운동단체가 경제정의실천시민연합으로, 이는

원칙을 지켜나가는 운동 방식으로 점진주의적 세계관에 입각한 사회운동이다. 김태룡·권해수, 「시민단체에 대한 행정학자의 참여 평가 – 경제정의실천시민연합 중심으로」, 『한국거버넌스학회보』, 제14권, 제2호, 한국거버넌스학회, 2007, p. 8. 이 점에 대하여 다음을 참조할 것. 경제정의실천시민연합, 『경실련 출범 4주년 기념자료집』, 1994.

20 1989년 7월 8일 열린 발기인대회에서 경제정의실천시민연합은 발기선언문을 통해 첫째, 국민적 합의에 기초한 운동, 둘째, 비폭력 평화 합법적인 시민운동, 셋째, 합리적인 대항 방안 모색, 넷째, 정신 운동적 성격 견지, 다섯째, 가진자와 가지지 못한 자가 함께하는 운동, 여섯째, 비정치적 순수 시민운동의 방법으로 운동을 전개할 것을 천명했다.

한국 사회운동사에서 가장 획기적인 변혁을 일으킨 것이었다. 경제정의
실천시민연합은 가장 먼저 의식개혁을 운동의 중요한 목표로 규정한 계
몽주의적 담론의 특징을 지녔다. 따라서 경제정의실천시민연합은 이전
의 민주화운동이나 다른 시민단체들과 달리 중산층을 중심으로 시민들
에게 호소력을 가지는 담론 전략을 구사함으로써 영향력의 정치를 행사
했다.

경제정의실천시민연합은 초기에 경제정의에 집중하면서 토지공개념,
금융실명제, 세입자 보호, 공정거래법 부동산투기 근절, 정경유착 척결
과 세제개혁 운동, 한국은행 독립 등의 문제를 언론을 통해 여론화하여
대중의 지지와 정당성을 확보했다. 이후 1990년대 중반에 이르러 운동
영역이 다양화되어 다방면에 걸친 담론들이 생산되었다. 이 담론의 특
징은 국가정책들과 밀접히 결합하여 정의와 도덕을 정당성의 근거로 삼
았다. 특히 경제정의실천시민연합은 이전 민주화운동과 구별 짓기 위해
합법성을 전략으로 구가했으며 상식이라는 일반화된 이해에 기초하여
대중에 대한 영향력을 확대해나갔다.[21] 이는 과거와 달리 민주 대 반민
주의 대결 구도로는 우리 사회의 현상들을 충분히 설명할 수 없으며, 오
히려 경제개혁을 요구하는 진보 세력과 이를 거부하는 보수 세력의 대
결이 우리 사회의 본질적인 갈등 요소라는 점을 드러내는 것이었다. 이
에 따라 경제정의실천시민연합은 정치성이 강한 참여연대와 달리, 기층
세력이 요구했던 분배 문제보다는 국가 관료들이 주창한 노동 유연화,
공기업 민영화, 금융시장 개방 및 자유화 등 신자유주의적 개혁 의제에

---

21 박해광, 「시민사회의 담론적 실천과 영향력의 정치: 경제정의실천시민연합 사례
   를 중심으로」, 『민주주의와 인권』, 제11권, 제2호, 전남대학교 5·18연구소, 2011,
   pp. 133~166.

운동의 초점을 맞추었다. 이로써 경제민주화의 개념이 우리 사회에서 분배나 노동자의 경영 참여보다는 시장개혁으로서의 함의(含意)를 갖게 되었다.[22]

인명진의 계급의식은 노동자계급의 민중 대신 시민에게 초점을 두고 있다. 이는 재야운동권들의 민중 중심의 계급의식을 뛰어넘은 것으로, 인명진이 민주화 시대의 주인으로 설정한 시민은 민중을 포함한 선한 의지를 지닌 모든 계급이었다. 따라서 경제정의실천시민연합이 선택한 시민계급은 선한 의식의 소유자로서 복지 민주주의에 대한 신념을 지닌 시민으로 정의함으로써 기존의 재야운동권과 차별화된 인식을 보여주었다. 특히 인명진이 생각한 시민은 1987년 6월 민주항쟁 때 거리로 뛰쳐나와 투쟁의 선봉에 섰던 보통 사람의 의미를 지닌 시민이었고, 이 보통 시민들이 다시금 경제 정의를 위한 행동에 참여함으로써 분배의 공평함을 달성하는 주체가 되어야 한다고 생각했다.[23] 경제정의실천시민연합은 이같이 시민의 자발적 참여를 호소하고 여론을 규합하는 운동 방식을 취한 점진적 개혁주의의 성격을 띠었다. 그래서 경제정의실천시민연합은 혁명적인 이념으로 무장한 운동권으로부터 회색주의나 기회주의로 비판을 받았을지라도 운동 방식에 있어서는 보다 민주적이고 자율적이며 합리적이었다.

이 같은 인명진의 시민계급에 관한 인식을 토대로 시민운동을 통한

---

22 김성수, 「시민사회운동과 신자유주의 경제개혁」, 『정치정보연구』, 제17권, 제2호, 한국정치정보학회, 2014, pp. 197~226.

23 경제정의실천시민연합의 운동 방식은 온건하고 대중적인 입장에서 시민들의 직접 참여를 통한 캠페인과 입법화 운동을 구체적인 수단으로 삼고 있다. 김태룡·신류, 「경험을 통해 본 한국 NGO 활동의 과제와 개선방안—경실련을 중심으로」, 한국행정연구원, 『한국행정연구원 보고서』, 2002.

사회개혁의 이론적 기틀을 마련한 경제정의실천시민연합은 사회, 정치 등 여러 분야에서 과감한 개혁운동을 펼쳤다. 경제정의실천시민연합은 1991년 이후부터 경제부정고발센터를 개설하여 재벌 감시 활동과 경제 정의 평가모형을 개발하고 시민과 함께하는 개혁운동을 주도하였다. 그 결과 1993년 경제정의실천시민연합은 급속도로 발전하여 1993년 초 회원 수가 6,000명이던 것이 1995년 3월에는 12,000명으로, 상근 실무자의 수는 37명에서 70명으로, 그리고 지방조직은 10개 지역에서 24개 지역으로 늘어났으며, 1년 예산만도 4억 원에서 9억 원을 넘는 수준으로 팽창하였다. 또 경제정의실천시민연합은 1994년 9월 40여 개의 시민단체와 연대하여 '한국시민단체협의회'를 구성했다. 초기에는 토지, 주택에 치중하였으나, 이 시기에 이르러 중소기업, 경제력 집중, 금융, 세제, 노사관계, 농촌 등 경제 정의, 그리고 이어서 교통, 지방자치, 교육, 언론, 행정 개혁, 정치 개혁, 사법부 개혁, 부정부패, 환경, 통일 문제까지 운동 영역을 확장하였다. 따라서 이 시기는 경제정의실천시민연합이 가장 활발하게 운동을 펼치며 막강한 영향력을 행사했던 부흥기였다.

특히 경제정의실천시민연합은 한의약 분쟁에서 그 조정 역할을 수행하였고, 금융실명제 조기 정착을 위한 캠페인을 벌였다. 또 이듬해 우루과이라운드(UR) 재협상을 촉구하는 등 우리 농업 살리기 운동을 활발하게 전개하였다. 1995년에는 한국은행의 독립을 촉구하는 운동을 주도하였고, 지방자치선거 운동에 대비한 공명선거 실천 운동을 펼쳤다. 특히 경제정의실천시민연합은 1996년부터 활동 범위를 넓혀 노동관계법 개정 운동, 정보공개법 제정 운동, 행정절차법 제정 운동 등도 수행하였다. 그 밖에도 경제정의실천시민연합은 예산 감시 운동, 정경유착 근절 운동 등과 아울러 환경보호와 경제발전의 조화, 통일운동 등도 활발하게 전개했다.

인명진은 경제정의실천시민연합 활동을 시작으로 노동 및 민주화운동가에서 본격적인 시민운동가로 방향 전환을 하기 시작했다. 경제정의실천시민연합은 한국의 경제 정의와 사회적 불평등 해소를 목표로 삼아 민주적·체계적·종합적으로 다양한 국가와 사회의 문제를 다루는 시민운동의 새로운 전형을 창조하는 데 성공했으며, 이러한 모델은 전 세계적으로도 크게 주목을 받았다. 즉 민주적인 방식으로 합리적인 대안을 통해 국가가 지닌 문제에 대한 해결 방안을 제시하고 이의 이행을 촉구한 경제정의실천시민연합은 이후 한국 시민운동의 발전에 공헌했을 뿐 아니라 운동의 영역 확장과 영향력 강화를 통해 김영삼 문민정부의 개혁을 성공으로 이끄는 여건을 제공했다.[24] 이처럼 노태우 정부 말기와 김영삼 정부 초기 금융실명제의 실시, 토지공개념의 도입, 고위공무원 재산등록, 한국은행의 독립, 국가안전기획부의 개혁, 지방자치제 시행, 정치 개혁 등 수많은 정책 대부분이 경실련이라는 하나의 NGO에서 나왔다.[25]

---

24 김태룡·권해수, 앞의 글, pp. 10~23.
25 박상필, 『NGO와 현대사회』, 아르케, 2001, pp. 230~234.

환경, 하나님이 만든 고귀한 세상

인명진은 김대중 정권과 노무현 정권 초기에 정치와 거리를 두고 목회와 선교 그리고 시민운동에 전념하면서 계약 공동체의 이상을 갈릴리교회의 목회 속에서 실현하려고 했다. 갈릴리교회는 사랑의 도시락 나눔, 사막화 방지를 위한 몽골 나무 심기 운동, 베트남 암소은행 사업, 북한 어린이 돕기, 이주노동자 선교 등 국내뿐 아니라 해외에까지 눈을 돌려 불우 이웃 돕기와 환경운동에 적극 참여했다. 그러면서 인명진은 교회의 모든 선교 활동이 시혜적 차원이 되지 않게, 교인들의 신앙고백이 담긴, 가치관과 삶의 변화에서 나오는 헌금으로 이뤄지게 했다. 그러나 갈릴리교회의 이 모든 활동은 독자적인 것이 아니라 지역 동사무소와 사회복지관, NGO, 이웃 종교와 함께하는 연대활동 방식으로 펼쳐졌다. 인명진이 이렇게 목회와 선교 그리고 시민운동을 통해 사회개혁의 초석을 다져가면서 또 하나 깊은 관심을 가진 것은 바로 환경운동이었다. 인명진은 호주에서 생활할 때 매일 신문을 읽었다. 그가 하루도 거르지 않고 신문을 읽은 까닭은 한국에 관한 소식을 알고 싶었기 때문이다. 특히 전두환 쿠데타 군사독재정권이 내란음모죄로 김대중을 구속하여 사형을 선고했는데, 인명진은 그 후로 김대중이 어떻게 되었는지 궁금하기도 했다.

그러던 어느 날 인명진이 본 신문에서 나온 한국 뉴스가 고리원자력발전소의 고장 소식이었다. 인명진은 이 원자력발전소 고장이 얼마나 대단한 뉴스이길래 호주 신문에 실렸겠나 싶어 몹시 궁금했다. 그래서 이 사건을 호주 목사님께 묻자 그는 인명진을 환경운동단체로 데리고 갔다. 그 환경단체 사람들이 인명진에게 "당신이 민주주의를 위해서 고

생을 많이 했다고 들었다"며 "당신이 나라를 사랑한다면 민주화운동이 전부가 아니다. 민주화는 시간이 가면 해결된다. 그런데 당신 나라의 가장 큰 문제는 환경문제다. 우리가 알고 있는 바로는 한국인은 지금 핵폭탄 위에서 사는 셈이다. 그리고 사람 다 죽이는 일본의 공해 산업이 다 당신 나라로 들어갔다. 당신이 민족과 나라를 정말 사랑한다면 환경운동을 해야 한다"라고 조언했다. 이에 충격을 받은 인명진은 미국 샌프란시스코의 원자력 핵 반대운동을 펼치고 있던 환경운동단체를 알게 되었고, 한국으로 돌아오자마자 노동운동과 민주화운동의 여러 동료들에게 비핵운동을 함께하자고 건의했다. 하지만 이들은 모두 이념과 혁명을 통해 전두환 쿠데타 군사독재정권을 타도해야 할 판에 무슨 배부른 소리냐며 이런 일을 하고 다니면 '미친 사람' 취급받는다고 핀잔을 주었다. 인명진은 이런 비웃음을 사더라도 포기하지 않고 1982년 호주에서 귀국하자마자 여러 사람의 도움을 받아 권호경 목사와 더불어 '한국공해문제연구소'를 창립했다.

인명진은 이 환경운동단체를 만들어 민주화운동과 관련이 없던 박준순을 초대 원장으로 임명하고 개신교, 가톨릭, 비기독교인 등의 인사들을 이사로 받아들였다. 이때 직원으로 최열과 정문화가 채용되었는데, 환경운동보다 정치운동에만 전념하던 간사 최열이 공해문제에 관련한 자료를 다 가지고 나가서 '공해추방연합'을 세우고 자신이 공해문제와 환경운동의 원조로 행동하고 다닌다는 말이 들리자 인명진은 그 배신감에 큰 상처를 입기도 했다.[26]

인명진이 온 힘을 쏟아 만든 한국공해문제연구소는 이렇게 하여 빛만

26 「인명진 구술녹취 전문」, 제1차(2011. 1. 6.), 김명배 엮음, 앞의 책(VIII), pp. 398~399.

잔뜩 짊어진 빈껍데기 단체가 되고 말았다.

　　결국 인명진은 이 모든 문제를 혼자 다 떠맡아서 기존 단체 명칭을 '한국교회환경연구소'로 바꾸고 환경운동을 중단 없이 이어갔다. 그러던 중 인명진은 당시 공해문제로 사회적 물의가 일었던 울산공단 지역의 흙을 채취하여 일본에 보내 분석하게 했는데 이것이 큰 파문을 일으켰다.[27] 이에 그치지 않고 인명진은 전국 교회를 순회하며 한국 교회가 환경운동에 적극적으로 동참할 것을 호소했다. 또 인명진은 환경문제에 동참을 호소하는 기독교적인 설교문을 만들어 전국 교회에 배포함으로써 한국 교회가 환경운동에 적극적으로 참여하도록 유도했다. 한국의 최초 환경문제 설교가 인명진에게서 나온 것이다. 이후 인명진은 이 환경운동단체를 25년간 이끌었다. 그러다 그는 노무현 정권 시절 야당인 한나라당

27　1983년 원진레이온과 온산 등 공해 피해 실태조사가 본격적으로 시작됐다. 온산 공해병을 조사하고 발표한 것은 하나의 사건이었다. 온산 공해병은 카드뮴 중독으로 인한 병으로, 연구소의 발표를 통해 사회문제로 처음 대두됐다. 온산공단의 공해병 사건은 한국 사회에 환경운동의 불을 당겼다. 한국공해문제연구소는 또 1984년 6월 한국 교회에 '환경 주일' 제정을 선포했다. 환경 주일은 1990년 한국기독교교회협의회(NCCK)와 연대해 전 교단으로 확대돼 지금까지 이어지고 있다. 1986년에는 한국 최초로 '반공해 선언'을 발표했다. 반공해 선언은 80년대 민주화운동 시기와 맞물리면서 교회가 사회 민주화까지 선도한 사례로 볼 수 있다. 당시 선언은 "공해는 독점, 억압, 분단의 소산이며 민주화가 공해문제 해결의 첩경"이라고 밝히고 있다.『국민일보』, 2013년 11월 27일 자. 현재 울산의 온산공업단지는 국내에서 공해문제가 거론될 때마다 빠지지 않고 등장하는 대표적인 곳으로, 한국의 이타이이타이병·미나마타병이라고 불리는 온산병의 근원지이다. 온산공업 단지에 발을 디뎠을 때 가장 먼저 일행을 반긴 것은 '악취'였다. 마냥 평온해 보이는 마을과는 달리 정신이 혼미할 정도의 악취는 생각보다 심각했다. 공장 폐수들이 모이는 하천으로 이동하자 악취는 더욱 심해졌으며, 작은 대정천에 모인 공장 폐수들이 흐르고 흘러 결국 온산 앞바다로 흘러가는 것이다. 비가 오면 상황은 더 심각해져 슬러지까지 섞여 흘러나가는 실정이며, 황화수소 함량이 높아져 하천이 부글거리는 모습까지 보일 정도이다.『환경일보(http://www.hkbs.co.kr)』, 2005년 9월 22일 자.

의 윤리위원장으로 추대되었다.

당시 이명박 대통령은 당선된 후 이른바 한국형 녹색 뉴딜 정책으로 4대강 사업을 추진하고 있었다. 2008년 12월 29일 낙동강 지구 착공식을 시작으로 2012년 4월 22일까지 22조 원의 예산을 들여 완공한다는 운하사업이 시작되자, 그런 정부의 여당인 한나라당 윤리위원장직을 맡고 있던 인명진은 자신이 환경운동에 맞지 않는다는 이유를 들어 기독교환경운동연합에서 손을 떼게 되었다. 그렇다고 그는 환경운동을 완전히 그만둘 수는 없어서 현재까지 꾸준하게 몽골에 '나무 심기 운동'을 벌여 몽골 사막화를 방지하는 데 앞장서왔다.

특히 영등포산업선교회에서 일했던 인명진은 오랫동안 구로와 영등포 공단의 노동자들과 함께하면서 이들이 공해 피해로 심각한 직업병을 앓고 있다는 사실을 알고 있었다. 인명진은 노동자들의 공해 피해 문제를 그냥 넘기지 않았다. 마침 인명진이 영등포산업선교회에서 일을 그만두었을 때 독일교회가 그에게 다른 일을 권유하자 주저하지 않고 노동자 직업병 치료 전문병원을 세우고 싶다고 말했다. 이렇게 해서 독일교회의 지원으로 서울시 구로동에 직업병을 전문으로 다루는 '구로의원'을 세워 10년 동안 운영하며 여러 가지 공해로 인한 노동자들의 직업병을 연구하고 이에 관련된 인재를 길러냈다. 양길승, 김양호 등 현재 산업 안전에 종사하고 있는 이들 전문가들이 다 '구로의원'을 거쳐간 사람들이다. 인명진은 더 나아가 직업병 종합병원을 설립하기 위해 분투했으나 IMF로 인해 건물만 신축하고 개원은 포기할 수밖에 없었다. 따라서 우리나라에서 직업병 문제와 산업안전 문제에 대하여 인명진의 공헌을 빼놓을 수 없다. 이런 경험이 그가 김영삼 문민정부 때 행정쇄신위원회에서 산업안전과 직업병에 관련한 여러 법적 장치를 마련하게 된 동기가 되었다.

이렇게 사회개혁과 다방면의 사회봉사 운동에 전념하던 중 1994년 호주 연합교회 존 브라운 목사가 인명진을 찾아와 호주 장로교회가 설립한 부산 일신기독병원의 운영을 맡아달라는 제의를 했다. 호주 선교사 제임스 노블 맥켄지(James Noble Mackenzie)의 두 딸로, 의사인 헬렌 맥켄지(Hellen p. Mackenzie)와 간호사인 캐서린 맥켄지(Catherine M. Mackenzie)는 6·25전쟁 당시 한국에 와서 의료선교 활동을 했다. 전쟁 중이라 제대로 치료를 받지 못한 신생아와 산모들이 사망하는 경우가 흔했다. 이때 이들 선교사 가족은 부산진교회 지하실에서 미군 부대로부터 얻어온 야전 침대를 갖다 놓고 산모들을 돌봤다. 1952년 처음 시작한 이들 자매의 진료소가 오늘 일신기독병원으로 발전했다.

지금까지 이 병원에서 태어난 신생아가 약 30만 명에 이른다. 문제는 이 자매가 호주 교회에서 파송된 사람들이 아니라 개인 자격으로 의료선교를 했다는 점이다. 이후 이 병원은 호주 장로교회의 빅토리아장로교 유지재단에 귀속되어 호주 선교사들이 이 병원을 운영해왔다. 그러다가 호주 선교사들이 모두 호주로 돌아가면서 한국인이 호주 선교부를 대표하여 이 병원을 운영할 수 있는 인사를 찾는 중이었고, 인명진이 호주 교회를 대표한 이사로 추천된 것이었다. 이 같은 우여곡절 끝에 일신기독병원의 이사로 취임한 인명진은 이 병원의 운영 적자가 매년 10억 원에 달하는 것을 보고 놀라지 않을 수 없었다. 게다가 큰 사기꾼이 이 병원에 달라붙어 아예 병원이 이들에게 넘어갈 위기에 봉착하게 되자 인명진은 2009년 이사장으로 취임하여 본격적으로 병원 정상화에 나섰다. 그 결과 일신기독병원은 연 매출액이 100억으로 매년 적자를 기록하던 것이 연 1,000억으로 증가했고 직원 수도 300명이던 것이 1,000명으로 늘어났다. 이렇게 일신기독병원은 다시 살아나 건실하게 병동을 확장하며 발전해 부산의 유명 종합병원으로서 자리매김하게 되었다. 이 일에 대하여 인명진은 이렇게 말한다.

"나는 지금까지 10년 동안 이사장을 하면서 모두 내 이름으로 계약하지만 한 번도 의료기 업자를 만난 적도 없고 병원 2개를 지었으나 건축업자를 만나지도 않았어요. 이래야 병원이 살아나기 때문이지요."[28]

인명진은 이렇게 청렴하게 일하면서 도산 위기에 놓였던 일신기독병원을 살려 더 크게 발전시켰다. 그는 노동운동가에서 민주화운동가로, 그리고 시민운동가로 전환해가면서 교회를 기초로 한 신앙공동체 운동을 펼쳐 이주민 노동자나 홀로 사는 노인들을 돕는 사랑의 도시락, 또 가난한 노동자 아이를 돌보는 희망 어린이집 운영 및 사회봉사를 수행하는 등 사랑을 베푸는 일이라면 뭐든 마다하지 않았다. 이 모든 인명진의 활동 뒤에는 곽선희 목사라는 든든한 지원자가 있었다. 인명진은 이렇게 회고한다.

"언론에서 나를 용공 좌경이라며 운동권 괴수로 만들다 보니 누가 나를 목회자로 인정하고 노회나 총회에서 활동할 수 있게 해주겠는가. 다 나를 피했어요. 그러나 곽선희 목사만이 나를 보증해줘서 내가 교단에서 혹은 어느 영역에서든 활동할 수 있었지요. 그는 나를 믿음의 아들이라고 높여주면서 자기 아들보다 더 나를 챙겨주는 거야. 나는 진짜 곽선희 목사님만 생각

---

28 「인명진 구술녹취 전문」, 제1차(2011. 1. 6.), 김명배 엮음, 앞의 책(VIII), p. 402.

하면 눈물이 날 만큼 그 은혜를 갚을 수가 없어요."[29]

보수교회의 대표적인 목회자 곽선희 목사와 인명진의 인연은 이렇게 그리스도의 사랑으로 이뤄졌다. 인명진이 보수 성향이 짙은 교단으로부터 배척받았음에도 오늘날까지 목회와 선교 활동을 순조롭게 할 수 있었던 것도 다 곽선희 목사의 아낌없는 후원 덕분이었다.

---

29 「인명진 구술녹취 전문」, 제1차(2011. 1. 6.), 김명배 엮음, 앞의 책(Ⅷ), p. 405.

종교 간의 화해와 협력 모색

인명진은 자신이 구상하고 실천에 옮긴 신앙공동체 운동에서 개신교라는 특정한 종교 차원에서 벗어나 불교와 천주교 등 타 종교와의 화해와 협력관계도 활발하게 추진해나갔다. 이 가운데 인명진은 불교계와 특별한 인연을 맺고 있었다. 이명박 정권 초기인 2008년 7월 29일, 경찰이 조계종 총무원장 진관 스님이 타고 있던 승용차를 세우고 검색하는 사건이 발생했다. 경찰은 그때 조계사 경내에 피신해 있던 광우병 국민대책위원회 지도부를 체포하기 위해 체포영장을 발부받아 조계사 출입을 검색하고 있던 중이었다. 조계사 측은 이를 과도한 검문이라고 비난하며 이를 승려들의 수행권을 침해한 행위로 규정했고 총무원장의 차량까지 검문검색한 것은 불교 탄압이라고 강력하게 비난했다. 이에 대응해 불교계는 전국 산문을 폐쇄하고 불교 시국대회를 열어 정부를 강력히 규탄했다.

이 사건은 불교계가 이명박 대통령이 독실한 기독교 신자라서 불교를 외면하고 경시한 결과라고 오해한 데서 빚어진 일이었다. 급기야 이명박 정권과 불교계 사이의 적대적인 감정이 고조되어 파국으로 치닫기에 이르렀다. 이때 인명진은 이명박 정권으로부터 이 사태를 해결하기 위해 중재에 나서줄 것을 요청받았다. 인명진은 먼저 불교계 인사들을 만나 그들의 이야기를 듣고 이를 이명박 대통령에 전달하여 원만한 타협을 통해 더 사태가 악화되는 것을 막았다. 불교계는 모든 규탄과 시위를 중단하고 다시 제자리로 돌아갔다. 그리고 인명진은 개인적으로 친분을 쌓은 스님들에게 석가탄신일에 축하란을 보내기도 하고, 영담, 법륜, 원종, 법현 스님 등의 초청을 받아 법회에서 축사를 하기도 했다. 또 그는 불교계의 경축 행사나 시국 행사에 기독교를 대표하여 축하와 격려를 보내기도 했다.

그리고 그는 이명박 대통령이 강하게 추진하려 한 4대강 사업에 반대하고 생명 존중 정신을 국민에게 알리기 위해 2010년 7월 19일 시청 앞 광장에서 소신공양한 문수 스님의 뜻을 기리기 위한 추모문화제 행사에 조계종의 초청을 받아 직접 참석하기도 했다. 이날 엄청난 비가 쏟아지는 가운데 인명진은 추모객을 향해 "종교인으로서 자신이 믿는 신념과 진리를 위해 기꺼이 자기 목숨을 바친 것은 참으로 용기가 있는 일"이라며 "세상의 불의와 생명이 죽어가는 것을 보고 이를 막기 위해 문수 스님처럼 적극적으로 행동과 실천에 옮기지 못한 것을 부끄럽게 생각하고 자성한다"라고 말해 참석자들로부터 기립박수를 받았다. 그는 이처럼 타 종교를 존중하며, 종교가 인간 사회를 아름답고 평화롭게 이끌어가는 선구자 역할을 하는 것에 대해 적극적으로 지지하고 참여하여 불교계는 물론 천도교 등에서도 존경을 받았다. 이처럼 그는 타 종교와 거리낌 없이 교류하고 협력하며 종교적 대화를 통해 서로의 신앙체계를 이해하는 데 앞장섰다. 타 종교를 배척하기보다 존중하고 이해한 그는 기독교의 교회일치운동에 대해서도 다른 기독교인들과 생각이 달랐다. 이에 관하여 다음의 글을 보자.

"에큐메니컬 운동이라는 게 뭡니까? 에큐메니컬 운동한다고 1년에 한 번씩 성공회에서 모여 천주교랑 같이 예배드리고 회의하는 것, 난 이것도 필요하다고 생각하지만 진정한 의미에서 에큐메니컬 운동이 아니라고 생각합니다. 한국 교회 역사 가운데 가장 제대로 된 에큐메니컬 운동은 3·1운동이라고 생각합니다. 3·1운동은 기독교, 불교, 천도교와 여러 사람이 모여서 같이 일으키지 않았습니까? 다음으로 1970년대에 노동자, 빈민, 농민 등 이러한 민중의 문제를 같이 모여 의논하고 해결하기 위하여 감리교, 예장, 기장, 천주교 그리고 예수를 믿지 않은 사람들까지 다 모여서 같이 일을 해왔던 거, 이게 진정한 에큐메니컬 운동이었고, 이 연장선에서 민주화운동도 마찬가지입니다. 그때 이 일에 참여했던 분들이 지금 우리나라 정치계의 거목이 되었지요."[30]

인명진에게 에큐메니컬 운동이라는 정의는 단순히 교파가 다른 기독교인들만의 일치 운동이 아니라 종교, 사상 등을 따지지 않고 모든 사람이 사회정의나 가난한 민중을 위한 운동에 참여하는 것이었다. 이처럼 인명진은 자신이 기독교인이고 목회자이지만 종교적 편협성에 갇히지 않았다. 즉 에큐메니컬 운동은 모두가 '하나 됨'으로써 사회정의를 이뤄가는 운동이었다. 인명진은 그저 종교 영역에만 머물지 않고 앞서 살펴본 바와 같이 노동운동, 민주화운동, 시민운동, 환경운동, 정치 활동, 인권운동, 통일운동, 남북교류 활동, 외국인 노동자 지원 등 다양한 분야에서 헌신했다.

또한 인명진은 공론의 주도자로서 한국 방송계에서도 독특한 위상을 지니고 있다. 앞서 열거한 바와 같이 인명진의 영향력은 우리 사회 곳곳에 강력하게 미쳤다. 연합뉴스의 대담 프로그램 〈담담타타〉, 그리고 다른 공영방송 시사 프로그램에서 타의 추종을 불허한 정치평론의 높은 경지를 보여주기도 했다. 또 tvN이 종교 간 대화와 화합을 목적으로 목사, 신부, 스

---

30 「CBS 인명진 목사 영상 인터뷰」, 김명배 엮음, 앞의 책(Ⅷ), p. 420.

님 등을 출연시켜 진행한 〈오 마이 갓〉 탄생에도 인명진이 주도적인 역할을 했다. 이어 BBS 불교방송의 〈고성국의 아침저널〉에 고정 출연하여 마가 스님과 함께 진행한 종교인 대담도 많은 불교도에게 큰 인기를 끌었다. 인명진은 종교의 담을 허물고 종교 사이에 갈등 없이 서로 협력하여 올바른 사회를 구현하도록 한국 종교계를 이끈 큰 성직자 역할을 했다.

그러면서 인명진은 자신이 몸담은 한국 교회의 발전을 위해 노동, 환경, 정보통신, 총회 정책, 그리고 교회일치운동(에큐메니컬)에서 활발하게 활동했다. 한국 교회는 가톨릭 교회와 달리 여러 교파가 난립하여 연합보다 개교회주의 풍조가 강할 뿐 아니라 한국기독교교회협의회(NCCK)와 한국기독교총연합회로 연합기관마저 양립되어 있다. 이 두 한국 교회 연합기관은 각기 진보와 보수진영의 교회를 대표해 서로 다른 시국 해석과 신앙 노선에 관한 지침을 내리고 있다. 이로 인하여 한국 교회는 보수우파와 진보좌파의 정치적 이념과 결부되어 한국 사회의 분열과 갈등의 진원지 역할을 하고 있다. 이런 점에서 인명진은 한국 교회의 일치를 주장하며 기독교의 여러 에큐메니컬 운동에 참여하여 한국 교회의 화합과 일치를 위해 많은 노력을 했다. 먼저 그는 1992년 한국기독교교회협의회에 교단 총대로서 연합기관과 관계를 맺었다. 1993년 당시 교회협 총무였던 권호경 목사가 임기 중에 기독교방송 사장으로 선임되자, 예장(통합) 총회는 교회협의 개혁을 요구하기에 이르렀다. 이때 인명진은 대화위원회 서기를 맡아 활동하면서 마침내 교회협의 개혁과 개방에 관한 6개 항의 합의를 이뤄냈다.[31] 이같이 인명진은 교회일치운동에

---

31 『대한예수교장로회 제80회 총회 회의록』, 한국장로교출판사, 1996, pp. 87, 1001~1007.

헌신적으로 활동했으나 정작 자신은 그 협의체 밖에 머물렀다.[32] 그렇지만 인명진은 소속 교단에서 환경보존위원회, 노동상담소, 인권위원회, 정보통신위원회, 그리고 우리나라 최초의 인터넷 방송 C3TV를 설립하는 등 교단 발전과 사회운동의 영역에 이르기까지 많은 활동을 했다. 인명진은 이러한 한국 교회에서의 공로를 인정받아 2007년 장로회신학대학교에서 명예 신학 박사학위를 수여받았다.

---

32 첫째는 1993년 김영삼 문민정부 때 기독교방송 사장으로 추천되었으나 당시 방송국 노조가 인명진과 김영삼 정부의 관계를 문제 삼아 반대함으로써 철회됐고, 둘째는 2001년 기독교방송의 교단 파송 이사로 추천을 받았으나 기독교 인터넷 방송과 위성방송 대표라는 이유로 선임될 수 없다고 반려함에 따라 인명진은 사의를 표명했다. 또 세 번째로 2010년 4월에 말레이시아 쿠알라룸푸르에서 열린 아시아기독교협의회(CCA) 제13회 총회에서 회장으로 선출되길 희망했으나 다른 교단의 협조를 받지 못해 좌절되기도 했다.

대북 지원사업

인명진은 목회자로서 한국 교회의 발전과 사회활동에 그치지 않고 앞장서서 북한 지원에 나섰다. 1996년 봄에 북한 주민들이 극심한 식량난을 겪으며 처참하게 생활하는 모습이 사진과 영상을 통해 우리 사회에 알려졌는데, 이에 인명진은 큰 충격을 받았다. 그동안 남한이 북한 주민의 고통을 외면하고 내버려두었다는 데 따른 양심적인 가책을 느끼며, 더는 북한 주민들의 고통을 외면할 수 없다고 생각했다. 그리던 중 마침내 북한 동포 돕기 운동이 일어나 1996년 6월 '우리민족서로돕기운동'이 출범하자, 인명진은 이 단체의 상임 공동대표를 맡아 직접 인도적 대북 지원에 나섰다.

사실 인도적 대북 지원 활동은 인명진이 20년 동안 해온 일이었다. 그러나 아직도 북한 주민들을 돕는 행위가 불온하다는 정서가 널리 깔려 있던 분위기였기 때문에 누구도 쉽게 북한 동포 돕기 운동에 호의적인 태도를 보이지 않았다. 그리하여 인물 중심에서 벗어나 개신교, 불교, 천주교, 원불교, 천도교, 유교 등 6대 종단과 각 분야의 시민사회단체들이 범국민 운동으로 우리민족서로돕기운동을 출범시킨 것이었다. 1996년 6월 8일 세종문화회관에서 열린 우리민족서로돕기운동 발족 기자회견에서 인명진은 개신교 대표로 참여하여 2년간 중앙위원을 맡았다. 그해 7월 12일 우리민족서로돕기운동은 북한 동포 돕기 범국민 모금운동을 선포하고 본격적으로 모금운동에 돌입하여 짧은 기간에 1억 7,000만 원을 모아 마침내 첫 지원 물자인 밀가루 500톤을 9월 16일 인천항에서 북한 남포항으로 보낼 수 있었다. 그렇지만 범국민 모금운동은 9월 18일 강릉에 북한 잠수함이 침투하는 사건이 일어나면서, 다음 해인 1997년 4월 옥수수 10만 톤 보내기 범국민 캠페인이 전개되기 전까지 잠정 중단되고 말았다.

이 기간에 북한은 최악의 식량 위기를 겪으며 대규모 아사자가 발생했다. 이러한 민족 위기를 더는 외면할 수 없다는 분위기 속에서 우리민족서로돕기운동은 4월 옥수수 10만 톤 보내기 운동을 시작했다. 이 캠페인은 1997년 4월 12일 김수환 추기경, 강원룡 목사, 송월주 조계종 총무원장, 서영훈 우리민족서로돕기운동 상임대표 등 4인이 동참하고 북한의 식량 위기를 돕기 위한 사회 각계 인사의 '옥수수죽 만찬'을 통해 전개됨으로써 성공할 수 있었다. 이후 인명진은 앞장서서 종교계와 개별 민간단체들을 동참하게 하여 북한에 식량을 지원하는 데 큰 노력을 기울였다.

1998년 김대중 국민의 정부가 출범하자 북한 동포 돕기 운동은 안정적으로 진행되었으며 인도적 대북 지원은 민족 화해를 위한 중심 사업으로 자리 잡게 되었다. 민간단체의 대북 지원은 남북 사이의 냉전적 대결 구도를 극복하여 화해와 협력관계로 변화하게 한 주요 동력이 되었다.[33] 또 북한 돕기 운동을 통해서 인명진은 북한이 적이 아니라 함

---

33 1995년 이래 지속된 남한 대북 지원 민간단체의 대북 식량 지원 운동은 남한 시민사회와 정부에 팽배했던 대북 적대감과 식량 지원에 대한 부정적 인식을 동포애, 인도주의 그리고 화해와 협력을 통한 평화의 대상으로 전환시켜주었다. 이는 대북 식량 지원의 점진적 증가를 가능하게 하였을 뿐만 아니라, 대북 지원 운동의 후반기인 노무현 정부에 이르러 대북 지원 결정의 주체인 정부가 스스로 대규모 대북 지원을 계속 추진하는 '초기 형태의 제도화 단계(the initial stage of rule-consistent behaviour)'를 가능하게 하였다. 문경연, 「북한의 식량난과 대북 지원 민간단체의 역할」, 『북한연구학회 동계학술발표논문집』, 북한연구학회, 2011년, pp. 48~57.

께 한반도의 미래를 만들어가야 할 동포로 인식하는 데 크게 이바지했다. 2002년 남북 경비정의 서해교전, 2004년 조문 파동, 2007년과 2009년 핵실험, 2010년 천안함 사건과 연평도 사건 등으로 한반도에 군사적 긴장이 고조되고 남북 대화마저 중단되어 남북관계가 경색된 상황에서도 민간의 대북 지원은 중단되지 않았다. 이러한 민간의 대북 지원은 남북관계가 단절되지 않게 해줌으로써 한반도의 평화를 지키는 역할을 한 것이다. 더 나아가 민간 대북 지원은 해방 이후 단절된 남북의 체제와 문화를 상호 이해하게 해주고 민족의 동질성을 회복하게 해주었다.[34]

---

34 민간단체의 대북 지원은 다음의 몇 가지 차원에서 남북관계를 진전시키는 데 일정한 역할을 하였다. 첫째, 식량·보건의료 등 북한의 어려운 부분을 지원함으로써 적대감을 해소하고 남북 간에 신뢰가 축적되는 계기를 마련하였으며 둘째, 남북 간의 정치 군사적 긴장이 조성된 경우에도 민간의 지원 활동이 계속 유지됨으로써 남북 간 의사소통의 통로로서 기능했다. 셋째, 지원 활동을 통하여 인적 교류의 확대가 이루어졌으며, 남북 간의 인적 네트워크가 형성되는 토대가 마련되었고, 넷째, 폐쇄적인 북한 체제의 특성으로 일상생활 등에 대한 정보 취득이 쉽지 않은 현실에서 지속적인 방북과 지원사업의 확대는 새로운 북한 관련 지식과 정보를 획득하는 통로로 기능했다. 다섯째, 긴급구호를 위한 식량이나 의료품의 지원이 반복되고, 다른 한편으로 개발 협력으로 지원 형식이 전환되면서 북한의 대남 의존도는 점차 확대되고 있다고 할 수 있다. 여섯째, 북한의 열악한 경제 사정을 고려할 때, 민간 부분의 대북 지원은 긴급구호로서의 역할을 넘어서서 북한의 경제위기 해소에도 일정 부분 이바지했다고 할 수 있으며, 일곱째, 최근 지원사업이 합동사업, 정책사업 등으로 발전하면서, 개발 협력으로 전환하는 경향이 있는 바, 이것은 북한 경제의 생산 수준 자체를 높이는 결과로 이어졌다. 여덟째, 농기구 지원의 경우 만성적인 식량난에 허덕이는 북한 농업 부문에 일정 부분 긍정적인 영향을 미쳤으며 북한 지역 나무 심기 운동은 임업 차원에 효과를 거두었다. 아홉째, 경제난 이후 급격하게 저하된 북한 경제의 생산능력을 고려할 때, 남한으로부터의 물자 유입은 북한의 시장경제 활성화의 기초 토대가 되었다. 열째, 또 한편 민간단체 대북 지원은 남한 사람들과의 접촉이 확대되면서 남한 사람들에 대한 북한 사람들의 경계감이나 적대감이 줄어드는 경향이 있고 지원 물품이 확대되면서 남한 물건을 일상적으로 접하고 있으며, 이는 물질을 넘어 남한 사상의 문화도 쉽게 받아들이는 토대가 되었다. 그리고 접촉이 반복되는 동시에 남한의 기술을 북한에 전

2009년 3월 우리민족서로돕기운동 상임 공동대표직을 맡아 처음으로 평양을 방문한 인명진은 북한 관계자에게 대북 지원 사업을 위한 북측의 협력을 주문하는 등 남북의 여러 분야의 교류도 제안하여 북측으로부터 큰 신뢰를 얻기도 했다. 이러한 성과는 인명진이 개성공단 내 현대아산 직원 억류 사건을 해결하는 데서 드러났다. 당시 현대아산 직원 한 명이 억류되자 우리 정부는 이를 무리 없이 잘 해결하려고 노력하고 있었다. 북측은 이 문제 해결을 인명진에게 요청했다. 인명진은 아프리카 가나에서 급히 돌아와 정부와 이 문제를 상의하고 몇 차례 중국에서 북측 관계자와 만나 조건 없는 신병 인도를 요구했다. 그리고 그는 2009년 4월 장거리 로켓 발사와 5월 2차 북한 핵실험으로 인해 중단한 식량 지원을 재개하겠다고 약속하고 북측을 설득했다. 이렇게 하여 8월 억류된 현대 아산 직원은 풀려났으나 북한 식량 지원 문제를 고스란히 인명진이 떠안게 되었다.

당시 정부나 현대아산의 도움 없이는 약속한 식량을 지원하기 어려웠다. 그러나 인명진은 온갖 노력 끝에 8월부터 4개월에 걸쳐 옥수수 1만 1천 톤(약 38억 원 상당)을 북한에 지원했다. 2010년 천안함 사건이 발생하고 5·24조치로 대북 지원이 중단되었을 때도 인명진은 그해 7월과 8월 큰 수해를 입은 북한 주민들에게 긴급 지원을 할 수 있도록 돌파구를 마련하기도 했다. 당시 인명진이 참여한 '민족 화해와 평화를 위한 종교인

수하면서 남한에 대한 지식이 증대되고 확산하는 경향이 생겼고 남한이 제공하는 식량을 비롯한 구호품은 일정 부분 북한 사람들의 삶을 남한식으로 개조하는 효과를 거두고 있다. 또 지원 물품뿐만 아니라 포장지 등도 재활용하면서 북한 주민들의 일상과 남한의 문화가 다층적으로 만나게 해주었다. 이우영, 「민간단체의 대북 지원 쟁점 및 개선방안」, 『북한경제 리뷰』, 제13권, 제7호, KDI 북한경제연구협의회, 2011년 7월호, pp. 77~91.

모임'에서 8월 27일 개성을 직접 방문하여 밀가루 300톤을 지원했고, 이어 9월 16일 우리민족서로돕기운동은 경기도, 한국 JTS와 함께 밀가루 400톤을 북한에 보냈다. 이 밀가루는 북한의 개성시, 황해북도 장풍군, 금천군, 황해남도 배천군, 청단군, 연안군 등 6개 지역의 유치원과 탁아소에 전달되었다. 또 그해 우리민족서로돕기운동은 10월 인천시와 함께 수해가 가장 심한 평안북도 신의주에 옥수수 700톤을 보냈다.

이처럼 우리민족서로돕기운동은 민간 차원의 대북 지원을 선도해나갔다. 특히 이 단체는 그때까지 종교단체나 통일단체에서 비공식적으로 돕고 있던 대북 지원 사업을 국민적 관심사로 발전시켜 대북 지원 규모가 식량 35억 5,000만 원, 복합비료 4억 9,200만 원, 의류 및 생필품 10억 6,000만 원 등으로 총 50억 원에 이르는 등 당시 획기적인 것이었다.[35] 이 결과 대북 지원은 활발하게 전개되어 2000년도의 대북 지원은 3,513만 달러로 전년의 1,863만 달러에 비교하여 큰 폭으로 증가했으며, 2001년에는 6,494만 달러로 2배 가까이 증가했는데, 이러한 추세는 2002년도에 5,117만 달러로 다소 줄어들긴 했으나 2003년에 다시 7,061만 달러로 증가했다. 이러한 액수는 이전과는 비교가 안 될 만큼 큰 규모로, 1995년부터 2003년까지 민간단체의 대북 지원은 1995년 25만 달러였던 것이 2003년에 이르면 7,061만 달러로 대폭 증가했다. 그러나 이와 달리 정부의 대북 지원은 1995년 2억 3,200만 불이었으나 2003년에는 8,702만 불로 오히려 줄었다.[36]

35 『우리민족서로돕기운동 5주년 자료집』, 우리민족서로돕기운동, 2001, p. 44.
36 최윤원·이수정·김형석·박현석, 『NGO의 대북 지원 현황과 발전 방향』, 통일부 용역과제, 2003, p. 10.

민간 차원의 북한 주민 돕기 운동은 그동안 얼어붙어 있던 남북관계를 개선하고 북한 주민에게 동포애와 평화 의지를 전달하여 인적 교류의 광범위한 확대를 가져왔다. 이뿐 아니라 북한 주민 돕기 운동은 다양한 교류협력사업을 만들어냄으로써 상호 이해증진과 적대심 해소 등 평화 분위기를 정착시키는 데 큰 역할을 했다. 민간단체의 대북 지원은 김대중 국민의 정부와 노무현 참여정부 시기에 북한과의 대화 및 협력을 중심으로 하는 남북관계의 변화에 따라 활성화되면서 점차 민간 차원에서 독자적인 북한 주민 지원 활동이 증가하게 되었다. 그러나 보수 우파인 이명박 정부 출범 이후 남북관계가 경색되는 국면이 지속되면서 민간단체의 독자적인 대북 지원은 위축되고 말았다. 특히 2010년 11월 23일 북한의 연평도 포격 사건에 따른 5·24조치 이후 간신히 유지해온 민간단체의 대북 지원은 전면 중단되고 말았다.

　　더욱이 이명박 정부는 지난 김대중 국민의 정부와 노무현 참여정부가 여러 방식의 대북 지원과 교류를 통한 남북 화해와 협력정책을 추진해나가는 가운데 북한이 남북관계의 주도권을 행사하여 핵보유국으로서의 역량을 강화하고 남한의 안보와 정체성에 위협을 초래했다고 보았다. 그러자 이명박 정부는 김대중과 노무현 정부와는 달리 '비핵·개방·3000' 구상을 주된 내용으로 하는, '상생과 공영의 대북정책'이라는 새로운 유형의 대북정책을 추진했다. 즉 이명박 정부는 북한이 비핵화하고 개방을 한다면 한국이 국제사회와 협력하여 북한의 주민소득이 3,000달러가 되도록 도와, 상생과 공영의 통일을 향한 길로 가겠다는 것이었다. 또한 이명박 정부는 긴밀하게 협력하는 한미동맹을 통해 북한의 변화를 끌어내기 위한 '대북 압박성 설득 정책 프로그램'에 초점을 맞추었다. 이와 더불어 이명박 정부는 김정일 체제의 대남정책이나 행태들을 정면으로 부정하며 남북관계의 주도권을 행사하려고 했다. 그러나 북한은 이명박 정부의 대북정책에 대응하여 과거보다 더 위협적이고 강도 높은 군사적 맞대응 전략을 펼쳤다. 이명박 정부의 5년 집권 기간 동안 남북관계는 긴장과 갈등, 공포와 위협이 가중되는 등 남북의 적대적인 관계가 신냉전 시대로 회귀한 것과 같은 상황이 되고 말았다.[37] 이렇게 진보 좌파 정부와 보수우파 정부는 각기 이념에 따른 대북정책을 펼침으로써 한반도의 정세와 남북관계가 분단 이후 거의 진전되지 못하고 있었다. 근본적인 문제는 바로 이념의 갈등이었다. 그래서 인명진은 남북평화와 통일을 위해서는 진보와 보수의 이념이 따로 없어야 한다며 정부가 대북 지원을 막지 말아야 한다고 계속 주장했다.

그리하여 대북 지원 민간단체와 종교계 대표들이 모여 '북녘의 식량 사정을 걱정하는 종교-시민사회 모임'을 결성하여 2011년 5월 23일 서울 프레스센터에서 대북 긴급 지원 캠페인을 전개하겠다고 밝혔다. 때마침 6월에 '메아리'와 '무이파' 태풍으로 집중호우가 내려 북한의 황해도 지역이 심각한 수해를 입자 밀가루 2,500톤을 사리원 지역에 지원하기도 했다. 이 대북 지원에 우리민족서로돕기운동을 비롯하여 한국 JTS, 대화와 소통, 굿네이버스, 기아대책, 함께 나누는 세상, 어린이재단, 월드비전 등 30여 대북지원단체와 시민사회단체가 공동으로 참여함으로써 여러 대북지원단체가 상호 연대와 협력의 단계로 발전하게 되었다.

2012년 우리민족서로돕기운동은 59개 대북지원단체로 구성된 '대북협력민간단체협의회'의 회장단체로 선출되었다. 인명진은 이 단체의 회

---

37 이창헌, 「이명박 정부의 남북관계: 분석과 평가-'상생과 공영의 대북정책'을 중심으로」, 『정치정보연구』, 제16권, 제2호, 한국정치정보학회, 2013, pp. 225~266.

장으로 선임되어 활동하기 시작했다. 2012년 7월 북한은 또 집중호우로 인하여 평안남도 안주시와 인근 지역이 대규모 수해를 입었다. 대북협력민간단체협의회는 긴급하게 이 지역에 식량을 지원하기로 하고 4명의 대표를 개성으로 파견하여 북측과 긴급 수해 지원과 어린이 지원 사업에 합의했다. 이어서 대북협력민간단체협의회는 8월 28일 민족화해협력국민협의회와 공동으로 '2012 북한 긴급 수해 지원 및 북한 어린이 돕기 범국민 캠페인'을 선포하고 8월 28일부터 9월 28일까지 '북한 어린이와 함께하는 평화와 나눔의 한가위 캠페인'을 추진했다. 당시 이명박 정부는 북한에 소규모의 수해 지원을 조건 없이 승인하겠다고 하여 두 차례에 걸쳐 북한의 수해 피해 복구 지원이 이뤄졌다.

하지만 '북한 평안남도 어린이 지원'을 위한 밀가루 2,000톤은 북측의 분배확인서와 우리 측의 현지 방문 협상이 이뤄지지 않은 데다가, 모니터링 없는 식량 지원은 허가할 수 없다는 정부의 방침으로 인해 무산되고 말았다. 2013년 박근혜 정부가 출범하고 3개월 동안 침묵하던 북한 측 민족화해협력범국민협의회가 5월 말 어린이 지원 사업 재개와 추진 의사를 밝히고 6월 19일 남한 측 제안을 수용하는 합의서와 분배계획서를 보내왔다. 그리하여 대북협력민간단체협의회는 1차로 15억 원 상당의 밀가루 1,000톤과 옥수수 1,200톤, 전지분유 16톤을 황해도와 평안도 13개 지역 6만여 명의 어린이에게 지원했다. 북한 측 민족화해협력범국민협의회는 7월 31일부터 8월 3일까지 인명진이 대표인 대북협력민간단체협의회의 9명의 현지 방문을 승인하고 사전에 초청장을 보내주는 등 적극적으로 협력했으나, 박근혜 정부는 이명박 정부가 정한 규정에 따라 북한에 식량 지원을 허락하지 않았다. 이후 한국 정부는 이 규정에 따라 북한에 식량을 지원할 수 없게 되었다.

그리하여 우리민족서로돕기운동은 북한 어린이를 돕는 새로운 식량 지원 방안을 모색하여 2010년 3월 29일 함경북도 온성군 인민위원회 및 회령시 인민위원회와 합의서를 교환하고 이후 해외동포 단체들의 도움을 받아 온성군 105개 유치원 6,562명의 어린이와 회령시 3개 유치원 어린이들을 대상으로 점심용 급식 빵과 콩, 우유가루, 국수 그리고 의류와 과자 등 물자를 정기적으로 지원해오고 있다. 이에 멈추지 않고 우리민족서로돕기운동은 2010년 2월 24일에 열린 제64차 공동대표 회의에서 함경북도 어린이 지원 사업을 안정적으로 진행하고자 '북한 어린이 돕기 캠페인이 희망이다'라는 운동을 전개하기로 하고 인명진과 영담 스님을 공동위원장으로 선출했다.

이와 별도로 인명진이 시무하고 있던 갈릴리교회는 캠페인이 시작될 때부터 지금까지 매월 북한 어린이 500명을 지원할 수 있는 기금을 정기적으로 지원하고 있다. 특히 갈릴리교회는 두만강 건너편 중국 현지의 빵과 국수 공장을 지원하여 북한 어린이에게 식량을 보내왔으나 최근에는 이마저도 북한의 제재로 중단 상태에 놓이고 말았다. 대북 지원이 정권에 따라 제대로 진행되지 못하고 있는 남한 사회 및 정치적 현실에서도 북한 어린이에게 안정적으로 식량을 지원할 수 있었던 것은 인명진의 노력과 갈릴리교회의 적극적인 후원 덕택이었다.

박근혜 정부의 인도적 대북 지원은 이명박 정부보다 더 후퇴했다. 그결과, 박근혜 정부는 유일한 남북화해와 협력의 매개체인 개성공단마저 폐쇄하여 남북은 다시 분단 초기처럼 적대관계로 회귀하고 말았다. 박근혜 정부는 '한반도 신뢰 프로세스'와 '동북아 평화협력구상'을 제시하며 당근과 채찍의 방식을 추구했으나 북한이 계속 핵 개발을 하자 강경한 제재정책을 선택했다. 박근혜 정부는 '통일은 대박이다'라는 구호를 내세우고 남북관계 재설정의 방안을 찾았으나 북한이 체제통일을 지향한다며 박근혜 정부의 대북정책을 신뢰하지 않아 남북관계가 단절되고 말았다. 박근혜 정부는 '한반도 신뢰 프로세스'로는 북한의 핵 개발을 막을 수 없다고 보고 전방위적인 압박정책을 펼치며, 북한의 정권교체와 체제 붕괴를 위한 제재와 압박 일변도의 봉쇄정책을 강화해나갔다. 이에 따라 북한이 2014년 10월 인천 아시안게임 폐막식에 황병서, 최룡해, 김양건 등 북한의 실세 3인방을 보냈지만, 이를 남북관계 복원의 계기로 삼지 못했다. 2015년 8월 북한의 지뢰 도발과 포격 도발로 촉발된 위기를 해소하는 과정에서 이뤄진 남북 고위급 접촉에서 '8·25합의'를 이뤘음에도 남북관계는 복구되지 못했다.[38] 이런 상황 속에서 북한이 연이어 핵 실험과 미사일 발사를 강행하자 박근혜 정부는 개성공단을 전면 중단하고 사드(THAAD, 고고도 미사일 방어 체계)의 배치를 결정하게 되었다.

이명박 정부에 이어 박근혜 정부의 대북정책에 따른 제재와 압박의 결과, 북한에서는 시장화가 촉진되었는데, 이런 현상이 김정은 정권의 위기를 초래할 수 있다는 분석이 제기되자, 박근혜 정부는 제재 방식이 북한 문제 해결에 더 효과적이라는 판단을 내리게 되었다. 이런 대북정책 노선에 따라 박근혜 정부는 북한 핵 개발의 동기를 북미 적대관계에서 찾지 않고, 3대 세습 정권의 체제 유지에서 찾음으로써 정권교체와 체제 붕괴를 겨냥한 제재와 압박 위주의 대북봉쇄정책을 본격화했다. 이리하여 이명박과 박근혜 정부 9년 동안 북한과 협력과 화해 방식의 대북정책보다

---

38 류길재, 「UN 제재 이후 한반도 신뢰 프로세스의 과제」, 『한반도 포커스』, 제35호, 경남대학교 극동문제연구소, 2016, p. 14.

북한붕괴론에만 의존했고, 그 결과 북한의 핵무기 고도화를 방치하는 결과를 낳고 말았다.[39] 이명박과 박근혜의 보수우파 정부가 추진한 대북 정책을 비판하며 인명진은 남북문제 해결 방안에 대해 이렇게 조언했다.

"남북문제를 풀지 못하면 한국 사회의 이념 갈등을 해결하지 못합니다. 경제문제를 해결할 통로 또한 북한이라고 생각해요. 개성공단 같은 곳을 북한에 여러 개 만들어야 해요. 대통령 직속 통일준비위원회 정종욱 부위원장이 흡수통일을 언급한 것은 매우 위험하다고 봅니다. 통일을 말할 때가 아니라 경제 협력을 할 때입니다. 남북경협이 활발해지면 중국에 매달릴 까닭이 줄어듭니다. 북미수교, 북일수교를 우리가 앞장서서 주선해야 합니다. 북한이 핵무기를 내려놓을 수밖에 없는 여건을 만들어줘야 해요. 박근혜 정부가 핵 문제 해결과 관련하여 중국의 대북 영향력을 기대하고 지금처럼 행동하는 것으로 보이는데, 그로 인해 미국이 우리를 의심합니다. 남북문제를 우리가 주도적으로 풀어야 해요. 남북문제에 약점이 있으니까 미국, 중국이

---

39 고유환, 「박근혜 정부의 대북정책: 회고와 반성」, 『한반도 포커스』, 제38호, 경남대학교 극동문제연구소, 2016, p. 26. 천안함 폭침과 연평도 포격으로 인한 5·24조치로 남북관계가 급격하게 경색되었다. 갑작스러운 김정일의 사망과 김정은의 권력 세습은 북한 정권의 붕괴 우려를 불러일으켰다. 김정은 정권 2년 차인 2013년 말 자기 고모부인 장성택과 북한 권력 상층부에 대한 김정은의 대대적인 숙청은 한국뿐만 아니라 중국을 비롯한 한반도 주변국에 다시 북한 정권의 정책 일관성과 예측 가능성에 대해 회의감을 가지게 만들었다. 2013년 김정은 정권의 '핵 개발, 경제발전 병진 노선' 채택은 남북관계의 경색 국면을 강화했고, 이에 반해 박근혜 정부는 '평화통일 기반구축'의 국정 기조하에서 '한반도 신뢰 프로세스'를 대북 추진전략으로 채택하였다. 한민족 신뢰 형성을 위한 정책적 방안으로 2014년 3월 28일 드레스덴 구상이 독일에서 발표되었다. 여기에 중국의 부상과 일본의 우경화, 그리고 북한의 핵 위협으로 향후 한반도 정세는 예측하기 힘든 상황에 직면하고 말았다. 김영재, 「박근혜 정부의 대북정책」, 『정치정보연구』, 제17권, 제2호, 한국정치정보학회, 2014, pp. 31~55.

우리를 깔보는 겁니다."[40]

  그러나 이명박과 박근혜 등 보수우파 정권과 달리 진보좌파 문재인 정부는 '평화와 번영의 한반도'라는 정책 비전을 제시하며, 다시 남북의 화해와 협력관계를 모색하기 시작했다.[41] 이 정책에 의하여 문재인과 김정은의 판문점 회담이 열렸고 이후 문재인 대통령은 평양을 방문하여 북한과 화해 관계를 전 세계에 과시함으로써 한반도에 평화가 감도는 듯했으나 이 또한 실패하면서 남북 간 적대관계가 돌이킬 수 없을 정도로 악화되고 말았다.[42] 문재인 정부의 대북정책의 성패는 북한의 핵 문

---

40 구해우,「다음 세대를 위한 인명진의 고언」, 영등포산업선교회, 앞의 책, pp. 80~81.

41 문재인 정부가 설정한 '평화와 번영의 한반도'의 대북정책 목표의 중대한 장애는 북한의 핵 문제였다. 문재인 정부는 이러한 조건에서 대북정책 실현을 위해 국제사회와 협력(국제주의), 남북관계 개선(개입주의)의 양축을 동시에 강조하며 북핵 문제의 평화적 해결 및 평화체제 구축과 '한반도 신경제지도'를 구상했다. 특히 문재인 정부의 '한반도 신경제지도 구상'은 '3대 경제·평화벨트'와 '시장 협력'이라는 실질적 정책 방향을 설정하고 있었다. '3대 경제·평화벨트'는 환동해, 환황해, 그리고 접경 지역권의 개발을 통해 한반도의 균형적인 발전을 도모하고, 동시에 중국, 러시아 등 북방경제권과 연계를 모색해나가겠다는 것이었다. '하나의 시장'은 북한의 시장화 추세를 고려한 가운데, 남북 간 상품 및 생산요소의 자유로운 이동을 촉진하여 궁극적으로 남북한의 시장 통합을 목표로 하고 있다. 그러나 문재인 정부의 대북정책 성공을 위해서는 첫째, '하나의 시장'을 추진하기 위해 북한의 통제된 시장이 한국의 개방적·자유주의적 시장과 어떻게 결합할 수 있는지 등에 대한 검토가 필요하고, 둘째, '한반도 평화체제'와 관련하여 북핵 문제의 전개 방향에 따른 대응 전략이 마련되어야 했다. 북핵의 전개는 '핵·미사일 개발의 지속', '보류(또는 중단)', '폐기'의 중 하나로 수렴될 것이다. 따라서 북핵의 전개 양태와 조건을 고려한 세부 전략의 마련이 요구되었으나 궁극적으로 이 점이 충족되지 못해 문재인 정부의 대북정책은 실패하고 말았다. 박영민,「문재인 정부 대북정책의 성공, 조건과 전망」,『접경지역통일연구』, 제1권, 제2호, 한국접경지역통일학회, 2017, pp. 29~50.

42 유엔과 미국의 대북제재는 남북관계의 진전을 가로막는 변수였고, 그 결과 한반도

제 해결에 달려 있었으나 현실적으로 미국과 유엔이 강하게 밀고 나가고 있는 북한 제재를 거스르기가 어려웠고, 한편으로 북한과 화해의 제스처를, 다른 한편으로는 국제사회의 대북제재에 동참하는 이중적인 태도로 인해 북한의 신뢰를 저버리게 되었다. 이는 문재인 대통령이 평양을 방문하여 북한 주민에게 '민족애'를 강조한 것과 전면 배치되는 것이었다. 결과적으로 이러한 문재인 정부의 이중 정책은 북한에게 미국의 영향력에서 벗어날 수 없는 '미국 종속국'의 이미지만 심어주고 말았다. 그 결과 남북관계는 이전보다 더 악화된 적대관계로 되돌아갔다. 이에 더하여 북한의 연이은 핵무기 개발로 인해 유엔이 대북제재를 계속 강화해감으로써 민간단체의 인도적 지원도 거의 중단되다시피 단절된 상황에 놓이게 되었다.

남북관계가 이처럼 적대관계로 지속되고 있는 중에도 인명진은 모든 이념을 떠나 오직 동포애로써 북한을 돕고자 하는 자신의 기독교 신앙적인 신념을 굽히지 않고 지금도 음지에서 보이지 않게 힘을 쏟고 있다. 이런 그의 신념은 보수적 이념이나 인도적 자비심이 아니라 예수 그리

안보 딜레마가 다시 등장했다. 구갑우, 「남북한의 동상이몽?: 문재인 정부의 대북정책 평가」, 『동향과 전망』, 제112호, 한국사회과학연구회, 2021, pp. 50~86. 북핵 해결에 있어 문재인 정부와 미국 트럼프 행정부는 비핵화에 동의하면서도 방법론에서 차이를 보였다. 문재인 정부는 남북관계 개선과 북핵 문제 해결을 병행해서 추진하려 했고, 미국 트럼프 행정부는 '선 비핵화, 후 보상' 원칙을 고수하면서 북한의 비핵화 이전에 경제 지원과 같은 남북교류가 오히려 북한이 핵무기를 포기하지 않게 할 것이라고 보았다. 문재인 정부의 '3불' 노선으로 인한 친중적인 태도에 대해 미국 정부는 대단히 우려했으며 평양 선언에서 채택된 '군사 분야 합의서'에 비행금지구역을 설정한 것에 대해서도 큰 불만을 표명했다. 이런 점들이 북한의 비핵화 과정에서 한·미 양국 간 갈등을 일으킬 수 있는 요인들이었다. 김근형, 「문재인·트럼프 행정부의 대북정책과 한미관계」, 『신아세아』, 제25권, 제4호, 신아시아연구소, 2018, pp. 129~161.

스도가 행했던 것처럼, 원수를 사랑하고 헐벗고 굶주린 이웃을 사랑하며 도와야 한다는 사랑의 정신에 따른 것이다. 그의 이런 생각과 행동은 이념을 초월한 진짜 민족주의자의 본보기를 보여주는 모범으로 평가받고 있다.

제10장

민주화 정치의 시대

이념의 극복 — 건전한 보수와 착한 진보 정치 만들기

한국 진보좌파와 보수우파 정당정치의 사상적 근원은 일제강점기 사회주의 항일투쟁과 상해임시정부를 중심으로 한 독립운동에서 찾을 수 있으나, 본격 정당정치가 시작된 것은 해방 이후이다. 1945년 8월 15일 해방이 되자 한반도에서는 김구 등 민족주의 세력, 여운형과 박헌영 등 사회주의 세력, 그리고 이승만을 중심으로 하는 친미 세력, 또 일제로부터의 자치권 획득을 목적으로 실력양성과 식민통치에 협조했던 김성수, 윤치호 등 친일 세력, 기타 다양한 세력들이 한민족 미래 정치의 이상과 현실을 놓고 이합집산과 갈등을 빚으면서 한국 정치의 진보좌파 정당과 보수우파 정당이 형성되기 시작했다.[1]

해방 이후 반공주의와 친미, 이에 맞서는 공산주의와 친북 사상에서부터 보수우파와 진보좌파로 나뉘기 시작했다. 당시 두 진영이 각각 주도권을 장악한 남한과 북한의 공통점은 친일 세력의 청산으로, 이 과제는 곧 국가의 정통성과 연결되었다. 즉 남북의 어느 진영의 정부가 항일투쟁을 했느냐가 친일이 청산된 정통성을 지닌 순수 한민족 정부인가를 판가름하는 것이었다. 그리하여 북한과 공산주의는 항일무장투쟁가의 정통을, 남한은 상해임시정부의 정통을 잇는다는 헌법적 명분을 선포하게 되었다. 특히 북한은 자기 체제의 지배 이념인 주체사상의 역사적 정통성을 확립하기 위해 항일투쟁의 뿌리를 민족독립운동에서 찾아 이 둘

---

1 권인석, 「개화 이후 한국행정문화의 변화」, 한영한 외, 『한국행정사 연구』, 아세아문화사, 1998, p. 173.

을 하나로 연결함으로써 남한보다 우월한 독립국가로서의 합법성을 주장했다.[2] 이러한 사고의 연장선에서 80년대의 민주화운동을 주도해왔던 학생운동권은 스스로 사상적 뿌리를 해방 이전 사회주의 항일투쟁가의 진보적 성향에서 찾고, 친일청산과 반미를 최우선의 투쟁 목표로 삼았다.

이 가운데 철저한 반공주의자로서 이승만은 한반도 통일정부 수립 과정에서 공산주의자와의 타협이나 협력관계를 단호하게 배격하며 자본주의적 자유민주주의 체제를 신봉한 정치인이었다.[3] 특히 이승만은 해방 이후 모든 정치 과정에서 좌우 협력을 배척하며 보수정당의 확립에 결정적 역할을 했다.[4] 마침내 그는 반공의 기치를 들고 대한민국 제1공화정 정부를 수립하는 데 성공했으며, 1948년 제주도 4·3사건 및 여순사건, 6·25전쟁 등을 거치며 그의 반공주의는 더욱 확고해졌다.[5] 이러한 배경 속에서 반공주의는 이승만 정권과 이후 박정희에 이어 전두환 군사쿠데타 독재정권에 이르기까지 보수정권의 정치 이데올로기가 되었다.

이승만은 통치 면에서 개인적 기질로 인해 권위주의적인 행태를 보였

---

2 북한은 항일혁명사 연구를 진행하여 1955년부터 1967년 동안 『력사과학』과 같은 잡지를 펴내 1920년대와 1930년대 노동운동, 농민운동, 학생운동에 관한 연구성과를 발표했다.

3 정윤재, 『정치리더십과 한국민주주의』, 나남출판, 2003, p. 179. 경제 면에서 보면, 미국에서 40여 년을 살아온 이승만은 자유시장경제 체제를 선호하여 미국에서와 마찬가지로 민간경제에 대한 정부 개입을 최소화하는 자유주의 경제를 추구했다. 임도빈, 「역대 대통령 국정 철학의 변화: 한국 행정 60년의 회고와 과제」, 『행정논총』, 제46권, 1호, 서울대학교 한국행정연구소, 2008, p. 220.

4 이수인, 『한국현대 정치사 1: 미군점령시대의 정치사』, 실천문학사, 1989, pp. 327~328.

5 정윤재, 앞의 책, p. 181.

으며, 바로 이 점이 이승만 정권의 붕괴를 가져온 원인으로 작용했다. 이후 군사 쿠데타로 정권을 장악한 박정희는 독재정치를 펼치며, 반공주의와 자유민주주의 체제 속에서 민족의 생존권이 보장되지 않는 곳에는 개인의 자유도 향유될 수 없다는 점을 강조하며 오로지 경제개발에만 집중했다.[6] 이와 더불어 그는 한국 정치에서의 자유민주주의 토착화를 위한 '민족적 민주주의론'을 전개하면서 이를 위해 유신헌법과 같은 강도 높은 독재정치 수단을 동원했다.[7] 그는 이승만처럼 반체제 인사들에 대한 탄압 수단으로 철저한 반공정책을 이용했으나, 한편으로는 철저한 민족주의적인 경제성장 철학을 가진 대통령이었다. 말하자면 그는 민주주의를 희생하더라도 경제를 발전시켜야 나라와 국민이 생존할 수 있다는 확고한 신념을 지닌 인물이었다. 이 신념에 따라 박정희는 북한의 침략 위협이 상존하는 현실에서 자유로운 시장경제만으로는 국가 경제발전에 성공할 수 없으며, 정부의 계획과 주도로 적절한 산업정책과 금융정책을 실천함으로써 안정된 자유민주주의 국가로 발전할 수 있다고 믿었다.

따라서 그는 국민이 경제발전과 안보의 혜택을 누리게 하려면 반자유주의적 계획경제, 강제적 국민동원과 10월 유신 같은 초법적 독재정치 등 권위적이고 반민주적인 조치들이 필수적이라고 생각했다. 이로써 정부 주도의 권위주의적 하향식 행정이 지배하게 됨으로써 민주주의보다는 효율성이 강조되었다. 물론 박정희는 오로지 독재적 통치에만 머물지 않고 직권남용과 부패의 소지가 있는 제도와 규정을 과감하게 폐지하고 조정통제 기능을 강화하는 등 행정의 중앙집중을 통한 능률 향상

---

6 박정희, 『우리 민족의 나아갈 길』, 동아출판사, 1962, p. 57.

7 정윤재, 앞의 책, p. 303.

을 도모했으며, 충원과 선발의 중앙통제, 채용시험제도 개선, 공무원 실적평가제도 신설 등 일련의 개혁도 단행했다.[8]

한편 박정희 사망 후 군사 쿠데타로 권력을 장악한 전두환 신군부 세력은 친위부대와 공수부대를 동원하여 12·12쿠데타와 5·18광주학살을 자행하고 국가보위비상대책위원회의를 설치하는 등 비민주적인 방법으로 정국을 주도했다. 비민주적인 방식으로 대통령에 오른 그 역시 박정희의 경제정책을 이어받아 국가 경영에 있어서 경제를 최우선으로 삼아 이를 일관되게 추진해나갔다. 그러나 전두환 군사 쿠데타 독재정권의 경제정책은 박정희의 관 주도로 추진해나가지 않고 시장경제 체제 확립을 통해 경제의 안정과 발전을 도모했다는 점에서 차이가 있다.[9] 또 전두환은 물가 안정, 균형 발전, 생산성 향상, 금융 자율화 등 포괄적인 경제개혁정책을 펼치면서 경제 정상화를 꾀했으며 고위공직자의 지위를 이용한 불법 재산 축적 방지를 위해 재산등록제도를 시행하기도 했다. 전두환 쿠데타 군사독재정권은 권력 쟁취에 목숨을 걸었으나, 부정부패의 예방과 처단 문제를 소홀히 처리했으며, 모든 정책을 강압적이고 폭력적이며 무차별적으로 처리하여 많은 부작용과 후유증을 남겼다.

전두환에 이어 대통령에 당선된 노태우 정권기는 민주화 과도기였다. 군인 출신인 그가 기존의 이미지를 지우고 국민에게 친근함을 보일 목적으로 대통령 선거에서 내건 슬로건이 바로 '보통 사람의 위대한 시대'였다. 그래서 노태우는 "이 노태우, 여러분과 똑같은 보통 사람입니다.

---

8 김충남, 앞의 책, pp. 216~217. 박정희는 경제기획원과 중앙정보부라는 기구를 도구로 삼아 일관되게 강력한 경제성장정책을 추진해나갔다. 임도빈, 앞의 글, p. 224.
9 임도빈, 앞의 글, p. 226.

나, 이 사람, 믿어주세요"를 외치고 다녔다. 그는 대통령에 당선되고도 계속 '보통 사람'이라고 외쳤으나 계층 및 지역의 격차 해소와 소득분배는 구호에 그쳤고, 측근의 부정과 비리를 척결하지 못하였으며, 자신의 엄격한 도덕성을 유지할 철학도 없었다. 결국 노태우는 국민의 군부독재 청산 열망을 해소하는 데 있어서 자신이 군사 쿠데타 주역이라는 태생적 한계를 극복하지 못했다. 그는 당면한 문제들을 해결하고 국가를 이끌어나갈 의지와 역량이 부족했으며 경제정책에도 미숙하여 구체적인 정책을 수립하지 못했다.[10]

1985년 2월 귀국 후 김영삼과 함께 직선제 개헌 투쟁을 주도하며 전두환 쿠데타 군사독재정권과 맞선 김대중은 급진적인 운동권 학생, 시민, 노동자, 재야 세력 등과 연합하여 민주화운동을 전개해야 하고, 여기에 중산층과 미국의 지지가 있어야 민주화를 달성할 수 있다고 판단했다. 그리하여 그는 민주화운동 세력들의 연합을 위해 노력하면서 학생운동 및 사회운동의 급진성을 비판하고 비폭력, 비용공, 비반미의 3비 원칙을 주장했다. 이런 중에 1987년 대부분의 민주화운동 세력이 국민운동본부로 결집하고, 이에 직선제 개헌 구호와 함께 중산층이 대거 동참함으로써 마침내 1987년 6월 민주항쟁에서 승리하게 되었다. 이렇게 민주화운동의 지도자인 김영삼과 김대중의 주도로 문민 시대를 열 기회를 쟁취했다. 그러나 1987년 12월 16일 전두환 쿠데타 군사독재정권의 제5공화국 시대에 치러진 제13대 대통령 선거에서 양김은 정치적 이해관계로 인해 결별한 후 각자 대선후보로 출마해 전두환 쿠데타 군사독

---

10 정정길, 『대통령의 경제 리더십: 박정희 전두환 노태우 정부의 경제정책 관리』, 한국경제신문사, 1994, pp. 250~254.

재정권의 2인자였던 노태우가 당선됨으로써 문민정부 시대는 5년이 더 미뤄져 제14대 대선에서 김영삼이 당선되고 나서야 비로소 시작됐다.[11] 해방 이후 기나긴 군사독재정권은 김영삼 문민정부가 들어섬으로써 비로소 종식되었다.

김영삼 대통령은 여당 의원들의 반발에도 불구하고 정치개혁법 제정 및 시행에 강한 의지를 보였고, 보궐선거와 지방선거에서 깨끗한 선거로 평가받는 중요한 정치개혁을 달성했다. 김대중 정권의 정치개혁 법안은 김영삼 대통령 시절보다는 급격한 발전이 없었지만, 개혁의 방법에서 합법적인 절차를 따름으로써 민주주의가 실현되었다. 그 뒤를 이은 노무현 대통령은 양김의 대통령들과는 달리 당정을 분리하고 국정 분권을 시도하여 대통령의 막강한 권한을 축소하려 하였으며 탈권위주의적 정치로 탈바꿈하는 데 중점을 두어 민주주의를 발전시키는 데 이바지했다.[12] 이렇게 김영삼이 기초를 닦아놓은 문민 시대를 이어받은 김대중은 김영삼의 임기 말 IMF가 터져 국가 경제가 파탄에 이르자 이를 다시 회복시켜야 할 과제를 떠안게 되었다. 그는 금융개혁을 비롯하여 외국인 직접투자 유치와 노동개혁 등을 통해 경제위기를 극복하는 데 온 힘을 쏟았다.[13]

11 군사 쿠데타 독재정권의 박정희, 전두환, 노태우 등에 대해서는 다음을 참조하라. 이강노, 「대통령의 지도력과 정책 결정요인의 비교 – 박정희·전두환·노태우 대통령과 비서실」, 『선거와 한국 정치』, 한국정치학회, 1992, pp. 489~510.

12 김병문, 「김영삼, 김대중, 노무현 정부의 개혁 정책 비교」, 『비교민주주의연구』, 제8권, 제1호, 인제대학교 민주주의와 자치연구소, 2012, pp. 125~156.

13 김충남, 앞의 책, 2006, p. 599. 최초 김영삼 문민정부는 정치적인 목적에 의해 추진된 OECD 가입의 조건으로 받아들인 경제 자유화와 금융시장 완전 개방 등의 요구에 따라 금융시장을 개방했다. 이에 외국자본들이 몰려들었고, 무역적자는 급속히 늘어났다. 1996년의 경상수지 적자가 237억 달러로 한 해 전인 1995년에

김대중은 자본주의와 사회주의를 결합한 유럽적인 진보좌파였다고 볼 수 있다. 그가 재임 기간에 복지정책에 힘을 쏟거나 남북의 냉전관계를 청산하기 위해 '햇볕정책'을 추진한 것은 유럽의 사회민주주의적 정책 성격과 유사하나, 외환위기 극복에 있어서는 우파적 정치 성향을 보여줬다. 그의 정치 성향이 이처럼 보수우파와 진보좌파 특징의 중복성을 보여준 것은 기본적으로 한국의 정치 풍토가 반공주의에 기초한 미국식 자본주의적 자유민주주의 체제였기 때문이다. 이런 국가 체제를 사회주의식으로 개혁한다는 것은 거의 불가능할 뿐 아니라, 이렇게 개혁하겠다고 하는 정당은 집권할 수도 없다. 따라서 우리나라 진보 정치의 성향은 자본주의적 특징과 사회주의적 특징이 결합하여 있을지라도, 그 근본은 결국 자본주의적 자유민주주의 형태이다.

예컨대 박헌영 남로당 당수가 북한 정권이 남침할 경우 남한의 모든 프롤레타리아계급이 봉기하여 한반도 통일을 달성할 수 있다고 장담하자, 김일성이 이 말을 믿고 남침을 감행했으나 이승만이 전격 단행한 농지개혁으로 인해 무위로 끝나고 말았다. 이승만이 전쟁 발발 전에 이미 농지개혁을 단행하여 지주들의 소유지를 모두 소작인에게 분배함으로써 프롤레타리아 봉기를 원천봉쇄한 것이다. 남한의 소작인은 농지개혁으로 평생 처음 소유하게 된 토지가 공산화될 경우 모두 국가로 귀속된다는 것에 절대로 수긍할 수 없었으므로 북한을 지지할 수 없었다.[14] 남

비해 무려 2배나 증가했다. 외국자본은 주식시장과 채권시장에 투자했다. 1994년부터 OECD에 가입한 1996년까지 한국의 외채는 2배나 늘어났다. 그 결과가 1997년 외환위기였고, IMF 구제금융에 의존할 수밖에 없게 되는 결과를 초래했다. 임도빈, 앞의 글, pp. 230~231.

14 이러한 경우는 19세기 말 프랑스에서도 마찬가지였다. 대혁명에 이어 나폴레

한에서 농지개혁은 지주제를 해체하고 자영농 중심의 사회를 구축하여 고도성장의 토대를 마련하는 놀라운 성과를 거두게 되었다.[15] 이러한 국민 정서 속에서 한국의 진보좌파 정치는 성공할 수 없었고, 따라서 진보좌파 정치는 항상 모순된 이중성을 보일 수밖에 없었다. 궁극적으로 이승만의 농지개혁은 증권시장을 기축으로 하는 한국 자본주의의 출발 기점인 동시에 지주를 중심으로 한 한민당의 세력 기반인 호남 세력을 약화시켰으며, 또 6·25전쟁은 영남 지역에서 거대 군부와 자본가 그룹을 창출함으로써 후일 영남 세력이 득세하게 하여 오늘의 정치 판국이 형성되었다. 이어서 박정희 군사정권의 반공주의와 경제성장주의의 유기적인 결합은 20세기 한국 보수우파 형성의 가장 기본적인 조건이 되었다.

한편 정치제도적인 민주주의 사상은 김영삼 문민정부 시기에 완성되었고, 김대중 국민의 정부에서는 남북 화해라는 한반도 평화통일을 위한 전환점을 이뤄냈다. 경제는 박정희 군사독재정권 시대에 민족 최고의 가치였으며, 이 국가 통치이념은 전두환, 노태우 군사 쿠데타 독재정

옹 시대, 왕정복고로 이어지던 프랑스 사회에서는 사회주의가 농촌 지역에 광범위하게 퍼졌으나 1848년 2월 혁명으로 왕정이 붕괴하자 제2공화정이 수립되었다. 그러나 이후 1848년 12월 첫 대통령 선거에서 샤를 루이 나폴레옹 보나파르트(Charles Louis Napoléon Bonaparte)는 소위 『빈곤의 근절(*Extinction du paupérisme*)』이란 저서를 통해 사회주의 정권이 들어설 경우, 농민들이 소유한 토지가 모두 국가에 귀속된다고 선전함으로써 대통령에 당선됐다. 그의 득표 가운데 3분의 2가량이 보수 세력의 텃밭이었던 소농들에게서 나왔으며, 2월 혁명 당시 사회민주주의 이념에 기초한 정부를 수립할 것을 주창하였다가 부르주아들에게 무차별적으로 진압당한 노동자들 역시 그에게 몰표를 던져주었다. 이에 대해서 Mauris Aguilon, *1848 ou l'Apprentissage de la République(1848-1852)*(Paris: Seuil, 1973)를 보라.

15 한국 정부의 농지개혁은 뜻하지 않았던 6·25전쟁과 맞물려 스스로 존립 기반인 자작농 체제와 한국 자본주의를 창출했다. 김성호, 「농지개혁연구 - 이데올로기와 권력투쟁을 중심으로 하여」, 『국사관 논총』, 제25집, 1991, pp. 182~219.

권 시기로 이어져왔다. 반면 김대중, 노무현 정권 시기인 민주화 시대에는 분배 정의가 강조되었다. 그리고 과거 군사독재정권과 달리 민주화 시대에는 국민의 일상적인 생활과 활동에 대한 국가의 규제가 완화됨으로써 국민의 자유가 최대한 확대되어 사상과 표현 그리고 삶의 방식에서 다양성이 허용되었다.

1987년 민주화운동 이후 한국 정치는 김영삼, 김대중, 김종필에 의한 3김 정치로 전환기를 맞았다. 이전까지 한국 정치는 1인에 의한 장기집권이 지속되어왔지만, 3김 정치에서는 정당 통합과 연합을 통해 평화적인 정권교체가 이뤄졌다. 3김 정치는 한국의 정당 구도를 양당체제에서 다당체제로 변화시켰으며, 3당 합당과 김대중과 김종필의 연합 등 후보 단일화를 통해 평화적인 정권교체가 이뤄지게 되었다.

1990년 2월 집권 여당인 민주정의당과 야당인 통일민주당, 신민주공화당이 합당하여 여당인 민주자유당이 탄생했다. 이 사건으로 김영삼의 통일민주당 소속 의원이었던 노무현은 자신을 정치에 입문시킨 김영삼을 떠나 김대중에게 가게 되었다. 후일 탈보스 정치, 지역주의 타파 노선 등 노무현의 정치적 이념을 이어받은 진보좌파 정당인 더불어민주당이 오늘까지 이어져오고 있다. 3당 합당으로 만들어진 민주자유당의 후신인 국민의힘은 지금까지도 한국의 제1 보수우파 정당의 명맥을 잇고 있다. 이 결과 정치 구도가 보수우파와 진보좌파, 비호남과 호남으로 양분되고 말았다.

이처럼 3김 정치는 정당의 단명과 정치이념의 편중화를 낳았다. 예컨대 3김 정치는 각자 전략적 판단에 따라 정당 해체, 재창당, 정당 통합이 반복됨으로써 정당 수명이 매우 짧았으며, 보수 성향과 진보 성향이 3김 정치와 결부되어 정치이념의 지역 편중화 현상을 초래했다. 처음 출범한 김대중과 김영삼의 양김 정치는 보수 정권인 박정희와 전두환의 군

사 쿠데타 독재정권에 대항하는 진보좌파 정치세력으로 국민적 지지를
얻으며 한국의 민주주의를 성숙시켰다. 그러나 민주화 이후 3김 정치는
군사독재정권을 종식하고 민주주의 정권 창출이라는 대의명분을 표명
했으나, 상호 권력 쟁취 과정에서 이합집산과 갈등과 분열을 일으켜 김
영삼 정권은 보수로, 김대중 정권은 진보로 재편되고 말았다.[16] 김영삼
문민정부의 개혁은 기업이 원하는 대로 이루어져 재벌의 문어발식 사업
확장이 가능하도록 만들어줌으로써 전두환, 노태우 군사독재정권보다
재벌에 더 우호적이었던 점을 고려하면 자본주의적 자유민주주의 체제
를 기반으로 한 한국 보수우파 정당의 이념을 더 공고하게 만드는 결과

---

16 정태환은 김영삼 정부의 개혁정치가 국민의 지지를 받았지만, 기득권의 저항으로
    후퇴했다고 보았으며, 임성한은 김영삼 정부의 정치개혁법은 혁명적인 것이지만
    성공한 것으로 보기 어렵다고 분석했다. 김태룡은 김영삼 정부 시기의 정당개혁
    은 정당 역할의 실종과 능력의 낮은 제도화로 실패하였다고 보았다. 김영삼 정부
    에 대한 분석은 정치개혁에 대한 분석이 중심 주제로, 정태환, 「김영삼 개혁정치의
    성격과 정치적 동원」, 『한국학연구』, 제23권, 고려대학교 한국학연구소, 2005, pp.
    281~306; 임성한, 「김영삼 정부 주도하의 정치개혁법이 한국 정치에 미친 영향」,
    『사회과학연구』, 제37집, 서강대학교 사회과학연구소, 1998, pp. 35~57; 김태룡,
    「김영삼 정부 시기의 정당개혁에 대한 평가」, 『한국행정논총』, 제10권, 제2호, 서
    울대학교 한국행정연구소, 1998, pp. 515~532 등이 있다. 한편 김대중 정부의 개
    혁정치와 대북포용정책에 대하여 민준기는 취약한 경제구조를 양산한 IMF식의
    구조조정과 여당의 안정의석 확보에 치중한 정치개혁 그리고 남남 갈등을 극복하
    지 못한 대북포용정책을 비판한다. 송백석은 김대중 정부의 경제정책과 노동정책
    은 과거 정부와는 차별화되었지만, 신자유주의적 정책 노선을 견지했다고 평가했
    다. 정태환은 김대중 정부의 개혁정치가 어느 정도 성과가 있음에도 국민적 지지
    확보의 실패는 분점 정부라는 제도적 특성과 지역 연합정부라는 정치 동학적 성
    격에서 기인한다고 보았다. 민준기, 「김대중 정부의 개혁 평가」, 『아태연구』, 제14
    권, 제1호, 경희대학교 국제지역연구원, 2007, pp. 19~31; 송백석, 「김대중 정부의
    정책 성격 분석 비판: 복지국가 성격 논쟁을 중심으로」, 『경제와 사회』, 제71호, 비
    판사회학회, 2006, pp. 126~153; 정태환, 「김대중 정권의 개혁정치: 모순과 한계」,
    『한국학연구』, 제31권, 고려대학교 한국학연구소, 2009, pp. 387~416.

를 낳은 셈이었다.[17]

김영삼의 뒤를 이은 김대중도 이미 김영삼 정부에서 틀을 닦아놓은 자본주의적 자유민주주의 체제를 발전시켜나간 정치인이었다. 그러나 해방 이후 반공정책으로 일관해온 역대 정권과 달리, 김대중은 1999년 말 소위 '햇볕정책'으로 남북의 적대관계를 청산하고 '남북 화해'를 시도했다. 김대중은 남북이 무력이 아닌 평화적으로 통일하는 것이 한반도의 평화와 한민족 발전에 가장 중요한 과제라고 믿었다.[18] 그리고 그는 '국민의 정부'라는 이름으로 빈부 격차 해소 등 평등과 분배를 실현하기 위해 그동안 온갖 특혜를 누려온 재벌에 대한 개혁을 단행했는데, 이는 박정희부터 김영삼까지 역대 정권이 이어온 친재벌 정책과 다른 경제정책이었다. 그러나 그는 재벌 개혁을 계속 이어가기보다 경기 부양 정책을 통해 단기적인 경제발전의 효과를 누리는 쪽을 선택했다.[19] 그 결과, 2000년부터 한국의 경제성장이 급속히 둔화되었고, 부동산, 금융 등에서 여러 부작용이 나타나 국민의 불만이 높아가자 김대중 정부는 2000년 총선거를 앞두고 서민층의 지지를 얻기 위해 대대적인 사회복지제도를 도입하기 시작했다. 이 정책은 소위 '생산적 복지'라는 이름으로 저소득층에게 복지 혜택을 줌으로써 소비를 증가시켜 경제 회복을

---

17 김충남, 앞의 책, pp. 525~526.

18 김대중은 한국의 역대 대통령 중에 유일하게 통일에 대하여 자신만의 이론을 정립한 인물이고, 동시대에서 가장 국제화된 감각과 세계적 네트워크를 보유한 정치인이었다는 점에서 다른 정치인들에 비해 매우 독보적 지위를 갖고 있다고 평가를 받고 있다. 김학재, 「김대중의 통일·평화 사상」, 『통일과 평화』, 제9집, 제2호, 서울대학교 평화통일연구원, 2017, pp. 59~90.

19 김대중은 경제개혁을 계속 추진하기보다 경제 상황을 실제와 달리 더 장밋빛으로 보이도록 노력했다. 김충남, 앞의 책, p. 610.

꾀하려는 것이었다.

김대중과 김영삼은 오랜 야당 정치인으로 활동하며 자신들의 추종자들을 지닌 강력한 정치 지도자였다. 김대중은 박정희 군사정권부터 가장 격렬하게 투쟁한 민주투사로서 봉건적인 권위주의적 지도자로 알려져 있다.[20] 그는 경제와 통일에 관하여 장관에게 권한을 위임하는 대신 자신이 직접 주요 정책을 결정했으며, 측근을 중심으로 밀실에서 이루어지는 경우가 많았다. 이처럼 김영삼과 김대중의 정치는 근본적으로 자본주의적 자유민주주의 체제라는 보수 성향에서 벗어나지 않았다. 김영삼이 전두환에서 노태우로 이어져온 쿠데타 군사독재정권의 민주정의당과 합당하여 문민정부를 창출한 것과 마찬가지로 김대중 역시 보수정당의 지도자 김종필과 결합하여 자본주의적 자유민주주의 체제를 보다 확고하게 다져갔다. 따라서 김대중 국민의 정부는 '햇볕정책'으로 인해 친북 좌파 정권이란 인식을 주고 있으나 이는 어디까지나 한반도 평화를 위한 정책일 뿐이며, 근본적으로 그는 이승만과 박정희처럼 자본주의적 민주주의 체제를 신봉하고 이를 완성하려 했던 보수주의 정치인이었다.

이러한 보수적 정치 풍토 속에서 진보정당이 출현한 것은 김대중이 이념으로 무장한 학생운동권을 대거 정치계에 영입하면서부터이다. 이들은 김대중의 뒤를 이어 노무현 정권을 탄생시킴으로써 한국에서는 이질적인 진보정당이 권력을 차지하게 되었다. 2003년 이렇게 탄생한 노무현 정권은 김영삼 정부 이후로 발전해온 한국의 민주주의에 대해 회의적으로 생각했다. 즉 노무현은 김영삼이 이룩한 민주주의에 대하여

---

20 김충남, 앞의 책, p. 651.

1987년 민주화 이행 이후 형식적인 절차적 민주주의를 실현함으로써 국민투표라는 소극적인 참여 수준에 국한하여 정치 과정에서 국민을 소외시키고 국민 위에 군림했다고 비판했다. 그리하여 그는 국민이 일상적으로 민주주의에 참여할 수 있는 진정한 국민주권 시대를 열어가겠다며 자신의 정권을 '참여정부'라고 명명했다.

'참여'는 노무현 정부의 정체성이었으며 이는 유명무실한 대의민주주의와 간접민주주의의 영역을 축소하고 가능한 한 직접민주주의와 참여민주주의를 극대화하겠다는 뜻이 담겨 있었다. 이에 따라 노무현 참여정부는 '국민이 대통령'이라는 슬로건을 내걸고 '토론 공화국'을 만들겠다며 국정 현안마다 공청회, 토론회, 심포지엄, 간담회 등 각종 형태의 토론을 열었다. 여기에 노무현 참여정부는 정치철학과 이념으로 무장한 학생운동권 출신들의 지지를 기반으로 삼고 이를 극대화하여 분배 정의, 공정과 자주, 그리고 형평 정책 등을 추구하며 전형적인 좌파 정치를 펼쳐나갔다.[21] 역대 정부보다 노무현 참여정부에서 시민들과 이익단체의 참여와 의사 표출의 열기가 가장 높았다. 그러나 노무현 대통령은 참여를 '정치적 선(political good)'으로 생각한 나머지 절제된 참여와 자유방임적 참여를 구별하지 못했고, 게다가 무절제한 참여와 법치를 혼동하여 정치의 성과를 거두지 못했다.[22] 이리하여 노무현 참여정부 기간에는 '정상적 참여'보다 '방어적 참여'가 주류를 이루다 보니 신뢰나 공정성, 연

21 양승함 편, 『노무현 정부의 국가관리 중간평가와 전망』, 연세대학교 국가관리연구원, 2007, p. 37.

22 박효정, 「'노무현 정부평가' 갈등을 고조시킨 기형적 참여민주의」, 『자유기업원』, 2007년 5월 9일(https://cfe.org:5004/bbs/bbsDetail.php?cid=policy_proposal&idx=23918).

대 등 이른바 '사회적 자본(social capital)'을 성장시킬 기회를 제공하지 못하고 불신과 소외, 적대 상황을 유발하고 말았다.[23]

노무현 참여정부의 정치이념은 좌파적인 '국가개입주의'이다. 정부가 자율적인 시장경제를 배척하고 시장에 개입하여 기회의 평등보다 결과의 평등을 실현하기 위한 경제질서를 수립하려는 것이었다. 그리하여 노무현 참여정부는 고소득층에게 조세를 더 많이 부과하여 저소득층을 위한 복지를 확대함으로써 결과적으로 경제성장 기반의 약화를 초래했다.[24] 또한 노무현 참여정부는 진보좌파와 보수우파 세력의 갈등을 첨예화시킴으로써 한국 사회에 이념에 의한 분열구조를 고착화하고 말았다. 말하자면 진보좌파 세력을 대표한 노무현 대통령은 스스로 보수와 진보의 대결에 뛰어든 것이다.[25] 물론 노무현 참여정부 시기에 국민주권이

---

23 방어적 참여는 보혁갈등 등 이념적 집단의 대결 양상에서 현저하게 나타났다. 3·1절이나 8·15 등 각종 국가기념일에서 진보와 보수단체들은 각기 따로 기념식을 거행했다. 또 한쪽에서 한미 FTA 반대시위를 하면 다른 쪽에서는 찬성시위를 하고, 한편에서 전작권 환수를 주장하면 다른 편에서 전작권 환수를 반대하고, 원칙이 없는 대북포용정책을 반대하면 다른 편에서는 그것을 찬성하는 경우가 전형적이었다. 진보주의자들이 맥아더 동상 철거시위를 하면 보수단체들이 이를 저지하기 위한 집단행동을 한 것도 마찬가지다. 박효정, 앞의 글.

24 예컨대 종합부동산세는 강남의 부자를 제재하는 수단이었다. 노무현 참여정부는 가진 자를 부동산 투기꾼으로 인식하고, 종합부동산세를 통해 이들을 징벌하려고 했다. 종합부동산세의 정책 목표 중 하나인 부동산 가격 상승 억제는 제도 도입 이후 부동산 가격이 오히려 더 상승함으로 인해 실패했으며 오히려 이러한 논리는 국민 사이의 위화감을 조장하는 결과를 초래하고 말았다. 현진권, 「참여정부 재정정책 비판」, 바른사회시민회의 편, 『혼란과 좌절, 그 4년의 기록: 노무현 정부 4주년 평가』, 도서출판 해남, 2007, pp. 78~80. 특히 역대 정부 중 가장 많은 복지재정 지출을 확대해왔던 노무현 참여정부에서 사회안전망의 넓은 사각지대가 존재하고 전달체계의 문제로 인하여 제도의 실효성은 매우 낮았다는 평가도 있다. 안종범, 「노무현 정부 복지정책의 평가와 개선과제」, 바른사회시민회의 편, 앞의 책, p. 279.

25 양승함 편, 앞의 책, p. 51.

발전했지만, 진보 그룹의 일부 계층만이 제한적으로 권력에 참여했으며 그 외의 대다수는 소외되었다.

기본적으로 우리 사회문제를 양극화로 인식한 노무현 참여정부는 균형발전사회 건설에서 성장보다 사회 약자를 보호하기 위한 분배를 더 강조한 나머지, 국가 경제의 저성장 구조화가 더욱 강화되었다. 이 여파로 오히려 빈부의 양극화가 더 심해졌을 뿐 아니라 저소득층 국민이 근로의욕을 갖기보다 국가에 더 의존함으로써 복지정책에 대한 기대심리만 높아져 국가채무는 증가하고 경제성장은 점점 하락했다.[26] 결과적으로 노무현 참여정부의 분배정책은 오히려 빈부에 따른 사회 분열을 조장하고만 셈이었다.[27] 그리고 노무현 참여정부는 이 빈부의 양극화에 속한 계층을 정치적으로 편 가르기 하여 계층별 적대관계를 형성시켰고, 그로 인해 부유층이 투자를 꺼림으로써 그 피해가 약자들에게 돌아갔다.[28]

특히 노무현 참여정부는 교육정책의 기본 방향으로 공교육의 내실화와 교육복지의 확대를 추진하면서 본고사 실시 금지, 고교등급제 금지, 기여입학제 금지 등으로 외려 공교육을 붕괴시키고 말았다. 노무현 참

---

26 조동근, 「참여정부 경제부문 4년 평가」, 바른사회시민회의 편, 앞의 책, p. 25.

27 참여정부 기간인 2003년부터 2006년까지 세계의 평균 경제성장률은 4.8%였으나, 한국은 4.2%에 머물렀다. 경제성장만 나빠진 것이 아니라 빈부 격차는 더욱 확대되었는데 소득불평등 지수를 나타내는 지니계수로 보면 오히려 참여정부 등장 이후인 2003년 이후에 더욱 나빠짐으로써 상위소득 20% 계층과 하위소득 20% 계층 간의 차이를 나타내는 소득 5분위 배율도 2002년 5.18배 차이가 나던 것이 2005년에는 5.43배로 악화되었다. 복지와 분배를 내세우며 양극화를 해소하겠다던 노무현 참여정부는 경제성장을 떨어뜨려 잘사는 사람은 못살게 만들고 못사는 사람은 더 못살도록 했다. 김광동, 「노무현 정부평가: 참여정부는 반시장 좌파정부」, 『자유기업원』, 2007년 4월 7일((https://www.cfe.org/bbs/bbsDetail.php?cid=policy_proposal&pn=8&idx=23916).

28 윤창현, 「참여정부의 기업정책」, 바른사회시민회의 편, 앞의 책, p. 89.

여정부는 민주주의 이념을 중시하고 이에 충실하게 국정을 운영한다고 자부했다. 그러나 노무현 참여정부는 다른 이념적 가치를 부정하고 자신의 가치를 강요한 독선적 명분에 사로잡혀 지나치게 이분법적으로 국정을 운영하여, 마침내 헌정사상 처음으로 탄핵당해 헌법재판소가 이를 기각한 5월 14일까지 약 63일 동안 직무가 정지당하기도 했다. 더 나아가 노무현 참여정부는 자율을 강조한 나머지 국민에게 이분법적 가치관을 널리 확산하여 사회 및 정치적 분열과 갈등 구조의 원인을 제공함으로써 국민통합을 저해하고 말았다. 이러한 분열과 갈등의 구조에 의하여 여러 집단의 시위가 연달아 발생해도 노무현 참여정부는 이를 관대하게 다뤘다. 국민의 자발적인 정치 참여를 장려한 노무현 참여정부에서 활성화된 것이 바로 시민사회단체((nongovernmental organization, NGO)로, 이들 단체는 정치결사체의 성격을 띠었다.[29] 이 시민사회단체들은 지나칠 정도로 정치적, 사회적 영향력을 발휘하여 언론에 이어 제5부의 권

---

29 시민사회단체(NGO)는 노무현 참여정부 시기 계속 늘어나 2003년 3,937개, 2006년 5,556개, 2009년 7,925개, 2012년 12,657개였다. 박상필, 「2012 한국민간단체총람 조사결과 분석」, 『내나라』, 제21권, 내나라연구소, 2012, pp. 8~21. 한국 시민사회는 1960년대에 초기 형태를 가졌고, 1987년 이후에야 본격적으로 형성되었다고 볼 수 있다. 박상필, 『NGO학: 자율 참여연대의 동학』, 아르케, 2011, pp. 105~114. 한편 근대적 부산물로서 서구 시민사회는 기본적으로 법치주의에 기초하여 개인주의를 확립하고 경제적 권리를 보호하는 것에 초점이 맞추어져 있었다. 서구 시민사회는 초기에는 교회나 토호 세력, 이후에는 국가로부터 개인의 자유를 보호하는 것이 주된 관심이었고, 개인의 자유 중에서도 자유로운 경제활동과 사유재산을 보호하는 것이 급선무였기 때문이다. 이런 점에서 서구의 시민사회는 그 출발부터 경제적 성격이 강하였고, 아래로부터의 요구에 따라 구축되었다. 이에 따라 현대사회에서 서구 시민사회는 자유주의를 넘어 복합적인 기능을 수행하며, 국가와 시장에 대해서도 다양한 관계를 형성하고 있다. 서구 시민사회의 성격에 대해 이러한 분석은 다음 논문을 보라. 박상필, 「한국 시민사회의 변화와 새로운 역할」, 『NGO 연구』, 제10권, 제2호, 한국NGO학회, 2015, pp. 35~68.

력기관화 되기도 했다.

노무현 참여정부는 주요 요직, 심지어 각종 자문위원회에 지방대학 교수, 시민사회단체 대표 등을 배치하여 그동안 정부 운영에 참여하지 못한 다양한 분야의 계층이 관료체제를 이루게 했다. 그러나 이러한 시민사회단체들은 진보좌파 정당의 전위대가 되어 정치적 선전 혹은 반대 보수우파 정당을 공격하는 역할을 했다. 이러한 시민사회단체들의 역할은 순수한 시민의 직접 정치 참여를 통한 '국민이 주인인 민주주의'의 완성과 거리가 멀었다. 그러므로 한국의 시민사회단체는 유럽과 달리 경제성장이 먼저 이루어지고 나중에 정치적 민주화가 이뤄진 상황에서 본격적으로 형성되었기 때문에 오늘날에도 여전히 정치적 성격이 강하고, 민주화의 연속선상에서 활동하고 있다. 이런 점에서 한국 시민사회단체의 형성 과정과 성격은 유럽의 시민사회와 이질적인 차이가 있다.[30] 결국 진보든 보수든 시민사회단체가 정치적으로 지나치게 치우치면 친화적인 특정 정권이 교체될 경우 그 활동도 위축되기 마련이다. 예컨대 노무현 참여정부 후반기 한국 시민사회단체 중 진보적 시민단체의 활동은 쇠퇴하기 시작하였고, 정부와 동반관계를 형성한 거버넌스도 노무현 참여정부까지 계속 성장하다가 보수우파 정권인 이명박 정부에 들어와서 급격하게 축소되었다. 만

또 노무현 참여정부 시기에 장관과 차관 등 고위급 관료가 약 30% 증가했으며, 공무원 수도 6만 5,000명이나 대폭 늘어났다. 그런데 이들 고위급 관료와 심지어 자문위원까지, 경험과 지식이 부족하고 이념적으로 편향되었으며 전문성을 제대로 갖추지 못한 학생운동권 출신 386세

---

30 박상필, 앞의 글, pp. 44~46.

대가 대거 중용됨으로써 국정 운영에서 많은 문제점이 노출됐다. 그리고 분배에 초점을 둔 노무현 참여정부의 정책 이념은 시장경제 논리를 배척하며 가진 자들의 부의 축적을 억제하기 위해 정부 규제 정책을 과다하게 강화함으로써 공공 부문의 비대화 현상을 만들고 말았다.[31] 게다가 노무현 참여정부의 관료들은 대통령과 이념적 관계나 운동권으로서의 유대 등으로 인하여 실질적인 국민 서비스 향상보다 윗사람의 입맛에 맞는 행정에 몰두했다.[32] 궁극적으로 노무현 참여정부가 추구한 분배와 평등의 이상주의적인 국정 운영은 이미 자본주의적 자유민주주의 체제의 시장경제가 확고하게 자리 잡은 한국의 상황에 맞지 않았을 뿐 아니라 측근들의 무능과 비리로 인하여 실패를 거듭할 수밖에 없었다.

1987년 민주화와 노동자 대투쟁, 김대중 국민의 정부와 노무현 참여정부 아래 성장한 진보좌파 정당은 전국민주노동조합총연맹과 전국농민조합총연맹 등 대중조직의 전폭적인 지원을 받아 마침내 2004년 총선에서 국회 진입에 성공하게 되었다. 이렇게 발전한 한국의 진보좌파 정당은 단기간에 당원 수와 득표율을 대폭 높여나갔으며 이념적으로 탈사회주의적이고 탈계급적인 성향뿐만 아니라 다양한 가치 지향성을 나타냈다. 아울러 친북 세력과 북한 체제에 대한 정치적 관용의 수준은 보수적 시민들만이 아니라 진보적 시민들의 경우에도 매우 낮아서, 이러한 북한 정권에 대한 국민의 부정적 인식이 진보좌파 정당의 지지도에도 부정적인 영향을 미쳤다. 이처럼 진보좌파 정당은 자본주의적 자유민주주의의 틀에서 벗어나지 못했다. 따라서 진보좌파 정당은 항상 정

---

31 현진권, 「서장」, 바른사회시민회의 편, 앞의 책, p. 3.

32 임도빈, 「관료제, 민주주의, 그리고 시장주의: 정부 개혁의 반성과 과제」, 『한국행정학보』, 제41집, 제3호, 한국행정학회, 2007, pp. 41~65.

치적 가치 추구 면에서 실현 가능한 정책 생산, 진보적 이슈의 개발과 소유권 행사를 충분히 이루지 못한 채 모순과 이중성을 드러내어 지지 기반을 확고하게 다지지 못했다.[33] 결과적으로 한국 진보좌파 정당은 자본주의적 자유민주주의에 적응한 국민에게 큰 지지를 받지 못하고 내부 분열을 거듭하며 이합집산의 형태를 보여왔다.[34]

예컨대 2012년 진보좌파 정당과 보수우파 정당의 당원 수를 비교해보면 보수우파 정당인 한나라당의 247만여 명, 민주당 213만여 명에 비교하면 진보좌파 정당은 불과 5% 정도에 그쳤다.[35] 이들 진보좌파 정당은 대개 노동자, 농민, 빈민, 중소 영세상공인 그리고 여성, 청소년, 장애인, 이주노동자, 성소수자 등 주로 사회적 소수자의 권리를 대변하는 정당을 자처했다. 그렇지만 진보좌파 정당의 당헌과 강령에는 노동계급 중심성에 대한 언급이 지극히 제한되거나 자제되어 있다. 그리하여 통합진보당, 정의당, 노동당 모두 노동자 중심에서 탈피하여 다양한 계급과 계층을 대표하는 소위 보통 시민의 '서민정당'임을 표방하고 있다. 오히려 통합진보당은 진보적 민주주의 사회의 건설을 목적으로 제시하고 있으며, 정의당은 시민에게 개방적인 정당임을 강조했다. 아울러 노동당은 이주노동자와 성소수자 등 사회 약자의 권리를 대변하겠다고 하여

---

33 지병근, 「한국 진보정당의 조직, 이념, 그리고 지지 기반」, 『현대정치연구』, 제7권, 제1호, 서강대학교 현대정치연구소, 2014, pp. 7~53.

34 역대 대통령 선거에서 진보좌파 정당 후보의 득표율은 매우 미미하였다. 1997년 '국민승리 21'의 후보였던 권영길은 불과 1.19%를 득표하는 데 그쳤으며, 이는 1992년 무소속 민중 후보로 나선 백기완의 1.0%와 거의 차이가 없었다. 권영길은 2002년과 2007년에도 민주노동당의 대선후보로 출마하여 각각 3.89%와 3.01%를 얻는 데 그쳤다. 1987년부터 2007년까지 역대 대통령선거에서 진보좌파 정당 후보의 득표율은 「중앙선거관리위원회 역대 선거 정보」를 보라.

35 각 정당 당원 현황에 대해서는 지병근, 앞의 글, pp. 12~15를 참조.

탈노동중심적 정치 성향을 띠었다. 이러한 진보좌파 정당의 성향은 프롤레타리아계급의 해방을 목표로 하는 사회주의 정당과 큰 차이를 보여주고 있다.[36]

　말하자면 한국 진보좌파 정당은 노동자 중심의 사회주의 체제를 지향하기보다 다양성을 강조한 자본주의적 자유민주주의 체제를 신봉하고 있다는 것을 의미한다. 궁극적으로 한국 정치에서는 사회주의적 진보좌파 정당은 없고 자본주의적 자유민주주의 우파 정당만 존재하는 셈이다. 이런 모습은 이미 공산주의 체제가 무너진 이후에 나타난 현상이다. 한국 진보좌파 정당의 이념적 변화는 한국전쟁 이후 반공주의가 국민의 인식을 지배해왔기 때문에 친북 좌파에 대한 지지가 매우 낮은 것이 그 원인으로 분석되고 있다.[37] 결과적으로 오늘날 진보좌파 정치는 우리의 사회적, 정치적 현실 상황과 맞지 않을 정도로 지나치게 이상주의적이

36　민주노동당은 2011년 6월 당 강령을 개정하였으며, "사회주의적 이상과 원칙을 계승 발전시킨다"라는 강령 내용을 "진보적 민주주의"로 변경했다. 또 "노동계급의 정치세력화"는 "노동 존중"으로 바뀌었으며, "노동하지 않는 사람이 노동자를 지배하는 노동 배제적 경영방식 종식"은 삭제됐다. 김회경, 「'통진당 해산심판 청구', 통진당 - 민노당 강령 비교해보니…」, 『한국일보』, 2013년 11월 7일 자.

37　특히 민족해방파의 친북적인 태도가 결정적인 내부 갈등 요인으로 작용했던 점이 이런 사실을 보여준다. 친북 세력에 대한 국민의 정치적 관용에 대한 지지도가 매우 낮게 나타났는데, 즉 응답자의 과반수가 친북 세력의 집회(62.1%), 선거 참여(4.1%), 공직 수임(63.4%), 단체 결성(63.4%)을 금지해야 한다라는 주장에 (매우) 찬성하는 것으로 나타났다. 그리고 불과 10% 정도의 유권자들만이 친북 세력의 정치적 권리를 박탈하는 것에 대하여 일관되게 반대하는 것으로 밝혀졌다. 이는 진보적 유권자들이라고 해서 북한 체제를 옹호하지는 않으며, 북한의 체제 유지가 아니라 민주적 체제 전환이 이들의 반북의식을 오히려 감소시킬 수 있다는 점을 시사해준다. 즉 남한 국민이 "가장 싫어하는" 정치세력 가운데 하나가 북한이라는 점에서 이들을 추종하는 친북 세력에 대한 태도는 정치적 관용을 측정하는 데 매우 유용하다. Jhee Byong-Kuen, "South-North Divide and Political Tolerance", *Korea Observer*, vol. 42, no. 4, 한국학술연구원, 2011, pp. 677~698.

어서 비이성적이고 감정적인 면에 치우쳐 토론과 합의보다 투쟁적인 정치 풍토를 조성하고 말았다.

군사독재정권이 붕괴하고 이후 소련 등 공산주의 진영이 무너지면서 한국의 자본주의적 자유민주주의의 가치는 더욱 강화되어갔다. 국민은 누구나 자신의 노력으로 사회적 신분 상승의 기회를 가질 수 있는 자본주의적 자유민주주의라는 보수의 가치를 선호하게 되었다. 이러한 한국의 상황과 모순된 평등주의적 사회주의 진보 가치는 이제 유효하지 않다는 것이 점차 국민에게 인식되기 시작했다. 그 결과가 2008년 노무현 참여정부의 뒤를 이어 경제성장을 지향한 보수우파 정권인 한나라당 이명박 실용정부와 박근혜가 이끈 새누리당의 탄생이었다.

노무현이 인권변호사로 일하게 된 것은 인명진과 간접적으로 관계가 있다. 부산에서 시국사건이 연달아 터져도 김광일 변호사를 제외하고는 부산에 인권변호사가 없어 서울에서 계속 변호사들이 부산으로 내려가야만 했다. 이런 이유로 1981년 부림사건[38]의 변론을 맡게 된 노무현은 인권변호사로 추천받아 인권운동과 민주화운동에 가담하게 되었다. 1987년 6월 민주항쟁 때 인명진이 국민운동본부 대변인을 맡았고 노무현은 부산 집행위원장이어서 서로 매우 가깝게 지냈다. 그 후 노동자 대투쟁 때 인명진은 노무현 변호사를 울산과 거제로 보내 노동자의 인권을 보호하게 했다. 노무현은 현직 변호사로서 구속될 만큼 노동현장에 뛰어들어 노동자 권익 보호에 열성이었다. 노무현은 인권변호사 활동을 계기로 1988년 김영삼의 권유에 따라 통일민주당에 입당, 같은 해 제

---

38 부림사건(釜林事件)은 제5공화국 시절인 1981년 9월, 부산에서 일어난 전두환 쿠데타 독재정권의 대표적인 용공 조작 사건으로 부산의 학림 사건이라는 의미에서 이렇게 불렸다.

13대 국회의원 선거에서 당선되어 정계에 입문했다. 제5공화국 전두환 쿠데타 군사독재정권의 청문회에서 전직 대통령과 안기부장이었던 장세동이나 재벌 총수를 향한 당당한 질의로 청문회 스타로 명성을 떨쳤다. 노무현은 이후 김영삼의 3당 합당에 합류를 거부하고 김대중에게 가서 국민의 정부 시기에 해양수산부 장관을 역임했다. 인명진은 노무현을 만난 적이 거의 없다가 그가 대통령 후보 경선에 출마한다는 연락을 받았다. 그러자 인명진은 노무현에게 "대통령이 되는 것이 중요한 게 아니라 어떤 대통령이 되는가가 중요하다며 아직 준비가 덜 된 것 같다"고 조언했다. 인명진은 노무현에 대해 이렇게 말한다.

"노무현이 품은 이상은 대단하다고 평가합니다. 실패한 노무현과는 다르게 제대로 준비된 프로그램을 갖춘 대통령이 우리나라에 필요합니다. 노무현은 정신이 좋았는데 준비가 없었어요. 그는 문제의 근본을 개혁하겠다고 생각했으나 정책도 전략도 없어 결과적으로 실패한 것입니다."[39]

---

39 「다음 세대를 위한 인명진의 고언」, 영등포산업선교회, 앞의 책, pp. 75~76.

한국 정치의 지형—모순된 이념에 갇히다

3당 합당으로 태어난 민주자유당은 훗날 신한국당으로 당명을 변경하고 통합민주당과 합당해서 한나라당이 되었다. 그리고 다시 한나라당은 새누리당에 이어 자유한국당으로 당명을 변경했다가 미래통합당으로 신설 합당하여 한국 제1의 보수 정당인 국민의힘이 되었다.

현재 야당인 더불어민주당의 가장 오랜 계보는 통일민주당이다. 신한민주당 총재 이민우에 반대하던 김영삼과 김대중, 양김이 탈당하여 1987년 4월 통일민주당을 창당했다. 그러나 김영삼이 이끄는 상도동계와 김대중이 이끄는 동교동계의 갈등이 야기되자 결국 대선을 눈앞에 두고 동교동계가 탈당하여 평화민주당을 창당했는데, 이 정당이 90년대 이후 민주당 계열의 실질적인 뿌리 중 하나가 되었다. 이후 평화민주당은 신민주연합당으로 개명되었다가 1992년 꼬마민주당을 흡수해 민주당을 창당했다. 그러자 통일민주당 김영삼은 노태우의 민주정의당, 김종필의 신민주공화당 등 3당과 합당하여 탄생한 자유민주당의 대선 후보로 선출돼 1992년 제14대 대선에 출마, 민주당 김대중 후보와의 경쟁 끝에 승리했고 김대중은 정계에서 은퇴하고 말았다. 그러다가 다시 김대중은 정계에 복귀해 민주당에서 탈당하여 새정치국민회의를 창당하였으나 곧바로 2000년 새천년민주당으로 개편되었다.

15대 대통령 김대중 국민의 정부에 이어 2002년 16대 대선에서 새천년민주당 후보 노무현이 대통령으로 당선되었으나 동교동계와 노무현 간의 마찰이 심해지자 소위 '친노'라 불리던 개혁파 당원들이 탈당하여 한나라당 탈당파들과 함께 열린우리당을 창당했다. 이로써 새천년민주당은 야당으로, 열린우리당은 계파 분열로 소수 정당으로 전락했다가, 8월 합당으로 원내 1당의 위치를 되찾았으나 대통합민주신당에 흡수되어 자동 해체되었다. 이들 일부를 흡수한 새천년민주당은 2011년 민주통합당으로 개편되었다. 그러다가 2014년 3월 26일 민주당과 새정치연합의 합당으로 출범한 새정치민주연합은 더불어민주당으로 당명을 변경하였다.

이처럼 진보좌파 정당을 자처한 더불어민주당은 보수우파 정당인 국민의힘과 달리 여러 차례 이합집산을 통해 분열과 통합을 거듭하면서 발전해왔다. 그러나 당 강령과 노선 및 그동안 추진해온 정책들을 살펴보면 그 성향을 한마디로 규정하기 어려우며 절대적 기준에서의 진보라고 단정하기도 어렵다. 이처럼 오늘의 한국 정치에서 진보좌파와 보수우파 정당의 뿌리는 3당 합당으로 인하여 시작되었다. 결과적으로 김영삼, 김대중, 김종필 등 3김 정치 지도자의 개인적 이해관계에 따라 창당과 해체가 반복되면서 비호남 대 호남에 따른 지역 구도와 보수우파 대 진보좌파의 이념적 속성을 지닌 국민의힘과 더불어민주당이라는 두 정당이 출현한 것이다.[40]

한국의 진보좌파 정당과 보수우파 정당은 처음부터 일관된 사상과 가치를 이념으로 하여 유지되어온 것이 아니라 한 개인의 정치적 지도력과 국정 운영방침에 따라 당의 이념이 바뀌어왔다. 그러다 보니 진보좌파와 보수우파 정당은 이념적 가치를 두고 정치적 경쟁을 하기보다 각기 다른 정치적 지도자를 추종하는 특정 집단을 위한 정권, 즉 소위 '편 가르기식 정치' 또는 '패거리 정치'를 구현해왔다. 이리하여 진보좌파 정당과

---

40 강원택, 「3당 합당과 한국 정당정치: 의도하지 않은 정치적 결과」, 『한국정당학회보』, 제11권, 제1호, 한국정당학회, 2012, pp. 171~193.

보수우파 정당의 통치이념은 겉으로는 서로 다른 것 같으나 내용상으로는 전혀 다름이 없었다.[41]

말하자면 보수우파나 진보좌파 정당 모두 당 정책 사안에 대하여 각기 다른 목소리를 내는 분화 현상이 일어나는 등 이념과 가치에 따른 일관된 선택이 존재하지 않는다.[42] 정치적 이념은 사회현상을 바라보는 해석의 틀이며 개인이 복잡한 사회현상과 정치체제 등에 대한 태도를 보일 때 판단의 준거가 될 수 있는 신념체계로 정의된다.[43] 그러나 한국에서 정치이념은 기본적으로 개인이 추종하는 정치적 성향을 반영하지만 대개 경험이나 성향 차이 등에 따라 이념의 의미에 대한 해석은 각기 다

---

41 말하자면 우리 국민은 사회적 인식이나 정치적 태도에 있어서 진보와 보수가 각기 견고한 동질적 가치를 가지고 특정 정치적 이념을 추종한다고 규정하면서도 경제와 사회, 정치문제에 대해 일관된 판단을 내리지 않는다. 그래서 우리 국민은 진보 안에서도 사안에 따라 보수적인 판단을 할 수 있으며 보수 안에서도 사안에 따라 진보적 판단을 하기도 한다. 따라서 이에 의해 그동안 우리 사회에 표출된 여러 분야의 격렬한 갈등에 관한 사회적 논쟁에서 정치적 보수와 진보 성향이 쉽게 보이지 않는다. 오히려 진보와 보수가 내부적으로 분화하고 있다는 지적이 더 정확한 것으로 분석되고 있다. 조하영·김석호, 「한국인의 정치적 이념의 분화: 이주민 포용 인식에 대한 정치적 이념과 권위주의 성향의 상호작용을 중심으로」, 『조사연구』, 제21권, 4호, 한국조사연구학회, 2020, pp. 35~62.

42 예컨대 장덕진은 진보 진영 내에서도 분화가 발견된다며 한국의 진보가 전혀 체제부정적이라고 볼 수 없으며, 특정 연령대나 지역에 편중되지 않고, 진보 성향 유권자 4명 중 1명은 보수 후보에 투표한 경험이 있다고 밝히면서 그 내부의 이질성을 드러내고 있다. 장덕진, 「한국의 보수, 그들은 누구인가?」, 한반도선진화재단·한국미래학회·좋은정책포럼, 『보수와 진보의 대화와 상생』, 나남, 2010, pp. 45~58. 마찬가지로 보수의 내부 분화에 대해서는 강원택, 「2017년 대통령선거에서의 보수정치」, 『한국정당학회보』, 제16집, 제2호, 한국정당학회, 2017, pp. 5~33을 보라. 한국 진보와 보수의 이념 진영 내에서의 변이에 대해서는 박원호, 「유권자의 정치이념과 정책 선호, 그리고 후보자 선택」, 박찬욱·강원택 편, 『2012년 국회의원 선거 분석』, 나남, 2012를 참조.

43 Philip E. Converse, "The nature of belief systems in mass publics", *Critical Review*, Vol. 18, Nos. 1~3, 1964, pp. 1~74.

른 면을 보인다. 예컨대 해방 이후 진보좌파나 보수우파 정당 모두 국가 경제발전과 국민소득 증대 그리고 안보를 핵심 정책으로 삼았다. 한국 적 진보좌파와 보수우파 정당 이념의 특징은 유럽의 그것들과 정반대의 성향을 보이고 있다.

즉 민족주의가 강한 유럽의 보수우파 이념이 한국의 진보좌파 이념과 유사하고 인류보편주의가 강한 유럽의 진보좌파 이념이 한국의 보수우 파 이념과 거의 같다.[44] 1895년 프랑스 드레퓌스 사건(Dreyfus Affair)을 두 고 벌어진 진보좌파와 보수우파의 정치적 대결에서 나타난 각각의 이념 을 살펴보면 현재 한국의 진보좌파와 보수우파의 정치적 이념이 얼마나 왜곡되어 있는지 잘 알 수 있다. 반유대주의, 반독일, 애국적 민족주의를 신봉하며 국가의 안보와 이익을 위해서는 드레퓌스 대위를 간첩죄로 처 벌해야 한다고 주장한 보수우파(반드레퓌스파)와 달리 국가의 안보와 이 익보다 한 개인의 권리가 더 우선되어야 한다면서 사회정의의 실현을 주장한 진보좌파(드레퓌스파) 사이의 첨예한 갈등을 야기한 드레퓌스 사 건은 '두 개 프랑스'로 분열시킨 정치적 사건이었다.[45] 한국 진보좌파는 식민통치와 남북 분단의 원인을 제공한 일본과 미국 등에 대해서 매우 적대적인 혐오주의를 표현하며 민족주의적 자주성을 내세운 것과 달리 한국 보수우파는 세계사적 질서에 순응하며 강대국 미국과 일본 등 외 국과 긴밀한 협력관계를 강화하려 한다. 따라서 일본 보수 극우파의 한 국 혐오나 한국 진보좌파의 과격한 반일 혹은 반미 감정은 이념상 외국

---

44 이에 대해서 다음을 참조하라. René Rémond, *Les Droites en France*(Paris: Aubier, 1982); Jean Defrasne, *La gauche en France de 1789 à nos jours*(Paris: PUF, 1975).

45 이에 대하여 임종권, 『프랑스 지식인의 세계: 문학·정치·저널리즘』, 여울목, 2018, 제5장, pp. 353~464를 볼 것.

배타주의적이고 민족주의적 혹은 국수주의적인 성향과 크게 다르지 않다. 대표적인 극우 인사인 니시오 간지(西尾幹二)가 "일본이 한국을 비롯한 아시아 국가들에 대해 나쁜 일을 했다고 일본인이 먼저 생각해서는 안된다. '나쁜 일을 했다. 그러나 부분적으로 일본은 좋은 일도 했다'라고 하는 것과 같은 고식적인 말투를 그만두자. 우리는 아무것도 나쁜 일을 하지 않았다"라고 주장한 바와 같이 해방정국과 6·25전쟁에서 자행된 동족학살 사건을 두고 경찰과 군인, 그리고 친북 공산주의자 등 보수우파와 진보좌파는 서로 "나쁜 짓을 하지 않았다"라고 주장하고 있지 않은가.[46]

따라서 아베 신조(安倍晋三) 총리는 이들 극우파의 주장에 부응하여 무려 60년 만에 교육기본법을 바꾸면서 국가 이익이나 안보가 개인의 자유나 인권보다 우선한다는 이데올로기를 강조하는 문구들을 담아 무조건적 애국심과 국가주의를 고취했다. 마찬가지로 한국의 진보좌파는 일본에 대하여 과거 한반도와 중국, 동남아, 태평양 등을 식민지배한 침략자 혹은 문화적으로 열등한 민족으로 비하하며 끊임없이 반일 감정을 불러일으키고 있다. 더 나아가 한국 진보좌파는 19세기 유럽 제국주의 무력 침략에 의한 식민화 정책에 대하여 대항해시대 혹은 세계화를 이룬 역사적 사건으로 이해하면서도 이와 달리 일본의 제국주의에 관해서는 매우 비판적이다. 이런 한국 진보좌파의 이중적이고 선택적인 가치 태도는 일제강점기에 항일투쟁을 한 공산주의 계열 독립운동가의 국수주의적인 민족주의 성향에서 기인한다.[47]

원래 민족주의는 자기 민족의 우월성을 내세우며 타민족에 대한 혐오

---

46 니시오 간지(西尾幹二), 『국민의 역사』, 산케이신문, 1999, p. 720.
47 정치적 극우에 대한 정의는 주로 인종주의(racism), 타민족 혐오(xenophobia), 민족주의(nationalism), 반민주주의(anti-democracy), 강한 국가(strong state)로 구

감이나 배척 감정을 지닌 이념이 아니라 여러 민족 간의 우애와 협력, 그리고 존중을 바탕으로 평화와 역사의 진보를 이뤄가는 사상으로, 자기 민족의 우월성이나 우생학적인 인종주의를 내세우지 않는다. 강대국의 약소국 지배는 보편적 세계사이지만 역사의 진보는 민족들 사이의 문화 교류와 역사의 개별성 및 특수성을 인정하는 것에서 구현된다. 독일 근대 역사학의 선구자인 레오폴드 폰 랑케는 이런 민족주의 사상이 역사의 경향성을 지닐 때 인류의 세계사는 진보한다고 믿었다.[48] 해방 이후 한국에서 민족주의에 대한 정치적 담론은 보수우파와 진보좌파 사이에서 항상 '친일'과 '반일'로 대변되어왔다. 이러한 담론에 따라 한국 민족주의는 우파의 '친일민족주의'와 좌파의 '반일민족주의'로 정의되어 오로지 친일과 반일의 이분법적으로만 구분되고 있다.[49] 즉 역사가 이영훈은 이렇게 말한다.

분한다. 이에 대해 Cas Mudde, *Populist Radical Right Parties in Europe*(New York: Cambridge University Press, 2007)을 참조. 서구 자유주의 국가에서도 혈통적 민족주의는 사회적으로 비난을 받으나 자유주의적 이념과 제도, 시민성에 대한 우월감에서 나온 민족주의는 타민족 배타심이 강한 정치적 극우파의 중심 이념이다. 다음을 보라. Anthony D. Smith, *National Identity*(London: Penguin, 1991).

48 이러한 민족주의 사상의 설명은 다음을 보라. Leopold von Ranke, *Über die Epochen der Neueren Geschichte: Vorträge dem Könige. Maximilian II. von Bayern im Herbst 1854 zu Berchtesgraden gehalten von Leopold von Ranke*(Berlin: Duncker & Humblot, 1899); Leopold von Ranke, *Die großen Mächte·Politisches Gespräch*(Göttingen: Vendenhoeck & Ruprecht, 1955); Leopold von Ranke, *Zur eigenen Lebensgeschichte*(Leipzig: Verlag von Duncker & Humblot, 1890). 국내 번역본은 레오폴드 랑케 지음, 이상신 옮김, 『근세사의 여러 시기들에 관하여』, 신서원, 2011과 『강대 세력들·정치대담·자서전』, 신서원, 2014 등이 있다.

49 이런 시각에 의한 우파의 민족주의에 관한 비판적인 논법에 관하여 고명섭은 "친일과 권위주의적 지배의 과거를 가진 한국의 보수 세력이 운위하는 민족주의적 수사란 그들의 과거를 은폐하고 기득권을 지키기 위해 활용되는 거짓에 불과하다

"조선인은 식민시기를 거치면서 민족적 정체성을 발견했으며, 그들의 역사와 전통문화에 대한 자긍심을 갖기 시작하였습니다. 그러한 민족의식을 깨우치고 보급한 대표적인 지성으로서 한국의 근대문학을 개척한 이광수를 들 수 있습니다. 그는 조선의 무지, 불결, 무질서, 무기력에 절망했습니다. (…) 그는 일본처럼 협동하고 청결하고 용감한 문명인으로 다시 태어나는 것만이 민족 재생의 길이라고 설파했습니다. 이런 이광수를 두고 조관자는 '친일 내셔널리스트'라 명명했습니다."[50]

한국 민족주의는 일제강점기에 한국인 모두가 일제의 억압과 차별을 받으면서 생겨난 새로운 공동체 의식이다.[51] 일제강점기까지 조선에서 민족주의는 가당치도 않은 이념이었다. 왜냐하면 당시 기존 양반 출신

는 명제 아래 극우 반공 정권이 구사한 민족주의적 수사를 민족주의 자체와 동일한 것으로 착각한 범주 혼동을 일으켜서는 안 된다"고 비판한다. 고명섭, 『지식의 발견』, 그린비, 2005, p. 33. 이 정의는 곧 민족주의가 한국 보수우파의 이념이 아니라 진보좌파의 이념이라는 것으로 이해된다.

50 이영훈·김낙년·차명수·김용삼·주익종, 『반일종족주의와의 투쟁: 한국인의 중세적 환상과 광신을 격파한다』, 미래사, 2020, pp. 160~161. 그러나 이 같은 설명에 대하여 이지윤은 "한국의 민족주의는 기실 북한과 연루된 '공산적 민족주의'로 국한되고, 다른 한편 친일 내셔널리즘에 연원을 둔 한국의 민족주의는 서구의 민족주의와 같은 성격의 것인 양 읽힐 수 있게 되었다"라고 비판한다. 이지윤, 「한국 보수 담론의 '민족' 수사의 정치: 『반일종족주의』(2019)와 『반일종족주의와의 투쟁』(2020)의 민족」, 『현대정치연구』, 제14권, 제3호, 서강대학교 현대정치연구소, 2021, p. 183.

51 한반도에서 민족주의의 출현은 1876년 개항과 함께 중화주의적 질서에서 벗어나 만국공법의 질서에 편입되면서부터이다. 제3세계에서 민족주의는 개인 및 개인주의의 발달 이전에 민족이라는 거대 담론의 출현 혹은 민족이라는 정치적 주체의 형성과 이후 그 민족을 구성하는 개인의 형성이라는 과정을 거친다는 점에서 서구와는 다른 모습을 보인다. 이러한 식민지적 특수성은 해방 이후에도 지속된다. 식민지의 경험 그리고 냉전과 분단은 한반도에서 민족주의의 특수성을 결정하였다. 홍

지배층은 노비나 천민들과 같은 조상의 핏줄이라는 것을 절대적으로 인정하지 않았기 때문이다.[52] 조선 말 근대국가 개념이나 국민 혹은 민족의 개념에 대하여 무지했던 조선 양반 지배층과 상민, 노비, 백정, 천민 등 피지배층은 주체적 능력을 갖추지 못한 계몽의 대상에 머물러 있었다. 더욱이 조선이 일제 식민화되자 독립운동가들과 지식인들은 독립을 위한 항일투쟁을 하려면 조선 민족이 출신 신분을 떠나 같은 민족으로서 통합해야 한다는 현실적 문제에 직면하게 되었다. 이런 현실에서 역사학자 신채호는 처음으로 단일민족을 기반으로 한 민족주의 사상을 창시했다.[53]

그는 일제강점기 민족의식이 전혀 없었던 조선인에게 민족공동체를 위한 독립운동을 고취하기 위하여 단군을 우리 민족의 시조로 설정하고, 역사적으로 혈통적 민족정신을 강조하며 투철한 민족주의 철학을 바탕으로 식민지 조국의 해방을 위해 몸을 바쳐 투쟁한 인물이었다.[54] 아나키

태형, 「'과잉된 민족'과 '찾을 수 없는 개인': 일민주의와 한국 민족주의의 특수성」, 『한국정치연구』, 제24집, 제3호, 서울대학교 한국정치연구소, 2015, p. 88.

52 근대국가로의 전환을 시도하던 고종이나 개화파들에게 '민(民)'은 항상 통치나 계몽의 대상으로 존재하면서 주체적 역량 발휘의 길이 차단되었다. 이후 자생적 그리고 자주적 국민국가 형성의 길이 좌절되고 조선은 이제 일본에 의한 보호국에 이어 식민지로 전락하게 되었다. 이 과정에서 '민'은 통치와 계몽의 대상이 되었다. 조선의 지식인들은 식민지 조선에서 문명국으로의 길, 국권 회복, 독립을 위해 다양한 노력을 주도하면서 '민'을 우선 동원의 대상으로 설정했다. 김동택, 「『국민수지』를 통해 본 근대 '국민'」, 『대동문화연구』, 제44호, 이화여대 한국문화원, 2003, pp. 243~267.

53 이영훈·김낙년·김용삼·주익종·정안기, 『반일종족주의: 대한민국 위기의 근원』, 미래사, 2019, pp. 246~249.

54 신채호는 단군을 민족의 근원으로 제시하고 광개토왕을 통해 민족의 위대함을 발굴하면서 민족정신에 입각한 독립 자유 정신과 국권 회복을 목적으로 삼아 저항적 민족주의를 강조했다. 배용일, 『박은식과 신채호 사상의 비교 연구』, 경인문화사, 2002, p. 119.

스트인 신채호가 주창한 민족주의는 반일민족주의이며 이광수 혹은 최남선이 주장한 민족주의는 친일민족주의이다. 왜냐하면 신채호는 좌파 항일독립운동가이지만 이광수와 최남선은 친일파로 분류된 인물이기 때문이다. 이 구도에 따라 오늘 한국 민족주의는 진보좌파의 반일민족주의와 보수우파의 친일민족주의로 구분되며, 한국 역사 인식 역시 민족주의 사관과 식민 사관으로 대치되고 있다. 이처럼 한국의 진보좌파와 보수우파는 역사관이나 민족정신에 대해서는 이분법으로 나뉘어 있다. 결과적으로 한국의 민족주의는 그 본래 의미에서 벗어나 이념으로 정의되면서 이를 진보와 보수 진영이 각각 정치적인 대결의 무기로 활용하고 있다. 신채호의 민족주의는 내면의 각성을 통하여 민족의 대통합과 주권을 되찾고자 한 정신으로서 민중을 지향해나간 반면에, 이광수의 민족주의는 낡은 것에서 탈피하여 새로운 근대국가로 개조함으로써 근대성의 대중을 추구했다.[55] 따라서 이들의 민족주의 정신은 일제 식민통치에서 독립된 민족주의, 혹은 내선일체를 지향하는 민족주의로 표현되었다. 그리하여 이광수는 "완전히 독립된 개인이 존재하지 않는 것과 마찬가지로 완전히 보편적인 인류도 존재하지 않기 때문에 현실적

---

55 신채호의 내셔널리즘의 핵심 과제는 민족정신을 보존하는 것이었다. 즉 민족정신은 민족을 구성하는 핵심 요소이자 진정한 자강(自强)의 원천이기 때문에 신채호는 조선 민족의 고유한 정신이라고 보았던 낭가(娘家)의 계보를 밝히고, 이러한 민족 관념은 국가와 민족을 구분함으로써 국가가 완전히 소멸한 이후에도 사상적 일관성을 잃지 않은 채 강력한 저항 민족주의로 발전할 수 있다고 보았다. 그러나 일제강점기에 그의 정신주의적 민족 관념에는 사상적 변화가 발생하여 외부 사물과의 정신적 합일을 거쳐 개인의 유한성을 극복할 수 있다는 전망이 사라지고, 순결한 민족정신을 보존하기 위하여 오히려 아(我)의 내부에서 비아(非我)의 존재를 색출하는 무한한 자기 분열의 과정을 보여주고 있다. 김종학, 「신채호와 민중적 민족주의의 기원」, 『세계정치』, 제7권, 제28집, 제1호, 서울대학교 국제문제연구소, 2007, pp. 234~273.

으로 민족과 국민만이 존재할 뿐"이라고 보았다.[56]

결국 신채호에게 있어 민족은 주체이고 근대는 객체였으나, 이광수에게는 민족이 객체이고 근대가 주체였다. 각기 다른 이 두 개의 인식에서 민족에 대한 형상도 다르게 규정된다. 신채호의 민족은 내면의 각성을 통해 민족의 대통합과 주권을 되찾는 대상이지만 이광수의 민족은 낡은 것에서 탈피하여 새로운 근대국가로 개조되는 것이었다.[57] 항일독립운동가 신채호와 친일 이광수가 지향한 민족주의 정신은 한민족이 주체로서 자주적인 독립국가를 건설하기 위한 각기 다른 방편인 셈이다.[58] 즉 문명화된 개인들의 구성체인 민족을 통하여 일제 식민통치로부터 독립이라는 과제가 설정되었다. 이렇게 하여 일제강점기 사회주의자나 자유주의자 독립운동가들은 이데올로기적 차이에도 불구하고 자연스럽게 민족주의를 공통의 이념으로 공유하게 되었다.[59] 예컨대 사회주의자인

---

56 박찬승, 『민족주의의 시대−일제하 한국 민족주의』, 경인문화사, 2007, p. 339.

57 유길준, 박영효, 김옥균 등 초기 개화파부터 1905~1910년의 자강운동론, 1910년대 실력양성론과 구 사상, 구 관습개혁론, 1920년대 초반의 문화운동론, 1920년대 중반부터 1930년대 초반 자치운동으로 이어지는 민족주의 논리의 기저는 준비론과 실력양성운동론이었다. 이 점에 대해서는 윤건차, 『한국 근대의 교육과 사상』, 청사, 1987을 참조.

58 김희주, 「'민족'을 바라보는 두 시선−신채호와 이광수를 중심으로」, 『현대소설연구』, 제65권, 제65호, 한국현대소설학회, 2017, pp. 155~182.

59 당시 문학에서 사회주의와 민족주의의 배타적 대립 구도가 허구로 분석되고 있다. 김성수, 「일제강점기 사회주의 문학에 나타난 민족 및 국가주의: 일제강점기 사회주의 문학에 나타난 민족 및 국가주의: 방향 전환기 카프의 프로문학을 중심으로」, 『민족문학사 연구』, 제24호, 민족문학사연구·민족문학사학회·민족문학사연구소, 2004, pp. 74~78. 대표적 사례로서 공산주의자이며 민족주의자인 박헌영을 들수 있다. 금인숙, 「한국 민족주의의 형성과 이념체계: 박헌영의 맑스주의 혁명이념을 중심으로」, 금인숙·문상석·전상숙, 『한국 민족주의와 변혁적 이념체계』, 나남, 2010, pp. 141~207.

몽양 여운형은 일제 식민통치를 경험하면서 민족의식에 눈을 뜨고 교육을 통한 실력양성운동에 적극적으로 참여했다. 당시 제국주의의 이념인 사회진화론의 경쟁 사회에서 생존할 수 있는 유일한 방안은 스스로 실력을 갖추는 것이라고 강조했다. 이 시기 민족주의자들은 사회진화론의 영향을 받아 조선이 살아남으려면 자체적으로 실력을 길러 힘을 갖추어야 한다고 여겼다.[60] 여운형은 철저한 민족주의자로서 민족을 인정하지 않는 급진적 좌익 이론에 대해 정당하다고 보지 않았다.[61] 그렇다면 왜 한국에서 민족주의 정신이 친북 좌파의 반일과 친미 우파의 친일이라는 두 진영의 갈등구조로 나뉘었는가.

기본적으로 노무현 참여정부는 한국의 반공주의에 기초한 보수우파를 친일의 후예로 규정했다. 그리하여 2005년 노무현 참여정부가 친일 청산을 위한 '일제강점하 반민족행위 진상규명에 관한 특별법'을 제정하자 사회적으로 친일·반일문제가 부각됐다. 이어서 노무현 참여정부의 보수우파 척결은 곧 친일과 반일주의 프레임 속에서 진행됐다. 사회주의 혹은 공산주의 사상은 민족을 배격하고 보편적 인류 개념 속에서

---

60 여운형은 1910년대 국내 민족주의자들이 주장하던 '선 실력양성, 후 독립론'의 논리를 비판하면서 독립을 선결 과제로 주장했다. 선 실력양성, 후 독립론은 교육과 산업의 진흥을 통해 실력을 갖추어야 독립할 수 있다고 강조한 데 비해, 그는 독립을 우선으로 여겼다. 강준식, 『조선 독립의 당위성(외): 여운형 편』, 범우, 2008, p. 40.

61 강준식, 앞의 책, p. 333. 여운형이 일제강점기부터 공산주의를 조선 현실에 그대로 적용하는 것을 부정적으로 생각했다는 점을 고려한다면, 이념의 측면에서도 그는 순수한 좌파 또는 극좌파에 속하지는 않는다고 볼 수 있다. 결국 정치 활동과 이념을 종합하여 평가할 때, 그는 해방 후 한국 정치의 이념적 지형에서 중도좌파 또는 민족주의 좌파로 볼 수 있다. 전재호, 「여운형의 정치이념: 민족주의, 공산주의, 민주주의에 대한 인식을 중심으로」, 『현대정치연구』, 제6권, 제1호, 서강대학교 현대정치연구소, 2013, p. 109.

민중을 지향한다.[62] 그러므로 민족주의와 공산주의는 서로 대립적인 관계이며, 공산주의 체제는 계급투쟁을 가장 중요한 역사적 과제로 삼으나 민족주의는 타 민족과의 우애를 바탕으로 교류와 협력관계 속에서 민족자결을 중시한다.[63]

부르주아 보수우파 진영의 사상 체계는 자유주의와 민족주의이며, 프롤레타리아 진보좌파 진영은 전자와 대립하는 공동체 형태, 즉 사회주의와 보편주의이다. 궁극적으로 세계사에서 사회주의 프롤레타리아 계급투쟁은 민족주의에 굴복하여 마침내 붕괴하고 말았다. 마르크스 사상을 교의로 표방한 사회주의 운동의 프롤레타리아 정치는 국제주의와 국가적 지배의 종식을 지향하며 민중이 주인인 세계의 건설을 목표로 삼고 있다. 마르크시즘의 사회주의 운동이 실패하고 민족주의적인 부르주아적 정치가 지배적인 경향성을 갖게 된 것은 이론에 내장된 반정치주의, 반국가주의로 인하여 국가, 정치, 시민권과 자유 그리고 소유권 사고가 마비된 결과였다. 이렇게 인간의 가장 강력한 공동체 이데올로기인 민족주의의 물질사상을 인식하지 못한 마르크스주의적 사회주의 운동은 필연적으로 붕괴될 수밖에 없었다.[64]

따라서 남북이 탈냉전 시대의 이념에서 탈피하여 남북을 하나로 연결해줄 수 있는 고리가 바로 민족주의 이념뿐이었다. 공산권의 붕괴 이전

---

62 마르크스주의자들은 프롤레타리아 국제주의만 중시하고 민족주의를 계급투쟁의 방해요소로 여겼다. Horace Davis, *Toward a Marxist Theory of nationalism*(New York: Monthly Review Press, 1989), p. 27.

63 박명규, 「네이션과 민족: 개념사로 본 의미의 간격」, 『동방학지』, 제147권, 연세대학교 국학연구원, 2009, pp. 27~65.

64 서관모, 「국제주의, 민족주의와 공산주의」, 『사회과학연구』, 제27권, 제1호, 충북대학교 사회과학연구소, 2010, pp. 84~101.

에 북한은 민족주의에 대하여 자기 민족의 부르주아계급의 이익을 합리화해주는 사상이며 계급 모순을 은폐하고 노동자계급이 자기 이익을 위한 투쟁을 봉쇄하면서 다른 나라의 침략과 약탈을 정당화하는 데 앞장선다고 비판했다. 이렇게 민족주의를 거부해왔던 북한이 1980년대 중반부터 주체사상을 여러 방식으로 변용하여 '우리식 사회주의', '조선민족 제일주의' 등 사회주의와 민족 개념을 접목한 새로운 '사회주의적 애국주의'라는 이념을 만들어냈다.[65] 그 이유는 북한이 중국이나 러시아 등 강대국의 외세로부터 독립적인 국가로 확립해나가려면, 민족주의 이념을 바탕으로 한 주체사상을 더욱 강화해 1인 독재의 북한식 사회주의 체제를 공고히 유지해나가야 했기 때문이었다.[66]

이런 가운데 학생운동권을 대거 정치계에 참여시킨 노무현 참여정부가 민족주의를 수용한 것은 친일의 후예인 보수우파를 척결하기 위한 임시방편이었다. 말하자면 노무현 참여정부는 반일을 정당화하기 위하여 민족주의 개념을 차용한 것이다. 이로써 진보좌파는 민족의 개념을 민중으로 이해하고 민중(프롤레타리아)이 주체가 된 국가 건설을 위하여 친일 후예인 보수우파(부르주아)를 타도 대상으로 삼기에 이르렀다. 결과적으로 보면 한국 진보좌파는 역사적 몰이해 아래 민족주의 이념을 정치적으로 활용한 셈이다.

그러자 보수우파 논객은 친일청산 주장을 두고 "현실 부정과 증오, 원

---

65 북한에선 민족주의 대신에 애국주의로 표현한다. 사회주의 애국주의(민족주의)는 민족자주의식으로서 자기 민족과 조국애를 결합한 것이다. 사회과학원 철학연구소, 『철학사전』, 평양, 사회과학출판사, 1985, p. 351.

66 서재진, 「북한의 민족주의: 주체사상의 이론적 변용을 중심으로」, 『통일연구논총』, 제2권, 제1호, 민족통일연구원, 1993, pp. 71~96.

한"에 기반을 둔 "공산주의나 좌경사상" 탓으로, 또 "비이성적이고 배타적인 국민의 민족주의"에서 비롯된 것이라고 비판했다.[67] 이에 대하여 "한국의 보수우파가 반일문제에서 벗어나지 못하기 때문에 한국 내부의 역사 갈등은 반일민족주의의 주도권을 둘러싸고 전개될 것"이라는 전망이 제시되기도 했다.[68] 그리하여 친일청산을 둘러싼 논쟁에서 보수우파 진영은 민족 중심의 친일과 반일의 구도를 반공 이념과 국가 충성을 중심으로 한 애국과 매국의 대결로 전환하면서 민족의 이름으로 친일청산을 반대한다는 것이다.[69] 궁극적으로 '친일'을 둘러싼 보수우파의 민족 담론에 대하여 진보좌파 진영에서는 자신들의 기득권을 확보하기 위한 자기 부정의 형식이라고 비판한다.

반일은 한국의 진보좌파에서 철저히 민족주의 정신에 기반하고 있다. 신채호처럼 우리 민족과 타 민족 간의 투쟁으로 보면서 민족주의 정신을 강조하면 민족우월주의와 국수주의의 성격을 띠게 마련이다. 이러한 반일민족주의는 앞서 설명한 바와 같이 근대 역사학의 선구자인 레오폴드 폰 랑케가 정의한 민족주의와 정반대 개념이 된다. 민족은 대결의 이념이 아니라 화합과 협력을 바탕으로 한 공생의 사상이다. 민족주의를 타 민족과의 끊임없는 대결 구도로 설정하면 궁극적으로 인류 역사의 반역으로 귀결될 수밖에 없다. 그러므로 임지현의 '민족은 반역이다'라는 탈민족주의의 영향 아래 한국 진보좌파는 민족주의를 배척하면서 민

67 이지윤, 앞의 글, p. 187.

68 하종문, 「반일민족주의와 뉴라이트」, 『역사비평』, 제78집, 역사비평사, 2007, pp. 189~192.

69 윤해동, 「뉴라이트 운동과 역사 인식: 비역사적 역사」, 『민족문화논총』, 제51집, 영남대 민족문화연구소, 2012, p. 251.

족, 조국, 애국애족 등의 표현을 피하는 경향이 나타났다.[70] 그러나 민족주의 애국애족이 보수우파의 전유물이 되어버리자, 한국 진보좌파는 애국이 국수주의자들의 전유물이라고 비판하고 나섰다. 이러한 진보좌파가 갑자기 민족주의 이념을 내세우기 시작한 근본 이유는 무엇일까? 먼저 북한이 주체사상과 민족주의 이념을 하나의 애국애족의 개념으로 결합함에 따른 것으로서 이에 의한 실천이 바로 반일과 반미운동이었기 때문이다. 이런 흐름에서 노무현 참여정부 이후 진보좌파 정당은 끊임없이 반일운동에 매달려오고 있다.

공산주의 세계관은 인류의 보편성에 기초하여 민족의 해방이 아니라 '가진 자'인 부르주아를 타도하고 '갖지 못한 자'인 프롤레타리아를 해방하는 것이다. 한국의 경우, 해방 이후 해방정국의 정치적, 사회적 혼란과 남북분단 그리고 6·25전쟁을 거치면서 형성된 사회주의 혹은 자본

---

70 예컨대 임지현은 "한국은 민족과 민족주의에 대한 담론이 일제강점기를 거치면서 국가가 배제된 채 형성되었고 이것이 하나의 신화로 받아들여졌다"라며 "특히 한국전쟁과 분단 상황을 거치면서 한국의 민족주의는 국민에게 이데올로기이자 종교가 되었다"라고 분석하고 "이러한 민족과 민족주의에 대한 담론 체계는 그 속성상 민족의 구성 양식에서 단일한 혈통, 공통의 조상, 언어의 통일성 등과 같은 원초적인 측면 혹은 객관적인 요소들을 강조하는 방향으로 흘러갈 수밖에 없었다"라고 설명한다. 이어 그는 "이는 이러한 기준에 근거해 무비판적인 타자화를 가능하게 하는 기제가 되었다"라고 주장하며, 따라서 그는 "우리의 민족과 민족주의 담론은 프랑스 혁명의 역사적 성과인 시민적 공공성이 사장되고 오로지 원초적인 민족 구성 양식만이 강조되고 있다"라고 주장한다. 이어 그는 "민족에 대한 우리 사회의 이해가 인종적인 것 혹은 종족적인 것(ethnic)으로부터 공공적인 것 혹은 시민적인 것(civic)으로 바뀌어야 한다"라고 주장하면서 "이를 통해 민족주의는 그 자체가 가지는 혁명적 역동성을 견지하면서, 체제를 옹호하는 권력과 이데올로기가 아니라, 더 나은 건설을 기약하는 반역의 이데올로기로 재창조될 수 있다"라고 강조하고, 그러므로 "민족주의는 더는 체제를 옹호하는 이데올로기가 아니라 건설을 기약하는 반역의 이데올로기로 재창조되어야 한다"라고 문제를 제기한다. 임지현, 『민족은 반역이다』, 소나무, 1999를 참조.

주의는 이념적인 정치가 아니었다. 그것은 과거 조선 시대 신분제에 의한 갈등구조에서 빚어진 대결 정치에서 자란 적대 감정이며 사상과 이념은 이 갈등의 외피에 불과한 셈이었다.[71] 이런 점에서 보면 한국의 진보좌파와 보수우파의 이념 차이를 찾아보기 어렵다. 단지 반일과 친북, 그리고 친미와 반북의 차이만 있을 뿐 경제적 혹은 사회적으로 진보좌파와 보수우파 모두 실리적인 자본주의적 자유민주주의 체제를 신봉하고 있다고 봐야 한다. 이 진보좌파와 보수우파의 차이는 분배정책에서 재벌 기업 등 대기업 중심의 경제정책을 통하여 고용증대와 임금인상 효과를 노리는 가진 자들을 위한 정책이냐, 아니면 최저임금을 높여 서민들의 소득을 증가시켜 경제 활성화를 추구하는 정책이냐의 차이일 뿐이다.

반공주의가 한국 보수우파의 기본 이념이 된 것은 남북분단 때문이다. 철저한 반공주의자였던 이승만이나 박정희는 6·25전쟁을 겪으면서 북한과의 경쟁에서 이겨야 한다는 강박관념에 사로잡혀 있었다. 그 핵심이 경제성장주의였다. 따라서 한국 보수우파 정권은 부국강병을 추진함으로써 한반도 정치의 주도권을 선점하여 장차 남북통일에 대비하고자 반공주의를 강화해나갔다. 1989년 12월 3일 소련 서기장 고르바초프와 미국 대통령 조지 H. W. 부시가 몰타회담에서 공식적으로 냉전의 종식을 선포하였음에도 남북한의 관계는 오늘날까지도 군사적 적대관계를 유지해오고 있다. 이런 상황에서 한국 보수우파는 안보를 위한 반공주의 이념을 쉽게 떨쳐버리기 어려웠다. 결과적으로 반공주의와 경제성장주의가 유기적으로 결합하여 오늘날 보수우파의 형성 조건이 규정된

---

71 이 점은 다음을 볼 것. 임종권, 『역사의 변명: 망각과 기억, 아래로부터 역사』, 인문서원, 2022.

것이다. 물론 김대중 대통령의 '햇볕정책'으로 남북이 적대관계를 청산하고 협력과 화해의 길을 택하면서 상호 교류를 해왔다. 그러나 북한의 핵무기 개발로 인하여 결국 보수우파 정권 이명박과 박근혜 대통령에 이르러서 단절되고 말았다.[72] 이렇게 한국 보수우파는 반공주의 이념의 틀에서 벗어날 수 없는 분명한 명분을 갖고 있지만, 이는 세계화 시대의 흐름과 부합하지 못한 면이 있다. 북한에 대한 국민의 적대 감정은 다분히 정치적이고 국민의 정서는 다분히 민족애적 성격이 강하나, 이는 나이별로 다르게 나타나고 있다.[73] 이런 점에서 한국 보수우파 정권은 대북정책에서 갈팡질팡하며 확고한 미래 지향적 대북정책을 확립하지 못하고 있어서, 그 이미지가 항상 '반공주의'와 '수구'에서 벗어나지 못하고 있다.[74] 한국 보수우파의의 위기는 마침내 박근혜 대통령의 임기 중

---

72 보수우파 정부에 들어와 이른바 '이전 정부 색깔 지우기' 정책 일환에 따라 대북압박정책으로 선회한 데다가, 이명박 정부 초기에 발생한 금강산 관광객 피격 사망 사건 및 북측의 개성공단 출입제한 조치로 인해 남북관계의 경색이 본격화되었다. 조성렬, 「문재인 정부 대북정책의 과제와 전망: 한반도 비핵화와 평화체제의 비전을 중심으로」, 『통일정책연구』, 제26권, 제1호, 통일연구원, 2017, pp. 5~9.

73 세대별로 북한에 대한 친밀감을 조사해보면 20대(19세 포함)는 2012년에 22.4%에 달했으나, 2016년에는 7.3%를 기록하여 다른 연령층과 비교하여 가장 낮다. 2016년의 경우 대북 친밀감은 50대(14.8%), 40대(11.3%), 60대(11.1%), 30대(8.9%), 20대(7.3%) 순으로 나타났다. 그 이유에 대해 20대의 보수화라 단정할 수는 없지만, 기성세대와 비교하여 민족의식의 영향이 덜하며 국제화의 영향에 노출되어 성장한 세대라는 점, 규범적 관점으로 북한 정권을 바라볼 수 있다는 점을 들 수 있다. 조성렬, 앞의 글, pp. 13~14.

74 한국 보수우파의 수구적 이미지는 반공주의와 유교 사상 그리고 전근대적 정치관과 일류대 진학과 출세를 추구하는 '입신양명의 엘리트주의' 및 개인의 삶과 가치의 절대적 의미를 가족에 둔 '가족주의'와 결합한 것이다. 제도 정치를 돌아보면 정도와 방법의 차이가 있었을 뿐 자유당/한민당, 공화당/신민당, 민자당/민주당이 보여주듯 여야를 막론하고 반공은 보수정당 전반의 공통분모였다. 전쟁 이후, 야당과 일부 재야도 북한보다 앞서야 한다는 명제에 동조하는 이들이 적지 않았다.

에 나오고 말았다. 2016년 절벽 끝에 오른 한국 보수우파의 살길을 열어
준 인물이 바로 인명진이었다.

예컨대 1960년대 혁신 성향 간행물이던 『사상계』 기사들은 반공주의를 완전히 부정하지는 않았다. 이창희, 「한국 보수주의의 이론과 한 사례: 선우휘의 세계관을 중심으로」, 『한국정치연구』, 제25집, 제2호, 서울대학교 한국정치연구소, 2015, pp. 212~214.

인명진, 건전한 우파 만들기

김대중 국민의 정부와 노무현 참여정부 시기 인명진은 정치와 거리를 두고 오로지 계약공동체의 이상을 실현하기 위하여 갈릴리교회에서 목회와 선교에 집중했다. 그는 갈릴리교회에서 목회 생활을 하며 각종 봉사 활동에 몰두했다. 그는 이 활동들이 시혜적 차원이 되지 않게, 교인들의 신앙고백이 담긴 가치관과 삶의 변화에서 나오는 헌금으로 이뤄지게 했다. 그리고 그는 동사무소와 사회복지관, NGO, 이웃 종교와 함께 하는 연대 활동을 펼쳐나갔다.

2004년 3월 야당이었던 한나라당의 노무현 대통령 탄핵은 역풍을 만나, 제17대 총선에서 집권 여당인 새천년민주당은 152석(50.8%)을 얻었으나 한나라당은 121석(40.5%)에 그쳤다. 총선 참패와 더불어 한나라당은 823억 원의 불법대선자금 사건이 폭로되면서 '차떼기 정당' 이미지를 얻었고 2006년 성추문 사건까지 발생하여 국민의 지지가 떨어졌다. 2007년 대선을 앞두고 한나라당은 이미지 쇄신과 외연 확대를 위해 인명진을 윤리위원장으로 초빙했다. 한나라당 사무총장 황우여 의원은 과거 김영삼 문민정부의 감사원 부정방지대책위원회에서 인명진과 친분이 있었다. 황우여는 갈릴리교회 새벽기도회에 참석하면서 "죄 많고 더러운 곳에 예수님이 찾아가셨듯이 목사님께서 오셔야 정당이 천당은 못 되어도 정당이 될 수 있지 않겠냐"라며 강재섭 대표와 함께 여러 차례 인명진에게 도움을 호소했다.[75]

---

75 황우여, 「일국의 정치적 향방을 바로잡으시다」, 영등포산업선교회, 앞의 책, pp. 7~8.

인명진은 처음에는 강경하게 거절했으나 한나라당 대표 강재섭의 삼고초려 끝에 당 지도부에 진정성을 느끼고, 노무현 참여정부의 무능이 드러난 상황에서 제1야당이 부정부패의 이미지를 벗고 도덕적으로 거듭나야 한다는 판단하에 마침내 윤리위원장직을 수용했다.[76] 그러나 인명진은 무턱대고 이 직책을 맡지는 않았다. 그는 먼저 한나라당에 입당하기 전에 시민사회를 대표하는 인물을 윤리위원으로 선발하는 권한을 줄 것, 여기에 자율적인 활동을 보장할 것 등의 전제조건을 요구했다. 그리고 먼저 인명진은 교회 교인들에게 정치 활동을 인준받아야 한다며 제한적인 파송 형태로 윤리위원장직을 맡았다. 당시 한나라당 내부의 강경 보수 성향 의원들은 인명진이 윤리위원장에 임명된 것을 두고 한나라당의 정체성을 훼손시킨 일이라고 강하게 반발했다.

이러한 당 분위기 속에서 그는 "사람을 공천해야지, 철새를 공천하면 어떻게 하느냐?"라는 유명한 말을 남기며, 윤리위원장으로서의 역할에 걸맞게 당 의원들에게 엄격한 도덕적, 윤리적인 책무를 부과했다. 인명진은 이를 조금이라도 소홀히 한 의원에게 직위를 막론하고 엄정히 처리함으로써 '한나라당의 저승사자'라는 별칭을 얻었다. 국회의원이 윤리위원회에서 징계를 받으면 부도덕한 인물로 낙인이 찍혀 선거에 결정적인 영향을 미치기 때문에 누구도 순순히 징계에 응하지 않았다. 예컨대 김용갑 의원이 광주 해방구 발언과 무소속 의원의 지원 문제로 징계 대상이 되어 그를 징계하려 하자 당사자는 물론 당내에서 "좌파가 우파의 목에 칼을 꽂는다. 굴러온 돌이 박힌 돌을 빼낸다"라고 비난하기도

---

76 「인명진 목사, 한나라 윤리위원장 내정」, 『한겨레』, 2006년 10월 20일 자; 인명진, 「목사 42년 하니까 역사도 보이고 사람도 보여」, 『중앙일보』, 2013년 6월 29일 자.

했다. 그리하여 김용갑이 징계를 받아들이지 않자 강재섭 당대표가 대신하여 징계를 받아 복지기관에서 자원봉사를 해야 했다.

인명진은 징계 내용에 사회봉사를 명령할 수 있는 규정을 만들어 이를 시행해나갔다. 왜냐하면 경고나 당원권 정지 등 기존 벌칙이 해당 인사에게는 큰 영향을 미치지만 국민과는 무관한 일이라 인명진은 윤리위원회의 징계를 국민이 직접 체감할 수 있도록 징계받은 당사자가 직접 사회봉사를 하게 한 것이다. 국민은 이러한 징계에 대하여 진정성 있게 받아들였다. 2007년에 한나라당 대통령 후보 검증위원으로 일하면서 국민과 국가에 헌신할 수 있는 인격과 자질을 갖춘 자들을 엄선했다. 이 대통령 후보 검증은 인명진이 제안한 것이었다. 대선이 임박하여 비리가 드러나면 패배하기 때문이었다. 노무현 정권이 국정을 잘했으면 인명진은 한나라당 후보가 당선되어야 한다는 생각을 하지도 않았을 것이다. 그러나 나라가 통째로 흔들리는 것보다 차라리 부패한 후보가 대통령이 되는 것이 더 나을지도 모르겠다 싶었다.

17대 대선을 앞두고 이명박 후보와 박근혜 후보는 치열한 경쟁을 벌였다. 이 두 진영은 상대방을 비난하거나 과거 개인의 사생활까지 폭로하며 서로 인격을 깎아내리는 일에 열중했다. 그러자 윤리위원장 인명진은 박근혜 경선 후보 캠프의 총괄본부장 김무성 의원과 이명박 후보 캠프의 핵심 인물인 정두언 의원 등을 징계하여 정정당당한 경쟁을 벌이도록 했다. 그는 누구라도 당규를 위배하거나 국회의원 신분에 어긋난 언행이나 행동을 한 자에게 지위 고하를 막론하고 당규에 의하여 추상같이 엄하게 처벌했다. 이명박은 정치 선진국 수준에서 볼 때 인명진에게 대통령이 되면 안 되는 사람처럼 보였다. 인명진이 검증해보니 사소한 수준의 범법으로 여러 번 처벌을 받았거나 혹은 이런저런 혐의가

100개 가까이 되었다는 것이다. 이런 점에서 인명진이 볼 때 이명박은 윤리의식에 문제가 있었다. 당시 한 언론은 인명진 윤리위원장에 대해 이렇게 평가했다.

"인명진이 한나라당 윤리위원장에 취임한 것은 2006년 10월. 재임 1년 반 동안 경선과 대선을 치렀고 총선을 겪었다. 언론에 비친 그의 모습은 돈 키호테까지는 아니더라도 저돌적이고 무모해 보이는 '투사'였다. 그의 창은 언뜻 위협적이었지만 대체로 허공을 찌르는 것이었다."[77]

예컨대 김무성 의원이 2007년 7월 14일 부산 지역 언론사 편집국장들을 초대한 만찬 자리에서 만일 박근혜 후보가 집권하면 이명박 후보진영의 이재오, 정두언, 진수희, 전여옥 의원 등 4인방을 배제할 것이라고 한 발언이 만찬에 참석한 한 언론에 보도되었다. 그러자 인명진 윤리위원장은 2007년 7월 25일 윤리위원회를 개최하고 김무성 의원을 소환하여 이 발언의 진위를 캐물었고 그는 그런 말을 한 적이 없다고 부인했다. 그때 인명진은 "만일 김무성 의원의 해명이 사실이 아니라면 의원직을 사퇴하고, 사실이라고 판명되면 내가 윤리위원장 자리에서 물러나겠다"라며 이 제안의 수용 여부를 김무성 의원에게 물었다.

그러자 김무성은 그 발언을 시인하며 윤리위원회의 징계를 수용하고 대국민 사과문을 제출하기도 했다. 인명진은 이미 부산에 내려가 언론사로부터 이 발언의 사실 여부를 확인한 후였다. 그는 이렇게 매사에 치

---

77 조성식, 「인명진 한나라당 윤리위원장 격정 토로」, 『신동아』, 2008년 5월호, pp. 104~123.

밀하고 빈틈없이 공정하게 처리했다. 그는 자신의 이해타산과 안위를 따지지 않고 국가와 국민을 위한 것이라면 어떤 일이라도 헌신적으로 임했다. 인명진은 박근혜는 역사의식에 문제가 컸고, 이명박은 윤리적인 문제가 많았다고 말한다. 그러면서 그는 2007년 12월 19일 대통령 선거에서 승리한 이명박 대통령에 대해 "경험이나 경륜 그리고 추진력은 훌륭하나, 다른 사람 말을 잘 안 듣는 경향이 있다"라며 그의 '독선(獨善)적인 태도'에 큰 우려를 나타냈기도 했다.[78] 그는 윤리위원장과 대통령 후보 검증위원으로 활동하면서 건전한 보수정당 만들기에 온 힘을 쏟아 한나라당의 윤리적 정화에 이바지했다는 평가를 받았다. 우선 인명진은 당의 도덕적 목표의 수준을 높이 끌어올려 그동안 여러 스캔들로 말미암아 땅에 떨어진 국민의 신뢰를 크게 향상시켜 마침내 18대 대선에서 보수우파의 한나라당 이명박 후보가 승리하는 데 결정적인 역할을 했다.[79] 인명진은 한나라당에 들어가 당 개혁에 주력하면서 겪은 속마음을 이렇게 토로했다.

"한나라당에 들어간 후 늘 긴장된 생활을 했습니다. 골리앗 앞에 맞선 다윗과도 같은 심정이었어요. 계란으로 바위 치기라는 생각도 들었어요. 한나라당에서 누가 나를 지원합니까. 때로는 실무자들도 나를 기피해요. 쓸데없이 문제 제기해 당을 시끄럽게 하는 사람이라고. 사실 제가 지금 지쳤어요. 지쳐서 그만두려고 하는 겁니다. 더는 못 하겠어요. 신앙인이 아니라면 버텨

---

78 조성식, 앞의 글.

79 그러나 국회의원 공천에서는 국민의 눈높이에 맞추지 못한 점이 있다고 밝혔다. 조성식, 앞의 글.

제10장 • 민주화 정치의 시대 • 567

내기 힘들었을 겁니다. 내 양심에 비춰 한나라당의 권력과 타협한 적이 없다고 말할 수 있어요. 당 내에 형성된 전선에서 최선을 다해 싸워왔습니다."[80]

인명진이 여러 면에서 자신에게 절대적으로 불리함에도 불구하고 보수우파 정당 개혁에 참여한 이유는 건전한 보수와 착한 진보가 부재하여 한국 사회의 고질적인 이념 갈등이 지속되고 있다고 생각했기 때문이었다. 한국의 보수와 진보는 이름만 다를 뿐 본질에서 자본주의적 자유시장경제 체제 이념을 지니고 있다. 그런데도 민주당이 이념적 보수성을 부인하고 자기 정체성을 진보좌파로 자처함으로써 진정한 진보 성향의 정당이 성장할 여지를 제공해주지 않고 있어서 진보와 보수의 균형 잡힌 정치가 이뤄지지 않고 있다는 것이다.

인명진이 진단해볼 때 한국 정치가 성숙하려면 보수우파와 진보좌파가 몸통인 국가와 국민의 양 날개가 되어야 하는데, 이 날개가 비정상적이어서 서로 어긋나게 날갯짓을 하는 바람에 한국 정치가 모리배들의 '이권 싸움터'가 돼버렸다는 것이다. 인명진은 오랫동안 노동운동과 민주화운동 그리고 김영삼 문민정부에서 여러 분야의 개혁에 참여했던 경험에 비추어 한국 사회의 모든 이념적 갈등이 바로 이러한 문제점에서 출발한다고 분석하고, 건전한 보수우파와 착한 진보좌파의 확립이 가장 중요하다고 여겼다. 바로 이 점이 그의 정치 참여의 출발점이었다.

한국 보수우파에 대하여 보수 논객 박효종은 먼저 미래를 내다보지 못한 죄, 둘째, 과거의 추억과 향수를 사라지게 하지 못한 죄, 셋째, 지키기만 하고 가꾸지 못한 죄, 넷째, 권위와 권위주의를 혼동한 죄, 다섯째,

---

80 조성식, 앞의 글.

특권 오남용의 죄, 여섯째, 자기실현에 탐닉하고 자기초월하지 못한 죄 그리고 베풀지 못한 죄로 지적하며 자기 채찍질이 필요한 보수라고 꾸짖는다.[81] 후일 "박근혜는 역사의식에 문제가 컸고, 이명박은 윤리적인 문제가 컸다"라며 보수우파의 대통령으로서의 문제점을 명확하게 짚을 정도로 인명진은 한국 정치의 현실과 인간의 됨됨을 명확하게 파악하고 있었다.

한편 인명진은 이명박 정권 시절 남북협상에 깊숙이 관여했다. 현대 아산 직원 유성진의 개성공단 억류 사건도 인명진이 북측과 협상을 통해 해결하는 등 남북관계 개선을 위하여 이명박 정권에 많은 도움을 주었다. 그럼에도 이명박 정부가 대북정책과 남북협상에서 실패한 것은 개인적인 이기심, 기관의 조직적인 이기주의와 공 다툼 탓이었다. 인명진은 이명박 정권 시절 남북협상과 대북정책에서 "공 다툼, 이기주의, 영웅주의가 민족문제를 해치는 결과를 가져오는 것을 똑똑히 지켜봤다"라고 털어놨다.[82] 남북문제는 분단 이후 어느 정권에서도 미래 평화통일을 위한 해결책을 마련하지 못했다. 단지 김대중 국민의 정부 때 '햇볕정책'에 따라 남북의 경제적 교류를 위해 설립된 개성공단을 통해 남북관계가 적대관계에서 벗어나 협력관계로 전환되는 듯했으나, 이마저 보수우파 정권인 이명박과 박근혜 정부에 의해 폐쇄되어 다시 남북관계가 경색되고 말았다. 보수우파 정권은 지나치게 반공주의 이념에서 벗어나지 못하여 남북관계를 미래지향적인 민족의 관점으로 보지 못한 잘못을 저지른 것이다.

---

81 이 점에 관하여 다음을 보라. 박효종·복거일·원희룡·이한우·김정호·함재봉·정성환, 『한국의 보수를 논한다: 보수주의자의 보수 비판』, 바오, 2005.

82 「다음 세대를 위한 인명진의 고언」, 영등포산업선교회, 앞의 책, pp. 78~79.

그러다가 진보좌파 민주당 정권인 문재인 대통령은 2018년 4월 27일 김정은과 판문점 회담을 거쳐 그해 9월 18일부터 20일까지 김대중과 노무현 대통령에 이어 세 번째로 평양을 방문했다. 문재인 대통령은 북한 김정은 위원장과 만나 남북의 교류와 협력 그리고 군사적 긴장 완화 등의 내용이 담긴 '평양공동선언'을 발표하기도 했다. 그러나 이 성과는 북한 핵무기 개발로 인한 유엔의 제재 등이 해결되지 못함으로써 오히려 남북관계를 더욱 악화시키고 말았다.[83] 따라서 인명진은 남북문제를 풀지 못하면 한국 사회의 이념 갈등을 해결하지 못하리라 전망했다. 그리하여 그는 남북문제를 경제교류를 통해서 해결하는 것이 가장 효과적이라고 분석했다. 즉 그의 지론에 따르면 통일보다 경제협력을 우선시하여 북미수교와 북일수교를 남한 정부가 앞장서서 주선해서 북한이 핵무기를 내려놓을 수밖에 없는 여건을 만들어야 한다는 것이다. 그러면서 그는 남북문제를 중국이나 미국에 의존하지 않고 우리가 주도적으로 풀어가야 한다고 해결책을 제시할 만큼 남북 분단 극복에 깊은 관심을 두고 있었다. 남북문제 해결에는 전제조건이 있다. 그것은 바로 남한 사회의 고질적인 질병인 이념이나 지역, 그리고 세대 갈등, 빈부 격차 등의 해결이다. 말하자면 남한 사회가 안고 있는 모든 분열과 갈등 요소들이 해소되어야 남북문제 해결에 주도권을 행사할 수 있다는 것이 인명진의

---

83 문재인 정부 집권 전반기 남북 간 3회, 북미 간 2회의 정상회담으로 북핵 해결의 실마리를 찾으려 노력했지만 실패했다. 문재인 정부는 사실상 핵 보유국인 북한의 핵 공격이나 핵 위협의 가능성을 전혀 고려하고 있지 않았다. 따라서 문재인 정부는 북한과의 비핵화 협상 결렬과 중국, 러시아 등 주변국의 위협 증대로 심각한 안보 불안을 초래하고 있었다. 박상익, 「문재인 정부의 대북정책 성과와 과제」, 『군사발전연구』, 제13권, 제2호, 조선대학교 군사학연구소, 2019, pp. 51~70. 그리고 다음을 참조하라. 박영민, 「문재인 정부 대북정책의 성공 조건과 전망」, 『접경지역통일연구』, 제1권, 제2호, 한국접경지역통일학회, 2017, pp. 29~50.

지론이다. 그러기 위해서는 먼저 건전한 보수, 올바르고 착한 진보 정치가 정착되어야 한다는 것이다.

그가 본 박근혜 대통령은 여전히 군사독재정권의 상징이었던 부친 박정희 대통령을 국가의 우상으로 섬기고 대통령으로서 조국 민주화의 발전을 도모하지 않았다. 박근혜 대통령은 여전히 부친 추종자들의 지지 속에서 박정희의 경제발전이라는 공헌을 국민이 아니라 자신의 보호자로 활용하는 데 주력했다. 대표적인 사건이 2015년의 역사 교과서 사건이었다. 박근혜는 부친 박정희 대통령에 대한 역사적 평가가 잘못되었다는 점을 가장 크게 우려했다. 말하자면 역사 교과서의 주된 내용이 좌편향이라서 균형 있게 다시 서술해야 한다는 것이었다. 이러한 박근혜 대통령의 역사 인식 아래 2013년 뉴라이트 계열의 학자들이 집필한 교학사의 한국사 교과서는 친일, 독재 미화 교과서라고 진보좌파 계열로부터 맹렬한 비판을 받았다.[84] 이에 따라 인명진의 보수우파 정치 참여는 한나라당의 윤리적 정화에 이바지했다는 긍정적 평가도 있고, 들러리로 이용당했다는 부정적 평가도 있다. 그러나 인명진은 그것을 일종의 정치실험으로 인식했다. 먼저 그는 당내의 도덕적 목표는 상당한 성과를 거두었으나 국민의 눈높이에 맞는 공천에는 한계에 부딪혔다.

이명박 실용정부와 그리고 이어진 박근혜 정부 등 보수우파 정권이 연달아 집권했으나 많은 학생들의 희생을 낳은 세월호 사건과 박근혜 대통령의 사적 측근 최순실의 국정농단 사건이 연이어 터졌다. 이에 분노한 시민들은 '촛불혁명'을 일으켜 박근혜 대통령을 탄핵했고, 새누리

---

84 조한경, 「박근혜 정부의 역사 교과서 국정화 추진 일지」, 『역사와 교육』, 제13호, 역사교육연구소, 2016, pp. 209~215.

당은 붕괴 위기에 몰리게 되었다.[85] 이뿐 아니라 박근혜 대통령을 지지한 보수단체인 소위 '태극기 부대'가 출현하여 이념적 갈등이 더욱 고조되었을 뿐 아니라, 진보좌파와 보수우파의 극단적인 이념 대결 구도가 형성되고 말았다. 이로 인해 위기에 직면한 보수우파 정당 새누리당은 2016년 과감한 당 개혁이 필요했고, 한나라당 윤리위원장을 지낸 인명진을 비상대책위원장으로 선임할 수밖에 없을 정도로 심각한 위기에 직면했다. 인명진이 곧 괴멸되어가던 새누리당의 비상대책위원장직을 수락한 것은 한국 사회 갈등의 원인으로 작용하고 있는 진보좌파와 보수우파의 대결 구도를 타파하여 협력체계를 만듦으로써 성숙한 한국 사회와 정치의 선진화를 이루기 위함이었다. 인명진의 이러한 행보를 두고 그의 정치적 이념이 변절됐다는 비난이 쏟아졌다. 이 점에 대해 인명진은 이렇게 말한다.

"예수를 믿는 사람들에게 이념이 있어서는 안 된다고 생각합니다. 보수, 진보 이런 거 하면 안 된다는 것이죠. 예수는 우리에게 소금이 되라 하셨습

---

85 촛불혁명에 대한 해석은 다음과 같이 다양하다. 먼저 사회와 국가, 계급 구조의 급격한 변화 등 고전적인 혁명의 정의에 충족하지 못하기 때문에 촛불시위나 광장 집회 혹은 항의집회로 봐야 한다는 것이다. 도묘연, 「결사체 활동, 시민성 그리고 촛불집회 참여의 경로 구조」, 『현대정치연구』, 제10권, 제2호, 서강대학교 현대정치연구소, 2017, pp. 5~41. 또 사회과학적 의미에서 혁명이 아닌 사회운동으로 해석하기도 한다. 권영숙, 「촛불의 운동 정치와 87년 체제의 '이중 전환'」, 『경제와 사회』, 비판사회학회, 통권 117호, 2018, pp. 62~103. 특히 박근혜 대통령 퇴진만으로 혁명으로 정의하는 것은 무리라는 견해도 있다. 김공희, 「촛불 정국의 사회경제적 차원」, 『마르크스주의 연구』, 제14권, 제1호, 경상대학교 사회과학연구원, 2017, pp. 44~64. 그리고 '촛불혁명'은 박정희 근대화 신화의 종식으로 해석되기도 한다. 손호철, 『촛불혁명과 2017년 체제: 박정희, 87년, 97년 체제를 넘어서』, 서강대학교출판부, 2017, p. 290.

니다. 즉 소금의 본질이 중요한 것이 아니라 역할이 중요하다는 것입니다. 맛을 내거나 부패를 방지하는 것이 소금의 역할 아닙니까? 그러니까 예수를 믿는 사람은 진보여서도 안 되고, 보수여서도 안 되며, 필요하면 진보에 들어가서 진보답게 해야 하고, 보수가 필요하면 보수답게 하는 것이 소금의 역할이고, 그 역할로써 기독교인이라 할 수 있다고 생각해요.[86]

인명진은 젊었을 때 사회 참여와 사회정의에 관심을 기울였지만, 민주화가 이뤄진 2000년대에는 개인의 행복을 중요하게 여겼다. 어떤 가치관으로 세상을 살아야 행복할 것인가를 고민하며 인명진은 그런 가치관의 긍정적인 변화를 교회가 이끌어야 한다고 생각했다. 따라서 인명진은 당시 한국의 정치적 상황에서 기독교인이 사회정의와 올바른 정치 풍토를 조성하기 위하여 헌신하는 것은 당연한 의무라고 보았다. 그는 단지 새누리당이 좋아서 간 것이 아니었다. 박정희와 전두환 쿠데타 군사독재정권으로 이어진 한국 보수정권은 자신을 핍박하고 감옥으로 보냈던 정치집단이었다. 민주화를 위해 이들과 처절하게 투쟁했던 그가 새누리당에 들어간 것은 누구도 쉽게 이해하기 어려운 일이었다. 그러나 인명진은 개인적인 감정보다 국민의 한 사람으로서, 그리고 기독교인으로서 나라와 민족의 앞날을 먼저 생각한 것이었다. 박근혜 정권이 국민의 '촛불혁명'에 의하여 탄핵을 당함으로써 한국은 마치 새의 두 날개 중 한 날개가 꺾인 위기에 직면했다. 이 상황을 지켜본 인명진은 조국과 민족의 미래를 위해 다시 십자가를 져야겠다고 결심하며 또 고난의 길을 선택하고 말았다. 과거 김영삼 문민정부가 장관이나 국회의원 또

---

86 「인명진 구술녹취 전문」, 제1차(2011. 1. 6.), 김명배 엮음, 앞의 책(VIII), p. 409.

는 국가의 중직을 맡겨도 이를 과감하게 물리쳤던 인명진은 좋은 자리를 맡을 자는 많으나 다 쓰러져가고 국민으로부터 손가락질을 받는 그런 자리에는 아무도 갈 자가 없으리라는 사실을 잘 알고 있었다. 그래서 새누리당이 도움을 요청하자 그는 아무도 가지 않으려 한 욕된 곳에 스스럼없이 응했다. 인명진은 그 결정을 지금도 잘한 것으로 생각한다며 이렇게 말한다.

> "지금 저는 모든 것을 다 잃었어요. 그동안 노동운동과 민주화운동을 하면서 쌓아 올린 명예도 잃었고, 심지어 내가 세운 경제정의실천시민연합에서 제명을 당하기도 했어요. 내가 새누리당 비상대책위원장을 맡았다고 나를 상대하지 않는 인사들이 참 많아요. 나와 같이 노동운동하고 민주화운동을 하며 온갖 고초를 같이 나누었던 동지들도 나를 비난하고 등을 돌렸어요. 지금도 그런 일을 생각하면 가슴이 아파요. 언젠간 나의 진심이 무엇인지 이해할 날을 기다리는 것이지요."[87]

2016년 12월 9일 오후 4시 10분에 박근혜 대통령 탄핵소추안이 국회에서 가결된 이후 2017년 3월 10일 헌법재판소의 박근혜 전 대통령 파면 결정으로 한국의 정치 지형은 요동치기 시작했다. 이제 한국 보수우파는 더는 정치판에서 설 자리가 없어졌다. 이제 국민은 보수우파를 마치 국가를 망치게 한 부패 타락의 온상으로 생각했다. 국정농단 사태를 맞아 추락하는 중에 당의 부정적인 이미지를 바꾸고자 2017년 2월 13일 새누리당은 자유한국당으로 당명을 바꾸고 보수우파의 이념을 계승했다.[88] 그

---

87 「인명진 구술녹취 전문」, 제1차(2011. 1. 6.), 김명배 엮음, 앞의 책(Ⅷ), pp. 409~410.

리고 이어진 5월 9일 치러진 이른바 '장미 대선'을 통한 정권교체로 보수우파 정권은 9년 만에 막을 내렸다. 이어서 진보좌파 정권인 문재인 정부가 들어서자 보수우파 집권 여당의 분당 사태 속에 원내 1당이 바뀌었다. 20여 년 만에 4당 체제가 등장했으나 바른정당 일부 의원들의 자유한국당 복귀 등 보수 재결집 움직임에 의하여 4당 체제는 열 달 만에 종식되었다.

이 정치 지형의 변화 속에서 우리 사회에 내재한 갈등이 그대로 드러났다. 탄핵을 둘러싼 진보좌파와 보수우파의 입장에 따라 '촛불집회'와 그것을 적대시하는 이른바 '태극기 부대' 사이에 격렬한 정치적 대립이 발생했으며, 이를 통해 세대, 이념 간의 뿌리 깊은 갈등이 재현되었다. '태극기 부대'가 상징하는 냉전적 반공주의와 경제성장주의의 과거 보수우파 정치, 그리고 이 보수우파와 싸워 민주화를 이뤄낸 진보좌파는 새로운 대결과 갈등의 정점에 서게 된 것이다. 파멸과 분열에 직면한 보수우파는 경제성장과 반공주의의 냉전적 사고에서 벗어나지 못하고 있었다. 따라서 보수우파는 북한과의 군사적 대치로 일관해왔던 박정희식 보수정치를 개혁하여 어떤 가치로 새롭게 출발해야 할 것인지 집중 모색이 필요한 시점에 이르렀다.

이에 따라 자유한국당 정우택 원내대표가 인명진을 찾아왔다. 인명진

---

88 2020년 2월 17일까지 존속했던 자유한국당은 19대 대선에서 패배하여 약 10년 만에 야당이 되었다. 곧이어 제7회 지방선거에서 자유한국당은 역대 최고의 참패를 당했으며 이후 제21대 총선을 앞둔 2020년 2월 17일 새로운보수당과 미래를 향한전진4.0과 통합하여 미래통합당이 창당됨에 따라 해산되었다. 자유한국당은 민주화 이후 1990년 3당 합당으로 태어난 민주자유당 이래 보수우파 정당 사상 최악의 암흑기를 보낸 정당이었고, 후신인 국민의힘은 혼선을 보이거나 선거에서 부진할 때마다 '도로 자유한국당'이라는 말이 조롱용 단어로 쓰일 정도로 '보수우파 정당의 암흑기'의 대명사로 각인된 당명이다.

은 비상대책위원회 위원장직을 맡아달라는 자유한국당 간부들의 간청을 냉정하게 거절하지 못했다. 정치적인 욕심이 없던 그가 결국 이를 수락한 이유는 건전한 보수우파를 살려서 한국 정치가 좌우 균형 있게 발전해야 진정한 민주주의가 실현된다는 것을 잘 알고 있었기 때문이다. 따라서 인명진의 선택은 보수우파가 건전해지면 진보좌파도 착한 정당으로 변화하게 될 것으로 판단한 것이지, 단지 무너져 스스로 일어날 여력조차 없는 보수우파만을 살려내기 위한 것이 아니었다. 그동안 한국 사회에서 보수주의에 대해서 '무이념의 이념, 지킬 것 없는 보수'라고 표현할 만큼 한국 보수주의는 품격 있는 정치철학을 수립하지 못했다고 비판받아왔다.[89]

진보좌파는 한국 보수우파 세력을 '극우' 혹은 '수구 꼴통'으로 폄훼하고, 이와 달리 보수우파는 스스로를 '근대화의 주역'으로 격찬하는 등 이념이 아니라 피상적이고 감정적인 인식 속에서 서로 적대시하고 있다. 인명진은 보수우파 개혁에 있어서 가장 중요한 과제가 건전한 우파 이념을 가진 정당의 창조라고 판단했다. 이에 따라 그는 새누리당을 쇄신하기 위하여 박근혜 대통령의 탄핵과 정책의 실패를 불러온 책임을 물어 서청원, 최경환, 윤상현 의원 등 소위 친박 세력을 본격적으로 숙청하기 시작했다. 인명진은 이 과정에서 기득권을 손에 쥐고 있던 친박 중진 정치인들의 반발에 부딪혔다. 정치적 경험이 없던 인명진으로서는 이들의 반항을 이겨내기가 쉬운 일이 아니었다. 특히 사상 면에서 인명진에 대한 새누리당 내부의 거부감이 만만치 않았다. 그는 노동운동의 대부로서 철저한 '빨갱이'이며 또 개성공단 폐쇄를 반대한 친북 인사이

---

89 이창희, 앞의 글, pp. 201~202.

기 때문에 반북 자유민주주의 정당인 새누리당에 적합하지 않다는 것이었다. 그러나 인명진은 자유시장경제를 함께 공유하고 경험할 수 있게 해주는 개성공단을 유지해야 평화롭고 민주주의적으로 남북통일을 이룩할 수 있다고 주장했다. 이것은 새누리당의 당론을 거스르는 입장이었다. 그렇지만 특유의 카리스마와 오랜 노동 및 민주화 투쟁 과정에서 닦아온 인내력으로 인명진은 3개월 만에 당 쇄신에 성공할 수 있었다. 인명진이 비상대책위원장직을 맡은 후 2017년 1월 8일 기자회견을 통해 가장 먼저 강조한 것은 당의 인적 쇄신이었다. 그리고 그는 다음과 같이 밝혔다.

"저는 개인적인 정치적 욕심이 없는 사람입니다. 이 쇄신을 통하여 당이 새로워지고 국민의 신뢰가 다시 회복되어 저의 임무가 끝나면 저는 다시 제 자리로 되돌아갈 것입니다. 그러나 인적 쇄신은 국민의 뜻을 받들어 반드시 완수해야 합니다. 이것만이 당이 살고 보수가 살고 나라를 살리는 일이며 저에게 부여한 당의 뜻이기 때문입니다."[90]

인명진은 국민에게 약속한 대로 박근혜 정권을 추락시킨 당 중진들을 대거 숙청함으로써 당을 새롭게 정비한 후, 무사히 전당대회를 열어 대선 후보를 선출했다. 비록 대선에서 더불어민주당에 패했지만, 보수우파는 간신히 회생했다. 이렇게 그는 최선을 다해 당의 개혁을 완수하고 미련 없이 당을 떠나 다시 평범한 은퇴 목회자로 돌아왔다. 마침내 2017년 3월 29일 인명진은 자유한국당 비상대책위원장으로서 침몰한 보수

---

90 「인명진 비상대책위원장 기자회견문 전문」, 2017년 1월 8일.

우파 정당을 쇄신하여 새로운 국민의 정당으로 탄생시킨 후, 마지막 기자회견을 통해 그동안의 심경을 국민 앞에 밝혔다.

"국민 여러분! 그리고 자유한국당 당원 여러분! 우리 자유한국당은 내일모레 3월 30일 전당대회를 열어서 자유한국당 제19대 대통령 후보를 선출하게 됩니다. 불과 3개월 전만 해도 침몰 직전에 있었던 우리 당이 이제 새로운 모습으로 다시 태어나서 대통령 후보까지 내게 되어서 참으로 감개무량하기 그지없습니다. 국민 여러분, 저는 오랜 생각 끝에 오는 3월 31일 우리 당 대통령 후보 선출 전당대회를 끝으로 자유한국당 비상대책위원장직을 사임하기로 결심하였습니다. 비상대책위원장이라는 저의 소임이 이제 끝났다고 판단되었기 때문입니다. 이제 자유한국당은 선출된 후보를 중심으로 일치단결해서 정권 재창출의 대업을 수행해야 할 것으로 생각합니다. 그리고 그것은 저 같은 사람의 일이 아닌, 전적으로 정치인의 역할이라고 생각합니다. 이제 저는 국민 여러분에게 처음에 약속했던 대로 다시 평범한 시민인 저의 자리로 돌아가려 합니다. 돌이켜보면 100여 일 동안 제가 수많은 사람의 반대와 비난, 실망, 심지어 조롱을 받으면서도 박근혜 정부의 국정농단에 중요한 책임을 지고 새누리당 비상대책위원장을 맡았던 것은 대한민국에 진보도 중요하지만 보수도 필요하고 무너진 보수를 다시 추슬러 세우는 것이 지금 우리나라를 위해 꼭 필요한 일이라고 생각했고, 이것이 또한 제가 나라를 위해 해야 하는 일이라는 제 나름대로의 판단과 애국심 때문이었습니다. 그러므로 저에게 있어서 새누리당을 정비하여 새롭게 탄생한 자유한국당 비상대책위원장의 일은 한 정파나 한 정당을 위한 일이 아닌 나라와 국민을 위한 제 봉사라고 생각해왔습니다. 아니, 그보다도 제가 평생 믿고 살아왔던 기독교 신앙인 '너희는 세상의 소금'이라는 가르침 때문에 저는 이 일을 하지 않을 수 없었습니다. 저는 이 신앙 때문에 지난날 노동자들이 저를 필요로 할 때는 그들에게, 이 나라의 민주화운동이 저를 필요로할 때는 그 최일선에, 그리고 시민운동이 저를 필요로 할 때는 그곳에, 그곳이 어디든 간에 저를 필요로 하는 곳이면 제 일신의 이해관계를 따지지 않고 주저 없이 저의 삶을 던지며 살아왔습니다. 그래서 그 결과 수많은 고난을 겪었습니다만, 이번엔 많은 사람에게 손가락질을 받고 비난을 받고 버림받은 이 당이 저를 필요로 한다기에 제 모든 것을 희생하고 이 당에 왔습니다. 그리고 그동안 저의 모든 것을 이 당을 위해서 다 바쳤습니다. 소금은 자기 의지와 관계없이 필요한 곳이면 어디든 쓰여야 하고, 흔적도 없이 자기를 다 녹여서 그 역할을 해야 한다는 것이 저의 신념이며, 이번에도 저희와 같은 기독교적 신앙의 실천이 자유한국당의 비대위원장을 맡게 하였음을 국민 여러분께 다시 한번 말씀을 드립니다.

국민 여러분! 그동안 저에게 보내주신 격려와 지지와 협력에 감사를 드립니다. 또 저에게 보여주신 반대와 비판도 뼈아픈 것이지만 제 마음에 새기겠습니다. 이제 자유한국당은 새로운 모습으로 역사의 출발점에 섰습니다. 국민 여러분! 우리 자유한국당을 성원해주시길 바랍니다. 우리 자유한국당이 대한민국의 역사에 자랑스러운 모습으로 다시 한번 우뚝 설 수 있도록, 또 국민 여러분과 국가를 잘 섬길 수 있는 정당이 될 수 있도록, 국민 여러분이 애정 어린 성원으로 자유한국당을 꼭 붙잡아주시길 바랍니다. 이제 자유한국당을 국민 여러분과 대한민국 역사의 한복판에 세워드립니다. 저는 이제 저의 자리로 돌아가겠습니다. 감사합니다."

인명진은 이렇게 세상에 필요한 소금의 신앙으로 살아왔다. 그는 예수 그리스도처럼 자신의 삶을 내던지고 가난한 자를 위하여, 억압받고 핍박받는 낮은 자들을 위하여, 그리고 평등하고 정의로운 세상을 위하여 자신을 희생하며 고난의 십자가를 등에 진 채 오늘까지 살아왔다. 만일 이때 인명진이 자신의 안위만 생각하며 자유한국당의 비상대책위원장직을 맡지 않았다면 한국 보수우파 정당은 소멸하거나 소수 정당으로 밀려났을 것이다. 좌우 균형이 깨진 한국 정치는 그야말로 우리 사회에 큰 혼란과 갈등을 야기했을 것이다. 인명진은 이것이 곧 한국을 최대 위기 상황으로 몰고 갈 것으로 우려했다.

보수우파와 진보좌파가 균형을 이뤄야 민주주의가 건전하게 발전할수 있다는 것이 인명진의 정치적 견해이다. 민주주의는 좌우 양극의 균형이 깨지면 존립할 수 없으며 하나의 이념 정당만 존재하면 바로 독재와 전체주의국가로 전락하는 불안정한 정치제도이다. 근본적으로 시민적 양식(civility)을 갖춘 시민이 존재하고 토론과 경쟁과 협력을 통해 공익을 정의하고 자유와 평등 사이에 균형을 잡을 수 있을 때만 민주주의가 유지되고 작동할 수 있다.[91] 이런 이유로 새누리당 비상대책위원장직을 맡기 한 달 전 진보좌파 더불어민주당 대선 후보인 문재인이 자신에게 찾아와 도움을 요청했을 때 이를 단호하게 거절했다. 당시 정치적 상황에서 문재인의 대통령 당선은 분명했다. 인명진이 지금까지 걸어왔던 민주화운동의 연장선에서 보면 당선이 확실했던 문재인의 편에 서는 것이 유리했을 것이다. 그렇지만 그는 눈앞의 이익만 생각하지 않았다. 그는 평소의 신앙적 신념에 따라 소외되고 상처받아 길가에 쓰러져 다 죽어가고 있던 사람을 구해준 선한 사마리아인의 정신을 먼저 생각했다.

91 Laurence Whitehead, *Democratization: Theory and Experience*(Oxford: Oxford University Press, 2002), p. 74. 그리고 다음을 참조하라. Adam Przeworski, *Crises of Democracy*(Cambridge: Cambridge University Press, 2019).

그는 이 선택이 바로 선한 사마리아인과 같은 신앙적 결단이었다고 고백한다.[92] 이렇게 인명진은 정치판에서 죽음에 처한 새누리당을 쇄신하여 새로운 자유한국당으로 거듭나게 함으로써 한국 보수우파를 기사회생시켜 마침내 2017년 3월 31일 전당대회를 통해 홍준표 대통령 후보를 선출하기에 이르렀다. 인명진은 이것을 끝으로 자유한국당 비상대책위원장직에서 사퇴하고 정계에서 떠났다. 그리고 그는 전당대회 하루전 3월 30일 국회에서 열린 의원총회에 참석해 당을 떠나면서 이렇게 말을 남겼다.

"제가 이 당의 마지막 비대위원장이었으면 좋겠다고 생각합니다. 여러분에게 부탁합니다. 또 비대위를 구성해서 나 같은 사람을 데려다가 한 사람의 인생을 다 망치는 그런 일이 되풀이돼선 안 됩니다. 제가 우리 당의 여섯 번째 비대위원장인데 우리 당은 어려운 일이 있을 때 스스로 해결하지 못하고 밖에서 사람을 데려다가 바깥 사람의 힘으로 당의 어려움을 해결해왔습니다. 이건 부끄러운 일입니다. 100일간 비대위원장을 하면서 저는 모든 것을 다 잃었습니다. 명예도 잃었고 개인적인 삶도 다 잃었습니다. 힘들게 살아왔던 70년 인생을 이 당에다 다 바쳤습니다. 누군가 헌신하고 희생하지 않으면 당은 절대로 제 역할을 할 수가 없습니다. 바깥 사람의 희생을 통해 이 당을 세울 생각을 하지 말고 여러분 스스로 희생해서 이 당을 지켜나가고 이 나라를 세워나갈 수 있기를 바랍니다. 제가 비대위원장직을 맡은 지 내일로 100일이 됩니다. 당의 존폐를 염려할 수밖에 없던 상황에서도 내일 전당대회를 열어 대통령 후보를 선출하는 데까지 이르게 된 것은 참으로 감

---

92 「인명진 구술녹취 전문」, 제1차(2011. 1. 6.), 김명배 엮음, 앞의 책(Ⅷ), p. 411.

개무량하게 생각합니다. 지금 우리나라가 처한 안보 상황이라든지 국내외의 여러 여건을 볼 때 자유한국당이 맡아야 할 역사적 책임이 있습니다. 당에 더는 계파가 있어서는 안 되고 오직 국민을 위한 국민의 계파만이 존재하는 당이 돼야 할 것입니다."[93]

그러나 인명진이 자유한국당 비상대책위원장을 맡아 당 개혁을 성공적으로 마치고 간신히 보수우파를 살려낸 대가는 혹독했다. 먼저 언론이 그를 조롱한 것 말고도, 심하게는 진보적인 시민단체들이 인명진의 집 앞에서 석 달 동안 데모를 하며 모진 수모를 주기도 하고 심지어 테러까지 가하기도 했다. 그 가운데 인명진이 가장 견디기 힘들었던 것은 '태극기 부대'의 탄압이었다. 이들이 촛불 문재인 정부에 저항하자고 한 제의를 인명진이 "합법적으로 헌법재판소에서 재판 중인데 지금 이를 거부하고 투쟁하면 헌법을 부정하는 것"이라며 거절하자 '인명진 아웃'이란 구호를 외쳐댄 것이었다. 박근혜 대통령의 탄핵 심판이 끝나자 박근혜 탄핵에 아무런 책임도 없던 인명진이 곧바로 머리를 숙여 대국민 사과를 했다. 정말로 사과를 해야 할 인사들은 아무도 나서지 않았다. 대국민 사과를 하고 집으로 돌아가는 중 민주화운동 동지이며 동료 목회자인 오충일이 전화를 걸어와서 "오늘 인 목사가 대국민 사과 하는 걸 텔레비전에서 봤다. 정말, 장하다"라고 격려하자 인명진은 볼멘소리로 "탄핵을 인정하고 잘못했다고 사과하는 것이 어떻게 장한 일이냐"라고 심기가 불편함을 표현했다. 그러자 오충일은 이렇게 답변했다.

---

93 『연합뉴스』, 2017년 3월 30일 자 뉴스에서 인용.

"우리가 목회자이고 예수 믿는 사람인데 죄 없는 예수님이 우리 죄를 대신해서 십자가에 매달려 죽으셨다. 맨날 그 얘기를 하면서 우리가 언제 남의 잘못을 내 잘못이라고 한번 그런 적이 있느냐? 예수 믿으면서 인명진이 오늘 처음으로 다른 사람 잘못을 제 잘못이라고 머리를 숙여 사과하니 이제야 목사 노릇 제대로 했네."[94]

이 말에 큰 위안을 얻은 인명진은 자신이 박근혜 대통령과 당을 대신하여, 아니 대한민국 보수우파를 대신하여 직접 대국민 사과를 한 것이 옳았다는 것을 깨달았다. 종교는 사회 통합에 필수적 요소로서 제도화되어 그 사회의 규범과 습속을 유지하고 보존하는 역할을 담당한다. 유럽 역사에서 보수주의 도덕 규범은 바로 기독교에서 나왔고, 신보수주의는 기독교 원리주의와 가까울 만큼 기독교는 유럽의 정치, 사회, 문화, 학문, 도덕과 윤리, 제도, 이념 그리고 삶의 가치 등 인간의 모든 영역을 지배해왔다. 인명진의 사고는 철저히 기독교 신앙에 근거하고 이에 지배를 받았다. 노동운동에서도 보여주었듯이, 그런 그가 현실적으로 많은 고초와 손해를 입는다 해도 그것이 인간 사회 공동체, 즉 국가에 이로운 일이라면 자신의 희생을 어찌 마다하겠는가.

원래 인명진은 박근혜 대통령을 비판적으로 본 인물이다. 그런 자신이 그녀를 대신해서 국민에게 사과할 이유가 없었다. 그런데 그가 집권당이며 한국 보수우파 정당인 새누리당의 잘못을 홀로 지고 조용히 그들 곁을 떠났다. 그가 박근혜 대통령의 탄핵을 거부하고 '태극기 부대'와 장외투쟁을 벌였다면 사회적 혼란은 엄청났을 것이다. 그러나 인명

---

94 「인명진 구술녹취 전문」, 제1차(2011. 1. 6.), 김명배 엮음, 앞의 책(Ⅷ), p. 411.

진은 투쟁가답지 않게 잘못을 시인하고 헌법을 준수하며 보수우파 정당을 지켰다. 만일 인명진이 비상대책위원장직을 맡지 않았을 경우 보수우파 정당은 와해되어 대한민국은 진보좌파의 한쪽 날개로만 허우적대며 엉뚱한 곳으로 나아갔을 것이다. 이럴 때 과연 어떤 혼란이 일어날 것인지 가늠하기 어렵지 않을 것이다. 해방 이후 진보좌파와 보수우파는 서로 화해와 협력을 바탕으로 국민을 하나로 통합하여 미래 지향적인 정치를 하기보다 오히려 더욱더 첨예한 갈등구조로 발전하여 두 개의 한국으로 만들어가고 있었다. 이런 한국의 상황을 염려한 인명진은 그 갈등의 고리를 끊고자 자신을 희생양으로 삼았다. 그는 보수우파로부터 지독한 탄압과 고초를 당하면서도 헌법 질서를 지키며 당을 쇄신했다. '태극기 부대' 등 극우파 세력이 박근혜 탄핵을 부인하며 계속 사회적 혼란을 일으켰다면 그 빌미로 계엄령이 발포되어 엄청난 비극이 발생했을 것이고, 자칫 헌정질서가 무너짐으로써 문재인 정부가 들어서지 못했을 가능성도 있다. 그러나 인명진 덕에 국가 질서가 제대로 작동되었을 뿐 아니라 선거도 평화롭게 진행되어 합법적으로 정권교체가 이뤄질 수 있었다. 인명진이 이러한 결단을 내리기는 그리 쉽지 않았다. 그는 더불어민주당에서 계엄령이 발포되지 않을까 하는 우려의 목소리가 높아가던 중 새누리당 국회의원 100여 명이 도장을 찍은 문서를 들고 와서 계엄령 발포에 동의해달라고 협박했다는 것이다. 그러자 인명진은 단호하게 이를 거부하고 비상대책위원장으로서 당의 운전대를 꼭 붙잡고 헌법 질서대로 나아갔다. 그렇게 보수정당의 완전한 붕괴를 막아서 힘의 균형이 유지될 수 있었다. 이것은 차기 문재인 정부를 위해서도 도움이 되었다고 확신했다. 그는 교회가 우리 사회의 보수우파나 진보좌파 어느 곳이든지 약한 편을 들어야 한다고 생각했다. 그리하여 인명진은 당론을 바꿀 수 없듯이 나의 소신을 바꾸려 하지 말라고 주장했다. 이렇게 인명진이 자신의 어깨에 진 십자가 덕에 1987년 민주화 대투쟁이 쟁취한 민주주의가 다시 화려하게 부활하여 뿌리를 깊이 내릴 수 있게 되었다.[95]

국민이 정치에 관심을 보이지 않으면 정치인과 공무원이 자본가와 결탁하여 권력을 독점하고 남용함으로써 과두정치나 후견주의(clientilism)로 전락하고 만다. 이렇게 되면 민주주의는 위험에 처하게 된다. 또 계층 사이의 첨예한 갈등이 발생하여 박탈감을 공유한 민중이 개혁적 비주류 엘리트와 결탁함으로써 다수의 폭정을 행할 때 포퓰리즘(populism) 또는 대중영합주의(popularism)가 횡행하게 된다. 이러한 양상이 바로 진보좌파 문재인 정부에서 나타났다.[96] 특히 문재인 진보좌파 정권은 박근혜 정부 이후 국민이 기대한 새로운 지도력을 보여주지 못했고 통치 스타일에서 이전 보수우파 정권과 다른 모습을 보여주지 못했을 뿐 아니라 북한과의 관계도 더욱 악화시켜 아예 단절 상태에 이르렀다. 더 나아가 문재인 진보좌파 정권은 경제민주화와 불평등 문제를 개선하지 못했으며, 오히려 가계의 임금과 소득을 늘리면 소비도 늘어나 경제성장이 이루어진다는 이론을 바탕으로 한 소득주도성장의 경제정책과 부동산 정책에서 크게 실패했다. 이러한 진보좌파 정권의 정책들은 보수우파의

---

95 1987년 민주화 이후 한국의 민주주의는 크게 성장하여 2020년 EIU(Economist Intelligence Unit)가 발표한 '민주주의 지수 2020(Democracy Index 2020)'에서 10점 만점에 8.01점으로 전 세계 167개국 중 23위를 차지했으며, 완전한 민주주의(fulldemocracy) 국가군에 포함되었다. 『연합뉴스』, 2021년 2월 4일 자 뉴스.

96 이연호·임유진, 「문재인 정부의 민주주의와 포퓰리즘(populism)」, 『문화와 정치』, 제9권, 제3호, 한양대학교 평화연구소, 2022, pp. 5~34.

기득권자들과 적대관계에 있던 저소득층 대중의 지지를 확보하기 위한 전략이었다.[97]

　특히 박근혜 정부의 실책으로 말미암아 일어난 '촛불혁명'을 통해 아주 쉽게 정권을 잡은 문재인 정부의 가장 중요한 국정 목표 중 하나가 적폐청산이었다. 문재인 정부가 규정한 적폐는 오늘 한국 사회의 기득권층인 친일 세력으로서 이들이 해방 이후 반공 이념의 탈을 쓰고 독재와 관치경제, 정경유착을 통해 오늘날까지 기득권을 행사하고 있다고 본 것이다. 아울러 문재인 정권은 남북 분단이 일제에 의한 강점에서 기원한다고 보고 독립의 완성이 곧 남북통일이라고 인식했다. 이에 따라 진보좌파 문재인 정권은 과거 보수우파 어느 정부보다 빈번하게 항일의 역사와 반일감정을 강조하고 강조하며 촛불혁명을 3·1운동과 연결했다. 적폐청산을 명목으로 문재인 정부는 집권 동안 독립운동사에서 소외된 독립운동가들을 발굴하여 이들의 후손들을 예우하는 보훈정책을 추진해나갔다. 문재인 정부는 적폐를 청산하는 것이 곧 정의이며 이 정

97　진보좌파 문재인 정권은 소위 '적폐청산'이라는 명목 아래 보수우파 기득권 세력을 척결하기 위한 정치적 동력을 서민과 노동자계급의 불만에서 공급받고자 했다. 도묘연, 「한국 포퓰리즘의 변화 추이와 영향 요인: 경제적 및 정치적 위기의 관점」, 『평화연구』, 제28권, 제1호, 고려대학교 평화와민주주의연구소, 2020, pp. 241~285. 이런 경우가 진보좌파 포퓰리즘의 전형적인 사례이다. John Lukacs, *Democracy and Populism: Fear and Hatred*(New Haven: Yale University Press, 2005), pp. 56~59. 이는 보수 극우파와 포퓰리즘이 결합하는 미국과 유럽 등 최근 선진 민주주의 국가들의 사례와 구분된다. 이연호·임유진, 앞의 글, p. 7. 문재인 정부의 소득분배 개선의 목표는 타당할 수 있지만 이를 직접 성장 채널로 연결하는 데 이론적인 어려움이 있으며, 특히 최저임금 인상 중심의 임금주도성장 개념에 입각한 소득주도성장 정책은 현상적인 측면에서 의도한 효과를 나타내고 있다고 보기 어렵다는 비판을 받고 있다. 성태윤·박성준, 「소득주도성장 정책 쟁점과 분석 및 평가: 임금주도성장 논의 중심으로」, 『한국경제의 분석』, 제25권, 제2호, 한국경제의 분석패널, 2019, pp. 53~88.

의가 바로 서는 것을 공정으로 인식한 것이다.[98] 이러한 문재인 정부의
역사 인식은 곧 우리 사회의 이념적 갈등을 이전보다 한층 더 증폭시키
는 결과를 낳고 말았다.

　더욱이 '촛불혁명' 이후 국민이 높은 공정과 도덕성을 원했으나, 문재
인 진보좌파 정권은 이에 부응하지 못함으로써 결국 헌법 질서에 따라
평화롭고 합법적으로 보수우파 국민의힘에 정권을 넘겨주어 윤석열 정
부가 탄생하는 등 정권교체가 이뤄졌다.[99] 궁극적으로 진보좌파 정권이
실패한 것은 대중영합주의에 의존한 정책 때문이다. 이런 현상은 시민
의 참여를 활성화하여 과거 군사 쿠데타 독재정권기부터 기득권을 장악
해온 보수우파에 대항하려 했던 김대중과 노무현 정부에서부터 나타나
기 시작했다. 특히 노무현 정권의 정신적인 계승 정권임을 강조한 문재
인 정부는 포퓰리즘 정책을 더욱 강화하여 진보좌파 정권의 확고한 자
리매김을 하려 했으나 결과적으로 역효과를 초래함으로써 다시 보수우
파에게 정권을 넘겨줘야 했다.

　이렇게 보수우파는 기사회생하여 새롭게 부활했다. 박근혜 대통령의
탄핵과 '촛불혁명'으로 한국 보수우파가 완전 붕괴에 직면하여 더는 소
생할 여지가 없어 보였지만, 인명진이 비상대책위원장을 맡아 그 모든
실책의 죄를 스스로 짊어지고 국민에게 죄 사함을 받는 한편, 자유한국
당의 개혁에 성공한 결과이다. 이로써 오늘 한국의 민주주의는 세계 어
느 민주주의 선진국보다 가장 화려하게 꽃피우게 되었다. 어떤 이들은

---

98 최광승, 「문재인 정부의 항일(抗日) 내러티브」, 『한국동북아논총』, 제27권, 제1호,
　　한국동북아학회, 2022, pp. 119~137.

99 이용수, 「문재인 정부 평가: 정치, 경제, 사회」, 『의정연구』, 제28권, 제1호, 한국의
　　회발전연구회, 2022, pp. 5~40.

인명진을 '변절자'로 평가하기도 한다. 이런 생각의 원인은 여전히 좌파 이념에 사로잡혀 있기 때문이다. 그러나 인명진은 노동운동을 하며 자본가와 싸울 때나, 또 민주화운동의 선봉에 서서 군사독재와 투쟁할 때도 마르크스와 사회주의사상에 의한 것이 아니었고, 보수우파 정당에서 윤리위원장과 비상대책위원장을 맡았을 때도 보수 이념을 신봉해서가 아니었다. 이 모든 활동의 정신은 오로지 기독교 신앙에 바탕을 둔 '인간애'였다. 그래서 그는 예수 그리스도가 그랬던 것처럼 가난한 자와 핍박받는 자들을 위하여 이 땅에 정의가 강물처럼 흐르고, 누구나 빈부 차이 없이 자유 속에서 평등하게 살 수 있는 그런 나라를 건설하고자 자신의 삶을 조국에 바친 것이다. 해방 이후 시대적 역경 속에서 태어나고 자란 인명진의 삶의 여정은 오늘 한국 현대사의 증인이며 주역이었다. 그가 걸어온 질곡의 인생길은 우리 민족의 자화상이며 미래를 향한 희망의 메시지이기도 하다.

글을 마치며

이 책은 인명진이라는 인물의 탐구를 통해 오늘 한국의 현실을 재조명해본 역사서이다. 해방 이후 정치적, 사회적 혼란과 대를 물려 이어져온 가난으로 한국인은 가장 혹독한 시련기를 겪었다. 서로 이념에 휩싸여 이웃과 친구가 적이 되었고, 국가는 남북으로 분단되어 각자 다른 체제로 나아갔다. 이 과정에서 우리 한민족은 남북 그리고 좌파와 우파로 갈라져 서로 적대시하면서 증오와 복수로 점철된 오늘의 갈등과 분열 사회를 구축하고 말았다.

이러한 이념 전쟁의 시대가 종식되었음에도 남한 사회는 여전히 이념의 굴레에서 벗어나지 못한 채 진보와 보수의 정치적 프레임에 속박되어 서로 반목하며 살고 있다. 이러한 한국 사회의 모순은 해방정국에서 정치인들의 무분별한 권력투쟁으로부터 비롯된 것이지만, 이 고질적인 사회병리 현상이 고착된 것은 군사독재정권과 이후 민주화 시대 과정을 통해서이다. 진보좌파와 보수우파라는 정치적 두 진영은 이 병적 분열을 해결하려는 노력은커녕 이를 더욱 부추겨 각자 정치적 이익을 획득하려 했다. 지금의 한국은 단군 이래 가장 부유하고 평화롭게 살아가고 있다. 늘 소득 면에서 열세에 놓여 있던 일본보다 더 앞서게 된 경제성장을 이루어 세계 7대 경제대국으로 우뚝 섰다. 그 이전에는 오늘과 같이 좋은 시절이 없었다. 그런데도 우리 국민은 분열과 갈등에서 벗어나지 못하는 이유가 무엇일까. 이 질문의 답이 바로 이 책, 인명진이 살아온 긴 시간이 말해줄 것이다. 현실의 문제는 역사에서 찾아야 하고 그 해결 방안도 역사에서 구해야 한다.

우리가 현재 배우고 알고 있는 현대사는 역사의 외형적인 현상만 설명해줄 뿐이다. 그러다 보니 우리 국민은 어느 한쪽에 치우쳐 어느 사건이 옳고 어느 사건이 그르다는 식의 지극히 단순한 흑백논리에 갇혀, 자신의 관점에서 다른 사람의 역사 인식을 두고 옳고 그름을 따진다. 이것이 역사 이해에 관하여 우리 국민에게 매우 익숙한 현상이다. 그렇지만 인명진에 관한 이 역사는 편협한 이념적 역사 인식에서 벗어나 한 시대를 거쳐온 개인의 인생 여정이 어떻게 역사의 변혁을 이끌어왔는가를 보여줄 것이다. 아직 우리 역사학은 전기나 평전을 개인사에 지나지 않는 것으로 인식하고 있다. 그래서 오늘 한국의 역사학은 과거 시대의 거대한 변혁을 일으킨 주체에 관하여 대개 정치적, 사회적, 경제적 요인 그리고 이에 직접 영향을 받은 집단을 중심으로 설명하는 경우가 대부분이다. 그러나 역사는 지극히 작은 것에서 출발한다. 마치 나비효과처럼 한 개인의 삶과 사고는 시간이라는 파동을 통해 거대한 태풍으로 확대되기 마련이다. 따라서 역사의 빈곤은 역사적 사실(fact)이 아니라 인간의 인식과 관점에서 비롯된다. 인명진의 인생 이야기는 바로 이 점에서 큰 역사적 가치를 보여주고 있다.

특히 인명진의 삶과 사상은 시대상에서 나온 것이 아니라 자신만의 고유한 기독교 신앙에 바탕을 두고 있다. 그래서 그의 시각으로 본 그 시대의 역사는 이념이나 사상이 아니라 아주 단순하고 인간적인, 말하자면 지극히 휴머니즘의 문제였다. 그러다 보니 그가 우리 현대사에 끼친 업적이 과소평가되거나, 아니면 파편화되어 거대 담론의 역사 속에 묻혀왔다. 우리가 인명진의 개인사에서 눈여겨봐야 할 점은 한국 현대사의 변동이 어디에서 출발하는가이다. 물론 인명진이란 인물의 이미지는 단편적으로 정치·사회운동가이자 종교인으로 요약되지만, 그의 삶의 역사적 본질은 우리 사회가 만들어낸 역사의 모순을 어떻게 해결할 수 있는가에 관한 교훈이다.

인간다운 사람으로 구성된 공동체로서의 국가, 사랑과 평등으로 형성된 사회, 그리고 평화와 정의로 이 세상을 구현해나가는 인류애 등이 그의 삶 속에 깊이 각인된 신념이다. 그래서 그는 끊임없이 자신의 인생을 가진 적이 없는 영원한 나그네이기도 하다. 그의 이 방랑은 바로 예수 그리스도를 따라가는 여정이고, 그래서 궁극적으로 그가 생애 마지막에 이르고자 한 곳은 가난한 민중들과 그리스도 예수가 있는 곳, 즉 갈릴리이다. 그의 나이 여든이 넘었으나 여전히 자신에게 다가온 가난한 이웃들을 아낌없이 맞아들이고 있다. 어쩌면 평생 자신을 지배해온 이러한 신념은 의무적인 신앙심에서 나온 봉사 활동일지 모르지만, 프랑스 작가 생텍쥐페리(Antoine de Saint-Exupery)가 "사막이 아름다운 것은 어딘가에 샘을 숨기고 있기 때문이다"라고 말한 바와 같이 우리가 보지 못한 인간 세상의 심연(深淵)을 본 데서 나온 것은 아닐까?

시대를 가로지른 그의 통찰(洞察)은 해방 이후 우리 민족이 겪어온 격동의 역사를 새롭게 해석한다. 그것은 증오와 갈등과 적대감에 사로잡혀 서로 죽이고, 탄압하고, 빼앗고, 배척하면서 끊임없이 갈등의 동굴에 갇힌 바람에 지금까지 알지 못했던 우리 자신을 재발견할 수 있게 해주는 역사관, 오직 이념과 재물에만 빠져 살아온 이전과 달리 예수 그리스도의 십자가 정신으로 희망찬 미래를 창조해나갈 지혜이다.

누구나 행복하게 살아갈 권리가 있다. 이와 달리 세상은 그렇게 쉽사리 누구에게나 행복을 보장해주지 않는다. 악은 선보다 더 힘이 세고 세상의 지배 원리이기도 하다. 인간은 이 악의 힘에 복종해야 행복을 얻을 수 있다. 그렇지만 인명진은 이와 달리 악에 맞서왔다. 이로 인해 고난과 희생으로 점철된 그의 인생이 시작되었다. 온갖 험한 삶의 여정에도 불구하고 인명진은 인생의 심연을 들여다보기 위해 예수 그리스도를 찾아 갈릴리로 향하였다. 그곳에서 그가 만난 예수 그리스도는 전능한 힘을 지닌 하나님도 아니고 그렇다고 세상을 지배하는 왕은 더더욱 아니었으며, 그저 가진 것 하나 없는 가난한 이웃이었다. 인명진이 갈릴리라는 인간 세상의 심연에서 보고 깨달은 것은 구원받아 영생을 얻기 위한 삶이 아니라 가난하고 소외된 이웃을 위해 자신을 희생해야 한다는 깨달음이었다. 그는 이것을 신앙의 신념으로 삼아 여든 평생 이 믿음에서 벗어나지 않았다. 악은 이겨야 할 존재가 아니라 선의 원천으로 삼아야 할 재료이다. 그래서 인명진은 끊임없이 분쟁과 갈등, 증오와 적대, 억압과 불의, 가난과 소외 등 모든 세상의 악이 있는 곳이라면 곧장 그곳으로 달려갔다. 그가 가는 곳에서는 언제나 인간을 불행하게 만드는 모든 악함이 선함으로 변하여 하나님의 나라가 되었다. 그러나 그에게 돌아온 것은 항상 고난과 비난과 조롱밖에 없었다. 이렇게 그는 십자가의 짐을 지고 긴 인생을 살아왔다. 이제 쉴 법도 하지만 그는 팔순의 나이에도 여전히 가난한 사람들의 짐을 대신 지고 있다. 이제 좀 쉬시라고 말하자 그는 이렇게 답했다. "아직 가난한 나그네들이 나를 찾아오는 데 이들을 어떻게 차갑게 외면해? 이건 기독교 신앙이 아니야!"

그는 지금도 갈릴리에서 떠나지 않고 있다. 구호단체인 '사랑의 채널'을 만들어 몽골 울란바토르의 가난한 달동네 아이들에게 공부방을 만들어주고 겨울에도 운동할 수 있는 체육관을 지어주었다. 얼마 전에 그는 또 자립을 준비하는 청년들을 돕는 쉼터 이사장직을 맡아 그들의 안식처 건물을 마련하기 위하여 분주히 지내고 있다. 이들의 돌봄 쉼터는 한국 최고의 대형교회도 포기한 일이었다. 그런데 조금도 걱정하지 않고 그걸 혼자서 해결해보겠단다. 이렇듯 그는 예수를 절대자 하나님이기보다 인간으로 바라보고 이해했다. 예수가 그랬듯 인명진도 평생 가난한 이웃들에게 무한한 애정과 사랑을 베풀며 살아왔다. 그리고 그는 사랑이 없는 경쟁과 갈등과 분열의 세상을 걱정한다. 더욱이 자신이 온갖 고난을 무릅쓰고 투쟁하여 구현한 지금의 민주화 시대가 혼돈 속에 빠져 있는 모습이 안타깝다. 인명진은 이념보다 기독교 신앙으로 살아온 사람이다. 그에게 사상과 이념은 공산주의나 사회주의도 아니고 자본주의 역시 더욱 아니다. 오로지 그가 신봉한 것은 기독교적 '인간 사랑'이다. 그래서 그의 소망은 지옥의 이 땅에 천국을 건설하는 일이며, 이것이 바로 그가 평생 이루고자 했던 '갈릴리 공동체'이다. 이곳이 곧 예수 그리스도가 있는 곳이기 때문이다.

내가 가는 길 ― 인명진에게 부치는 글

나 홀로 걸었네/ 그 먼 갈릴리로 가는 길/ 그곳은 예수 그리스도가 날 보려면 오라 했던 곳/ 나는 그곳으로 가네/ 예수 그리스도가 놓고 간 십자가를 내가 지고 가네/ 세상 사는 동안 가진 것이 하나도 없었으나 세상을 지배한 그 사람/ 그는 나에게 말했네/ 너도 나를 따르라, 십자가를 지고 내게 오거라/ 그 말씀에 나는 순종하며 살았네/ 갈릴리 그 먼 곳, 가난하고 헐벗은 인간 예수가 나를 기다리네/ 내 어깨가 내 심장을 짓누르고 등이 휘어졌어도, 내 두 다리가 지쳐 비틀거리지만 나는 지금 예수 그리스도를 만나러 갈릴리로 가네/ 날 부르신 그분의 목소리가 내 영혼을 감싸고 있다네/ 난 후회가 없다네/ 그 어디에 내 가슴만큼 아직도 뜨거운 성령이 임한 자가 있던가/ 그곳에 이르는 날까지 십자가를 내려놓지 않으려네/ 사람들이여! 험한 세상의 삶에 지치면 이곳에 편히 쉬며 머물고 있게나/ 내가 갈릴리로 가서 예수 그리스도를 모시고 오겠네/ 당장 아프고 배고프면 언제든지 내가 남긴 성전으로 오게나/ 그리고 내가 예수 그리스도와 함께 다시 오는 그날을 기다려주게나/ 세월의 바람이 점점 차가워지고 있네/ 내 모든 인생의 시간이 한 줌 먼지가 되어 허공으로 흩날리고 있는 이 순간에도 난 사람을 사랑한다네.

2025년 3월 필자

참고문헌

1. 기본 자료

1) 인명진 및 산업선교 자료

김명배 엮음, 『영등포산업선교회 자료집(Ⅰ) ― 연도별(1964~80) 사업계획 및 결과 보고서』, 영등포산업선교회·숭실대학교 문화선교연구소, 2020.

김명배 엮음, 『영등포산업선교회 자료집(Ⅱ) ― 연도별(1981~99) 사업계획 및 결과 보고서』, 영등포산업선교회·숭실대학교 문화선교위원회, 2020.

김명배 엮음, 『영등포산업선교회 자료집(Ⅲ) ― 회의록 및 각종 행사와 모임 자료)』, 영등포산업선교회·숭실대학교 문화선교연구소, 2020.

김명배 엮음, 『영등포산업선교회 자료집(Ⅳ) ― 연도별(1969~77) 국문발·수신 서신 자료』, 영등포산업선교회·숭실대학교 문화선교연구소, 2020.

김명배 엮음, 『영등포산업선교회 자료집(Ⅴ) ― 연도별(1978~98) 국문발·수신 서신 자료』, 영등포산업선교회·숭실대학교 문화선교연구소, 2020.

김명배 엮음, 『영등포산업선교회 자료집(Ⅵ) ― 영문발·수신 서신 및 인명진 목사 옥중서신』, 영등포산업선교회·숭실대학교 문화선교연구소, 2020.

김명배 엮음, 『영등포산업선교회 자료집(Ⅶ) ― 기타 통계 및 신문잡지 기사 자료』, 영등포산업선교회·숭실대학교 문화선교연구소, 2020.

김명배 엮음, 『영등포산업선교회 자료집(Ⅷ) ― 인명진 목사 개인 자료』, 영등포산업선교회·숭실대학교 문화선교연구소, 2020.

2) 기타 기본 자료

「결의문」, 대한모방 부당해고자 복직추진위원회, 영등포도시산업선교연합회,

1973년 6월 11일.

경제기획원, 「인구 및 주택 센서스 보고」, 1970, 1975, 1980, 1985, 1990.

경제정의실천시민연합, 『경실련 출범 4주년 기념자료집』, 1994.

국가재건최고회의 종합경제재건기획위원회, 「1961 종합경제재건계획(안) 해설 (自 檀紀 4295年 至 檀紀 4299年)」.

국가재건최고회의 종합경제재건기획위원회, 『종합경제재건계획(안) 해설(自檀 紀4295年 至檀紀4299年)』, 1961.

국방 군사연구소, 『한국전쟁 피해 통계집』, 1996.

국방부 과거사진상규명위원회, 『재일동포 및 일본 관련 간첩 조작 의혹사건 조사 보고서』, 2007.

「김동한과 김아파나시가 자유시사변에 관해 트로츠키에게 보낸 서신(1921. 10. 28.)」.

국사편찬위원회, 『1970년대 해태제과 '8시간 노동' 실현의 기억들』, 구술사료선 집, 제27집, 2020.

국회도서관 입법조사국, 「국제연합 한국통일 부흥위원단보고서, 1951, 1952, 1953」, 『입법참고자료』, 제34호, 1965.

김경락, 「영등포감리교산업선교회」, 『노동자와 더불어』, 대한예수교장로회 도시 산업선교위원회, 1978.

김남석, 「충청남도 당진 지역에 일어난 6·25전쟁 상황」, 한국중앙연구원, 『한국 향토문화전자대전』.

김용복·유승희, 「영등포산업선교회 초기 역사」, 『조지송 목사 구술자료 제1권』, 2011.

대한변호사협회 엮음, 『인권보고서』, 제3집, 역사비평사, 1989.

『대한예수교장로회 제80회 총회 회의록』, 한국장로교출판사, 1996.

대한예수교장로회(통합) 총회, 1979년 8월 15일 자 「성명서」, 8월 27일 자 「성명 서」.

「모든 것은 끝났다. 언론사를 장악하라! ―1980년 언론 통폐합」, 민주화운동기념 사업회 사료관 오픈아카이브.

문화공보부, 『종교법인단체일람표』, 1971.

문화공보부, 『종교법인 및 단체현황』, 1977.

문화공보부, 『종교단체 현황』, 1980.

「1983년 1월 28일, 한국교회협의회, 제5회 도시 농어촌선교분과위원회 회의자료」, 민주화운동기념사업회 사료관 오픈아카이브.

「산업선교 40주년 역사와 증언: 명노선 인터뷰」, 영등포산업선교회 비디오 자료, 1998.

「산업선교 40주년 역사와 증언: 남영나일론 박점순 인터뷰」, 영등포산업선교회 비디오 자료, 1998.

「산업선교 40주년 역사와 증언: 콘트롤데이타 한명희 인터뷰」, 영등포산업선교회 비디오 자료, 1998.

새마을 중앙운동본부·공장 새마을운동추진본부, 『공장 새마을운동 — 이론과 실제』, 공장 새마을운동추진본부, 1983.

엄순천 옮김, 『근대 한러 관계연구: 러시아문서 번역집 XX, 러시아 국립군문서보관소(РГВА)』, 선인, 2015.

우리민족서로돕기운동, 『우리민족서로돕기운동 5주년 자료집』, 2001.

인공 중앙인민위원회의 결정서(1945. 1. 4.), 출처: 국사편찬위원회 한국사 데이터베이스.

「조선 물산장려회 설립 취지서」, 고당 기념사업회, 『고당 조만식 회상록』, 고당조만식선생기념사업회, 1995.

「조선 유격운동에 관한 보고서(Докладокорейскомпартизанскомдвижении)」, 러시아 국립사회정치문서보관소, 문서군 17, 시리즈 84, 박스 370.

조화순, 「인천도시산업선교회 산업선교 활동보고서」, 1967년.

조지송, 「영등포산업선교회」, 『노동자와 더불어』, 대한예수교장로회 도시산업선교위원회, 1978.

크리스천 아카데미 사건 공소장 1979형 16567호.

한국기독교교회협의회, 「가난한 이들을 위한 복음」, 『도시농어촌선교위원회(URM) 25주년 보고서』, 1984.

한국노동조합총연맹, 『사업보고』, 1979.

「한국의병대 허재욱과 이병채가 코민테른 집행위원회에 보내는 보고서(1921.10. 25.)」, 엄순천 옮김, 『러시아문서 번역집 XX, 러시아 국립군문서보관소(РГВА)』, 선인, 2015.

현대중공업노동조합,『현대중공업 활동가 상태와 의식 조사』, 현대중공업노동조합·한국노동이론정책연구소, 1997.

September 28, 1945, "Korea and the Provision Government",『OSS 재미 한인 자료』, 국가보훈처, 2001.

U. S. Department of State, *Foreign Relations of the United States(FRUS) 1946*, Vol. VIII(Washington: U.S. Government Printing Office, 1971).

2020년 5월 14일 연세대 김대중도서관, 5·18 광주민주화운동 40주년 기념 김대중 내란음모조작사건 관련 사료 공개문.

Record Group 319, Entry 85A, Army Intelligence Document File, 194445 (ID File) no. 573339, "KimKoo: Background Information Concerning Assassination"(1949. 7. 1.).

「인명진 비상대책위원장 기자회견문 전문」, 2017년 1월 8일.

「2차 인명진 목사 평가 좌담회」, 2012년 7월 28일, 갈릴리교회, 참석자: 인명진 목사, 김명배 교수(숭실대), 장윤재 교수(이대), 정병준 교수(서울 장신대), 안기석 종무관(문화체육부).

3) 신문, 잡지

『경향신문』, 1949년 7월 21일 자.

『경향신문』, 1961년 5월 17일 자.

『경향신문』, 1979년 8월 17일 자.

『경향신문』, 1979년 8월 17일 자.

『경향신문』, 1979년 9월 14일 자.

『국민일보』, 2013년 11월 27일 자.

『기독공보』, 1961년 5월 29일 자.

『기독신문』, 1965년 7월 19일 자.

『기독신문』, 1974년 8월 17일 자.

『기독신보』, 1974년 5월 18일 자.

『기독신보』, 1974년 6월 15일 자.

『기독신보』, 1975년 11월 8일 자.

『당진신문』, 2020년 6월 21일 자, 27일 자.

『동아일보』, 1946년 2월 7일 자.

『동아일보』, 1969년 9월 8일 자.

『동아일보』, 1971년 12월 6일 자.

『동아일보』, 1972년 10월 20일 자,

『동아일보』, 1973년 10월 26일 자.

『동아일보』, 1974년 8월 14일 자.

『동아일보』, 1979년 8월 17일 자.

『동아일보』, 1973년 6월 5일 자.

『매일경제』, 1972년 10월 26일 자.

『연합뉴스』, 2017년 3월 30일 자.

『연합뉴스』, 2021년 2월 4일 자 뉴스.

『예술운동』, 창간호, 1945년 12월.

『조선일보』, 1969년 10월 3일 자.

『조선일보』, 1979년 8월 15일 자.

『조선일보』, 1979년 8월 23일 자.

『중앙일보』, 1974년 3월 16일 자.

『중앙일보』, 1974년 12월 14일 자.

『크리스챤신문』, 1965년 7월 9일 자.

『크리스챤신문』, 1974년 5월 11일 자, 6월 12일 자.

『한겨레』, 2010년 1월 7일 자.

『한겨레 21』, 제546호, 2005년 2월 15일 자.

『한국일보』, 1974년 8월 16일 자.

『한국일보』, 1979년 8월 28일 자.

『환경일보』, 2005년 9월 22일 자.

고대훈·강병철·오욱진·우수진, 「"87년 대선, 우리는 서로 싸우다 졌고 국민은 나를 원망했다"—김대중 육성 회고록〈16〉」, 『중앙일보』, 2023년 8월 29일 자.

김진호, 「개발시대 고통 흡수해 대형교회를 세우다: 1960년대 '월남형 교회'에서 1870~1980대 이농민의 아픔을 자양분으로 성장한 '선발대형교회'까지」, 『한겨레 21』, 2020년 5월 2일 자.

김회경, 「'통진당 해산심판 청구', 통진당—민노당 강령 비교해보니…」, 『한국일보』, 2013년 11월 7일 자.

박병윤, 「중화학공업의 내막」, 『신동아』, 189호, 1980.

성연철, 「인명진 목사, 한나라 윤리위원장 내정」, 『한겨레』, 2006년 10월 20일 자.

양동안, 「6·25전쟁이 한국 정치와 사회에 미친 영향」, 『월간조선』, 2016년 6월호.

오동룡, 「김영삼 정부의 하나회 해체 20년의 明暗」, 『월간조선』, 2013년 4월호.

오승훈, 「되돌아오는 유신, 독재의 추억」, 『한겨레 21』, 2012년 10월 19일 자.

유혜경, 「1970년대 박정희 정권 시대의 노동운동―박정희 정권 몰락에 도화선, 동일방직·YH무역 노동자」, 『매일 노동뉴스』, 2023년 12월 29일자.

윤민우, 「중국은 이미 한국에서 전쟁을 시작했다」, 『월간조선』, 2023년 3월호.

윤세중, 「십오일 후」, 『예술운동』, 창간호, 1945년 12월.

逸署, 「鐵兒君의게 與하노라」, 『독립신문』, 1922년 11월 8일 자.

이영미, 「타락한 결혼 시장에서 배제된 약자… '창녀'는 '성녀'였다: 1970년대 영화 속 성매매 여성」, 『경향신문』, 2016년 7월 25일 자.

이우영, 「민간단체의 대북 지원 쟁점 및 개선방안」, 『북한경제 리뷰』, KDI 북한경제연구협의회, 2011년 7월호.

인명진, 「목사 42년 하니까 역사도 보이고 사람도 보여」, 『중앙일보』, 2013년 6월 29일 자.

장준하, 「5·16혁명과 민족의 진로」, 『사상계』, 제95호, 사상계사, 1961년 6월호.

전순옥·조은주, 「우리는 왜 그렇게 혁명을 갈구했나: 여성, 노동, 그리고 삶」, 『프레시안』, 2004년 5월 16일 자.

조성식, 「인명진 한나라당 윤리위원장 격정 토로」, 『신동아』, 2008년 5월호.

지학순, 「노동자의 인권을 보장하라」, 『대화』, 월간 대화사, 1977년 10월호.

홍상운 연출, 「이제는 말할 수 있다: 대한민국의 역사 증언 다큐멘터리의 현주소」, MBC, 2001년 8월 3일 방영.

한순임, 「새 생활을 누리면서」, 『현대사조』, 기독사조사, 1978년 5월호.

한홍구, "각하! 용공 단체라는 증거가 없습니다", 「한홍구의 유신과 오늘―(26) 도시산업선교회 마녀사냥」, 『한겨레신문』, 2013년 1월 18일 자.

함석헌, 「참 구세주」, 『성서 조선』, 제23호, 1930년; 『함석헌 전집―19. 영원의 뱃길』, 한길사, 1985.

함석헌, 「무교회」, 『성서 조선』, 제86호, 제87호, 1936년 3월, 4월; 『함석헌 전집―3. 한국교회는 무엇을 무엇을 하려는가』, 한길사, 1984.

함석헌, 「윤형중 신부에게는 할 말이 없다」, 『사상계』, 제47호, 사상계사, 1957년 6월호.

함석헌, 「씨알의 설움」, 『사상계』, 77호, 사상계사, 1959년 12월호.

2. 연구서

강만길, 『한국민족운동사론』, 한길사, 1985.

강만길·성대경 편, 『한국사회주의운동 인명사전』, 창작과비평사, 2014.

강문규, 『나의 에큐메니컬 운동 반세기 그 미완의 여정』, 대한기독교서회, 2010.

강신준 외, 『80년대 학생운동사: 사상이론과 조직노선 중심으로』, 형성사, 1988.

강인철, 『한국개신교와 반공주의』, 중심, 2007.

강인철, 「종교계의 민주화운동」, 『한국민주화운동사 2』, 돌베개, 2009.

강준만, 『한국 현대사 산책, 1940년대 편: 8·15해방에서 6·25 전야까지』, 제1권, 인물과사상사, 2004.

강준만, 『한국 현대사 산책, 1970년대 편: 평화시장에서 궁정동까지』, 제3권, 인물과사상사, 2002.

강준만, 『강남 좌파―민주화 이후 엘리트주의』, 인물과사상사, 2011.

강준만, 『강남 좌파―왜 정치는 불평등을 악화시킬까?』, 제2권, 인물과사상사, 2019.

강준식, 『조선 독립의 당위성 (외): 여운형 편』, 범우, 2008.

강정구, 『분단과 전쟁의 한국 현대사』, 역사비평사, 1996.

경찰청, 『해방 이후 좌익운동권 변천사(1945~1991년)』, 1992.

고명섭, 『지식의 발견』, 그린비, 2005.

고지수, 『김재준과 개신교 민주화운동의 기원』, 선인, 2016.

공제욱, 『1950년대 한국의 자본가 연구』, 백산서당, 1993.

공제욱·조석곤 편, 『1950~1960년대 한국형 발전모델의 원형과 그 변용 과정: 내부동원형 성장모델의 후퇴와 외부의존형 성장모델의 형성』, 한울아카데미, 2005.

구해근 지음, 신광영 옮김, 『한국 노동계급의 형성』, 창비, 2002.

권보드래·김성환·김원·천정환·황병주 지음,『1970, 박정희 모더니즘: 유신에서 선데이서울까지』, 천년의상상, 2015.

권보드래·천정환,『1960년을 묻다: 박정희 시대의 문화정치와 지성』, 천년의상상, 2012.

권영미,『박정희 체제 속 농민 노동자 도시 이방인의 삶: 1970년대 소설 속 하층 계급 인물 연구』, 혜안, 2016.

길승흠,『한국선거론』, 다산출판사, 1987.

김교식,『다큐멘터리 박정희』, 1~3, 평민사, 1999.

김금수·박현채 외,『한국 노동운동론 1』, 미래사, 1985.

김대현 편저,『전태일 정신의 확장과 연대—2022 전태일 노동 구술기록 4』, 전태일 재단, 2022.

김동춘,『전쟁과 사회: 우리에게 한국전쟁은 무엇이었나?』, 돌베개, 2000.

김동춘,『한국사회 노동자 연구』, 역사비평사, 1995.

김득중,『'빨갱이'의 탄생—여순사건과 반공 국가의 형성』, 선인, 2009.

김명배 책임 편집,『삼우 인명진을 논하다』, 북코리아, 2021.

김명인,『내면 산책자의 시간』, 돌베개, 2012.

김병걸,『실패한 인생 실패한 문학: 김병걸 자서전』, 창작과비평사, 1994.

김삼웅,『김대중 평전』, 시대의창, 2010.

김상철,『나와 김준곤 목사 그리고 CCC』, 순출판사, 2005.

김성익 편,『전두환 육성 증언』, 조선일보사, 1992.

김성호,『농촌사회의 변동과 농지 제도의 연구』, 한국농촌경제연구원, 1992.

김영수,『한국 노동자계급 정치 운동』, 현장에서 미래를, 1997.

김영수·김원·유경순·정경원,『전노협 1990~1995』, 한내, 2013.

김학준,『한국전쟁: 원인, 과정, 휴전, 영향』(제4수정증보판), 박영사, 2010.

김일곤,『한국 경제개발론』, 예문관, 1976.

김일영,『건국과 부국』, 생각의나무, 2004.

김영명,『고쳐쓴 한국 현대 정치사』, 을유문화사, 1998.

김영수,『한국 헌법사』, 학문사, 2000.

김용환,『임자, 자네가 사령관 아닌가: 김용환 회고록』, 매일경제신문사, 2002.

김원,『여공 1970, 그녀들의 反역사』, 이매진, 2005.

김을한,『인생 잡기(김을한 회고록)』, 일조각, 1956.

김정렴,『최빈국에서 선진국 문턱까지: 한국 경제정책 30년사』, 랜덤하우스, 2006.

김재진,『칼 바르트 신학 해부』, 한들, 1998.

김준곤 목사 제자들 편,『나와 김준곤 목사, 그리고 CCC』, 순출판사, 2005.

김준엽·김창순,『한국공산주의 운동사 1』, 청계연구소, 1986.

김진배,『1970년대 민주화운동: 기독교 인권운동을 중심으로』, Ⅰ-Ⅲ, 한국기독
　　교교회협의회 인권위원회, 1987.

김진환,『한국기독교 부흥운동사』, 크리스챤 비전사, 1976.

김충남,『대통령과 국가경영: 이승만에서 김대중까지』, 서울대학교출판부, 2006.

김택권,『미국 비밀문서로 읽는 한국 현대사, 1945~1950』, 맥스미디어, 2021.

김형기,『한국의 독점자본과 임노동: 예속독점 자본주의하 임노동의 이론과 현상
　　분석』, 까치, 1988.

그레고리 헨더슨 지음, 박행웅·이종삼 옮김 ,『소용돌이의 한국 정치』, 한울, 2000.

남화숙,『배 만들기 나라 만들기』, 후마니타스, 2013.

니시오 간지(西尾幹二),『국민의 역사』, 산케이신문, 1999.

대한예수교장로회 총회 전도부 산업선교위원회,『교회와 도시산업선교』, 대한예
　　수교장로회 총회 교육부, 1981.

도진순,『한국민족주의와 남북관계: 이승만·김구 시대의 정치사』, 서울대학교출
　　판부, 1997.

동일방직복직투쟁위원회 엮음,『동일방직 노동조합운동사』, 돌베개, 1985.

레오폴드 폰 랑케 지음, 이상신 옮김,『근세사의 여러 시기들에 관하여』, 신서원, 2011.

레오폴드 폰 랑케 지음, 이상신 옮김,『강대 세력들·정치대담·자서전』, 신서원, 2014.

리영희,『역정; 나의 청년 시대(리영희 저작집 6)』, 한길사, 2006.

문장식,『한국 민주화와 인권운동 : 염광회를 중심해서』, 쿰란출판사, 2001.

미셸 푸코 지음, 오생근 옮김,『감시와 처벌: 감옥의 탄생』, 번역 개정판, 나남, 2016.

미우라 히로시 지음, 오수미 옮김,『우치무라 간조의 삶과 사상』, 예영 커뮤니케이션,
　　2000.

민주화운동기념사업회 한국민주주의연구소 엮음,『한국민주화운동사 2』, 돌베개,
　　2009.

민주화운동기념사업회 한국민주주의연구소 엮음,『한국민주화운동사 3』, 돌베

개, 2010.

박기성, 『한국의 노동조합: 노동조합의 의사결정(3)』, 한국노동연구원, 1991.

박기주·이상철·김성남·박이택·배석만·정진성·김세중, 『한국 중화학공업화와 사회의 변화』, 대한민국 역사박물관, 2014.

박명림, 『한국전쟁의 발발과 기원 II: 기원과 원인』, 나남, 1996.

박봉랑, 『신학의 해방』, 대한기독교출판사, 1994.

박상필, 『NGO와 현대사회』, 아르케, 2001.

박상필, 『NGO학: 자율 참여연대의 동학』, 아르케, 2011.

박세길, 『다시 쓰는 한국 현대사 3』, 돌베개, 1992.

박수정, 『숨겨진 한국 여성의 역사』, 아름다운 사람들, 2003.

박정희, 『우리 민족의 나아갈 길』, 동아출판사, 1962.

박종성, 『한국 정치와 정치폭력』, 서울대학교출판부, 2001.

박지향·김철·김일영·이영훈 엮음, 『해방 전후사의 재인식』, 책세상, 2006.

박태균, 『원형과 변용: 한국 경제개발계획의 기원』, 서울대학교출판부, 2007.

박효종·복거일·원희룡·이한우·김정호·함재봉·정성환, 『한국의 보수를 논한다: 보수주의자의 보수 비판』, 바오, 2005.

배용일, 『박은식과 신채호 사상의 비교 연구』, 경인문화사, 2002.

백낙청, 『흔들리는 분단체제』, 창작과비평사, 1998.

브루스 커밍스(Bruce Cumings) 지음, 김동노 외 옮김, 『브루스 커밍스의 한국 현대사』, 창작과비평사, 2001.

브루스 커밍스 지음, 조행복 옮김, 『브루스 커밍스의 한국전쟁—전쟁의 기억과 분단의 미래』, 현실문학, 2017.

사울 D. 알린스키 지음, 박순성 옮김, 『급진주의자를 위한 법칙: 현실적 급진주의자를 위한 실천적 입문서』, 아르케, 2008.

사회과학원 철학연구소, 『철학사전』, 평양, 사회과학출판사, 1985.

서남동, 『민중신학의 탐구』, 한길사.

서대숙 지음, 현대사연구회 옮김, 『한국공산주의 운동사 연구』, 이론과실천, 1985.

서덕석, 『조지송 평전』, 서해문집, 2022.

서울노동운동연합, 『선봉에 서서: 6월 노동자 연대투쟁기록』, 돌베개, 1986.

서중석, 『한국 근현대의 민족문제연구』, 지식산업사, 1989.

서재진,『한국의 자본과 계급』, 나남, 1991.

성공회대학교 사회문화연구소,『1970년대 산업화 초기 한국노동운동사 연구: 노동운동사를 중심으로』, 노동부, 2003.

성문밖교회 30주년 역사자료편찬위원회,『그 길의 사람들, 성문밖교회 30년사(1977-2007)』, 성문밖교회, 2007.

세계기독교 연합회 편, 강문규 역,『기독자의 사회 참여―사회적 급변지역에 대한 기독교 대책』, 대한YMCA연맹 출판부, 1960.

손승호,『유신체제와 한국기독교 인권운동』, 한국기독교역사연구소, 2017.

손호철,『촛불혁명과 2017년 체제: 박정희, 87년, 97년 체제를 넘어서』, 서강대학교출판부, 2017.

송호근,『한국의 노동 정치와 시장』, 나남, 1991.

스칼라피노·이정식,『한국공산주의 운동사―식민지 시대 편』, 돌베개, 1986.

신복룡,『한국분단사 연구』, 한울아카데미, 2001.

양명득 편,『눌린 자에게 자유를-영등포산업선교회 선교활동 문서집』, 동연, 2020.

양명득 편,『호주 선교사 존 브라운-변조은』, 한국장로교출판사, 2013.

양승함 편,『노무현 정부의 국가관리 중간평가와 전망』, 연세대학교 국가관리연구원, 2007.

양현혜,『우치무라 간조, 신 뒤에 숨지 않은 기독교인』, 이화여자대학교 출판문화원, 2017.

에드워드 톰슨 지음, 나종일 외 옮김,『영국 노동계급의 형성』, 상권, 창비, 2000.

역사학연구소,『노동자 자기 역사를 말하다: 현장에서 기록한 노동운동과 노동자 교육의 역사』, 서해문집, 2007.

영등포산업선교회 40년사 기획위원회,『영등포산업선교회 40년사』, 대한예수교장로회 영등포산업선교회, 1998.

영등포산업선교회,『인명진을 말한다』, 동연, 2016.

오하나,『학출, 80년대 공장으로 간 대학생들』, 이매진, 2010.

우치무라 간조 지음, 안진희 옮김,『일일일생(一日一生)』, 홍성사, 2004.

원풍모방 해고노동자 복직투쟁위원회,『민주노조 10년: 원풍모방 노동조합 활동과 투쟁』, 풀빛, 1988.

윌리엄 글라이스틴(William H. Gleysteen) 지음, 황정일 옮김,『알려지지 않은 역사: 전 주한미국대사 글라이스틴 회고록』, 중앙 M&B, 1999.

유경순 엮음,『같은 시대 다른 이야기: 구로동맹파업의 주역들, 삶을 말하다』, 메이데이, 2007.

유동식·김문환·민영진·민경식·이정구 등,『새로운 교회의 모델을 찾아서: 신반포교회 평신도 아카데미』, 동연, 2012.

유영익,『이승만의 삶과 꿈 대통령이 되기까지』, 중앙일보사, 1996.

유진오,『헌법 기초 회고록』, 일조각, 1980.

유팔무 외 엮음,『시민사회와 시민운동』, 한울, 1995.

윤건차,『한국 근대의 교육과 사상』, 청사, 1987.

윤상우,『동아시아 발전의 사회학』, 나남, 2005.

윤진헌,『한반도분단사의 재조명』, 문우사, 1993.

이건범,『내 청춘의 감옥』, 상상너머, 2011.

이경재,『유신쿠데타』, 일월서각, 1986.

이기백,『한국사 신론』, 일조각, 1999.

이상우,『비록: 박정희 시대(2)』, 중원문화, 1985.

이수원,『현대그룹 노동운동: 그 격동의 역사』, 대륙, 1994.

이수인,『한국현대 정치사 1: 미군점령시대의 정치사』, 실천문학사, 1989.

이영훈·김낙년·김용삼·주익종·정안기,『반일종족주의: 대한민국 위기의 근원』, 미래사, 2019.

이영훈·김낙년·차명수·김용삼·주익종,『반일종족주의와의 투쟁: 한국인의 중세적 환상과 광신을 격파한다』, 미래사, 2020.

이옥지·강인순,『한국여성노동자 운동사』, 제1권, 한울아카데미, 2001.

이용우,『미완의 프랑스 과거사: 독일 강점기 프랑스의 협력과 레지스탕스』, 푸른역사, 2015.

이완범,『박정희와 한강의 기적: 1차 5개년 계획과 무역입국』, 선인, 2006.

이원규,『종교사회학의 이해』, 사회비평사, 1997.

이원규,『한국교회와 사회』, 나단출판사, 1989.

이원보,『한국노동운동사』, 지식마당, 2004.

이원보,『한국노동운동사 — 경제개발기의 노동운동: 1961~1987』, 지식마당,

2004.

이정복, 『한국 정치의 분석과 이해』, 서울대학교출판부, 2006.

이태호, 『70년대 현장』, 한마당, 1982.

인명진, 『내 사랑, 갈릴리교회 ― 갈릴리교회 창립주일 설교 모음집』, 갈릴리교회
　　문서선교부, 2012.

인명진, 『갈릴리교회 25주년의 역사: 마가복음 17장을 쓰는 교회』, 갈릴리교회
　　문서선교부, 2012.

인명진, 『위대한 부르심 ― 갈릴리교회 30년 이야기』, 비전북, 2015.

인명진, 『인명진의 성경 이야기 ― 구약 편』, 갈릴리교회, 2023.

인명진, 『성문밖 사람들 이야기: 1970년대 영등포산업선교회 역사를 중심으로』,
　　대한기독교서회, 2013.

임경석, 『한국 사회주의의 기원』, 역사비평사, 2003.

임영일, 『한국 노동운동과 계급정치(1987~1995): 변화를 위한 투쟁, 협상을 위
　　한 투쟁』, 경남대학교출판부, 1998.

임종권, 『프랑스 지식인의 세계: 문학·정치·저널리즘』, 여울목, 2018.

임종권, 『역사의 변명: 망각과 기억, 아래로부터 역사』, 인문서원, 2022.

임지현, 『민족은 반역이다』, 소나무, 1999.

임혁백, 『시장·국가·민주주의: 한국 민주화와 정치경제이론』, 나남, 1994.

장공 김재준 목사 기념사업회 편, 『장공 김재준의 삶과 신학』, 한신대학교출판부,
　　2014.

정병준, 『1945년 해방 직후사』, 돌베개, 2023.

정병준, 『총회 도시산업선교 50주년 기념도서』, 대한예수교장로회 총회 국내선
　　교부, 2007.

장숙경, 『산업선교, 그리고 1970년대 노동운동』, 선인, 2013.

정운현, 『실록 군인 박정희』, 개마고원, 2004.

정윤재, 『정치리더십과 한국민주주의』, 나남, 2003.

정정길, 『대통령의 경제 리더십: 박정희 전두환 노태우 정부의 경제정책 관리』, 한
　　국경제신문사, 1994.

정현백, 『노동운동과 노동자 문화』, 한길사, 1991.

조갑제, 『내 무덤에 침을 뱉어라』, 1~3, 조선일보사, 1998.

조승혁,『도시산업선교의 인식』, 민중사, 1981.

조승혁,『한국의 공업화와 노사관계』, 정암사, 1989.

조영래,『전태일 평전』. 돌베개, 1983.

조현연,『한국 현대정치의 악몽―국가폭력』, 책세상, 2000.

조현연,『한국 진보정당 운동사: 진보당에서 민주노동당 분당까지』, 후마니타스, 2009.

조희연,『한국의 국가·민주주의·정치 변동』, 당대, 1998.

조희연 편,『국가폭력, 민주주의 투쟁, 그리고 희생』, 함께 읽는 책, 2002.

주재용·서굉일·연규홍,『한국기독교 100년사』, 한국기독교장로회출판사, 1992.

최영희,『격동의 해방 3년』, 한림대학교 아시아문화연구소, 1996.

최윤원·이수정·김형석·박현석,『NGO의 대북지원 현황과 발전 방향』, 통일부 용역과제, 2003.

최정운,『한국인의 발견: 한국 현대사를 움직인 힘의 정체를 찾아서』, 미지북스, 2016.

최장집,『민주화 이후의 민주주의』, 후마니타스, 2005.

최장집,『한국의 노동운동과 국가』, 열음사, 1988.

파울루 프레이리 지음, 성찬성 옮김,『페다고지: 억눌린 자를 위한 교육』, 한마당, 1997.

파울루 프레이리 지음, 김한별 옮김,『프레이리의 교사론: 기꺼이 가르치려는 이들에게 보내는 편지』, 오트르랩, 2020.

한국기독교교회협의회·한국교회산업선교25주년기념대회자료편찬위원회,『1970년대 노동현장과 증언』, 풀빛, 1984.

한국기독교교회협의회 인권위원회,『1970년대 민주화운동 2』, 한국기독교교회협의회, 1987.

한국기독학생총연맹 50주년 기념사업회,『한국기독학생회총연맹 50년사』, 한국기독학생총연맹, 1998.

한국노동조합총연맹,『한국노동조합운동사』, 한국노동조합총연맹, 1979.

한국여신학자협의회 여신학자연구반 편,『고난의 현장에서 사랑의 불꽃으로―조화순 목사의 삶과 신학』, 대한기독교서회, 1992.

한국정신문화연구원 편,『1960년대 정치 사회 변동』, 한국 현대사의 재인식 10,

백산서당, 1999.

한숭희, 『민중 교육의 형성과 전개』, 교육과학사, 2001.

허명섭, 『해방 이후 한국 교회의 재형성: 1945~1960)』, 서울신학대학교 현대기
독교 역사연구소, 현대기독교 총서(제4권), 서울신학대학교출판부, 2009.

헨드릭 크래머 지음, 유동식 옮김, 『평신도 신학: 평신도 신학의 신학적 기초』, 대
한기독교서회, 1963.

3. 연구 논문

강원택, 「3당 합당과 한국 정당정치」, 『한국정당학회보』, 제11권, 제1호, 한국정
당학회, 2012.

강원택, 「2017년 대통령선거에서의 보수정치」, 『한국정당학회보』, 제16집, 제2
호, 한국정당학회, 2017.

강인철, 「해방 이후 4·19까지의 한국 교회와 과거 청산문제―의제 설정을 위한
시론」, 『한국기독교와 역사』, 제24권, 한국기독교역사연구소, 2006.

강인철, 「한국개신교와 보수적 시민운동: 개신교 우파의 극우·혐오 정치를 중심
으로」, 『인문학 연구』, 제33권, 인천대학교 인문학연구소, 2020.

고명균, 「1960년대 후반 북한의 군사모험주의와 당·군 관계변화」, 『현대북한연
구』, 제28권, 제3호, 북한대학원대학교 심연 북한연구소, 2015.

고병철, 「함석헌의 민족 주체(씨알) 개념과 종교적 기획, 1960~1970년의 민족
담론을 중심으로」, 『한국학』, 제37권, 제1호, 한국학중앙연구원, 2014.

고원, 「역동적 저항―역동적 순응, 이중성의 정치: 48년 체제의 역사적 기원과
전개」, 『한국정치연구』, 제20집, 제3호, 서울대학교 사회과학연구원, 2011.

고유환, 「박근혜 정부의 대북정책: 회고와 반성」, 『한반도 포커스』, 제38호, 경남
대학교 극동문제연구소, 2016.

고지수, 「1960년대 개신교 지식인의 '세속화' 수용과 교회의 사회화 문제」, 『인
문과학』, 제72집, 성균관대학교 인문학연구원, 2019.

고지수, 「1960년대 한국기독자교수협의회의 조직과 특징」, 『사림』, 제63집, 수선
사학회, 2018.

고지수, 「4·19 이후 한국교회 갱신문제와 '참여' 이해―장공 김재준의 정교분리

이해를 중심으로」,『사림』, 제57호, 수선사학회, 2016.

구갑우,「남북한의 동상이몽?: 문재인 정부의 대북정책 평가」,『동향과 전망』, 제112호, 한국사회과학연구회, 2021.

구대열,「해방정국 열강들의 한반도 정책」,『현대사 광장』, 제4호, 대한민국 역사박물관, 2014.

구해우,「다음 세대를 위한 인명진의 고언」, 영등포산업선교회,『인명진을 말한다』, 동연, 2016.

권경미,「하층계급 인물의 생성과 사회구조망―조선작의『영자의 전성시대』를 중심으로」,『현대소설연구』, 제49호, 한국현대소설학회, 2012.

권경미,「노동운동 담론과 만들어진/상상된 노동자―1970년대 노동자 수기를 중심으로」,『현대소설연구』, 제54호, 한국현대소설학회, 2012.

권영숙,「촛불의 운동 정치와 87년 체제의 '이중 전환'」,『경제와 사회』, 비판사회학회, 통권 117호, 2018.

권인석,「개화 이후 한국 행정문화의 변화」, 한영한 외,『한국행정사 연구』, 아세아 문화사, 1998.

권진관,「1970년대 산업선교 지도자들의 입장과 활동의 특징들에 관한 연구」, 이종구 외 지음,『1960~70년대 노동자의 생활 세계와 정체성』, 한울아카데미, 2005.

권창규,「외화와 '윤락': 1970~80년대 관광기생을 둘러싼 모순적 담론」,『현대문학의 연구』, 제65권, 한국문학연구학회, 2018.

권혜령,「유신헌법상 긴급조치권과 그에 근거한 긴급조치의 불법성」,『법학논집』, 제14권, 제2호, 이화여자대학교 법학연구소, 2009.

금인숙,「한국 민족주의의 형성과 이념체계: 박헌영의 맑스주의 혁명이념을 중심으로」, 금인숙·문상석·전상숙,『한국 민족주의와 변혁적 이념체계』, 나남, 2010.

기광서,「북한 정부 수립 문제와 최고인민회의 선거」,『평화연구』, 2017년 가을호.

김경수,「1970년대 노동수기와 근로기준법」,『우리말글』, 제77집, 우리말글학회, 2018.

김경한,「'기독교 휴머니즘'의 역사적 의미」,『밀턴연구』, 제13집, 1호, 한국밀턴학회, 2003.

김경수, 「1970년대 노동수기와 근로기준법」, 『우리말글』, 제77집, 우리말글학회, 2018.

김공희, 「촛불 정국의 사회경제적 차원」, 『마르크스주의 연구』, 제14권, 제1호, 경상대학교 사회과학연구원, 2017.

김관동, 「노무현 정부평가: 참여정부는 반시장 좌파 정부」, 『자유기업원』, 2007년 4월 7일.

김근형, 「문재인·트럼프 행정부의 대북정책과 한미관계」, 『신아세아』, 제25권, 제4호, 신아시아연구소, 2018.

김낙중, 「지식인과 노동운동」, 박현채·김낙중, 『한국자본주의와 노동문제』, 돌베개, 1985.

김남일·최순, 「인구이동과 지역 단위별 농촌인구분포의 변화」, 『한국인구학』, 제21권, 제1호, 한국인구학회, 1998.

김남주, 「우리는 누구인가? 우리 형성의 헤게모니 투쟁으로서 국민 보도연맹사건」, 『한국정치학회보』, 제57집, 제1호, 한국정치학회, 2023.

김도형, 「일제 침략기 반민족 지배 집단의 형성과 민족개량주의」, 『역사비평』, 통권 8호, 역사비평사, 1989년 가을호.

김동선, 「미군정기 미국 선교사 2세와 한국 정치세력의 형성―조지 윌리엄스(George Zur Williams)와 클라렌스 윔스(Clarence N. Weems Jr. 魏大賢)를 중심으로」, 『한국민족운동사연구』, 제91호, 한국민족운동사학회, 2017.

김동춘, 「분단이 낳은 한국의 국가폭력―일상화된 내전과 냉전, 식민주의 지속으로서 분단의 폭력성」, 제3차 HK 국내 학술회의, 『한반도 비평화구조와 분단: 이론과 실제』, 서울대학교 통일평화연구원, 2012년 5월 17일.

김동택, 「『국민수지』를 통해 본 근대 '국민'」, 『대동문화연구』, 제44호, 이화여대 한국문화원, 2003.

김두얼, 「한국의 산업화와 근대 경제성장의 기원, 1953~1965―전통설과 새로운 해석」, 『경제발전연구』, 제22권, 제4호, 한국경제발전학회, 2016.

김막미, 「에밀 브룬너의 형제 개념에 근거한 사회민주주의」, 『한국개혁신학』, 제32권, 한국개혁신학회, 2011.

김명용, 「칼 바르트의 신학에 있어서의 교회와 국가」, 『장신논단』, 제35집, 장로회신학대학교 기독교 사상과 문화연구원, 2009.

김문정, 「1970년대 한국 여성 노동자 수기와 그녀들의 '이름 찾기'」, 『한국학연구』, 제49집, 인하대학교 한국학연구소, 2018.

김보현, 「해태제과 여성들의 '8시간 노동제' 실현: 삶을 노동으로 환원하는 체제에 저항하다」, 『기억과 전망』, 제45호, 민주화운동기념사업회, 2021.

김병문, 「김영삼, 김대중, 노무현 정부의 개혁 정책 비교」, 『비교민주주의연구』, 제8권, 제1호, 인제대학교 민주주의와 자치연구소, 2012.

김병서, 「한국 사회의 민주화와 기독교」, 이삼열·이원규·김병서·노치준·손덕수, 『한국 사회 발전과 기독교의 역할』, 한울, 2000.

김삼웅, 「민주화 투쟁과 민주화추진협의회」, 류상영·김삼웅·심지연 편저, 『김대중과 한국 야당사』, 연세대학교 대학출판문화원, 2013.

김성수, 「일제강점기 사회주의 문학에 나타난 민족 및 국가주의: 방향 전환기 카프의 프로문학을 중심으로」, 『민족문학사연구』, 제24호, 민족문학사연구·민족문학사학회·민족문학사연구소, 2004.

김성수, 「시민사회운동과 신자유주의 경제개혁」, 『정치정보연구』, 제17권, 제2호, 한국정치정보학회, 2014.

김성식, 「14대 대통령 선거의 정치적 의미와 범야권의 과제」, 『동향과 전망』, 제18호, 한국사회과학연구소, 1992.

김성호, 「농지개혁연구—이데올로기와 권력투쟁을 중심으로 하여」, 『국사관 논총』, 제25집, 국사편찬위원회, 1991.

김영재, 「박근혜 정부의 대북정책」, 『정치정보연구』, 제17권, 제2호, 한국정치정보학회, 2014.

김영선, 「발전국가 시기 작업장의 시간 정치: 노동시간 및 자유시간에 대한 분석」, 『여가연구』, 제8권, 여가문화학회, 2010.

김영택, 「친일 세력 미청산의 배경과 원인」, 『한국학 논총』, 제31권, 국민대학교 한국학연구소, 2009.

김영한, 「장공 김재준 신학의 특징: 복음적 사회 참여의 신학」, 『한국개혁신학』, 제38권, 한국개혁신학회, 2013.

김영화, 「1950년대 후반기 문학」, 『제주대학교논문집』, 제34집, 인문사회과학편, 제주대학교, 1992.

김용복, 「해방 후 교회와 국가」, 『국가권력과 기독교』, 한국기독교사회문제연구원 편, 민중사, 1982.

김용혜, 「한반도의 분단체제와 그 극복」, 『사회와 철학』, 제23집, 한국사회와 철학
연구회, 2012.

김용철, 「박정희 정권의 노동통제전략: 형성과 진화」, 『한국경제지리학회지』, 제
14권, 제2호, 한국경제지리학회, 2011.

김윤태, 「발전국가의 기원과 성장: 이승만과 박정희 체제에 관한 역사 사회학적
연구」, 『사회와 역사』, 제56집, 한국사회사학회, 1999.

김원, 「여공의 정체성과 욕망: 1970년대 '여공 담론'의 비판적 연구」, 『사회과학
연구』, 제12집, 서강대 사회과학연구소, 2004.

김은혜, 「기독교 인간주의에 대한 성찰: 새로운 문화 현상에 대한 신학적 응답」,
『선교와 신학』, 제33집, 장로회신학대학교 세계선교위원회, 2014.

김은홍, 「M. M. 토마스 신학의 배경과 세 단계의 발전과정」, 『선교신학』, 제42호,
한국선교신학회, 2016.

김인숙·최해경·이선우, 『한국 가톨릭 사회복지의 실태와 전망』, 주교회의 사회
복지위원회 전국연수회 자료집, 1997.

김일영, 「노태우 정부에서의 정치 사회적 갈등 양상과 해결 경험」, 『분쟁해결연
구』, 제7권, 제2호, 단국대학교 분쟁해결연구센터, 2009.

김재성, 「도시산업선교가 노동운동에 미친 영향」, 한신대학교 학술원 신학연구소
엮음, 『한국개신교가 한국 근현대의 사회문화적 변동에 끼친 영향 연구』, 한국
신학연구소, 2005.

김종태, 「이승만 정부 시기 문명 담론과 선진국 담론에 나타난 국가 정체성과 서
구관―대통령 연설문과 조선일보 중심으로」, 『한국사회학』, 제46집, 2호, 한국
사회학회, 2012.

김종태, 「박정희 정부 시기 선진국 담론의 부상과 발전주의적 국가 정체성의 형성」,
『한국사회학』, 제47권, 제1호, 한국사회학회, 2013.

김종학, 「신채호와 민중적 민족주의의 기원」, 『세계정치 7』, 제28집, 제1호, 서울
대학교 국제문제연구소, 2007.

김점숙, 「대한민국 정부 수립 초기 경제부흥계획의 성격」, 『사학연구』, 제73호, 한
국사학회, 2004.

김정곤, 「무교회주의 신앙과 구원관―우치무라 간조와 양명학의 관련성을 중심

으로」,『일본문화연구』, 제54호, 동아시아 일본학회, 2015.

김정인, 「대한민국 임시정부의 환국과 정치세력의 대응」,『대한민국 임시정부 수립 80주년 기념논문집』, 국가보훈처, 1999.

김정인, 「한국 사회와 학생운동, 그 회고적 전망」, 민주화운동기념사업회, 학술단체협의회, 2003년 가을 학술 심포지엄,『한국 민주화운동의 쟁점과 전망』, 2003년 9월 30일.

김준, 「한국 노동계급 형성사 연구의 새로운 좌표: 구해근 지음, 신광영 옮김,『한국 노동계급의 형성』, 창작과비평사, 2002. Goo Hagen, *Korean Workers: the Culture and Politics of ClassFormation*(New York: Cornell university Press, 2001)」,『경제와 사회』, 제56호, 비판사회학회, 2002년 겨울호.

김준, 「1970년대 여성 노동자의 일상생활과 의식: 이른바 ‘모범근로자’를 중심으로」,『역사연구』, 제10호, 역사학연구소, 2002.

김지형, 「5·16군정기 박정희 통치이념의 논거―반공주의와 민주주의를 중심으로」,『동아시아문화연구』, 제53호, 한양대학교 동아시아문화연구소, 2013.

김진환, 「빨치산 또 하나의 전쟁」, 한국구술사학회,『구술사로 읽는 한국전쟁』, 휴머니스트, 2011.

김태룡, 「김영삼 정부 시기의 정당개혁에 대한 평가」,『한국행정논총』, 제10권, 제2호, 서울대학교 한국행정연구소, 1998.

김태룡·신률, 「경험을 통해 본 한국 NGO 활동의 과제와 개선방안―경실련을 중심으로」, 한국행정연구원,『한국행정연구원 보고서』, 2002.

김태룡·권해수, 「시민단체에 대한 행정학자의 참여 평가―경제정의실천시민연합을 중심으로」,『한국거버넌스학회보』, 제14권, 제2호, 2007, 한국거버넌스학회, 2007.

김태헌, 「농촌인구 특성과 그 변화, 1960~1995: 인구 구성 및 인구이동」,『한국인구학』, 제19권, 제2호, 한국인구학회, 1996.

김학재, 「김대중의 통일·평화 사상」,『통일과 평화』, 제9집, 제2호, 서울대학교 평화통일연구원, 2017.

김한식, 「전체주의 경험과 박정희」,『오늘의 문예비평』, 제57호, 세종출판사, 2005.

김형국, 「선거와 정치에 나타난 지역 정서의 표출―대통령 선거를 중심으로」,『환경논총』, 제41권, 서울대학교 환경대학원, 2003.

김흥수, 「한국전쟁 시기 기독교 외원단체의 구호 활동」, 『한국기독교와 역사』, 제 23호, 한국기독교역사학회, 2005.

김희주, 「'민족'을 바라보는 두 시선 ― 신채호와 이광수를 중심으로」, 『현대소설 연구』, 제65권, 제65호, 한국현대소설학회, 2017.

남기정, 「동아시아 냉전체제하 냉전 국가의 탄생과 변형: 휴전체제의 함의」, 『세 계정치』, 제26집, 2호, 세계정치학회, 2005.

노병만, 「김영삼 정권 권력 엘리트의 특성 분석」, 『한국정치학회회보』, 제31집, 제 2호, 한국정치학회, 1997.

노영기, 「5·16쿠데타 주체 세력 분석」, 『역사비평』, 통권 57호, 역사비평사, 2001 년 겨울호.

다니엘 마르그라, 「나자렛 예수: 유대인 예언자인가, 하나님의 아들인가」, 알랭 코 르뱅 외 지음, 주명철 옮김, 『역사 속의 기독교』, 도서출판 길, 2008.

도묘연, 「결사체 활동, 시민성 그리고 촛불집회 참여의 경로 구조」, 『현대정치연 구』, 제10권, 제2호, 서강대학교 현대정치연구소, 2017.

도묘연, 「한국 포퓰리즘의 변화 추이와 영향 요인: 경제적 및 정치적 위기의 관 점」, 『평화연구』, 제28권, 제1호, 고려대학교 평화와민주주의연구소, 2020.

도진순, 「북한 학계의 민족 부르주아지와 민족개량주의 논쟁」, 『역사비평』, 제2 호, 역사비평사, 1989년 가을호.

류길재, 「UN 제재 이후 한반도 신뢰 프로세스의 과제」, 『한반도 포커스』, 제35호, 경남대학교 극동문제연구소, 2016.

문경연, 「북한의 식량난과 대북 지원 민간단체의 역할」, 『북한연구학회 동계학술 발표논문집』, 북한연구학회, 2011.

문동환, 「의식화 교육의 과제」, 한완상·허병섭 외, 『한국 민중 교육론: 그 이념과 실천 전략』, 학민사, 1985.

문흥술, 「양식 파괴의 소설사적 의의: 정용학론」, 『관악 어문연구』, 제19집, 서울 대학교 국어국문학과, 1994.

민기기, 「김대중 정부의 개혁 평가」, 『아태연구』, 제14권, 제1호, 경희대학교 국제 지역연구원, 2007.

민준기, 「김영삼 정부의 개혁 평가」, 『한국정치연구』, 제7집, 서울대학교 한국정 치연구소, 1997.

박구병, 「"예, 할 수 있습니다!": 미국 서남부 지역의 '세자르 차베스의 날' 제정」, *Revista Iberoamericana,* vol. 26. no. 3, 2015.

박명규, 「네이션과 민족: 개념사로 본 의미의 간격」, 『동방학지』, 제147권, 연세대학교 국학연구원, 2009.

박명림, 「한국의 초기 헌정체제와 민주주의」, 『한국정치학회보』, 제37집, 제1호, 한국정치학회, 2003.

박명수, 「1946년 미군정의 여론조사에 나타난 한국인의 사회인식 」, 『한국정치외교사논총』, 제40집, 제1호, 한국정치외교사학회, 2018.

박명호, 「한국 농지개혁의 파급효과: 농민 생활을 중심으로」, 『비교경제연구』, 한국비교경제학회, 제22권, 2호, 2015.

박민영, 「독립군과 한국광복군의 항일무장투쟁」, 『동양학』, 제47호, 단국대학교 동양학연구원, 2010.

박상익, 「문재인 정부의 대북정책 성과와 과제」, 『군사발전연구』, 제13권, 제2호, 조선대학교 군사학연구소, 2019.

박상필, 「2012 한국민간단체총람 조사결과 분석」, 『내나라』, 제21권, 내나라연구소, 2012.

박상필, 「한국 시민사회의 변화와 새로운 역할」, 『NGO 연구』, 제10권, 제2호, 한국NGO학회, 2015.

박순희, 「정권·자본·어용노조 탄압을 뚫고 선 '70년대 민주노조운동' ─ 원풍모방 노동조합과 박순희 당기 위원」, 『이론과 실천』, 민주노동당, 2001년 10월호.

박승우, 「필리핀의 과두제 민주주의 ─ 정치적 독점의 해체 없는 민주화」, 『민주사회와 정책연구』, 제12호, 한신대학교 민주사회정책연구원, 2007.

박영민, 「문재인 정부 대북정책의 성공 조건과 전망」, 『접경지역통일연구』, 제1권, 제2호, 한국접경지역통일학회, 2017.

박원호, 「유권자의 정치이념과 정책 선호, 그리고 후보자 선택」, 박찬욱·강원택 편, 『2012년 국회의원 선거 분석』, 나남, 2012.

박정미, 「발전과 섹스」, 『한국사회학』, 제48권, 1호, 한국사회학회, 2014.

박지향, 「협력자들: 나치점령기 유럽과 일제 치하의 조선」, 『서양사론』, 제103호, 한국서양사학회, 2009.

박찬승, 「일제하의 자치운동과 그 성격」, 『약사와 현실』, 제2권, 한국역사연구회,

1989.

박찬승, 「국내 민족주의 좌우파 운동」, 『한국사』, 편집위원회 편, 『한국사 15: 민족
　해방운동의 전개 1』, 한길사, 1994.

박찬승, 『민족주의의 시대—일제하 한국민족주의』, 경인문화사, 2007.

박창빈, 「한국 교회의 사회봉사: 장로교(예장 통합)를 중심으로」, 이삼열 편, 『사
　회봉사의 신학과 실천』, 한울, 1992.

박해광, 「시민사회의 담론적 실천과 영향력의 정치: 경제정의실천시민연합 사
　례를 중심으로」, 『민주주의와 인권』, 제11권, 제2호, 전남대학교 5·18연구소,
　2011.

박효정, 「'노무현 정부평가' 갈등을 고조시킨 기형적 참여민주주의」, 『자유기업원』,
　2007년 5월 9일.

반병률, 「러시아(소련)의 대한민국임시정부 인식」, 『역사문화연구』, 제35호, 한
　국외국어대학교(글로벌 캠퍼스) 역사문화연구소, 2010.

배영수, 「미국 예외론의 맹점」, 『미국학』, 제27권, 서울대학교 미국학연구소,
　2004.

배하은, 「흔들리는 종교적·문학적 유토피아—1970~80년대 기독교 사회운동
　의 맥락에서 살펴본 노동자 장편 수기 연구」, 『상허학보』, 제56권, 상허학회,
　2019.

백낙청, 「『외딴 방』이 묻는 것과 이룬 것」, 『창작과 비평』, 제93호, 창작과비평사,
　1996년 가을호.

백윤철, 「보도연맹사건에 관한 연구」, 『세계헌법연구』, 제15권, 제2호, 세계헌법
　학회 한국학회, 2009.

서관모, 「국제주의, 민족주의와 공산주의」, 『사회과학연구』, 제27권, 제1호, 충북
　대학교 사회과학연구소, 2010.

서광선, 「한국기독교 정치사(Ⅴ): 유신 시대의 교회 민주화운동」, 『신학과 교회』,
　제5호, 혜임 신학연구소, 2016.

서문석, 「1950년대 대규모 면방직공장의 기술인력 연구」, 『경영사연구』, 제56권,
　한국경영사학회, 2010.

서은혜, 「손창섭의 소설과 니체적 사유의 관련성」, 『현대소설연구』, 제74호, 한국
　현대소설학회, 2019.

서재진, 「북한의 민족주의: 주체사상의 이론적 변용을 중심으로」, 『통일연구논 총』, 제2권, 제1호, 민족통일연구원, 1993.

서중석, 「정부 수립 후 반공체제 확립 과정에 대한 연구」, 『한국사연구』, 제90호, 한국사연구회, 1995.

서중석, 「1960년 이후 학생운동의 특징과 역사적 공과」, 『역사비평』, 통권 제41 호, 역사비평사, 1997년 겨울호.

성태윤·박성준, 「소득주도성장 정책 쟁점과 분석 및 평가: 임금주도성장 논의 중 심으로」, 『한국경제의 분석』, 제25권, 제2호, 한국경제의 분석 패널, 2019.

송백석, 「김대중 정부의 정책 성격 분석 비판: 복지국가 성격 논쟁을 중심으로」, 『경제와 사회』, 제71호, 비판사회학회, 2006.

송은영, 「1960~1970년대 한국 대중사회 논쟁의 전개 과정과 특성 — 1971년 대중사회 논쟁을 중심으로」, 『사이間SAI』, 제14호, 국제한국문학문화학회, 2013.

송재복, 「한국 산업화 과정에서의 국가 역할에 관한 연구: 제3·4·5공화국의 비교 분석」, 『한국행정학보』, 제23호, 한국행적학회, 1989.

송호근, 「박정희 정권의 국가와 노동」, 『사회와 역사』, 제58호, 한국사회사학회, 2000.

신광영·김현희, 「여성과 노동운동: 70년대 여성 노동운동 중심으로」, 1996년 후 기 사회학 대회 발표 논문, 1996.

신주백, 「일제의 새로운 식민지 지배 방식과 재조 일본인 및 '자치'세력의 대응 (1919~22)」, 『역사와 현실』, 제39권, 한국역사연구회, 2001.

신재홍, 「자유시 참변에 대하여」, 『백산학보』, 제14권, 백산학회, 1973.

신조영, 「미국학과 친미·반미 이분법」, 『미국사 연구』, 제23집, 한국 미국사학회, 2006.

신치호, 「박정희 정권하의 국가와 노동관계」, 『노동연구』, 제16집, 고려대학교 노 동문제연구소, 2008.

신형기, 「'신인간' — 해방 직후 북한 문학이 그려낸 동원의 형상」, 박지향·김철· 김일영·이영훈 엮음, 『해방 전후사의 재인식』, 책세상, 2006.

안철현, 「통합정부 수립 운동으로서의 1940년대 말 남북협상 평가」, 『사회과학 연구』, 제31권, 제4호, 경성대학교 사회과학연구소, 2015.

안문석, 「해방 직후 북한 국내 공산세력의 국가건설전략: 오기섭의 '인민전선'을 중심으로」, 『통일정책연구』, 제22권, 2호, 통일정책연구회, 2013.

안병직, 「한국 근현대사 연구의 새로운 패러다임 — 경제사를 중심으로」, 『창작과 비평』, 제98호, 창작과비평사, 1997년 겨울호.

안승대, 「분단인의 이론적 정립에 관한 연구: 비판이론의 전체주의 이론의 적용을 통하여」, 『통일인문학』, 제88집, 한국통일인문학회, 2021.

안종범, 「노무현 정부의 복지정책의 평가와 개선과제」, 바른사회시민회의 편, 『혼란과 좌절, 그 4년의 기록: 노무현 정부 4주년 평가』, 해남, 2007.

안태정, 「1920년대 일제의 지배 논리와 이광수의 민족개량주의 논리」, 『사총』, 제35집, 고려대학교 사학회, 1989.

안하원, 「한국 민중교회와 인명진」, 영등포산업선교회, 『인명진을 말한다』, 동연, 2016.

앤 오스본 크루거 지음, 전영학 옮김, 『무역·외원과 경제개발』, 한국개발연구원, 1980.

양동안, 「한반도 분단의 정확한 원인 규명」, 『정신문화연구』, 제30권, 제4호, 한국학중앙연구원, 2007.

양동안, 「「건준」과 「인공」의 결성 및 해체과정에 관한 연구」, 『한국의 정치와 경제』, 제3집, 한국정신문화연구원, 1993.

역사학연구소, 『노동자 자기 역사를 말하다: 현장에서 기록한 노동운동과 노동자 교육의 역사』, 서해문집, 2007.

오명석, 「1960~1970년대의 문화정책과 민족문화 담론」, 『비교문화연구』, 제4호, 서울대학교 비교문화연구소, 1988.

오창은, 「1970년대 서울 공간 경험과 근대적 주체의 경험 — 조선작의 『미스양의 모험』을 중심으로」, 『어문논집』, 제53집, 중앙어문학회, 2013.

온창일, 「6·25전쟁과 한국군의 팽창」, 유영익·이채진 편, 『한국과 6·25전쟁』, 연세대학교출판부, 2002.

우상범·임상훈, 「노조 조직화 이론에 대한 비판적 검토 — 노동자와 노동조합의 이해 조응을 중심으로」, 『대한경영학회지』, 제27권, 제6호, 대한경영학회, 2014.

유경순, 「구로동맹파업과 노동자 자기 역사 쓰기 — 『아름다운 연대』, 『같은 시대 다른 이야기』를 중심으로」, 『역사연구』, 제18호, 역사학연구소, 2008.

유경순, 「학생운동가들의 노동운동 참여 양상과 영향─1970년대를 중심으로」, 『기억과 전망』, 제29호, 민주화운동기념사업회, 2013년 겨울호.

유병옥, 「행정학 분야 대학연구소의 역할과 기여: 연세대학교 도시문제연구소 (1968-2011)의 사례」, 『현대사회와 행정』, 제25집, 한국행정관리학회, 2015.

윤창현, 「참여정부의 기업정책」, 바른사회시민회의 편, 『혼란과 좌절, 그 4년의 기록: 노무현 정부 4주년 평가』, 해남, 2007.

윤충로, 「반공 국가 그 잔혹한 탄생, 『'빨갱이'의 탄생─여순사건과 반공 국가의 형성』, 김득중, 선인, 2009」, 『역사비평』, 통권 제89호, 역사비평사, 2009.

윤해동, 「뉴라이트 운동과 역사 인식: 비역사적 역사」, 『민족문화논총』, 제51집, 영남대학교 민족문화연구소, 2012.

은수미, 「80년대 한국 학생운동이 노동운동에 끼친 영향」, 『기억과 전망』, 제15권, 민주화운동기념사업회, 2006.

이강노, 「대통령의 지도력과 정책 결정요인의 비교─박정희·전두환·노태우 대통령과 비서실」, 『선거와 한국 정치』, 한국정치학회, 1992.

이근복, 「인명진의 노동과 산업선교」, 영등포산업선교회, 『인명진을 말한다』, 동연, 2016.

이기호, 「냉전체제, 분단체제, 전후체제의 복합성과 '한반도 문제'에 대한 재성찰: 2015년 한반도를 둘러싼 기억과 담론의 경쟁」, 『민주사회와 정책연구』, 제29호, 한신대학교 민주사회정책연구원, 2015.

이다온, 「1980년대 여공 수기에 나타난 '대항기억'의 의미─석정남과 장남수의 장편 수기를 중심으로」, 『춘원연구학보』, 제19호, 춘원연구학회, 2020.

이덕재, 「박정희 정부의 경제정책: 양날의 칼의 정치경제학」, 『역사와 현실』, 제74집, 한국역사연구회, 2009.

이만열, 「5·17 김대중 내란음모사건의 진실과 그 역사적 의의」, 『한국근현대사연구』, 제14호, 한국근현대사학회, 2000.

이미숙, 「현 단계 민중 교육에 대한 검토」, 한완상·허병섭 외, 『한국 민중 교육론: 그 이념과 실천 전략』, 학민사, 1985.

이병천, 「1998 발전국가 자본주의와 발전 딜레마」, 이병천·김균 편, 『위기, 그리고 대전환』, 당대, 1998.

이상규, 「해방 후 한국 교회의 민주화운동과 통일운동」, 『한국기독교와 역사』, 제

4호, 한국기독교역사연구소, 1995.

이상록, 「'예외상태 상례화'로서의 유신헌법과 한국적 민주주의 담론」, 『역사문제연구』, 제35호, 역사문제연구소, 2016.

이상록, 「1979년 크리스천 아카데미 사건을 통해 본 한국의 인권문제」, 『역사비평』, 제128호, 역사비평사, 2019.

이상윤, 「아시아 도시농촌선교의 새로운 이해」, 『기독교 사상』, 제39권, 대한기독교서회, 1995년 10월호.

이연호·임유진, 「문재인 정부의 민주주의와 포퓰리즘(populism)」, 『문화와 정치』, 제9권, 제3호, 한양대학교 평화연구소, 2022.

이영숙, 「한국 진보적 개신교 지도자들의 사회변동 추진에 대한 연구―1957~1984년을 중심으로」, 『기독교 사상』, 제35권, 제4호(통권 제388호), 대한기독교서회, 1991년 3월호; 제35권, 제5호(통권 389호), 1991년 4월호; 제35권, 제6호 (통권 제390호), 1991년 5월호.

이완범, 「제1차 경제개발 5개년계획의 입안과 미국의 역할, 1960~1965」, 한국정신문화연구원, 『1960년대의 정치사회변동』, 백산서당, 1999.

이용수, 「문재인 정부 평가: 정치, 경제, 사회」, 『의정연구』, 제28권, 제1호, 한국의회발전연구회, 2022.

이용우, 「프랑스 초기 레지스탕스의 비시―페탱 인식(1940~1942)」, 『프랑스사연구』, 제25호, 한국 프랑스사연구회, 2011.

이우재, 「1979년 크리스천 아카데미 사건」, 『역사비평』, 통권 14호, 역사비평사, 1991년 봄호.

이원규, 「도시산업사회와 교회」, 『기독교사상』, 통권 제313호, 대한기독교서회, 1984년 7월호.

이종훈, 「한국자본주의 형성의 특수성」, 김병태 외, 『한국 경제의 전개 과정』, 돌베개, 1981.

이지윤, 「한국 보수 담론의 '민족' 수사의 정치: 『반일종족주의』(2019), 『반일종족주의와의 투쟁』(2020)의 민족」, 『현대정치연구』, 제14권, 제3호, 서강대학교 현대정치연구소, 2021.

이진경, 「신식민지 국가독점자본주의와 민중민주주의」, 이진경·김진국·김학원·노회찬, 『선진노동자의 이름으로』, 소나무, 1991.

이진구, 「역대 대통령선거와 종교문제」, 『기독교 사상』, 통권 제758호, 대한기독교서회, 2022년 2월호.

이창헌, 「이명박 정부의 남북관계 분석과 평가: '상생과 공영의 대북정책'을 중심으로」, 『정치정보연구』, 제16권, 제2호, 한국정치정보학회, 2013.

이창휘, 「PDR론의 올바른 이해를 위하여」, 『현실과 과학』, 제4호, 새길출판사, 1989.

이창희, 「한국 보수주의의 이론과 한 사례: 선우휘의 세계관을 중심으로」, 『한국정치연구』, 제25집, 제2호, 서울대학교 한국정치연구소, 2015.

이헌환, 「미군정기 식민잔재 청산 법제 연구」, 『법사학연구』, 제30호, 한국법사학회, 2004.

이현휘, 「미국으로 가는 길을 열다: 친미와 반미 논쟁의 철학적 해제」, 『미국사 연구』, 제25집, 한국 미국사학회, 2007.

이혜령, 「빨치산과 친일파─어떤 역사 형상의 종언과 미래에 대하여」, 『대동문화연구』, 제100집, 성균관대학교 대동문화연구원, 2017.

인명진, 「산업사회에서의 기독교 선교」, 『기독교 사상』, 제27권, 9호, 대한기독교서회, 1983.

임도빈, 「관료제, 민주주의, 그리고 시장주의: 정부 개혁의 반성과 과제」, 『한국행정학보』, 제41집, 제3호, 한국행정학회, 2007.

임도빈, 「역대 대통령 국정 철학의 변화: 한국행정 60년의 회고와 과제」, 『행정논총』, 제46권, 제1호, 서울대학교 한국행정연구소, 2008.

임성한, 「김영삼 정부 주도하의 정치개혁법이 한국 정치에 미친 영향」, 『사회과학연구』, 제37집, 서강대학교 사회과학연구소, 1998.

임송자, 「전태일 분신과 1970년대 노동·학생운동」, 『한국민족운동사연구』, 제65호, 한국민족운동사학회, 2010.

임송자, 「1970년대 도시산업선교회와 한국노총의 갈등·대립」, 『사림』, 제35호, 수선사학회, 2010.

임종권, 「19세기 전반기 파리 노동자들의 생활상」, 『숭실사학』, 제6권, 숭실사학회, 1990.

임종권, 「일제강점기 민족운동과 새로운 국가건설론─김승학의 '배달족 이상국가 건설방략'을 중심으로」, 『숭실사학』, 제42집, 숭실사학회, 2019.

임지현, 「일상적 파시즘의 코드 읽기」, 『당대비평』, 통권 제8호, 생각의나무, 1999.

임한성·임재강, 「새마을운동의 성공 요인에 관한 사례연구」, 『지방 정부연구』, 제17권, 제3호, 한국지방정부학회, 2013.

임현백, 「지연되고 있는 민주주의의 공고화: 정치 민주화의 과정과 문제점」, 『한국 민주화 10년: 평가와 전망』, 한국정치학회·한국사회학회 공동주최 심포지엄 논문집, 1997.

임현백, 「유신의 역사적 기원: 박정희의 마키아벨리적인 시간(下)」, 『한국정치연구』, 제14집, 제1호, 한국정치학회, 2005.

임현백, 「박정희에 대한 정치학적 평가: 리더십, 근대화, 유신, 그리고 몰락」, 『평화연구』, 제20권, 제2호, 고려대학교 평화와 민주주의 연구소, 2012년 가을호.

장규식, 「군사정권기 한국 교회와 국가권력: 정교 유착과 과거사 청산 의제를 중심으로」, 『한국기독교와 역사』, 제24호, 한국기독교역사학회, 2006.

장기표, 「민중의 소리를 짓다」, 민청학련운동계승사업회 엮음, 『1974년 4월(실록 민청학련 4)』, 학민사, 2005.

장덕진, 「한국의 보수, 그들은 누구인가?」, 한반도선진화재단·한국미래학회·좋은정책포럼, 『보수와 진보의 대화와 상생』, 나남, 2010.

장명학, 「해방정국과 민주 공화주의 분열: 좌우 이념 대립과 민족통일론을 중심으로」, 『동양정치사상사』, 제8권, 제1호, 한국동양정치사상사학회, 2009.

장미경, 「근대화와 1960~70년대 여성 노동자」, 『경제와 사회』, 제61권, 한국산업사회학회, 2004.

장상철, 「작업장통제전략으로서의 공장 새마을운동 성과와 한계」, 이종구외 『1960~70년대 노동자의 작업장 문화와 정체성』, 한울아카데미, 2006.

장석만, 「한국 개신교의 또 다른 모색—기독교 조선 복음교회와 도시산업선교회」, 『역사비평』, 역사비평사, 2005년 봄호.

장세훈, 「알린스키의 지역사회 조직화 모형에 대한 탐색: 지역사회 조직화의 '오래된 미래'로부터의 교훈」, 『지역사회학』, 제21권, 제3호, 지역사회학회, 2020.

장윤재, 「인명진의 목회와 신학」, 영등포산업선교회, 『인명진을 말한다』, 동연, 2016.

장준하, 「5·16혁명과 민족의 진로」, 『사상계』, 제95호, 사상계사, 1961년 6월호.

장하원, 「한국산업정책의 진화과정과 이윤률 추세(1963~1990)」, 조원희 편, 『한국 경제의 위기와 개혁과제』, 풀빛, 1997.

장현근, 「중화질서 재구축과 문명국가 건설 ─ 최익현·유인석의 위정척사사상」,
『정치사상 연구』, 제9집, 한국정치사상학회, 2003.

전재호, 「여운형의 정치이념: 민족주의, 공산주의, 민주주의에 대한 인식을 중심
으로」, 『현대정치연구』, 제6권, 제1호, 서강대학교 현대정치연구소, 2013.

전재호, 「한국의 민주화 이행에서 김대중의 역할 ─ 1980~1987년」, 『기억과 전
망』, 제35호, 민주화운동기념사업회, 2016.

정명기, 「도시 빈민선교의 이해」, 함석헌 외, 『한국 역사 속의 기독교』, 한국기독
교교회협의회, 1985.

정병준, 「안두희는 미군방첩대 요원이자 백의사 자살특공대원」, 『민족21』, 2001
년 10월호.

정병준, 「백범 김구 암살 배경과 백의사」, 『한국사연구』, 제128집, 한국사연구회,
2005.

정병준, 「공작원 안두희와 그의 시대」, 『역사비평』, 역사비평사, 2004년 겨울호.

정병준, 「인명진의 정치 운동 ─ 반독재 민주화 인권운동을 중심으로」, 영등포산
업선교회, 『인명진을 말한다』, 동연, 2016.

정병준, 「인명진 목사의 정치참여와 신학」, 『한국교회사학회지』, 제57집, 한국교
회사학회, 2020.

정병준, 「인명진의 정치참여와 신학」, 김명배 책임 편집, 『삼우 인명진을 논하다:
인명진 희수 기념논문집』, 북코리아, 2021.

정병준, 「한국 도시산업선교회의 선구자 조지송 목사의 활동과 사상」, 『한국교회
사학지』, 제61권, 한국교회사학회, 2022.

정성한, 「미군정, 이승만 정부하에서 형성된 한국 기독교의 정체성」, 『기독교 사
상』, 통권 제680호, 대한기독교서회, 2015년 8월호.

정시구, 「박정희 새마을운동 전 1960년대 경제개발에 관한 연구」, 『한국 지방자
치 연구』, 제16집, 제3호, 대한지방자치학회, 2014.

정영태, 「라이벌 정치 운동단체의 연합에 의한 정당 창설: 민주노동당의 사례」,
『한국정치연구』, 제20집, 제2호, 서울대학교 한국정치연구, 2011.

정영훈, 「한반도 분단의 민족 내적 원인」, 『정신문화연구』, 제21권, 제2호, 한국학
중앙연구원, 1998.

정이담,「문화 운동 시론」, 정이담 외,『문화 운동론』, 공동체 4, 공동체, 1985.

정이환,「주변 노동자의 동원화·조직화」,『한국사회학』, 제34집, 한국사회학회, 2000년 겨울호.

정지석,「함석헌의 민중사상과 민중신학」,『신학 사상』, 제134호, 한신대학교 신학사상연구소, 2006.

정태일,「3김 정치 전후 한국 정치의 비판적 검토: 정치적 효과와 왜곡」,『한국과 국제사회』, 제3집, 제1호, 한국정치사회연구소, 2019.

정태환,「김영삼 개혁정치의 성격과 정치적 동원」,『한국학연구』, 제23권, 고려대학교 한국학연구소, 2005.

정태환,「김영삼 정권의 등장 배경과 주요 정치세력의 역학」,『한국학연구』, 제22집, 고려대학교 한국학연구소, 2005.

정태환,「김대중 정권의 개혁정치: 모순과 한계」,『한국학연구』, 제31권, 고려대학교 한국학연구소, 2009.

정토웅,「한국전쟁의 영향: 한국의 정치·군사·경제적 측면」,『군사지』, 제40호, 국방부 군사편찬연구소, 2000.

정하늬,「'감춤과 드러냄', 소외된 청년들의 '전성(戰聲)시대'—조선작의「영자의 전성시대」를 중심으로」,『춘원연구학보』, 제18호, 춘원연구학회, 2020.

조기준,「조선 물산장려운동의 전개 과정과 그 역사적 성격」,『역사학보』, 제41집, 역사학회, 1969.

조동근,「참여정부 경제부문 4년 평가」, 바른사회시민회의 편,『혼란과 좌절, 그 4년의 기록: 노무현 정부 4주년 평가』, 해남, 2007.

조배원,「기독교 사회참여운동 연구의 현황과 과제」, 이광일 책임연구, 강병익·최선화 공동연구,『한국 기독교 사회참여운동 관련 문헌 해제: 연구총서 최종보고서』, 민주화운동기념사업회 한국민주주의 연구소, 2003.

조성렬,「문재인 정부 대북정책의 과제와 전망: 한반도 비핵화와 평화체제의 비전을 중심으로」,『통일정책연구』, 제26권, 제1호, 통일연구원, 2017.

조승혁,「산업선교의 조직 현황 및 특성」,『기독교 사상』, 제23권, 대한기독교서회, 1979년 11월호.

조승혁,「민주화와 한국 교회의 역할」, 한국기독교산업개발원,『한국 사회 발전과 민주화운동』, 정암문화사, 1986.

조재호, 「베트남 파병과 한국 경제성장」, 『사회과학연구』, 제50집, 제1호, 한국사
회과학연구회, 2011.

조하영·김석호, 「한국인의 정치적 이념의 분화: 이주민 포용 인식에 대한 정치적
이념과 권위주의 성향의 상호작용을 중심으로」, 『조사연구』, 제21권, 4호, 한국
조사연구학회, 2020.

조한경, 「박근혜 정부의 역사 교과서 국정화 추진 일지」, 『역사와 교육』, 제13호,
역사교육연구소, 2016.

조희연, 「정치 사회적 담론의 구조 변화와 민주주의의 동학 ― 한국 현대사 속에
서의 지배 담론과 저항 담론의 상호작용을 중심으로」, 조희연 편, 『한국의 정치
사회적 지배 담론과 민주주의 동학: 한국민주주의와 사회운동의 동학 (3)』, 함
께 읽는 책, 2003.

조희연, 「80년대 학생운동과 학생운동의 전개」, 『사회비평』, 창간호, 나남, 1988.

조희영, 「유인석의 『우주문답(宇宙問答)』에 내재된 역학 이론 ― 원회 운세론과
「낙서」이론을 중심으로」, 『동방학지』, 제194호, 연세대학교 국학연구소, 2021.

주미희, 「자유시 참변 1주년 논쟁에 관한 고찰」, 『역사연구』, 제43호, 역사학연구
소, 2022.

주학중, 「1982년 계층별 소득분배의 추계와 변동요인」, 『한국개발연구』, 제6권,
1호, 한국개발연구원, 1984.

지병근, 「한국진보정당의 조직, 이념, 그리고 지지 기반」, 『현대정치연구』, 제7권,
제1호, 서강대학교 현대정치연구소, 2014.

채구묵, 「1980년대 민주노동운동에서 학생 출신 지식인의 역할」, 『역사비평』, 제
78호, 역사비평사, 2007년 봄호.

채오병, 「이승만 정권의 사회정책, 1948 ― 1958: 헌법 제정과 개정을 중심으로」,
『사회이론』, 제46호, 한국사회이론학회, 2014년.

천정환, 「1980년대와 '민주화운동'에 대한 '세대 기억'의 정치」, 『대중서사 연구』,
제20권, 제3호, 대중서사학회, 2014.

최광승, 「문재인 정부의 항일(抗日) 내러티브」, 『한국동북아논총』, 제27권, 제1호,
한국동북아학회, 2022.

최상도, 「인명진의 노동운동과 신학」, 김명배 책임 편집, 『삼우 인명진을 논하다:
인명진 희수 기념논문집』, 북코리아, 2021.

최호영, 「김수영과 함석헌(1) — 함석헌의 씨알 사상과 김수영의 혁명론」, 『현대
    문학의 연구』, 제75호, 한국문학연구학회, 2021.

최호영, 「김수영과 함석헌(2) — 함석헌의 씨알의 사상과 김수영의 민중론」, 『탈
    경계 인문학』, 제15권, 제1호, 이화여자대학교 이화인문과학원, 2022.

추송례 구술, 박승호 기록, 「새로운 삶이 거기 있었지요」, 『기억과 전망』, 제1호, 민
    주화운동기념사업회, 2002.

편집부, 「특집: 이것이 산업선교의 실상이다」, 『기독교 사상』, 제23권, 제11호, 대
    한기독교서회, 1979년 11월호.

하종문, 「반일민족주의와 뉴라이트」, 『역사비평』, 제78집, 역사비평사, 2007.

한진욱, 「해방 직후 임정 세력의 반탁운동에 관한 고찰」, 『사회연구』, 제6권, 제1
    호, 한국사회조사연구소, 2005.

허명섭 지음, 『해방 이후 한국 교회의 재형성, 1945~1960』, 현대기독교총서, 제4
    권, 서울신학대학교출판부, 2009.

현영학, 「경제개발과 그리스도인의 참여」, 『기독교 사상』, 제6권, 제9호, 기독교서
    회, 1962년 10월호.

현진권, 「참여정부 재정정책 비판」, 바른사회시민회의 편, 『혼란과 좌절, 그 4년의
    기록: 노무현 정부 4주년 평가』, 해남, 2007.

현진권, 「서장」, 바른사회시민회의 편, 『혼란과 좌절, 그 4년의 기록: 노무현 정부
    4주년 평가』, 해남, 2007.

홍석률, 「동일방직 사건과 1970년대 여성 노동자, 그리고 지식」, 『역사비평』, 제
    112호, 역사비평사, 2015년 가을호.

홍용표, 「현실주의 시각에서 본 이승만의 반공 노선」, 『세계정치』, 8권, 서울대학
    교 국제문제연구소, 2007.

홍철, 「성경관의 비교 연구: 박형룡과 김재준을 중심으로」, 『조직신학연구』, 제27
    권, 한국복음주의조직신학회, 2017.

홍태형, 「'과잉된 민족'과 '찾을 수 없는 개인': 일민주의와 한국 민족주의의 특수
    성」, 『한국정치연구』, 제24집, 제3호, 2015.

홍태형, 「'민중'이라는 주체의 탄생과 1980년대의 사회적 상상」, 『한국정치연
    구』, 제33권, 제1호, 서울대학교 한국정치연구소, 2024.

홍현영, 「도시산업선교회와 1970년대 노동운동」, 민주화운동기념사업회, 『민주

화운동 연구총서 역사 편 3—1970년대 민중운동 연구』, 도서출판 선인, 2005.
황미숙, 「한국전쟁과 구호 활동: 감리교의 구호 활동을 중심으로」, 『한국 기독교
   문화연구』, 제11집, 숭실대학교 한국기독교문화연구원, 2019.
황병주, 「박정희 시대의 국가와 민중」, 『당대 비평』, 제12호, 도서출판 삼인, 2000
   년 가을호.
황태연, 「한총련의 낡은 정치이념과 학생운동의 '정치교체'」, 『대학연구』, 제89권,
   한국대학교육협의회, 1997.

4. 학위 논문

강인철, 「한국 개신교 교회의 정치 사회적 성격에 관한 연구: 1945~1960」, 서울
   대학교 박사학위 논문, 1994.
김준, 「아시아 권위주의 국가의 노동 정치와 노동운동」, 서울대학교 박사학위 논
   문, 1993.
문유경, 「1970년대 기독교 민주화운동—발생 배경과 특성을 중심으로」, 연세대
   학교 석사학위 논문, 1984.
박경미, 「1970년대 소설에 나타나는 하층계급 인물 연구—이문구, 조세희 황석
   영을 중심으로」, 이화여대 박사학위 논문, 2011.
배하은, 「1980년대 문학의 수행성 연구—양식과 미학을 중심으로」, 서울대학교
   문학 박사학위 논문, 2017.
석진, 「일제 말 친일문학의 논리 연구: 최재서·이광수·백철·서인식을 중심으로」,
   홍익대학교 국어국문학과 석사학위 논문, 2004.
왕건굉, 『1960년대 한국사회의 이농 현상과 도시 빈민 연구』, 건국대학교 박사학
   위 논문, 2016.
이덕재, 「외환위기 전후 축적구조의 성격 변화에 관한 연구」, 고려대학교 경제학
   박사학위 논문, 2004.
이병희, 「한국 제조 대기업에서 노동규율에 관한 연구」, 서울대학교 경제학 박사
   학위 논문, 1997.
이우영, 「박정희 통치이념의 지식 사회학적 연구」, 연세대학교 사회학과 박사학
   위 논문, 1991.

이정숙,「1970년대 한국 소설에 나타난 가난의 정동화」, 서울대학교 박사학위 논문, 2014.

이태훈,「일제하 친일 정치 운동 연구: 자치·참정권 청원운동을 중심으로」, 연세대학교 사학과 박사학위 논문, 2010.

임호,「한국 노동자 계급의식 형성 연구: 1980년대 노동운동을 중심으로」, 부산대학교 박사학위 논문, 1992.

장숙경,「한국 개신교의 산업선교와 정교 유착」, 성균관대학교 사학과 박사학위 논문, 2009.

전재호,「박정희 체제의 민족주의 연구: 담론과 정책을 중심으로」, 서강대학교 정치외교학과 박사학위 논문, 1997.

정미애,「해방 이후 농지개혁이 지주계급의 변화에 미친 영향에 대한 연구」, 이화여자대학교 석사학위 논문, 1991.

천춘화,「한국 근대소설에 나타난 만주공간 연구」, 서울대학교 국문학과 박사학위 논문, 2014.

최원규,『외국 민간 원조단체의 활동과 한국 사회사업 발전에 미친 영향』, 서울대학교 박사학위 논문, 1996.

홍은광,「파울루 프레이리(Paulo Freire) 사상의 수용과정과 한국 민중운동 교육에 대한 영향」, 서울대학교 교육학과 석사학위 논문, 2003.

홍현영,「1970년대 개신교의 도시산업선교회 활동」, 한양대학교 사학과 석사학위 논문, 2002.

5. 문학 소설과 수기

고은,『만인보』, 12권, 창비, 1996.

귀스타브 플로베르 지음, 김윤진 옮김,『감정교육 1, 2』, 펭귄클래식코리아, 2010.

김진명,『무궁화 꽃이 피었습니다』, 해냄, 2003.

김진홍,『새벽을 깨우리로다』, 홍성사, 1982.

손창섭,「잉여인간」,『손창섭 단편전집 2』, 가람기획, 2005.

송효순,『서울로 가는 길』, 형성사, 1982.

순점순,『8시간 노동을 위하여』, 풀빛, 1984.

신경숙, 『외딴방』, 제1권, 문학동네, 1995.

유동우, 『어느 돌멩이의 외침』, 청년사, 1978.

이동철, 『꼬방동네 사람들』, 현암사, 1981.

이인화, 『인간의 길』, 1~2, 살림출판사, 1997.

전순옥, 『끝나지 않은 시다의 노래』, 한겨레신문사, 2004.

주치호, 『소설 박정희』, 1~2, 작은키나무, 2005.

조선작, 『미스양의 모험(상)』, 예문관, 1975.

조세희, 『침묵의 뿌리』, 열화당, 1985.

최인훈, 「광장」, 『새벽』, 제7권, 제11호, 새벽사, 1960년 11월호.

최상천, 『알몸 박정희』, 사람나라, 2001.

황석영, 『객지에서 고향으로』, 형성사, 1985.

6. 외국 연구서 및 논문

1) 연구서

Agulon, Mauris, *1848 ou l'apprentissage de République 1848~1852*(Paris: Seuil, 1973).

Bardacke, Frank, *Trampling Out the Vintage: César Chávez and the Two Souls of the United Farm Workers*(London and New York: Verso. 2011).

Barth, K., *Der Römerbrief, Unveräderter Nachdruck der z.Auflage von 1922* (Müchen: Kaiser Verlag, 1933).

Bello, Walden, Stephanie Rosenfeld, *Dragons in Distress: Asia's Miracle Economies in Crisis*(Harmondsworth: Penguin, 1990).

Bénichou, Paul, *L'école du désenchantement, in Romantisme français*(Paris: Gallimard, 2004).

Browing, Don S., *Reviving Christian Humanism: the New Conversation on Spirituality, Theology, and Psychology*(Minneapolis: FortressPr, 2010).

Chevalier, Louis, *Classes laborieuses et classes dangereuses à Paris fendant la première moitié du XIXe siècle*(Paris: Plon, 1958). Chevalier, Louis, *Classes laborieuses et classes dangereuses à Paris fendant la première moitié du XIXe*

siècle(Paris: Pion, 1958).

Cho Wha Soon, *Let the Weak Be Strong: A Woman's Struggle for justic*(Bloomington, Indiana: Meyer Stone Books, 1988).

Cointet, Jean Paul, *Expier Vichy*(Paris: Perrin, 2008).

Corbin, Alain(Sous la direction de), *Histoire du christianisme: Pour mieux comprendre notre temps*(Paris: Seuil, 2007).

Cumings, Bruce, *The korean War: a History*(New York: Modern Library, 2010).

Davis, Horace, *Toward a Marxist Theory of nationalism*(New York: Monthly Review Press, 1989).

Defrasne, Jean, *La gauche en France de 1789 à nos jours*(Paris: PUF, 1975).

Deyo, Frederic, *Beneath the Miracle: Labor Subordination in the New Asian Industrialism*(Berkeley: University of California Press, 1989).

Paxton, Robert, *Vichy France: old Guard and New Order, 1940-1944*(New York: Columbia University Press, 2001).

Finer, Samuel. E., *Comparative Government*(New York: Basic Books Inc Finer, 1970).

Flaubert, Gustave, *L'Éducation sentimentale*(Paris: Le Livre de Poche, 1972).

Foucault, Michel Paul, *Surveiller et punir. Naissance de la prison*(Paris: Gallimard, 1975).

Fraenkel, Ernst, *Structure of United States of Army Military Goverment*(22, May, 1984).

Franklin, R. William and Joseph M. Shaw, *The Case for Christian Humanism* (Grand Rapids, Mich.: W.B. Eerdmans, 1991).

Gason, Stéphane, *L'amnistie de la Commune à la guerre d'Algérie*(Paris: Seuil, 2002).

Gaulle, Charles de, *Discours et message*, tome I: Pendant la Guerre(juin 1940-juin 1946)(Paris: Plon, 1970).

Gregory, Henderson, Richard N. Lebow and John G. Stoessinger, *Divided Nations in a Divided World*(New York: David Mckay Company, Inc., 1974).

Kim Seung-kyung, *Class Struggle or Family Struggle: The Lives of Women Factory*

Workers in South Korea(Cambridge: Cambridge University Press, 1997).

Kornhauser, William Alan, *The Politics of Mass Society*(New York : The Free press, 1959).

Krueger, Anne O., *The Developmental Role of Foreign Sector and Aid*(Cambridge: Council on East Asian Studies at Harvard University, 1979).

Langer, William L., *Political and Social Upheaven, 1832-1852*(New York: Charper Torchibook, 1969).

Lukacs, John, *Democracy and Populism: Fear and Hatred*(New Haven: Yale University Press, 2005).

Magraw, Roger, *France 1814-1915: The Bourgeois Centry*(Oxford: Fontanapaper book, 1983).

Martín, Desirée A., *Borderlands Saints: Secular Sanctity in Chicano/a and Mexican Culture*(New Brunswick: Rutgers University Press, 2014).

Morris, Alan, *Collaboration and Resistance Reviewed: Writers and 'la Mode rétro' in Post—Gaullist France* (New York: Berg, 1992).

Mudde, Cas, *Populist Radical Right Parties in Europe*(New York: Cambridge University Press, 2007).

Ory, Pascal, Jean—François Sirinelli, *Les intellectuels en France: De l'affaire Dreyfus à nos jour*(Paris: Armand Colin, 1992).

Perrot, Michelle, *Les ouvriers en grève. France 1871-1890*(Paris/La Haye: Mouton, 1974, deux tomes).

Perrot, Michelle, *Workers on Strike: France, 1871-1890,* Translated by Chris Turner with the assistance of Erica Carter and Claire Laudet(New Haven: Yale University Press, 1987).

Przeworski, Adam, *Crises of Democracy*(Cambridge: Cambridge University Press, 2019).

Ranke, Leopold von., *Zur eigenen Lebensgeschichte*(Leipzig: Verlag von Duncker & Humblot, 1890).

Ranke, Leopold von., *Über die Epochen der Neueren Geschichte: Vorträge dem Könige. Maximilian II. von Bayern im Herbst 1854 zu Berchtesgraden gehalten von Leopold von Ranke*(Berlin: Duncker & Humblot, 1899).

Ranke, Leopold von., *Die großen Mächte·Politisches Gespräch*(Göttingen, Vendenhoeck & Ruprecht, 1955).

Rémond, René, *Les Droites en France*(Paris: Aubier, 1982).

Rémusat, Charles de, *Mémoires de ma vie*(Paris: Plon, 1958).

Rings, Werner, *Life with the Enermy: Life with the Enemy : Collaboration and Resistance in Hitler's Europe, 1939~1945*(London : Weidenfeld and Nicolson, 1982).

Robinson, Michael(ed.), *Colonial Modernity in Korea*(Cambridge: Harvard University Press, 1999).

Sartre, Jean−Paul, *Situation*, Ⅲ(Paris: Gallimard, 2003).

Shaw, Randy, *Beyond the Fields: Cesar Chavez, The UFW, and the Struggle for Justice in the 21st Century*(Berkeley and London: University of California Press. 2008).

Smith, Anthony D., *National Identity*(London: Penguin, 1991).

Thompson, E. P., *The Making of the English Working Class*(London: Vitor Gollancz, 1963).

Wells, Kenneth M., *New God, New Nation–Protestant and Self Reconstruction Nationalism in Korea, 1896~1937*(Honolulu: University of Hawaii Press, 1990).

Western, Bruce, *Between Class and Market: Postwar Unionization in the Capitalist Democracies*(New Jersey: Princeton University Press, 1997).

Whitehead, Laurence, *Democratization: Theory and Experience*(Oxford: Oxford University Press. 2002).

2) 논문

Abeele, Sophie Vanden, "La nouvelle Ève ou l'« esprit de liberté » féminin dans la fiction romanesque de Marie d'Agoult (1842~1847)", *Revue Tangence*, Number 94(Fall, 2010).

Alba, A., "Louis Chevalier, *Classes laborieuses et classes dangereuses à Paris fendant la première moitié du XIXᵉ siècle, 1958*", *Revue d'histoire moderne et contemporaine*, tome 7, N°1(Janvier−mars 1960).

Bardacke, Frank, "César Chávez: The Serpent and the Dove," Charles W.Calhoun(ed.), *The Human Tradition in America 1865 to the Present* (Wilmington: Scholarly Resources Inc., 2003).

Barraclough, Ruth, "The labour and literature of Korean factory girls", A thesis submitted for the degree of Doctor of Philosophy of The Australian National University, 2003.

Bürger, Peter, "Avant−garde", *Encyclopedia of Aesthetics*, ed. by Michael Kelley(New York: Oxford University Press, 1998).

Bürger, Peter, "Avant−Garde and Neo−Avant−Garde: An attempt to answer certain critics of Theory of the Avant−garde", trans. Bettina Brandt &Daniel Purdy, *New Lietrary History*, Vol. 41, No. 4(Autumn, 2010).

Calhoum, Craig, "Industrialization and Social Radicalism; British and French Workers Movements and The Mid−Nineteenth Century Crisis" *Theory and Society*, vol. 12, no. 4(Jury, 1983).

Converse, Philip E., "The nature of belief systems in mass publics." *Critical Review*, Vol. 18, Nos. 1~3(1964).

Donovan, James M.,"The Uprooting Theory of Crime and the Corsicans of Marseille, 1825~1880", *French Historical Studies*, Vol. 13. No. 4(Autumn, 1984).

Eckert, Carter, "The South Korea Bourgeoisie: A Class in Search of Hegemony", in Koo, Hagen. ed., *State and Society in Contemporary Korea*(Ithaca: Cornell University Press, 1993).

Freeman, Richard B., "Spurts in union growth: Defining moments and social processes," in Michael D. Bordo. Claudia Goldin & Eugene N. White, eds., *The Defining Moment: The Great Depression and the American Economy in the Twentieth Century*(Chicago: University of Chicago Press, 1998).

Frenay, Henri, "La Libération", Daniel Cordier, *Jean Moulin, L'inconnu du panthéon, tom III: de Gaulle, capitale de la resistance / novembre 1940−decembre 1944*(Paris: Jean−Claude Lattès, 1994).

Im, Hyug Baeg. "The Rise of Bureaucratic Authoritarianism in South Korea,"

World Politics, vol. 39, No. 2(January, 1987).

Jensen, Richard J., Thomas R. Burkholder, and John C. Hammerback "Martyrs for a JustCause: The Eulogies of César Chávez," *Western Journal of Communication*, Vol. 67, No. 4(2003).

Jhee Byong−Kuen, "South−North Divide and Political Tolerance." *Korea Observer*, vol. 42, no. 4, 한국학술연구원, 2011.

Kim, Elaine, "Men's Talk", in Kim, Elaine & Choi, Chungmoo. (eds.), *Dangerous Women: Gender and Korean Nationalism*(London: Routledge, 1998).

Koo Hagen, "The State, Industrial structure, and Labor Politics: Comparison of South Korea and Taiwan" in *Industrial East Asia* ed,. by Kyong−Dong Kim(Seoul: Seoul National University Press, 1989).

Lee, Chae−Jin, "The Effect of the War on South Korea" ed., by Chae−Jin Lee, *The Korea War: 40−year Perspectives*(Claremont, California: The Keck Center for International and Strategic Studies, 1991).

Perrot, Michelle, "On the Formation of the French Working Class", in Ira Katznelson and A. R. Zolberg ed., *Working Class Formation*(New Jersey: Princeton University Press, 1986).

Rad, Gerhart von, "Das theologische problem des alttestamentlichen Schöfungsglaubens," *Werden and Wesen des Alten Testaments*(BZAW 66, Berlin: 1936).

Ratcliffe, Barrie M., "Classes laborieuses et classes dangereuses à Paris pendant la premiere moitié du XIXe siècle?: The Chevalier Thesis Reexamined", *Franch Historical Studies*, Vol. 17, No. 2(Autumn, 1991).

Sewell Jr., William H., "Social Change and the Rise of Working Class Politics in Nineteenth Centry Marseille", *Past & Present*, no. 65(November, 1974).

Shim−Han, Young−Hee, 1986−7, "Social Control and Industrialization in Korea: On the Corporatist Control of Labor," *Korean Social Science Journal*, Vol. 13, 1986~1987.

Zimmerman. Jens, "Introduction," in Jens Zimmermann, ed. *Re−Envisioning Christian Humanism*(Oxford: Oxford University Press, 2017).

朴根好, 韓国 の 経済発展 とベトナム 戦争(東京: 御茶 の 水書房, 1993).

3) 기타

Bidault, Georges, "Oublier tout ce qui peut être oublié" *L'Aube*, 5−6, mars, 1949.

De Gaulle, capitale de la résistance, novembre 1940−décembre 1941(Paris: Jean−Claude Lattès, 1994).

『프랑스 여론조사(*Sondages de l'opinion publique française*)』, 1949년, 6~7월호.

Journal officiel de la République française, L'Assemblée nationale, Débats parlementaires.

Le Canard enchaîné, 18 octobre 1944.

L'Aube, 1949년 3월 5~6일 자.

Le Figaro, 1949년 6월 21일 자.

찾아보기

인명진, 시간의 기억

초판 1쇄 펴낸 날 2025년 4월 20일

지은이　　임종권
발행인　　양진호
디자인　　오필민디자인
발행처　　도서출판 인문서원

등　록　　2013년 5월 21일(제2014-000039호)
주　소　　(07207) 서울시 영등포구 양평로21가길 19, 우림라이온스밸리
　　　　　　B동 512호
전　화　　(02) 338-5951~2
팩　스　　(02) 338-5953
이메일　　inmunbook@hanmail.net

ISBN　　979-11-86542-70-5　(93910)